Gilda Flaccavento Romano

il mio Realtà e modelli

CORSO DI MATEMATICA PER LA **SCUOLA SECONDARIA** DI **PRIMO GRADO**

- **IL NUMERO**
- **DATI E PREVISIONI**

FABBRI EDITORI

Coordinamento redazionale: Maria Angiola Patriarca
Progetto grafico: KaCommunications.it
Redazione: Tina Locatelli
Elaborazione digitale testo e immagini e impaginazione: Grande forEdit, Monza
Disegni: Giovanni Giorgi
Copertina: KaCommunications.it

Per segnalazioni o suggerimenti relativi al presente volume scrivere a:
Direzione Editoriale RCS Libri S.p.A.- Divisione Education - Via Mecenate, 91 - 20138 Milano
fax 0250952613

www.fabbriscuola.it

ISBN 978-88-451-4835-4

Prima edizione: gennaio 2009

Ristampe
2009 2010 2011 2012 1 2 3 4 5 6 7 8

Stampato presso Errestampa srl, Orio al Serio (BG)

PRESENTAZIONE

***Il mio* Realtà e modelli** nasce per rispondere all'esigenza, più volte manifestata dagli insegnanti, di avere una versione di *Realtà e modelli* che, lasciando inalterato il progetto strutturale e didattico che caratterizza il corso, sia ancora più **mirata alle esigenze del processo insegnamento-apprendimento**. Il corso risponde a importanti **obiettivi** di carattere generale, che sono irrinunciabili nell'insegnamento della matematica, ed è caratterizzato da una **didattica** particolarmente attenta alle problematiche dell'apprendimento. Esso si prefigge:

- di facilitare lo studente nello studio della matematica anche attraverso una grafica accattivante e moderna;
- di fornire maggiori supporti allo studio già nella parte teorica;
- di aiutare il ragazzo a valutare il proprio apprendimento;
- di rendere ancora più efficace il contributo specifico al recupero e al consolidamento dei contenuti;
- di proporre un percorso graduale di insiemistica già dalla classe prima;
- di rinnovare e arricchire l'eserciziario.

***Il mio* Realtà e modelli** è composto di sei volumi, due per ogni anno, e presenta i temi:

Relazioni e logica – Il numero – Dati e previsioni – Geometria e misura

caratterizzati da uno specifico colore.

Gli elementi costitutivi della struttura del corso sono le tre parti in cui sono suddivisi i vari volumi:

- la prima è costituita dalla trattazione teorica degli argomenti, le **unità** dei vari temi;
- la seconda è costituita dalla sezione "**Attività per il laboratorio di matematica**";
- la terza è costituita da una **ricca sezione di esercizi**.

Caratteristica principale della struttura della prima parte è l'**unità**. Per ogni unità una pagina iniziale introduce al percorso didattico con la presentazione dei **contenuti**, dei **prerequisiti** e degli **obiettivi**, in termini di *sapere* e *saper fare*, degli argomenti trattati.

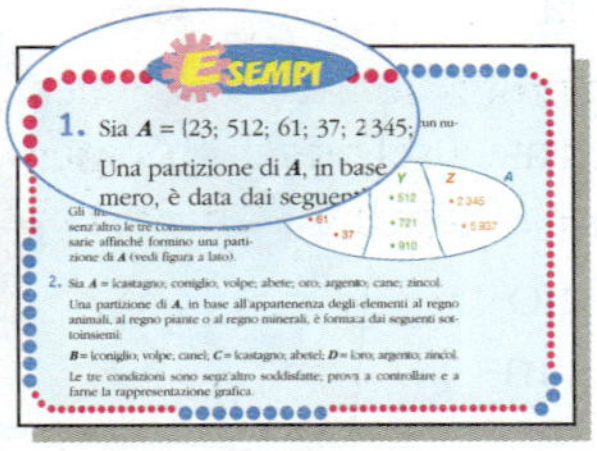

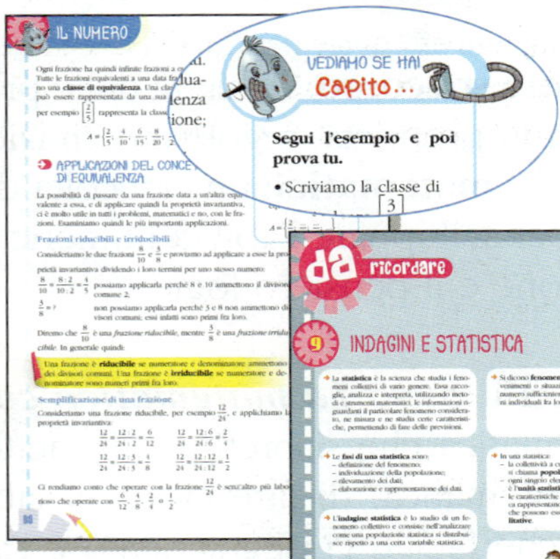

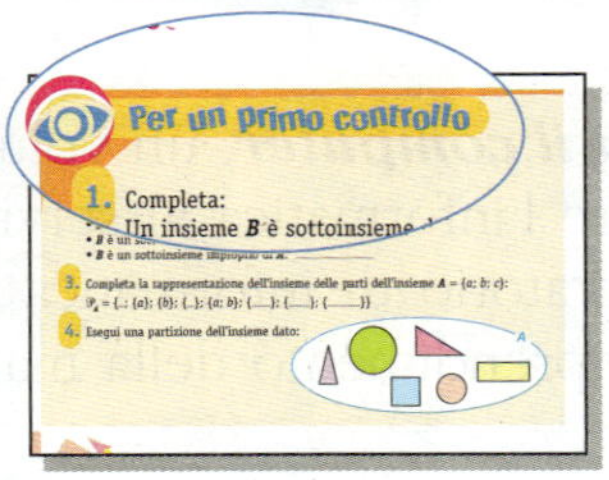

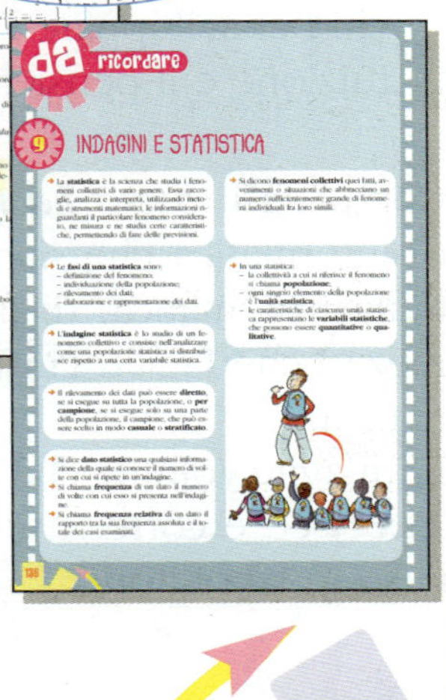

Ciascuna unità è suddivisa in paragrafi con una scansione chiara e rigorosa, che garantisce facilità di lettura e di consultazione; al suo interno numerosi **esempi** facilitano la comprensione di quanto esposto e due mini apparati, "**Vediamo se hai capito**" e "**Per un primo controllo**", iniziano i ragazzi alla valutazione del proprio apprendimento.

La trattazione dell'unità è corredata, alla fine, da uno schema riassuntivo, "**Da ricordare**", che riporta i concetti e le nozioni più importanti.

La sezione "**Attività per il laboratorio di matematica**" presenta attività teoriche e pratiche di complemento allo studio della matematica.
Il ricco **eserciziario**, relativo alle unità di ciascun volume, è suddiviso in tre parti:

- **per contenuti**, esercizi che seguono in parallelo la scansione dei contenuti dell'unità e sono corredati da un indicatore di difficoltà e da numerosi esempi;
- **per obiettivi**, esercizi funzionali ad accertare le conoscenze teoriche (**Ciò che sai**) e le abilità (**Ciò che sai fare**);
- **di recupero**, esercizi che guidano il ragazzo al recupero di ogni unità.

Prima degli esercizi di recupero è presente la scheda "**Mi autovaluto**", attraverso la quale il ragazzo può autovalutare la sua preparazione relativa a ciascuna unità.

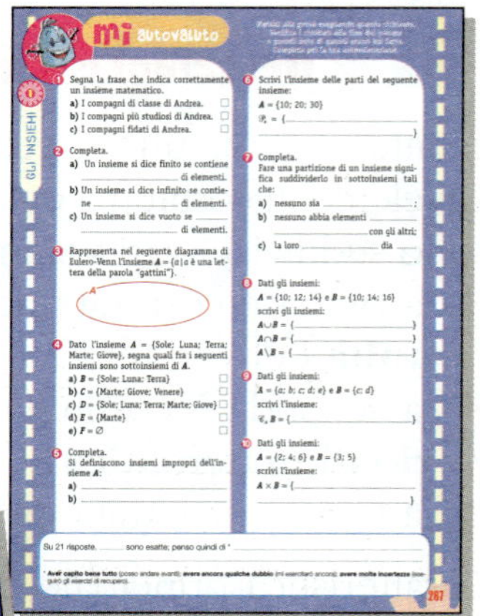

I volumi ***L'apprendista matematico*** **1**, **2**, **3** hanno lo scopo di aiutare gli studenti a percorrere al meglio ogni anno scolastico. Ogni volume è composto dalle sezioni:

- **Imparare a imparare** (solo nel 1° volume): per acquisire un "**metodo di studio**" proficuo anche mediante la conoscenza del libro di testo;
- **Percorso attivo di matematica**: esercizi sulle varie unità del testo con un richiamo teorico per ogni tipo di esercizio da risolvere;
- **Aspetti storici della matematica**: pagine sul passato storico della matematica;
- **Pronto soccorso**: richiami delle più importanti proprietà, regole e definizioni;
- **Giochi matematici**: una raccolta di giochi per sviluppare l'abilità numerica, l'intuizione e il pensiero logico.

Completa il corso ***La matematica con il computer***, un volume di informatica che si prefigge di mettere l'informatica al servizio della matematica, di fare cioè del laboratorio di informatica un mezzo che faciliti l'insegnamento e l'apprendimento della matematica.
È un agile volume che insegna, in particolare, l'uso di ***Cabri*** e di ***Excel*** ed è corredato di un CD specificatamente concepito per l'uso in laboratorio.

INDICE

APPARATI

il numero 1

L'INSIEME Q^+

CONTENUTI

- **Frazioni e numeri decimali**
  - I numeri decimali limitati
  - I numeri decimali illimitati
- **Frazioni generatrici**
- **Operazioni con i numeri periodici**

Ciò che

DEVI SAPERE

per affrontare lo studio di questa unità:

- il concetto di frazione come numero razionale
- i procedimenti di calcolo in N e Q^+

Ciò che

SAPRAI

con lo studio di questa unità:

- i diversi numeri decimali che formano l'insieme Q^+
- il concetto di frazione generatrice

Ciò che

SAPRAI FARE

con lo studio di questa unità:

- riconoscere un numero decimale limitato e illimitato
- riconoscere un numero periodico semplice e periodico misto
- trasformare una frazione in un numero decimale e viceversa
- operare con i numeri decimali

Frazioni e numeri decimali

Il concetto di frazione quale numero razionale ci ha portati a considerare i numeri decimali come una differente scrittura di uno stesso numero razionale, la frazione decimale:

$\frac{1}{10} = 0,1 \quad \frac{3}{10} = 0,3 \quad \frac{1}{100} = 0,01 \quad \frac{7}{100} = 0,07 \quad \frac{1}{1000} = 0,001 \quad \frac{9}{1000} = 0,009$

Riconsideriamo adesso alcuni numeri razionali e scriviamoli sotto forma di numeri decimali eseguendo la divisione fra numeratore e denominatore:

$\frac{4}{2} \quad \frac{60}{12} \quad \frac{3}{8} \quad \frac{9}{10} \quad \frac{7}{100} \quad \frac{3}{22} \quad \frac{7}{15} \quad \frac{3}{11}$

$\frac{4}{2} = 4:2 = 2$ $\qquad$ $\frac{60}{12} = 60:12 = 5$

$\frac{3}{8} = 3:8 = 0,375$ $\qquad$ $\frac{9}{10} = 9:10 = 0,9$

$\frac{7}{100} = 7:100 = 0,07$ $\qquad$ $\frac{3}{22} = 3:22 = 0,1363636...$

$\frac{7}{15} = 7:15 = 0,46666...$ $\qquad$ $\frac{3}{11} = 3:11 = 0,272727...$

Osserviamo i quozienti ottenuti:

- **2** e **5** ⟶ sono **numeri naturali** e ciò è ovvio essendo le frazioni di partenza $\frac{4}{2}$ e $\frac{60}{12}$ apparenti;
- **0,375**, **0,9**, **0,07** ⟶ sono numeri ottenuti con una divisione esatta (resto zero); come sai, questi sono numeri decimali, detti esattamente **numeri decimali limitati**;
- **0,1363636...**, **0,46666...**, **0,272727...** ⟶ sono numeri ottenuti con una divisione che non darà mai resto zero: sono detti **numeri decimali illimitati**.

I NUMERI DECIMALI LIMITATI

Osserviamo alcune frazioni e i numeri decimali limitati a cui danno origine:

$\frac{41}{10} = 41:10 = 4,1$ $\qquad$ $\frac{37}{100} = 37:100 = 0,37$

$\frac{7}{20} = 7:20 = 0,35$ $\qquad$ $\frac{35}{8} = 35:8 = 4,375$

Sono i numeri decimali che già conosci; essi si ottengono dalle **frazioni decimali**, ma anche da frazioni con denominatore diverso da 10 o da una sua potenza, **frazioni ordinarie**. Quali esattamente?

Scomponiamo in fattori primi i denominatori delle frazioni ordinarie $\frac{7}{20}$ e $\frac{35}{8}$:

$$\mathbf{20 = 2^2 \times 5 \qquad 8 = 2^3}$$

Notiamo che questi denominatori contengono come fattori primi solo ed esclusivamente il 2, il 5 o entrambi. Possiamo quindi dire che:

- Una frazione decimale si trasforma sempre in un numero decimale limitato.
- Una frazione ordinaria irriducibile si trasforma in un numero decimale limitato solo se il suo denominatore, scomposto in fattori primi, contiene esclusivamente i **fattori 2 o 5 o entrambi**.

I NUMERI DECIMALI ILLIMITATI

Consideriamo alcune frazioni e i numeri decimali illimitati a cui danno origine:

$\frac{7}{9} = 7 : 9 = 0,7777...$	$\frac{8}{15} = 8 : 15 = 0,53333...$
$\frac{11}{3} = 11 : 3 = 3,6666...$	$\frac{113}{66} = 113 : 66 = 1,7121212...$
$\frac{4}{11} = 4 : 11 = 0,363636...$	$\frac{12}{45} = 12 : 45 = 0,26666...$
$\frac{97}{33} = 97 : 33 = 2,939393...$	$\frac{7}{12} = 7 : 12 = 0,583333...$

- Esaminiamo il gruppo a sinistra: sono numeri decimali illimitati nei quali una cifra o un gruppo di cifre si ripete all'infinito subito dopo la virgola. Questi numeri si dicono **numeri decimali illimitati periodici semplici**; la cifra o il gruppo di cifre che si ripete si chiama **periodo** e si indica nel seguente modo:

$$0,\overline{7} \qquad 3,\overline{6} \qquad 0,\overline{36} \qquad 2,\overline{93}$$

Scomponiamo in fattori primi i denominatori delle frazioni da cui abbiamo ottenuto questi numeri:

$$\mathbf{9 = 3^2 \qquad 3 \qquad 11 \qquad 33 = 3 \times 11}$$

Notiamo che questi denominatori non contengono affatto i fattori primi 2 o 5. Possiamo dire che:

- Un numero decimale illimitato si dice **periodico semplice** se, in esso, subito dopo la virgola, inizia il **periodo**, cioè una cifra o un gruppo di cifre che si ripete all'infinito.
- Una frazione irriducibile si trasforma in un numero decimale illimitato periodico semplice se il suo denominatore, scomposto in fattori primi, **non contiene affatto i fattori 2 e 5**.

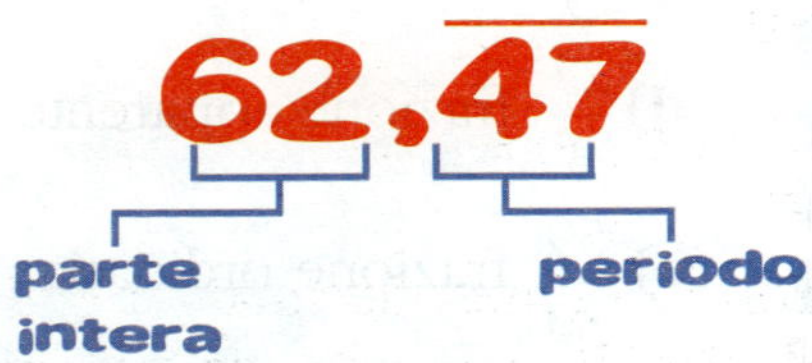

→ Esaminiamo ora il gruppo a destra: sono numeri decimali illimitati nei quali però il **periodo** non inizia subito dopo la virgola ma, tra la virgola e il periodo, c'è una cifra o un gruppo di cifre. Questi numeri si dicono **numeri decimali illimitati periodici misti** e la cifra o il gruppo di cifre che si trova tra la virgola e il periodo si chiama **antiperiodo**; essi si scrivono nel seguente modo:

$$0{,}5\overline{3} \qquad 0{,}7\overline{12} \qquad 0{,}2\overline{6} \qquad 0{,}58\overline{3}$$

Scomponiamo in fattori primi i denominatori delle frazioni da cui abbiamo ottenuto questi numeri:

$$\mathbf{15 = 3 \times 5} \qquad \mathbf{66 = 2 \times 3 \times 11} \qquad \mathbf{45 = 3^2 \times 5} \qquad \mathbf{12 = 2^2 \times 3}$$

Notiamo che questi denominatori contengono i fattori primi 2 e 5, ma anche altri fattori primi. Possiamo quindi dire che:

→ Un numero decimale illimitato si dice **periodico misto** se, in esso, fra la virgola e il periodo, esiste una cifra o un gruppo di cifre, detto **antiperiodo**, che non si ripete.

→ Una frazione irriducibile si trasforma in un numero decimale illimitato periodico misto se il suo denominatore, scomposto in fattori primi, contiene sempre **altri fattori oltre a 2, a 5 o a entrambi**.

VEDIAMO SE HAI Capito...

Segui l'esempio e poi prova tu.

- A quale numero dà origine la frazione 59/4? Eseguendo la divisione 59 : 4 otteniamo 14,75 che è un **numero decimale limitato**.
- A quale numero dà origine la frazione 34/15? Eseguendo la divisione 34 : .... otteniamo .... che è un ....
- A quale numero dà origine la frazione 26/11? Eseguendo la divisione .... : .... otteniamo .... che è un ....
- A quale numero dà origine la frazione 15/8? Eseguendo la divisione .... : .... otteniamo .... che è un ....

ESEMPIO

- Per ogni frazione data stabilire, e poi trovare, il numero decimale a cui dà origine.

a) $\frac{978}{10}$ frazione decimale → *numero decimale limitato* 978 : 10 = **97,8**

b) $\frac{57}{20}$ frazione ordinaria, $20 = 2^2 \times 5$ → *numero decimale limitato* 57 : 20 = **2,85**

c) $\frac{23}{9}$ frazione ordinaria, $9 = 3^2$ → *numero decimale illimitato periodico semplice* 23 : 9 = 2,5555... = **$2{,}\overline{5}$**

d) $\frac{27}{3}$ frazione apparente → *numero naturale* 27 : 3 = **9**

e) $\frac{59}{30}$ frazione ordinaria, $30 = 2 \times 3 \times 5$ → *numero decimale illimitato periodico misto* 59 : 30 = 1,96666... = **$1{,}9\overline{6}$**

Frazioni generatrici

Data una frazione è quindi possibile capire e ottenere il numero decimale corrispondente ed è possibile anche il discorso inverso. Cioè, dato un numero decimale è possibile trovare la frazione da cui ha avuto origine.
Ecco le regole che ti consentono di effettuare il passaggio dal numero alla frazione, che si chiama **frazione generatrice** del numero.

Frazione generatrice di un numero decimale limitato

La frazione generatrice di un numero decimale limitato è una frazione che ha per numeratore il numero naturale che si ottiene togliendo la virgola e per denominatore 10, 100, 1 000... a seconda che le cifre decimali siano 1, 2, 3, ...

Per esempio: $25,\underline{4} = \frac{254}{1\underline{0}}$ $\quad 3,\underline{88} = \frac{388}{1\underline{00}}$ $\quad 0,\underline{176} = \frac{176}{1\underline{000}}$

Frazione generatrice di un numero decimale periodico semplice

La frazione generatrice di un numero decimale periodico semplice è una frazione che ha per numeratore la differenza fra tutto il numero dato senza la virgola e la sua parte intera e per denominatore tanti 9 quante sono le cifre del periodo.

Per esempio:

$$7,\underline{\overline{18}} = \frac{718-7}{\underline{99}} = \frac{\cancel{711}^{79}}{\cancel{99}_{11}} = \frac{79}{11} \qquad 13,\underline{\overline{4}} = \frac{134-13}{\underline{9}} = \frac{121}{9}$$

$$1,\underline{\overline{714}} = \frac{1714-1}{\underline{999}} = \frac{\cancel{1713}^{571}}{\cancel{999}_{333}} = \frac{571}{333}$$

Frazione generatrice di un numero decimale periodico misto

La frazione generatrice di un numero decimale periodico misto è una frazione che ha per numeratore la differenza fra tutto il numero dato senza la virgola e tutta la parte che precede il periodo, senza la virgola, e per denominatore tanti 9 quante sono le cifre del periodo e tanti 0 quante sono le cifre dell'antiperiodo.

Per esempio:

$$8,2\overline{4} = \frac{824 - 82}{90} = \frac{\cancel{742}^{371}}{\cancel{90}_{45}} = \frac{371}{45}$$

$$0,58\overline{3} = \frac{583 - 58}{900} = \frac{\cancel{525}^{105}}{\cancel{900}_{180}} = \frac{\cancel{105}^{7}}{\cancel{180}_{12}} = \frac{7}{12}$$

$$5,7\overline{1} = \frac{571 - 57}{90} = \frac{\cancel{514}^{257}}{\cancel{90}_{45}} = \frac{257}{45}$$

Attenzione a queste eccezioni:

→ Un numero decimale illimitato periodico semplice con periodo 9 è un numero naturale:

$$0,\overline{9} = \frac{9}{9} = 1 \qquad 2,\overline{9} = \frac{29 - 2}{9} = \frac{27}{9} = 3$$

→ Un numero decimale illimitato periodico misto con periodo 9 è un numero decimale limitato:

$$1,2\overline{9} = \frac{129 - 12}{90} = \frac{117}{90} = 1,3$$

Per un primo controllo

1. Accanto a ogni numero scrivi se è "limitato", "periodico semplice" o "periodico misto":

7,6 ....; 5,$\overline{31}$ ....; 0,4 ....;

0,06 ....; 90,$\overline{1}$ ....; 5,0$\overline{4}$ ....

2. Quale numero si origina dalle seguenti frazioni? Scrivilo senza fare la divisione:

$\frac{7}{2}$ ....; $\frac{35}{11}$ ....; $\frac{23}{20}$ ....; $\frac{8}{15}$ ....

3. Scrivi la frazione generatrice dei seguenti numeri:

0,62 ....; 6,$\overline{3}$ ....; 5,2$\overline{5}$ ....; 0,53 ....

Operazioni con i numeri periodici

Per eseguire tutte le operazioni che conosci e quindi risolvere le espressioni con i numeri decimali periodici devi trasformare i numeri nelle loro frazioni generatrici, eseguire i calcoli secondo le regole sulle frazioni e poi trasformare il risultato in numero decimale.

ESEMPI

1. $1,3\overline{6}+0,2\overline{7}+0,2\overline{4}$

$$\frac{136-13}{90}+\frac{27-2}{90}+\frac{24-2}{90}=\frac{123}{90}+\frac{25}{90}+\frac{22}{90}=\frac{\cancel{170}^{17}}{\cancel{90}_{9}}=\frac{17}{9}=17:9=\mathbf{1,\overline{8}}$$

2. $(0,\overline{36}-0,1\overline{06}+0,8\overline{3}):0,\overline{36}$

$$\left(\frac{\cancel{36}^{4}}{\cancel{99}_{11}}-\frac{106-1}{990}+\frac{83-8}{90}\right):\frac{\cancel{36}^{4}}{\cancel{99}_{11}}=\left(\frac{4}{11}-\frac{\cancel{105}^{7}}{\cancel{990}_{66}}+\frac{\cancel{75}^{5}}{\cancel{90}_{6}}\right):\frac{4}{11}=$$

$$=\left(\frac{24-7+55}{66}\right)\times\frac{11}{4}=$$

$$=\frac{\cancel{72}^{\cancel{18}^{3}}}{\cancel{66}_{\cancel{6}_{1}}}\times\frac{\cancel{11}^{1}}{\cancel{4}_{1}}=\mathbf{3}$$

3. $(1,\overline{3}+0,3-0,4\overline{6}):(3,5-1,8\overline{3})$

$$\left(\frac{13-1}{9}+\frac{3}{10}-\frac{46-4}{90}\right):\left(\frac{\cancel{35}^{7}}{\cancel{10}_{2}}-\frac{183-18}{90}\right)=$$

$$=\left(\frac{12}{9}+\frac{3}{10}-\frac{42}{90}\right):\left(\frac{7}{2}-\frac{\cancel{165}^{11}}{\cancel{90}_{6}}\right)=$$

$$=\left(\frac{120+27-42}{90}\right):\left(\frac{21-11}{6}\right)=$$

$$=\frac{\cancel{105}^{7}}{\cancel{90}_{\cancel{6}_{1}}}\times\frac{\cancel{6}^{1}}{10}=\frac{7}{10}=\mathbf{0,7}$$

da ricordare

1 L'INSIEME Q^+

- Ogni frazione si può trasformare, dividendo il numeratore per il denominatore, in un numero che sarà:
  – **naturale**, se la frazione è apparente;
  – **decimale**, **limitato** o **illimitato**, se la frazione non è apparente.

- Un numero decimale illimitato si dice **periodico semplice** se in esso, subito dopo la virgola, inizia il periodo, cioè una cifra o un gruppo di cifre che si ripete all'infinito.

$$62,\overline{47}$$

parte intera (62) **periodo** (47)

- Un numero decimale illimitato si dice **periodico misto** se in esso, fra la virgola e il periodo, esiste una cifra o un gruppo di cifre, detto antiperiodo, che non si ripete.

$$72,3\overline{51}$$

parte intera (72) **antiperiodo** (3) **periodo** (51)

- Una **frazione decimale** si trasforma sempre in un numero **decimale limitato**.
- Una frazione ordinaria irriducibile si trasforma in un numero **decimale limitato** se il denominatore, scomposto in fattori primi, contiene **solo i fattori 2 o 5 o entrambi**.
- Una frazione irriducibile si trasforma in un numero **decimale illimitato periodico semplice** se il denominatore, scomposto in fattori primi, **non contiene affatto i fattori 2 e 5**.
- Una frazione irriducibile si trasforma in un numero **decimale illimitato periodico misto** se il suo denominatore, scomposto in fattori primi, **contiene altri fattori oltre a 2 o 5 o entrambi**.

- La **frazione generatrice di un numero decimale limitato** è una frazione avente per numeratore il numero naturale che si ottiene togliendo la virgola e per denominatore 10, 100, 1000... secondo che le cifre decimali del numero siano 1, 2, 3...
- La **frazione generatrice di un numero decimale periodico semplice** è una frazione avente per numeratore la differenza fra il numero dato, senza la virgola, e la sua parte intera, e per denominatore tanti 9 quante sono le cifre del periodo.
- La **frazione generatrice di un numero decimale periodico misto** è una frazione avente per numeratore la differenza fra il numero dato, senza la virgola, e tutta la parte che precede il periodo, e per denominatore tanti 9 quante sono le cifre del periodo e tanti 0 quante sono le cifre dell'antiperiodo.

il numero 2

UNA NUOVA OPERAZIONE

CONTENUTI

- La radice quadrata
- Radice quadrata esatta e approssimata
  - Proprietà delle radici quadrate
- L'estrazione di radice quadrata
  - L'uso delle tavole numeriche
- I numeri irrazionali assoluti

Ciò che DEVI SAPERE per affrontare lo studio di questa unità:

- i procedimenti di calcolo in N e Q^{+}

Ciò che SAPRAI con lo studio di questa unità:

- il significato di "estrazione di radice quadrata"
- la differenza fra radice quadrata esatta e radice quadrata approssimata
- le proprietà di questa operazione

Ciò che SAPRAI FARE con lo studio di questa unità:

- calcolare la radice quadrata di un numero naturale e razionale
- calcolare radici quadrate esatte e approssimate

La radice quadrata

Continuiamo con lo studio di una particolare operazione inversa. Consideriamo una potenza, per esempio 2^3, di cui sappiamo che:

esponente

base → $2^3 = 8$ ← potenza

e poniamoci il seguente problema: conosciamo l'esponente 3, la potenza 8 e vogliamo trovare la base x:

$$x^3 = 8$$

Ci chiediamo cioè: "Quale sarà quel numero che moltiplicato per se stesso 3 volte ci dà 8?".

Nel nostro caso, sappiamo che è 2 perché $2^3 = 8$.

Il procedimento che ci permette di trovare la base conoscendo l'esponente e la potenza è l'operazione inversa dell'elevamento a potenza e si chiama **estrazione di radice**.

Nel caso del nostro esempio, questa operazione si indica così:

$$\sqrt[3]{8} = 2 \text{ (radice cubica di 8 uguale 2)}$$

Così come l'elevamento a potenza può essere alla seconda, alla terza, alla quarta..., anche l'estrazione di radice può essere quadrata, cubica, quarta...; per esempio:

$\sqrt[2]{9} = 3$	perché	$3^2 = 9$;	$\sqrt[4]{625} = 5$	perché	$5^4 = 625$;
$\sqrt[3]{27} = 3$	perché	$3^3 = 27$;	$\sqrt[3]{64} = 4$	perché	$4^3 = 64$;
$\sqrt[2]{49} = 7$	perché	$7^2 = 49$;	$\sqrt[2]{100} = 10$	perché	$10^2 = 100$.

Soffermiamoci sull'**estrazione di radice quadrata**, dove correntemente si omette l'indice 2 sopra il segno di radice, e impariamone la nomenclatura:

segno di radice → $\sqrt{144} = 12$ ← radice quadrata

↑ radicando

- il numero di cui vogliamo trovare la radice si chiama **radicando**;
- il simbolo $\sqrt{\ }$ si chiama **segno di radice**;
- il risultato si chiama **radice quadrata**.

Considerando che:

$\sqrt{49} = 7$ perché $7^2 = 49$ $\sqrt{144} = 12$ perché $12^2 = 144$

possiamo quindi dire che:

La radice quadrata di un numero (radicando) è quel numero che, elevato alla seconda, ci dà come risultato il radicando.

Radice quadrata esatta e approssimata

Consideriamo alcune radici quadrate, per esempio:

$\sqrt{64} = 8$ $\sqrt{100} = 10$ $\sqrt{27} = ?$ $\sqrt{39} = ?$

$\sqrt{0,09} = 0,3$ $\sqrt{6,25} = 2,5$ $\sqrt{0,07} = ?$ $\sqrt{3,25} = ?$

$\sqrt{\frac{16}{25}} = \frac{4}{5}$ $\sqrt{\frac{49}{81}} = \frac{7}{9}$ $\sqrt{\frac{23}{35}} = ?$ $\sqrt{\frac{61}{18}} = ?$

Notiamo che per alcuni radicandi (cioè i numeri sotto il segno di radice) esiste la radice quadrata perfetta, esiste cioè un numero che, elevato alla seconda, ci dà esattamente il numero dato.

Questi numeri $\left(64;\ 100;\ 0,09;\ 6,25;\ \frac{16}{25};\ \frac{49}{81}\right)$ si chiamano *quadrati perfetti* e la loro *radice quadrata è esatta*.

Per altri numeri (27; 39; 0,07; ...) non esiste nell'insieme $\boldsymbol{Q^+}$ la radice quadrata perfetta, cioè non si trova alcun numero che, elevato alla seconda, ci dia esattamente il numero considerato. Possiamo tuttavia scrivere, per esempio, che:

$\sqrt{27} =$
- 5 è il numero più grande che, elevato alla seconda, ci dà un numero che non supera 27; infatti $5^2 = 25 < 27$
- 6 è il numero più piccolo che, elevato alla seconda, ci dà un numero che supera 27; infatti $6^2 = 36 > 27$

Diremo che 5 è *la radice quadrata* di 27 *approssimata per difetto a meno di una unità*, mentre 6 è *la radice quadrata* di 27 *approssimata per eccesso a meno di una unità*.

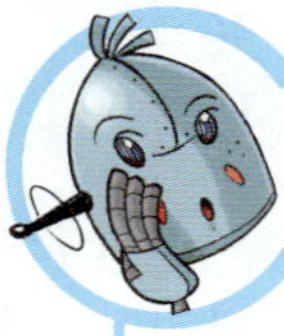

VEDIAMO SE HAI Capito...

Segui gli esempi e poi prova tu.

- $\sqrt{39}$ approssimata per difetto a meno di una unità è **6** perché $\mathbf{6^2 = 36 < 39}$.
- $\sqrt{60}$ approssimata per eccesso a meno di una unità è **8** perché $\mathbf{8^2 = 64 > 60}$.
- $\sqrt{89}$ approssimata per difetto a meno di una unità è .... perché ....^{2} = ... < ....
- $\sqrt{20}$ approssimata per eccesso a meno di una unità è .... perché ....^{2} = ... > ....

ESEMPI

1. $\sqrt{59} =$
- **7** radice quadrata approssimata per difetto a meno di una unità: $7^2 = 49 < 59$
- **8** radice quadrata approssimata per eccesso a meno di una unità: $8^2 = 64 > 59$

2. $\sqrt{40} =$
- **6** radice quadrata approssimata per difetto a meno di una unità: $6^2 = 36 < 40$
- **7** radice quadrata approssimata per eccesso a meno di una unità: $7^2 = 49 > 40$

Vogliamo stabilire adesso un criterio che ci permetta di riconoscere se un numero è un quadrato perfetto o no.
Consideriamo quindi dei radicandi che già sappiamo essere quadrati perfetti, per esempio:

$$\sqrt{100} = 10 \qquad \sqrt{36} = 6 \qquad \sqrt{64} = 8$$

e scomponiamoli in fattori primi:

$$\begin{array}{r|l} 100 & 2 \\ 50 & 2 \\ 25 & 5 \\ 5 & 5 \\ 1 & \end{array} \quad 100 = 2^2 \times 5^2 \qquad \begin{array}{r|l} 36 & 2 \\ 18 & 2 \\ 9 & 3 \\ 3 & 3 \\ 1 & \end{array} \quad 36 = 2^2 \times 3^2 \qquad \begin{array}{r|l} 64 & 2 \\ 32 & 2 \\ 16 & 2 \\ 8 & 2 \\ 4 & 2 \\ 2 & 2 \\ 1 & \end{array} \quad 64 = 2^6$$

Notiamo che tutti e tre sono uguali al prodotto di fattori primi tutti con esponente pari.
Possiamo quindi dire che:

Un numero qualsiasi è un quadrato perfetto se, scomposto in fattori primi, risulta uguale al prodotto di fattori tutti con esponente pari.

Consideriamo adesso la radice quadrata di questi quadrati perfetti, cioè 10, 6 e 8, e scomponiamola in fattori primi:

$$\begin{array}{r|l} 10 & 2 \\ 5 & 5 \\ 1 & \end{array} \quad 10 = 2 \times 5 \qquad \begin{array}{r|l} 6 & 2 \\ 3 & 3 \\ 1 & \end{array} \quad 6 = 2 \times 3 \qquad \begin{array}{r|l} 8 & 2 \\ 4 & 2 \\ 2 & 2 \\ 1 & \end{array} \quad 8 = 2^3$$

Confrontiamo la scomposizione in fattori primi del radicando e della relativa radice quadrata:

$$\begin{array}{lll} 100 = 2^2 \times 5^2 & 36 = 2^2 \times 3^2 & 64 = 2^6 \\ 10 = 2 \times 5 & 6 = 2 \times 3 & 8 = 2^3 \end{array}$$

In tutti e tre i casi la radice quadrata è data dal prodotto degli stessi fattori primi del radicando con esponente dimezzato, diciamo quindi che:

La radice quadrata di un numero che sia quadrato perfetto è data dal prodotto degli stessi fattori primi del numero dato con esponente dimezzato.

ESEMPIO

- Calcolare la radice quadrata dei seguenti numeri: **a)** 1 296, **b)** 1 225.

a)

1 296	2
648	2
324	2
162	2
81	3
27	3
9	3
3	3
1	

$1\,296 = 2^4 \times 3^4$

$\sqrt{1296} = 2^2 \times 3^2 = \mathbf{36} \rightarrow 36^2 = 1\,296$

b)

1 225	5
245	5
49	7
7	7
1	

$1\,225 = 5^2 \times 7^2$

$\sqrt{1225} = 5 \times 7 = \mathbf{35} \rightarrow 35^2 = 1\,225$

PROPRIETÀ DELLE RADICI QUADRATE

1 Consideriamo le seguenti espressioni e calcoliamone il valore:

$\sqrt{25 \times 4} = \sqrt{100} = 10$ e $\sqrt{25} \times \sqrt{4} = 5 \times 2 = 10$

$\sqrt{9 \times 16} = \sqrt{144} = 12$ e $\sqrt{9} \times \sqrt{16} = 3 \times 4 = 12$

L'uguaglianza dei risultati ora ottenuti ci permette di affermare che:

La radice quadrata di un prodotto è uguale al prodotto delle radici quadrate dei singoli fattori.

2 Consideriamo le seguenti espressioni e calcoliamone il valore:

$\sqrt{64 : 16} = \sqrt{4} = 2$ e $\sqrt{64} : \sqrt{16} = 8 : 4 = 2$

$\sqrt{324 : 9} = \sqrt{36} = 6$ e $\sqrt{324} : \sqrt{9} = 18 : 3 = 6$

L'uguaglianza dei risultati ora ottenuti ci permette di affermare che:

La radice quadrata di un quoziente è uguale al quoziente delle radici quadrate del dividendo e del divisore.

Per un primo controllo

1. Calcola la radice quadrata esatta o approssimata, per difetto o per eccesso, dei seguenti numeri: 36; 27; 50; 69; 100; 147.

2. Quali di questi numeri sono quadrati perfetti? Segnali:
3 600 ☐ 1 764 ☐ 7 350 ☐ 38 025 ☐ 43 200 ☐

3. Mediante la scomposizione in fattori primi, calcola le radici quadrate perfette dei seguenti numeri:
2 304; 4 225; 63 504; 82 944.

L'estrazione di radice quadrata

L'algoritmo per calcolare la radice quadrata di un numero qualsiasi non è del tutto semplice e ancora più laborioso sarebbe capirne la spiegazione. Limitiamoci a osservarne la procedura con un esempio, per impararla se ci servisse.

Calcolare la radice quadrata di 53 361.

1 Scomponiamo il numero in gruppi di due cifre da destra verso sinistra; l'ultimo gruppo (a sinistra) può essere formato anche da una sola cifra.

$\sqrt{5'33'61}$ |

2 Calcoliamo mentalmente la radice quadrata, esatta o approssimata per difetto a meno di una unità, del numero che forma il primo gruppo di cifre a sinistra, e cioè: $\sqrt{5} = 2$; 2 sarà la prima cifra della radice quadrata che stiamo calcolando.

| **2** ← **prima cifra**
$\sqrt{\mathbf{5}'33'61}$ |

3 Eleviamo al quadrato questo primo risultato, $2^2 = 4$, e sottraiamo 4 dal primo gruppo di cifre ottenendo così il primo resto.

| 2
$\sqrt{5'33'61}$ |
4
1
↑ **primo resto**

4 Abbassiamo il secondo gruppo di cifre, cioè 33, accanto al primo resto e separiamone l'ultima cifra a destra.

| 2
$\sqrt{5'3\,3'61}$ |
4
13'3

5 Raddoppiamo la prima cifra della radice, cioè $2 + 2 = 4$, e scriviamo 4 nella riga orizzontale sotto il 2.

| 2
$\sqrt{5'3\,3'61}$ | **4**
4
13'3

6 Calcoliamo il quoziente fra 13 e 4, $13 : 4 = 3$, e scriviamolo di seguito al 4; se questo quoziente fosse un numero maggiore di 9, considereremmo quoziente il 9.

| 2
$\sqrt{5'3\,3'61}$ | **43**
4
13'3

7 Moltiplichiamo tutto il numero ottenuto, cioè 43, ancora per lo stesso quoziente ottenuto prima; se questo prodotto (129) fosse stato maggiore di 133, avremmo abbassato il quoziente di una unità.

| 2
$\sqrt{5'3\,3'61}$ | $43 \times \mathbf{3} = \mathbf{129}$
4
13'3

8 Sottraiamo questo prodotto da 133 e otteniamo il secondo resto. Il quoziente prima ottenuto, cioè 3, è la seconda cifra della radice che stiamo calcolando e la trascriviamo accanto alla prima.

	23 ← **seconda cifra**
$\sqrt{5'33'61}$	$43 \times 3 = 129$
4	
1 33	
1 29	
// **4**	
↑ **secondo resto**	

9 Abbassiamo il terzo gruppo di cifre accanto al secondo resto e separiamone l'ultima cifra a destra. Raddoppiamo le prime due cifre della radice quadrata, 23 + 23 = 46, e scriviamo 46 nella seconda riga orizzontale.

	23
$\sqrt{5'33'6\ 1}$	$43 \times 3 = 129$
4	**46**
1 33	
1 29	
// **46'1**	

10 Calcoliamo il quoziente fra 46 e 46, cioè 46 : 46 = 1; scriviamo questo quoziente accanto al 46 prima calcolato e moltiplichiamo tutto il numero così ottenuto ancora per lo stesso quoziente.

	23
$\sqrt{5'33'61}$	$43 \times 3 = 129$
4	46**1** × **1** = **461**
1 3'3	
1 29	
// 46'1	

11 Sottraiamo questo prodotto ottenuto da 461 per ottenere l'ultimo resto. Il quoziente prima ottenuto, cioè 1, sarà l'ultima cifra della radice quadrata e la trascriviamo accanto alle prime due.

	231 ← **ultima cifra**
$\sqrt{5'33'61}$	$43 \times 3 = 129$
4	$461 \times 1 = 461$
1 33	
1 29	
// 461	
// **461**	
///	

231 è la radice quadrata di 53 361; essendo l'ultimo resto zero, è una radice quadrata perfetta, infatti $231^2 = 53\,361$.

Se vuoi estrarre la radice quadrata di un numero che non sia un quadrato perfetto, puoi considerare la radice quadrata approssimata a meno di una unità o, se vuoi un risultato più preciso, la radice quadrata **approssimata a meno di un decimo**, un **centesimo**, un **millesimo**...

Osserva come fare.

→ Per calcolare la radice quadrata **approssimata a meno di un decimo** (cioè a meno di 0,1), metti una virgola dopo l'ultima cifra del radicando e **aggiungi due zeri**. Quando abbassi il gruppo dei due zeri, metti una virgola nella radice.

	77,**2**
√59'6 7,**00**	147 × 7 = 1 029
49	1 542 × 2 = 3 084
10 6'7	
10 2 9	
// 3 8**0'0**	
3 08 4	
/ 71 6	

77,2 è la radice quadrata approssimata per difetto a meno di 0,1 e si scrive:

$$\overset{0,1}{\sqrt{5967}} = 77,2$$

→ Per calcolare la radice quadrata **approssimata a meno di un centesimo** (cioè a meno di 0,01), aggiungi altri due zeri: complessivamente quindi avrai dopo la virgola **due gruppi di due zeri**.

	77,**24**
√59'67,**00'00**	147 × 7 = 1 029
49	1 542 × 2 = 3 084
106'7	15 444 × 4 = 61 776
102 9	
///3 8 **0'0**	
3 0 8 4	
/ 7 16 **0'0**	
6 17 7 6	
/ 98 2 4	

77,24 è la radice quadrata approssimata per difetto a meno di 0,01 e si scrive:

$$\overset{0,01}{\sqrt{5967}} = 77,24$$

Riassumendo avremo:

$\overset{1}{\sqrt{5967}} = 77$ approssimata per difetto a meno di una unità

$\overset{0,1}{\sqrt{5967}} = 77,2$ approssimata per difetto a meno di 0,1 (un decimo)

$\overset{0,01}{\sqrt{5967}} = 77,24$ approssimata per difetto a meno di 0,01 (un centesimo)

Per un primo controllo

1. Calcola le radici quadrate esatte dei seguenti numeri:
4 761;   57 600;   141 376.

2. Calcola le radici quadrate approssimate a meno di 0,1 dei seguenti numeri:
3 958;   35 394;   414 753.

3. Calcola le radici quadrate approssimate a meno di 0,01 dei seguenti numeri:
5 858;   43 278;   389 537.

Un procedimento analogo ci permette di calcolare la radice quadrata di un numero decimale.
Bisogna solo fare in modo che le cifre decimali del radicando siano sempre in numero pari. Nel caso in cui non lo sono:

- se il numero è decimale limitato, si aggiungono degli zeri;
- se il numero è decimale periodico, si ripetono le cifre del periodo.

ESEMPIO

- Calcolare le seguenti radici quadrate:

a) $\overset{0,1}{\sqrt{51,72}}$

	7,1
√51;7 2	141 × 1 = 141
49	
//2 7·2	
1 4 1	
1 3 1	

c) $\overset{0,01}{\sqrt{3,279}}$

	1,81
√3;2 7·90	29 × 9 = 261
1	28 × 8 = 224
2 2·7	361 × 1 = 361
2 2 4	
// 3 9·0	
3 6 1	
/ 2 9	

b) $\overset{0,001}{\sqrt{71,3}}$

	8,443
√71;3 0·0 0·0 0	164 × 4 = 656
64	1684 × 4 = 6736
/7 3·0	16883 × 3 = 50649
6 5 6	
/7 4 0·0	
6 7 3 6	
/6 6 4 0·0	
5 0 6 4 9	
1 5 7 5 1	

d) $\overset{0,1}{\sqrt{5,\overline{71}}}$

	2,39
√5;7 1·7 1	44 × 4 = 176
4	43 × 3 = 129
1 7·1	469 × 9 = 4221
1 2 9	
/4 2 7·1	
4 2 2 1	
// 5 0	

Se, infine, devi calcolare la radice quadrata di una frazione, puoi avere due casi:

- se il numeratore e il denominatore sono quadrati perfetti, la radice quadrata si ottiene calcolando la radice quadrata di entrambi i termini della frazione;
- se il numeratore o il denominatore o entrambi non sono quadrati perfetti, si trasforma la frazione in numero decimale e poi, con le regole che abbiamo visto, si estrae la radice quadrata di questo numero.

ESEMPIO

- Estrarre la radice quadrata approssimata a meno di 0,01 delle seguenti frazioni:

a) $\frac{64}{23}$ **b)** $\frac{81}{100}$ **c)** $\frac{12}{9}$ **d)** $\frac{27}{5}$

a) 64 : 23 = 2,7826

	1,66
$\sqrt{2;78'26}$	28 × 8 = 224
1	27 × 7 = 189
17'8	26 × 6 = 156
156	326 × 6 = 1956
// 222'6	
1956	
// 270	

b) $\sqrt{\frac{81}{100}} = \frac{9}{10}$

c) 12 : 9 = $1,\overline{3}$

	1,15
$\sqrt{1;33'33}$	21 × 1 = 21
1	225 × 5 = 1125
// 3'3	
21	
123'3	
1125	
// 108	

d) 27 : 5 = 5,4

	2,32
$\sqrt{5;40'00}$	43 × 3 = 129
4	462 × 2 = 924
14'0	
129	
// 110'0	
924	
// 176	

L'USO DELLE TAVOLE NUMERICHE

Per calcolare la radice quadrata di un numero puoi ricorrere alle tavole numeriche che si trovano alla fine del tuo libro. Osserva.

Una tavola numerica è composta da cinque colonne che riguardano i numeri da 1 a 1000. Le colonne rappresentano:

n = colonna dei numeri naturali
n^2 = colonna dei quadrati
n^3 = colonna dei cubi
$\sqrt{n}$ = colonna delle radici quadrate
$\sqrt[3]{n}$ = colonna delle radici cubiche

n	n^2	n^3	$\sqrt{n}$	$\sqrt[3]{n}$
1	1	1	1	1,0000
2	4	8	1,4142	1,2599
3	9	27	1,7321	1,4422
4	16	64	2	1,5874
5	25	125	2,2361	1,7100
6	36	216	2,4495	1,8171
7	49	343	2,6458	1,9129
8	64	512	2,8284	2
9	81	729	3	2,0801
10	100	1000	3,1623	2,1544

➔ Se il numero di cui devi estrarre la radice quadrata è un numero naturale compreso fra 1 e 1000, basta cercare il numero dato direttamente nelle tavole nella colonna n e leggere la radice quadrata nella corrispondente colonna $\sqrt{n}$:

$$\sqrt{643} = 25{,}3574$$

n	n^2	n^3	$\sqrt{n}$	$\sqrt[3]{n}$
641	410 881	263 374 721	25,3180	8,6222
642	412 164	264 609 288	25,3377	8,6267
643	413 449	265 847 707	25,3574	8,6312
644	414 736	267 089 984	25,3772	8,6357
645	416 025	268 336 125	25,3969	8,6401
646	417 316	269 586 136	25,4165	8,6446
647	418 609	270 840 023	25,4362	8,6490

➔ Se il numero di cui devi estrarre la radice quadrata è un numero naturale compreso fra i 1000 e 1000000, cerca il numero nella colonna n^2:

– se il numero dato si trova in questa colonna, è un quadrato perfetto e il valore della sua radice quadrata lo leggi direttamente nella colonna n:

$$\sqrt{233\,289} = 483$$

n	n^2	n^3	$\sqrt{n}$	$\sqrt[3]{n}$
481	231 361	111 284 641	21,9317	7,8352
482	232 324	111 980 168	21,9545	7,8406
483	233 289	112 678 587	21,9773	7,8460
484	234 256	113 379 904	22,0000	7,8514
485	235 225	114 084 125	22,0227	7,8568
486	236 196	114 791 256	22,0454	7,8622

– se il numero dato non si trova in questa colonna, non è un quadrato perfetto; cerca allora i due numeri fra cui è compreso nella colonna n^2 e leggi nella colonna n i due numeri corrispondenti:

$$274\,576 < \mathbf{274\,591} < 275\,625$$

ovvero:

$$524^2 < \mathbf{274\,591} < 525^2$$

n	n^2	n^3	$\sqrt{n}$	$\sqrt[3]{n}$
521	271 441	141 420 761	22,8254	8,0466
522	272 484	142 236 648	22,8473	8,0517
523	273 529	143 055 667	22,8692	8,0569
524	274 576	143 877 824	22,8910	8,0620
525	275 625	144 703 125	22,9129	8,0671

Questi numeri saranno rispettivamente la radice quadrata approssimata per difetto e quella approssimata per eccesso a meno di una unità del numero dato:

$\sqrt{274591} = 524$ (*radice quadrata approssimata per difetto* a meno di una unità)

oppure:

$\sqrt{274591} = 525$ (*radice quadrata approssimata per eccesso* a meno di una unità)

Segui l'esempio e poi prova tu.

- $\sqrt{521}$ approssimata a meno di:
  una unità è **22**; 0,1 è **22,8**; 0,01 è **22,82**.
- $\sqrt{645}$ approssimata a meno di:
  una unità è ....; 0,1 è ....; 0,01 è ....
- $\sqrt{861}$ approssimata a meno di:
  una unità è ....; 0,1 è ....; 0,01 è ....

I numeri irrazionali assoluti

L'operazione di estrazione di radice quadrata nell'insieme Q^+ ci permette di fare alcune osservazioni.

- Se il numero di cui vogliamo estrarre la radice quadrata è un quadrato perfetto, nell'insieme Q^+ esiste sempre un numero razionale che, elevato alla seconda, ci dà il numero dato; cioè l'**operazione di estrazione di radice quadrata di un quadrato perfetto è interna a Q^+**:

$$\sqrt{169} = \mathbf{13} \qquad \sqrt{0,0049} = \mathbf{0,07} \qquad \sqrt{\frac{25}{16}} = \frac{\mathbf{5}}{\mathbf{4}}$$

- Se il numero di cui vogliamo estrarre la radice quadrata non è un quadrato perfetto, la radice quadrata sarà approssimata per difetto o per eccesso a meno di 0,1, 0,01, ...

Ma che tipo di numero è questa radice quadrata approssimata?

Se provi a calcolare la radice quadrata di un numero non quadrato perfetto, per esempio quella di 2 o di 3, cercando di approssimarla il più possibile, ti accorgerai che pur continuando all'infinito, otterrai:

- resto sempre diverso da zero;
- un risultato quindi con infinite cifre decimali;
- cifre decimali che non si ripetono mai.

Non otterrai mai, quindi, un numero decimale limitato e neanche un numero decimale periodico:

$$\sqrt{2} = 1,414213562373095048...$$
$$\sqrt{3} = 1,732050807568877293...$$

Possiamo concludere affermando che l'**operazione di estrazione di radice non è interna all'insieme Q^+**.

L'estrazione di radice di un numero non quadrato perfetto ci porta alla conclusione che esistono altri numeri decimali che sono **illimitati non periodici**.

Chiamiamo questi numeri **irrazionali assoluti** e l'insieme formato da questi numeri è l'**insieme dei numeri irrazionali assoluti** che indichiamo con I^+.

Diciamo che:

- Si chiama **numero irrazionale assoluto** un numero decimale illimitato non periodico.
- I numeri irrazionali assoluti formano l'**insieme dei numeri irrazionali assoluti**, I^+.

L'unione dell'insieme dei numeri razionali assoluti Q^+ e dell'insieme dei numeri irrazionali assoluti I^+ formano un nuovo insieme numerico, l'**insieme dei numeri reali assoluti**, R^+.

Riassumiamo con uno schema gli insiemi numerici finora studiati.

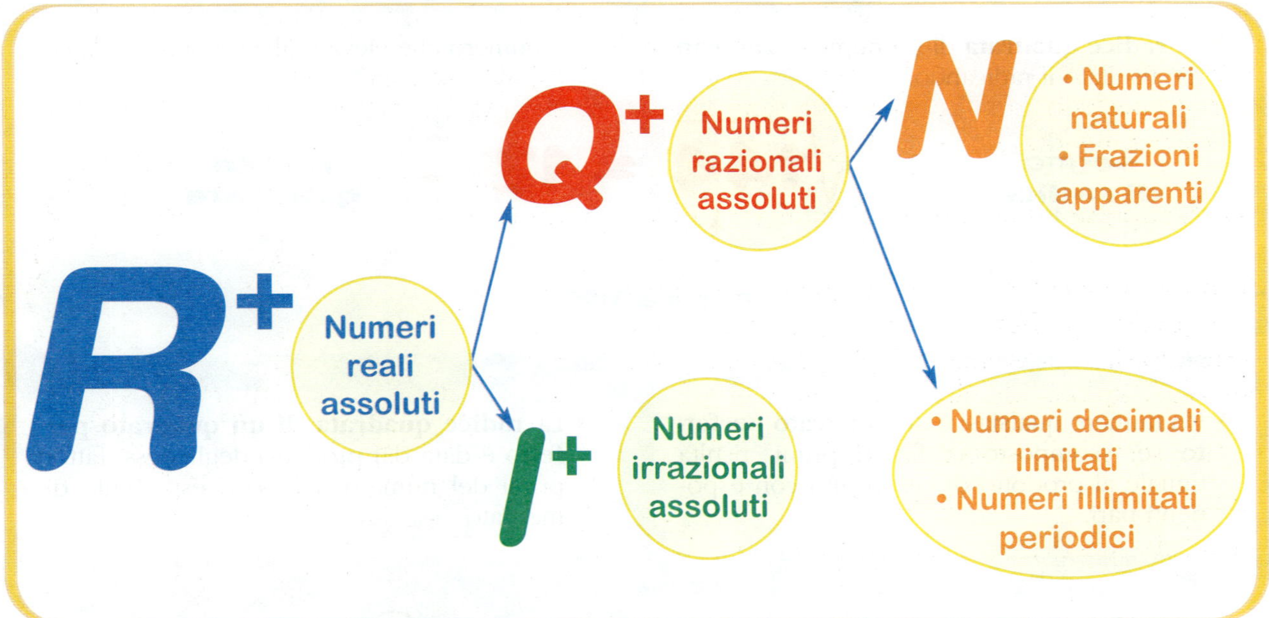

L'insieme R^+ può essere rappresentato con un diagramma di Eulero-Venn:

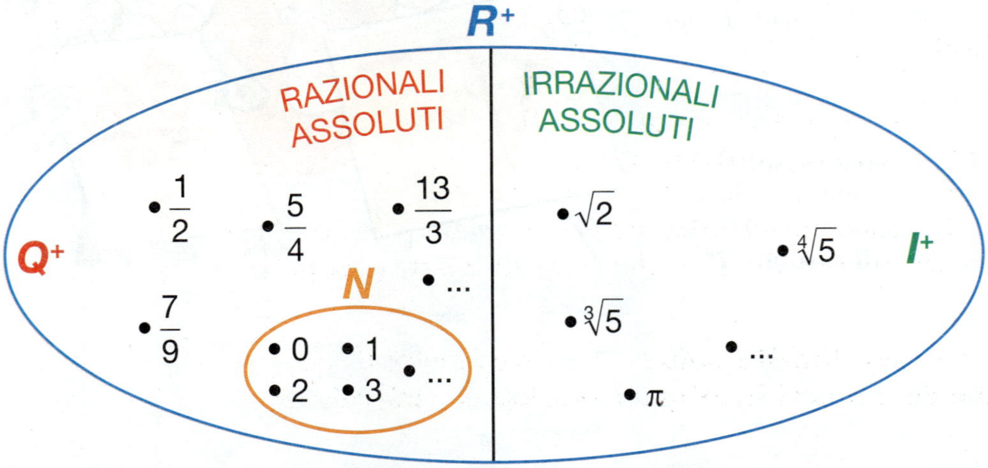

da ricordare

2 UNA NUOVA OPERAZIONE

- Si chiama **estrazione di radice** il procedimento che ci permette di trovare la base conoscendo l'esponente e la potenza.
- L'estrazione di radice è l'**operazione inversa** dell'elevamento a potenza.

- La **radice quadrata** di un numero, **radicando**, è quel numero che elevato alla seconda ci dà come risultato il radicando.

$$\sqrt{144} = 12$$

segno di radice → $\sqrt{}$; radicando → 144; radice quadrata → 12

- Un numero qualsiasi è un **quadrato perfetto** se, scomposto in fattori primi, risulta uguale al prodotto di fattori tutti con esponenti pari.

- La **radice quadrata di un quadrato perfetto** è data dal prodotto degli stessi fattori primi del numero dato con esponente dimezzato.

- La **radice quadrata di un prodotto** è uguale al prodotto delle radici quadrate dei singoli fattori.
- La **radice quadrata di un quoziente** è uguale al quoziente delle radici quadrate del dividendo e del divisore.

- Si chiama **numero irrazionale assoluto** un numero decimale illimitato non periodico.
- I numeri irrazionali assoluti formano l'**insieme dei numeri irrazionali assoluti**, I^+.

il numero 3

PROBLEMI E TECNICHE RISOLUTIVE

CONTENUTI

- Per risolvere un problema
- Il metodo grafico
- I diagrammi di flusso
  - Tipi di diagrammi di flusso

Ciò che
DEVI SAPERE
per affrontare lo studio di questa unità:

- i procedimenti di calcolo in $\boldsymbol{N}$ e $\boldsymbol{Q}^+$

Ciò che
SAPRAI
con lo studio di questa unità:

- il metodo grafico per la risoluzione dei problemi
- i diagrammi di flusso

Ciò che
SAPRAI FARE
con lo studio di questa unità:

- risolvere un problema applicando il metodo grafico
- disegnare il diagramma di flusso che guida alla risoluzione di un problema

Per risolvere un problema

Riprendiamo il discorso sulla risoluzione dei problemi per occuparci di alcune tecniche che possono aiutarci a individuare più facilmente il procedimento risolutivo.

Ricorda innanzi tutto che la risoluzione di un problema passa attraverso le tre fasi che già conosci e devi tenere sempre presenti.

Rivediamole nel seguente schema:

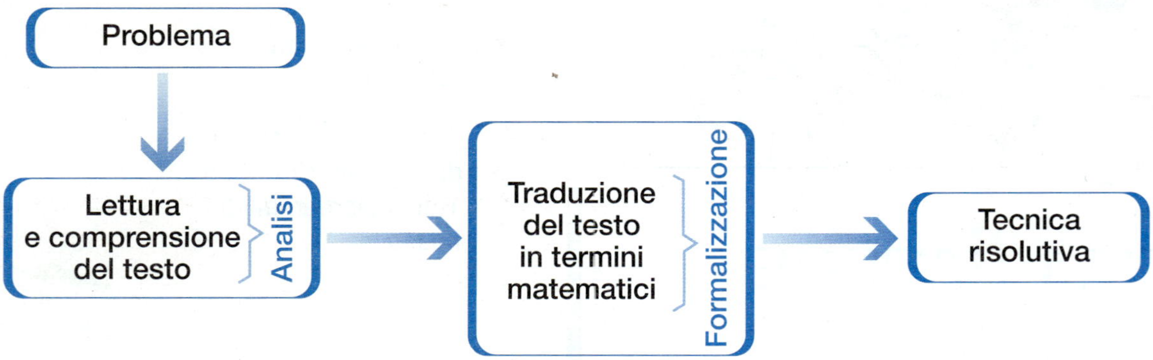

Molto importante, come sai, è la fase della **formalizzazione** del problema che consiste nel tradurre in termini matematici il problema per poter scegliere la tecnica risolutiva più adatta e quindi passare alla stesura dell'algoritmo e alla sua elaborazione.

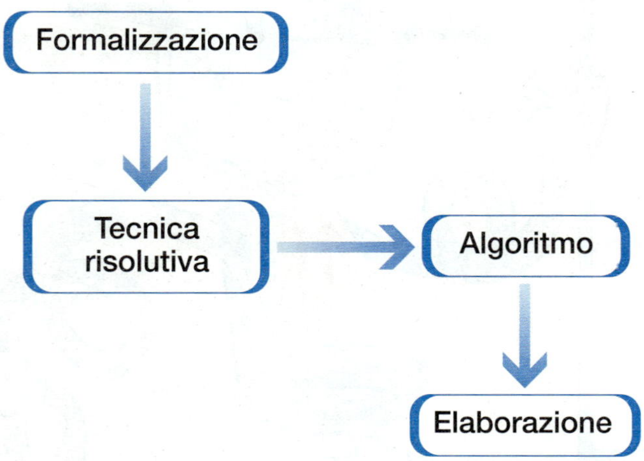

Analizziamo adesso due metodi di risoluzione: il **metodo grafico** e i **diagrammi di flusso**.

Il metodo grafico

Il metodo grafico consiste nella rappresentazione grafica opportuna dei dati. Ciò permette di evidenziare bene le relazioni che intercorrono fra i dati stessi e suggerisce visibilmente la risoluzione.

Risolviamo assieme qualche problema per impadronirci di questo metodo.

1° problema

Antonio e Paola hanno complessivamente 25 biglie e Paola ne ha 7 in meno di Antonio. Calcola quante biglie ha Antonio e quante Paola.

Risoluzione

Indichiamo con a e b rispettivamente le biglie di Antonio e quelle di Paola, avremo:

Dati	**Richieste**
$a + b = 25$	$a = ?$
$a - b = 7$	$b = ?$

Rappresentiamo i dati graficamente con due segmenti:

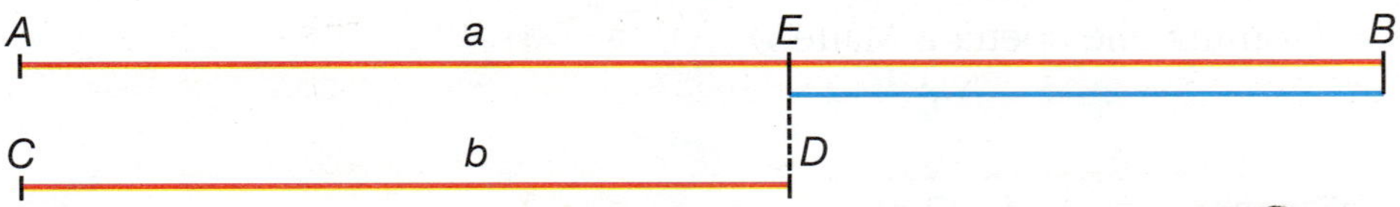

Il segmento AB rappresenta le biglie di Antonio e il segmento CD le biglie di Paola; il segmento EB rappresenterà quindi la differenza fra le biglie di Antonio e quelle di Paola.
È chiaro che sottraendo dalla somma dei due segmenti la loro differenza otteniamo il doppio delle biglie di Paola, per cui avremo:

$25 - 7 = 18$ (doppio delle biglie di Paola)
$18 : 2 = 9$ (biglie di Paola)
$9 + 7 = 16$ (biglie di Antonio)

Risposta

Antonio ha 16 biglie e Paola 9.

2° problema

Due amici, Matteo e Carmelo, devono dividersi una vincita di € 350 in modo tale che Matteo abbia € 50 in più di Carmelo. Quanto spetterà a ciascuno di loro?

Risoluzione

Indichiamo con S_M la somma che spetta a Matteo e con S_C quella che spetta a Carmelo; avremo:

Dati	**Richieste**
Somma da dividere = € 350	$S_M = ?$
$S_M = S_C + € 50$	$S_C = ?$

Rappresentiamo i dati graficamente:

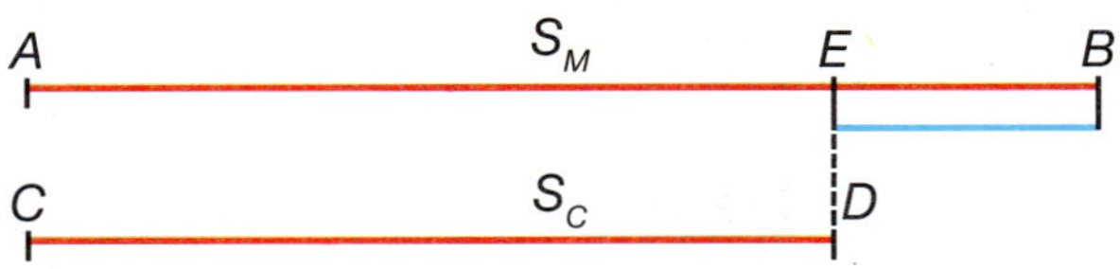

Il segmento *EB* rappresenta i 50 euro in più di Matteo. Osservando il grafico avremo quindi:

€ (350 – 50) = € 300 (doppio della somma che spetta a Carmelo)
€ (300 : 2) = € 150 (somma che spetta a Carmelo)
€ (150 + 50) = € 200 (somma che spetta a Matteo)

Risposta

A Matteo spetteranno € 200 e a Carmelo € 150.

3° problema

A una gita partecipano complessivamente 80 persone fra uomini, donne e ragazzi. Le donne sono 4 in più dei ragazzi e gli uomini 3 in più delle donne. Quanti sono rispettivamente gli uomini, le donne e i ragazzi che partecipano alla gita?

Risoluzione

Indichiamo con u, d e r rispettivamente il numero degli uomini, quello delle donne e quello dei ragazzi che partecipano alla gita. Avremo:

Dati	**Richieste**
Partecipanti = 80	$u = ?$
$d = r + 4$	$d = ?$
$u = d + 3$	$r = ?$

Rappresentiamo graficamente i dati:

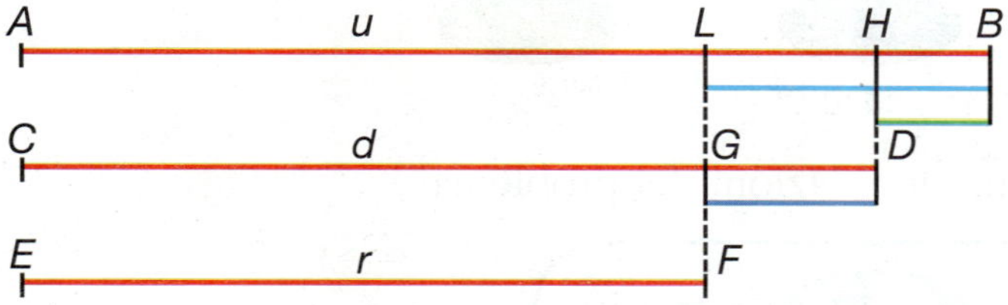

Osserva il grafico: il segmento *GD* rappresenta le 4 donne in più rispetto ai ragazzi, il segmento *HB* i 3 uomini in più rispetto alle donne e il segmento *LB* i 7 uomini in più rispetto ai ragazzi.
Avremo quindi:

80 – (7 + 4) = 69 (triplo del numero dei ragazzi)
69 : 3 = 23 (numero dei ragazzi)
23 + 4 = 27 (numero delle donne)
23 + 7 = 30 (numero degli uomini)

Risposta

Alla gita partecipano 30 uomini, 27 donne e 23 ragazzi.

4° problema

Il signor Bellini ha acquistato un cellulare, un televisore e una calcolatrice. Sapendo che per il cellulare e il televisore ha speso € 550, per il cellulare e la calcolatrice € 450 e per il televisore e la calcolatrice € 200, calcola il costo di ciascun acquisto.

Risoluzione

Indichiamo con *ce*, *t* e *ca* rispettivamente il costo del cellulare, del televisore e della calcolatrice; avremo:

Dati	Richieste
ce + *t* = € 550	*ce* = ?
ce + *ca* = € 450	*t* = ?
t + *ca* = € 200	*ca* = ?

Rappresentiamo adesso i dati nel seguente modo:

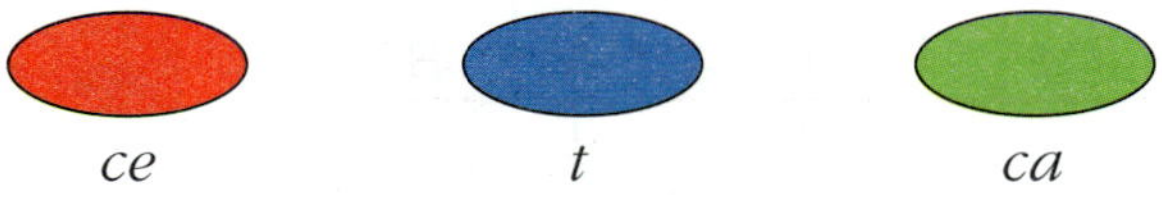

e con questi grafici rappresentiamo le relazioni del problema:

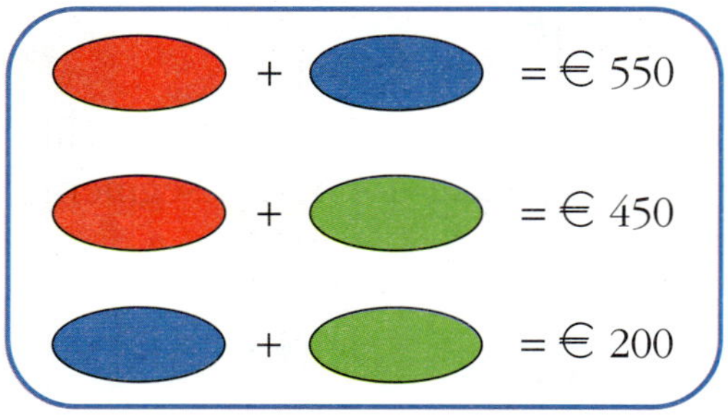

L'esame del grafico ci evidenzia che la somma di € 550, € 450 e € 200 non è altro che il doppio della spesa effettivamente fatta. Per cui:

€ (550 + 450 + 200) : 2 = 1 200 : 2 = € 600 (spesa effettuata)
€ (600 – 550) = € 50 (costo della calcolatrice)
€ (600 – 450) = € 150 (costo del televisore)
€ (600 – 200) = € 400 (costo del cellulare)

Risposta

Il costo del cellulare è di € 400, quello del televisore di € 150 e quello della calcolatrice di € 50.

5° problema

La mamma ha comprato 5 magliette e 3 sciarpe spendendo in tutto € 220. La zia, che invece ha comprato 5 magliette e 5 sciarpe uguali a quelle della mamma, ha speso in tutto € 250. Quanto costa una maglietta e quanto una sciarpa?

Risoluzione

Indichiamo con c_m e c_s rispettivamente il costo di una maglietta e il costo di una sciarpa; avremo:

Dati	Richieste
$5\ c_m + 3\ c_s =$ € 220	$c_m = ?$
$5\ c_m + 5\ c_s =$ € 250	$c_s = ?$

Rappresentiamo i dati nel seguente modo:

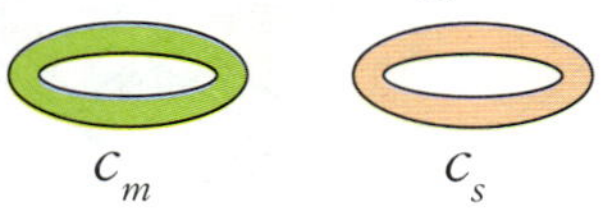

e con questi grafici rappresentiamo le relazioni del problema:

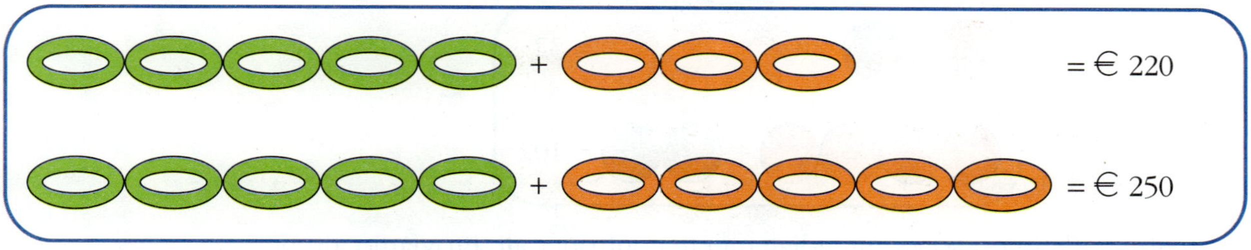

L'esame del grafico ci evidenzia che: € 250 – € 220 = 

Per cui:

€ (250 – 220) : 2 = € 15 (costo di una sciarpa)
€ (15 × 3) = € 45 (costo di 3 sciarpe)
€ (220 – 45) = € 175 (costo di 5 magliette)
€ (175 : 5) = € 35 (costo di una maglietta)

Risposta

Una maglietta costa € 35 e una sciarpa € 15.

6° problema

In un parcheggio si trovano 32 veicoli fra automobili e motociclette. Il custode si è divertito a contare complessivamente le loro ruote che sono, in totale, 102. Quante automobili e quante motociclette ci sono nel parcheggio?

Risoluzione

Indichiamo con N_a il numero delle automobili e con N_m il numero delle motociclette; avremo:

Dati	Richieste
$N_a + N_m = 32$	$N_a = ?$
$4\,N_a + 2\,N_m = 102$	$N_m = ?$

Rappresentiamo adesso graficamente i dati nel seguente modo:

e con questi grafici rappresentiamo le relazioni espresse nei dati:

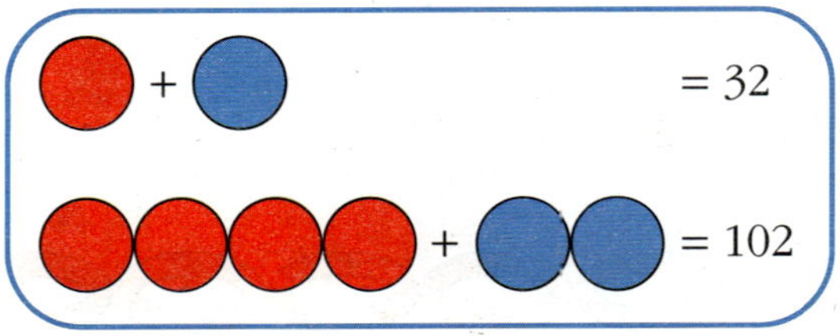

Nel grafico i dati non sono immediatamente confrontabili. Proviamo a renderli confrontabili uguagliando o il numero delle automobili o quello delle motociclette. Lo facciamo, per esempio, raddoppiando entrambi i dati del primo grafico; avremo:

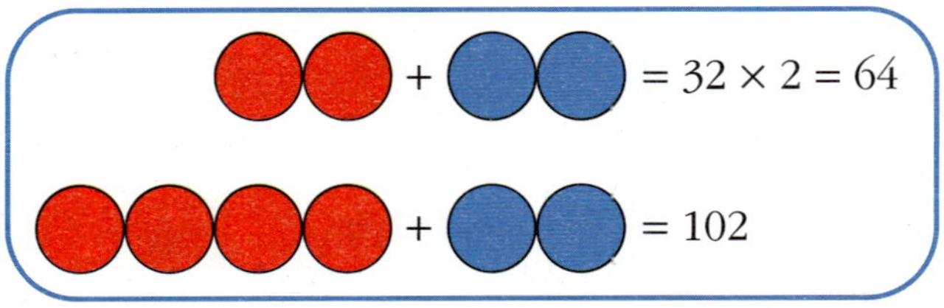

Il grafico adesso ci evidenzia che:

102 – 64 = 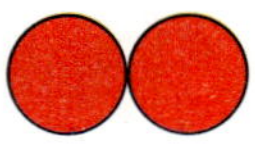 per cui:

(102 – 64) : 2 = 38 : 2 = 19 (numero delle automobili)
32 – 19 = 13 (numero delle motociclette)

Risposta

Nel parcheggio ci sono 19 automobili e 13 motociclette.

Per un primo controllo

Risolvi con il metodo grafico i seguenti problemi.

1. Marisa e Carla devono dividersi 35 caramelle in modo tale che Marisa abbia 5 caramelle in più di Carla. Quante caramelle spetteranno a ciascuna di loro?

2. Alberto ha acquistato un libro, una rivista e un CD. Sapendo che per il libro e la rivista ha speso € 17, per la rivista e il CD € 12 e per il libro e il CD € 19, calcola il costo di ciascun acquisto.

3. Dal giornalaio ho acquistato 3 quotidiani e 2 settimanali spendendo in tutto € 6,60. Mia cugina, che invece ha comprato 3 quotidiani e 4 settimanali uguali a quelli che ho comprato io, ha speso in tutto € 10,20. Quanto costa un quotidiano e quanto un settimanale?

I diagrammi di flusso

Abbiamo visto che il modo migliore per affrontare un problema matematico è quello di aiutarsi, quando è possibile, con un grafico. Come sai, ci sono problemi di carattere vario che non richiedono operazioni aritmetiche, ma che consistono nel trovare la soluzione a situazioni di tipo pratico attraverso operazioni da compiere come, per esempio:

- recarsi in piazza...;
- preparare un tè alla menta;
- invitare gli amici alla festa di compleanno.

Per trovare la soluzione a situazioni di questo tipo è necessario, come per qualsiasi problema, ipotizzare la sequenza logica delle operazioni attraverso le quali risolvere il problema. Tale sequenza logica può essere rappresentata graficamente con uno schema detto **diagramma di flusso**.

Il **diagramma di flusso** è la rappresentazione grafica e sintetica del procedimento che si intende seguire per risolvere un problema.

Il **diagramma di flusso** mette in evidenza non solo le operazioni da eseguire, ma anche la relazione logico-temporale fra le operazioni stesse, le scelte alternative che la soluzione può presentare e quindi i relativi percorsi alternativi.
Il diagramma di flusso si avvale, per la sua stesura, di alcuni simboli e regole. Osserviamo i simboli più importanti:

- l'**ovale** indica l'inizio o la fine del diagramma. In esso si scrive VIA (o START) e FINE (o END);

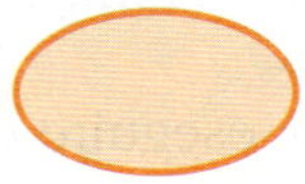

- il **parallelogramma** indica l'operazione di avvio quale l'acquisizione dei dati;

- il **rettangolo** indica tutte le successive operazioni da eseguire;

- il **rombo** indica un momento di analisi della situazione e quindi la scelta del procedimento adatto. Al suo interno tale momento è descritto sotto forma di domanda alla quale si può rispondere Sì o No; in base alla risposta, due frecce uscenti dal blocco indicano il procedimento da seguire.

Affinché la stesura e la lettura di un diagramma di flusso non siano arbitrarie, bisogna attenersi a delle regole ben precise:

- da ogni blocco iniziale deve **uscire una sola freccia**;
- in ogni blocco finale deve **entrare una sola freccia**;

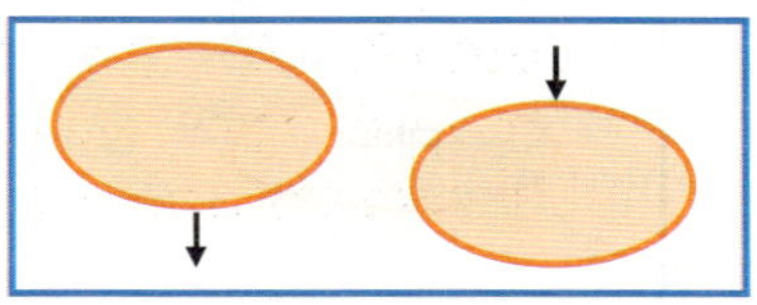

- da ogni rettangolo o parallelogramma deve **entrare e uscire una sola freccia**;

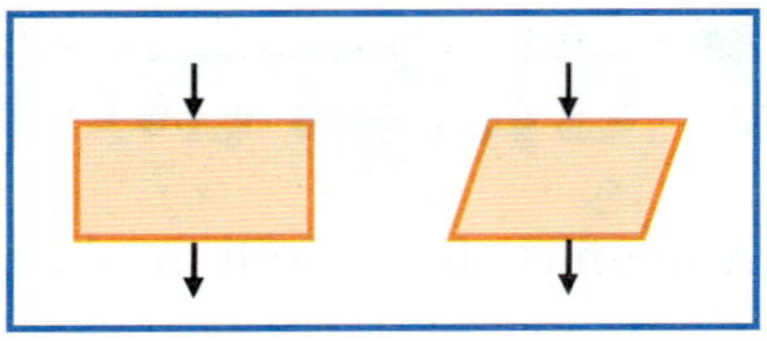

- in ogni rombo deve **entrare una sola freccia** e ne devono **uscire due**.

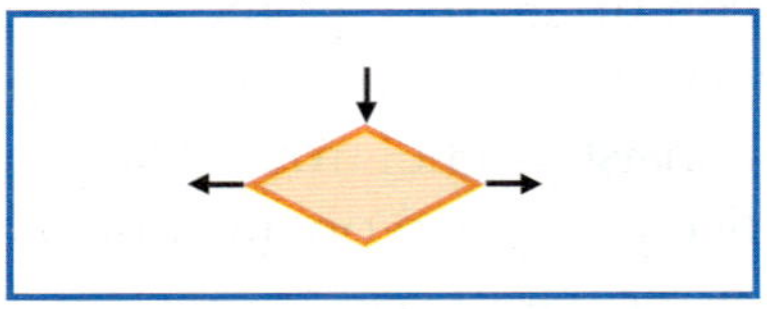

Inoltre:

- ogni freccia o **entra in un blocco** o **si inserisce in un'altra freccia**;
- ogni blocco deve essere **raggiungibile dal blocco iniziale** e **collegato al blocco finale** dalle frecce.

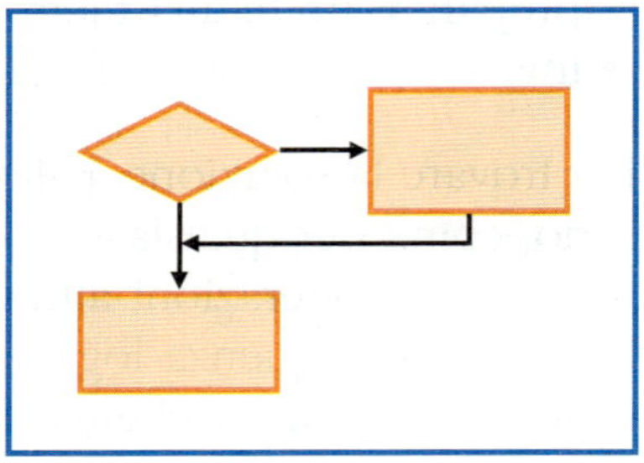

TIPI DI DIAGRAMMI DI FLUSSO

Possiamo distinguere tre tipi di diagrammi di flusso.

1 Diagramma della sequenza o a struttura sequenziale

È il più semplice; in esso si arriva alla soluzione attraverso una sequenza di operazioni, una successiva all'altra.

Esempio: eseguire con la calcolatrice 56 : 8.

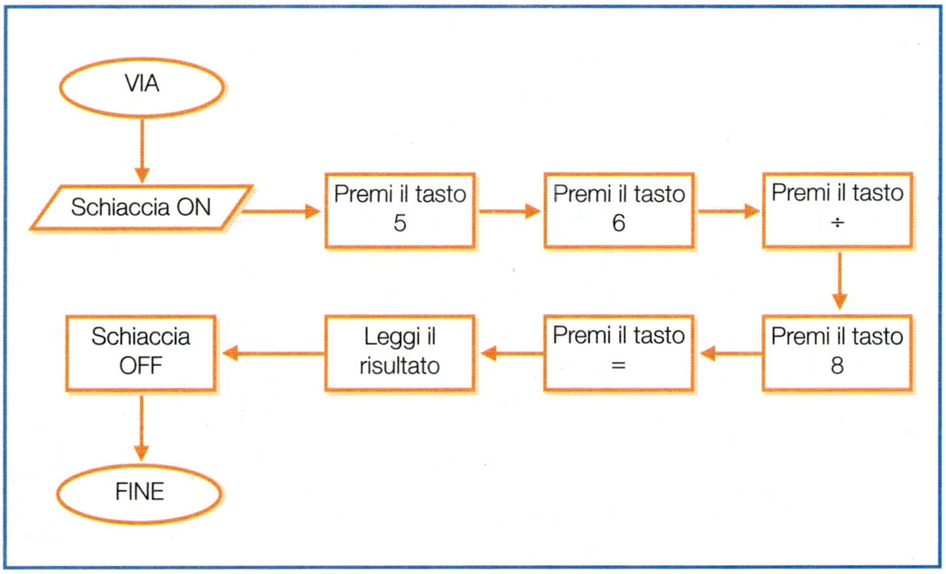

2 Diagramma della selezione

In esso si arriva alla soluzione anche con momenti decisionali che implicano nel diagramma due percorsi alternativi in base alla scelta Sì oppure No.

Esempio: telefonare a un amico per chiedere di andare assieme al parco (diagramma a fianco).

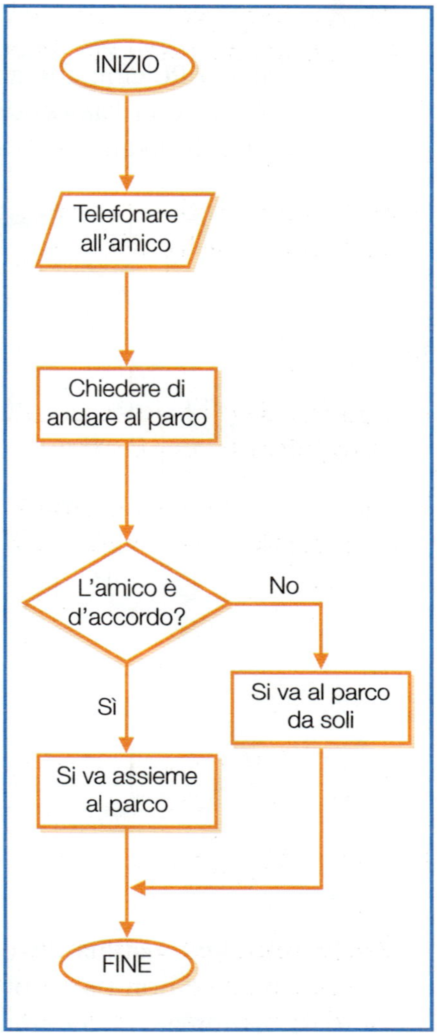

3 Diagramma dell'iterazione o a struttura ciclica

In esso una o più operazioni si ripetono fino al determinarsi di qualche condizione necessaria al proseguimento delle operazioni.

Esempio: scegliere un paio di scarpe della giusta misura, 37 o 38, a seconda del modello.

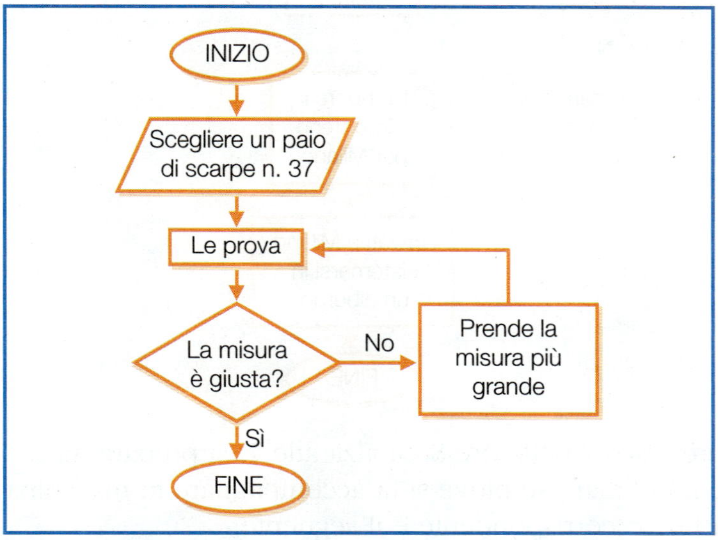

Mettiamo in pratica quanto appreso attraverso alcuni esempi.

ESEMPI

1. Richiedere alla Telecom il numero telefonico della pizzeria "Bella Napoli".
Il diagramma di flusso corrispondente è il seguente:

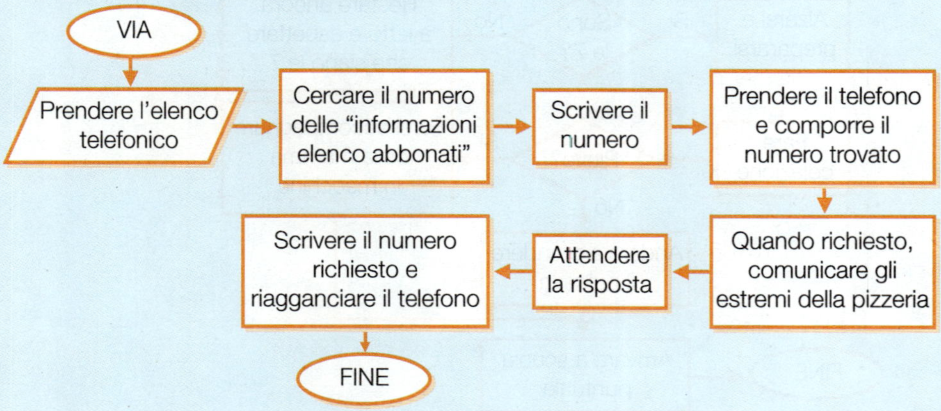

2. La famiglia Pulcini, che abita a Napoli, deve recarsi a Milano. Se ci saranno posti liberi partirà con l'aereo delle ore 9, altrimenti prenderà il primo treno che parte in mattinata. Il diagramma di flusso corrispondente è il seguente:

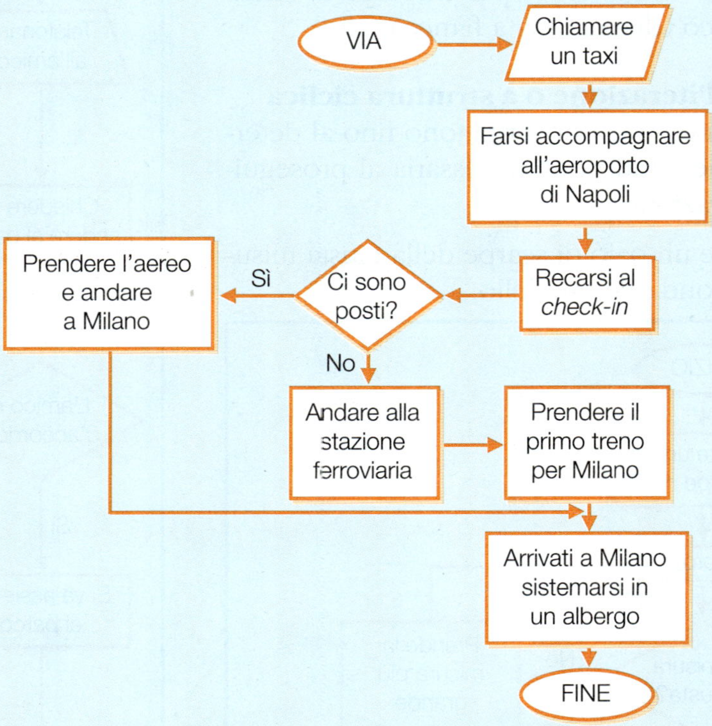

3. Pierino ogni mattina deve essere a scuola alle ore 8. Si alza alle 7, si prepara, fa colazione e se non piove prende il pullman, se piove si fa accompagnare in macchina dalla mamma. Il diagramma di flusso corrispondente è il seguente:

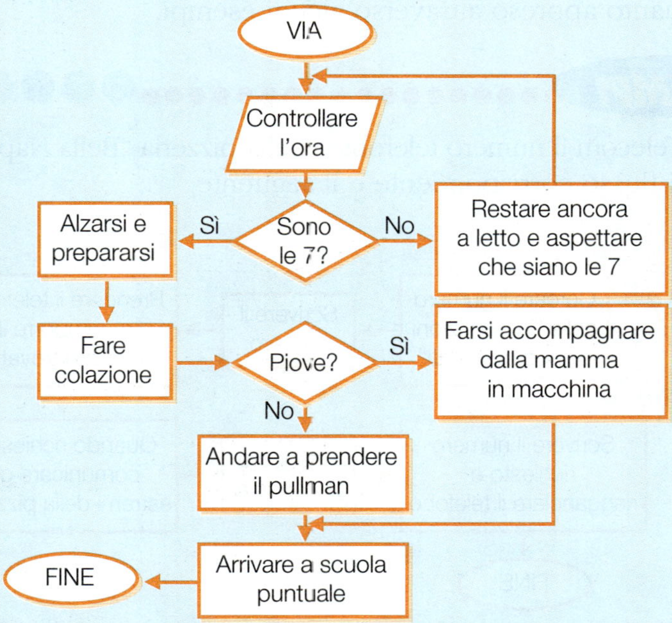

- Consideriamo adesso alcuni esempi di problemi aritmetici.

4. Verificare se il numero *a* è divisibile per 3. Il diagramma di flusso è il seguente:

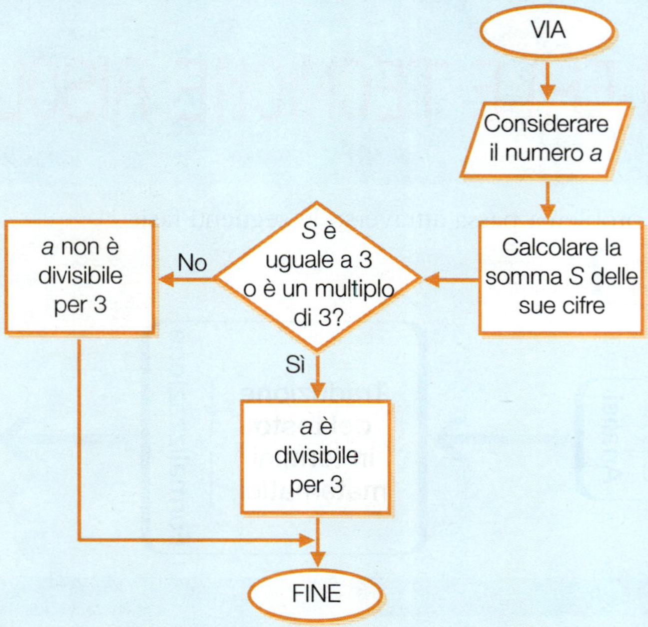

5. Calcolare il m.c.m. fra due numeri *a* e *b* (*a* > *b*) con il metodo della scomposizione in fattori primi. Il relativo diagramma di flusso è il seguente:

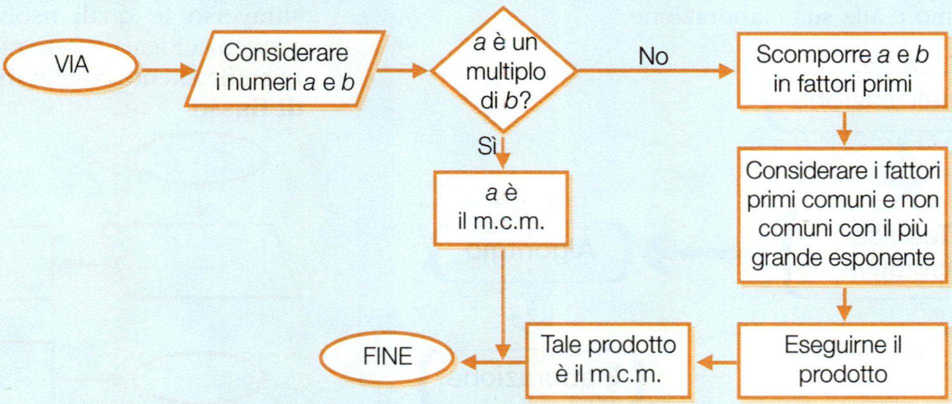

6. La paga settimanale di Antonio è di € 12 ma questa settimana ha ricevuto € 5 in più dalla nonna. Avendo speso già € 9,40, quanto gli rimane?

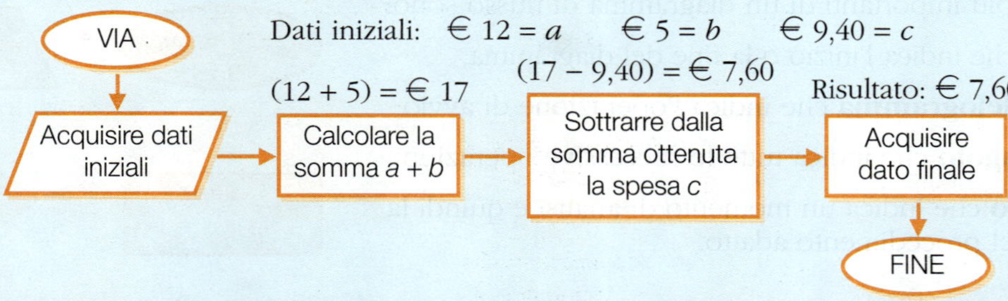

da ricordare

3 PROBLEMI E TECNICHE RISOLUTIVE

➔ La risoluzione di un problema passa attraverso le seguenti fasi:

➔ La fase della **formalizzazione** consiste nel tradurre in termini matematici il problema per passare alla tecnica risolutiva più adatta e quindi alla stesura dell'algoritmo e alla sua elaborazione.

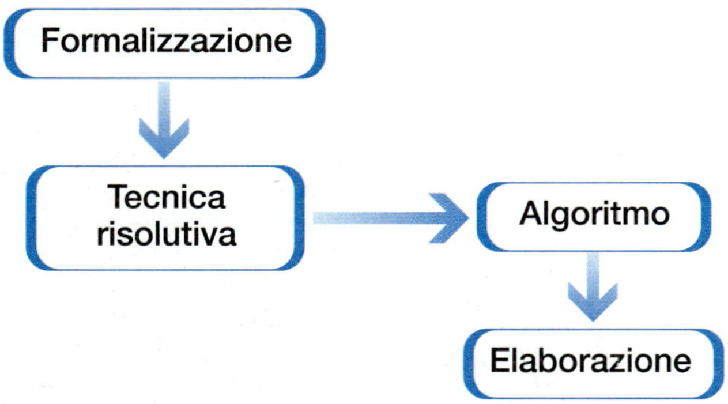

➔ Per trovare la soluzione a un problema è necessario anche ipotizzare la sequenza logica delle operazioni attraverso le quali risolverlo. Tale sequenza logica si può rappresentare graficamente con un **diagramma di flusso**.

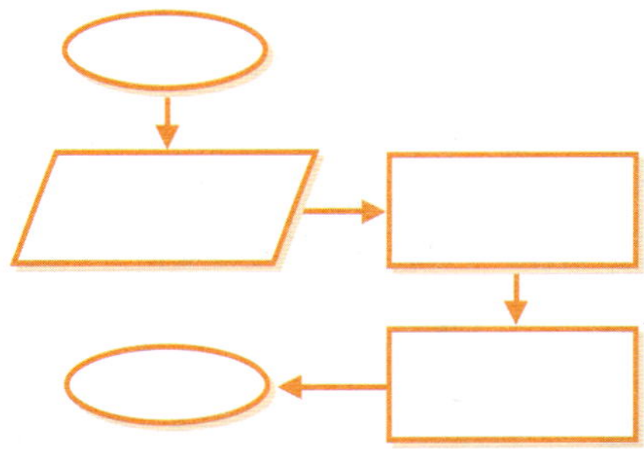

➔ I simboli più importanti di un diagramma di flusso sono:

– l'**ovale** che indica l'inizio o la fine del diagramma;

– il **parallelogramma** che indica l'operazione di avvio;

– il **rettangolo** che indica tutte le successive operazioni;

– il **rombo** che indica un momento di analisi e quindi la scelta del procedimento adatto.

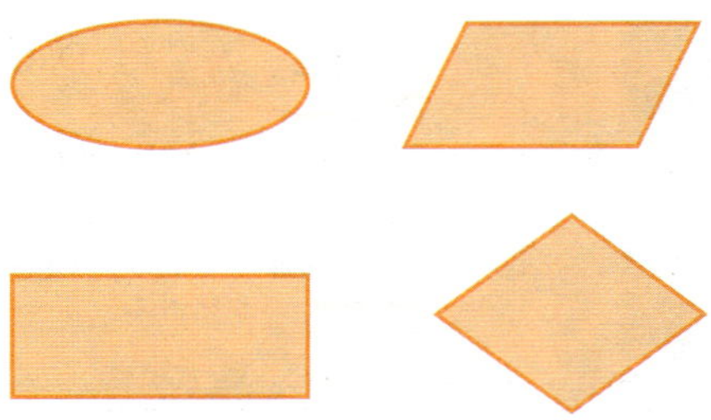

il numero 4

I NUMERI INTERI RELATIVI

CONTENUTI

- **Dall'insieme *N* all'insieme *Q***
  - I numeri con il segno
- **L'insieme *Z***
  - Generalità sui numeri interi
  - Confronto di numeri interi
- **Le quattro operazioni in *Z***
  - Le espressioni con i numeri interi

Ciò che
DEVI SAPERE
per affrontare lo studio di questa unità:

- tutto ciò che riguarda l'insieme ***N***
- i procedimenti di calcolo in ***N***

Ciò che
SAPRAI
con lo studio di questa unità:

- il concetto di numero relativo
- il concetto di numero intero
- le quattro operazioni fondamentali con i numeri interi

Ciò che
SAPRAI FARE
con lo studio di questa unità:

- riconoscere e usare i numeri interi
- confrontare i numeri interi
- eseguire le quattro operazioni con i numeri interi

Dall'insieme *N* all'insieme *Q*

Continuiamo il nostro studio ricordando ciò che abbiamo imparato sui numeri. Il primo insieme numerico che abbiamo scoperto è stato l'**insieme dei numeri naturali**, l'insieme ***N***, di cui sappiamo che:

- è infinito e ordinato;
- è chiuso rispetto all'addizione e alla moltiplicazione;
- in esso non sempre sono possibili la sottrazione e la divisione.

L'impossibilità di trovare sempre in ***N*** il quoziente tra due numeri naturali ci ha portati a vedere la frazione come il quoziente sempre possibile e abbiamo scoperto l'**insieme dei numeri razionali assoluti**, cioè l'insieme Q^+. Di questo insieme sappiamo che:

- è infinito e ordinato;
- è chiuso rispetto all'addizione, alla moltiplicazione e alla divisione;
- in esso non sempre è possibile la sottrazione;
- è formato dai numeri decimali limitati e illimitati periodici;
- contiene l'insieme ***N***, ovvero i numeri naturali fanno parte dell'insieme Q^+.

Possiamo constatare quest'ultima affermazione, considerando che:

– il numero 1 si può sempre scrivere sotto forma di frazione avente numeratore e denominatore uguali;	$\frac{5}{5} = 1; \quad \frac{7}{7} = 1$
– un numero naturale qualsiasi si può sempre scrivere sotto forma di frazione avente denominatore uguale a 1 o numeratore multiplo del denominatore;	$\frac{3}{1} = 3; \quad \frac{21}{3} = 7$
– il numero 0 si può sempre scrivere sotto forma di frazione avente 0 come numeratore.	$\frac{0}{12} = 0; \quad \frac{0}{9} = 0$

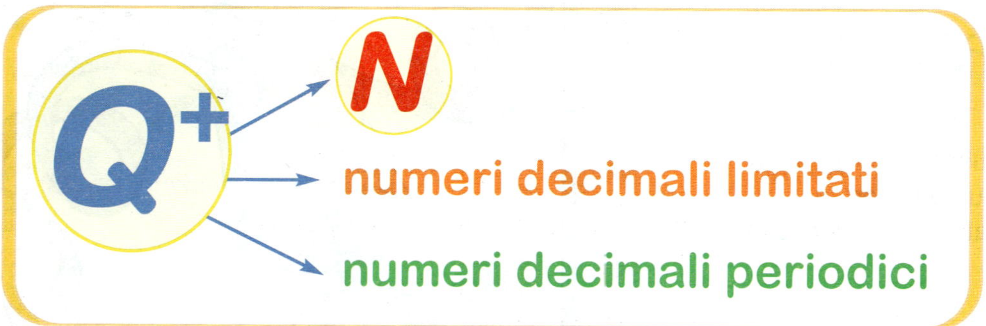

Negli insiemi Q^+ e ***N*** quindi non è sempre possibile eseguire la sottrazione; questo problema e un altro di natura pratica, come vedremo, portano alla necessità di ampliare ulteriormente i nostri numeri.

I NUMERI CON IL SEGNO

Supponiamo di voler indicare su un termometro che la temperatura è di 5 °C o di voler scrivere su un'agenda che il nostro bilancio è di € 150.
Ci accorgiamo subito di non poterlo fare perché le due operazioni non sono chiare.
La temperatura è di 5 °C sopra o sotto lo zero?
Il nostro bilancio è in attivo (abbiamo 150 euro) o in passivo (dobbiamo dare 150 euro)?

Come forse sai già, per indicare:

- **temperature sopra o sotto lo zero**,
- **altitudini sopra o sotto il livello del mare**,
- **bilanci in attivo o in passivo**,
- **date prima o dopo Cristo**,
- **ecc**.

si ricorre all'uso di **numeri preceduti dal segno + o dal segno –**.

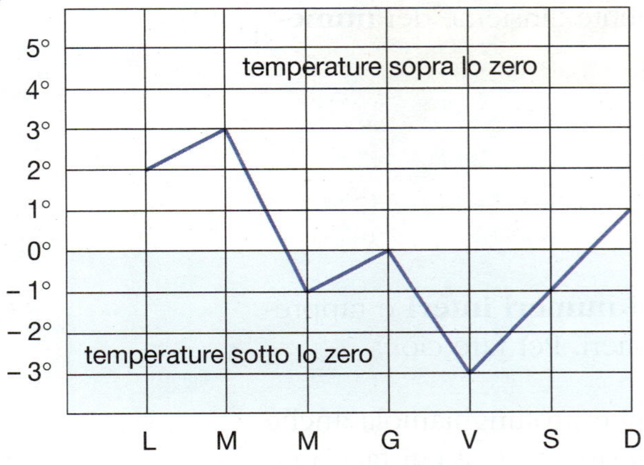

Tutti i numeri naturali o razionali che conosciamo preceduti dal segno + o dal segno – si chiamano rispettivamente:

→ +9   –8   +24   –35   +230 → **numeri interi relativi**
o semplicemente **numeri interi**

→ $-\frac{3}{5}$ $+\frac{1}{9}$ –1,5   +8,4   –0,8 → **numeri razionali relativi**

Questi numeri formano altri insiemi numerici, esattamente:

I numeri naturali preceduti dal segno + formano l'insieme dei **numeri interi positivi** che si indica con $\boldsymbol{Z}^+$.
I numeri naturali preceduti dal segno – formano l'insieme dei **numeri interi negativi** che si indica con $\boldsymbol{Z}^-$.
I due insiemi $\boldsymbol{Z}^+$ e $\boldsymbol{Z}^-$ formano complessivamente l'insieme dei **numeri interi** che si indica con $\boldsymbol{Z}$.

L'insieme $\boldsymbol{Z}^+$ coincide con l'insieme $\boldsymbol{N}$, ovvero i numeri naturali coincidono con i numeri interi positivi che, quando non c'è possibilità di equivoco, si possono scrivere senza il segno + davanti: $+7 = 7$, $\boldsymbol{N} = \boldsymbol{Z}^+$. All'insieme $\boldsymbol{Z}$ appartiene quindi anche il numero 0 (zero) al quale non si attribuisce alcun segno.

I numeri razionali preceduti dal segno + formano l'insieme dei **numeri razionali positivi** che si indica con $\boldsymbol{Q}^+$.
I numeri razionali preceduti dal segno – formano l'insieme dei **numeri razionali negativi** che si indica con $\boldsymbol{Q}^-$.
I due insiemi $\boldsymbol{Q}^+$ e $\boldsymbol{Q}^-$ formano complessivamente l'insieme dei **numeri razionali relativi** che si indica con $\boldsymbol{Q}$.

L'insieme Z

Soffermiamoci, per il momento, sull'insieme dei **numeri interi** e rappresentiamo tali numeri sulla retta orientata dei numeri. Per fare ciò:

1) disegniamo la semiretta orientata di origine *O* e prolunghiamola anche dalla parte opposta: avremo due semirette di origine *O* a cui facciamo corrispondere il numero 0:

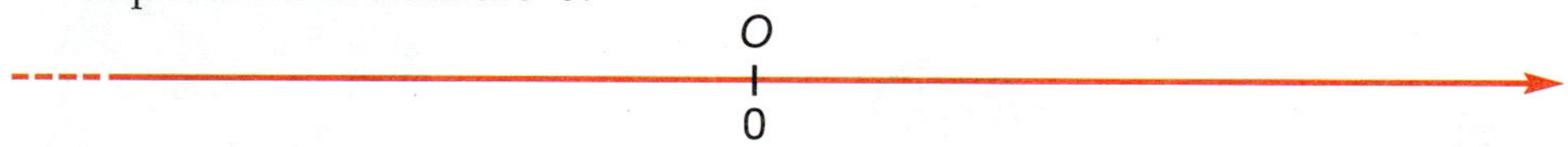

2) stabiliamo il verso di percorrenza sulla retta da *O* verso destra per i numeri positivi e da *O* verso sinistra per i numeri negativi:

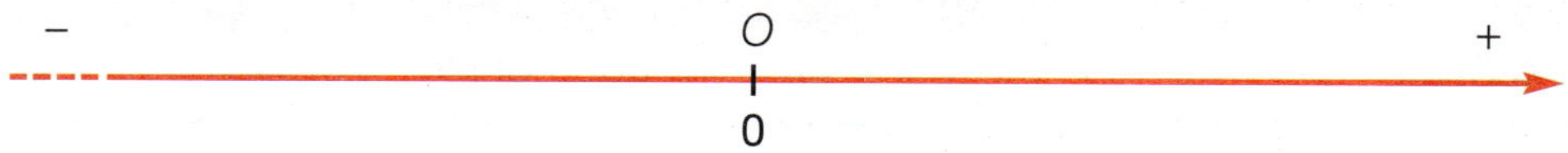

3) fissiamo l'unità di misura e, in base a essa, troviamo le immagini dei numeri sulla retta:

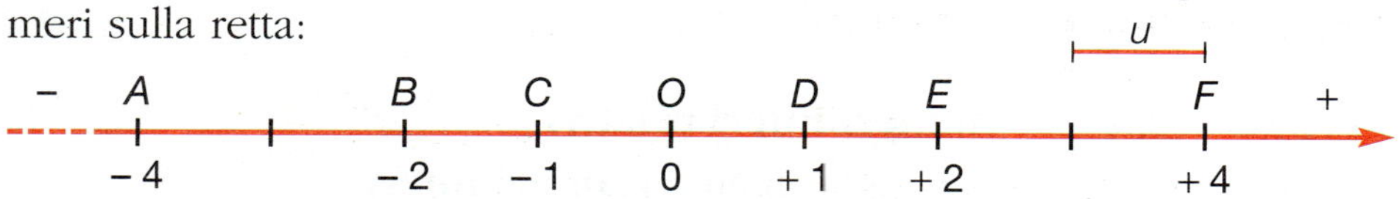

Diremo che i punti *A*, *B*, *C*, *D*, *E* e *F* sono rispettivamente le immagini dei numeri – 4, – 2, – 1, + 1, + 2 e + 4.

GENERALITÀ SUI NUMERI INTERI

Osserviamo che:

- i numeri interi sono costituiti da un **segno** (+ o –) e da un **numero naturale**;
- il segno + dei numeri positivi si può anche sottintendere;
- la parte numerica senza il segno prende il nome di **modulo** o **valore assoluto** e si indica nel seguente modo:

  $|+5|$, $|-5|$ (leggi "**valore assoluto di** + **5** o **di** – **5**")

  ed è ovviamente: $|+5| = 5$, $|-5| = 5$

- i numeri aventi lo stesso segno si dicono **concordi**, i numeri con segno diverso si dicono **discordi**:

  – **4**, – **2** e – **1** sono **concordi**;

  + **1**, + **2** e + **4** sono **concordi**;

  – **4** e + **1**; + **2** e – **8** sono **discordi**;

- due numeri discordi ma con lo stesso valore assoluto si dicono **opposti**:

  – **4** e + **4**; + **2** e – **2** sono **opposti**.

VEDIAMO SE HAI Capito...

Segui gli esempi e poi prova tu.

- – 4 e + 8 sono **discordi** perché hanno segno diverso.
- + 6 e + 5 sono **concordi** perché hanno lo stesso segno.
- – 3 e + 3 sono **opposti** perché sono discordi ma hanno lo stesso valore assoluto.
- – 3 e – 7 sono .... perché hanno segno ....
- + 4 e – 9 sono .... perché hanno segno ....
- – 5 e + 5 sono .... perché ....
- – 3 e – 7 sono .... perché hanno segno ....
- + 4 e – 9 sono .... perché hanno segno ....

Sulla retta orientata avremo:

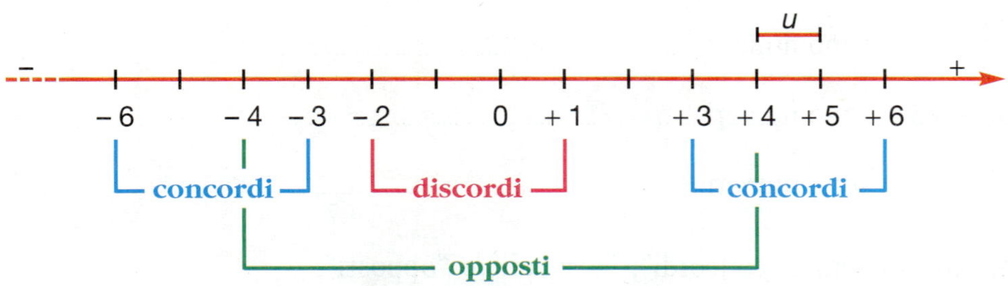

Notiamo che le immagini dei numeri concordi sono tutte da una stessa parte rispetto all'origine (a destra per i numeri positivi, a sinistra per i negativi), i numeri discordi hanno immagini da parti opposte rispetto all'origine, i numeri opposti hanno immagini simmetriche rispetto all'origine e per questo motivo si dicono anche **numeri simmetrici**. In definitiva:

Due numeri interi relativi si dicono **concordi** se hanno lo stesso segno.
Due numeri interi relativi si dicono **discordi** se hanno segno diverso.
Due numeri interi relativi si dicono **opposti** se sono discordi ma hanno lo stesso valore assoluto.

CONFRONTO DI NUMERI INTERI

Per confrontare due numeri interi osserviamone la rappresentazione sulla retta orientata:

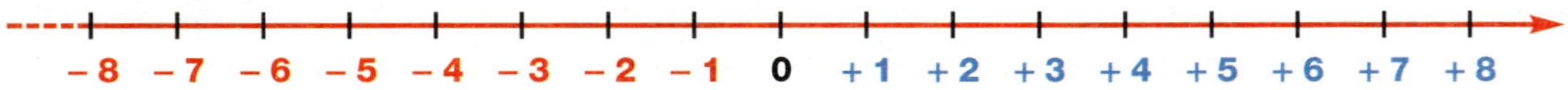

Andando verso sinistra il valore diminuisce.

Andando verso destra il valore aumenta.

L'osservazione ci permette di affermare che:

- Qualsiasi numero positivo è maggiore di un qualsiasi numero negativo, ovvero fra due numeri discordi è maggiore sempre il positivo.
- Lo zero è minore di un qualsiasi numero positivo e maggiore di un qualsiasi numero negativo.
- Fra due numeri concordi positivi è maggiore quello che ha maggior valore assoluto.
- Fra due numeri concordi negativi è maggiore quello che ha minor valore assoluto.

Per un primo controllo

1. Completa le frasi con i termini "interi positivi", "interi negativi", "razionali positivi" o "razionali negativi":

- – 6, – 4, – 9, – 14 sono numeri ....;
- $+\frac{3}{8}, +\frac{9}{4}, +\frac{11}{23}$ sono numeri ....;
- + 8, + 7, + 10, + 23 sono numeri ....;
- $-\frac{2}{3}, -\frac{5}{9}, -\frac{4}{11}$ sono numeri ....

2. Completa le frasi con i termini "concordi", "discordi" o "opposti":

- – 8, – 7, – 12 sono ....;
- – 18 e + 12 sono ....;
- – 7 e + 7 sono ....;
- + 5, + 9, + 26 sono ....

3. Metti il simbolo "<" o ">" fra le seguenti coppie di numeri:

0 .... – 7; – 9 .... – 13; + 5 .... – 2;

+ 4 .... + 9; + 3 .... 0; – 10 .... – 5.

Le quattro operazioni in Z

Esaminiamo adesso le quattro operazioni fondamentali nell'insieme ***Z***. Poiché l'insieme dei numeri interi è un ampliamento dell'insieme dei numeri naturali, come vedremo, le operazioni in ***Z*** sono analoghe a quelle viste in ***N*** e godono delle stesse proprietà.

L'addizione

In analogia con quanto detto per i numeri naturali, diciamo che:

> Addizionare due numeri interi significa contare, dopo il primo, tante unità quante sono quelle del secondo.

Ma il secondo numero può essere positivo o negativo e il segno, ovviamente, va tenuto presente. In che modo? Contando, in riferimento alla retta orientata, verso destra se il numero da addizionare è positivo, verso sinistra se è negativo.
Vediamo con alcuni esempi di chiarire quanto detto.

1 $(+3) + (+4) = ?$

Addizionare il numero $+3$ e il numero $+4$ vuol dire partire dal numero $+3$ e contare verso destra quattro unità; perveniamo così al numero $+7$:

$$(+3) + (+4) = +7$$

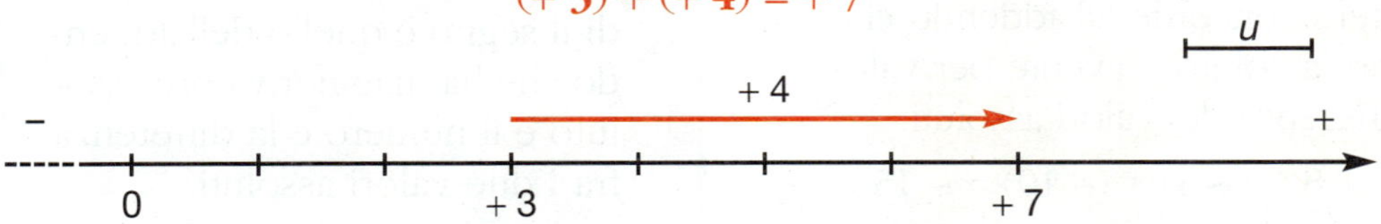

2 $(-2) + (-6) = ?$

Addizionare al numero -2 il numero -6 vuol dire partire dal numero -2 e contare, andando verso sinistra, sei unità; perveniamo così al numero -8:

$$(-2) + (-6) = -8$$

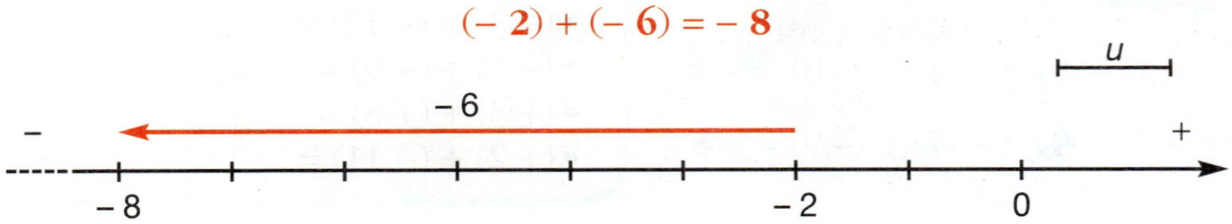

3 (+ 5) + (– 2) = ?

Addizionare al numero + 5 il numero – 2 vuol dire partire dal numero + 5 e contare, andando verso sinistra, due unità; perveniamo al numero + 3:

(+ 5) + (– 2) = + 3

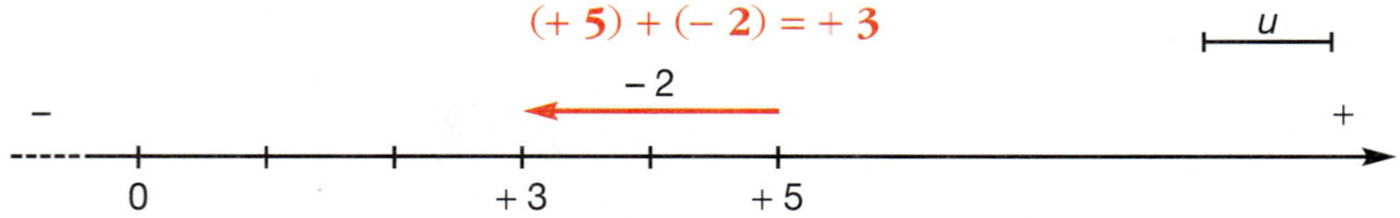

4 (– 5) + (+ 2) = ?

Addizionare al numero – 5 il numero + 2 vuol dire partire dal numero – 5 e contare, andando verso destra, due unità; perveniamo al numero – 3:

(– 5) + (+ 2) = – 3

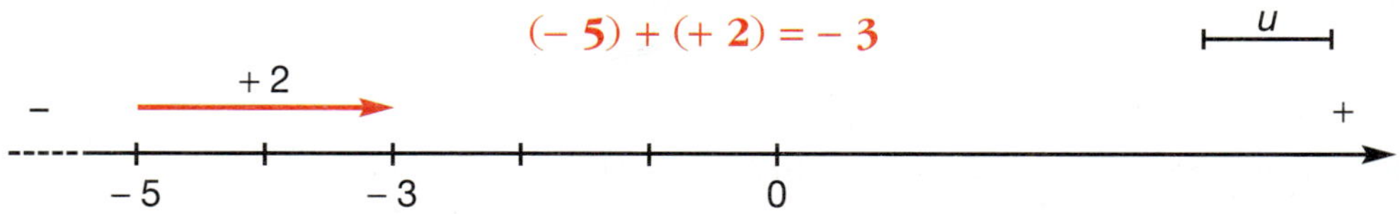

I risultati a cui siamo pervenuti giustificano le seguenti regole per addizionare due numeri interi:

- La somma di due numeri interi relativi concordi è un numero intero concorde a essi e avente per valore assoluto la somma dei valori assoluti:

  (+ 4) + (+ 7) = + 11; (– 4) + (– 6) = – 10

- La somma di due numeri interi relativi discordi è un numero intero concorde all'addendo che ha maggior valore assoluto e avente per valore assoluto la differenza dei valori assoluti:

  (– 5) + (+ 13) = + 8; (+ 4) + (– 19) = – 15

- La somma di due numeri interi opposti è uguale a zero:

  (– 9) + (+ 9) = 0

Segui gli esempi e poi prova tu.

- (– 7) + (+ 10) = + **3**
  gli addendi sono discordi quindi il segno è quello dell'addendo che ha maggior valore assoluto e il numero è la differenza fra i due valori assoluti.
- (– 5) + (– 7) = – **12**
  gli addendi sono concordi quindi il segno è uguale a quello dei due addendi e il numero è la somma dei due valori assoluti.
- (– 9) + (+ 4) = ...
- (– 3) + (– 12) = ...
- (– 6) + (+ 9) = ...
- (+ 3) + (+ 8) = ...
- (+ 2) + (– 11) = ...

ESEMPI

1. (+ 7) + (+ 10) = **+ 17**
2. (– 4) + (– 21) = **– 25**
3. (– 14) + (+ 10) = **– 4**
4. (+ 17) + (– 9) = **+ 8**

La sottrazione

In analogia con quanto sappiamo sui numeri naturali, diciamo che:

Sottrarre due numeri relativi vuol dire trovare un terzo numero che, addizionato al secondo, dia come risultato il primo.

1 (+ 9) − (+ 4) = ..., ... + (+ 4) = + 9

La differenza che stiamo cercando è quindi + **5**.

2 (+ 10) − (− 8) = ..., ... + (− 8) = + 10

La differenza che stiamo cercando è quindi + **18**.

3 (− 3) − (+ 8) = ..., ... + (+ 8) = − 3

La differenza che stiamo cercando è quindi − **11**.

Rivediamo attentamente i tre esempi:

(+ 9) − (+ 4) = + 5; (+ 10) − (− 8) = + 18; (− 3) − (+ 8) = − 11

Allo stesso risultato saremmo pervenuti operando nel seguente modo:

(+ 9) − (+ 4) = (+ 9) + (− 4) = + 5

(+ 10) − (− 8) = (+ 10) + (+ 8) = + 18

(− 3) − (+ 8) = (− 3) + (− 8) = − 11

Tutto ciò giustifica la regola:

La differenza fra due numeri interi si ottiene addizionando al primo l'opposto del secondo.

ESEMPI

1. (− 7) − (+ 3) = (− 7) + (− 3) = − 10
2. (+ 9) − (+ 5) = (+ 9) + (− 5) = + 4
3. (− 10) − (− 3) = (− 10) + (+ 3) = − 7

La somma algebrica

Da quello che abbiamo visto, possiamo affermare che, praticamente, con i numeri relativi la sottrazione si riconduce a un'addizione. Le due operazioni vengono quindi a costituire un'unica operazione chiamata **addizione algebrica**. Quindi:

Si dice **addizione algebrica** una successione di addizioni e di sottrazioni fra numeri relativi.
Il risultato si chiama **somma algebrica**.

ESEMPI

1. $(-4) + (-7) - (-5) + (-1) =$

$= (-4) + (-7) + (+5) + (-1) =$

$= (-11) + (+5) + (-1) =$

$= (-6) + (-1) = \mathbf{-7}$

2. $(+5) - (+10) + (+4) - (+3) =$

$= (+5) + (-10) + (+4) + (-3) =$

$= (-5) + (+4) + (-3) =$

$= (-1) + (-3) = \mathbf{-4}$

Semplificazione nel calcolo di una somma algebrica

Un'addizione algebrica può essere eseguita in modo più spedito tenendo conto delle seguenti considerazioni.

1 Le parentesi che abbiamo usato servono a separare il segno di operazione dal segno del numero, quindi le possiamo sopprimere, così come il segno di operazione, avendo però cura di trascrivere il secondo numero con lo stesso segno se sopprimiamo il segno di addizione, cambiandolo di segno se sopprimiamo il segno di sottrazione; se per esempio dobbiamo eseguire:

$(+5) + (-3)$

togliendo le parentesi elimineremo anche il segno di addizione, scrivendo quindi:

$(+5) + (-3) = +5 - 3 = \mathbf{+2}$

Nel caso invece si voglia eseguire:

$(+7) - (-4)$

togliendo la parentesi elimineremo anche il segno di sottrazione, cambiando il segno del secondo termine; quindi:

$(+7) - (-4) = +7 + 4 = +\mathbf{11}$

Anche il segno + davanti al primo termine dell'addizione può essere soppresso.

2 Nell'addizione algebrica valgono le proprietà commutativa e associativa viste in aritmetica, per cui si possono addizionare prima tutti i numeri positivi, poi tutti i numeri negativi e quindi addizionare i due numeri relativi ottenuti.

Per esempio:

$(+5) - (+4) - (-2) + (+10) + (-3) = +5 - 4 + 2 + 10 - 3 = +17 - 7 = +\mathbf{10}$

La moltiplicazione

In analogia con quanto sappiamo sui numeri naturali, possiamo dire che:

Moltiplicare due numeri relativi vuol dire trovare un terzo numero che contenga tante unità uguali al primo numero quante sono le unità del secondo.

Vediamo con alcuni esempi di dare un senso a quanto detto in relazione al fatto che i due numeri (i fattori) in questo caso hanno un segno.

1 $(+7) \cdot (+3) = ?$

Questo prodotto è dato dalla somma di 3 fattori tutti uguali a + 7:

$(+7) \cdot (+3) = (+7) + (+7) + (+7) = +7 + 7 + 7 = +\mathbf{21}$

2 $(-5) \cdot (+4) = ?$

Questo prodotto è dato dalla somma di 4 fattori tutti uguali a − 5:

$(-5) \cdot (+4) = (-5) + (-5) + (-5) + (-5) = -5 - 5 - 5 - 5 = -\mathbf{20}$

3 $(+3) \cdot (-5) = ?$

In questo caso non possiamo parlare di somma di − 5 fattori, non ha senso. Basta però applicare alla nostra moltiplicazione la proprietà commutativa e poi procedere come per il punto **2**:

$(+3) \cdot (-5) = (-5) \cdot (+3) = -5 - 5 - 5 = -\mathbf{15}$

4 (– 7) · (– 2) = ?

Anche in questo caso non possiamo procedere direttamente. Vediamo con qualche artificio di arrivare alla soluzione, applicando alla nostra moltiplicazione alcune proprietà aritmetiche che sappiamo devono essere valide anche con i numeri relativi. Per esempio ricordiamo che *lo zero è l'elemento assorbente della moltiplicazione*; in altre parole un prodotto di fattori di cui uno è zero è sempre zero. Scriviamo allora:

(+ 7 – 7) · (– 2) = 0   essendo   (+ 7 – 7) = 0

Applichiamo poi al prodotto scritto la proprietà distributiva della moltiplicazione rispetto all'addizione e avremo:

(+ 7) · (– 2) + (– 7) · (– 2) = 0

Eseguiamo il primo prodotto secondo quanto detto al punto **3**:

(– 14) + (– 7) · (– 2) = 0

Osserviamo che il prodotto (– 7) · (– 2) deve essere tale che, aggiunto a – 14, deve dare risultato 0. Deve essere quindi:

(– 7) · (– 2) = + **14**

Riprendiamo adesso i quattro punti e da essi traiamo la regola di moltiplicazione di numeri relativi:

(+ **7**) · (+ **3**) = + **21**;   (+ **3**) · (– **5**) = – **15**

(– **5**) · (+ **4**) = – **20**;   (– **7**) · (– **2**) = + **14**

Il prodotto di due numeri relativi è un numero che ha per valore assoluto il prodotto dei valori assoluti ed è positivo se i due numeri sono concordi, negativo se i due numeri sono discordi.

Utile alla memorizzazione della regola dei segni è la seguente tabella a doppia entrata:

×	+	–
+	+	–
–	–	+

che si legge: "**+** per **+** dà **+**
+ per **–** dà **–**
– per **+** dà **–**
– per **–** dà **+**"

VEDIAMO SE HAI **Capito...**

Segui gli esempi e poi prova tu.

- (– 2) · (+ 5) = – **10**
  i fattori sono discordi e quindi il segno è –.
- (– 7) · (– 4) = + **28**
  i fattori sono concordi e quindi il segno è +.
- (– 5) · (+ 4) = ...
- (+ 2) · (+ 7) = ...
- (– 2) · (– 9) = ...
- (+ 8) · (– 4) = ...

ESEMPI

1. (– 4) · (– 3) = **+ 12**

2. (– 6) · (+ 5) = **– 30**

3. (+ 7) · (+ 9) = **+ 63**

Se i numeri da moltiplicare sono più di due, si può procedere calcolando prima il valore assoluto, moltiplicando tutti i valori assoluti, e dopo il segno, applicando la regola vista ai vari fattori successivamente.

ESEMPI

1. (– 2) · (+ 6) · (+ 4) = **– 48**

– per + dà –

– per + dà –

2. (– 5) · (– 6) · (+ 3) · (+ 2) = **+ 180**

– per – dà +

+ per + dà +

+ per + dà +

La divisione

In analogia a quanto detto per l'insieme ***N***, diremo che:

> Dividere due numeri relativi (il secondo diverso da zero) vuol dire trovare quel numero relativo che, moltiplicato per il secondo, ci dà come prodotto il primo.

Avremo quindi:

(+ 15) : (+ 3) = + 5 perché (+ 5) · (+ 3) = + 15

(– 21) : (– 7) = + 3 perché (+ 3) · (– 7) = – 21

(– 56) : (+ 8) = – 7 perché (– 7) · (+ 8) = – 56

(+ 16) : (– 2) = – 8 perché (– 8) · (– 2) = + 16

I quattro esempi giustificano la regola seguente:

> Il quoziente di due numeri relativi è un numero relativo che ha come valore assoluto il quoziente dei valori assoluti ed è positivo se i due numeri sono concordi, negativo se sono discordi.

Possiamo scrivere, anche per la divisione, la tabella dei segni:

:	+	−
+	+	−
−	−	+

che si legge: "+ diviso + dà +
+ diviso − dà −
− diviso + dà −
− diviso − dà +"

ESEMPI

1. $(-27) : (-3) = +9$

2. $(-72) : (+9) = -8$

3. $(+30) : (+5) = +6$

4. $(-18) : (-5) = +\frac{18}{5}$

(se la divisione non è esatta scriviamo il valore assoluto sotto forma di frazione)

Per un primo controllo

Esegui le seguenti operazioni con i numeri interi.

1. $+4 - 7 + 5 =$ .... $+5 =$ ......

$-6 + 3 + 11 =$ .... $+11 =$ ......

$+14 - 7 + 3 =$ .... $+3 =$ ......

$+20 - 5 + 3 - 12 =$ .... $+3 - 12 =$ .... $-12 =$ ......

$-5 + 9 + 4 - 10 =$ .... $+4 - 10 =$ .... $-10 =$ ......

$+7 - 9 - 2 + 8 =$ .... $-2 + 8 =$ .... $+8 =$ ......

2. $(-5) \cdot (+3) =$ ....

$(+7) \cdot (+4) =$ ....

$(-9) \cdot (-4) =$ ....

$(+8) \cdot (-5) =$ ....

$(-3) \cdot (-2) \cdot (+4) =$ ....

$(+6) \cdot (-2) \cdot (+3) =$ ....

$(-7) \cdot (-3) \cdot (+5) \cdot (+2) =$ ....

$(+4) \cdot (-3) \cdot (+3) \cdot (+5) =$ ....

$(-5) \cdot (-7) \cdot (+10) \cdot (-2) =$ ....

3. $(-16) : (+4) =$ ....

$(-14) : (-7) =$ ....

$(-56) : (+8) =$ ....

$(-13) : (-6) =$ ....

$(+27) : (-6) =$ ....

$(+27) : (+3) =$ ....

$(+18) : (-9) =$ ....

$(+36) : (+9) =$ ....

$(+23) : (-7) =$ ....

$(+13) : (+9) =$ ....

LE ESPRESSIONI CON I NUMERI INTERI

Anche per quanto riguarda le espressioni, valgono le regole di risoluzione viste con i numeri naturali. Ricordiamole con degli esempi.

1. Un'espressione senza parentesi e contenente solo addizioni e sottrazioni non è altro che l'addizione algebrica già vista:

$-4+3+8-10=-\mathbf{3}$

2. Un'espressione con le parentesi e contenente solo addizioni algebriche si può risolvere:

a) eseguendo le varie addizioni algebriche iniziando da quelle contenute nelle parentesi più interne, cioè:

$+7-[+4-3+(-7+10)-2]=$

$=+7-[+4-3+(+3)-2]=$

$=+7-[+4-3+3-2]=$

$=+7-[+2]=+7-2=+\mathbf{5}$

b) eliminando successivamente le parentesi (nell'ordine tonde, quadre e graffe) ed eseguendo poi l'addizione algebrica ottenuta (eliminando le parentesi ricorda di tener conto dei segni!):

$+7-[+4-3+(-7+10)-2]=$

$=+7-[+4-3-7+10-2]=$

$=+7-4+3+7-10+2=+\mathbf{5}$

3. Se in un'espressione compaiono tutte e quattro le operazioni, eseguiremo prima le moltiplicazioni e le divisioni, nell'ordine in cui sono date, e quindi le addizioni algebriche. Se vi sono parentesi si eseguono i vari calcoli incominciando sempre dalle parentesi più interne.

ESEMPI

1. $+7-\{-5\cdot(-3)+(-4)\cdot[-5-7\cdot(-2)]\}=$

$=+7-\{-5\cdot(-3)+(-4)\cdot[-5+14]\}=$

$=+7-\{-5\cdot(-3)+(-4)\cdot[+9]\}=$

$=+7-\{+15+(-36)\}=$

$=+7-\{+15-36\}=$

$=+7-\{-21\}=$

$=+7+21=\mathbf{+28}$

2. $\{5+[9:(-2-1)+(-7-1):(-1+5)]+8\}:(-5+1+3-1)=$

$=\{5+[9:(-3)+(-8):(+4)]+8\}:(-2)=$

$=\{5+[-3+(-2)]+8\}:(-2)=$

$=\{5+[-5]+8\}:(-2)=$

$=\{5-5+8\}:(-2)=$

$=\{+8\}:(-2)=\mathbf{-4}$

da ricordare

4 I NUMERI INTERI RELATIVI

- I numeri naturali preceduti dal segno + formano l'insieme dei **numeri interi positivi**, quelli preceduti dal segno – formano l'insieme dei **numeri interi negativi**. Essi, complessivamente, formano l'insieme dei **numeri interi**, che si indica con ***Z***.
- I numeri razionali preceduti dal segno + formano l'insieme dei **numeri razionali positivi**, quelli preceduti dal segno – formano l'insieme dei **numeri razionali negativi**. Essi, complessivamente, formano l'insieme dei **numeri razionali relativi** che si indica con ***Q***.

- Due numeri relativi si dicono **concordi** se hanno lo stesso segno.
- Due numeri relativi si dicono **discordi** se hanno segno diverso.
- Due numeri relativi si dicono **opposti** se sono discordi ma hanno lo stesso valore assoluto.

- La **somma di due numeri relativi concordi** è un numero relativo concorde a essi e avente per valore assoluto la somma dei valori assoluti.
- La **somma di due numeri relativi discordi** è un numero relativo concorde all'addendo che ha maggior valore assoluto e avente per valore assoluto la differenza dei valori assoluti.
- La **differenza di due numeri relativi** è la somma del primo con l'opposto del secondo.
- Il **prodotto di due numeri relativi** è un numero che ha per valore assoluto il prodotto dei valori assoluti ed è positivo se i numeri sono concordi, negativo se sono discordi.
- Il **quoziente di due numeri relativi** è un numero che ha per valore assoluto il quoziente dei valori assoluti ed è positivo se i numeri sono concordi, negativo se sono discordi.

- Qualsiasi numero positivo è maggiore di un qualsiasi numero negativo, ovvero fra due numeri discordi è maggiore sempre il numero positivo.
- Lo zero è minore di un qualsiasi numero positivo e maggiore di un qualsiasi numero negativo.
- Fra due numeri concordi positivi è maggiore quello che ha maggior valore assoluto.
- Fra due numeri concordi negativi è maggiore quello che ha minore valore assoluto.

il numero 5

RAPPORTI E PROPORZIONI

CONTENUTI

Ciò che

DEVI SAPERE

per affrontare lo studio di questa unità:

- tutto ciò che riguarda gli insiemi ***N*** e ***Q***⁺
- i procedimenti di calcolo in ***N*** e in ***Q***⁺

Ciò che

SAPRAI

con lo studio di questa unità:

- il concetto di rapporto numerico fra grandezze
- i concetti di scala di riduzione e di ingrandimento
- il significato di percentuale
- il concetto di proporzione e le sue proprietà

Ciò che

SAPRAI FARE

con lo studio di questa unità:

- scrivere il rapporto diretto e inverso fra due numeri
- scrivere e riconoscere il rapporto fra grandezze omogenee e non
- individuare grandezze commensurabili e incommensurabili
- ridurre e ingrandire in scala
- scrivere e calcolare percentuali
- individuare e scrivere proporzioni
- risolvere proporzioni

Che cos'è il rapporto?

Paolo sta commentando con Andrea la sua prestazione durante la partita di calcio.
Come sai, possiamo esprimere la frase "Paolo ha fatto 3 gol su 7 tiri in porta" dicendo:

- $\frac{3}{7}$ (3 su 7) gol fatti da Paolo;
- Paolo ha fatto 3 : 7 (3 gol su 7 tiri).

Sono modi diversi per esprimere uno stesso concetto: "tra due quantità, 3 gol effettuati e 7 tiri in porta, il **rapporto** è di **tre a sette**".

Facciamo qualche altro esempio.

- Un quartiere di 3 600 persone ha 9 000 m^2 di verde: "il **rapporto** verde/persone è di **9 000 a 3 600**", intendendo che per ogni persona ci sono a disposizione in media (9 000 : 3 600) = 2,5 m^2 di verde.
- Un negozio di alimentari ha una clientela giornaliera di 800 persone e 4 casse: quindi "il **rapporto** clienti/casse è di **800 a 4**", intendendo che ogni cassa serve in media (800 : 4) = 200 clienti.

Gli esempi ci evidenziano l'importanza di mettere in rapporto due quantità per poterle valutare meglio e ci permettono di dire che **il rapporto fra due dati** non **è** altro che **il loro quoziente**.

In generale diciamo che:

Dati due numeri a e b (con $b \neq 0$) si chiama **rapporto** fra i due numeri il loro quoziente, ottenuto dividendo il primo per il secondo:

$$\boldsymbol{a : b}$$

Possiamo scrivere il rapporto fra due numeri in tre modi. Siano, per esempio, 8 e 5 i due numeri; scriveremo il loro rapporto:

- sotto forma di **divisione** → **8** : **5** (leggi rapporto "8 a 5");
- sotto forma di **frazione** → $\boldsymbol{\frac{8}{5}}$ (leggi rapporto "otto quinti");
- sotto forma di **numero decimale** → **1,6** (leggi rapporto "1,6"), dato dal quoziente della loro divisione 8 : 5 = 1,6.

Impariamo ora la nomenclatura relativa a un rapporto $a : b$ o $\frac{a}{b}$:

- i due numeri a e b si chiamano **termini del rapporto**;
- il primo numero, a, si chiama **antecedente**;
- il secondo numero, b, si chiama **conseguente**.

Consideriamo il rapporto 4 : 5 il cui valore è 0,8 (è sufficiente eseguire la divisione) e osserviamo come, scambiando tra loro i termini, otteniamo un altro valore; il rapporto 5 : 4 è infatti 1,25.
In un rapporto, quindi, **non va** mai **scambiato l'ordine dei termini**.
Dati due numeri, per esempio 9 e 7, è quindi possibile considerare due rapporti:

- **9** : **7**, che chiamiamo più esattamente **rapporto diretto**;
- **7** : **9**, che chiamiamo **rapporto inverso**, ottenuto scambiando l'antecedente con il conseguente.

Rapporto diretto e rapporto inverso sono tali che il loro prodotto è uguale a 1:

$$\frac{\cancel{9}^{1}}{\cancel{7}_{1}} \times \frac{\cancel{7}^{1}}{\cancel{9}_{1}} = 1$$

Rapporto fra grandezze

Oltre che fra quantità numeriche spesso usiamo il concetto di rapporto fra grandezze; esaminiamo i due casi che si possono presentare: le due grandezze sono omogenee, le due grandezze non sono omogenee.

Rapporto fra grandezze omogenee

Consideriamo la lunghezza di due oggetti, per esempio una bottiglia e una matita.

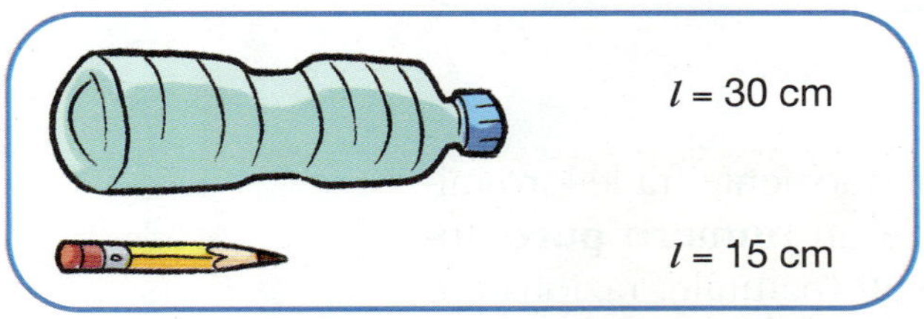

Il rapporto fra le due grandezze è:

30 : **15** = **2**

Osserviamo che il rapporto fra le due grandezze non varia se esprimiamo le lunghezze in un'altra unità di misura:

- 300 mm e 150 mm → 300 : 150 = **2**
- 0,3 m e 0,15 m → 0,3 : 0,15 = **2**

e così via.

Il rapporto fra due grandezze omogenee non dipende quindi dall'unità di misura in cui sono espresse ed è pertanto un **numero puro** che può essere naturale, razionale o irrazionale.
Esattamente il rapporto fra due grandezze omogenee è un numero:

- **naturale** se una grandezza è multipla dell'altra:

$AB = 90$ cm $\quad CD = 18$ cm $\quad AB : CD = 90 : 18 = \mathbf{5}$

Il segmento AB è 5 volte il segmento CD, cioè è multiplo di CD secondo il numero 5.

- **razionale** se le due grandezze sono una frazione dell'altra, cioè ammettono un sottomultiplo comune:

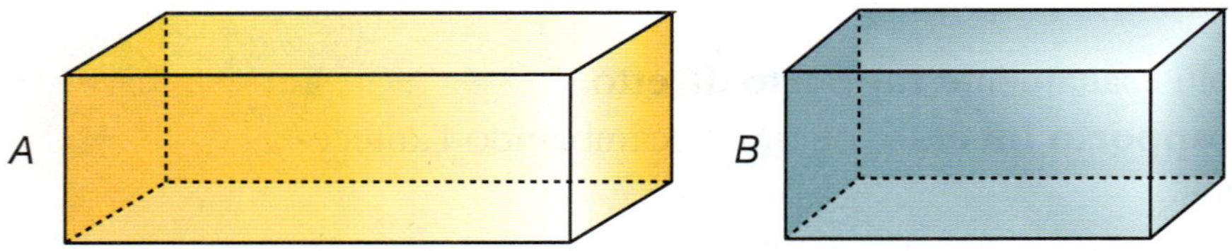

Volume $A = 72$ cm^3 $\quad$ Volume $B = 48$ cm^3 $\quad A : B = 72 : 48 = \mathbf{\frac{3}{2}}$

Il volume di A è i 3/2 del volume di B, le due grandezze ammettono un sottomultiplo comune, il loro M.C.D., che è 24. Il volume del primo solido è, infatti, $24 \times 3 = 72$ cm^3 e quello del secondo $24 \times 2 = 48$ cm^3.

- **irrazionale** se le due grandezze non ammettono alcun sottomultiplo:

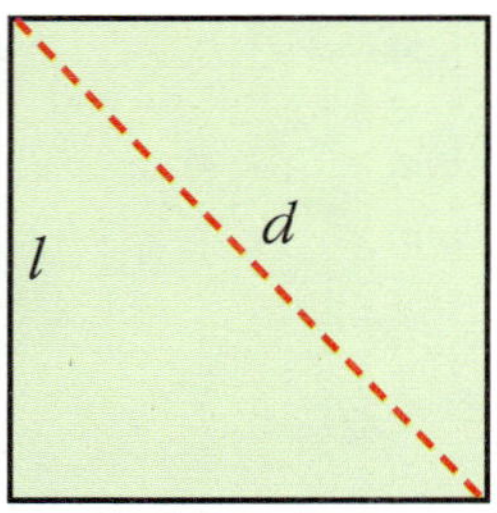

l = lato del quadrato = 3 cm
d = diagonale del quadrato (per il teorema di Pitagora) $= l\sqrt{2} = 3\sqrt{2}$ cm

$$d : l = 3\sqrt{2} : 3 = \mathbf{\sqrt{2}}$$

Le due grandezze non ammettono alcun sottomultiplo comune.

Diciamo quindi che:

- Il rapporto fra due grandezze **omogenee** è il quoziente fra le loro misure (riferite alla stessa unità di misura) ed è un **numero puro** appartenente all'insieme dei numeri reali assoluti (naturale, razionale o irrazionale).
- Grandezze il cui rapporto è un numero naturale o razionale si dicono **commensurabili**, ammettono cioè un sottomultiplo comune.
- Grandezze il cui rapporto è un numero irrazionale si dicono **incommensurabili**, non ammettono cioè un sottomultiplo comune.

Rapporto fra grandezze non omogenee

➔ Consideriamo due grandezze non omogenee, per esempio il peso di un oggetto e il suo volume:

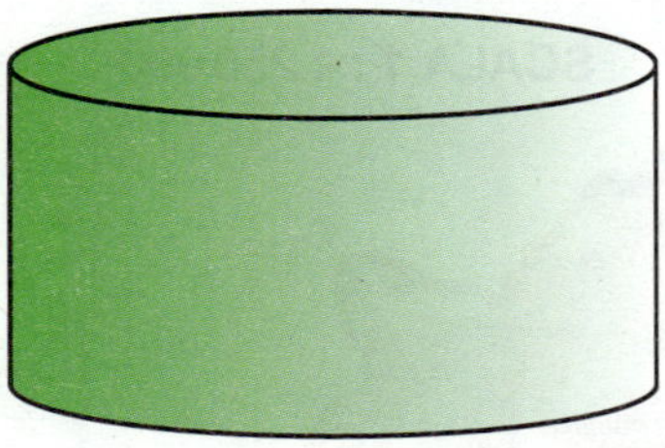

peso = 25 g
volume = 4 cm^3

peso : volume = 25 g : 4 cm^3 = 6,25 g/cm^3

Se ne facciamo il rapporto otteniamo un'altra grandezza, il **peso specifico**, che dipende dalle unità di misura del peso e del volume.

➔ Consideriamo altre due grandezze non omogenee, per esempio la distanza percorsa da un ciclista e il tempo impiegato:

distanza = 18 km
tempo impiegato = 2 ore

distanza : tempo = 18 km : 2 h = 9 km/h

Facendone il rapporto otteniamo un'altra grandezza, la **velocità media**, che dipende dalle unità di misura della distanza percorsa e del tempo impiegato.

Diciamo quindi che:

Il rapporto fra due grandezze **non omogenee** è il quoziente fra le loro misure ed è un'altra grandezza, **grandezza derivata**, non omogenea a quelle date e il cui valore dipende dalle unità di misura delle due grandezze.

Per un primo controllo

1. Scrivi quanto richiesto:
- Il rapporto 9 a 4: ....
- Il rapporto che ha 5 come conseguente e 3 come antecedente: ....

2. Completa:
Fra 12 e 7 il rapporto diretto è ...., il rapporto inverso è ....

3. I numeri dati rappresentano il rapporto fra due grandezze commensurabili o incommensurabili? Scrivilo accanto a ciascuno di essi:

27 ....; $\frac{5}{9}$ ....; 12,7 ....; $\sqrt{11}$ ....

Riduzioni e ingrandimenti in scala

SCALA 1 : 1 250 000

Un'importante applicazione del concetto di rapporto è la **rappresentazione** o **disegno in scala** di un oggetto. Avrai sicuramente sentito parlare di **scala di riduzione**; che cosa si intende esattamente?

Quando si deve rappresentare un oggetto di notevoli dimensioni (case, edifici, mobili, automobili...), se ne fa un disegno ovviamente in forma ridotta, cioè lo si rappresenta in modo tale che le misure del disegno siano in **rapporto preciso e costante** con quelle reali.

Facciamo un esempio che sicuramente ti è familiare: la **cartina geografica** della tua regione che puoi osservare su un libro di geografia. Prendiamo in esame quella dell'Umbria riportata qui a fianco.

In alto leggiamo: **SCALA 1** : **1 250 000**; questo significa che il rapporto fra la distanza di due punti sulla carta equivale a $\frac{1}{1\,250\,000}$ della distanza reale, ovvero 1 cm sulla carta corrisponde a 1 250 000 cm (12,5 km) nella realtà.

Praticamente se sulla carta, per esempio, la distanza **Perugia-Terni è di 5 cm**, nella realtà tale distanza è: 5 × 1 250 000 = 6 250 000 cm = **62,5 km**.

Possiamo dire che:

La **scala di riduzione** di una carta è il rapporto fra la misura di una certa distanza sulla carta e la misura della stessa distanza nella realtà. Essa quindi indica quante volte la distanza reale è stata ridotta sulla carta.

Conosci i vari tipi di cartine geografiche? Secondo il valore del rapporto di riduzione, esistono:

- **piante** e **mappe**: scala fino a 1 : 10 000;
- **carte topografiche**: scala compresa tra 1 : 10 000 e 1 : 150 000;
- **carte corografiche**: scala compresa tra 1 : 150 000 e 1 : 1 000 000;
- **carte geografiche**: scala compresa tra 1 : 1 000 000 e 1 : 50 000 000;
- **mappamondi** o **planisferi**: scala maggiore di 1 : 50 000 000.

Un'altra applicazione della scala di riduzione sono le **piantine degli appartamenti**. Hai mai osservato la piantina della tua abitazione? Osserviamo quella dell'appartamento di Anna.

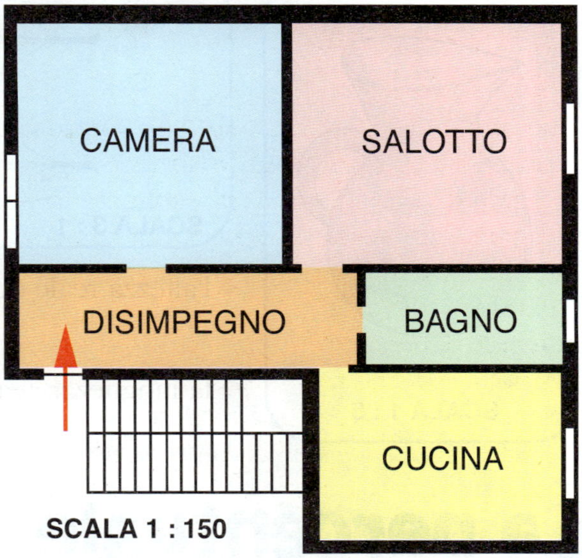

SCALA 1 : 150

La scala è **1** : **150**, per cui le dimensioni reali, per esempio della cucina, sono:

lunghezza → 3,2 cm × 150 = **480 cm**
larghezza → 2,2 cm × 150 = **330 cm**
superficie → (480 × 330) cm^2 = 158 400 cm^2 = **15,84 m^2**

Calcola tu le dimensioni reali della:

➔ camera → lunghezza ....
larghezza ....
superficie ....

➔ bagno → lunghezza ....
larghezza ....
superficie ....

Un problema analogo è quello della **scala di ingrandimento**. Quando si deve rappresentare un oggetto di piccolissime dimensioni (congegni elettrici, circuiti elettronici...), se ne fa un disegno ovviamente ingrandito ma che rispetti sempre le grandezze reali dell'oggetto. Osserva le seguenti figure:

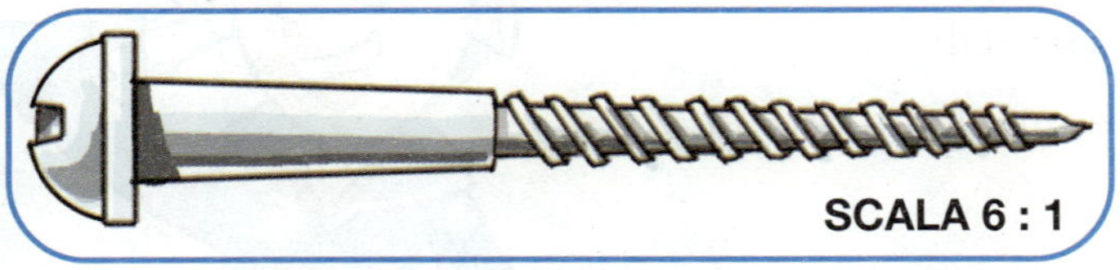

SCALA 6 : 1

Per risultare più chiaro il disegno della vite è stato riprodotto in **scala 6** : **1**; ciò significa che 6 cm sulla carta equivalgono a 1 cm nella realtà. Se la vite nel disegno misura 8,4 cm, nella realtà è lunga:

8,4 : 6 = **1,4 cm**

La moneta da 10 eurocent è stata riprodotta in **scala 3** : **1**. Ciò significa che 3 cm sulla carta equivalgono a 1 cm nella realtà. Se il diametro della moneta nel disegno misura 5,7 cm, nella realtà è lungo:

5,7 : 3 = **1,9 cm**

SCALA 3 : 1

Osserva e calcola tu:

SCALA 1 : 5

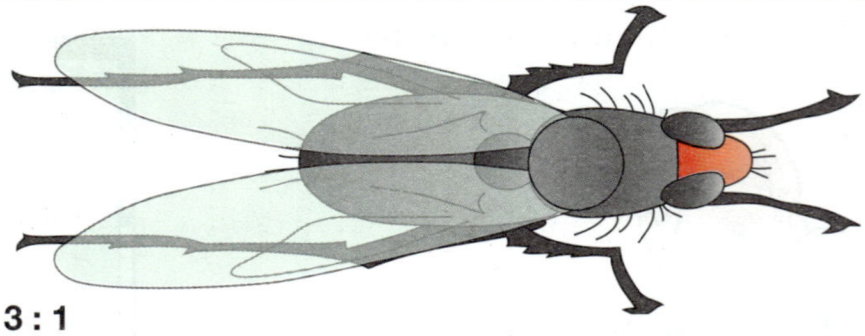

SCALA 3 : 1

→ l'altezza reale della caraffa ....

....

→ la lunghezza reale della mosca ....

....

La percentuale

Un rapporto particolare è la **percentuale**. Avrai senz'altro sentito frasi del tipo:

"Ha votato l'**85%** degli aventi diritto al voto".
"Ho pagato una multa con il **6%** in più di mora".
"La commessa mi ha fatto il **10%** di sconto sul totale".

Che cosa rappresentano le scritture **85%**, **6%** e **10%**, che si leggono rispettivamente "**ottantacinque per cento**", "**sei per cento**" e "**dieci per cento**"? Rendiamocene conto con un esempio.

→ Nella classe seconda di una scuola su **20** ragazzi **9** portano gli occhiali.
Possiamo dire che 9 ragazzi su 20 portano gli occhiali, ovvero:
9 : **20** portano gli occhiali o portano gli occhiali i $\frac{9}{20}$.
E su 100 ragazzi quanti porterebbero gli occhiali?

Trasformiamo la nostra frazione in una equivalente con denominatore 100; avremo:

$$\frac{9}{20} = \frac{45}{100}$$

Il nostro rapporto è quindi 45 : 100, che significa che, su 100 ragazzi, 45 portano gli occhiali. Ciò si scrive esattamente:

45%

Possiamo dire che:

La **percentuale** è un rapporto avente come conseguente 100 e, su un totale, indica quante unità rispetto a 100 soddisfano una certa condizione.

Nel nostro esempio, **45%** è la **percentuale** del fenomeno considerato e il numero 45 si chiama **tasso percentuale**.

L'uso della percentuale è assai diffuso nel mondo finanziario e del commercio. Ti sarà sicuramente capitato per esempio di sentir parlare di sconti nell'acquisto di articoli presso negozi o supermercati. Lo sconto è espresso, infatti, in percentuale: se un articolo costa € 200 e su di esso si applica uno sconto del 15%, invece di pagarlo € 200, lo pagherai (200 – il 15% di 200) euro, cioè:

$$\text{€}\left[200-\left(200\times\frac{15}{100}\right)\right]=\text{€}[200-30]=\text{€}170$$

Ricorda quindi che:

Per calcolare la percentuale di una grandezza o di un valore numerico basta moltiplicare la grandezza o il valore per la frazione uguale alla percentuale.

È importante, per risolvere questioni di percentuale, saper trasformare un numero decimale o una frazione in percentuale e viceversa. Osserva.

- **Numero decimale in percentuale**: si considera il numero arrotondato alla cifra dei centesimi, se ne scrive la frazione decimale relativa, il cui numeratore è la percentuale cercata.

$$0,8=\frac{80}{100}=80\% \qquad 0,564 \text{ è circa } 0,56=\frac{56}{100}=56\%$$

- **Frazione in percentuale**: si trasforma la frazione in una equivalente con denominatore 100, il cui numeratore è la percentuale cercata.

$$\frac{3}{5}=\frac{60}{100}=60\% \qquad \frac{13}{25}=\frac{52}{100}=52\%$$

Oppure si divide il numeratore per il denominatore ottenendo un numero decimale, con il quale si procede come indicato prima.

$$\frac{5}{6}=0,833...=\frac{83}{100}=83\%$$

- **Percentuale in numero decimale**: si scrive il tasso percentuale e lo si divide per 100.

$$13\%=0,13 \qquad 7\%=0,07$$

- **Percentuale in frazione**: si scrive la percentuale sotto forma di frazione con denominatore 100 e poi si riduce la frazione ai minimi termini.

$$16\%=\frac{16}{100}=\frac{4}{25} \qquad 75\%=\frac{75}{100}=\frac{3}{4}$$

Segui l'esempio e poi prova tu.

- Il 25% di 800 è:

$$800\times\frac{25}{100}=\mathbf{200}$$

- Il 18% di 500 è:

$$500\times\frac{....}{100}=.......$$

- Il 34% di 750 è:

$$......\times\frac{....}{100}=.......$$

- Il 21% di 9 000 è:

$$......\times\frac{....}{....}=.......$$

- Il 37% di 13 000 è:

$$......\times\frac{....}{....}=.......$$

Due rapporti uguali

Mario e Pietro, giocando con un videogioco, hanno ottenuto i seguenti risultati:

Mario: 15 partite vinte su 20 partite giocate;

Pietro: 12 partite vinte su 16 partite giocate.

Chi è stato più bravo? Una valutazione frettolosa potrebbe farci rispondere "Mario", che ne ha vinte più di Pietro; in effetti, per rispondere con precisione, bisogna riferirsi al rapporto *partite vinte/partite giocate* di ogni giocatore:

Mario $15 : 20 = \frac{\cancel{15}^{3}}{\cancel{20}_{4}} = \frac{3}{4}$ (1) Pietro $12 : 16 = \frac{\cancel{12}^{3}}{\cancel{16}_{4}} = \frac{3}{4}$ (2)

I due rapporti sono uguali, per cui diremo che Mario e Pietro sono stati ugualmente bravi. Infatti *in proporzione* alle partite giocate è come se entrambi ne avessero vinte 3 ogni 4 giocate.

Poiché i due rapporti (1) e (2) sono uguali, possiamo scrivere:

$$15 : 20 = 12 : 16$$

Un'uguaglianza di questo tipo si chiama **proporzione**.
Diremo quindi:

Una proporzione è l'uguaglianza di due rapporti.

Dati quindi quattro numeri, per esempio 20, 5, 32 e 8, se sono tali che il rapporto fra i primi due (20 : 5 = 4) e il rapporto fra gli ultimi due (32 : 8 = 4) risulta uguale, possiamo sempre scrivere una proporzione:

$$20 : 5 = 32 : 8$$

In essa:

- i **quattro numeri** 20, 5, 32 e 8 sono i **termini** della proporzione;
- il **1°** e il **3°** numero, 20 e 32, sono gli **antecedenti**;
- il **2°** e il **4°** numero, 5 e 8, sono i **conseguenti**;
- il **1°** e il **4°** numero, 20 e 8, sono gli **estremi**;
- il **2°** e il **3°** numero, 5 e 32, sono i **medi**;
- il **4°** numero, 8, è il **quarto proporzionale**.

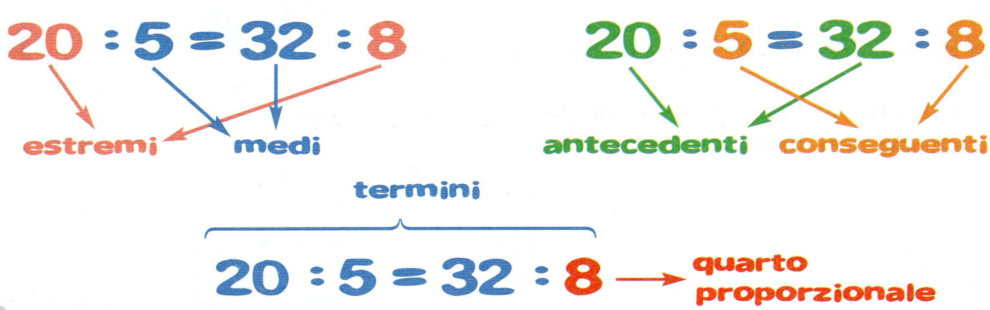

Tale proporzione la leggeremo:

20 : 5 = 32 : 8 (venti sta a cinque come trentadue sta a otto)
sta a **come** **sta a**

Consideriamo i quattro numeri 27, 9, 9, 3; essi sono tali che $27 : 9 = 3$ e $9 : 3 = 3$, per cui possiamo scrivere la proporzione:

$$27 : 9 = 9 : 3$$

In essa, come vedi, i medi sono uguali; una proporzione di questo tipo, avente i medi (o gli estremi) uguali, si dice **continua**. Il numero 9 prende il nome di **medio proporzionale** e il numero 3 prende il nome di **terzo proporzionale**.

Proprietà delle proporzioni

Prendiamo in esame adesso le proprietà di una proporzione che ci permetteranno, come vedremo, di risolvere una proporzione, cioè di calcolare un suo termine conoscendo gli altri.

La proprietà fondamentale

Esaminiamo una proporzione, per esempio $18 : 2 = 27 : 3$, e scriviamola nel seguente modo:

$$\frac{18}{2} = \frac{27}{3}$$

Riduciamo le due frazioni al m.c.d., che è 6; otteniamo:

$$\frac{18 \times 3}{6} = \frac{27 \times 2}{6}$$

Osserviamo i due numeratori; non sono altro che:

- il prodotto degli estremi, 18×3;
- il prodotto dei medi, 27×2.

Essi sono necessariamente uguali; infatti $18 \times 3 = 54$ e $27 \times 2 = 54$.

Esprimiamo tutto ciò con la **proprietà fondamentale delle proporzioni**:

In ogni proporzione il prodotto degli estremi è sempre uguale al prodotto dei medi.

Se $\boldsymbol{a : b = c : d}$ allora $\boldsymbol{a \times d = b \times c}$

ESEMPI

1. $25 : 5 = 15 : 3 \longrightarrow 25 \times 3 = 5 \times 15$, $75 = 75$

2. $18 : 3 = 24 : 4 \longrightarrow 18 \times 4 = 3 \times 24$, $72 = 72$

Una prima applicazione della proprietà fondamentale consiste nel poter verificare, mediante la sua applicazione, se quattro numeri dati in un certo ordine formano o no una proporzione.

ESEMPI

1. Dati i numeri 7, 2, 14, 4, controllare se è possibile scrivere la proporzione $7 : 2 = 14 : 4$.
Basterà verificare se *il prodotto degli estremi è uguale al prodotto dei medi*:
$7 \times 4 = \mathbf{28} \qquad 2 \times 14 = \mathbf{28}$
Possiamo allora affermare che i quattro numeri, nell'ordine in cui sono dati, formano una proporzione.

2. Dati i quattro numeri razionali $\frac{2}{5}$, $\frac{1}{3}$, $\frac{9}{4}$, $\frac{15}{8}$, controllare se è vera la proporzione: $\frac{2}{5} : \frac{1}{3} = \frac{9}{4} : \frac{15}{8}$.

$\frac{\cancel{2}^1}{\cancel{5}_1} \times \frac{\cancel{15}^3}{\cancel{8}_4} = \frac{3}{4} \qquad \frac{1}{\cancel{3}_1} \times \frac{\cancel{9}^3}{4} = \frac{3}{4}$

I quattro numeri nell'ordine in cui sono dati formano una proporzione.

Per un primo controllo

1. Della proporzione 6 : 3 = 8 : 4 individua:
gli antecedenti ....; i conseguenti ....; i medi ....; gli estremi ....; il quarto proporzionale ....

2. Della proporzione 10 : 20 = 20 : 40 individua:
il medio proporzionale ....; il terzo proporzionale ....

3. Applicando la proprietà fondamentale delle proporzioni stabilisci quali dei seguenti gruppi di numeri formano, nell'ordine in cui sono dati, una proporzione:
3, 8, 6, 16 .... una proporzione;
9, 2, 27, 18 .... una proporzione;
17, 2, 34, 6 .... una proporzione;
15, 20, 6, 8 .... una proporzione.

Proprietà dell'invertire

Consideriamo la proporzione $27 : 3 = 36 : 4$ e riscriviamola scambiando in essa ogni antecedente con il proprio conseguente:

$$3 : 27 = 4 : 36$$

Possiamo affermare di aver scritto ancora una proporzione vera? Sì! Infatti, applicando la proprietà fondamentale, abbiamo:

$3 \times 36 = 108$ → prodotto estremi = prodotto medi ← $27 \times 4 = 108$

Esprimiamo ciò con la **proprietà dell'invertire**, che dice:

Se in una proporzione si scambia ogni antecedente con il proprio conseguente si ottiene ancora una proporzione.

Se $a : b = c : d$ allora $b : a = d : c$

Proprietà del permutare

→ Consideriamo una proporzione, per esempio $49 : 7 = 21 : 3$, e riscriviamola scambiando tra loro gli estremi:

$$3 : 7 = 21 : 49$$

Possiamo affermare di aver scritto ancora una proporzione vera? Sì! Infatti, applicando la proprietà fondamentale, abbiamo:

$3 \times 49 = 147$ → prodotto estremi = prodotto medi ← $7 \times 21 = 147$

→ Consideriamo la stessa proporzione $49 : 7 = 21 : 3$ e riscriviamola scambiando tra loro i medi:

$$49 : 21 = 7 : 3$$

Possiamo affermare di aver scritto ancora una proporzione vera? Sì! Anche qui abbiamo:

$$49 \times 3 = 147 \quad \text{e} \quad 21 \times 7 = 147$$

→ Consideriamo ancora la proporzione $49 : 7 = 21 : 3$ e riscriviamola scambiando tra loro gli estremi e i medi:

$$3 : 21 = 7 : 49$$

Possiamo affermare di aver scritto ancora una proporzione vera? Sì! Infatti:

$$3 \times 49 = 147 \quad \text{e} \quad 21 \times 7 = 147$$

Esprimiamo i risultati dei nostri esempi con la **proprietà del permutare**:

Se in una proporzione si scambiano tra loro gli estremi o i medi o entrambi si ottengono ancora altre proporzioni.

Se $a : b = c : d$ allora $d : b = c : a$
$a : c = b : d$
$d : c = b : a$

Proprietà del comporre

Consideriamo una proporzione, per esempio 10 : 2 = 35 : 7, e scriviamone un'altra (controlleremo poi se sarà vera o no) tale che:

- il primo termine sia la somma del primo e del secondo termine della proporzione di partenza, cioè 10 + 2;
- il secondo termine sia il primo o il secondo termine, cioè 10 o 2 (scegliamo il primo, 10);
- il terzo termine sia la somma del terzo e del quarto termine, cioè 35 + 7;
- il quarto termine sia il terzo o il quarto in analogia con il secondo termine, cioè, se per il secondo termine abbiamo scelto l'antecedente 10, adesso prenderemo l'antecedente 35.

Possiamo scrivere allora:

(10 + 2)	:	10	=	(35 + 7)	:	35
↓		↓		↓		↓
somma 1° e 2° termine		**antecedente**		**somma 3° e 4° termine**		**antecedente**

cioè: 12 : 10 = 42 : 35.

È ancora una proporzione? Controlliamo applicando la proprietà fondamentale:

12 × 35 = 420 ↓ prodotto estremi = 10 × 42 = 420 ↓ prodotto medi

Abbiamo ottenuto ancora una proporzione.

Ciò si esprime esattamente con la **proprietà del comporre**, che dice:

In ogni proporzione la somma del 1° e del 2° termine sta al 1° o al 2° termine come la somma del 3° e del 4° termine sta al 3° o al 4° termine.

Se $a : b = c : d$ allora $(a + b) : a = (c + d) : c$
$(a + b) : b = (c + d) : d$

VEDIAMO SE HAI Capito...

Segui l'esempio e poi prova tu.

Applichiamo la proprietà del comporre alle proporzioni:

- 21 : 7 = 24 : 8
  Poiché la somma del 1° e del 2° termine sta al 1° o al 2° termine come la somma del 3° e del 4° termine sta al 3° o al 4° termine, avremo:
  (21 + 7) : 21 = (24 + 8) : 24
- 15 : 3 = 40 : 8
  (15 + ...) : 3 = (40 + ...) : ....
- 36 : 9 = 16 : 4
  (.... + ...) : 36 = (.... + ...) : ....
- 35 : 5 = 49 : 7
  (.... + ...) : 5 = (.... + ...) : ....

ESEMPI

1. Data la proporzione 72 : 8 = 63 : 7, applicare la proprietà del comporre in entrambi i modi.

$(72 + 8) : 72 = (63 + 7) : 63$ e $(72 + 8) : 8 = (63 + 7) : 7$

$80 : 72 = 70 : 63$ e $80 : 8 = 70 : 7$

Controlliamo con la proprietà fondamentale che le due uguaglianze ottenute siano effettivamente delle proporzioni:

$\begin{cases} 80 \times 63 = \mathbf{5\,040} \\ 72 \times 70 = \mathbf{5\,040} \end{cases}$ e $\begin{cases} 80 \times 7 = \mathbf{560} \\ 8 \times 70 = \mathbf{560} \end{cases}$

2. Data la proporzione $\frac{1}{3} : \frac{1}{5} = \frac{1}{4} : \frac{3}{20}$, applicare la proprietà del comporre in entrambi i modi.

$\left(\frac{1}{3} + \frac{1}{5}\right) : \frac{1}{3} = \left(\frac{1}{4} + \frac{3}{20}\right) : \frac{1}{4}$ e $\left(\frac{1}{3} + \frac{1}{5}\right) : \frac{1}{5} = \left(\frac{1}{4} + \frac{3}{20}\right) : \frac{3}{20}$

$\frac{5+3}{15} : \frac{1}{3} = \frac{5+3}{20} : \frac{1}{4}$ e $\frac{5+3}{15} : \frac{1}{5} = \frac{5+3}{20} : \frac{3}{20}$

$\frac{8}{15} : \frac{1}{3} = \frac{8}{20} : \frac{1}{4}$ e $\frac{8}{15} : \frac{1}{5} = \frac{8}{20} : \frac{3}{20}$

Controlliamo con la proprietà fondamentale che le due uguaglianze ottenute siano effettivamente delle proporzioni:

$\begin{cases} \frac{\cancel{8}^{2}}{15} \times \frac{1}{\cancel{4}_{1}} = \mathbf{\frac{2}{15}} \\ \frac{1}{3} \times \frac{\cancel{8}^{2}}{\cancel{20}_{5}} = \mathbf{\frac{2}{15}} \end{cases}$ e $\begin{cases} \frac{\cancel{8}^{2}}{\cancel{15}_{5}} \times \frac{\cancel{3}^{1}}{\cancel{20}_{5}} = \mathbf{\frac{2}{25}} \\ \frac{1}{5} \times \frac{\cancel{8}^{2}}{\cancel{20}_{5}} = \mathbf{\frac{2}{25}} \end{cases}$

Proprietà dello scomporre

Consideriamo una proporzione dove ogni antecedente è maggiore del proprio conseguente, per esempio 27 : 9 = 18 : 6, e scriviamone un'altra (controlleremo poi se sarà vera o no) tale che:

- il primo termine sia la differenza fra il primo e il secondo termine della proporzione di partenza, cioè 27 – 9;
- il secondo termine sia il primo o il secondo termine, cioè 27 o 9 (scegliamo il secondo, ossia 9);
- il terzo termine sia la differenza fra il terzo e il quarto, cioè 18 – 6;
- il quarto termine sia il terzo o il quarto in analogia con il secondo termine (avendo scelto come secondo termine il conseguente 9, prenderemo adesso l'altro conseguente 6).

Possiamo allora scrivere:

(27 – 9)	:	9	=	(18 – 6)	:	6
↓		↓		↓		↓
differenza 1° e 2° termine		**conseguente**		**differenza 3° e 4° termine**		**conseguente**

cioè: 18 : 9 = 12 : 6.

È ancora una proporzione? Controlliamolo con la proprietà fondamentale:

$18 \times 6 = 108$ ↓ prodotto estremi = $9 \times 12 = 108$ ↓ prodotto medi

Ciò si esprime esattamente con la **proprietà dello scomporre**, che dice:

In ogni proporzione (con gli antecedenti maggiori dei rispettivi conseguenti) la differenza del 1° e 2° termine sta al 1° o al 2° termine come la differenza del 3° e 4° termine sta al 3° o al 4° termine.

Se $\boldsymbol{a : b = c : d}$ allora $\boldsymbol{(a - b) : a = (c - d) : c}$

$\boldsymbol{(a - b) : b = (c - d) : d}$

ESEMPI

1. Data la proporzione 100 : 10 = 30 : 3, applicare la proprietà dello scomporre in entrambi i modi.

$(100 - 10) : 100 = (30 - 3) : 30$ e $(100 - 10) : 10 = (30 - 3) : 3$

$90 : 100 = 27 : 30$ e $90 : 10 = 27 : 3$

Controlliamo con la proprietà fondamentale che abbiamo ottenuto delle proporzioni:

$\begin{cases} 90 \times 30 = \mathbf{2\,700} \\ 100 \times 27 = \mathbf{2\,700} \end{cases}$ e $\begin{cases} 90 \times 3 = \mathbf{270} \\ 10 \times 27 = \mathbf{270} \end{cases}$

2. Data la proporzione $\frac{5}{4} : \frac{1}{2} = \frac{5}{6} : \frac{1}{3}$, applicare la proprietà dello scomporre in entrambi i modi.

$\left(\frac{5}{4} - \frac{1}{2}\right) : \frac{5}{4} = \left(\frac{5}{6} - \frac{1}{3}\right) : \frac{5}{6}$ e $\left(\frac{5}{4} - \frac{1}{2}\right) : \frac{1}{2} = \left(\frac{5}{6} - \frac{1}{3}\right) : \frac{1}{3}$

$\frac{5-2}{4} : \frac{5}{4} = \frac{5-2}{6} : \frac{5}{6}$ e $\frac{5-2}{4} : \frac{1}{2} = \frac{5-2}{6} : \frac{1}{3}$

$\frac{3}{4} : \frac{5}{4} = \frac{3}{6} : \frac{5}{6}$ e $\frac{3}{4} : \frac{1}{2} = \frac{3}{6} : \frac{1}{3}$

Controlliamo con la proprietà fondamentale che abbiamo ottenuto delle proporzioni:

$\begin{cases} \frac{\cancel{3}^1}{4} \times \frac{5}{\cancel{6}_2} = \mathbf{\frac{5}{8}} \\ \frac{5}{4} \times \frac{\cancel{3}^1}{\cancel{6}_2} = \mathbf{\frac{5}{8}} \end{cases}$ e $\begin{cases} \frac{\cancel{3}^1}{4} \times \frac{1}{\cancel{3}_1} = \mathbf{\frac{1}{4}} \\ \frac{1}{2} \times \frac{\cancel{3}^1}{\cancel{6}_2} = \mathbf{\frac{1}{4}} \end{cases}$

Le proprietà del comporre e dello scomporre possono essere applicate considerando la somma o la differenza degli antecedenti e dei conseguenti. Valgono infatti anche le seguenti regole:

In ogni proporzione la somma degli antecedenti sta alla somma dei conseguenti come ciascun antecedente sta al proprio conseguente.

Se $\boldsymbol{a : b = c : d}$ allora $\boldsymbol{(a + c) : (b + d) = a : b}$
$\boldsymbol{(a + c) : (b + d) = c : d}$

In ogni proporzione (con il primo antecedente e il primo conseguente maggiori rispettivamente del secondo antecedente e del secondo conseguente) la differenza degli antecedenti sta alla differenza dei conseguenti come ciascun antecedente sta al proprio conseguente.

Se $\boldsymbol{a : b = c : d}$ allora $\boldsymbol{(a - c) : (b - d) = a : b}$
$\boldsymbol{(a - c) : (b - d) = c : d}$

Risoluzione di una proporzione

Per risolvere una proporzione, cioè per calcolare un termine mancante conoscendo gli altri, si applicano le proprietà che abbiamo esaminato. Il termine mancante è detto **termine incognito** e si indica con x. Impariamo i vari procedimenti risolutivi di una proporzione attraverso alcuni esempi.

Calcolo di un estremo o di un medio

Se il termine incognito è un estremo o un medio, basta applicare la proprietà fondamentale. Osserva.

- Nella proporzione $\mathbf{54 : 6 = 108 :} \, x$ deve essere: $54 \cdot x = 6 \cdot 108$ da cui: $54 \cdot x = 648$ e da questa avremo:

  $$x = \frac{648}{54} = 12$$

  Per cui la nostra proporzione sarà: $\mathbf{54 : 6 = 108 : 12}$; infatti:

  $$\begin{cases} 54 \cdot 12 = 648 \\ 6 \cdot 108 = 648 \end{cases} \quad \text{prodotto estremi = prodotto medi}$$

- Nella proporzione $\mathbf{121} : x \mathbf{= 143 : 13}$ deve essere: $121 \cdot 13 = x \cdot 143$ da cui: $1\,573 = x \cdot 143$ e da questa avremo:

  $$x = \frac{1573}{143} = 11$$

  Per cui la nostra proporzione sarà: $\mathbf{121 : 11 = 143 : 13}$; infatti:

  $$\begin{cases} 121 \cdot 13 = 1573 \\ 11 \cdot 143 = 1573 \end{cases} \quad \text{prodotto estremi = prodotto medi}$$

In generale diciamo quindi che:

In una proporzione il valore di un estremo incognito è dato dal prodotto dei medi diviso l'estremo conosciuto.

La ricerca dell'estremo x nel caso della proporzione $a : b = c : x$ viene chiamata ricerca del **quarto proporzionale** dopo tre numeri dati.

In una proporzione il valore di un medio incognito è dato dal prodotto degli estremi diviso il medio conosciuto.

ESEMPIO

Calcolare il termine incognito nelle seguenti proporzioni:

$7 : 3 = 21 : x$; $\quad 24 : 9 = x : 3$; $\quad \frac{3}{2} : \frac{4}{3} = x : \frac{64}{45}$; $\quad \frac{14}{15} : \frac{13}{3} = \frac{21}{26} : x$

- $7 : 3 = 21 : x \rightarrow x = \frac{3 \cdot 21}{7} = \mathbf{9}$ da cui: $7 : 3 = 21 : 9$
- $24 : 9 = x : 3 \rightarrow x = \frac{24 \cdot 3}{9} = \mathbf{8}$ da cui: $24 : 9 = 8 : 3$
- $\frac{3}{2} : \frac{4}{3} = x : \frac{64}{45} \rightarrow x = \left(\frac{\cancel{3}^{1}}{\cancel{2}_{1}} \cdot \frac{\cancel{64}^{32}}{\cancel{45}_{15}}\right) : \frac{4}{3} = \frac{\cancel{32}^{8}}{\cancel{15}_{5}} \cdot \frac{\cancel{3}^{1}}{\cancel{4}_{1}} = \mathbf{\frac{8}{5}}$ da cui: $\frac{3}{2} : \frac{4}{3} = \frac{8}{5} : \frac{64}{45}$
- $\frac{14}{15} : \frac{13}{3} = \frac{21}{26} : x \rightarrow x = \left(\frac{\cancel{13}^{1}}{\cancel{3}_{1}} \cdot \frac{\cancel{21}^{7}}{\cancel{26}_{2}}\right) : \frac{14}{15} = \frac{\cancel{7}^{1}}{2} \cdot \frac{15}{\cancel{14}_{2}} = \mathbf{\frac{15}{4}}$ da cui: $\frac{14}{15} : \frac{13}{3} = \frac{21}{26} : \frac{15}{4}$

Per un primo controllo

1. Individua quali proprietà sono state applicate alla proporzione 12 : 6 = 8 : 4.

12 : 8 = 6 : 4 proprietà ....;

(12 − 6) : 6 = (8 − 4) : 4 proprietà ....;

6 : 12 = 4 : 8 proprietà ....;

4 : 6 = 8 : 12 proprietà ....

2. Completa la seguente tabella scrivendo la soluzione di ogni proporzione.

Proporzione	Soluzione	Proporzione	Soluzione
$a : b = c : x$		$x : b = c : d$	
$a : b = x : d$		$a : x = c : d$	

Risoluzione di una proporzione continua

Consideriamo una proporzione continua e in essa siano incogniti i due medi, che sappiamo devono essere uguali (medi proporzionali); sia, per esempio:

$4 : x = x : 25.$

Anche in questa proporzione deve essere verificata la proprietà fondamentale, per cui deve essere:

$4 \cdot 25 = x^2$ cioè: $100 = x^2$ da cui: $x = \sqrt{100} = 10.$

La nostra proporzione sarà: **4** : **10** = **10** : **25**, infatti:

$$\begin{cases} 4 \cdot 25 = 100 \\ 10 \cdot 10 = 100 \end{cases}$$

Possiamo dedurre la regola generale che dice:

In una proporzione continua il valore del medio proporzionale è dato dalla radice quadrata del prodotto degli estremi.

ESEMPI

1. $169 : x = x : 4 \rightarrow x = \sqrt{169 \cdot 4} = \sqrt{676} = \mathbf{26}$

2. $\frac{4}{9} : x = x : \frac{25}{4} \rightarrow x = \sqrt{\frac{\cancel{4}^{1}}{9} \cdot \frac{25}{\cancel{4}_{1}}} = \sqrt{\frac{25}{9}} = \mathbf{\frac{5}{3}}$

Risoluzione di particolari proporzioni

Le proporzioni con un termine incognito possono essere date anche in forma diversa da quelle considerate. Osserviamo come è possibile risolverle.

- Consideriamo la seguente proporzione: $(21 + x) : x = 24 : 6$ e cerchiamo di risolverla.
  Applicando la proprietà dello scomporre, avremo:
  $(21 + x - x) : x = (24 - 6) : 6$ da cui: $21 : x = 18 : 6$
  quindi: $x = \frac{21 \cdot 6}{18} = 7$
  La nostra proporzione sarà: $(21 + 7) : 7 = 24 : 6$ cioè: **28** : **7** = **24** : **6**.
- Consideriamo la seguente proporzione: $(35 - x) : x = 12 : 2$.
  Applicando la proprietà del comporre, avremo:
  $(35 - x + x) : x = (12 + 2) : 2$ da cui: $35 : x = 14 : 2$
  quindi: $x = \frac{35 \cdot 2}{14} = 5$
  La nostra proporzione sarà: $(35 - 5) : 5 = 12 : 2$ cioè: **30** : **5** = **12** : **2**.

→ Consideriamo una proporzione del tipo $x : y = a : b$, dove a e b sono due numeri noti; in essa i termini mancanti sono due (indicati dalle lettere x e y); la potremo risolvere solo se di questi due termini conosciamo la somma o la differenza. Esaminiamo separatamente le due possibilità.

1 Consideriamo la proporzione $x : y = 5 : 7$ e supponiamo di conoscere la somma delle incognite, cioè:

$x : y = 5 : 7$ con $x + y = 24$ (1)

Applichiamo la proprietà del comporre:

$(x + y) : x = (5 + 7) : 5$

sostituiamo la somma conosciuta:

$24 : x = 12 : 5$ da cui: $x = \frac{24 \cdot 5}{12} = 10$

Trovato il valore della x, per trovare il valore della y basta ricorrere alla (1); in essa:

$y = 24 - x$ cioè $y = 24 - 10 = 14$

La nostra proporzione è **10** : **14** = **5** : **7**.

2 Consideriamo ora la proporzione $x : y = 4 : 3$ e supponiamo di conoscere la differenza tra le incognite, cioè:

$x : y = 4 : 3$ con $x - y = 6$ (2)

Applichiamo la proprietà dello scomporre:

$(x - y) : x = (4 - 3) : 4$

sostituiamo la differenza conosciuta:

$6 : x = 1 : 4$ da cui: $x = \frac{6 \cdot 4}{1} = 24$

Trovato il valore della x, per trovare il valore della y basta ricorrere alla (2); in essa:

$y = x - 6$ cioè: $y = 24 - 6 = 18$

La nostra proporzione è **24** : **18** = **4** : **3**.

ESEMPI

1. $(5 + x) : x = 12 : 3$

$(5 + x - x) : x = (12 - 3) : 3$

$5 : x = 9 : 3$

$x = \frac{5 \cdot 3}{9} = \frac{5}{3}$

2. $(6 - x) : x = 22 : 8$

$(6 - x + x) : x = (22 + 8) : 8$

$6 : x = 30 : 8$

$x = \frac{6 \cdot 8}{30} = \frac{8}{5}$

3. $\left(\frac{1}{4} + x\right) : x = \frac{21}{4} : \frac{7}{2}$

$\left(\frac{1}{4} + x - x\right) : x = \left(\frac{21}{4} - \frac{7}{2}\right) : \frac{7}{2}$

$\frac{1}{4} : x = \frac{21 - 14}{4} : \frac{7}{2}$

$\frac{1}{4} : x = \frac{7}{4} : \frac{7}{2}$

$x = \left(\frac{1}{4} \cdot \frac{7}{2}\right) : \frac{7}{4} = \frac{\cancel{7}^1}{\cancel{8}_2} \cdot \frac{\cancel{4}^1}{\cancel{7}_1} = \frac{1}{2}$

4. $\left(\frac{7}{5}-x\right):x=\frac{15}{8}:\frac{3}{4}$

$\left(\frac{7}{5}-x+x\right):x=\left(\frac{15}{8}+\frac{3}{4}\right):\frac{3}{4}$

$\frac{7}{5}:x=\frac{15+6}{8}:\frac{3}{4}$

$\frac{7}{5}:x=\frac{21}{8}:\frac{3}{4}$

$x=\left(\frac{7}{5}\cdot\frac{3}{4}\right):\frac{21}{8}=\frac{\cancel{21}^{1}}{\cancel{20}_{5}}\cdot\frac{\cancel{8}^{2}}{\cancel{21}_{1}}=\mathbf{\frac{2}{5}}$

5. $x:y=4:5$ con $x+y=90$

$(x+y):y=(4+5):5$

$90:y=9:5$

$y=\frac{90\cdot 5}{9}=\mathbf{50}$

$x=90-y=90-50=\mathbf{40}$

6. $x:y=9:5$ con $x-y=20$

$(x-y):y=(9-5):5$

$20:y=4:5$

$y=\frac{20\cdot 5}{4}=\mathbf{25}$

$x=20+y=20+25=\mathbf{45}$

7. $x:y=\frac{3}{5}:2$ con $x+y=\frac{13}{25}$

$(x+y):y=\left(\frac{3}{5}+2\right):2$

$\frac{13}{25}:y=\frac{13}{5}:2$

$y=\left(\frac{13}{25}\cdot 2\right):\frac{13}{5}=\frac{\cancel{26}^{2}}{\cancel{25}_{5}}\cdot\frac{\cancel{5}^{1}}{\cancel{13}_{1}}=\mathbf{\frac{2}{5}}$

$x=\frac{13}{25}-y=\frac{13}{25}-\frac{2}{5}=\frac{13-10}{25}=\mathbf{\frac{3}{25}}$

8. $x:y=\frac{2}{3}:\frac{1}{18}$ con $x-y=\frac{11}{2}$

$(x-y):y=\left(\frac{2}{3}-\frac{1}{18}\right):\frac{1}{18}$

$\frac{11}{2}:y=\frac{11}{18}:\frac{1}{18}$

$y=\left(\frac{11}{2}\cdot\frac{1}{18}\right):\frac{11}{18}=\frac{\cancel{11}^{1}}{\cancel{36}_{2}}\cdot\frac{\cancel{18}^{1}}{\cancel{11}_{1}}=\mathbf{\frac{1}{2}}$

$x=\frac{11}{2}+y=\frac{11}{2}+\frac{1}{2}=\frac{\cancel{12}^{6}}{\cancel{2}_{1}}=\mathbf{6}$

Catena di rapporti

Oltre all'uguaglianza di due soli rapporti si può considerare l'uguaglianza di tre o più rapporti. Per esempio, dati i tre rapporti uguali 20 : 5, 16 : 4 e 24 : 6 possiamo scrivere l'uguaglianza:

20 : 5 = 16 : 4 = 24 : 6

che si chiama **catena di rapporti**.

A una catena di rapporti si può applicare la proprietà del comporre. Osserva in che modo la si applica partendo dalla catena di rapporti:

4 : 2 = 12 : 6 = 16 : 8 = 36 : 18

→ (4 + 12 + 16 + 36) : (2 + 6 + 8 + 18) = 4 : 2 → 68 : 34 = 4 : 2

→ (4 + 12 + 16 + 36) : (2 + 6 + 8 + 18) = 12 : 6 → 68 : 34 = 12 : 6

→ (4 + 12 + 16 + 36) : (2 + 6 + 8 + 18) = 16 : 8 → 68 : 34 = 16 : 8

→ (4 + 12 + 16 + 36) : (2 + 6 + 8 + 18) = 36 : 18 → 68 : 34 = 36 : 18

da ricordare

5 RAPPORTI E PROPORZIONI

- Dati due numeri a e b (con $b \neq 0$), si chiama **rapporto** fra i due numeri il quoziente $\boldsymbol{a : b}$.
- Si chiama **rapporto inverso** il rapporto $\boldsymbol{b : a}$.

- La **scala** (di riduzione o ingrandimento) è il rapporto fra la misura di una lunghezza sulla carta e la misura della stessa lunghezza nella realtà. Essa indica quante volte la misura reale è stata ridotta o ingrandita.

- Il **rapporto fra due grandezze omogenee** è il quoziente fra le loro misure (riferite alla stessa unità di misura) ed è un numero puro:
  - **naturale**, se una grandezza è multipla dell'altra;
  - **razionale**, se ammettono un sottomultiplo comune;
  - **irrazionale**, se non ammettono alcun sottomultiplo comune, per cui le grandezze sono incommensurabili.

- Il **rapporto fra due grandezze non omogenee** è il quoziente fra le loro misure ed è una grandezza non omogenea a quelle date e il cui valore dipende dalle unità di misura di quelle date.

- La **percentuale** è un rapporto avente come conseguente 100 e, su un totale, indica quante unità rispetto a 100 soddisfano una certa condizione.
- Per **calcolare la percentuale** di una grandezza o di un valore numerico basta moltiplicare la grandezza o il valore per la frazione uguale alla percentuale.

- Una **proporzione** è l'uguaglianza di due rapporti.
- In essa, per la **proprietà fondamentale**, il prodotto dei medi è uguale al prodotto degli estremi.

- In una proporzione valgono le proprietà:

dell'**invertire**: da $a : b = c : d$ segue
$b : a = d : c$

del **permutare**: da $a : b = c : d$ seguono
$d : b = c : a$,
$a : c = b : d$,
$d : c = b : a$

del **comporre**: da $a : b = c : d$ seguono
$(a + b) : a = (c + d) : c$
$(a + b) : b = (c + d) : d$

dello **scomporre**: da $a : b = c : d$ seguono
$(a - b) : a = (c - d) : c$
$(a - b) : b = (c - d) : d$

- In una proporzione il valore di un **estremo incognito** è dato dal prodotto dei medi diviso l'estremo conosciuto; il valore di un **medio incognito** è dato dal prodotto degli estremi diviso il medio conosciuto.

il numero 6

LA PROPORZIONALITÀ

Ciò che DEVI SAPERE

per affrontare lo studio di questa unità:

- i concetti di rapporto e proporzione

Ciò che SAPRAI

con lo studio di questa unità:

- il concetto di funzione
- i concetti di grandezze direttamente e inversamente proporzionali
- le funzioni di proporzionalità diretta e inversa

Ciò che SAPRAI FARE

con lo studio di questa unità:

- riconoscere e scrivere una funzione
- distinguere una funzione matematica da una empirica
- individuare grandezze direttamente e inversamente proporzionali
- scrivere e rappresentare funzioni di proporzionalità diretta e inversa

CONTENUTI

- **Costanti, variabili e funzioni**
  - Funzioni matematiche ed empiriche
- **Rappresentazione cartesiana di funzioni**
- **Grandezze direttamente proporzionali**
- **Grandezze inversamente proporzionali**
- **Funzioni di proporzionalità**

Costanti, variabili e funzioni

Nella vita di tutti i giorni osserviamo grandezze che mantengono sempre lo stesso valore e sono dette **grandezze costanti**, altre che possono assumere valori diversi e sono dette **grandezze variabili**. Per esempio:

Sono **grandezze costanti**:

- la distanza Roma-Napoli;
- la capacità di una botte;
- la velocità della luce nel vuoto.

Sono **grandezze variabili**:

- il peso di una persona nel corso della vita;
- il tempo impiegato per fare un certo lavoro;
- la temperatura nel corso di una giornata.

Due grandezze variabili spesso sono legate tra loro in modo che il variare di una dipende dal variare dell'altra. Due grandezze di questo tipo si dicono **variabili dipendenti**. Per esempio:

- I **litri** di benzina consumati da una vettura dipendono dai **chilometri** percorsi:
  - con **8 litri** di benzina si percorrono **100 km**;
  - con **24 litri** di benzina si percorreranno **300 km**.

- Il **tempo** impiegato da alcuni operai per eseguire un certo lavoro dipende dal **numero** di operai che lavorano:
  - **2 operai** impiegano **4 giorni**;
  - **4 operai** impiegheranno **2 giorni**.

- Il **costo totale** per l'acquisto di una certa quantità di olio dipende dal **costo unitario** delle bottiglie:
  - 6 bottiglie da **€ 5** ciascuna costano **€ 30**;
  - 6 bottiglie da **€ 4,30** ciascuna costeranno **€ 25,80**.

Consideriamo attentamente l'ultimo esempio. Il **costo totale** per l'acquisto di una certa quantità di olio dipende dal **costo unitario** di ogni bottiglia di olio.

Il costo unitario, che può assumere liberamente valori diversi, prende il nome di **variabile indipendente** e la indichiamo con $\boldsymbol{x}$.
Il costo totale, che assume valori che dipendono da quelli di x, prende il nome di **variabile dipendente** e la indichiamo con $\boldsymbol{y}$.
Queste due variabili sono tali che **a ogni valore** della $\boldsymbol{x}$ corrisponde **uno e un solo valore** della $\boldsymbol{y}$. Diciamo che y è **funzione** di x.

In generale diciamo quindi che:

Date due grandezze variabili, x variabile indipendente e y variabile dipendente, si dice che y è funzione di x se esiste una legge o proprietà di qualsiasi natura che fa corrispondere a ogni valore di x uno e un solo valore della y. Scriveremo:

$$\boldsymbol{y = f(x)}$$

che si legge "y uguale effe di x".

FUNZIONI MATEMATICHE ED EMPIRICHE

La legge o proprietà che lega due grandezze variabili può essere espressa da una formula matematica. Per esempio:

- la spesa, y, per acquistare un certo numero di quaderni, x, che costano € 1,30 ciascuno è data dalla formula: $\boldsymbol{y = 1{,}30x}$;
- il perimetro, y, di un quadrato il cui lato misura x, è dato dalla formula: $\boldsymbol{y = 4x}$;
- lo spazio, y, percorso alla velocità di 60 km/h nel tempo x è dato dalla formula: $\boldsymbol{y = 60x}$.

Funzioni espresse da una formula matematica si dicono **funzioni matematiche**; in esse, dato il valore di x, il corrispondente valore di y si determina con dei calcoli.

Esistono anche funzioni che non si possono esprimere con una formula matematica, per esempio:

- la quantità di pioggia caduta nei vari mesi dell'anno;
- la temperatura atmosferica durante le ore della giornata;
- l'incasso di un negozio nei vari giorni della settimana.

Funzioni non esprimibili con una formula matematica si dicono **funzioni empiriche**; in esse i valori corrispondenti delle due grandezze si ricavano solo con osservazioni e misurazioni dirette.

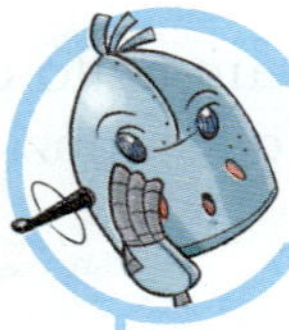

VEDIAMO SE HAI Capito...

Segui gli esempi e poi prova tu.

Le funzioni date sono matematiche o empiriche?

- Il lato di un pentagono regolare e il suo perimetro.
  Poiché $p = 5l$, è una **funzione matematica**.
- Il ricavo di un commerciante e i mesi dell'anno.
  Poiché non c'è una formula che lega le grandezze è una **funzione empirica**.
- Il numero di penne vendute a € 1,50 ciascuna e il ricavo ottenuto.
  ....
  ....
- La temperatura corporea e le ore di una giornata.
  ....
  ....

Rappresentazione cartesiana di funzioni

Le funzioni sia empiriche sia matematiche si possono rappresentare, come sai, su un piano cartesiano ortogonale.

→ Consideriamo la funzione matematica che lega il raggio x di una circonferenza e il diametro y: $\boldsymbol{y = 2x}$.
Compiliamo la tabella dei valori e, fissato il sistema di riferimento cartesiano, rappresentiamo i punti corrispondenti ai valori ottenuti.

Raggio (x)	1	2	3	4
Diametro (y)	2	4	6	8

$A(1; 2)$ $B(2; 4)$
$C(3; 6)$ $D(4; 8)$

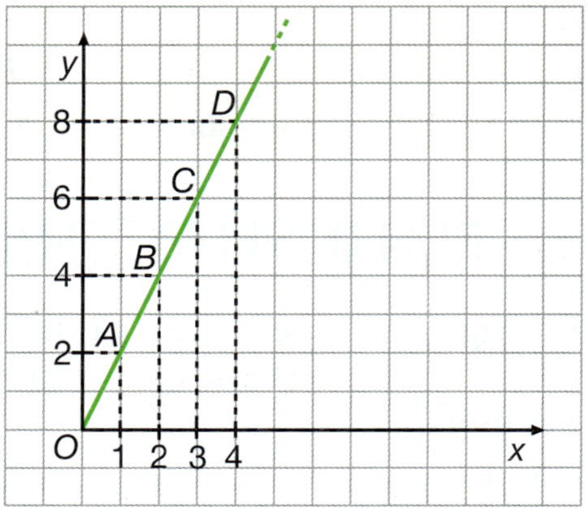

Congiungendo tali punti con un tratto continuo otteniamo il grafico cartesiano della funzione $y = 2x$.

→ Consideriamo adesso una funzione empirica, per esempio quella che lega il peso, y, di un bambino e i suoi primi cinque anni, x. Osserviamo la tabella dei dati:

Età in anni (x)	0	1	2	3	4	5
Peso in kg (y)	3	8	12	13	17	20

Fissato il sistema di riferimento cartesiano rappresentiamo i punti corrispondenti ai valori della tabella:

$A(0; 3)$ $B(1; 8)$
$C(2; 12)$ $D(3; 13)$
$E(4; 17)$ $F(5; 20)$

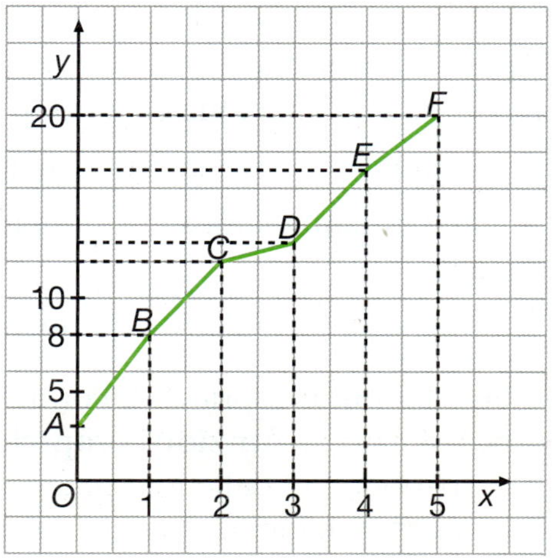

Tracciando la spezzata $ABCDEF$, otteniamo il grafico cartesiano della nostra funzione.

Grandezze direttamente proporzionali

All'interno delle funzioni matematiche possiamo considerare un particolare tipo di funzioni, le funzioni fra **grandezze proporzionali**, dette così perché la legge che le regola può essere espressa da una proporzione numerica.

Esistono due tipi di grandezze proporzionali: **grandezze direttamente proporzionali** e **grandezze inversamente proporzionali**.

Iniziamo a esaminare le grandezze direttamente proporzionali.

Consideriamo due esempi di grandezze variabili x e y, tali che $y = f(x)$, i cui valori sono dati dalle seguenti tabelle:

Quantità di farina acquistata (x)	Spesa per l'acquisto (y)
2 kg	€ 1,5
4 kg	€ 3
6 kg	€ 4,5
8 kg	€ 6

Ore di lavoro (x)	Paga percepita (y)
18 ore	€ 324
9 ore	€ 162
6 ore	€ 108
3 ore	€ 54

Osservando entrambe le tabelle notiamo che:

- le due grandezze considerate nella prima tabella sono tali che, quando la prima raddoppia, anche la seconda raddoppia ($2 \rightarrow 4$; $1{,}5 \rightarrow 3$), quando la prima triplica anche la seconda triplica ($2 \rightarrow 6$; $1{,}5 \rightarrow 4{,}5$) e così via;
- le due grandezze considerate nella seconda tabella sono tali che, quando la prima diventa la metà, anche la seconda diventa la metà ($18 \rightarrow 9$; $324 \rightarrow 162$), quando la prima diventa un terzo anche la seconda diventa un terzo ($18 \rightarrow 6$; $324 \rightarrow 108$) e così via.

Le due grandezze considerate in entrambe le tabelle sono tali che il rapporto $y : x$ oppure $\frac{y}{x}$ si mantiene costante:

$$\frac{1{,}5}{2} = \frac{3}{4} = \frac{4{,}5}{6} = \ldots = \mathbf{0{,}75}; \qquad \frac{324}{18} = \frac{162}{9} = \frac{108}{6} = \ldots = \mathbf{18}.$$

Se, in generale, indichiamo tale rapporto costante con $\boldsymbol{k}$, possiamo scrivere:

$$\frac{\boldsymbol{y}}{\boldsymbol{x}} = \boldsymbol{k} \quad \text{o anche} \quad \boldsymbol{y} = \boldsymbol{k} \cdot \boldsymbol{x}$$

Due grandezze di questo tipo si dicono **direttamente proporzionali** e ***k*** rappresenta il **coefficiente di proporzionalità diretta**; esattamente diremo che:

Due grandezze variabili dipendenti x e y si dicono **direttamente proporzionali** se, al raddoppiare o dimezzare, triplicare (o diventare un terzo), quadruplicare... della variabile indipendente x, ne consegue il raddoppiare (o dimezzare), triplicare (o diventare un terzo), quadruplicare... della variabile dipendente y.

Due grandezze direttamente proporzionali x e y sono tali che il loro rapporto si mantiene costante: $\frac{y}{x} = k$ o $y = kx$.

Sono esempi di grandezze direttamente proporzionali:

- il lato di un quadrato e il suo perimetro;
- il peso di una sostanza e il suo volume;
- la quantità di farina e la quantità di pane ricavato.

Grandezze inversamente proporzionali

Consideriamo due esempi di grandezze variabili x e y, tali che $y = f(x)$, i cui valori sono dati dalle seguenti tabelle:

Velocità di una automobile (x)	Tempo impiegato a fare un percorso (y)
60 km/h	150 minuti
120 km/h	75 minuti
180 km/h	50 minuti
....	....

Numero di operai che eseguono un lavoro (x)	Tempo impiegato a fare quel lavoro (y)
6	5 ore
3	10 ore
2	15 ore
....	....

Osservando entrambe le tabelle notiamo che:

- le due grandezze considerate nella prima tabella sono tali che, quando la prima raddoppia, la seconda dimezza ($60 \rightarrow 120$; $150 \rightarrow 75$), quando la prima triplica, la seconda diventa un terzo ($60 \rightarrow 180$; $150 \rightarrow 50$) e così via;
- le due grandezze considerate nella seconda tabella sono tali che quando la prima diventa la metà, la seconda raddoppia ($6 \rightarrow 3$; $5 \rightarrow 10$), quando la prima diventa un terzo, la seconda triplica ($6 \rightarrow 2$; $5 \rightarrow 15$) e così via;
- le due grandezze considerate in entrambe le tabelle sono tali che il prodotto $x \cdot y$ si mantiene costante:

$60 \cdot 150 = 120 \cdot 75 = 180 \cdot 50 = \mathbf{9\,000}$;
$6 \cdot 5 = 3 \cdot 10 = 2 \cdot 15 = \mathbf{30}$.

Se, in generale, indichiamo tale prodotto costante con h, possiamo scrivere:

$$x \cdot y = h \quad \text{o anche} \quad y = \frac{h}{x}$$

Due grandezze di questo tipo si dicono **inversamente proporzionali** e h rappresenta il **coefficiente di proporzionalità inversa**; esattamente diremo che:

Due grandezze variabili dipendenti x e y si dicono **inversamente proporzionali** se raddoppiando, triplicando, quadruplicando... la variabile indipendente x, si dimezza, diventa un terzo, un quarto... la variabile dipendente y; e se dimezzando, diventando un terzo, un quarto... la x, raddoppia, triplica, quadruplica... la y.

Due grandezze inversamente proporzionali x e y sono tali che il loro prodotto si mantiene costante: $xy = h$ oppure $y = \frac{h}{x}$.

Sono esempi di grandezze inversamente proporzionali:

- la portata di un rubinetto e il tempo impiegato per riempire una vasca;
- la superficie di una mattonella e il numero di mattonelle necessario a pavimentare una stanza;
- il numero di cavalli in una stalla e la durata di una certa quantità di fieno per la loro alimentazione.

Per un primo controllo

1. Individua nelle seguenti coppie di grandezze la variabile indipendente (I) e quella dipendente (D).

- Il perimetro di un pentagono regolare e il suo lato. I ...., D ....
- Il numero di articoli venduti e i soldi incassati. I ...., D ....
- Il consumo di elettricità e il numero di lampade di un edificio. I ...., D ....
- La velocità di un ciclista e lo spazio percorso. I ...., D ....
- I chili di pane ottenuti e la quantità di farina utilizzata. I ...., D ....

2. Indica quali delle seguenti grandezze sono direttamente proporzionali e quali inversamente proporzionali.

- Il lato di un triangolo equilatero e il suo perimetro. ....
- La velocità di un'auto e il tempo impiegato a fare un percorso. ....
- La capacità di una bottiglia e il numero di bottiglie che si riempiono con una certa quantità di acqua. ....
- I metri di stoffa acquistati e la spesa sostenuta per l'acquisto. ....
- I litri di benzina consumati e i chilometri percorsi. ....

Funzioni di proporzionalità

Riprendiamo il concetto di grandezze direttamente proporzionali con un esempio: il lato di un triangolo equilatero e il suo perimetro.

Lato di un triangolo equilatero (x)	Perimetro del triangolo (y)
2 cm	6 cm
4 cm	12 cm
6 cm	18 cm
8 cm	24 cm

Possiamo dire che:

a) la funzione $y = f(x)$ si può esprimere con la formula $y = 3x$, quindi è una funzione matematica;

b) il numero 3 rappresenta il rapporto costante tra le due grandezze e si chiama coefficiente di proporzionalità diretta;

c) la funzione $y = 3x$ stabilisce una corrispondenza biunivoca fra i valori della variabile indipendente x e i valori della variabile dipendente y.

In generale quindi diciamo che:

I valori di due grandezze direttamente proporzionali sono in **corrispondenza biunivoca** fra loro; questa corrispondenza si chiama **proporzionalità diretta**.

La funzione matematica relativa è data dal rapporto costante di due valori qualsiasi: $\boldsymbol{y = kx}$ e si chiama **funzione della proporzionalità diretta**.

Il coefficiente $\boldsymbol{k}$ si chiama **coefficiente di proporzionalità diretta**.

Come ogni funzione, anche la funzione della proporzionalità diretta ha la sua rappresentazione grafica sul piano cartesiano.

Riprendiamo il nostro esempio con la tabella dei valori che possiamo anche ampliare:

$y = 3x \rightarrow$

x	0	1	2	3
y	0	3	6	9

e riportiamo le coppie (0; 0), (1; 3), (2; 6), (3; 9) sul piano cartesiano.

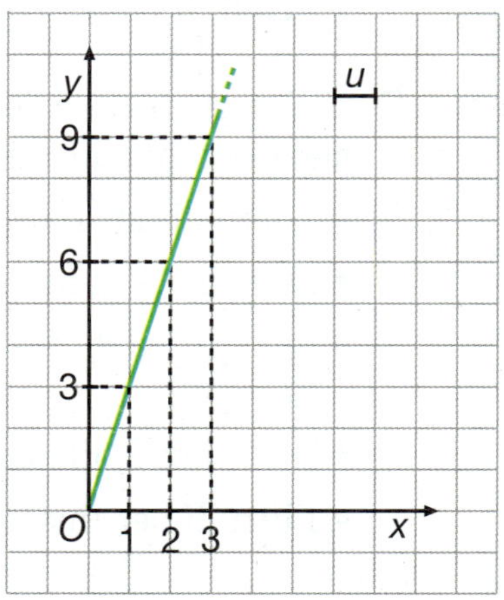

Il diagramma cartesiano ottenuto è una *semiretta uscente dall'origine* degli assi e questo si verifica (faremo dopo altri esempi) per una *qualsiasi funzione di proporzionalità diretta*.

Pertanto possiamo affermare che:

Ogni funzione matematica del tipo $y = kx$ è una funzione che esprime la **legge di proporzionalità diretta** e il suo diagramma cartesiano è una **semiretta** uscente dall'origine degli assi cartesiani.

ESEMPIO

- Disegnare il diagramma cartesiano della funzione $y = \frac{3}{2}x$ (funzione di proporzionalità diretta).

Compiliamo la tabella relativa alla funzione data e tracciamo il diagramma corrispondente:

x	0	2	4	6	...
y	0	3	6	9	...

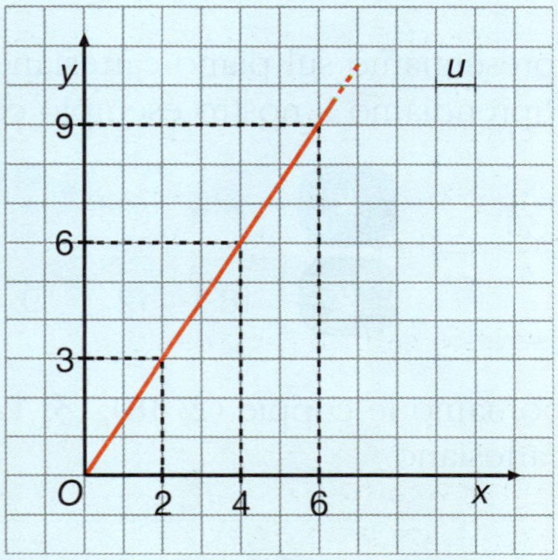

Riprendiamo adesso il concetto di grandezze inversamente proporzionali con un esempio: il numero di operai addetti a un lavoro e il tempo impiegato per fare quel lavoro.

Numero di operai addetti a un lavoro (x)	Tempo impiegato per quel lavoro (y)
2	18 ore
4	9 ore
6	6 ore
8	4,5 ore

Possiamo dire che:

a) la funzione $y = f(x)$ si può esprimere con la formula $y = \frac{36}{x}$, quindi è una funzione matematica;

b) il numero 36 rappresenta il prodotto costante tra le due grandezze e si chiama coefficiente di proporzionalità inversa;

c) la funzione $y = \frac{36}{x}$ stabilisce una corrispondenza biunivoca fra i valori della variabile indipendente x e i valori della variabile dipendente y.

In generale quindi diciamo che:

I valori di due grandezze inversamente proporzionali sono in corrispondenza biunivoca fra loro; questa corrispondenza biunivoca si chiama **proporzionalità inversa**.
La funzione matematica relativa è data dal prodotto costante di due valori qualsiasi:

$$xy = h \quad \text{oppure} \quad y = \frac{h}{x}$$

e si chiama **funzione della proporzionalità inversa**.

Il coefficiente h si dice **coefficiente di proporzionalità inversa**.

Rappresentiamo sul piano cartesiano la funzione di proporzionalità inversa. Riprendiamo il nostro esempio con la tabella dei valori:

$y = \frac{36}{x}$ →

x	2	3	4	6	9	12
y	18	12	9	6	4	3

e riportiamo le coppie (2; 18), (3; 12), (4; 9), (6; 6), (9; 4), (12; 3) sul piano cartesiano.

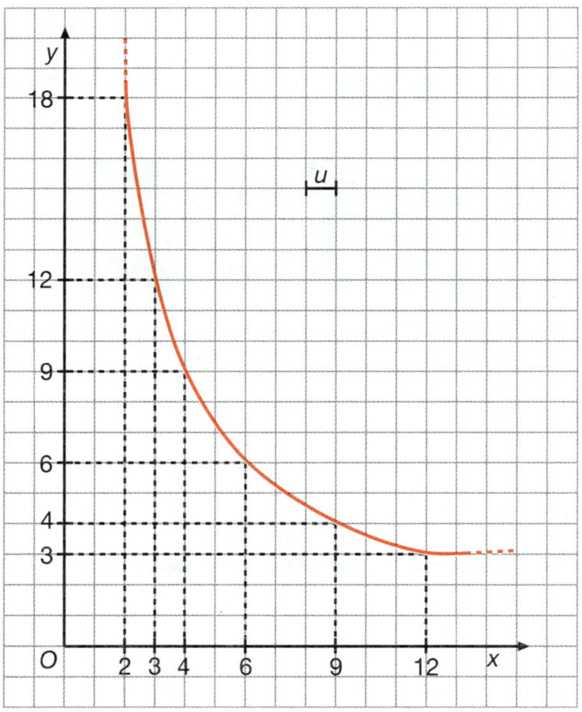

Il diagramma cartesiano ottenuto è un "ramo" di curva che si chiama **iperbole equilatera** e questo si verifica per una qualsiasi funzione di proporzionalità inversa.

Possiamo pertanto affermare che:

Ogni funzione matematica del tipo $y = \frac{h}{x}$ è una funzione che esprime la **legge di proporzionalità inversa** e il suo diagramma cartesiano è un ramo di curva che si chiama **iperbole equilatera**.

ESEMPIO

- Disegnare il diagramma cartesiano della funzione $y = \frac{18}{x}$ (funzione di proporzionalità inversa).

$y = \frac{18}{x} \rightarrow$

x	1	2	3	6	9	18
y	18	9	6	3	2	1

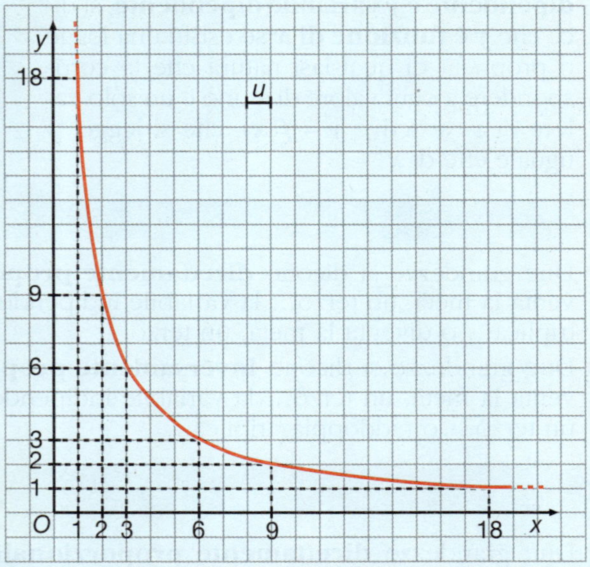

Per un primo controllo

Stabilisci se le funzioni assegnate nei seguenti esercizi sono di proporzionalità diretta o inversa e disegnane sul tuo quaderno il diagramma cartesiano.

1. $y = 5x$ → funzione di proporzionalità ....

2. $y = \frac{3}{2}x$ → funzione di proporzionalità ....

3. $y = \frac{6}{x}$ → funzione di proporzionalità ....

4. $y = \frac{24}{x}$ → funzione di proporzionalità ....

5. $y = \frac{1}{4}x$ → funzione di proporzionalità ....

da ricordare

6 LA PROPORZIONALITÀ

- Date due grandezze variabili, ***x* variabile indipendente e *y* variabile dipendente**, si dice che ***y* è funzione di *x*** se esiste una legge o proprietà di qualsiasi natura che fa corrispondere a ogni valore di x uno e un solo valore di y; si scrive $\boldsymbol{y = f(x)}$, che si legge "y uguale effe di x".

- Una funzione si dice:
  - **matematica**, se il legame che associa le due variabili si può esprimere con una formula;
  - **empirica**, se il legame che associa le due variabili non si può esprimere con una formula.

- Due grandezze si dicono **direttamente proporzionali** se, quando raddoppia, triplica... o diventa la metà, un terzo... la variabile indipendente x, anche la variabile dipendente y raddoppia, triplica... o diventa la metà, un terzo...
- Due grandezze si dicono **inversamente proporzionali** se, quando raddoppia, triplica... o diventa la metà, un terzo... la variabile indipendente x, la variabile dipendente y diventa la metà, un terzo... o raddoppia, triplica...

- Due grandezze **direttamente proporzionali** sono tali che il loro rapporto si mantiene costante:

$$\frac{y}{x} = k \text{ o } y = kx$$

- Due grandezze **inversamente proporzionali** sono tali che il loro prodotto si mantiene costante:

$$xy = h \text{ o } y = \frac{h}{x}$$

- La funzione matematica $y = kx$ si chiama **funzione di proporzionalità diretta** e il suo diagramma cartesiano è una **semiretta** uscente dall'origine degli assi.

- La funzione matematica $xy = h$ si chiama **funzione di proporzionalità inversa** e il suo diagramma cartesiano è un ramo di **iperbole equilatera**.

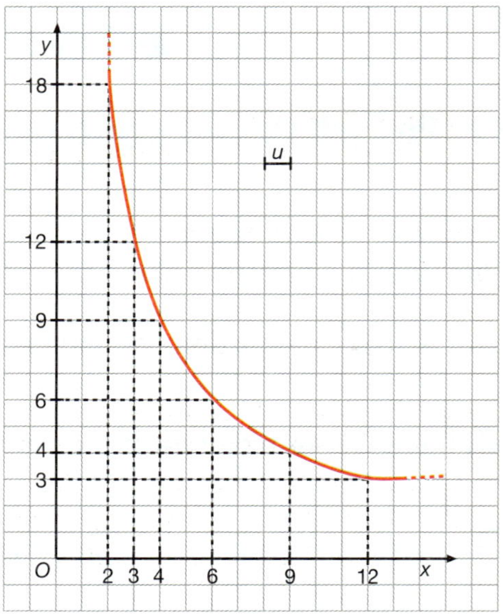

il numero 7

PROBLEMI E PROPORZIONI

CONTENUTI

- Percentuali e proporzioni
  - Rappresentazione grafica della percentuale
- Problemi del tre semplice diretto
- Problemi del tre semplice inverso
- Problemi di ripartizione semplice diretta
- Problemi di ripartizione semplice inversa
- Problemi di economia

Ciò che
DEVI SAPERE
per affrontare lo studio di questa unità:

- i concetti di rapporto e proporzione
- come risolvere una proporzione

Ciò che
SAPRAI
con lo studio di questa unità:

- come applicare i concetti di proporzionalità diretta e inversa alla risoluzione di problemi

Ciò che
SAPRAI FARE
con lo studio di questa unità:

- risolvere problemi riguardanti le percentuali
- rappresentare le percentuali con areogrammi
- risolvere problemi del tre semplice
- risolvere problemi di ripartizione semplice
- risolvere problemi di economia

Percentuali e proporzioni

I problemi nei quali trova applicazione tutto quello che abbiamo studiato sono svariati e numerosi. Noi prenderemo adesso in esame i più importanti per trovare la strategia che ci permette di interpretarli e risolverli con le conoscenze che abbiamo acquisito.
Un primo gruppo di problemi che si risolve applicando le proporzioni è quello che riguarda la **percentuale**. In qualsiasi campo in cui si abbia a che fare con le percentuali, i problemi che si possono presentare sono di tre tipi. Esaminiamoli.

Problemi del 1° tipo

In un negozio di abbigliamento una giacca che costa € 300 è in vendita con uno sconto del 25%. A quanto ammonta in euro lo sconto? E quale sarà il costo effettivo della giacca?

Risoluzione

Per quanto sappiamo sulle percentuali il 25% su € 300 si esprime con la proporzione:

25 : 100 = *x* : 300 da cui:

$$x = \frac{25 \cdot 300}{100} = \text{€ } \mathbf{75} \quad \text{(sconto effettivo)}$$

$$\text{€ } (300 - 75) = \text{€ } \mathbf{225} \quad \text{(spesa effettiva)}$$

Risposta

Lo sconto effettivo è di € 75, il costo effettivo della giacca è di € 225.

Problemi del 2° tipo

Per acquistare alcune piastrelle che costavano complessivamente € 350, si ottiene uno sconto e si pagano solo € 297,50. Quale percentuale di sconto si è ottenuta?

Risoluzione

Lo sconto effettivo è di: € (350 – 297,50) = € 52,5
Basta quindi risolvere la proporzione:

***x* : 100 = 52,5 : 350** da cui:

$$x = \frac{100 \cdot 52,5}{350} = \mathbf{15} \quad \text{(tasso percentuale di sconto)}$$

Risposta

La percentuale di sconto ottenuta è del 15%.

Problemi del 3° tipo

Per comprare del vino, un commerciante approfitta di un'offerta: "sconto del 10%, si risparmiano € 75". Qual era l'effettivo prezzo del vino?

Risoluzione

Basta risolvere la proporzione:

$\mathbf{10 : 100 = 75 : x}$ da cui:

$$x = \frac{100 \cdot 75}{10} = \text{€}\,\mathbf{750} \quad \text{(prezzo effettivo)}$$

Risposta

Il prezzo effettivo senza lo sconto era di € 750.

Osservando il modo in cui abbiamo risolto i tre problemi di esempio, deduciamo che un qualsiasi problema sulle percentuali è risolvibile considerando la seguente proporzione:

$$\boldsymbol{t : 100 = p : T} \quad \text{dove:} \quad \begin{cases} t \text{ è il } \textit{tasso percentuale} \\ p \text{ è il } \textit{valore della percentuale} \\ T \text{ è il } \textit{totale} \text{ su cui è verificata la percentuale} \end{cases}$$

Dalla precedente proporzione ricaviamo le tre formule di risoluzione che abbiamo già applicato ai tre esempi:

$$t = \frac{p \cdot 100}{T} \qquad p = \frac{t \cdot T}{100} \qquad T = \frac{p \cdot 100}{t}$$

RAPPRESENTAZIONE GRAFICA DELLA PERCENTUALE

Come abbiamo detto, la percentuale trova largo impiego in campo finanziario e commerciale, ma è usata anche in campo statistico. I dati statistici sono infatti rappresentati generalmente per mezzo di areogrammi che si disegnano in modo preciso ricorrendo proprio alla proporzionalità.
Seguiamo l'esempio.

→ Consideriamo i risultati dell'indagine riguardante il mezzo più usato dal personale di una fabbrica per recarsi al lavoro. Tali risultati, in percentuale, sono riassunti nella tabella a fianco:

Mezzo	Percentuale
Pullman	60%
Bicicletta	25%
Automobile	15%

Per disegnare l'areogramma relativo a questi dati, calcoliamo i valori dell'ampiezza degli angoli che corrispondono alle percentuali. Faremo ciò considerando che gli angoli e le percentuali sono due grandezze direttamente proporzionali, per cui, indicando con x, y e z le ampiezze, espresse in gradi, degli angoli che rappresentano rispettivamente il personale che usa il pullman, quello che usa la bicicletta e quello che usa l'automobile, avremo:

$$\begin{cases} x : 360 = 60 : 100 \\ y : 360 = 25 : 100 \\ z : 360 = 15 : 100 \end{cases} \quad \text{da cui:} \quad \begin{cases} x = \dfrac{360 \cdot 60}{100} = \mathbf{216} \\ y = \dfrac{360 \cdot 25}{100} = \mathbf{90} \\ z = \dfrac{360 \cdot 15}{100} = \mathbf{54} \end{cases}$$

Graficamente sarà:

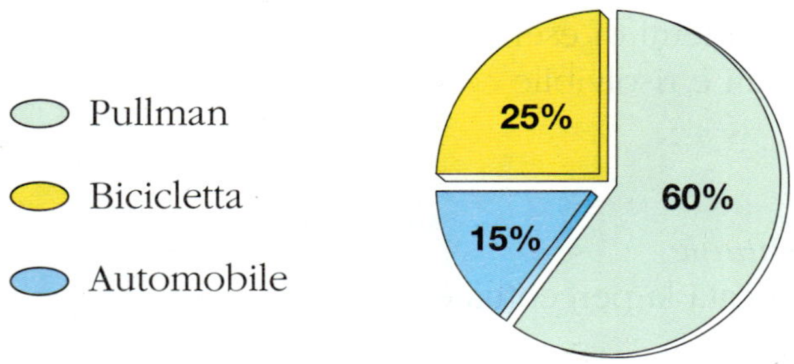

→ Consideriamo i risultati dell'indagine sulla presenza di persone straniere in un albergo. I risultati sono dati nella tabella a fianco:

Nazionalità	Presenze
Inglesi	52
Spagnoli	117
Francesi	91

Per disegnare l'areogramma delle percentuali di presenza, calcoliamo innanzi tutto tali percentuali:

$(52 + 117 + 91) = 260$ (totale su cui calcolare le percentuali), quindi:

$$\begin{cases} x : 100 = 52 : 260 \\ y : 100 = 117 : 260 \\ z : 100 = 91 : 260 \end{cases} \quad \text{da cui:} \quad \begin{cases} x = \dfrac{100 \cdot 52}{260} = \mathbf{20\%} \\ y = \dfrac{100 \cdot 117}{260} = \mathbf{45\%} \\ z = \dfrac{100 \cdot 91}{260} = \mathbf{35\%} \end{cases}$$

Calcoliamo adesso le ampiezze, espresse in gradi, degli angoli che rappresentano rispettivamente le presenze inglesi, spagnole e francesi:

$$\begin{cases} x : 360 = 20 : 100 \\ y : 360 = 45 : 100 \\ z : 360 = 35 : 100 \end{cases} \quad \text{da cui:} \quad \begin{cases} x = \dfrac{360 \cdot 20}{100} = 72 \\ y = \dfrac{360 \cdot 45}{100} = 162 \\ z = \dfrac{360 \cdot 35}{100} = 126 \end{cases}$$

Graficamente sarà:

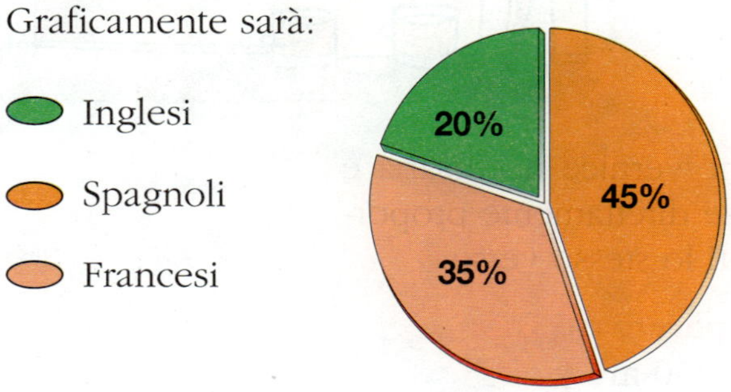

Problemi del tre semplice diretto

Un'altra applicazione della proporzionalità è la risoluzione di problemi che prendono il nome di "problemi del tre semplice", cioè problemi su grandezze direttamente o inversamente proporzionali di cui si conoscono tre valori e bisogna calcolare il quarto.

Poiché le grandezze possono essere, appunto, direttamente o inversamente proporzionali, questi problemi si distinguono in problemi del tre semplice diretto e inverso.

Esaminiamo la risoluzione dei problemi del tre semplice diretto.

Con 12 kg di vernice sono stati dipinti 150 m² di parete. Quanti chilogrammi di vernice sono necessari per dipingere 240 m² di parete?

Risoluzione

La prima cosa da stabilire in problemi di questo tipo è se le due grandezze sono direttamente o inversamente proporzionali. A tal fine tracciamo uno specchietto dei dati nel seguente modo:

vernice necessaria	m^2 di parete dipinta
12 kg	150 m^2
x (valore da calcolare)	240 m^2

e chiediamoci: al raddoppiare dei metri quadrati da dipingere raddoppieranno anche i chilogrammi di vernice necessaria? *Certamente sì*. Allora le due grandezze sono *direttamente proporzionali* e quindi il loro rapporto deve essere costante, per cui scriveremo: **12 : *x* = 150 : 240**, da cui:

$$x = \frac{12 \cdot 240}{150} = 19,2$$

Risposta

Per dipingere 240 m^2 di parete sono necessari 19,2 kg di vernice.

Osservazione

Riprendiamo lo specchietto dei dati e, sapendo che vernice necessaria e metri quadrati di parete dipinta sono due grandezze direttamente proporzionali, disegniamo accanto ai dati due frecce aventi lo stesso verso:

vernice necessaria	m^2 di parete dipinta
12 kg ↓	150 m^2 ↓
x	240 m^2

Riscriviamo la proporzione **12 : *x* = 150 : 240** e osserviamo che a questa proporzione potevamo arrivare subito scrivendo i rapporti secondo il verso delle frecce che abbiamo disegnato.

Questo ci porta a stabilire un procedimento di risoluzione per problemi di questo tipo e cioè:

Stabilito che le grandezze sono direttamente proporzionali, nello specchietto dei dati si disegnano **due frecce aventi lo stesso verso**. La proporzione risolutiva si scrive seguendo il loro verso.

Problemi del tre semplice inverso

Esaminiamo adesso la risoluzione dei problemi del tre semplice inverso.

Per compiere un certo lavoro 6 persone impiegano 30 giorni. Quanti giorni impiegherebbero 10 persone per compiere lo stesso lavoro?

Risoluzione

Stabiliamo se le due grandezze sono direttamente o inversamente proporzionali:

n. persone	tempo impiegato
6	30 giorni
10	x

Se il numero di persone raddoppiasse, quanti giorni impiegherebbero? *Certamente la metà*. Allora le due grandezze sono *inversamente proporzionali* e quindi il loro prodotto deve essere costante, per cui scriveremo:

$6 \cdot 30 = 10 \cdot x$ o anche $\mathbf{6 : 10 = x : 30}$ da cui:

$$x = \frac{6 \cdot 30}{10} = 18$$

Risposta

Dieci persone impiegherebbero 18 giorni per compiere lo stesso lavoro.

Osservazione

Riprendiamo lo specchietto dei dati e, sapendo che il numero di persone e il tempo impiegato sono due grandezze inversamente proporzionali, disegniamo accanto due frecce aventi verso opposto:

n. persone	**tempo impiegato**
6 ↓	30 giorni ↑
10	x

Riscriviamo la proporzione $\mathbf{6 : 10 = x : 30}$ e osserviamo che a questa proporzione potevamo arrivare subito scrivendo i rapporti secondo il verso delle frecce che abbiamo disegnato.

Questo ci porta a stabilire un procedimento di risoluzione per problemi di questo tipo e cioè:

Stabilito che le due grandezze sono inversamente proporzionali, nello specchietto dei dati si disegnano **due frecce aventi verso opposto**. La proporzione risolutiva si scrive seguendo il loro verso.

ESEMPI

1. Per seminare un campo di 12 ha occorrono 840 kg di sementi. Quanti chilogrammi di sementi occorrono per seminarne uno di 8 ha?

Se l'estensione del campo raddoppia, raddoppia anche la quantità delle sementi? *Certamente sì.*
Le grandezze sono *direttamente proporzionali*, per cui:

estensione del campo	**sementi occorrenti**
12 ha ↓	840 kg ↓
8 ha	x

e scriveremo:

$12 : 8 = 840 : x$ da cui: $x = \dfrac{8 \cdot 840}{12} = \mathbf{560}$

2. Per pavimentare una stanza occorrono 500 mattonelle di 600 cm² ciascuna. Se si usano mattonelle da 750 cm² ciascuna, quante ne occorreranno?

Se la superficie di ogni mattonella raddoppia, sicuramente il numero di mattonelle necessarie dimezzerà.
Le grandezze sono *inversamente proporzionali*, per cui:

n. mattonelle	superficie di una mattonella
500 ↓	600 cm² ↑
x	750 cm²

e scriveremo:

$500 : x = 750 : 600$ da cui: $x = \frac{500 \cdot 600}{750} = 400$

Problemi di ripartizione semplice diretta

Un'altra applicazione di ciò che abbiamo studiato si ha nei **problemi** detti **di ripartizione semplice**. Sono problemi nei quali si richiede di suddividere una quantità numerica o una grandezza in varie parti che siano direttamente o inversamente proporzionali a un determinato gruppo di numeri. Essi possono quindi essere di ripartizione diretta o inversa.

Esaminiamo con un esempio quelli di ripartizione diretta.

Tre amici dividono la somma di € 324 in modo tale che a ciascuno spetti una parte direttamente proporzionale ai numeri 3, 4 e 5. Quanto prenderà ciascun amico?

Risoluzione

Indichiamo con x, y e z la parte che deve avere ciascun amico e, sapendo che queste parti devono essere direttamente proporzionali ai numeri 3, 4 e 5, possiamo scrivere la seguente uguaglianza di rapporti:

$\frac{x}{3} = \frac{y}{4} = \frac{z}{5}$ o anche:

$x : 3 = y : 4 = z : 5$

Ricordando la proprietà delle catene di rapporti, otteniamo le tre proporzioni seguenti:

$$\begin{cases}(x+y+z):(3+4+5)=x:3\\(x+y+z):(3+4+5)=y:4\\(x+y+z):(3+4+5)=z:5\end{cases}$$

e da queste, osservando che $x+y+z$ non è altro che tutta la cifra che bisogna dividere, otteniamo:

$$\begin{cases}324:12=x:3\\324:12=y:4\\324:12=z:5\end{cases}$$

Risolvendo queste tre proporzioni troveremo le somme che spettano ai tre amici e avremo risolto il nostro problema:

$$x=\frac{324\cdot 3}{12}=81 \qquad y=\frac{324\cdot 4}{12}=108 \qquad z=\frac{324\cdot 5}{12}=135$$

Risposta

I tre amici prenderanno rispettivamente € 81, € 108 e € 135.

ESEMPIO

- Un terreno di 3720 m^2 deve essere diviso in tre parti direttamente proporzionali ai numeri $\frac{1}{2}$, $\frac{1}{3}$ e $\frac{1}{5}$. Quale sarà la superficie di ogni parte?

Indicando con x, y e z le tre parti potremo scrivere:

$$x:\frac{1}{2}=y:\frac{1}{3}=z:\frac{1}{5} \qquad \text{da cui:} \qquad \begin{cases}(x+y+z):\left(\frac{1}{2}+\frac{1}{3}+\frac{1}{5}\right)=x:\frac{1}{2}\\(x+y+z):\left(\frac{1}{2}+\frac{1}{3}+\frac{1}{5}\right)=y:\frac{1}{3}\\(x+y+z):\left(\frac{1}{2}+\frac{1}{3}+\frac{1}{5}\right)=z:\frac{1}{5}\end{cases}$$

Essendo $x+y+z=3720$ e $\frac{1}{2}+\frac{1}{3}+\frac{1}{5}=\frac{31}{30}$, avremo:

$$\begin{cases}3720:\frac{31}{30}=x:\frac{1}{2}\\3720:\frac{31}{30}=y:\frac{1}{3}\\3720:\frac{31}{30}=z:\frac{1}{5}\end{cases} \qquad \text{quindi:} \qquad \begin{cases}x=3720\cdot\frac{1}{2}:\frac{31}{30}=3720\cdot\frac{1}{2}\cdot\frac{30}{31}=\mathbf{1800}\\y=3720\cdot\frac{1}{3}:\frac{31}{30}=3720\cdot\frac{1}{3}\cdot\frac{30}{31}=\mathbf{1200}\\z=3720\cdot\frac{1}{5}:\frac{31}{30}=3720\cdot\frac{1}{5}\cdot\frac{30}{31}=\mathbf{720}\end{cases}$$

Problemi di ripartizione semplice inversa

Una vincita al gioco di € 1 580 va divisa fra tre giocatori in modo inversamente proporzionale ai numeri 5, 8 e 3. Quanto riceverà ogni giocatore?

Risoluzione

Un problema di ripartizione inversa si riconduce a un problema di ripartizione diretta con questa osservazione: se la parte di vincita x, y e z che riceverà ogni giocatore deve essere inversamente proporzionale ai numeri 5, 8 e 3, avremo:

$$x \cdot 5 = y \cdot 8 = z \cdot 3 \quad \text{(prodotto costante)} \qquad \text{ovvero:} \qquad x : \frac{1}{5} = y : \frac{1}{8} = z : \frac{1}{3}$$

Ciò equivale a dire che x, y e z saranno direttamente proporzionali ai numeri $\frac{1}{5}$, $\frac{1}{8}$ e $\frac{1}{3}$, cioè agli inversi di 5, 8 e 3.

Risolviamo quindi la catena di rapporti $x : \frac{1}{5} = y : \frac{1}{8} = z : \frac{1}{3}$.

$$\begin{cases} (x+y+z) : \left(\frac{1}{5}+\frac{1}{8}+\frac{1}{3}\right) = x : \frac{1}{5} \\ (x+y+z) : \left(\frac{1}{5}+\frac{1}{8}+\frac{1}{3}\right) = y : \frac{1}{8} \\ (x+y+z) : \left(\frac{1}{5}+\frac{1}{8}+\frac{1}{3}\right) = z : \frac{1}{3} \end{cases} \qquad \text{da cui:} \qquad \begin{cases} 1580 : \frac{79}{120} = x : \frac{1}{5} \\ 1580 : \frac{79}{120} = y : \frac{1}{8} \\ 1580 : \frac{79}{120} = z : \frac{1}{3} \end{cases}$$

Otteniamo:

$$\begin{cases} x = 1580 \cdot \frac{1}{5} \cdot \frac{120}{79} = 480 \\ y = 1580 \cdot \frac{1}{8} \cdot \frac{120}{79} = 300 \\ z = 1580 \cdot \frac{1}{3} \cdot \frac{120}{79} = 800 \end{cases}$$

Risposta

Ai tre giocatori spetteranno rispettivamente € 480, € 300 e € 800.

ESEMPIO

- Una corda lunga 4 810 m deve essere divisa in tre parti inversamente proporzionali ai numeri $\frac{2}{3}$, $\frac{4}{5}$ e 3. Quanto misurerà ogni parte?

Ricordando quanto detto per il problema precedente, consideriamo direttamente gli inversi di $\frac{2}{3}$, $\frac{4}{5}$ e 3, cioè $\frac{3}{2}$, $\frac{5}{4}$ e $\frac{1}{3}$, scriviamo direttamente $x : \frac{3}{2} = y : \frac{5}{4} = z : \frac{1}{3}$ e risolviamo nel seguente modo:

$$\begin{cases} (x+y+z) : \left(\frac{3}{2}+\frac{5}{4}+\frac{1}{3}\right) = x : \frac{3}{2} \\ (x+y+z) : \left(\frac{3}{2}+\frac{5}{4}+\frac{1}{3}\right) = y : \frac{5}{4} \\ (x+y+z) : \left(\frac{3}{2}+\frac{5}{4}+\frac{1}{3}\right) = z : \frac{1}{3} \end{cases} \quad \text{da cui:} \quad \begin{cases} 4\,810 : \frac{37}{12} = x : \frac{3}{2} \\ 4\,810 : \frac{37}{12} = y : \frac{5}{4} \\ 4\,810 : \frac{37}{12} = z : \frac{1}{3} \end{cases}$$

$$\begin{cases} x = 4\,810 \cdot \frac{3}{2} \cdot \frac{12}{37} = \mathbf{2\,340} \\ y = 4\,810 \cdot \frac{5}{4} \cdot \frac{12}{37} = \mathbf{1\,950} \\ z = 4\,810 \cdot \frac{1}{3} \cdot \frac{12}{37} = \mathbf{520} \end{cases}$$

Problemi di economia

I problemi di ripartizione semplice trovano applicazione nei cosiddetti **problemi di economia** o **di società**. Cerchiamo di capire in che cosa consistono.

In economia si dice che più individui formano una **società** quando mettono assieme delle somme di denaro per un preciso scopo.
Le persone che formano la società si chiamano **soci**, la somma che ciascuno di loro versa (non necessariamente uguale per tutti) si chiama **quota di partecipazione**, il totale delle quote costituisce il **capitale della società**, che viene opportunamente impiegato secondo lo scopo per cui la società si è formata.

Il capitale impiegato alla conclusione di una attività o di un affare dà naturalmente degli **utili** o delle **perdite**; tali utili o perdite vengono ripartiti fra i soci in modo direttamente proporzionale alla quota di partecipazione e anche al tempo di impiego nel caso che i soci non siano entrati a far parte della società nello stesso periodo ma in tempi diversi.

Il problema di ripartire questi utili o queste perdite costituisce i **problemi di società**, la cui relativa **regola di società** non è altro che un'applicazione dei problemi di ripartizione.

Esaminiamoli con alcuni esempi.

1° problema

Tre soci hanno impiegato rispettivamente € 2 000, € 3 000 e € 5 000 in un affare. L'utile ottenuto è di € 2 700.
Quale sarà il guadagno di ogni socio?

Risoluzione

È un problema (di società) di ripartizione semplice diretta, per cui:

$x : 2000 = y : 3000 = z : 5000$

Poiché:

$x + y + z =$ € 2700 (utile)

€ (2000 + 3000 + 5000) = € 10 000 (capitale)

avremo:

$$\begin{cases} 2700 : 10000 = x : 2000 \\ 2700 : 10000 = y : 3000 \\ 2700 : 10000 = z : 5000 \end{cases}$$

da cui:

$$\begin{cases} x = \dfrac{2700 \cdot 2000}{10000} = \mathbf{540} & \text{(utile del 1° socio)} \\ y = \dfrac{2700 \cdot 3000}{10000} = \mathbf{810} & \text{(utile del 2° socio)} \\ z = \dfrac{2700 \cdot 5000}{10000} = \mathbf{1350} & \text{(utile del 3° socio)} \end{cases}$$

Risposta

I tre soci guadagneranno rispettivamente € 540, € 810, € 1 350.

2° problema

Allo scioglimento di una società l'utile ammonta a € 55 000 e deve essere ripartito fra tre soci i quali hanno versato la stessa quota di partecipazione ma i primi due da 4 anni e il terzo invece è entrato nella società un anno dopo.
Quale sarà l'utile di ciascun socio?

Risoluzione

È un problema (di società) di ripartizione semplice diretta, basta ripartire l'utile in parti direttamente proporzionali ai tempi di impiego, che sono 4 per i primi due e 3 per il terzo, cioè:

$x : 4 = y : 4 = z : 3$

Poiché:

$x + y + z = € \; 55\,000$

e

$4 + 4 + 3 = 11$

avremo:

$$\begin{cases} 55\,000 : 11 = x : 4 \\ 55\,000 : 11 = y : 4 \\ 55\,000 : 11 = z : 3 \end{cases}$$

da cui:
$$\begin{cases} x = \dfrac{55\,000 \cdot 4}{11} = \mathbf{20\,000} & \text{(utile del 1° socio)} \\ y = \dfrac{55\,000 \cdot 4}{11} = \mathbf{20\,000} & \text{(utile del 2° socio)} \\ z = \dfrac{55\,000 \cdot 3}{11} = \mathbf{15\,000} & \text{(utile del 3° socio)} \end{cases}$$

Risposta

Gli utili dei tre soci saranno rispettivamente di € 20 000, € 20 000, € 15 000.

da ricordare

7 PROBLEMI E PROPORZIONI

→ In qualsiasi campo in cui si abbia a che fare con le percentuali, i problemi che si possono presentare sono di tre tipi; le formule di risoluzione sono:

$$t = \frac{p \cdot 100}{T} \qquad p = \frac{t \cdot T}{100} \qquad T = \frac{p \cdot 100}{t}$$

→ Per risolvere un problema del tre semplice:
- se le grandezze sono direttamente proporzionali, nello specchietto dei dati si disegnano **due frecce aventi lo stesso verso** e poi si scrive la proporzione risolutiva seguendo il loro verso;
- se le gandezze sono inversamente proporzionali, nello specchietto dei dati si disegnano **due frecce aventi verso opposto** e poi si scrive la proporzione risolutiva seguendo il loro verso.

→ Un problema di ripartizione semplice diretta si risolve scrivendo una catena di rapporti che rispetti l'uguaglianza dei rapporti tra le parti in cui va ripartita una quantità e i numeri secondo cui va ripartita.

→ Un problema di ripartizione semplice inversa si risolve scrivendo una catena di rapporti che rispetti l'uguaglianza dei rapporti tra le parti in cui va ripartita una quantità e l'inverso dei numeri secondo cui va ripartita.

→ Il problema di ripartire utili o perdite di una società costituisce i **problemi di economia** o **di società**, la cui relativa **regola di società** è un'applicazione dei problemi di ripartizione.

dati e previsioni

8 ELABORAZIONI STATISTICHE

CONTENUTI

- **Dati e frequenze**
- **Elaborazione dati qualitativi**
- **Elaborazione dati quantitativi**
  - Moda, mediana e media
- **Un'indagine statistica**

Ciò che
DEVI SAPERE
per affrontare lo studio di questa unità:

- i concetti di rapporto e proporzione
- le operazioni in N e Q^+
- i concetti di fenomeno collettivo, popolazione e variabile statistica

Ciò che
SAPRAI
con lo studio di questa unità:

- il concetto di frequenza percentuale
- i concetti di moda, mediana e media di un'indagine statistica

Ciò che
SAPRAI FARE
con lo studio di questa unità:

- organizzare dati in una tabella di frequenze assolute, relative e percentuali
- rappresentare dati e frequenze
- riscontrare la moda di un'indagine
- calcolare la mediana e la media
- svolgere un'indagine su un fenomeno a variabile qualitativa e quantitativa

Dati e frequenze

Riprendiamo il discorso sulla statistica per avviarci verso l'ultima fase di un'indagine. Facciamolo con un esempio attraverso cui rivedere quanto abbiamo imparato. Immaginiamo di svolgere un'indagine relativa al fenomeno "**età del padre**" sui 25 ragazzi che frequentano un corso di informatica.

La nostra indagine presenta come:

- **popolazione**: i padri dei 25 ragazzi di quella classe;
- **unità statistica**: ciascun padre;
- **variabile statistica**: età.

Poiché la popolazione non è estesa, abbiamo rilevato le informazioni in maniera diretta e completa con un questionario. A ciascuno dei 25 ragazzi è stata posta la domanda "quanti anni ha tuo padre?"; le informazioni ottenute sono le seguenti:

Papà di	Età	Papà di	Età	Papà di	Età	Papà di	Età
Mimmo	39	Pietro	50	Matteo	37	Viviana	38
Elena	37	Gianni	42	Luigi	50	Antonio	39
Rita	42	Daniele	42	Lucia	38	Sara	38
Alfredo	42	Luca	42	Patrizia	51	Ester	42
Carlo	50	Chiara	39	Alberto	39	Sergio	42
Anna	38	Franca	39	Vittorio	50	Silvano	39
Gaia	38						

Passiamo dalle informazioni ai **dati statistici** compilando la tabella con la frequenza e la frequenza relativa e rappresentando i dati con un istogramma.

Età	Frequenza	Frequenza relativa
39	6	6/25 = 0,24
42	7	7/25 = 0,28
50	4	4/25 = 0,16
38	5	5/25 = 0,20
37	2	2/25 = 0,08
51	1	1/25 = 0,04

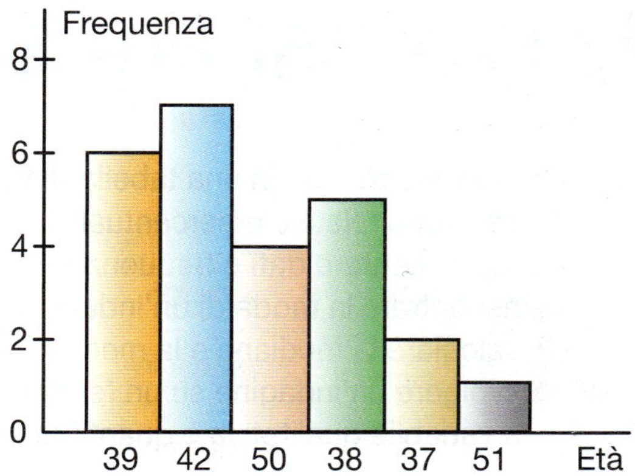

Elaborazione dati qualitativi

Continuiamo esaminando l'ultima fase di un'indagine statistica, l'**elaborazione dati**. Come sai in un'indagine un fenomeno può presentare **variabili statistiche qualitative** o **variabili statistiche quantitative**.
Soffermiamoci, per il momento, su indagini di fenomeni a variabili qualitative, quelle cioè del tipo "località di vacanza preferita", "squadra di calcio preferita", "attività lavorativa svolta", "mezzi di trasporto usati", "sport praticati" ecc.

In questi casi l'elaborazione dati prevede:
- il riscontro della **frequenza assoluta** e di quella **relativa**;
- il calcolo della **frequenza percentuale**;
- il riscontro della **moda**;
- la **rappresentazione grafica** dei dati.

Sappiamo già che cosa sono la frequenza assoluta e quella relativa, chiariamo ora il significato di frequenza percentuale e moda con un esempio di indagine statistica.

Osserva nella tabella a lato i dati elaborati dell'indagine riguardante "**il mezzo di trasporto usato per recarsi al lavoro**" svolta sui 40 dipendenti di un'industria.

Calcoliamo la **frequenza percentuale** trasformando, come sappiamo fare, il numero decimale con cui è espressa la frequenza relativa in percentuale.

Mezzo di trasporto	Frequenza	Frequenza relativa
Automobile	6	6/40 = 0,15
Motorino	8	8/40 = 0,2
Treno	4	4/40 = 0,1
Bicicletta	3	3/40 = 0,075
Autobus	10	10/40 = 0,25
Altri	7	7/40 = 0,175
Nessuno	2	2/40 = 0,05

Mezzo di trasporto	Frequenza	Frequenza relativa	Frequenza percentuale
Automobile	6	0,15	0,15 × 100 = **15%**
Motorino	8	0,2	0,2 × 100 = **20%**
Treno	4	0,1	0,1 × 100 = **10%**
Bicicletta	3	0,075	0,075 × 100 = **7,5%**
Autobus	10	0,25	0,25 × 100 = **25%**
Altri	7	0,175	0,175 × 100 = **17,5%**
Nessuno	2	0,05	0,05 × 100 = **5%**

La frequenza percentuale ci permette di avere un quadro più chiaro del fenomeno; la sua lettura infatti ci consente di dire subito che, per esempio, solo il 10% dei dipendenti di quell'industria usa il treno, mentre la maggior parte, il 25%, usa l'autobus. La frequenza percentuale, inoltre, permette di fare facilmente confronti con indagini analoghe svolte in momenti o posti diversi e anche su popolazioni di diversa entità.

→ Soffermiamoci adesso sul riscontro della **moda**. Il dato "**autobus**" che nella nostra indagine presenta la **maggior frequenza**, sia assoluta sia, di conseguenza, relativa e percentuale, è la **moda** dell'indagine.
Diciamo che:

Il dato che si presenta con maggior frequenza si chiama **moda** dell'indagine.

→ L'elaborazione dati si conclude rappresentando graficamente i dati e le frequenze percentuali. I grafici più usati sono **istogrammi**, **ideogrammi** e, per le frequenze percentuali, l'**areogramma**. Sono tre tipi di grafici che già conosci; rivediamoli completando il nostro esempio.

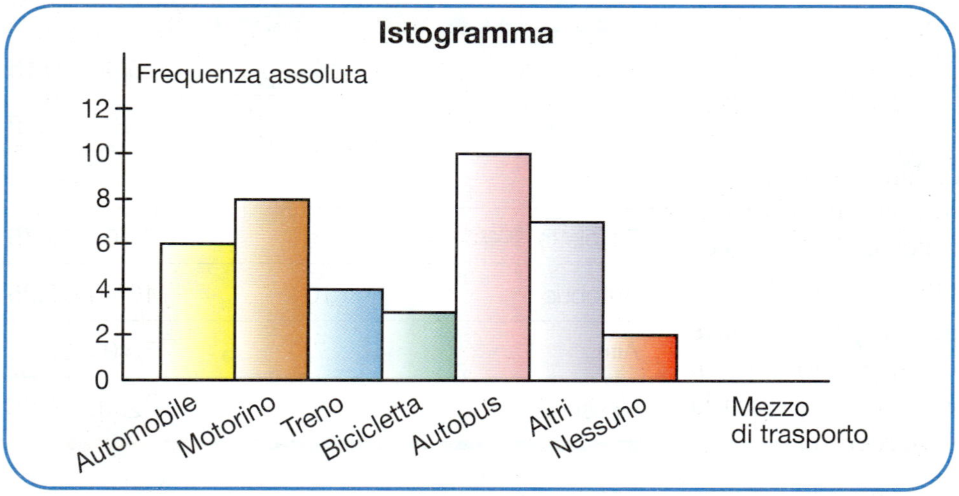

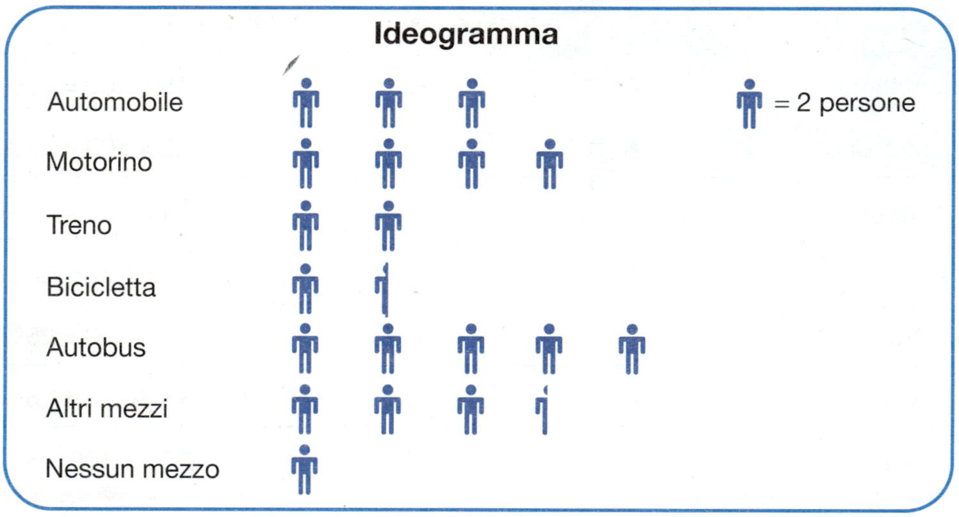

Rappresentiamo adesso le frequenze percentuali con un **areogramma**.
Per calcolare l'ampiezza dei settori circolari, come sai, procediamo nel seguente modo:

Automobile	$360 : x = 100 : 15$	$x =$ **54°**
Motorino	$360 : x = 100 : 20$	$x =$ **72°**
Treno	$360 : x = 100 : 10$	$x =$ **36°**
Bicicletta	$360 : x = 100 : 7{,}5$	$x =$ **27°**
Autobus	$360 : x = 100 : 25$	$x =$ **90°**
Altri mezzi	$360 : x = 100 : 17{,}5$	$x =$ **63°**
Nessuno	$360 : x = 100 : 5$	$x =$ **18°**

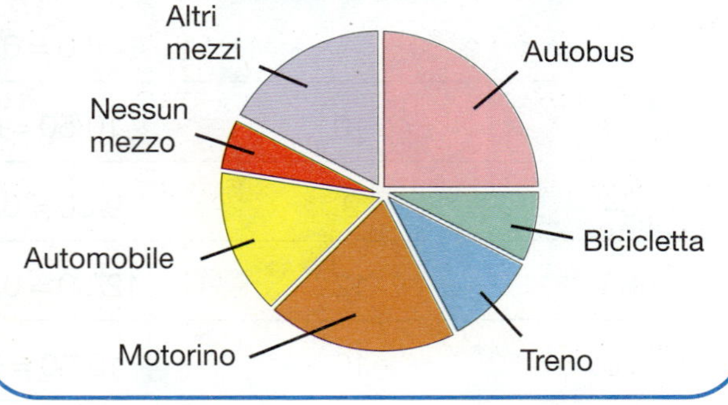

Elaborazione dati quantitativi

Consideriamo indagini statistiche su fenomeni del tipo "età dei soci di un club", "statura dei ragazzi di una certa età", "numero dei figli degli impiegati di una ditta", "tempo impiegato dagli operai di un cantiere per recarsi al lavoro", "numero dei giorni di assenza dal lavoro dei dipendenti di una ditta" ecc.

In questi casi l'elaborazione dati prevede:

- il riscontro della **frequenza assoluta** e di quella **relativa**;
- il calcolo della **frequenza percentuale**;
- il riscontro della **moda**;
- il calcolo della **mediana**;
- il calcolo della **media aritmetica** e della **deviazione**;
- la **rappresentazione grafica** dei dati.

Prendiamo in esame i primi tre momenti attraverso un esempio.
Un'indagine sul fenomeno "**peso dei 50 ragazzi iscritti in una palestra**" ha dato le seguenti informazioni (in kg):

60	68	64	64	65	64	68	65	60	70
65	64	65	68	64	70	64	68	70	62
60	65	62	70	64	62	70	64	65	68
64	68	70	62	65	60	68	65	70	65
65	70	62	68	70	68	65	70	65	68

Tabuliamo i nostri dati in una tabella che riporta la **frequenza assoluta** di ogni misura riscontrata, la **frequenza relativa** e la **frequenza percentuale**.

Peso (in kg)	Frequenza	Frequenza relativa	Frequenza percentuale
60	4	4/50 = 0,08	8%
68	10	10/50 = 0,2	20%
64	9	9/50 = 0,18	18%
65	12	12/50 = 0,24	24%
70	10	10/50 = 0,2	20%
62	5	5/50 = 0,1	10%

MODA, MEDIANA E MEDIA

Continuiamo l'elaborazione dei dati della nostra indagine considerando gli altri momenti di questa fase.

- In maniera simile a quanto abbiamo visto per i dati qualitativi, avviene il **riscontro della moda**.
  Nel nostro caso, la **moda** è 65 kg, cioè il dato che presenta il massimo delle frequenze, 12.
- Un altro valore significativo dell'indagine è la **mediana**.
  Riscriviamo tutti i dati in ordine crescente e consideriamo il dato centrale, quello cioè che occupa il posto centrale.

60	60	60	60	62	62	62	62	62	64	64	64	64	64	64
64	64	64	65	65	65	65	65	65	65	65	65	65	65	65
68	68	68	68	68	68	68	68	68	68	70	70	70	70	70
70	70	70	70	70										

Poiché nel nostro caso i dati sono in numero pari, 50, consideriamo i due dati centrali e ne facciamo la semisomma.

La **mediana** della nostra indagine sarà quindi: $\frac{65+65}{2}$ = **65 kg**.

- Significativa, nell'ambito di dati numerici, è anche la **media aritmetica**, ottenuta facendo la somma di tutti i dati e dividendo tale somma per il numero dei dati; nel nostro caso avremo:

$$\frac{60+60+60+\ldots+70}{50}=\frac{3\,286}{50}=\mathbf{65,72\ kg}$$

- La media è un valore rappresentativo di tutti i dati e ci permette di valutare la **deviazione** di ogni dato, ovvero la differenza fra il dato e la media stessa; in base a quanto essa è minore o maggiore, possiamo considerare il dato stesso più o meno attendibile in relazione all'indagine.

Riassumiamo quanto esposto:

Si chiama **moda** dell'indagine il dato che si presenta con maggior frequenza.

Si dice **mediana** di un insieme di dati statistici numerici, disposti in ordine crescente, il dato che occupa il posto centrale.

In un insieme di dati statistici numerici si dice **media aritmetica** il valore ottenuto sommando tutti i dati e dividendo tale somma per il numero dei dati.

La differenza fra un dato qualsiasi e la media aritmetica si chiama **deviazione** del dato.

Se moda, media e mediana di un'indagine coincidono, o sono valori molto vicini fra loro, si dice che il fenomeno considerato ha una **distribuzione normale** di dati.

Qual è l'importanza dei valori che abbiamo considerato all'interno di un'indagine statistica? Quali considerazioni ci permettono di trarre?

- La **moda** ci evidenzia il dato che si presenta con maggiore frequenza; essa riveste una notevole importanza nelle indagini di mercato in cui si esige una risposta su quale prodotto può attirare la maggiore clientela o su quale caratteristica deve avere un prodotto per avere migliore possibilità di vendita.
- La **mediana** e la **media** ci permettono di valutare la distribuzione dei dati. Se la mediana è superiore alla media viene evidenziato il fatto che le unità statistiche che presentano valori superiori alla media sono in numero maggiore di quelle con valore inferiore.
  Nell'esempio che abbiamo fatto la mediana è 65 kg e la media è 65,72 kg; ciò significa che i ragazzi che pesano più di 65,72 kg sono in numero minore di quelli che pesano meno di 65,72 kg.

Per concludere l'indagine, possiamo rappresentare i dati graficamente con un istogramma.

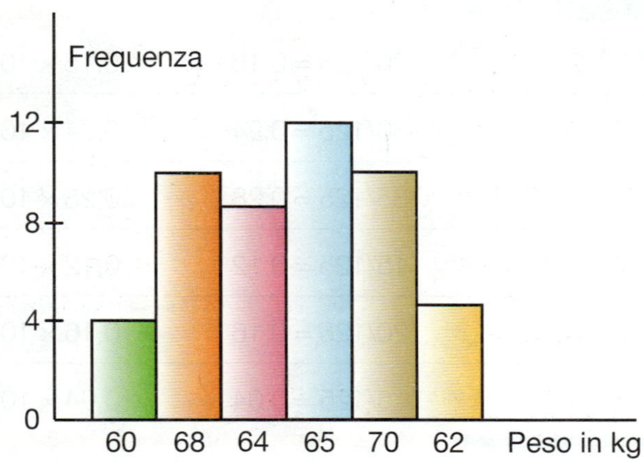

Un'indagine statistica

Concludiamo questo nostro discorso con due esempi di indagine statistica, uno a variabile qualitativa e uno a variabile quantitativa, che ci permetteranno di applicare e chiarire ulteriormente quanto abbiamo imparato.

Immaginiamo di svolgere un'indagine relativa al fenomeno "**sport preferito**" sui 125 ragazzi di un club.

Quest'indagine presenta come:

- **popolazione**: i 125 ragazzi del club;
- **unità statistica**: ciascun ragazzo;
- **variabile statistica**: lo sport preferito.

Poiché la popolazione non è particolarmente estesa, possiamo rilevare le informazioni in modo diretto e completo attraverso un questionario.
Lo spoglio ha dato i risultati riportati nella seguente tabella.

Sport	Ragazzi che lo preferiscono (X=5)
Nuoto	XXXX
Tennis	XXXXXX
Calcio	XXXXXXX
Basket	XXX
Ciclismo	XXXX
Pallavolo	X

Compiliamo la seguente tabella elaborando i dati per determinare la **frequenza**, la **frequenza relativa** e la **frequenza percentuale**:

Sport	Frequenza	Frequenza relativa	Frequenza percentuale
Nuoto	20	20/125 = 0,16	0,16 × 100 = 16%
Tennis	30	30/125 = 0,24	0,24 × 100 = 24%
Calcio	35	35/125 = 0,28	0,28 × 100 = 28%
Basket	15	15/125 = 0,12	0,12 × 100 = 12%
Ciclismo	20	20/125 = 0,16	0,16 × 100 = 16%
Pallavolo	5	5/125 = 0,04	0,04 × 100 = 4%

La frequenza percentuale ci permette, come sai, di fare alcune considerazioni:

- solo il 12% di questi ragazzi preferisce il basket;
- la maggior parte, il 28%, preferisce il calcio;
- appena il 4% preferisce la pallavolo.

Il dato "**calcio**" che presenta la **maggior frequenza** è la **moda** dell'indagine.

Concludiamo l'elaborazione dei dati rappresentando graficamente i dati e le frequenze percentuali.

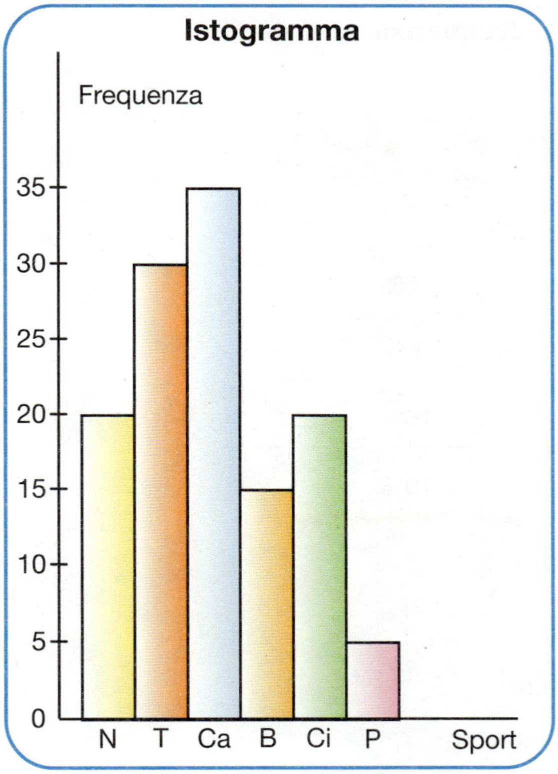

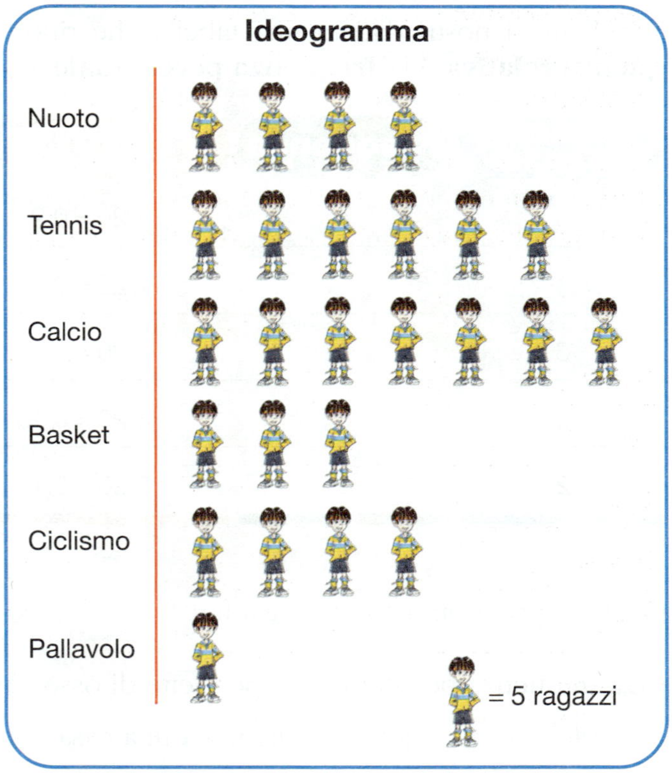

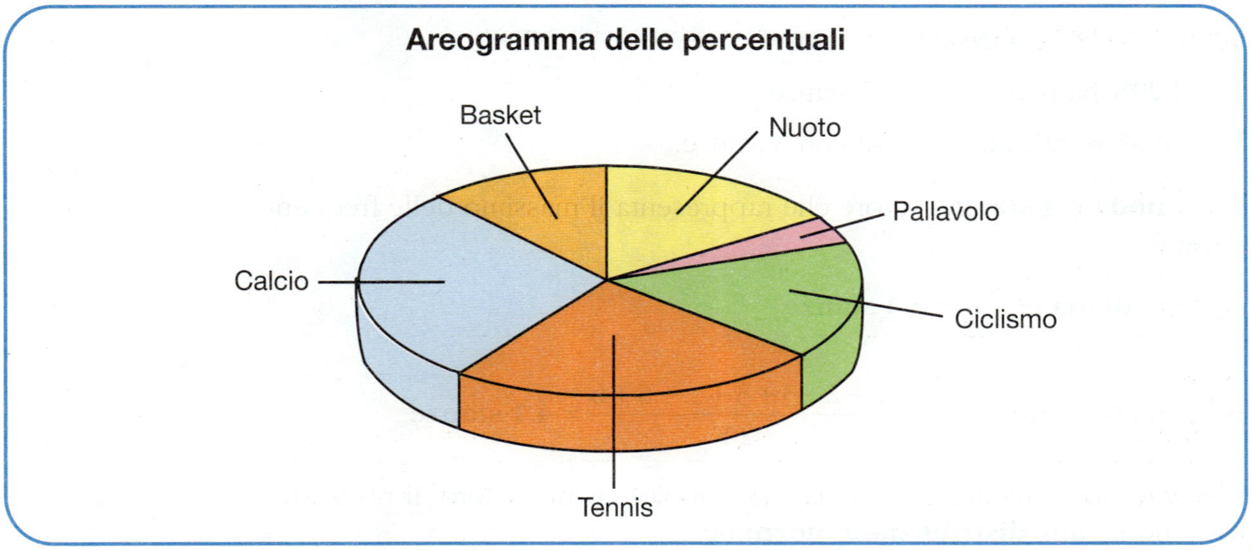

Immaginiamo di svolgere un'altra indagine su 20 famiglie relativa al fenomeno "**numero stanze dei loro appartamenti**".

Ecco le informazioni raccolte:

5	3	4	3	5	4	3	6	4	5
3	5	2	2	4	4	6	6	4	4

Tabuliamo i nostri dati in una tabella che riporta la **frequenza**, la **frequenza relativa** e la **frequenza percentuale**.

Numero stanze	Frequenza	Frequenza relativa	Frequenza percentuale
5	4	4/20 = 0,2	20%
4	7	7/20 = 0,35	35%
3	4	4/20 = 0,2	20%
6	3	3/20 = 0,15	15%
2	2	2/20 = 0,1	10%

Quali osservazioni possiamo già fare?

→ La frequenza percentuale ci permette di osservare che:
- solo il 10% di queste famiglie ha una casa con 2 stanze;
- la maggior parte, il 35%, ha una casa con 4 stanze;
- il 15% ha una casa con 6 stanze;
- il 20% ha una casa con 5 stanze;
- un altro 20% ha una casa con 3 stanze.

→ La **moda** è **4 stanze**, valore che rappresenta il massimo delle frequenze: 35%.

→ La **mediana** è: $\frac{4+4}{2}$ = **4 stanze**.

→ La **media aritmetica** è: $\frac{2+2+3+3+\ldots+6+6}{20}$ = **4,1 stanze**.

Essendo moda, mediana e media valori molto vicini tra loro, il nostro fenomeno ha una **distribuzione normale**.

Rappresentiamo graficamente i dati riportati nella tabella a lato.

Numero stanze	Frequenza	Frequenza percentuale
5	4	20%
4	7	35%
3	4	20%
6	3	15%
2	2	10%

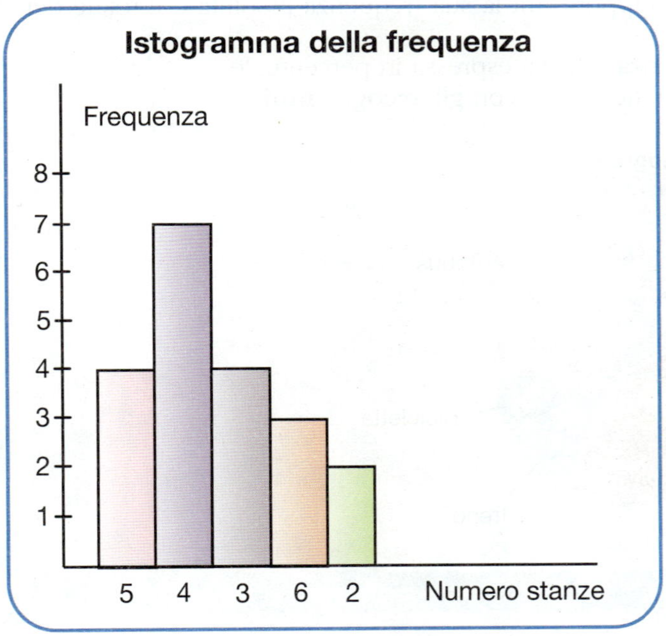

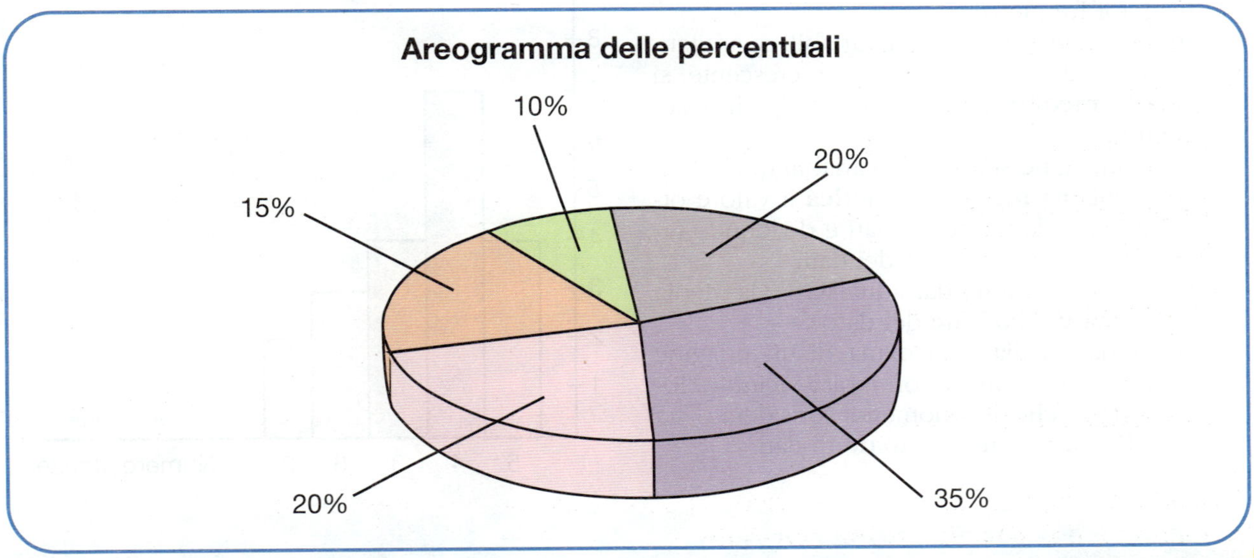

da ricordare

8 ELABORAZIONI STATISTICHE

- Si dice **dato statistico** una qualsiasi informazione della quale si conosce il numero di volte con cui si ripete in un'indagine.
- Si chiama **frequenza** di un dato il numero di volte con cui esso si presenta nell'indagine.
- Si chiama **frequenza relativa** di un dato il rapporto tra la sua frequenza assoluta e il totale dei casi esaminati.
- Si chiama **frequenza percentuale** la frequenza relativa espressa in percentuale.
- Le frequenze percentuali si rappresentano graficamente con gli **areogrammi**.

Areogramma

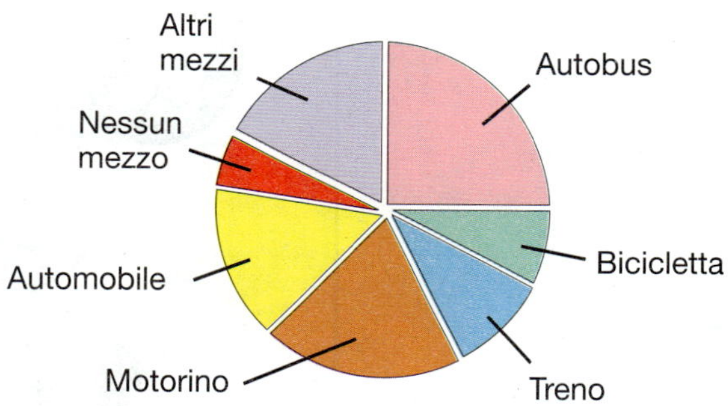

- In un'indagine statistica a variabili qualitative e quantitative si chiama **moda** il dato che ha maggior frequenza.
- In un'indagine statistica a variabili quantitative, con i dati disposti in ordine crescente, si chiama **mediana** il dato che occupa il posto centrale.
- In un'indagine statistica a variabili quantitative si chiama **media aritmetica** il valore ottenuto sommando tutti i dati e dividendo tale somma per il numero dei dati.
- La differenza fra un dato qualsiasi e la media si chiama **deviazione** del dato.
- Se moda, media e mediana di un'indagine coincidono, o sono valori molto vicini fra loro, si dice che il fenomeno considerato ha una **distribuzione normale** di dati.

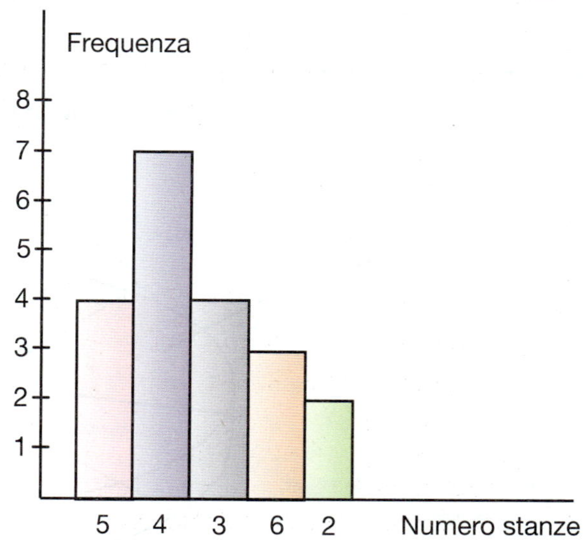

dati e previsioni

9

IL CALCOLO DELLA PROBABILITÀ

CONTENUTI

- **Eventi casuali e probabilità**
  - Quanto probabile?
  - Considerazioni sulla probabilità
- **La legge empirica del caso**
- **Eventi incompatibili, compatibili e complementari**

Ciò che
DEVI SAPERE
per affrontare lo studio di questa unità:

- i concetti di rapporto e proporzione
- il concetto di percentuale

Ciò che
SAPRAI
con lo studio di questa unità:

- i concetti di evento casuale e probabilità matematica
- la legge empirica del caso
- i concetti di eventi incompatibili, compatibili e complementari

Ciò che
SAPRAI FARE
con lo studio di questa unità:

- riconoscere un evento casuale
- calcolare la probabilità di un evento casuale
- riconoscere eventi compatibili e incompatibili
- riconoscere eventi complementari

Eventi casuali e probabilità

Lanciando un dado, il tuo compagno esclama:

- "Uscirà 1, 2, 3, 4, 5 o 6"

oppure:

- "Uscirà il numero 4"

o ancora:

- "Uscirà il numero 9".

Che cosa puoi dire sulle previsioni del tuo compagno?
Ormai conosci il significato di "certo", "probabile" e "impossibile", per cui non avrai difficoltà a dire che le previsioni del tuo compagno sono la prima certa, la seconda probabile, l'ultima impossibile.

Anche tu sicuramente fai delle previsioni su qualcosa che deve ancora accadere:

- "Quest'anno il campionato lo vincerà la Juventus",
- "Domani la professoressa mi interrogherà",
- "Uscirà il 38 e farò tombola".

Quotidianamente abbiamo a che fare con situazioni o fenomeni il verificarsi dei quali dipende dal "caso" o da altri fattori talmente complessi che è impossibile valutarli con certezza.
In casi simili, quando "azzardiamo" le nostre previsioni, lo facciamo basandoci sui nostri punti di vista che potrebbero essere diversi da quelli di un'altra persona, ma lo studio matematico, come sai, non può procedere secondo criteri personali.
Consideriamo quindi gli **eventi** il cui verificarsi dipende **esclusivamente dal caso** e poniamoci il problema di stabilire in modo universale con quale **probabilità** potranno verificarsi o meno.

Come sai:

Un evento si dice **casuale**, o **aleatorio**, se il suo verificarsi dipende esclusivamente dal caso.

Per esempio:

- l'estrazione del numero 21 nel gioco della tombola,
- il fatto che lanciando una moneta questa cada con "testa" o "croce" verso l'alto,
- l'uscita del numero 6 nel lancio di un dado,

sono tutti eventi casuali.

Consideriamo un evento casuale quale quello del lancio di un dado e chiediamoci: "È più probabile che esca il 4 o il 6?".

Nessun motivo ci può far pensare che il 4 abbia più probabilità di uscire del 6 e viceversa; risponderemo quindi che hanno la **stessa probabilità**.

Consideriamo un evento casuale quale quello di estrarre una pallina da un sacchetto contenente 6 palline rosse e 4 blu (tutte uguali per forma e dimensioni) e chiediamoci: "È più probabile estrarne una rossa o una blu?".

Essendo le palline rosse in numero superiore rispetto a quelle blu c'è da pensare che sarà più facile estrarne proprio una rossa; risponderemo quindi che è **più probabile** che se ne estragga una rossa.

QUANTO PROBABILE?

Ci rendiamo conto, dai due esempi, che la probabilità di un evento casuale si può confrontare con un'altra e quindi deve essere possibile quantificarla ovvero **misurarla**.

Considerato un evento casuale, possiamo quindi chiederci: "Quanto è probabile?".

1. Consideriamo un evento casuale come quello del lancio di una moneta, i cui casi possibili, come sai, sono 2: o esce "testa" o esce "croce".
Qual è la probabilità dell'evento E: "esce testa"?
Dal momento che, su 2 casi possibili, 1 è il caso favorevole, la probabilità è 1 a 2, ovvero $p(E) = \mathbf{\frac{1}{2}}$.

2. Consideriamo un evento casuale quale quello del lancio di un dado, i cui casi possibili sono 6.
Qual è la probabilità dell'evento E: "esce il numero 4"?
Dal momento che, su 6 casi possibili, 1 è il caso favorevole, la probabilità è 1 a 6, ovvero $p(E) = \mathbf{\frac{1}{6}}$.

3. Consideriamo ancora il lancio di un dado: qual è la probabilità dell'evento E: "esce un numero pari"?
Dal momento che, su 6 casi possibili, 3 è il numero dei casi favorevoli (cioè che nel lancio esca 2 o 4 o 6), la probabilità è 3 a 6, ovvero $p(E) = \mathbf{\frac{3}{6}}$.

I tre esempi ci permettono di affermare che:

La probabilità matematica p di un evento casuale è il rapporto fra il numero dei casi favorevoli f e il numero di tutti i casi ugualmente possibili n:

$$\boldsymbol{p = \frac{f}{n}}$$

CONSIDERAZIONI SULLA PROBABILITÀ

Se l'evento è certo o impossibile, quale sarà la sua probabilità? Osserva.

Abbiamo visto che $p = \frac{f}{n}$ per un qualsiasi evento casuale.

Consideriamo una scatola contenente 9 palline rosse e chiediamoci: *qual è la probabilità di estrarre una pallina rossa?*

Abbiamo a che fare con un evento che si verificherà sicuramente, cioè un *evento certo*, la cui probabilità sarà ovviamente $\frac{9}{9}$, cioè **1**.
Diremo che:

La probabilità matematica di un evento certo è 1.

Qual è la probabilità di estrarre una pallina nera dalla stessa scatola?
Abbiamo a che fare con un evento che non potrà mai verificarsi, cioè un *evento impossibile*, la cui probabilità sarà ovviamente $\frac{0}{9}$, cioè **0**.
Diremo che:

La probabilità matematica di un evento impossibile è 0.

Ovviamente se:

- $\boldsymbol{p(E) = \frac{1}{2}}$ l'evento è ugualmente probabile e improbabile, ovvero **incerto**;
- $\boldsymbol{0 < p(E) < \frac{1}{2}}$ l'evento è **improbabile**;
- $\boldsymbol{\frac{1}{2} < p(E) < 1}$ l'evento è **probabile**.

In definitiva possiamo affermare che:

La probabilità matematica $p(E)$ di un evento E qualsiasi è sempre un numero compreso fra 0 e 1:

$$\boldsymbol{0 \leq p(E) \leq 1}$$

VEDIAMO SE HAI Capito...

Segui l'esempio e poi prova tu.

Da un sacchetto contenente 3 biglie rosse, 4 nere e 10 verdi, si estrae una biglia a caso.

- Calcoliamo la probabilità dell'evento E: "estrarre una biglia verde". Poiché le biglie sono in totale 17 e quelle verdi sono 10, $p(E) = \boldsymbol{\frac{10}{17}}$.
- Calcoliamo la probabilità dell'evento E: "estrarre una biglia nera". Poiché le biglie sono in totale 17 e quelle nere sono ...., $p(E) = \frac{\dots}{17}$.
- Calcoliamo la probabilità dell'evento E: "estrarre una biglia nera". Poiché le biglie sono in totale 17 e quelle non nere sono ...., $p(E) = \frac{\dots}{\dots}$.

Valore della probabilità

$p(E)=0$	$0<p(E)<\frac{1}{2}$	$p(E)=\frac{1}{2}$	$\frac{1}{2}<p(E)<1$	$p(E)=1$
Evento impossibile	Evento improbabile	Evento incerto	Evento probabile	Evento certo

La legge empirica del caso

Abbiamo parlato di evento casuale e della sua probabilità come rapporto fra numero di casi favorevoli e numero di casi possibili.
Consideriamo ancora il lancio di una moneta e i due eventi:

E_1: "esce testa (T)"

E_2: "esce croce (C)"

Sappiamo che $p(E_1)=\frac{1}{2}$ e $p(E_2)=\frac{1}{2}$.

Possiamo a questo punto affermare che se eseguiamo due lanci avremo sicuramente al primo lancio T e al secondo C (o viceversa) secondo la probabilità?
No certamente, sarebbe solo un caso l'avverarsi di un simile evento! Per rendercene conto meglio, proviamo a eseguire effettivamente 10 lanci e ad annotare il numero di volte che esce "testa" (T): noi abbiamo ottenuto T solo 3 volte.

Il rapporto fra il numero di volte che l'evento si è verificato e il numero di prove effettuate si chiama **frequenza relativa *F* dell'evento**.

Nel nostro esperimento $F(E_1)=\frac{3}{10}$, mentre la nostra probabilità è $p(E_1)=\frac{1}{2}=0{,}5$.

Continuiamo a eseguire altri lanci e riportiamo nella tabella seguente il numero di volte in cui è uscito T.

Numero lanci	Numero di uscite T	Frequenza relativa
10	3	$\frac{3}{10} = 0{,}30$
20	7	$\frac{7}{20} = 0{,}35$
50	20	$\frac{20}{50} = 0{,}40$
100	46	$\frac{46}{100} = 0{,}46$
200	98	$\frac{98}{200} = 0{,}49$

Se osserviamo i valori della frequenza calcolati a ogni serie di prove, constatiamo che *più aumenta il numero delle prove, più il valore della frequenza relativa* $F(E_1)$ *si avvicina al valore della probabilità* $p(E_1)$; su 200 prove abbiamo infatti una frequenza relativa $F = 0{,}49$ molto vicina alla probabilità $p = 0{,}5$.

Quanto constatato vale per qualsiasi evento casuale ed è espresso dalla **legge empirica del caso** o **legge dei grandi numeri**:

Se sottoponiamo un evento casuale E a un gran numero di prove, sempre nelle stesse condizioni, otterremo una frequenza relativa $F(E)$ approssimativamente uguale alla probabilità $p(E)$; tale approssimazione, generalmente, si avvicina alla probabilità $p(E)$ con l'aumentare del numero delle prove.

Eventi incompatibili, compatibili e complementari

- Lanciamo un dado e consideriamo due eventi possibili:

  E_1: "esce il numero 4" E_2: "esce il numero 6"

  È ovvio che si potrà verificare uno solo dei due eventi, in quanto non possono uscire contemporaneamente in un lancio il 4 e il 6: il verificarsi di E_1 esclude il verificarsi di E_2. Due eventi simili si dicono **incompatibili**.

- Lanciamo ancora un dado e consideriamo due eventi possibili:

  E_1: "esce un numero maggiore di 4" E_2: "esce un numero dispari"

  Osserviamo che i due eventi possono verificarsi contemporaneamente in quanto, se esce il numero 5, si verifica sia l'evento E_1 ($5 > 4$) sia l'evento E_2 (5 è un numero dispari). Due eventi simili si dicono **compatibili**.

- Lanciamo ancora un dado e consideriamo due eventi possibili:

  E_1: "esce un numero pari" E_2: "esce un numero dispari"

  I due eventi sono, ovviamente, incompatibili: il verificarsi di E_1 esclude il verificarsi di E_2, però uno dei due si verificherà certamente; se escono il 2, il 4 o il 6 si verificherà l'evento E_1, se escono l'1, il 3 o il 5 si verificherà l'evento E_2. Due eventi simili si dicono **complementari**.

Consideriamo ancora l'ultimo esempio dei due eventi E_1 ed E_2 complementari fra loro:

- qual è la probabilità di E_1? Ovviamente $p(E_1) = \frac{3}{6} = \frac{1}{2}$;
- qual è la probabilità di E_2? Ovviamente $p(E_2) = \frac{3}{6} = \frac{1}{2}$.

Osserviamo che la somma delle probabilità $p(E_1) + p(E_2) = \frac{1}{2} + \frac{1}{2} = 1$.

Possiamo riassumere il tutto dicendo che:

Due eventi casuali E_1 ed E_2 si dicono:
- **incompatibili** quando il verificarsi dell'uno esclude il verificarsi dell'altro, ovvero se è impossibile che si verifichino entrambi contemporaneamente; può anche accadere che nessuno dei due si verifichi;
- **compatibili** quando il verificarsi dell'uno non esclude il verificarsi dell'altro, ovvero se è possibile che si verifichino entrambi contemporaneamente;
- **complementari** se sono tali che il verificarsi di uno esclude il verificarsi dell'altro, ma uno dei due si verificherà certamente.

Due eventi complementari sono sempre incompatibili, ma due eventi incompatibili non sono necessariamente complementari.
La somma delle probabilità di due eventi complementari è sempre uguale a 1.

Per un primo controllo

Stabilisci se le coppie di eventi assegnati sono compatibili, incompatibili o complementari.

1. Nel lancio di un dado:
   E_1: "esce un numero pari", E_2: "esce il numero 3" ....

2. Nel lancio di un dado:
   E_1: "esce un numero dispari", E_2: "esce un numero minore di 5" ....

3. Nel lancio di un dado:
   E_1: "esce un numero maggiore di 3", E_2: "esce un numero minore o uguale a 3" ....

da ricordare

9 IL CALCOLO DELLA PROBABILITÀ

- Un evento si dice **casuale** o **aleatorio** se il suo verificarsi dipende esclusivamente dal caso.

- La **probabilità matematica** p di un evento casuale è il rapporto fra il numero f dei casi favorevoli e il numero n di tutti i casi ugualmente possibili:

$$p = \frac{f}{n}$$

- La **probabilità matematica** di un evento **certo** è **1**.
- La **probabilità matematica** di un evento **impossibile** è **0**.
- La **probabilità matematica** $p(E)$ di un evento E qualsiasi è sempre un numero compreso fra 0 e 1:

$$0 \leq p(E) \leq 1$$

- Si chiama **frequenza relativa** F di un evento E il rapporto fra il numero di volte che l'evento si è verificato e il numero di prove effettuate.
- Secondo la **legge empirica del caso**, se sottoponiamo un evento casuale E a un gran numero di prove, sempre nelle stesse condizioni, otteniamo una frequenza relativa $F(E)$ approssimativamente uguale alla probabilità $p(E)$; tale approssimazione si avvicina alla probabilità $p(E)$ con l'aumentare delle prove.

- Due eventi casuali E_1 ed E_2 si dicono **incompatibili** quando il verificarsi dell'uno esclude il verificarsi dell'altro, ovvero se è impossibile che si verifichino entrambi contemporaneamente; può anche accadere che nessuno dei due si verifichi.
- Due eventi casuali E_1 ed E_2 si dicono **compatibili** quando il verificarsi dell'uno non esclude il verificarsi dell'altro, ovvero se è possibile che si verifichino entrambi contemporaneamente.
- Due eventi casuali E_1 ed E_2 si dicono **complementari** se sono tali che il verificarsi di uno esclude il verificarsi dell'altro, ma uno dei due si verificherà certamente.
- Due eventi complementari sono sempre incompatibili, ma due eventi incompatibili non sono necessariamente complementari.
- La **somma delle probabilità** di due eventi complementari è sempre uguale a **1**.

ATTIVITÀ PER IL LABORATORIO DI MATEMATICA

- Tutte le possibilità
- Un po' di... fisica
- Nel mondo finanziario

Tutte le possibilità

Ti sei mai trovato nella condizione di poter scegliere fra più proposte che possono essere combinate fra loro in vari modi?

Per esempio:

- scegliere se nelle prossime vacanze andare al mare, in montagna o al lago e contemporaneamente se andarci con i tuoi genitori o con i nonni;
- scegliere se regalare alla mamma per la sua festa delle rose, dei tulipani o dei garofani e contemporaneamente scegliere se prenderli rossi, gialli o bianchi.

In situazioni simili, hai mai pensato a quante sono tutte le possibilità che hai? In matematica questo equivale a porsi la domanda "**quante sono tutte le possibilità?**".

Proviamo a risolvere un problema di questo tipo, cioè un **problema di scelta**, e a calcolare le possibilità, cioè tutte le **combinazioni possibili**.

La famiglia Rossi ha vinto una gita e ha le seguenti possibilità di scelta:

- **meta**: Parigi, Londra, Barcellona, Madrid;
- **mezzo**: aereo, treno.

Quante possibilità ha complessivamente la famiglia Rossi?

Risolviamo il problema rappresentandolo graficamente con un diagramma ad albero. Osserva.

GITA		POSSIBILITÀ
Parigi	aereo	Parigi in aereo
	treno	Parigi in treno
Londra	aereo	Londra in aereo
	treno	Londra in treno
Barcellona	aereo	Barcellona in aereo
	treno	Barcellona in treno
Madrid	aereo	Madrid in aereo
	treno	Madrid in treno

Possiamo dire che le possibilità della famiglia Rossi sono:

- Parigi in aereo
- Londra in aereo
- Barcellona in aereo
- Madrid in aereo
- Parigi in treno
- Londra in treno
- Barcellona in treno
- Madrid in treno

Complessivamente ha 8 possibilità; osserviamo che 8 è il prodotto delle singole scelte:

8 = 4 mete × 2 mezzi

Consideriamo un altro problema.

Mario può terminare il pranzo ordinando un dolce e un frutto e ha le seguenti possibilità:

- **dolce**: torta, bignè, gelato;
- **frutta**: mela, ciliegie, banana.

Quante possibilità ha complessivamente Mario?

Completa il diagramma ad albero.

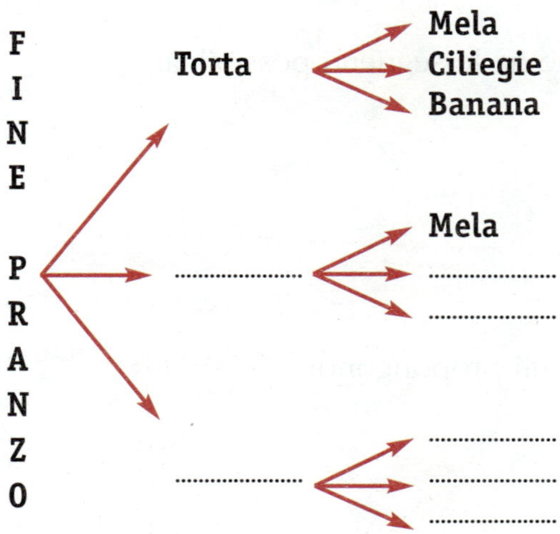

Possiamo dire che Mario ha 9 possibilità; osserviamo che:

9 = 3 dolci × 3 frutti

I due esempi ci permettono di trarre un principio generale.

> Se una scelta può essere fatta in n modi diversi, per ciascuno dei quali una seconda scelta può essere fatta in m modi diversi e, per ciascuno dei modi in cui si compiono queste due scelte, è possibile fare una terza scelta in p modi ecc., tutte le possibilità di scelta complessive sono:
>
> $n \times m \times p \times \ldots$

Per capire se hai capito prova a eseguire i seguenti esercizi

1 **Completa.**
Se una scelta può essere fatta in n modi diversi, per ciascuno dei quali una seconda scelta può essere fatta in m modi diversi e, per ciascuno dei modi in cui si compiono queste due scelte, è possibile fare una terza scelta in p modi ecc., tutte le possibilità di scelta complessive sono: ....

Risolvi i seguenti problemi di scelta disegnandone sul quaderno anche il diagramma ad albero.

2 Domenica pomeriggio, Andrea ha la possibilità di andare allo stadio, al cinema o al centro commerciale, da solo o con Paolo. Fra quante possibilità può scegliere?

....

3 Per le vacanze estive, la famiglia Allegretti quest'anno può scegliere se andare a luglio, ad agosto o a settembre e se andare al mare, al lago o in montagna. Quante possibilità di scelta ha?

....

4 Sara vuole comprare dei fiori e dal fiorista osserva che ha le seguenti possibilità:

- acquistare dei gigli, delle rose o dei tulipani;
- di colore bianco o rosso;
- a stelo corto o a stelo lungo.

Fra quante possibilità può scegliere?

....

5 Per festeggiare il compleanno di Paolo i suoi genitori gli propongono:

- il pranzo o la cena;
- in casa o in un ristorante;
- con i parenti o con gli amici.

In quanti modi Paolo può festeggiare il suo compleanno?

....

6 Ai dirigenti di un'azienda viene proposto l'acquisto agevolato di un'automobile da scegliere secondo le seguenti possibilità:

- marca: Fiat, Lancia, Renault, Opel;
- tipo: berlina, fuoristrada;
- cilindrata: 1100, 1600, 1800, 2000;
- colore: bianco, metallizzato.

Quante possibilità di scelta hanno i dirigenti di quell'azienda?

....

Osserva i seguenti diagrammi ad albero. Completa ciascuno di essi con un'altra possibilità di scelta, scrivi il problema che li rappresenta e calcola tutte le possibilità.

7

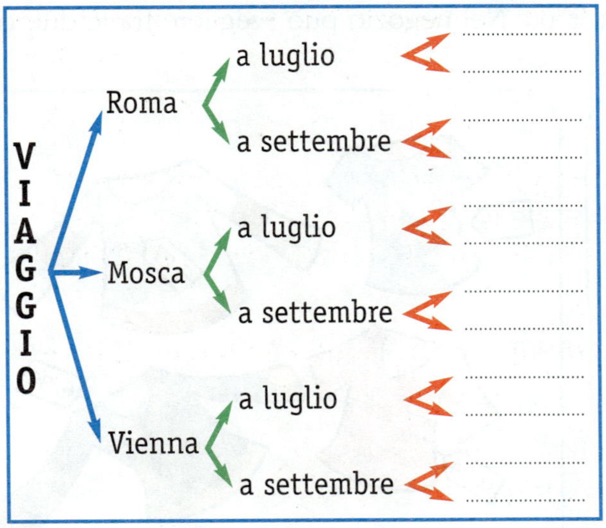

Problema

Soluzione

8

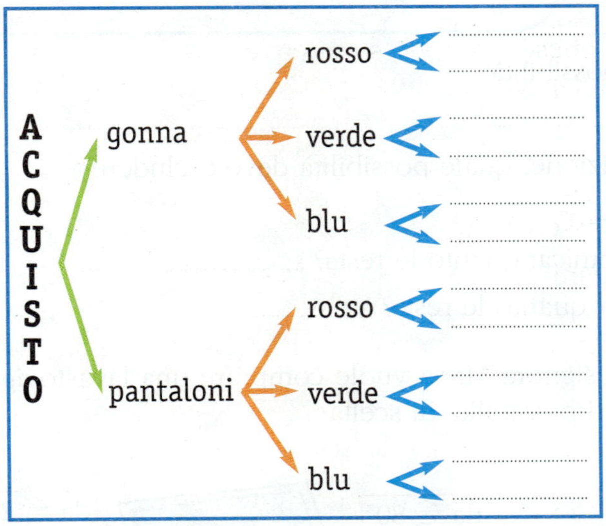

Problema

Soluzione

9

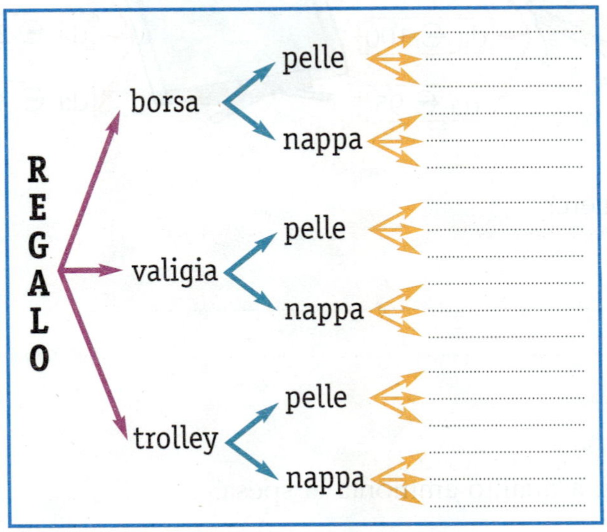

Problema

Soluzione

Risolvi i seguenti problemi di scelta.

10 Carlotta si reca in un negozio di abbigliamento per fare alcuni acquisti con i soldi ricevuti in regalo dalla mamma, che ammontano a € 60. Nel negozio può scegliere fra le due gonne e le quattro maglie esposte.

➔ Quante e quali possibilità di acquisto ha?

....

....

....

....

➔ A quanto ammonta la spesa per ogni possibilità?

.................., ..., ..., ..., ..., ..., ..., ...

➔ Tenendo conto della cifra a sua disposizione, quale possibilità deve escludere?

....

➔ Se fra le possibilità sceglie la più economica, quanto le resta? ....

➔ E se invece sceglie la meno economica, quanto le resta? ....

11 Per ultimare l'arredamento della cucina la signora Maria vuole comprare una lavastoviglie, un tavolino e un televisore e ha le seguenti possibilità di scelta:

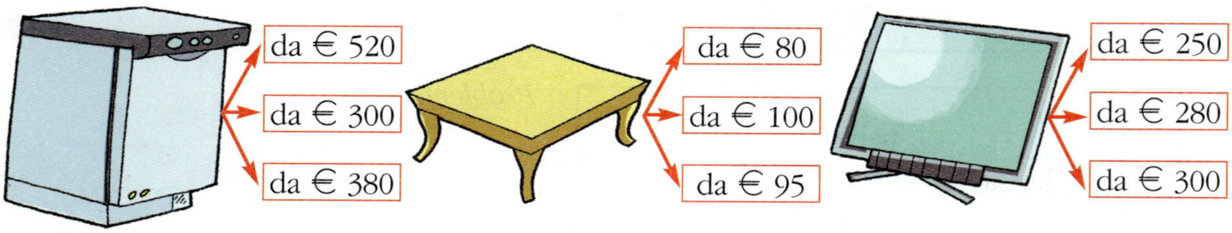

➔ Fra quante e quali possibilità può scegliere?

– ....

– ....

....

➔ Qual è la scelta più economica? ....

➔ E la meno economica? ....

➔ Essendo orientata per la più economica, a quanto ammonta la spesa? ....

Un po' di... fisica

Le leggi della proporzionalità che conosci

$y = kx$ (proporzionalità diretta) e $y = \dfrac{h}{x}$ (proporzionalità inversa)

regolano parecchi fenomeni fisici, fra i quali il moto rettilineo uniforme e la pressione.

Osserva.

→ In fisica si dice che un corpo si muove di **moto rettilineo uniforme** se la sua velocità si mantiene costante in intensità, direzione e verso.

Le grandezze che entrano in gioco nello studio di un moto sono lo spazio (s), la velocità (v) e il tempo (t) che, nel moto rettilineo uniforme, sono legate dalla funzione: $\boldsymbol{s = vt}$.

Questa funzione regola il moto rettilineo uniforme in due modalità.

- Sia v = 100 km/h la velocità con cui sta avvenendo un moto rettilineo uniforme; la funzione diventa $s = 100t$ ed è, come hai sicuramente riconosciuto, una funzione di proporzionalità diretta. **Spazio e tempo, mantenendo costante la velocità, sono due grandezze direttamente proporzionali**.

Rappresentiamo graficamente la funzione $s = 100t$.

t (h)	1	2	3	...
s (km)	100	200	300	...

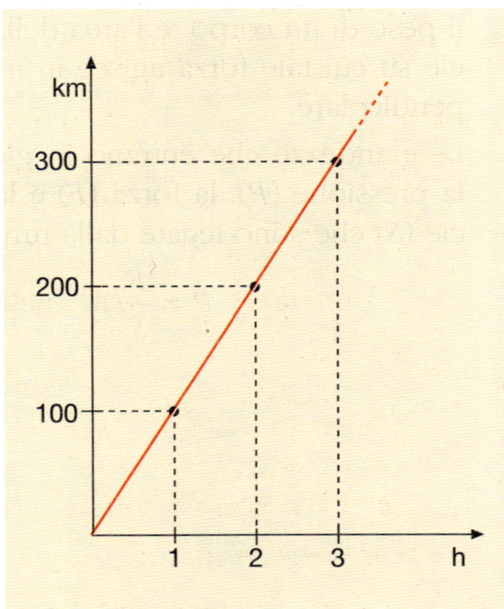

- Sia $s = 360$ km lo spazio che si percorre in un moto rettilineo uniforme; la funzione diventa $360 = vt$, ovvero $v = \frac{360}{t}$ ed è una funzione di proporzionalità inversa.

Tempo e velocità, mantenendo costante lo spazio, sono due grandezze inversamente proporzionali.

Rappresentiamo graficamente la funzione $v = \frac{360}{t}$.

t (h)	4	6	12	...
v (km/h)	90	60	30	...

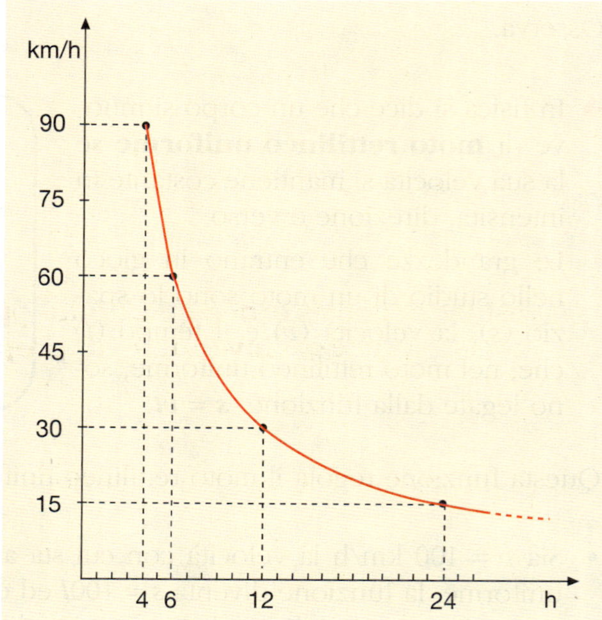

→ In fisica si definisce **pressione** il rapporto tra l'intensità di una forza, per esempio il peso di un corpo, e l'area della superficie su cui tale forza agisce in modo perpendicolare.

Le grandezze che entrano in gioco sono la pressione (P), la forza (F) e la superficie (S) che sono legate dalla funzione:

$$P = \frac{F}{S}$$

- **Pressione e forza**, su una superficie di 2 m^2, sono due **grandezze direttamente proporzionali**, legate dalla funzione $P = \frac{1}{2} F$.

Rappresentiamo graficamente la funzione $P = \frac{1}{2} F$.

F (kg)	20	40	60	...
P (kg/m^2)	10	20	30	...

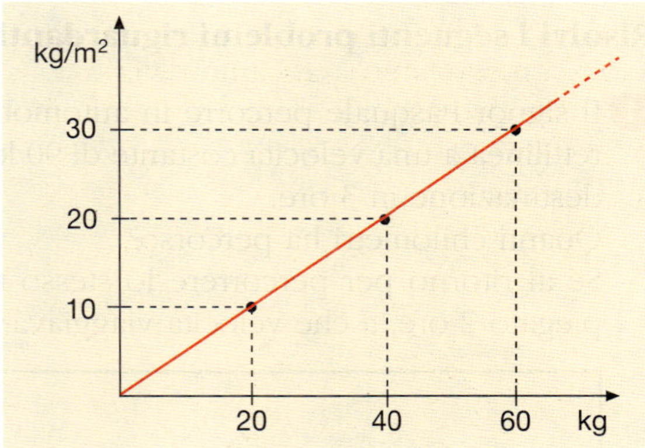

- **Pressione e superficie di applicazione**, per una forza costante di 42 kg, sono due **grandezze inversamente proporzionali**, legate dalla funzione $P = \frac{42}{S}$.

Rappresentiamo graficamente la funzione $P = \frac{42}{S}$.

S (m^2)	2	3	6	...
P (kg/m^2)	21	14	7	...

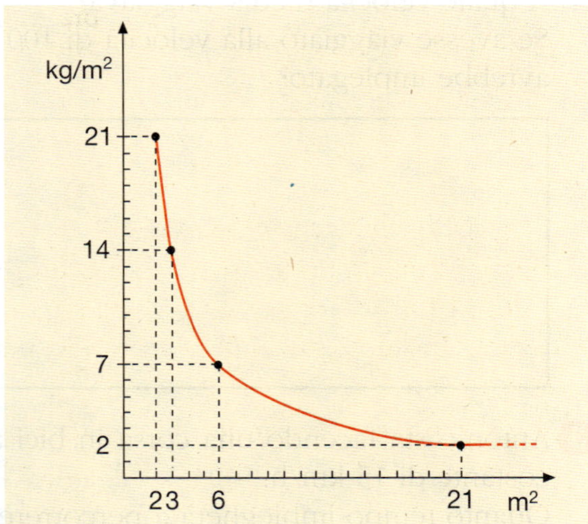

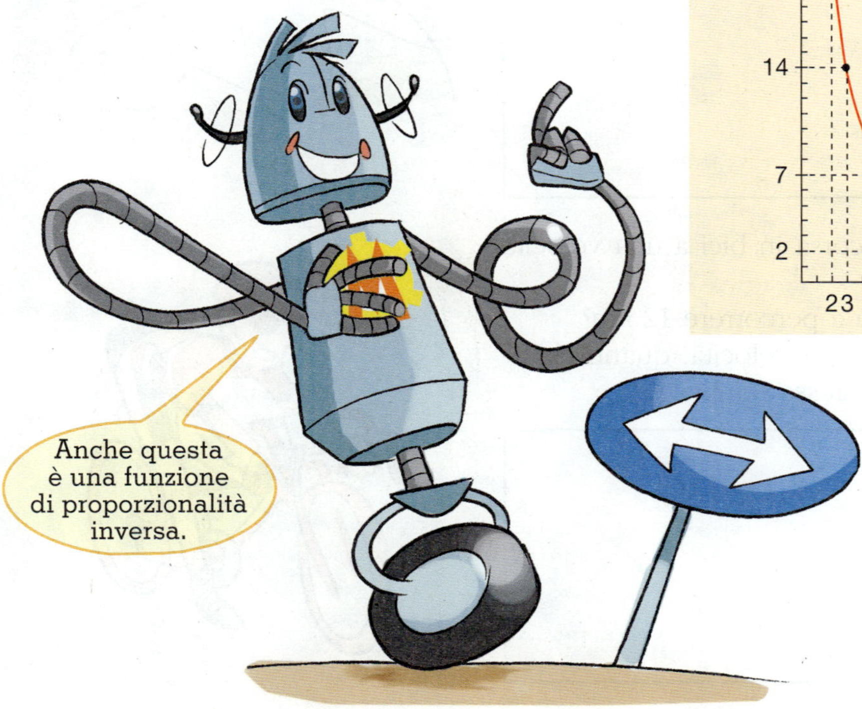

Per capire se hai capito prova a eseguire i seguenti esercizi

Risolvi i seguenti problemi riguardanti il moto rettilineo uniforme.

1. Il signor Pasquale percorre in automobile una strada rettilinea a una velocità costante di 90 km/h e arriva a destinazione in 3 ore.
Quanti chilometri ha percorso?
Se al ritorno per percorrere lo stesso tragitto ha impiegato 2 ore, a che velocità viaggiava?

2. Per raggiungere una certa destinazione che dista 360 km, il pullman ha impiegato 4 ore.
A quale velocità media viaggiava?
Se avesse viaggiato alla velocità di 100 km/h, quanto avrebbe impiegato?

3. Antonio sta facendo una corsa in bici a una velocità costante di 15 km/h.
Quanto tempo impiegherà a percorrere 12 km?
Se potesse raddoppiare la sua velocità, quanti chilometri percorrerebbe nello stesso tempo?

Osserva i seguenti grafici, rappresentanti il moto rettilineo uniforme di alcuni corpi, e completa quanto richiesto.

4

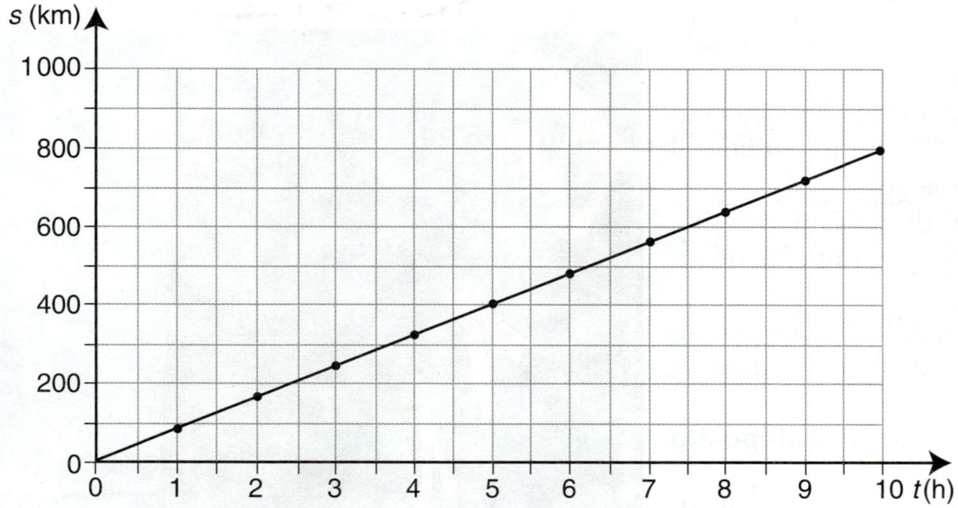

➔ Il corpo si muove a una velocità costante di ....

➔ Dopo 5 ore il corpo ha percorso uno spazio di ....

➔ La funzione che lega le due grandezze spazio-tempo è ....

5

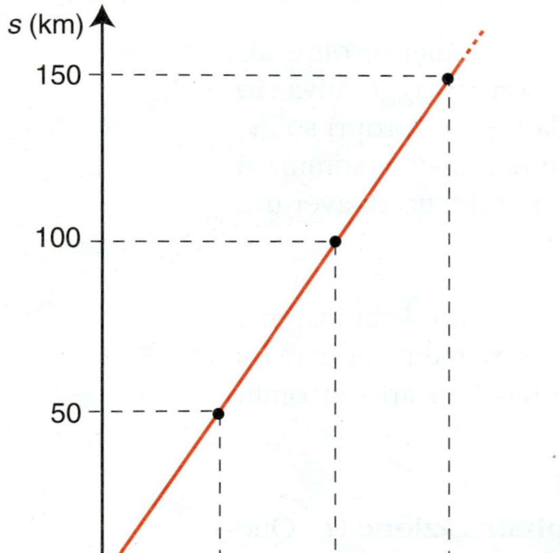

➔ Il corpo si muove a una velocità costante di ....

➔ Dopo un'ora e mezza il corpo ha percorso uno spazio di ....

➔ Il diagramma è una semiretta uscente dall'origine degli assi perché spazio e tempo sono due grandezze ....
....

Nel mondo finanziario

Sai che cosa è e di che cosa si occupa la **matematica finanziaria**?
È una parte di matematica che si occupa di tutti i problemi che riguardano il denaro e il suo impiego.
Si occupa quindi di capitali, prestiti, sconti commerciali, investimenti finanziari ecc.
Entriamo anche noi nel mondo della finanza: impareremo qualcosa di utile.

Un esempio di prestito è il **deposito bancario**.
La banca è un'azienda che ha, tra gli altri compiti, quello di raccogliere capitali e investirli nel modo più opportuno. Fra gli investimenti che fa c'è quello di dare in prestito soldi a chi ne ha bisogno.

Chi deposita dei soldi in banca si aspetta di ricevere indietro, oltre alla somma versata, anche un certo interesse, cioè una somma aggiuntiva, **interesse attivo**, per il fatto di aver lasciato usare alla banca i propri soldi.
Chi riceve soldi dalla banca, invece, dovrà restituire non solo la somma ricevuta, ma anche un interesse, **interesse passivo**, per il fatto di aver usato soldi non suoi.

Il calcolo di questi interessi attivi e passivi è uno dei campi della matematica finanziaria e si basa sui concetti di proporzione e percentuale che conosci. Esaminiamo gli aspetti principali di un prestito bancario incominciando a imparare i termini appropriati.

- La somma depositata si chiama **capitale** (***C***).
- La durata del deposito si chiama **periodo di capitalizzazione** (***t***). Questo periodo di capitalizzazione può essere espresso in anni, mesi o giorni; l'anno commerciale è sempre di 360 giorni, il mese commerciale di 30 giorni.
- La somma aggiuntiva, data o ricevuta, si chiama **interesse** (***I***), che può essere **semplice** o **composto**.

  L'interesse viene espresso sotto forma di percentuale: 10% significa, per esempio, che per ogni anno di deposito si riceveranno o si daranno 10 euro su ogni 100 euro di capitale. 10% si chiama **tasso percentuale di interesse** (***r***).
- Il capitale più l'interesse attivo maturato nel periodo di capitalizzazione si chiama **montante** (***M***), ed è ovviamente: $M = C + I$.

Vediamo di risolvere un problema di prestito bancario, considerando il caso del calcolo dell'interesse attivo di un deposito bancario.

Il signor Osvaldo ha depositato in banca, per un periodo di 6 anni, un capitale di € 50 000 a un tasso annuo del 4%.
Alla fine dei 6 anni, quale sarà l'interesse maturato?

Se il tasso è del 4% su € 50 000, avremo il seguente interesse annuo:

$$I = € \, (50\,000 : 100 \times 4)$$

Se il periodo di capitalizzazione è di 6 anni, avremo un interesse complessivo di:

$$I = € \, (50\,000 : 100 \times 4 \times 6)$$

che possiamo scrivere nel seguente modo:

$$I = € \, \frac{50\,000 \times 4 \times 6}{100} = € \, 12\,000$$

La formula che abbiamo applicato possiamo generalizzarla e scriverla anche nel caso che il tempo sia espresso in mesi o in giorni:

$$I = \frac{C \cdot r \cdot t(a)}{100} \qquad I = \frac{C \cdot r \cdot t(m)}{1200} \qquad I = \frac{C \cdot r \cdot t(g)}{36000}$$

Da queste possiamo ricavare le formule inverse che ci permettono di calcolare il capitale investito, C, o il tasso percentuale di interesse, r:

$$C = \frac{I \cdot 100}{r \cdot t(a)} \qquad C = \frac{I \cdot 1200}{r \cdot t(m)} \qquad C = \frac{I \cdot 36000}{r \cdot t(g)}$$

e

$$r = \frac{I \cdot 100}{C \cdot t(a)} \qquad r = \frac{I \cdot 1200}{C \cdot t(m)} \qquad r = \frac{I \cdot 36000}{C \cdot t(g)}$$

Per capire se hai capito prova a eseguire i seguenti esercizi

1 Completa le seguenti affermazioni. Nel campo della matematica finanziaria:
- la somma depositata si chiama .... e si indica con ....;
- la durata del deposito si chiama .... e si indica con ....;
- la somma aggiuntiva, data o ricevuta, si chiama ....; esso viene espresso sotto forma di .... che prende il nome di .... che si indica con ....;
- il capitale più l'interesse attivo maturato nel periodo di capitalizzazione si chiama .... e si indica con ....; esso è dato dalla formula ....

2 Scrivi la formula che esprime la legge di capitalizzazione semplice nel caso in cui:
- t sia espresso in anni → $I =$ ....
- t sia espresso in mesi → $I =$ ....
- t sia espresso in giorni → $I =$ ....

3 Scrivi le formule per il calcolo del capitale nel caso in cui:
- t sia espresso in anni → $C =$ ....
- t sia espresso in mesi → $C =$ ....
- t sia espresso in giorni → $C =$ ....

4 Scrivi le formule per il calcolo del tasso di interesse nel caso in cui:
- t sia espresso in anni → $r =$ ....
- t sia espresso in mesi → $r =$ ....
- t sia espresso in giorni → $r =$ ....

5 Scrivi le formule per il calcolo del tempo nel caso in cui:
- sia espresso in anni → $t(a) =$ ....
- sia espresso in mesi → $t(m) =$ ....
- sia espresso in giorni → $t(g) =$ ....

Calcola l'interesse prodotto dal capitale indicato nei seguenti esercizi.

6 € 1 500 al 5% per 6 anni:

....

....

....

7 € 1000 al 3% per 4 anni:

....

....

....

8 € 2 400 al 4% per 7 mesi:

....

....

....

9 € 1 940 al 7% per 9 mesi:

....

....

....

10 € 900 al 3,5% per 50 giorni:

....

....

....

11 € 1950 al 5% per 36 giorni:

....

....

....

Calcola il capitale che ha prodotto l'interesse indicato nei seguenti esercizi.

12 € 52 al 5% in 4 anni: ....

13 € 210 al 3% in 7 anni: ....

14 € 486 al 9% in 9 mesi: ....

15 € 45,90 all'8,5% in 6 mesi: ....

16 € 190 al 10% in 19 giorni: ....

17 € 513 al 9,5% in 27 giorni: ....

Calcola il tasso a cui è stato impiegato il capitale indicato nei seguenti esercizi.

18 € 600 che in 3 anni ha dato un interesse di € 36: ....

19 € 1 500 che in 2 anni ha dato un interesse di € 225: ....

20 € 1800 che in 7 mesi ha dato un interesse di € 42: ....

21 € 2 400 che in 9 mesi ha dato un interesse di € 162: ....

22 € 1800 che in 50 giorni ha dato un interesse di € 2,50: ....

23 € 1 440 che in 19 giorni ha dato un interesse di € 11,40: ....

Calcola il tempo di impiego del capitale indicato nei seguenti esercizi.

24 € 400 che al 7% ha dato un interesse di € 84: ....

25 € 1 000 che al 3% ha dato un interesse di € 105: ....

26 € 1 200 che al 7,2% ha dato un interesse di € 288: ....

27 € 3 000 che al 3% ha dato un interesse di € 330: ....

28 € 1 080 che al 9% ha dato un interesse di € 4,06: ....

29 € 1 260 che al 6% ha dato un interesse di € 3,99: ....

Risolvi i seguenti problemi.

30 Il signor Tassini ha depositato in banca € 15 000 al tasso del 2% per 2 anni, 4 mesi e 15 giorni. Quale interesse riceverà?

31 Il signor Bianchini ha impiegato un capitale di € 4 800 che in 2 anni e 6 mesi ha fruttato un interesse di € 288. A quale tasso ha impiegato il capitale?

32 Il signor Carletti ha impiegato un capitale di € 9 000 al tasso del 3%. Per quanti giorni lo ha impiegato se gli ha prodotto un interesse di € 405?

33 Un'eredità di € 18 000 viene depositata in banca al tasso del 12% per 7 anni e 5 mesi. Il montante viene poi diviso in parti uguali fra i quattro eredi. Quanto spetta a ciascun erede?

34 Carlo deposita in banca il ricavato della vendita di un terreno di 900 m^2, venduto a € 24 il metro quadrato. Se dopo 10 mesi ritira € 11 655, quale tasso ha applicato la banca?

35 Il signor Soldini ha impiegato i 3/4 del suo capitale al 5% per 2 anni e il resto al 4% sempre per 2 anni. Se la prima parte gli ha fruttato un interesse di € 4 500, quale somma ha impiegato al 4%? Qual è l'interesse complessivo realizzato?

esercizi

... per contenuti

... per verificare gli obiettivi

... per l'autovalutazione

... di recupero

IL NUMERO

DATI E PREVISIONI

Esercizi per contenuti

FRAZIONI E NUMERI DECIMALI

1. Che cosa si intende per numero decimale limitato?

2. Che cosa si intende per numero decimale periodico semplice?

3. Che cosa si intende per numero decimale periodico misto?

4. Vero o falso?

a) $3,\overline{8}$ è un numero decimale limitato. V F

b) $7,9\overline{3}$ è un numero decimale periodico misto. V F

c) 0,07 è un numero decimale limitato. V F

d) 5,4 è un numero decimale periodico semplice. V F

Per ciascun numero decimale dato negli esercizi seguenti, stabilisci il tipo e indica le parti che lo compongono.

ESEMPIO

$4,\overline{83}$ **decimale periodico semplice.**
4 = parte intera;
83 = periodo.

5. $7,\overline{5}$; $4,3\overline{7}$; $1,0\overline{54}$; 7,34.

6. 0,71; $3,0\overline{2}$; $3,21\overline{6}$; 3,75.

7. 0,4; $0,\overline{4}$; $0,0\overline{4}$; $0,\overline{04}$.

8. $7,\overline{63}$; 1,03; $7,\overline{481}$; 4,78.

9. $13,\overline{7}$; 73,05; $8,2\overline{31}$; $43,\overline{12}$.

Scrivi in forma ridotta i numeri dati nei seguenti esercizi.

ESEMPIO

3,55555... = $3,\overline{5}$

10. 1,4343...; 6,3444...; 0,8171717...

11. 4,0555...; 3,71212...; 7,425425...

12. 6,242323...; 2,054054...; 1,043232...

Metti il segno > oppure < tra le coppie di numeri date nei seguenti esercizi.

13. 0,8 .... $0,\overline{8}$; $3,\overline{45}$ .... $3,4\overline{5}$; 1,41 .... $1,\overline{41}$.

14. $3,\overline{4}$ .... 3,45; $\frac{18}{7}$ .... 1,8; $8,\overline{5}$ .... 8,554.

15. $1,\overline{23}$ .... $1,2\overline{3}$; $6,8\overline{3}$ .... $6,83\overline{4}$; 2,2 .... $1,\overline{9}$.

Negli esercizi seguenti stabilisci quali affermazioni sono vere e quali false, giustificando la tua risposta con alcuni esempi.

16. a) Una frazione apparente si trasforma sempre in un numero decimale limitato. V F

b) Una frazione non apparente decimale si trasforma sempre in un numero naturale. V F

c) Una frazione non apparente decimale si può trasformare in un numero decimale periodico. V F

17. a) Una frazione ordinaria irriducibile si trasforma in un numero decimale limitato se il suo denominatore contiene solo il fattore 2, o il fattore 5 o entrambi. V F

b) Una frazione ordinaria irriducibile si trasforma in un numero decimale periodico semplice se il suo denominatore contiene altri fattori oltre al 2 e al 5. V F

c) Una frazione ordinaria irriducibile si trasforma in un numero decimale periodico misto se il suo denominatore non contiene affatto i fattori 2 e 5. V F

18. Senza eseguire la divisione completa la seguente tabella:

Frazione	Frazione ridotta ai minimi termini	Denominatore scomposto in fattori primi	Numero decimale limitato	Numero periodico semplice	Numero periodico misto
$\frac{4}{22}$					
$\frac{26}{32}$					
$\frac{15}{75}$					
$\frac{8}{30}$					

Trasforma le frazioni date negli esercizi seguenti in numeri decimali, riconoscendo, prima di eseguire la trasformazione, se il numero sarà decimale limitato, periodico semplice o misto.

ESEMPIO

$\frac{32}{15}$ $15 = 3 \times 5$

Poiché il denominatore contiene il 3 e il 5, il numero che si ottiene sarà periodico misto.

$\frac{32}{15}$ $32 : 15 = 2{,}1\overline{3}$

19. $\frac{13}{10}$; $\frac{19}{15}$; $\frac{17}{25}$; $\frac{21}{11}$; $\frac{15}{24}$; $\frac{22}{15}$; $\frac{8}{33}$; $\frac{13}{4}$.

20. $\frac{13}{20}$; $\frac{19}{50}$; $\frac{7}{25}$; $\frac{17}{22}$; $\frac{31}{10}$; $\frac{18}{27}$; $\frac{15}{20}$; $\frac{12}{55}$.

21. $\frac{21}{16}$; $\frac{7}{6}$; $\frac{5}{11}$; $\frac{72}{64}$; $\frac{22}{20}$; $\frac{3}{4}$; $\frac{5}{100}$; $\frac{16}{9}$.

22. $\frac{34}{25}$; $\frac{31}{100}$; $\frac{13}{11}$; $\frac{14}{27}$; $\frac{8}{21}$; $\frac{63}{50}$; $\frac{17}{30}$; $\frac{22}{11}$.

23. $\frac{90}{40}$; $\frac{100}{50}$; $\frac{75}{16}$; $\frac{13}{32}$; $\frac{40}{90}$; $\frac{11}{2}$; $\frac{33}{9}$; $\frac{44}{16}$.

24. $\frac{21}{65}$; $\frac{37}{8}$; $\frac{84}{125}$; $\frac{9}{10}$; $\frac{5}{20}$; $\frac{5}{2}$; $\frac{61}{125}$; $\frac{73}{200}$.

25. $\frac{37}{60}$; $\frac{13}{6}$; $\frac{5}{4}$; $\frac{9}{3}$; $\frac{10}{40}$; $\frac{11}{9}$; $\frac{34}{11}$; $\frac{18}{100}$.

26. $\frac{41}{5}$; $\frac{5}{18}$; $\frac{7}{24}$; $\frac{11}{10}$; $\frac{12}{27}$; $\frac{18}{12}$; $\frac{23}{8}$; $\frac{81}{15}$.

27. $\frac{13}{11}$; $\frac{8}{5}$; $\frac{7}{10}$; $\frac{7}{3}$; $\frac{30}{6}$; $\frac{10}{12}$; $\frac{5}{16}$; $\frac{14}{81}$.

28. $\frac{24}{39}$; $\frac{27}{30}$; $\frac{14}{13}$; $\frac{7}{13}$; $\frac{11}{4}$; $\frac{10}{15}$; $\frac{20}{12}$; $\frac{8}{10}$.

29. $\frac{10}{24}$; $\frac{8}{9}$; $\frac{5}{33}$; $\frac{40}{30}$; $\frac{3}{100}$; $\frac{37}{9}$; $\frac{23}{12}$; $\frac{44}{4}$.

30. $\frac{8}{32}$; $\frac{15}{33}$; $\frac{7}{20}$; $\frac{17}{3}$; $\frac{25}{10}$; $\frac{121}{11}$; $\frac{66}{5}$; $\frac{13}{27}$.

31. $\frac{14}{18}$; $\frac{40}{110}$; $\frac{11}{27}$; $\frac{5}{2}$; $\frac{12}{33}$; $\frac{16}{32}$; $\frac{2}{6}$; $\frac{45}{9}$.

32. $\frac{5}{9}$; $\frac{14}{21}$; $\frac{27}{40}$; $\frac{8}{4}$; $\frac{7}{25}$; $\frac{15}{6}$; $\frac{100}{10}$; $\frac{21}{12}$.

33. $\frac{3}{15}$; $\frac{18}{20}$; $\frac{5}{8}$; $\frac{6}{24}$; $\frac{25}{6}$; $\frac{60}{30}$; $\frac{22}{11}$; $\frac{21}{20}$.

34. $\frac{17}{11}$; $\frac{22}{9}$; $\frac{81}{9}$; $\frac{3}{11}$; $\frac{5}{3}$; $\frac{7}{4}$; $\frac{61}{11}$; $\frac{169}{13}$.

35. $\frac{30}{3}$; $\frac{16}{10}$; $\frac{21}{4}$; $\frac{9}{10}$; $\frac{43}{11}$; $\frac{15}{5}$; $\frac{17}{9}$; $\frac{21}{5}$.

36. $\frac{38}{44}$; $\frac{5}{50}$; $\frac{34}{75}$; $\frac{21}{10}$; $\frac{6}{15}$; $\frac{9}{22}$; $\frac{3}{12}$; $\frac{9}{6}$.

37. $\frac{11}{3}$; $\frac{9}{18}$; $\frac{66}{54}$; $\frac{6}{4}$; $\frac{18}{24}$; $\frac{5}{12}$; $\frac{7}{8}$; $\frac{8}{5}$.

38. $\frac{8}{20}$; $\frac{25}{24}$; $\frac{28}{21}$; $\frac{7}{55}$; $\frac{1}{17}$; $\frac{3}{25}$; $\frac{5}{21}$; $\frac{8}{6}$.

39. $\frac{1}{15}$; $\frac{3}{88}$; $\frac{42}{7}$; $\frac{1}{3}$; $\frac{10}{33}$; $\frac{20}{60}$; $\frac{24}{4}$; $\frac{15}{44}$.

FRAZIONI GENERATRICI

40. Che cosa si intende per frazione generatrice di un numero decimale?

Esatta o sbagliata? Scrivilo accanto a ciascuna uguaglianza data nei seguenti esercizi e correggi quelle sbagliate.

ESEMPI

- $5,7 = \frac{57}{10}$ **esatta**
- $5,\bar{2} = \frac{52}{9}$ **sbagliata** $\quad 5,\bar{2} = \frac{52-5}{9} = \frac{47}{9}$

41. $7,2 = \frac{65}{10}$ .... $\quad 5,9 = \frac{59}{10}$ ....

42. $3,\bar{2} = \frac{32}{10}$ .... $\quad 5,\bar{7} = \frac{52}{9}$ ....

43. $3,9\bar{5} = \frac{356}{90}$ .... $\quad 2,3\bar{7} = \frac{237}{100}$ ....

44. $4,3 = \frac{43}{10}$ .... $\quad 9,\bar{5} = \frac{86}{10}$ ....

45. $5,38 = \frac{538}{99}$ .... $\quad 2,\overline{75} = \frac{273}{99}$ ....

46. $5,\overline{71} = \frac{500}{99}$ .... $\quad 3,\bar{7} = \frac{34}{9}$ ....

47. $8,7\bar{3} = \frac{786}{90}$ .... $\quad 4,8\bar{6} = \frac{438}{99}$ ....

48. $7,2\bar{1} = \frac{721}{90}$ .... $\quad 4,71 = \frac{471}{90}$ ....

Calcola le frazioni generatrici dei numeri decimali assegnati nei seguenti esercizi.

49. $2,\overline{03}$; $1,76$; $3,58\overline{3}$; $3,92$. $\left[\frac{67}{33}; \frac{44}{25}; \frac{43}{12}; \frac{98}{25}\right]$

50. $5,2\overline{4}$; $0,12$; $1,8\overline{90}$; $6,04$. $\left[\frac{236}{45}; \frac{3}{25}; \frac{104}{55}; \frac{151}{25}\right]$

51. $1,94$; $2,\overline{09}$; $1,7\overline{6}$; $3,4$. $\left[\frac{97}{50}; \frac{23}{11}; \frac{53}{30}; \frac{17}{5}\right]$

52. $0,8\overline{6}$; $0,6\overline{8}$; $0,\overline{30}$; $0,47\overline{2}$. $\left[\frac{13}{15}; \frac{31}{45}; \frac{10}{33}; \frac{17}{36}\right]$

53. $3,\overline{3}$; $0,0\overline{4}$; $1,345$; $8,\overline{3}$. $\left[\frac{10}{3}; \frac{2}{45}; \frac{269}{200}; \frac{25}{3}\right]$

54. $0,175$; $0,\overline{03}$; $3,\overline{31}$; $6,05$. $\left[\frac{7}{40}; \frac{1}{33}; \frac{328}{99}; \frac{121}{20}\right]$

55. $0,005$; $0,\overline{24}$; $0,8\overline{3}$; $9,\overline{18}$. $\left[\frac{1}{200}; \frac{8}{33}; \frac{5}{6}; \frac{101}{11}\right]$

56. $18,\overline{36}$; $0,425$; $3,0\overline{3}$; $0,\overline{12}$. $\left[\frac{202}{11}; \frac{17}{40}; \frac{91}{30}; \frac{4}{33}\right]$

57. $5,1\overline{6}$; $1,375$; $1,\overline{3}$; $1,8\overline{6}$. $\left[\frac{31}{6}; \frac{11}{8}; \frac{4}{3}; \frac{28}{15}\right]$

58. $9,\overline{3}$; $26,5$; $12,1\overline{3}$; $12,5$. $\left[\frac{28}{3}; \frac{53}{2}; \frac{182}{15}; \frac{25}{2}\right]$

59. $0,1\overline{3}$; $16,\overline{6}$; $0,6875$; $3,8$. $\left[\frac{2}{15}; \frac{50}{3}; \frac{11}{16}; \frac{19}{5}\right]$

60. $25,\overline{45}$; $42,\overline{6}$; $0,75$; $5,\overline{3}$. $\left[\frac{280}{11}; \frac{128}{3}; \frac{3}{4}; \frac{16}{3}\right]$

61. $4,\overline{54}$; $7,2$; $2,\overline{15}$; $2,08\overline{3}$. $\left[\frac{50}{11}; \frac{36}{5}; \frac{71}{33}; \frac{25}{12}\right]$

62. $0,275$; $0,9\overline{6}$; $0,\overline{27}$; $2,2$. $\left[\frac{11}{40}; \frac{29}{30}; \frac{3}{11}; \frac{11}{5}\right]$

63. $8,875$; $5,05$; $4,1\overline{6}$; $18,\overline{3}$. $\left[\frac{71}{8}; \frac{101}{20}; \frac{25}{6}; \frac{55}{3}\right]$

64. $2,\overline{18}$; $0,\overline{36}$; $41,\overline{3}$; $2,41\overline{6}$. $\left[\frac{24}{11}; \frac{12}{33}; \frac{124}{3}; \frac{29}{12}\right]$

65. $8,5$; $0,06$; $6,0\overline{3}$; $2,\overline{54}$. $\left[\frac{17}{2}; \frac{3}{50}; \frac{181}{30}; \frac{28}{11}\right]$

66. $1,0\overline{3}$; $7,\overline{12}$; $5,35$; $0,\overline{45}$. $\left[\frac{31}{30}; \frac{235}{33}; \frac{107}{20}; \frac{5}{11}\right]$

OPERAZIONI CON I NUMERI PERIODICI

Esegui le seguenti operazioni.

67. $0,\bar{3}+1,\bar{3}-0,\bar{5}$; $0,\bar{5}+1,\bar{5}-0,\bar{6}$. **[$1,\bar{1}$; $1,\bar{4}$]**

68. $0,41\bar{6}+0,75+0,\bar{5}$; $0,54\bar{3}+1,61-0,\bar{7}$. **[$1,7\bar{2}$; $1,37\bar{5}$]**

69. $0,\bar{6}+1,25+1,1\bar{6}$; $0,0\bar{6}+0,8\bar{3}+1,\bar{3}$. **[$3,08\bar{3}$; $2,2\bar{3}$]**

70. $0,58\bar{3}+0,041\bar{6}+0,375$; $0,2\bar{6}+0,12+0,\bar{3}$. **[$1$; $0,72$]**

71. $1,08\bar{3}+0,\bar{2}+0,75$; $0,\overline{27}+0,2\overline{27}+0,0\overline{30}$. **[$2,0\bar{5}$; $0,5\overline{30}$]**

72. $0,8\bar{6}-0,8\bar{3}$; $0,5\bar{1}-0,4\bar{9}$. **[$0,0\bar{3}$; $0,0\bar{1}$]**

73. $0,\bar{7}-0,0\bar{6}$; $3,\bar{5}-2,0\bar{5}$. **[$0,7\bar{1}$; $1,5$]**

74. $1,\overline{84}-1,\overline{09}$; $5,5\bar{3}-0,6$. **[$0,\overline{75}$; $4,9\bar{3}$]**

75. $2,4\bar{3}-0,5\bar{3}$; $1,041\bar{6}-0,1\bar{6}$. **[$1,9$; $0,875$]**

76. $2,6-0,\overline{13}$; $1,4\bar{6}-0,4$. **[$2,4\overline{68}$; $1,0\bar{6}$]**

77. $2,1\bar{6}\times 0,1\bar{7}$; $3,6\bar{1}\times 4,\bar{3}$. **[$0,3\overline{851}$; $15,6\overline{481}$]**

78. $1,\bar{6}\times 0,5\bar{3}$; $0,\overline{03}\times 7,\bar{3}$. **[$0,\bar{8}$; $0,\bar{2}$]**

79. $1,5\times 0,41\bar{6}$; $0,\overline{03}\times 2,75$. **[$0,625$; $0,08\bar{3}$]**

80. $0,208\bar{3}\times 0,48$; $0,1\overline{36}\times 0,4$. **[$0,1$; $0,0\overline{54}$]**

81. $0,0\overline{90}\times 4,4$; $0,\overline{074}\times 0,75$. **[$0,4$; $0,0\bar{5}$]**

82. $0,\overline{36}:1,\overline{09}$; $0,\overline{63}:0,\overline{06}$. **[$0,\bar{3}$; $10,5$]**

83. $0,41\bar{6}:0,625$; $0,\overline{35}:0,\overline{21}$. **[$0,\bar{6}$; $1,\bar{6}$]**

84. $0,5\bar{3}:0,6$; $1,\bar{4}:0,4$. **[$0,\bar{8}$; $3,6\bar{1}$]**

85. $0,1\overline{36}:1,5$; $0,8:0,\overline{27}$. **[$0,\overline{09}$; $2,9\bar{3}$]**

86. $0,\bar{6}:2,\bar{6}$ $0,375:6,75$. **[$0,25$; $0,0\bar{5}$]**

Calcola il valore delle seguenti espressioni.

87. $(1,\overline{36}-0,\overline{63}):2,\bar{6}$ **[$0,\overline{27}$]**

88. $(0,\bar{7}+1,1\bar{6})\times 1,5$ **[$2,91\bar{6}$]**

89. $(2,\overline{15}-1,\bar{2}-0,\bar{4})\times 0,25$ **[$0,\overline{12}$]**

90. $(0,\bar{3}+1,\bar{5}+0,\bar{2}):6,\bar{3}$ **[$0,\bar{3}$]**

91. $(2,5+1,5-0,\overline{6})\times(0,05+0,4)$ **[1,5]**

92. $(1,7\overline{2}-1,\overline{5}+1,5):1,\overline{4}\times0,8\overline{6}$ **[1]**

93. $(9,9\overline{4}-5,\overline{4})\times0,6-1,\overline{72}:1,\overline{15}$ **[1,2]**

94. $(1,\overline{3}+0,3-0,4\overline{6}):(3,5-1,8\overline{3})+0,3$ **[1]**

95. $2,\overline{4}-(5,\overline{2}+0,\overline{3}-4,\overline{2})\times1,5\times1,\overline{2}$ **[0]**

96. $6,25:(1,75-0,6875-0,125)+0,\overline{3}$ **[7]**

97. $(6-0,8\times1,\overline{3})\times1,5-(2+1,3)\times(4-2,\overline{6})-2\times0,5$ **[2]**

98. $(1-0,\overline{3}-0,5)\times2+(0,\overline{6}-0,5+0,1\overline{6})\times3$ **[$1,\overline{3}$]**

99. $1+(0,0\overline{6}+1,1)+(0,1+0,5\overline{6})$ **[$2,8\overline{3}$]**

100. $(2+0,\overline{6}-0,4)\times(0,8\overline{3}+1,25)\times\left(2-\frac{16}{17}\right)$ **[5]**

101. $(5-0,918\times2,\overline{2})\times1,5-(1,1+2,2)\times(2-0,\overline{6})$ **[0,04]**

102. $1,\overline{6}+(1+1,\overline{6}):(0,8\overline{3}+0,5)-1,\overline{3}\times0,4\times1,25$ **[3]**

103. $[(2+1,\overline{6}):(1,3+4,2)^2+0,\overline{21}]\times0,27$ **[$0,\overline{09}$]**

104. $[(0,8+1,18)\times0,\overline{25}]^3+0,\overline{7}:1,\overline{5}$ **[0,625]**

105. $[(0,038-0,03\overline{6}):0,04]:(3,2\overline{4}+18,2\overline{8}-20,2)$ **[0,025]**

106. $[(2,\overline{3}^2-0,8\overline{3}^2)\times3,2\overline{4}]:(11,\overline{6}+3,7\overline{4})+0,5$ **[1,5]**

107. $[(2,4:4+5\times0,5):(15+0,5)+0,5]:1,4-0,0\overline{6}$ **[$0,4\overline{3}$]**

108. $[(0,\overline{5}+0,2\overline{7}-0,25):0,8\overline{3}]:[(0,5-0,25+0,\overline{3})\times0,375]-2,2$ **[1]**

109. $[0,1\overline{6}+(0,1\overline{36}+0,41\overline{6}-0,2\overline{27}):0,3\overline{90}]:[0,\overline{36}+2,25\times(0,\overline{5}-0,\overline{27})]$ **[1]**

110. $\{0,0\overline{2}\times[(12-4,5)^2\times0,0\overline{2}]+[(0,8\overline{6}-0,7)^2+0,8\overline{3}]:5,1\overline{6}\}-0,19\overline{4}$ **[0]**

111. $\{[(0,\overline{6}-0,25)\times1,2+1]:[(1,5-0,75)^2:0,75]\}:1,\overline{3}$ **[1,5]**

112. $0,02\overline{7}+[1,5:1,5^2+(1,8\overline{6}-0,7):(1+1,\overline{3})+(0,4\overline{6}+0,7-0,2)\times0,75:5,8]\times0,\overline{6}$ **[$0,\overline{8}$]**

113. $\{[1-(0,5+0,\overline{3})]:0,8\overline{3}+(0,4-0,1)\times(1-0,\overline{6})^2\}:(0,\overline{6}-0,5)$ **[1,4]**

114. $(1,0\overline{6}+1,5)\times\left(0,\overline{27}-\frac{1}{7}\right)+(2-1,2\overline{4})\times0,\overline{36}^2\times(32,5-2,25):(0,\overline{6}^2\times6,8)$ **[$1,\overline{3}$]**

115. $1+0,\overline{3}:[1+0,\overline{3}\times(4,2-4-0,1)^2\times16,\overline{6}-0,1\overline{6}]-0,375$ **[1]**

116. ✲✲ $\left\{\left[(2-1,625)^2\times(0,2+0,1\bar{3}-0,\bar{2})-\dfrac{1}{128}\right]\times 21,\bar{3}+0,\bar{3}\right\}:0,5+3$ $[4]$

117. ✲ $1-\left(1-\dfrac{11}{14}\right)\times\left\{1+\left[(3+0,\bar{6}^2\times 1,5):3,\bar{6}+\dfrac{1}{2}\right]\times 0,\bar{6}+0,\bar{3}\right\}$ $[0,5]$

118. ✲ $\left[(1,1\bar{6}-0,4\bar{6}):\left(\dfrac{3}{2}-0,5^2\right)\right]:\left(1,\bar{6}-\dfrac{8}{5}+0,1\bar{6}\right)\times\dfrac{1}{2}$ $[1,2]$

119. ✲ $\left[(2,2\bar{5}+0,4\bar{1}-1,3\bar{9}):(1+3,\bar{5})\times\dfrac{41}{19}\right]:[(2-1,\bar{4})-(1+1,9-2,5)]$ $\left[\dfrac{27}{7}\right]$

120. ✲ $\left[1,5-\left(0,75+\dfrac{4}{5}:2,\bar{3}\right)\right]\times 0,\bar{3}+\dfrac{17}{14}\times 0,3$ $[0,5]$

121. ✲✲ $\left[(2-1,\bar{2}):0,\bar{7}+(2,\bar{3}-1):0,8\right]:\left\{\left[2\times\left(\dfrac{1}{2}\right)^2-(0,1)^2\times\dfrac{10}{3}\right]:0,\bar{7}\right\}$ $[4,\bar{4}]$

122. ✲✲ $\dfrac{9,\bar{4}:1,\bar{8}-0,\overline{45}:0,2\bar{7}}{2\times 0,24+0,26}-\dfrac{0,41\bar{6}+0,8\bar{3}}{(0,\bar{4}+0,4)\times 2,08\bar{3}}\times 6,\bar{3}$ $[0,0\overline{45}]$

123. ✲✲ $\dfrac{(2,0\bar{4}-1,\bar{2}):(0,\bar{3}+0,0\bar{7})}{(0,\overline{36}^2+0,\overline{18}^2):0,\overline{16}}-\dfrac{(0,\bar{5}^2-0,\bar{4}^2)\times 2,\overline{45}}{(1,\bar{3}+2,\bar{6})\times 0,2\overline{27}}$ $[1,6\bar{5}]$

124. ✲✲ $\dfrac{(0,\bar{6}+0,6+0,5\bar{3}):1,8}{0,875-0,75}+\dfrac{(1,75-0,\bar{3})\times\left(1-\dfrac{1}{17}\right)}{(2-0,8\bar{3})\times\left(1-\dfrac{3}{7}\right)}$ $[10]$

125. ✲✲ $\dfrac{\{[1+1,5\times(0,5-0,\bar{3})]^2\times 1,\bar{3}+0,25\}:(0,9+0,2\bar{6})-\dfrac{3}{2}}{\left\{[1,1\bar{6}:(0,25+0,\bar{3})]^2:\left[\left(\dfrac{7}{6}+0,75-\dfrac{3}{2}\right)\times 0,8\right]^2\right\}\times 0,08\bar{3}}$ $[0,1\bar{6}]$

126. ✲✲ $\dfrac{\dfrac{2}{5}-\left[\left(0,\bar{3}+\dfrac{2}{5}\right):0,7\bar{3}-0,5\right]:(1+0,5)^2}{\left[(1,\bar{3}-0,1\bar{6}):2,\bar{3}+\dfrac{1}{4}\right]\times 0,3\bar{5}}$ $[0,\bar{6}]$

Esercizi per verificare...

... CIÒ CHE SAI

1. Segna il completamento esatto.
Un numero si dice decimale limitato se dopo la virgola:

a) ha un numero infinito di cifre decimali; ☐
b) ha un numero finito di cifre decimali; ☐
c) ha una cifra decimale che si ripete all'infinito. ☐

2. Quando una frazione si trasforma in un numero decimale limitato? Segna la o le risposte esatte:

a) Quando il suo denominatore, scomposto in fattori primi, contiene solo i fattori 2, 5 o entrambi. ☐
b) Quando il suo denominatore, scomposto in fattori primi, non contiene affatto i fattori 2 e 5. ☐
c) Quando il suo denominatore, scomposto in fattori primi, contiene sempre altri fattori oltre a 2, a 5 o a entrambi. ☐
d) Quando è una frazione decimale. ☐

3. Segna il completamento esatto.
Un numero si dice decimale illimitato periodico semplice se:

a) subito dopo la virgola ha un numero finito di cifre decimali; ☐
b) subito dopo la virgola ha una cifra o un gruppo di cifre che si ripete all'infinito; ☐
c) subito dopo la virgola ha delle cifre decimali che non si ripetono e poi ha una cifra o un gruppo di cifre che si ripete all'infinito. ☐

4. Quando una frazione si trasforma in un numero decimale illimitato periodico semplice? Segna la risposta esatta:

a) Quando il suo denominatore, scomposto in fattori primi, contiene solo i fattori 2, 5 o entrambi. ☐
b) Quando il suo denominatore, scomposto in fattori primi, non contiene affatto i fattori 2 e 5. ☐
c) Quando il suo denominatore, scomposto in fattori primi, contiene sempre altri fattori oltre a 2, a 5 o a entrambi. ☐

5. Segna il completamento esatto.
Un numero si dice decimale illimitato periodico misto se:

a) subito dopo la virgola ha un numero finito di cifre decimali; ☐
b) subito dopo la virgola ha una cifra o un gruppo di cifre che si ripete all'infinito; ☐
c) subito dopo la virgola ha delle cifre decimali che non si ripetono e poi ha una cifra o un gruppo di cifre che si ripete all'infinito. ☐

6. Quando una frazione si trasforma in un numero decimale illimitato periodico misto? Segna la risposta esatta:

a) Quando il suo denominatore, scomposto in fattori primi, contiene solo i fattori 2, 5 o entrambi. ☐
b) Quando il suo denominatore, scomposto in fattori primi, non contiene affatto i fattori 2 e 5. ☐
c) Quando il suo denominatore, scomposto in fattori primi, contiene sempre altri fattori oltre a 2, a 5 o a entrambi. ☐

7. Completa:
La frazione generatrice di un numero decimale limitato è una frazione che ha per numeratore il .... che si ottiene togliendo la .... e per denominatore .... a seconda che le cifre decimali siano ....

8. Completa:
La frazione generatrice di un numero decimale periodico semplice è una frazione che ha per numeratore la .... fra il numero dato senza la virgola e la sua .... e per denominatore tanti .... quante sono le cifre del ....

9. Completa:
La frazione generatrice di un numero decimale periodico misto è una frazione che ha per numeratore la .... fra il numero dato senza la virgola e tutta la parte che ...., senza la virgola, e per denominatore tanti .... quante sono le cifre del .... e tanti .... quante sono le cifre del ....

... CIÒ CHE SAI FARE

10. Accanto a ogni numero decimale scrivi se è limitato, illimitato periodico semplice o illimitato periodico misto e riscrivili con la giusta simbologia:

9,13... ....
7,3444444... ....
0,757575... ....
16,453... ....
5,87656565... ....
4,345345345... ....

11. Stabilisci in quale tipo di numero (limitato, periodico semplice o periodico misto) si trasformano le seguenti frazioni, giustificando la tua risposta: $\frac{5}{3}$; $\frac{7}{6}$; $\frac{13}{9}$; $\frac{6}{25}$; $\frac{11}{4}$; $\frac{37}{20}$.

a) $\frac{5}{3}$ .... perché ....
....

b) $\frac{7}{6}$ .... perché ....
....

c) $\frac{13}{9}$ .... perché ....
....

d) $\frac{6}{25}$ .... perché ....
....

e) $\frac{11}{4}$ .... perché ....
....

f) $\frac{37}{20}$ .... perché ....
....

Trasforma in numeri decimali le frazioni date nei seguenti esercizi.

12. $\frac{9}{10}$; $\frac{5}{8}$; $\frac{2}{3}$; $\frac{5}{6}$; $\frac{12}{25}$; $\frac{21}{40}$.

13. $\frac{32}{100}$; $\frac{62}{55}$; $\frac{2}{27}$; $\frac{87}{50}$; $\frac{7}{22}$; $\frac{57}{9}$.

14. $\frac{9}{100}$; $\frac{91}{70}$; $\frac{40}{33}$; $\frac{35}{44}$; $\frac{11}{9}$; $\frac{17}{66}$.

Trasforma in frazioni (ridotte ai minimi termini) i numeri decimali dati nei seguenti esercizi.

15. $0{,}78$; $0{,}\overline{4}$; $1{,}5$; $0{,}1\overline{2}$; $4{,}6$; $1{,}9\overline{6}$.

16. $0{,}725$; $0{,}\overline{81}$; $2{,}0\overline{7}$; $3{,}25$; $3{,}0\overline{1}$; $0{,}007$.

17. $12{,}\overline{32}$; $2{,}5\overline{48}$; $4{,}025$; $10{,}\overline{22}$; $0{,}25$; $0{,}4\overline{75}$.

Esegui le operazioni date nei seguenti esercizi.

18. $0{,}1\overline{6}+0{,}\overline{2}$; $3{,}\overline{5}-2{,}0\overline{5}$; $21{,}\overline{3}+0{,}\overline{3}$. $\left[\frac{7}{18};\ \frac{3}{2};\ \frac{65}{3}\right]$

19. $0{,}8\overline{3}-0{,}\overline{7}$; $0{,}3\overline{8}-0{,}\overline{2}$; $0{,}0\overline{6}+0{,}\overline{4}$. $\left[\frac{1}{18};\ \frac{1}{6};\ \frac{23}{45}\right]$

20. $0{,}5\overline{3}\times 1{,}\overline{6}$; $0{,}\overline{63}:0{,}\overline{06}$; $0{,}\overline{5}:2{,}\overline{5}$. $\left[\frac{8}{9};\ \frac{21}{2};\ \frac{5}{23}\right]$

21. $1{,}\overline{6}\times 0{,}6\overline{9}$; $1{,}\overline{2}:0{,}6\overline{1}$; $0{,}3\overline{5}\times 0{,}41\overline{6}$. $\left[\frac{7}{6};\ 2;\ \frac{4}{27}\right]$

Calcola il valore delle seguenti espressioni.

22. $\left(2{,}3\overline{5}-0{,}5\overline{3}-1{,}\overline{27}\right):6{,}\overline{18}+0{,}\overline{1}$ $\left[\frac{1}{5}\right]$

23. $\left(0{,}65-0{,}41\overline{6}\right):\left(1{,}9-1{,}\overline{6}\right)$ $[1]$

24. $\left(1{,}\overline{3}+0{,}3-0{,}4\overline{6}\right):\left(3{,}5-1{,}8\overline{3}\right)$ $\left[\frac{7}{10}\right]$

25. $2\times\left(1-0{,}\overline{3}-0{,}5\right)+3\times\left(0{,}\overline{6}-0{,}5+0{,}1\overline{6}\right)$ $\left[\frac{4}{3}\right]$

26. $\left(1-0{,}25-0{,}58\overline{3}\right)\times 2+\left(0{,}\overline{6}-0{,}5+0{,}1\overline{6}\right)\times 9$ $\left[\frac{10}{3}\right]$

27. $\left[1{,}1\overline{6}-\left(1{,}\overline{2}+0{,}8\overline{3}-1{,}5\right):1{,}3\overline{8}\right]:0{,}5\overline{1}$ $\left[\frac{3}{2}\right]$

28. $\left[\left(2{,}3\overline{5}:5{,}\overline{8}+0{,}8\overline{3}\right):1{,}2\overline{3}+0{,}\overline{6}\right]^2:1{,}9\overline{4}$ $\left[\frac{10}{7}\right]$

29. $\left[\left(2,0\bar{8} : 5,\bar{2}+0,4\bar{6}\right) : 4,\bar{3}+1\right]^2 : 0,36$ $[4]$

30. $\left(0,\bar{1}-0,0625\right)-\left[\left(0,\bar{3}-0,25\right)\times\left(0,\bar{3}+0,25\right)\right]$ $[0]$

31. $\left[0,625+4,5\times\left(0,75-0,\bar{6}\right)\right]:\left[0,875+0,75\times\left(2,5-2,\bar{3}\right)\right]$ $[1]$

32. $\left[\left(2-\frac{3}{7}\times 1,1\bar{6}\right):\left(1+0,5\right)+\left(0,625-0,1\bar{6}\right):0,91\bar{6}-0,8\bar{3}\right]:1,5$ $\left[\frac{4}{9}\right]$

33. $\left[\left(0,5+0,25\right)\times\left(0,\bar{3}-0,1\bar{6}\right)+\left(0,5-\frac{9}{32}\right):0,75\right]\times 0,6$ $\left[\frac{1}{4}\right]$

34. $\left[\left(0,2+0,6\bar{3}\right)^2:\left(0,5+0,\bar{3}\right)^2-1\right]\times\left(1,\bar{6}\right)^2+0,5$ $\left[\frac{1}{2}\right]$

35. $\left\{3-\left[0,\bar{6}-\left(0,1\bar{6}\right)-\frac{5}{12}\right]:0,25\right\}^2\times\left(0,\bar{6}-0,625\right)$ $\left[\frac{8}{27}\right]$

36. $1,\bar{6}:\left\{\left[\left(2-1,\bar{3}\right)^2:\frac{5}{6}+\left(1-0,6\right)^2:0,8\right]\right\}\times 0,7\bar{3}$ $\left[\frac{5}{3}\right]$

37. $\left\{0,75:\left[1,4-\left(\frac{2}{5}\right)^2:0,2\right]+1,25\times\left(1-0,\bar{6}\right)\right\}\times 0,6$ $[1]$

38. $\left\{1,2+0,1\bar{7}:\left[0,\bar{7}-1,05:\left(0,5+1,\bar{6}\times\frac{3}{4}\right)\right]\right\}:0,88$ $\left[\frac{5}{2}\right]$

39. $1-\left\{\left[\left(0,\bar{7}+0,\bar{8}\right)^2\times\frac{1}{2}\times\left(2-1,2\right)^2\times 1,5^2-\frac{3}{4}\right]:\left(5\times 1,25\right)-0,04\right\}$ $\left[\frac{21}{25}\right]$

40. $\frac{3}{4}\times\left\{0,4\bar{6}+\left[\frac{3}{5}-\left(0,3\times\frac{2}{3}\right)^2-0,4^3\right]:0,5\bar{3}-0,9^2\right\}$ $\left[\frac{11}{25}\right]$

41. $\dfrac{\left(2,\bar{6}\times\frac{1}{5}+1,6\bar{3}\right)\times 0,5+1,41\bar{6}}{0,1\bar{3}+0,0\bar{3}+1,8\bar{3}}$ $\left[\frac{5}{4}\right]$

42. $\dfrac{\left\{0,\overline{18}+\left[\left(1,\bar{6}-\frac{1}{5}\right)\times 5\right]:\left(4-0,\bar{3}\right)\right\}\times\frac{11}{4}}{\left(\frac{3}{5}+0,\bar{6}-0,2\bar{6}\right)\times 3}$ $[2]$

mi autovaluto

Mettiti alla prova eseguendo quanto richiesto. Verifica i risultati alla fine del volume e prendi nota di quanti errori hai fatto. Completa poi la tua autovalutazione.

1 Scrivi accanto a ogni numero se è decimale limitato, periodico semplice o periodico misto.

a) 45,73 DECIMALE LIMITATO

b) $3,\overline{89}$ PERIODICO SEMPLICE

c) $0,4\overline{56}$ PERIODICO MISTO

2 Segna il completamento esatto.
Una frazione il cui denominatore contiene i fattori primi 2, 5 e anche altri si trasforma in un numero:

a) decimale limitato; ☐
b) periodico semplice; ☐
c) periodico misto. ☐ (X)

3 Segna il completamento esatto.
Una frazione il cui denominatore non contiene affatto i fattori primi 2, 5 si trasforma in un numero:

a) decimale limitato; ☐
b) periodico semplice; ☐ (X)
c) periodico misto. ☐

4 Segna il completamento esatto.
Una frazione il cui denominatore contiene solo i fattori primi 2, 5 si trasforma in un numero:

a) decimale limitato; ☐ (X)
b) periodico semplice; ☐
c) periodico misto. ☐

5 Scrivi il tipo di numero che si origina dalle seguenti frazioni senza effettuare la divisione.

a) $\frac{7}{20}$ DECIMALE LIMITATO

b) $\frac{5}{18}$ PERIODICO MISTO

c) $\frac{9}{11}$ PERIODICO SEMPLICE

6 Scrivi la frazione generatrice dei seguenti numeri decimali.

a) $4,24 =$ 424/100 $=$ 106/25

b) $0,0\overline{8} =$ 8/90 $=$ 4/45

c) $4,\overline{04} =$ 400/99 $=$ 400/99

Esegui le seguenti operazioni.

7 $1,\overline{2} + 0,\overline{7}$; 2 $\quad 0,1\overline{6} + 0,\overline{2}$. $0,3\overline{8}$

8 $0,3\overline{8} - 0,\overline{2}$; $8,1\overline{6}$ $\quad 3,\overline{5} - 2,0\overline{5}$. 1,5

9 $0,\overline{8} \times 2,\overline{7}$; $\frac{200}{81}$ $\quad 0,5\overline{3} \times 1,\overline{6}$. $0,\overline{8}$

10 $0,\overline{5} : 2,\overline{5}$; $\frac{5}{23}$ $\quad 0,\overline{63} : 0,\overline{06}$. 10,5

Calcola il valore delle seguenti espressioni.

11 $1,\overline{2} + 1,\overline{3} \times 2 - 1,\overline{4}$ $\quad 2,\overline{4}$

12 $[1,1\overline{6} - (1,\overline{2} + 0,8\overline{3} - 1,5) : 1,3\overline{8}] : 0,5\overline{1}$ $\frac{3}{2}$

Su 22 risposte, ... sono esatte; penso quindi di * ....

* **Aver capito bene tutto** (posso andare avanti); **avere ancora qualche dubbio** (mi eserciterò ancora); **avere molte incertezze** (eseguirò gli esercizi di recupero).

Esercizi di recupero

Se hai ancora qualche difficoltà, segui gli esercizi svolti (quelli nei riquadri) e poi completa gli altri.

1 Stabilire in quale tipo di numero si possono trasformare le seguenti frazioni:

$\frac{6}{2}$; $\frac{3}{10}$; $\frac{7}{20}$; $\frac{49}{33}$; $\frac{5}{12}$.

Per stabilire in quale numero si trasforma una frazione ricorda che:
- una **frazione apparente** si trasforma in un **numero naturale**;
- una **frazione decimale** si trasforma in un **numero decimale limitato;**
- una frazione con **denominatore contenente solo i fattori 2, 5 o entrambi** si trasforma in un **numero decimale limitato;**
- una frazione con **denominatore che non contiene affatto i fattori 2 e 5** si trasforma in **numero periodico semplice;**
- una frazione con **denominatore contenente i fattori 2, 5 o entrambi con altri fattori** si trasforma in **numero periodico misto.**

Quindi:

- $\frac{6}{2}$ → frazione apparente → **numero naturale**
- $\frac{3}{10}$ → frazione decimale → **numero decimale limitato**
- $\frac{7}{20}$ → $20 = 2^2 \times 5$ → **numero decimale limitato**
- $\frac{49}{33}$ → $33 = 3 \times 11$ → **numero periodico semplice**
- $\frac{5}{12}$ → $12 = 2^2 \times 3$ → **numero periodico misto**

2 Stabilisci in quale tipo di numero si possono trasformare le seguenti frazioni:

$\frac{7}{40}$; $\frac{13}{100}$; $\frac{16}{8}$; $\frac{35}{12}$; $\frac{11}{33}$.

a) $\frac{7}{40}$ → 40 = ..., quindi si trasforma in ....

b) $\frac{13}{100}$ → è una frazione ...., quindi si trasforma in ....

c) $\frac{16}{8}$ → è una frazione ...., quindi si trasforma in ....

d) $\frac{35}{12}$ → 12 = ..., quindi si trasforma in ....

e) $\frac{11}{33}$ → 33 = ..., quindi si trasforma in ....

Stabilisci in quale tipo di numero si possono trasformare le frazioni date nei seguenti esercizi.

3 $\frac{11}{3}$; $\frac{31}{8}$; $\frac{57}{11}$.

4 $\frac{60}{6}$; $\frac{123}{100}$; $\frac{41}{18}$.

5 $\frac{34}{21}$; $\frac{65}{27}$; $\frac{11}{16}$.

6 $\frac{87}{10}$; $\frac{27}{9}$; $\frac{23}{33}$.

7 $\frac{103}{54}$; $\frac{69}{5}$; $\frac{113}{20}$.

8 $\frac{150}{10}$; $\frac{91}{110}$; $\frac{27}{16}$.

9 $\frac{31}{3}$; $\frac{233}{36}$; $\frac{95}{10}$.

10 Trasformare le frazioni date nei corrispondenti numeri decimali:

$\frac{23}{5}$; $\frac{19}{9}$; $\frac{48}{100}$; $\frac{71}{18}$.

Per trasformare una frazione nel corrispondente numero decimale si esegue la **divisione fra numeratore e denominatore**; quindi avremo:

$\frac{23}{5} = 23 : 5 = \mathbf{4{,}6}$; $\frac{19}{9} = 19 : 9 = \mathbf{2{,}\bar{1}}$;

$\frac{48}{100} = 48 : 100 = \mathbf{0{,}48}$; $\frac{71}{18} = 71 : 18 = \mathbf{3{,}9\bar{4}}$.

11 Trasforma le frazioni date nei corrispondenti numeri decimali:

$\frac{27}{4}$; $\frac{35}{11}$; $\frac{5}{10}$; $\frac{41}{5}$; $\frac{53}{27}$.

a) $\frac{27}{4} = 27$ .... $4 =$ ....

b) $\frac{35}{11} = 35$ .... $11 =$ ....

c) $\frac{5}{10} = 5$ .... $10 =$ ....

d) $\frac{41}{5} = 41$ .... $5 =$ ....

e) $\frac{53}{27} = 53$ .... $27 =$ ....

Trasforma le frazioni date nei seguenti esercizi nei corrispondenti numeri decimali.

12 $\frac{22}{6}$; $\frac{55}{9}$; $\frac{87}{24}$. **[$3,\bar{6}$; $6,\bar{1}$; $3,625$]**

13 $\frac{127}{10}$; $\frac{41}{66}$; $\frac{5}{36}$. **[$12,7$; $0,6\overline{21}$; $0,13\bar{8}$]**

14 $\frac{49}{7}$; $\frac{63}{100}$; $\frac{4}{15}$. **[7; $0,63$; $0,2\bar{6}$]**

15 $\frac{93}{40}$; $\frac{61}{18}$; $\frac{89}{1\,000}$. **[$2,325$; $3,3\bar{8}$; $0,089$]**

16 $\frac{47}{11}$; $\frac{29}{8}$; $\frac{17}{18}$. **[$4,\overline{27}$; $3,625$; $0,9\bar{4}$]**

17 Calcolare la frazione generatrice dei seguenti numeri decimali limitati:

7,3; 6,17; 0,09; 0,003.

La frazione generatrice di un numero decimale limitato si ottiene scrivendo **al numeratore il numero senza la virgola e al denominatore 10, 100, 1 000... secondo che il numero abbia 1, 2, 3... cifre decimali**; quindi avremo:

$$7,3 = \frac{73}{10};\quad 6,17 = \frac{617}{100};\quad 0,09 = \frac{9}{100};\quad 0,003 = \frac{3}{1\,000}.$$

18 Calcola la frazione generatrice dei seguenti numeri decimali limitati:

3,17; 6,3; 0,413; 0,7.

$$3,17 = \frac{\dots\dots}{100};\quad 6,3 = \frac{63}{\dots\dots};\quad 0,413 = \frac{\dots\dots}{\dots\dots};\quad 0,7 = \frac{\dots\dots}{\dots\dots}.$$

19 Calcolare la frazione generatrice dei seguenti numeri periodici semplici:

$6,\overline{7}$; $32,\overline{11}$; $0,\overline{05}$; $9,\overline{03}$.

La frazione generatrice di un numero periodico semplice si ottiene scrivendo **al numeratore il numero senza la virgola meno la parte che precede la virgola e al denominatore tanti 9 quante sono le cifre del periodo**; quindi avremo:

$$6,\overline{7} = \frac{67-6}{9} = \frac{61}{9};\qquad 32,\overline{11} = \frac{3211-32}{99} = \frac{3\,179}{99};$$

$$0,\overline{05} = \frac{5}{99};\qquad 9,\overline{03} = \frac{903-9}{99} = \frac{894}{99}.$$

20 Calcola la frazione generatrice dei seguenti numeri periodici semplici:

$5,\overline{98}$; $2,\overline{15}$; $6,\overline{09}$.

$$5,\overline{98} = \frac{598-\dots\dots}{99} = \frac{\dots\dots}{99};\qquad 2,\overline{15} = \frac{215-\dots\dots}{\dots\dots} = \frac{\dots\dots}{\dots\dots} = \frac{71}{33};\qquad 6,\overline{09} = \frac{\dots\dots-\dots\dots}{\dots\dots} = \frac{\dots\dots}{\dots\dots} = \frac{\dots\dots}{\dots\dots}.$$

21 Calcolare la frazione generatrice dei seguenti numeri periodici misti:

$5,0\overline{8}$; $2,1\overline{7}$; $0,00\overline{5}$.

La frazione generatrice di un numero periodico misto si ottiene scrivendo **al numeratore il numero senza la virgola meno la parte che precede il periodo e al denominatore tanti 9 quante sono le cifre del periodo e tanti zeri quante sono le cifre dell'antiperiodo**; quindi avremo:

$$5,0\overline{8} = \frac{508-50}{90} = \frac{458}{90} = \frac{229}{45};\qquad 2,1\overline{7} = \frac{217-21}{90} = \frac{196}{90} = \frac{98}{45};\qquad 0,00\overline{5} = \frac{5}{900} = \frac{1}{180}.$$

22 Calcola la frazione generatrice dei seguenti numeri periodici misti:

$7,2\overline{1}$; $31,7\overline{4}$; $0,01\overline{3}$.

$7,2\overline{1}=\dfrac{721-\text{.........}}{90}=\dfrac{\text{.........}}{\mathbf{90}}$; $\quad 31,7\overline{4}=\dfrac{\text{.........}-317}{\text{.........}}=\dfrac{\text{.........}}{\text{.........}}$; $\quad 0,01\overline{3}=\dfrac{\text{.........}-\text{.........}}{\text{.........}}=\dfrac{\text{.........}}{\text{.........}}$.

Calcola la frazione generatrice dei numeri decimali dati nei seguenti esercizi.

23 $49,5$; $27,\overline{03}$; $18,\overline{4}$. $\left[\dfrac{99}{2};\dfrac{892}{33};\dfrac{166}{9}\right]$

24 $7,2$; $9,04$; $51,\overline{72}$. $\left[\dfrac{36}{5};\dfrac{226}{25};\dfrac{569}{11}\right]$

25 $0,0\overline{10}$; $0,027$; $5,\overline{13}$. $\left[\dfrac{1}{99};\dfrac{27}{1\,000};\dfrac{508}{99}\right]$

26 $6,\overline{07}$; $0,0\overline{4}$; $9,\overline{04}$. $\left[\dfrac{601}{99};\dfrac{2}{45};\dfrac{895}{99}\right]$

27 $8,1\overline{2}$; $7,0\overline{03}$; $13,6$. $\left[\dfrac{731}{90};\dfrac{2\,311}{330};\dfrac{68}{5}\right]$

28 Calcolare il valore della seguente espressione:

$0,1\overline{3}-0,4\overline{8}\times 5:\left(2-0,1\overline{6}\right)$

Trasformiamo prima tutti i numeri in frazioni e poi proseguiamo secondo le regole che ormai sappiamo:

$$\frac{13-1}{90}+\frac{48-4}{90}\times 5:\left(2-\frac{16-1}{90}\right)=\frac{12}{90}+\frac{44}{90}\times 5:\left(2-\frac{15}{90}\right)=$$

$$=\frac{2}{15}+\frac{22}{45}\times 5:\left(2-\frac{1}{6}\right)=\frac{2}{15}+\frac{22}{45}\times 5:\left(\frac{12-1}{6}\right)=\frac{2}{15}+\frac{22}{45}\times 5:\frac{11}{6}=$$

$$=\frac{2}{15}+\frac{22}{45}\times 5\times\frac{6}{11}=\frac{2}{15}+\frac{4}{3}=\frac{2+20}{15}=\mathbf{\frac{22}{15}}$$

Calcola il valore delle seguenti espressioni.

29 $\left(0,\overline{36}-0,1\overline{06}+0,8\overline{3}\right):0,\overline{36}=$

$$=\left(\frac{36}{\text{.........}}-\frac{106-\text{.........}}{\text{.........}}+\frac{83-\text{.........}}{\text{.........}}\right):\frac{\text{.........}}{99}=$$

$$=\left(\frac{4}{\text{.........}}-\frac{\text{.........}}{990}+\frac{\text{.........}}{90}\right):\frac{\text{.........}}{11}=\left(\frac{4}{\text{.........}}-\frac{7}{66}+\frac{\text{.........}}{\text{.........}}\right):\frac{\text{.........}}{11}=$$

$$=\left(\frac{\text{.........}-7+\text{.........}}{66}\right):\frac{\text{.........}}{11}=\frac{\text{.........}}{66}\times\frac{\text{.........}}{\text{.........}}=\frac{\text{.........}}{\text{.........}}=\mathbf{3}$$

30 $\left(0,5-0,8\overline{3}\times 0,6+1\right):0,08\overline{3}=$

$=\left(\frac{5}{\dots}-\frac{\dots-\dots}{90}\times\frac{\dots}{\dots}+1\right):\frac{\dots-\dots}{900}=$

$=\left(\frac{1}{\dots}-\frac{\dots}{90}\times\frac{\dots}{\dots}+1\right):\frac{\dots}{900}=$

$=\left(\frac{1}{\dots}-\frac{\dots}{\dots}+1\right):\frac{\dots}{12}=\left(\frac{1-\dots+\dots}{2}\right):\frac{\dots}{12}=\dots\times\frac{\dots}{\dots}=\mathbf{12}$

31 $0,25\times\left\{0,25:\left[\left(2,5-0,\overline{3}-1,75\right):0,\overline{5}\right]\right\}^2=$

$=\frac{25}{\dots}\times\left\{\frac{25}{\dots}:\left[\left(\frac{25}{\dots}-\frac{3}{\dots}-\frac{175}{\dots}\right):\frac{5}{\dots}\right]\right\}^2=$

$=\frac{\dots}{4}\times\left\{\frac{\dots}{4}:\left[\left(\frac{5}{\dots}-\frac{1}{\dots}-\frac{7}{\dots}\right):\frac{5}{\dots}\right]\right\}^2=$

$=\frac{\dots}{4}\times\left\{\frac{\dots}{4}:\left[\left(\frac{30-\dots-\dots}{12}\right):\frac{5}{\dots}\right]\right\}^2=$

$=\frac{\dots}{4}\times\left\{\frac{\dots}{4}:\left[\frac{\dots}{12}:\frac{5}{\dots}\right]\right\}^2=$

$=\frac{\dots}{4}\times\left\{\frac{\dots}{4}:\left[\frac{\dots}{12}\times\frac{\dots}{5}\right]\right\}^2=$

$=\frac{\dots}{4}\times\left\{\frac{\dots}{4}:\frac{\dots}{12}\right\}^2=\frac{\dots}{4}\times\left\{\frac{\dots}{4}\times\frac{\dots}{\dots}\right\}^2=\frac{\dots}{\dots}\times\left\{\frac{\dots}{\dots}\right\}^2=\frac{\dots}{\dots}\times\frac{\dots}{\dots}=\frac{\dots}{\dots}=\mathbf{0,02\overline{7}}$

Calcola il valore delle seguenti espressioni.

32 $\left(1,\overline{6}-0,\overline{4}+0,\overline{1}\right)\times 0,3-\left(0,0\overline{6}+0,\overline{037}+0,\overline{296}\right)\times 0,5$ **[0,2]**

33 $\left[\left(1,\overline{3}-0,4\right)\times 1,875\right]:\left[\left(0,0\overline{3}\times 4,25\right):\left(0,1\overline{3}+0,15\right)\right]$ **[3,5]**

34 $\left[\left(1,1\overline{6}-0,75\right)\times 0,53\right]:\left(0,\overline{2}+\frac{1}{7}\times 0,3\overline{8}-0,25-0,013\overline{8}\right)$ **[15,9]**

35 $\left[\left(2,\overline{6}\times 0,2+1,6\overline{3}\right)\times 0,5+1,41\overline{6}\right]:\left(0,1\overline{3}+0,0\overline{3}+1,8\overline{3}\right)$ **[1,25]**

36 $\left[\left(0,\overline{1}+0,2\overline{7}\right):\left(0,8\overline{3}-\frac{7}{9}\right)\right]:\left(0,\overline{27}+1,\overline{6}+0,\overline{39}\right)$ **[3]**

37 $0,\overline{93}\times\left\{13:\left[\left(1,5+0,2\right):\frac{17}{9}-\left(0,\overline{3}-0,1\overline{6}\right):\left(0,\overline{2}+0,0\overline{1}\right)\right]\right\}-65,\overline{15}$ **[0,$\overline{60}$]**

38 $\left[\left(1-0,\overline{6}+0,\overline{4}\right):2,\overline{3}-\frac{1}{6}\right]:\left[\left(0,3+1,2\right)\times\left(1,\overline{6}+0,5-2\right)+0,\overline{6}\right]$ **[0,$\overline{18}$]**

Esercizi per contenuti

LA RADICE QUADRATA

1. Che cosa si intende per radice quadrata?
2. Quando un numero si dice quadrato perfetto?
3. Che cosa si intende per radice quadrata approssimata per difetto a meno di una unità?
4. Che cosa si intende per radice quadrata approssimata per eccesso a meno di una unità?

Calcola mentalmente le radici quadrate dei quadrati perfetti dati nei seguenti esercizi.

5. 9; 4; 49; 100.
6. 36; 64; 121; 16.
7. 1 600; 900; 196; 324.
8. 169; 225; 144; 361.
9. 3 600; 2 500; 6 400.
10. 4 900; 10 000; 12 100.
11. 0,16; 1,21; 0,0169.
12. 0,0121; 0,36; 0,49.
13. 0,81; 0,0064; 1,69.
14. 0,0225; 2,25; 0,64.
15. 0,0009; 0,0625; 0,0196.

RADICE QUADRATA ESATTA E APPROSSIMATA

Completa le seguenti tabelle.

16.

	Approssimazione	
	per difetto	per eccesso
$\sqrt{20} = 5$		
$\sqrt{40} = 6$		
$\sqrt{35} = 6$		
$\sqrt{57} = 8$		
$\sqrt{74} = 9$		

17.

	Approssimazione	
	per difetto	per eccesso
$\sqrt{13} = 3$		
$\sqrt{17} = 5$		
$\sqrt{38} = 7$		
$\sqrt{84} = 10$		
$\sqrt{124} = 12$		

Calcola mentalmente quanto richiesto nei seguenti esercizi.

ESEMPIO

57
- radice quadrata approssimata per difetto a meno di una unità (**Rd**) → **7**
- radice quadrata approssimata per eccesso a meno di una unità (**Re**) → **8**

18. 23 Rd → .... Re → ....
39 Rd → .... Re → ....
48 Rd → .... Re → ....

19. 52 Rd → .... Re → ....
75 Rd → .... Re → ....
84 Rd → .... Re → ....

20. 41 Rd → .... Re → ....
34 Rd → .... Re → ....
40 Rd → .... Re → ....

21. 99 Rd → .... Re → ....
82 Rd → .... Re → ....
61 Rd → .... Re → ....

22. 45 Rd → .... Re → ....
29 Rd → .... Re → ....
70 Rd → .... Re → ....

23. 125 Rd → .... Re → ....
152 Rd → .... Re → ....
168 Rd → .... Re → ....

24. 149 Rd → .... Re → ....
109 Rd → .... Re → ....
190 Rd → .... Re → ....

25. 129 Rd → .... Re → ....
163 Rd → .... Re → ....
200 Rd → .... Re → ....

26. Vero o falso?

a) Un numero è un quadrato perfetto se, scomposto in fattori primi, è uguale al prodotto di fattori tutti pari. V F

b) Un numero è un quadrato perfetto se, scomposto in fattori primi, è uguale al prodotto di fattori con esponente pari. V F

c) Un numero è un quadrato perfetto se, scomposto in fattori primi, è uguale a un numero pari di fattori. V F

Stabilisci quali dei numeri dati nei seguenti esercizi sono quadrati perfetti.

27. 2 916; 7 688; 2 304; 2 592.
28. 5 625; 3 850; 6 889; 8 281.
29. 6 084; 3 456; 2 704; 2 700.
30. 9 216; 2 025; 1 444; 4 752.
31. 4 032; 2 912; 4 485; 3 969.
32. 2 401; 9 025; 3 630; 1 089.
33. 5 929; 9 625; 5 184; 4 096.
34. 1 350; 2 926; 2 314; 8 640.
35. 4 356; 5 829; 7 744; 8 712.

Calcola, con la scomposizione in fattori primi, la radice quadrata dei quadrati perfetti dati nei seguenti esercizi.

36. 324; 225; 484. **[18; 15; 22]**
37. 1 764; 1 521; 1 156. **[42; 39; 34]**
38. 2 025; 2 704; 2 916. **[45; 52; 54]**
39. 3 844; 3 025; 3 969. **[62; 55; 63]**
40. 4 900; 4 356; 4 096. **[70; 66; 64]**
41. 5 184; 5 329; 5 776. **[72; 73; 76]**
42. 6 400; 7 225; 8 100. **[80; 85; 90]**
43. 10 816; 12 100; 14 400. **[104; 110; 120]**
44. 16 900; 20 736; 19 044. **[130; 144; 138]**

45. 41 616; 39 204; 23 716. **[204; 198; 154]**

46. 44 100; 50 625; 75 625. **[210; 225; 275]**

47. 77 284; 82 944; 94 864. **[278; 288; 308]**

48. 291 600; 409 600; 495 616. **[540; 640; 704]**

49. 389 376; 1 081 600; 3 705 625. **[624; 1 040; 1 925]**

50. 656 100; 1 822 500; 6 718 464. **[810; 1 350; 2 592]**

51. Verifica con un esempio numerico l'esattezza o meno delle seguenti uguaglianze:

$\sqrt{a \times b} = \sqrt{a} \times \sqrt{b}$; $\sqrt{a : b} = \sqrt{a} : \sqrt{b}$; $\sqrt{a + b} = \sqrt{a} + \sqrt{b}$; $\sqrt{a - b} = \sqrt{a} - \sqrt{b}$.

Calcola le radici quadrate degli esercizi seguenti applicando le opportune proprietà.

52. $\sqrt{64 \times 4}$; $\sqrt{49 \times 36}$; $\sqrt{64 \times 25}$.

53. $\sqrt{289 \times 9}$; $\sqrt{144 \times 25}$; $\sqrt{49 \times 361}$.

54. $\sqrt{81 : 9}$; $\sqrt{225 : 25}$; $\sqrt{196 : 4}$.

55. $\sqrt{784 : 16}$; $\sqrt{324 : 81}$; $\sqrt{441 : 49}$.

56. $\sqrt{9 \times 36 \times 4}$; $\sqrt{49 \times 100 \times 16}$.

57. $\sqrt{81 \times 16 : 36}$; $\sqrt{64 : 16 \times 49}$.

58. $\sqrt{144 : 36 \times 16}$; $\sqrt{256 : 64 \times 16}$.

59. $\sqrt{36 \times 49 : 9}$; $\sqrt{49 \times 64 : 16}$.

60. $\sqrt{81 \times 64 : 4}$; $\sqrt{100 \times 25 : 625}$.

61. $\sqrt{196 : 49 \times 25}$; $\sqrt{225 : 25 \times 36}$.

Completa le uguaglianze date nei seguenti esercizi.

ESEMPIO

$\sqrt{1\,024} = \sqrt{64 \times 16} = 8 \times 4 = 32$

62. $\sqrt{400} = \sqrt{\ldots \times 25} = \ldots \times \ldots = \ldots$;
$\sqrt{729} = \sqrt{81 \times \ldots} = \ldots \times \ldots = \ldots$.

63. $\sqrt{576} = \sqrt{\ldots \times 64} = \ldots \times \ldots = \ldots$;
$\sqrt{1600} = \sqrt{25 \times \ldots} = \ldots \times \ldots = \ldots$.

64. $\sqrt{1089} = \sqrt{\ldots \times 121} = \ldots \times \ldots = \ldots$;
$\sqrt{1764} = \sqrt{49 \times \ldots} = \ldots \times \ldots = \ldots$.

65. $\sqrt{5\,184} = \sqrt{\ldots \times 144} = \ldots \times \ldots = \ldots$;
$\sqrt{5\,929} = \sqrt{49 \times \ldots} = \ldots \times \ldots = \ldots$.

66. ✲ $\sqrt{14\,400} = \sqrt{\ldots \times 100} = \ldots \times \ldots = \ldots$;
$\sqrt{11\,025} = \sqrt{225 \times \ldots} = \ldots \times \ldots = \ldots$.

67. ✲ $\sqrt{11\,664} = \sqrt{\ldots \times 81} = \ldots \times \ldots = \ldots$;
$\sqrt{20\,449} = \sqrt{121 \times \ldots} = \ldots \times \ldots = \ldots$.

68. ✲ $\sqrt{9\,801} = \sqrt{\ldots \times 81} = \ldots \times \ldots = \ldots$;
$\sqrt{2\,304} = \sqrt{36 \times \ldots} = \ldots \times \ldots = \ldots$.

69. ✲ $\sqrt{17\,424} = \sqrt{\ldots \times 121} = \ldots \times \ldots = \ldots$;
$\sqrt{16\,900} = \sqrt{100 \times \ldots} = \ldots \times \ldots = \ldots$.

70. ✲ $\sqrt{15\,876} = \sqrt{\ldots \times 81} = \ldots \times \ldots = \ldots$;
$\sqrt{10\,816} = \sqrt{64 \times \ldots} = \ldots \times \ldots = \ldots$.

71. ✲ $\sqrt{36\,864} = \sqrt{\ldots \times 256} = \ldots \times \ldots = \ldots$;
$\sqrt{38\,025} = \sqrt{169 \times \ldots} = \ldots \times \ldots = \ldots$.

Completa le uguaglianze date nei seguenti esercizi.

ESEMPIO

$18 = \sqrt{81 \times 4}$

72. $30 = \sqrt{25 \times \ldots\ldots}$; $18 = \sqrt{\ldots\ldots \times 36}$.

73. $56 = \sqrt{\ldots\ldots \times 49}$; $49 = \sqrt{49 \times \ldots\ldots}$.

74. $3 = \sqrt{729 : \ldots\ldots}$; $6 = \sqrt{\ldots\ldots : 4}$.

75. $2 = \sqrt{\ldots\ldots : 16}$; $3 = \sqrt{225 : \ldots\ldots}$.

76. $15 = \sqrt{25 \times \ldots\ldots}$; $24 = \sqrt{\ldots\ldots \times 64}$.

77. $12 = \sqrt{36 \times \ldots\ldots}$; $20 = \sqrt{\ldots\ldots \times 4}$.

78. $10 = \sqrt{14\,400 : \ldots\ldots}$; $6 = \sqrt{144 : \ldots\ldots}$.

79. $6 = \sqrt{324 : \ldots\ldots}$; $9 = \sqrt{\ldots\ldots : 9}$.

L'ESTRAZIONE DI RADICE QUADRATA

Calcola la radice quadrata approssimata per difetto a meno dell'unità dei numeri dati negli esercizi seguenti ed esegui la prova.

80.	392;	435;	569.	[19; 20; 23]
81.	700;	808;	933.	[26; 28; 30]
82.	1 029;	2 413;	3 869.	[32; 49; 62]
83.	4 491;	5 191;	6 562.	[67; 72; 81]
84.	7 454;	8 654;	9 654.	[86; 93; 98]
85.	10 619;	11 235;	12 627.	[103; 105; 112]
86. ✲	18 596;	14 444;	15 700.	[136; 120; 125]
87. ✲	16 938;	17 970;	18 540.	[130; 134; 136]
88. ✲	19 390;	20 771;	22 915.	[139; 144; 151]
89. ✲	32 101;	47 150;	57 193.	[179; 217; 239]
90. ✲	65 580;	73 497;	85 900.	[256; 271; 293]
91. ✲	94 872;	126 814;	267 889.	[308; 356; 517]
92. ✲✲	335 373;	470 599;	516 991.	[579; 686; 719]
93. ✲✲	627 298;	797 668;	891 538.	[792; 893; 944]
94. ✲✲	980 685;	1 279 316;	2 345 661.	[990; 1 131; 1 531]
95. ✲✲	3 272 929;	4 774 332;	5 909 990.	[1 809; 2 185; 2 431]
96. ✲✲	6 533 850;	7 820 685;	8 936 142.	[2 556; 2 796; 2 989]

Calcola la radice quadrata approssimata per difetto a meno di 0,1 dei numeri dati negli esercizi seguenti ed esegui la prova.

97.	340;	390;	612.	[18,4; 19,7; 24,7]
98.	1 890;	2 700;	3 440.	[43,4; 51,9; 58,6]
99.	4 712;	5 913;	6 789.	[68,6; 76,8; 82,3]
100.	7 154;	8 690;	9 990.	[84,5; 93,2; 99,9]

101. 10 715; 15 680; 27 970. **[103,5; 125,2; 167,2]**

102. 37 921; 49 816; 57 315. **[194,7; 223,1; 239,4]**

103. 66 781; 75 200; 89 733. **[258,4; 274,2; 299,5]**

104. 97 300; 153 907; 275 604. **[311,9; 392,3; 524,9]**

105. 331 499; 473 217; 594 354. **[575,7; 687,9; 770,9]**

Calcola la radice quadrata approssimata per difetto a meno di 0,01 dei numeri dati negli esercizi seguenti ed esegui la prova.

106. 240; 331; 542. **[15,49; 18,19; 23,28]**

107. 662; 748; 988. **[25,72; 27,34; 31,43]**

108. 1 047; 2 415; 3 927. **[32,35; 49,14; 62,66]**

109. 4 321; 4 682; 6 357. **[65,73; 68,42; 79,73]**

110. 7 378; 8 825; 9 796. **[85,89; 93,94; 98,97]**

111. 10 375; 12 379; 14 579. **[101,85; 111,26; 120,74]**

112. 15 208; 22 193; 30 224. **[123,32; 148,97; 173,85]**

113. 37 668; 49 868; 59 137. **[194,08; 223,31; 243,18]**

114. 69 712; 75 431; 87 937. **[264,03; 274,64; 296,54]**

115. 97 601; 125 437; 159 130. **[312,41; 354,17; 398,91]**

116. 228 666; 317 229; 357 808. **[478,19; 563,23; 598,17]**

117. 459 834; 539 976; 763 737. **[678,11; 734,83; 873,92]**

Calcola la radice quadrata approssimata per difetto a meno di 0,001 dei numeri dati negli esercizi seguenti ed esegui la prova.

118. 76; 165. **[8,717; 12,845]**

119. 314; 430. **[17,720; 20,736]**

120. 451; 548. **[21,236; 23,409]**

121. 674; 834. **[25,961; 28,879]**

122. 847; 1051. **[29,103; 32,419]**

123. 1 245; 2 589. **[35,284; 50,882]**

124. 3 017; 4 754. **[54,927; 68,949]**

125. 5 339; 7 201. **[73,068; 84,858]**

126. 7 410; 8 563. **[86,081; 92,536]**

127. 9 998; 10 692. **[99,989; 103,402]**

Per ogni numero dato negli esercizi seguenti, calcola la radice quadrata approssimata per difetto, secondo l'approssimazione indicata.

128. $\overset{0,1}{\sqrt{29,2}}$; $\overset{0,1}{\sqrt{68,95}}$; $\overset{0,1}{\sqrt{5,\overline{8}}}$. **[5,4; 8,3; 2,4]**

129. $\overset{0,1}{\sqrt{18,5}}$; $\overset{0,1}{\sqrt{14,53}}$; $\overset{0,1}{\sqrt{5,33}}$. **[4,3; 3,8; 2,3]**

130. $\overset{0,1}{\sqrt{19,\overline{4}}}$; $\overset{0,1}{\sqrt{321,5}}$; $\overset{0,1}{\sqrt{9,\overline{7}}}$. **[4,4; 17,9; 3,1]**

131. $\overset{0,1}{\sqrt{60,9}}$; $\overset{0,1}{\sqrt{90,31}}$; $\overset{0,1}{\sqrt{0,9}}$. [7,8; 9,5; 0,9]

132. $\overset{0,1}{\sqrt{75,\overline{8}}}$; $\overset{0,1}{\sqrt{0,19}}$; $\overset{0,1}{\sqrt{146,\overline{5}}}$. [8,7; 0,4; 12,1]

133. $\overset{0,01}{\sqrt{51,3\overline{5}}}$; $\overset{0,01}{\sqrt{7,931}}$; $\overset{0,01}{\sqrt{15,8742}}$. [7,16; 2,81; 3,98]

134. $\overset{0,01}{\sqrt{71,83}}$; $\overset{0,01}{\sqrt{50,\overline{31}}}$; $\overset{0,01}{\sqrt{6,93}}$. [8,47; 7,09; 2,63]

135. $\overset{0,01}{\sqrt{0,\overline{03}}}$; $\overset{0,01}{\sqrt{0,83}}$; $\overset{0,01}{\sqrt{31,1\,403}}$. [0,17; 0,91; 5,58]

136. $\overset{0,01}{\sqrt{0,\overline{37}}}$; $\overset{0,01}{\sqrt{53,21}}$; $\overset{0,01}{\sqrt{29,4\overline{5}}}$. [0,61; 7,29; 5,42]

137. $\overset{0,01}{\sqrt{82,105}}$; $\overset{0,01}{\sqrt{135,4}}$; $\overset{0,01}{\sqrt{0,6\overline{4}}}$. [9,06; 11,63; 0,80]

138. $\overset{0,001}{\sqrt{15,9}}$; $\overset{0,001}{\sqrt{2,\overline{98}}}$. [3,987; 1,729]

139. $\overset{0,001}{\sqrt{0,427}}$; $\overset{0,001}{\sqrt{27,47\overline{1}}}$. [0,653; 5,241]

140. $\overset{0,001}{\sqrt{0,73}}$; $\overset{0,001}{\sqrt{0,\overline{54}}}$. [0,854; 0,738]

141. $\overset{0,001}{\sqrt{42,54983}}$; $\overset{0,001}{\sqrt{10,58\overline{9}}}$. [6,523; 3,254]

142. $\overset{0,001}{\sqrt{0,\overline{494}}}$; $\overset{0,001}{\sqrt{97,33\overline{8}}}$. [0,703; 9,866]

Calcola la radice quadrata delle frazioni i cui termini sono quadrati perfetti.

143. $\frac{361}{225}$; $\frac{121}{49}$; $\frac{169}{841}$.

144. $\frac{841}{9}$; $\frac{16}{196}$; $\frac{400}{144}$.

145. $\frac{961}{81}$; $\frac{225}{64}$; $\frac{289}{36}$.

146. $\frac{196}{729}$; $\frac{1681}{441}$; $\frac{64}{729}$.

147. $\frac{3\,364}{625}$; $\frac{529}{2\,025}$; $\frac{576}{625}$.

148. $\frac{256}{25}$; $\frac{324}{121}$; $\frac{64}{400}$.

149. $\frac{676}{1\,296}$; $\frac{484}{289}$; $\frac{625}{2\,209}$.

150. $\frac{729}{100}$; $\frac{49}{2\,025}$; $\frac{1\,296}{1\,089}$.

Sostituisci il simbolo $\bullet$ *con il numero che rende esatte le uguaglianze date nei seguenti esercizi.*

151. $\sqrt{\frac{\bullet}{36}} = \frac{5}{6}$; $\sqrt{\frac{81}{\bullet}} = \frac{9}{4}$; $\sqrt{\frac{\bullet}{64}} = \frac{10}{8}$.

152. $\sqrt{\frac{16}{\bullet}} = \frac{2}{7}$; $\sqrt{\frac{\bullet}{100}} = \frac{7}{5}$; $\sqrt{\frac{\bullet}{64}} = \frac{1}{2}$.

153. $\sqrt{\frac{\bullet}{16}} = 4$; $\sqrt{\frac{\bullet}{12}} = 3$; $\sqrt{\frac{\bullet}{25}} = 0,8$.

154. $\sqrt{49} = \frac{\bullet}{3}$; $\frac{\sqrt{36}}{\bullet} = 1,5$; $\frac{\bullet}{2} = \sqrt{9}$.

Calcola la radice quadrata, approssimata secondo l'indicazione, delle frazioni date nei seguenti esercizi.

155. $\overset{0,1}{\sqrt{\frac{3}{2}}}$; $\overset{0,01}{\sqrt{\frac{31}{3}}}$; $\overset{0,001}{\sqrt{\frac{26}{3}}}$. **[1,2; 3,21; 2,943]**

156. $\overset{0,001}{\sqrt{\frac{35}{2}}}$; $\overset{0,01}{\sqrt{\frac{19}{2}}}$; $\overset{0,1}{\sqrt{\frac{11}{4}}}$. **[4,183; 3,08; 1,6]**

157. $\overset{0,01}{\sqrt{\frac{25}{21}}}$; $\overset{0,001}{\sqrt{\frac{30}{7}}}$; $\overset{0,1}{\sqrt{\frac{49}{8}}}$. **[1,09; 2,070; 2,4]**

158. $\overset{0,1}{\sqrt{\frac{20}{3}}}$; $\overset{0,01}{\sqrt{\frac{117}{12}}}$; $\overset{0,001}{\sqrt{\frac{24}{5}}}$. **[2,5; 3,12; 2,190]**

159. $\overset{0,01}{\sqrt{\frac{41}{3}}}$; $\overset{0,1}{\sqrt{\frac{5}{31}}}$; $\overset{0,001}{\sqrt{\frac{57}{123}}}$. **[3,69; 0,4; 0,680]**

160. $\overset{0,1}{\sqrt{\frac{13}{59}}}$; $\overset{0,001}{\sqrt{\frac{5}{7}}}$; $\overset{0,001}{\sqrt{\frac{17}{72}}}$. **[0,4; 0,845; 0,485]**

161. $\overset{0,01}{\sqrt{\frac{6}{7}}}$; $\overset{0,1}{\sqrt{\frac{29}{10}}}$; $\overset{0,001}{\sqrt{\frac{52}{17}}}$. **[0,92; 1,7; 1,748]**

Nei seguenti esercizi utilizza le tavole per calcolare il valore delle radici quadrate, approssimate a meno di una unità, dei numeri dati.

162. 103; 123; 318; 134.

163. 531; 783; 816; 951.

164. 1 225; 3 847; 5 720.

165. 8 230; 9 315; 7 325.

Nei seguenti esercizi utilizza le tavole per calcolare il valore delle radici quadrate, approssimate a meno di 0,01, dei numeri dati.

166. 4 029; 6 527; 9 352.

167. 11 300; 19 400; 17 220.

168. 23 046; 42 500; 36 930.

169. 52 638; 73 421; 91 724.

Calcola il valore esatto delle seguenti espressioni sotto segno di radice.

170. $\sqrt{7+34+21+2}$; $\sqrt{143+37-11}$. **[8; 13]**

171. $\sqrt{50+13^2-7^2-1}$; $\sqrt{27+14^2-3^3}$. **[13; 14]**

172. $\sqrt{15+19^2+24}$; $\sqrt{5^3+6^2+8^2}$. **[20; 15]**

173. $\sqrt{29^2+13^2-7^2}$; $\sqrt{31^2+89^2+143}$. **[31; 95]**

174. $\sqrt{28^2+8+7^2}$; $\sqrt{59^2+19-1\,000}$. [29; 50]

175. $\sqrt{144}-\sqrt{49}$; $\sqrt{484}+\sqrt{64}-\sqrt{16}$. [5; 26]

176. $\sqrt{30+51}+\sqrt{27+13^2}$; $\sqrt{3\,249+76^2}-\sqrt{90^2}$. [23; 5]

177. $\sqrt{36}+\sqrt{49}-\sqrt{9}+\sqrt{21-17}$ [12]

178. $\sqrt{36+64}-\sqrt{25}+\sqrt{170-49}-\sqrt{36}$ [10]

179. $\sqrt{4^2+9}+\sqrt{8^2+4^2+20}-\sqrt{13^2+7+49}$ [0]

180. $\sqrt{14^2+10^2+104}+\sqrt{17^2+5^2+8^2+22}$ [40]

181. $\sqrt{6^2+11^2+18^2+10^2+44}-\sqrt{144+17^2+7^2+2}$ [3]

182. $\sqrt{139+51-21}+\sqrt{21^2+28^2}-\sqrt{12^2+18^2+4^2}$ [26]

183. $\sqrt{6^2-27}+\sqrt{6^2-20}-\sqrt{16\times 2^2-15}$ [0]

184. $\sqrt{3\times 4+6-8+6\times 4-18}+\sqrt{2+3\times 5+8}$ [9]

185. $\sqrt{9\times 7-5+35:5+4^2}$ [9]

186. $\sqrt{11\times 7-9+12:2-95:5-6}$ [7]

187. $\sqrt{5\times 12:6\times 5+10^2-6}$ [12]

188. $\sqrt{19\times 3+48:6-5^2+3\times 7+2+9^0}$ [8]

189. $\sqrt{4\times(5+16-3)+(23-8)+13}$ [10]

190. $\sqrt{(21-9-7)^2+81:9+(27:3)^2+6}$ [11]

191. $\sqrt{2\times 5+35:5-(6\times 5+10):(45-120:3)}$ [3]

192. $\sqrt{\{[(8:4+8+11):3+21:3]\times 5+46\times 3\}:13}$ [4]

193. $\sqrt{(250-3^2\times 3^3+2)\times(7+20-3^3)+5^2}$ [5]

194. $\sqrt{(18:2+6^2-1):4+(5^2+2^2-3\times 8)^2}$ [6]

195. $\sqrt{(6^8:6^6-31)+(13-9+2^2)^2:(3^2+4+3)}$ [3]

196. $\sqrt{25-3\times(3+4)+(5+2)\times 3}+\sqrt{48:6-3\times 2+10:5}$ [7]

197. $\sqrt{(40-3\times 8):8+5\times(1+27:3)+12}$ [8]

198. $\sqrt{34+[125-4\times(123-90-8)]:25\times 2-20}$ [4]

199. $\sqrt{6+68:17+(6\times 3-7\times 2):4-18:9}$ [3]

200. $\sqrt{1+\frac{2}{3}-\frac{1}{4}+\frac{5}{6}}$ $\left[\frac{3}{2}\right]$

201. $\sqrt{3-\frac{5}{2}+\frac{1}{4}-\frac{1}{2}}$ $\left[\frac{1}{2}\right]$

202. $\sqrt{\left(\frac{3}{4}-\frac{1}{12}\right)\times\left(\frac{7}{5}+2-\frac{7}{10}\right)\times\frac{1}{5}}$ $\left[\frac{3}{5}\right]$

203. $\sqrt{\left(\frac{1}{2}+\frac{1}{3}\right):\left(\frac{3}{4}-\frac{1}{6}\right)\times\frac{5}{14}}$ $\left[\frac{5}{7}\right]$

204. $\sqrt{\left(2-\frac{3}{2}\right)-\frac{1}{2}+\left(\frac{7}{5}-\frac{5}{4}\right)\times\frac{16}{10}:\left(2-\frac{1}{2}\right)}$ $\left[\frac{2}{5}\right]$

205. $\sqrt{\left[\left(1-\frac{3}{4}\right)^2+\left(\frac{3}{4}+\frac{1}{2}\right):\left(1+\frac{1}{4}\right)\right]\times\frac{1}{17}}$ $\left[\frac{1}{4}\right]$

206. $\sqrt{\left[\frac{4}{9}\times\frac{3}{2}+\frac{3}{2}+\left(\frac{2}{3}-\frac{1}{5}\right)^2:\left(\frac{7}{5}\right)^2\right]\times\frac{81}{82}}$ $\left[\frac{3}{2}\right]$

207. $\sqrt{\left[\left(\frac{5}{2}-2\right)^2:\frac{1}{2}+\left(\frac{1}{4}+\frac{5}{6}\right)\times\frac{24}{26}\right]:\frac{24}{9}}$ $\left[\frac{3}{4}\right]$

208. $\sqrt{\left[\frac{18}{5}-\frac{13}{5}\times\left(\frac{1}{2}+\frac{1}{13}\right)\right]\times\left(\frac{5}{21}-\frac{1}{28}\times\frac{10}{3}\right)}$ $\left[\frac{1}{2}\right]$

209. $\sqrt{\frac{4}{3}\times\left[\left(5-\frac{7}{2}\right):\left(1-\frac{1}{8}+\frac{9}{12}\times\frac{70}{36}-\frac{1}{3}\right)\right]}$ [1]

210. $\sqrt{\left[\left(\frac{4}{3}-\frac{60}{24}:\frac{15}{8}+1\right):\frac{4}{5}-\frac{3}{8}\right]:\left(2+3\times\frac{1}{2}\right)}$ $\left[\frac{1}{2}\right]$

211. $\sqrt{\frac{66}{8}-\frac{3}{8}:\left\{\frac{5}{8}-\frac{1}{8}\times\left[4-\frac{1}{3}:\left(\frac{8}{3}-2\right)\right]\right\}}$ $\left[\frac{5}{2}\right]$

212. $\sqrt{\left[\left(\frac{8}{3}-\frac{3}{2}\right):\left(\frac{1}{4}+\frac{1}{3}\right)\right]^2:\left[\left(\frac{7}{6}+\frac{9}{12}-\frac{3}{2}\right):\left(\frac{3}{4}+\frac{3}{6}\right)\right]^2}$ [6]

213. ✲ $\sqrt{\left\{\left[\left(\frac{2}{9}-\frac{1}{3}\times\frac{2}{3}\right)\times\frac{2}{5}+\left(\frac{10}{18}-\frac{1}{4}\times\frac{10}{9}\right)\times\frac{9}{20}\right]\times\frac{24}{3}\right\}\times\left[\left(\frac{2}{5}+\frac{3}{10}\right)\times\frac{10}{7}\right]}$ [1]

214. ✲ $\sqrt{\left[\left(\frac{35}{6}+\frac{25}{12}-6\right)\times\left(2-\frac{26}{15}\right)+\frac{8}{9}\right]:\left(\frac{1}{4}+1+\frac{1}{2}-\frac{7}{5}\right)}$ [2]

215. ✲ $\sqrt{\left\{\left[\left(\frac{17}{30}-\frac{2}{5}\right)\times\frac{6}{5}:\left(\frac{1}{2}+\frac{1}{3}+\frac{1}{6}\right)\right]\times\left(\frac{10}{8}:\frac{15}{8}-\frac{1}{9}\right)\right\}\times\frac{5}{2}+\frac{3}{2}}$ $\left[\frac{4}{3}\right]$

216. $\sqrt{\left[\left(\frac{7}{4}-\frac{4}{3}\right):\frac{15}{8}\right]:\left(\frac{2}{3}\times\frac{1}{3}+\frac{2}{8}:\frac{36}{8}-\frac{1}{4}-\frac{1}{72}\right)}$ $[4]$

217. $\sqrt{\left\{\left[\frac{5}{2}-\left(\frac{1}{2}-\frac{1}{3}\right)\right]:\left[\left(\frac{8}{6}-\frac{2}{5}\right)\times\frac{15}{8}\right]\right\}:\left(\frac{27}{2}:18\right)}$ $\left[\frac{4}{3}\right]$

218. $\sqrt{\left\{\left[\left(\frac{15}{7}\right)^2:\frac{9}{49}\right]\times\left[\left(\frac{1}{10}+\frac{3}{20}+\frac{1}{10}\right)\times\frac{4}{5}\right]\times\frac{1}{14}\right\}^2:\frac{18}{32}}$ $\left[\frac{2}{3}\right]$

219. $\sqrt{\left\{\left[\frac{3}{6}:\left(2-\frac{7}{4}\right)\right]^3:\left[\left(\frac{3}{2}-\frac{1}{3}\right):\left(\frac{5}{12}+\frac{1}{6}\right)\right]^2\right\}+\frac{6}{3}}$ $[2]$

220. $\sqrt{\left[\left(\frac{29}{12}-\frac{4}{3}-\frac{3}{6}\right):\left(\frac{7}{8}-\frac{3}{4}\right)\right]:\left[\left(\frac{7}{15}+\frac{3}{20}-\frac{5}{24}\right):\left(\frac{5}{4}-\frac{9}{10}\right)\right]}$ $[2]$

221. $\sqrt{\frac{2}{18}\times\left\{\left[\frac{11}{3}-\left(\frac{5}{6}-\frac{3}{4}\right)\right]:\left[\left(3-\frac{11}{4}\right)+\frac{10}{3}\right]\right\}}$ $\left[\frac{1}{3}\right]$

222. $\sqrt{\frac{64}{16}\times\left[\frac{8}{3}\times\left(\frac{5}{8}-\frac{1}{4}\right)+\left(\frac{5}{3}+\frac{5}{3}\times2\right)\times2\right]\times\frac{3}{11}-3}$ $[3]$

223. $\sqrt{\left[\left(\frac{14}{21}-\frac{2}{14}+\frac{5}{21}\right)\times\left(\frac{5}{3}+\frac{4}{6}\right)-\left(\frac{3}{4}-\frac{2}{3}\right)\times\frac{64}{16}-\frac{5}{6}\right]:\frac{1}{9}-\left(3-\frac{3}{2}\right)}$ $[2]$

224. $\sqrt{\left(\frac{12}{36}-\frac{1}{12}\right)+\left\{\left[\left(\frac{42}{5}+\frac{13}{4}-10\right):\frac{3}{10}-\left(\frac{17}{6}+\frac{1}{15}-\frac{3}{4}\right)\times\frac{5}{4}\right]\times\frac{8}{9}\right\}\times\frac{3}{2}}$ $[2]$

225. $\sqrt{\left\{\left[\left(\frac{5}{6}-\frac{2}{3}\right)\times\frac{6}{5}:\left(\frac{1}{15}+\frac{1}{3}+\frac{3}{5}\right)\right]\times\left(\frac{8}{15}:\frac{4}{5}-\frac{1}{9}\right)\right\}\times\frac{5}{2}\times\frac{32}{5}}$ $\left[\frac{4}{3}\right]$

226. $\sqrt{\left\{\left[\left(\frac{8}{6}+\frac{3}{4}\right)\times\frac{3}{4}-\left(\frac{9}{4}-\frac{9}{100}:\frac{3}{10}\right)\times\frac{2}{3}\right]:\frac{7}{4}+\frac{17}{20}\right\}\times\left[\left(\frac{33}{20}\times\frac{30}{9}-\frac{43}{20}\times\frac{5}{4}\right):\frac{9}{8}\right]^2}$ $\left[\frac{5}{2}\right]$

227. $\sqrt{\left\{\left[\left(\frac{8}{6}-\frac{2}{3}\right)\times\left(2-\frac{5}{4}-\frac{3}{8}\right)^2-\frac{9}{2}\times\left(\frac{7}{3}-\frac{5}{4}-1\right)^2\right]:\frac{3}{7}\right\}:\frac{7}{12}}$ $\left[\frac{1}{2}\right]$

228. $\sqrt{\left[\left(\frac{1}{2}\right)^4\times\left(\frac{1}{2}\right)^5:\left(\frac{1}{2}\right)^7\right]\times\left\{\frac{1}{4}:\left[\left(\frac{10}{3}-\frac{7}{6}-\frac{7}{4}\right)\times\frac{9}{5}\right]\right\}^2}$ $\left[\frac{1}{6}\right]$

229. $\sqrt{\left\{\left[\left(\frac{15}{7}\right)^2:\left(\frac{3}{7}\right)^2\right]\times\left[\left(\frac{1}{5}+\frac{1}{10}+\frac{1}{20}\right)\times\frac{20}{25}\right]\times\frac{1}{14}\right\}^2:\left(1-\frac{3}{8}\times\frac{2}{3}\right)^2}$ $\left[\frac{2}{3}\right]$

230. $\sqrt{\dfrac{1+\dfrac{4}{6}\times\left(1+\dfrac{1}{8}-\dfrac{3}{4}\right)-\dfrac{3}{8}\times\dfrac{1}{3}}{\left\{\left[\dfrac{4}{25}:\left(1-\dfrac{3}{5}\right)-\dfrac{1}{5}\right]:\dfrac{3}{5}+\dfrac{1}{3}\right\}\times\dfrac{27}{4}}}$ $\left[\dfrac{1}{2}\right]$

231. $\sqrt{\dfrac{\dfrac{4}{6}-\left(1-\dfrac{33}{35}\right)\times 10+\dfrac{5}{21}}{\dfrac{5}{3}\times\dfrac{1}{3}+\dfrac{2}{4}+\dfrac{5}{18}}}$ $\left[\dfrac{1}{2}\right]$

232. $\sqrt{\dfrac{\dfrac{4}{4}+\dfrac{1}{3}:\left(\dfrac{2}{3}+\dfrac{2}{6}-\dfrac{1}{9}\right)-\dfrac{1}{4}}{\dfrac{8}{18}\times\left(\dfrac{5}{14}-\dfrac{1}{20}\times\dfrac{5}{7}\right)+\dfrac{10}{28}}}$ $\left[\dfrac{3}{2}\right]$

233. $\sqrt{\dfrac{1}{27}\times\dfrac{\left(\dfrac{7}{3}-\dfrac{1}{2}:3-\dfrac{5}{6}\right)^3\times\dfrac{27}{5}-\dfrac{4}{5}}{\dfrac{25}{32}:\left(1-\dfrac{1}{8}-\dfrac{3}{2}\times\dfrac{1}{6}\right)^2+\left(\dfrac{1}{4}+\dfrac{1}{2}\right):\dfrac{3}{8}}}$ $\left[\dfrac{1}{3}\right]$

234. $\sqrt{\dfrac{\left\{\left(1+\dfrac{1}{4}\right)\times\left[\dfrac{5}{6}-\left(\dfrac{1}{3}+\dfrac{1}{6}\right)+\dfrac{2}{3}\right]^2+\dfrac{3}{4}\right\}\times 2}{\left\{\left[\left(2+\dfrac{2}{3}\right)\times\dfrac{3}{2}+\dfrac{1}{2}:\dfrac{3}{4}\right]\times\left(1-\dfrac{1}{2}\right)^2\right\}-\dfrac{1}{6}}}$ $[2]$

235. $\sqrt{\dfrac{\left(\dfrac{4}{7}\right)^2-\left(\dfrac{1}{4}\right)^2}{\dfrac{4}{7}+\dfrac{1}{4}}:\dfrac{1-\left(\dfrac{3}{4}-\dfrac{1}{8}+\dfrac{5}{24}\right)^4:\left(1-\dfrac{1}{6}\right)^3}{\dfrac{7}{6}}}$ $\left[\dfrac{3}{2}\right]$

Calcola il valore delle seguenti espressioni secondo l'approssimazione indicata.

236. $\sqrt{\left[\dfrac{9}{6}+\left(\dfrac{7}{20}-\dfrac{3}{10}\right)\times 20+\left(\dfrac{1}{2}+\dfrac{3}{4}-1\right)^2:\dfrac{6}{32}\right]:\dfrac{1}{3}}^{\;0,1}$ $[2,9]$

237. $\sqrt{\left[\left(\dfrac{11}{12}-\dfrac{2}{3}\right)^3:\dfrac{1}{16}+\left(\dfrac{1}{6}+\dfrac{2}{3}-\dfrac{1}{4}\right)\times\dfrac{12}{5}+\dfrac{3}{5}\right]\times\dfrac{10}{6}}^{\;0,01}$ $[1,93]$

238. $\sqrt{\left[\left(\frac{5}{6}+\frac{2}{3}\right)^2:\left(1-\frac{1}{3}\right)^2\right]:\left(2+\frac{1}{4}\right)^2+\left[\left(\frac{3}{4}-\frac{1}{3}\right):\left(\frac{1}{5}+\frac{3}{10}\right)\right]:\frac{10}{4}}^{\,0,1}$ **[1,1]**

239. $\sqrt{\left(\frac{4}{15}\times\frac{15}{12}+\frac{3}{4}-\frac{7}{12}\times\frac{4}{21}\right):\left(\frac{11}{6}-\frac{2}{3}\right)^2+\frac{2}{15}-\frac{3}{35}}^{\,0,001}$ **[0,872]**

240. $\sqrt{\left[\left(\frac{7}{12}-\frac{1}{6}\right):\frac{5}{12}+\frac{3}{4}\times\left(2-\frac{4}{3}\right)^2\right]:\left(\frac{12}{10}\times\frac{21}{8}-\frac{43}{10}\times\frac{1}{2}\right)}^{\,0,01}$ **[1,15]**

241. $\sqrt{\left[1+\frac{7}{6}+\frac{1}{2}-\left(\frac{5}{6}+\frac{1}{4}-\frac{5}{6}\right):\left(\frac{3}{2}\right)^2\right]:\left[\left(2-\frac{7}{5}\right)^2\times\frac{25}{9}+\left(\frac{1}{2}+\frac{2}{3}-\frac{7}{9}\right)\right]}^{\,0,1}$ **[1,3]**

242. $\sqrt{\left\{\left[\left(\frac{4}{3}\times\frac{9}{10}-\frac{1}{10}\right):\left(1+\frac{6}{5}\right)\right]:\left[\left(\frac{4}{6}:\frac{10}{12}+\frac{1}{10}\right)\times\frac{25}{3}\right]\right\}\times\frac{30}{7}}^{\,0,01}$ **[0,53]**

243. $\sqrt{\frac{21}{12}\times\left\{\left(\frac{21}{20}-\frac{1}{4}-\frac{1}{7}\right):\left[5+\frac{3}{5}+\frac{55}{96}:\left(\frac{3}{4}-\frac{1}{3}\right)^2\right]\right\}+\frac{8}{6}}^{\,0,01}$ **[1,20]**

244. $\sqrt{\left[\frac{2}{40}\times\left(1+\frac{1}{4}\right)^2+\left(\frac{9}{2}-\frac{15}{4}\right)^3\right]:\left\{\left[\frac{10}{3}-\frac{4}{3}-\left(\frac{16}{5}-\frac{7}{10}-\frac{3}{4}\right)\right]\times\frac{27}{2}\right\}}^{\,0,001}$ **[0,384]**

245. $\sqrt{\left\{\left[\left(2-\frac{3}{2}\right)^4:\left(1+\frac{1}{2}\right)^4\times\left(1+\frac{1}{2}\right)^3\right]\times\left(\frac{6}{3}\right)^2\right\}\times\left[\left(\frac{4}{3}\right)^3:\frac{4}{3}\right]}^{\,0,001}$ **[0,544]**

246. $\sqrt{\left\{\left[\frac{2}{4}+\frac{1}{2}\times\left(1+\frac{4}{2}\times\frac{5}{6}\right)\right]:\left(2-\frac{1}{6}\right)+\left(\frac{1}{2}\right)^2\right\}^2:\left[\left(2-\frac{3}{2}\right)^2\times\frac{3}{4}\right]}^{\,0,1}$ **[2,8]**

247. $\sqrt{\left\{\left[1-\left(\frac{26}{20}-\frac{1}{40}\right)\times\frac{10}{51}+\left(\frac{5}{12}+\frac{1}{6}\right)\times\frac{12}{7}\right]\times\left(2-\frac{2}{5}\right)\right\}\times\left(1-\frac{3}{7}\right)}^{\,0,01}$ **[1,26]**

248. $\sqrt{\left[\frac{7}{14}+\left(2-\frac{11}{15}\right):\left(5+\frac{4}{3}\right)\right]:\left\{1:\left[\left(\frac{11}{4}\right)^2:\left(2+\frac{3}{4}\right)\right]\times\frac{22}{8}\right\}}^{\,0,1}$ **[0,8]**

249. $\sqrt{\frac{\left(\frac{1}{4}-\frac{1}{6}\right):\frac{3}{30}}{\left(4-\frac{11}{10}\right)\times\left(1-\frac{24}{29}\right)}+\frac{1}{\left[\left(\frac{4}{5}\right)^2-\left(\frac{3}{10}\right)^2\right]:\left(\frac{1}{3}-\frac{4}{15}\right)}}^{\,0,01}$ **[1,33]**

250. $$\sqrt{\dfrac{\left[\dfrac{25}{15}:\left(2-\dfrac{7}{6}\right)-\dfrac{10}{9}\right]\times\dfrac{1}{3}}{\dfrac{7}{9}+\dfrac{1}{3}+\left(\dfrac{2}{3}-\dfrac{1}{6}\right):\left(1+\dfrac{7}{20}\right)}}^{\;0,001}$$ [0,447]

251. $$\sqrt{\dfrac{\dfrac{3}{5}\times\left[\left(1+\dfrac{1}{6}\right):\left(1+\dfrac{4}{3}\right)+\dfrac{1}{3}\right]}{\left[1+\dfrac{1}{4}\times\left(\dfrac{6}{5}+\dfrac{4}{10}\right)\right]:\left(\dfrac{6}{5}-\dfrac{1}{5}\right)}}^{\;0,01}$$ [0,59]

252. $$\sqrt{\dfrac{\dfrac{18}{8}:\left[\left(1-\dfrac{1}{4}+\dfrac{2}{3}\right)^2\times\dfrac{48}{34}+6\right]}{\left[2+\dfrac{3}{2}\times\left(2-\dfrac{4}{3}\right)\right]\times\dfrac{1}{3}+\dfrac{1}{16}:\left(\dfrac{1}{2}\right)^4}}^{\;0,1}$$ [0,3]

253. $$\sqrt{\dfrac{\left(6\times\dfrac{5}{16}-\dfrac{3}{4}\right):\left(\dfrac{2}{27}\times\dfrac{18}{5}-\dfrac{3}{20}\right)-\left(2-\dfrac{13}{7}\right)}{\dfrac{3}{4}+\dfrac{1}{2}:\left[\left(\dfrac{1}{2}+\dfrac{1}{3}-\dfrac{1}{6}\right)\times\dfrac{18}{8}-\dfrac{1}{8}\right]-\dfrac{2}{66}}}^{\;0,01}$$ [2,96]

254. $$\sqrt{\dfrac{\left[\left(\dfrac{25}{21}-\dfrac{3}{7}-\dfrac{5}{21}\right):\dfrac{11}{14}+1\right]:\dfrac{100}{90}+\dfrac{9}{12}\times\dfrac{16}{18}}{\left[\dfrac{1}{3}+\dfrac{2}{3}:\left(\dfrac{1}{6}+\dfrac{2}{3}\right)+\dfrac{15}{25}:\dfrac{9}{4}\right]:\dfrac{9}{5}}}^{\;0,1}$$ [1,6]

Calcola il valore delle seguenti espressioni approssimando per difetto a meno di 0,01.

255. $$\sqrt{[(0,4+1-0,5)^2\times 1,\bar{1}+1]:\left[3,\bar{3}\times\dfrac{3}{8}\times\left(1,6\times\dfrac{1}{8}+0,5\right)\right]}$$ [1,47]

256. $$\sqrt{\dfrac{3}{2}+\left[\left(2^2-\dfrac{7}{2}\right)^2:1,5^2+(0,5+1,\bar{6})\times 1,2-\dfrac{12}{5}\right]\times 2,5:\dfrac{5}{6}}$$ [1,55]

257. $$\sqrt{\dfrac{0,5+1,\bar{1}+\dfrac{3}{5}}{1-0,\bar{6}:\dfrac{8}{5}}\times\dfrac{2-0,25\times 0,1\bar{6}}{3-2,\bar{3}\times\dfrac{4}{7}}}$$ [2,11]

258. $$\sqrt{\dfrac{(0,6+1,75-0,5):(2,\bar{3}+0,75)+2,\bar{6}\times\dfrac{15}{16}}{(3-1,6)^3:(1,5+0,2-0,3)^2}}$$ [1,48]

I NUMERI IRRAZIONALI ASSOLUTI

259. Che cosa si intende per numero irrazionale assoluto?

260. Quali fra i seguenti numeri sono irrazionali? Segnali.

☐ $\sqrt{81}$ ☐ $\sqrt{27}$ ☐ 6,5555.... ☐ $\sqrt{41}$ ☐ $\sqrt{144}$ ☐ 1,355555 ☐ 3,8452749.....

Osserva i vari esempi ed esegui le operazioni con i numeri irrazionali date nei seguenti esercizi.

ESEMPI

- $5\sqrt{3} + 6\sqrt{3} - 2\sqrt{3} =$
  $= (5 + 6 - 2)\sqrt{3} = 9\sqrt{3}$
- $3\sqrt{2} + 4\sqrt{3} - 2\sqrt{2} + 3\sqrt{3} =$
  $= (3 - 2)\sqrt{2} + (4 + 3)\sqrt{3} = \sqrt{2} + 7\sqrt{3}$

261. $5\sqrt{3} + 9\sqrt{3} + 8\sqrt{3}$ $[22\sqrt{3}]$

262. $10\sqrt{8} + 7\sqrt{8} - 11\sqrt{8}$ $[6\sqrt{8}]$

263. $18\sqrt{11} + 4\sqrt{11} - 7\sqrt{11}$ $[15\sqrt{11}]$

264. $4\sqrt{7} + 9\sqrt{7} - 5\sqrt{7} + 1\sqrt{7}$ $[9\sqrt{7}]$

265. $9\sqrt{6} + 8\sqrt{5} - 3\sqrt{6} - 6\sqrt{5} - 2\sqrt{6}$ $[4\sqrt{6} + 2\sqrt{5}]$

266. $10\sqrt{7} + 5\sqrt{11} - 7\sqrt{7} + \sqrt{11}$ $[3\sqrt{7} + 6\sqrt{11}]$

ESEMPI

- $\sqrt{2} \times \sqrt{7} = \sqrt{2 \times 7} = \sqrt{14}$
- $\sqrt{27} \times \sqrt{3} = \sqrt{27 \times 3} = \sqrt{81} = 9$

267. $\sqrt{5} \times \sqrt{11}$; $\sqrt{7} \times \sqrt{8}$. $[\sqrt{55}; \sqrt{56}]$

268. $\sqrt{5} \times \sqrt{7}$; $\sqrt{32} \times \sqrt{2}$. $[\sqrt{35}; 8]$

269. $\sqrt{3} \times \sqrt{7}$; $\sqrt{18} \times \sqrt{8}$. $[\sqrt{21}; 12]$

270. $\sqrt{3} \times \sqrt{7} \times \sqrt{2}$ $[\sqrt{42}]$

271. $\sqrt{3} \times \sqrt{5} \times \sqrt{2}$ $[30]$

272. $\sqrt{3} \times \sqrt{6} \times \sqrt{7}$ $[\sqrt{126}]$

ESEMPI

- $\sqrt{21} : \sqrt{7} = \sqrt{21 : 7} = \sqrt{3}$
- $\sqrt{24} : \sqrt{6} = \sqrt{24 : 6} = \sqrt{4} = 2$

273. $\sqrt{15} : \sqrt{5}$; $\sqrt{21} : \sqrt{3}$. $[\sqrt{3}; \sqrt{7}]$

274. $\sqrt{32} : \sqrt{8}$; $\sqrt{18} : \sqrt{3}$. $[2; \sqrt{6}]$

275. $\sqrt{2} \times \sqrt{35} : \sqrt{10}$ $[\sqrt{7}]$

276. $\sqrt{15} \times \sqrt{3} : \sqrt{5}$ $[3]$

Calcola i prodotti dati nei seguenti esercizi e indica che tipo di numero è il risultato.

277. $\sqrt{9} \times \sqrt{25}$ = ... naturale ☐ razionale ☐ irrazionale ☐

278. $\sqrt{\frac{7}{4}} \times \sqrt{\frac{8}{3}}$ = ... naturale ☐ razionale ☐ irrazionale ☐

279. $\sqrt{8} \times \sqrt{16}$ = ... naturale ☐ razionale ☐ irrazionale ☐

280. $\sqrt{64} \times \sqrt{6}$ = ... naturale ☐ razionale ☐ irrazionale ☐

281. $\sqrt{\frac{49}{10}} \times \sqrt{\frac{5}{2}}$ = ... naturale ☐ razionale ☐ irrazionale ☐

282. $\sqrt{\frac{9}{4}} \times \sqrt{\frac{16}{121}}$ = ... naturale ☐ razionale ☐ irrazionale ☐

Esercizi per verificare...

... CIÒ CHE SAI

1. Che cosa si intende per estrazione di radice? Segna la risposta esatta:

a) Un'operazione inversa dell'elevamento a potenza che ci permette di trovare l'esponente conoscendo la base e la potenza. ☐

b) Un'operazione inversa dell'elevamento a potenza che ci permette di trovare la base conoscendo l'esponente e la potenza. ☐

c) Un'operazione inversa dell'elevamento a potenza che ci permette di trovare la potenza conoscendo la base e l'esponente. ☒

2. Segna il completamento esatto.
La radice quadrata di un numero è quel numero che:

a) elevato alla seconda, ci dà come risultato il numero dato; ☒

b) moltiplicato per due, ci dà come risultato il numero dato; ☐

c) addizionato a se stesso, ci dà come risultato il numero dato. ☐

3. Scrivi i termini richiesti:

$$\sqrt[4]{81} = 3$$

INDICE .... → 4

SEGNO DI RADICE .... → √

RADICE QUADRATA .... → 81

RADICANDO .... → 3

4. Accanto a ciascuna radice quadrata scrivi se il risultato è la radice esatta, approssimata per difetto o approssimata per eccesso.

a) $\sqrt{35} = 6$ APPROSIMATA PER DIFETTO

b) $\sqrt{25} = 5$ ESATTA

c) $\sqrt{79} = 9$ APPROSIMATA PER ECCESSO

d) $\sqrt{64} = 8$ ESATTA

e) $\sqrt{98} = 10$ APPROSIMATA PER DIFETTO

f) $\sqrt{121} = 11$ ESATTA

5. Quando un numero è un quadrato perfetto? Segna la risposta esatta:

a) Quando, scomposto in fattori primi, è uguale al prodotto di fattori tutti pari. ☒

b) Quando, scomposto in fattori primi, è uguale al prodotto di fattori tutti con esponente pari. ☐

c) Quando, scomposto in fattori primi, è uguale al prodotto di un numero pari di fattori. ☐

6. Segna il completamento esatto.
La radice quadrata di un numero che sia quadrato perfetto è data:

a) dal prodotto degli stessi fattori primi del numero dato con esponente dimezzato; ☒

b) dal quoziente degli stessi fattori primi del numero dato con esponente dimezzato; ☐

c) dal prodotto degli stessi fattori primi del numero dato con esponente doppio. ☐

7. Completa le frasi utilizzando i seguenti termini:
radice quadrata, quoziente, dividendo, fattori, prodotto, divisore.

a) La .... di un prodotto è uguale al .... delle radici quadrate dei singoli ....

b) La radice quadrata di un .... è uguale al quoziente della radice quadrata del .... e del ....

8. Completa la seguente tabella mettendo una crocetta nella casella opportuna:

Radice quadrata	Approssimata a meno di 1	Approssimata a meno di 0,1	Approssimata a meno di 0,01
$\sqrt{18}=4$			
$\sqrt{109}=10{,}44$			
$\sqrt{27}=5{,}1$			
$\sqrt{29}=5{,}38$			

9. Quali tra le seguenti radici quadrate sono approssimate per difetto a meno di una unità in modo esatto? Individuale e segnale:

a) $\sqrt{11}=3$ ☐ **c)** $\sqrt{60}=8$ ☐ **e)** $\sqrt{118}=11$ ☐ **g)** $\sqrt{99}=9$ ☐
b) $\sqrt{18}=4{,}2$ ☐ **d)** $\sqrt{28}=5$ ☐ **f)** $\sqrt{79}=9$ ☐ **h)** $\sqrt{19}=4$ ☐

10. Quali tra le seguenti radici quadrate sono approssimate per difetto a meno di un centesimo in modo esatto? Individuale e segnale:

a) $\sqrt{15}=3{,}8$ ☐ **c)** $\sqrt{67}=8{,}18$ ☐ **e)** $\sqrt{120}=10$ ☐ **g)** $\sqrt{90}=9{,}48$ ☐
b) $\sqrt{19}=3{,}5$ ☐ **d)** $\sqrt{28}=5$ ☐ **f)** $\sqrt{79}=9$ ☐ **h)** $\sqrt{19}=4$ ☐

... CIÒ CHE SAI FARE

11. Calcola, se esiste, la radice quadrata esatta dei seguenti numeri:

25 ....; 37 ....; 36 ....; 68 ....;
54 ....; 49 ....; 100 ....; 27 ....

Calcola la radice quadrata dei numeri dati nei seguenti esercizi con il metodo della scomposizione in fattori primi.

12. 1 156; 1 764; 2 025; 2 704.

13. 6 724; 7 056; 9 216; 3 969.

14. 18 225; 11 025; 20 736; 32 400.

15. Individua i quadrati perfetti e calcolane la radice quadrata come nell'esempio:

ESEMPIO

$5184 = 2^6 \times 3^4 \rightarrow \sqrt{5184} = 2^3 \times 3^2$

1 200; 7 056; 1 764; 2 700;
17 424; 9 000; 8 836.

16. Completa le seguenti uguaglianze con i fattori mancanti:

$\sqrt{3^4 \times ....} = 45$; $\sqrt{5^2 \times ....} = 35$; $\sqrt{2^2 \times 3^2 \times ....} = 30$; $\sqrt{2^2 \times 5^2 \times ....} = 70$.

Calcola mentalmente la radice quadrata dei seguenti prodotti.

17. $\sqrt{16 \times 49}$; $\sqrt{25 \times 144}$; $\sqrt{100 \times 64}$.

18. $\sqrt{400 \times 81}$; $\sqrt{225 \times 36}$; $\sqrt{121 \times 100}$.

19. $\sqrt{36 \times 144}$; $\sqrt{81 \times 121}$; $\sqrt{4 \times 225}$.

20. $\sqrt{81 \times 25 \times 36}$; $\sqrt{100 \times 49 \times 64}$.

21. $\sqrt{121 \times 16 \times 36}$; $\sqrt{81 \times 400 \times 16}$.

Calcola mentalmente la radice quadrata dei seguenti quozienti.

22. $\sqrt{144 : 16}$; $\sqrt{256 : 16}$; $\sqrt{900 : 25}$.

23. $\sqrt{1600 : 25}$; $\sqrt{3600 : 100}$; $\sqrt{4900 : 1225}$.

24. Calcola mentalmente le seguenti radici quadrate dopo averle trasformate in prodotto di radici come nell'esempio:

ESEMPIO

$\sqrt{576} = \sqrt{16} \times \sqrt{36} = 4 \times 6 = 24$

$\sqrt{3600} = \sqrt{36} \times \sqrt{.....} =$ ....;

$\sqrt{1296} = \sqrt{36} \times \sqrt{.....} =$ ....;

$\sqrt{1225} = \sqrt{25} \times \sqrt{.....} =$ ....;

$\sqrt{5929} = \sqrt{49} \times \sqrt{.....} =$ ....

Calcola la radice quadrata approssimata per difetto a meno di 0,1 dei numeri dati nei seguenti esercizi.

25. 1 379; 2 437; 3 864; 5 839. **[37,1; 49,3; 62,1; 76,4]**

26. 7 596; 8 965; 9 342; 7 346. **[87,1; 94,6; 96,6; 85,7]**

27. 28 740; 35 285; 54 370. **[169,5; 187,8; 233,1]**

28. 193 570; 287 950; 345 678. **[439,9; 536,6; 587,9]**

29. 55,9; 52,34; 18,4. **[7,4; 7,2; 4,2]**

30. 35,6; 75,48; 93,5. **[5,9; 8,6; 9,6]**

Calcola la radice quadrata approssimata per difetto a meno di 0,01 dei numeri dati nei seguenti esercizi.

31. 4 924; 5 450; 6 904; 7 839. **[70,17; 73,82; 83,09; 88,53]**

32. 6 860; 4 765; 9 254; 3 368. **[82,82; 69,02; 96,19; 58,03]**

33. 38 480; 55 854; 47 370. **[196,16; 236,33; 217,64]**

34. 263 740; 380 990; 458 675. **[513,55; 617,24; 677,25]**

35. 258,34; 452,476; 318,4. **[16,07; 21,27; 17,84]**

36. 395,96; 675,428; 793,5427. **[19,89; 25,98; 28,16]**

Calcola la radice quadrata approssimata per difetto a meno di 0,001 dei numeri dati nei seguenti esercizi.

37. 48 980; 65 954; 89 790. **[221,314; 256,815; 299,649]**

38. 383 900; 480 420; 659 875. **[619,596; 693,123; 812,326]**

39. 1 258,498; 4 552,76; 2 318,7488. **[35,475; 67,474; 48,153]**

40. 3 495,776; 1 675,91; 4 793,2795. **[59,125; 40,937; 69,233]**

Calcola la radice quadrata delle frazioni date nei seguenti esercizi, approssimando per difetto a meno di 0,01 quelle non perfette.

41. $\frac{10}{3}$; $\frac{65}{9}$; $\frac{81}{64}$. $\left[1{,}82;\ 2{,}68;\ \frac{9}{8}\right]$

42. $\frac{17}{12}$; $\frac{100}{49}$; $\frac{7}{25}$. $\left[1{,}19;\ \frac{10}{7};\ 0{,}52\right]$

43. $\frac{68}{121}$; $\frac{144}{25}$; $\frac{26}{15}$. $\left[0{,}74;\ \frac{12}{5};\ 1{,}31\right]$

44. $\frac{11}{15}$; $\frac{30}{49}$; $\frac{400}{16}$. **[0,85; 0,78; 5]**

45. $\frac{21}{36}$; $\frac{36}{256}$; $\frac{72}{16}$. $\left[0{,}76;\ \frac{3}{8};\ 2{,}12\right]$

Calcola il valore delle seguenti espressioni sotto segno di radice quadrata.

46. $$\sqrt{\left(\frac{2}{3}+1-\frac{1}{2}+\frac{1}{6}\right)^2\times\frac{3}{16}+\left(1-\frac{1}{3}\right)+\frac{1}{7}:\frac{1}{21}}$$ **[2]**

47. $$\sqrt{90+\left[\frac{45}{4}+\left(\frac{75}{2}-\frac{45}{4}\right):\frac{3}{4}+\left(\frac{17}{2}-\frac{13}{4}\right)\times\frac{40}{3}\right]:\frac{5}{72}}$$ **[42]**

48. $$\sqrt{\left[\left(\frac{7}{4}-\frac{7}{12}+\frac{1}{6}\right):\left(\frac{29}{12}+\frac{11}{8}-\frac{19}{6}\right)\right]\times\left(\frac{5}{2}-\frac{5}{6}\right)-1}$$ **[1,59]**

49. $$\sqrt{\left\{\left[\frac{3}{7}\times\left(\frac{2}{3}+\frac{1}{2}\right)+\frac{5}{4}\right]:\left(1-\frac{2}{15}\times\frac{11}{30}\right)\right\}\times\frac{2}{5}-\frac{2}{3}}$$ **[0,26]**

50. $$\sqrt{1:\left\{\frac{2}{19}\times\left[\left(\frac{3}{2}+\frac{27}{5}\right):\frac{3}{5}-\left(\frac{11}{6}-\frac{7}{4}\right)\right]\times\frac{6}{5}\right\}}$$ **[0,83]**

51. $$\sqrt{\frac{\left(\frac{35}{3}+\frac{10}{3}\right):2+\left(\frac{25}{6}+\frac{3}{4}\times 10\right):\frac{4}{3}}{\left(\frac{2}{3}+\frac{5}{8}-\frac{5}{4}\right):\frac{5}{6}}}$$ **[18,02]**

mi autovaluto

Mettiti alla prova eseguendo quanto richiesto. Verifica i risultati alla fine del volume e prendi nota di quanti errori hai fatto. Completa poi la tua autovalutazione.

1 Segna il completamento esatto.
L'estrazione di radice è l'operazione inversa della:

a) moltiplicazione; ☐
b) potenza; ☐
c) divisione. ☐

2 Segna il completamento esatto.
Un numero è un quadrato perfetto se, scomposto in fattori primi, contiene solo fattori:

a) pari; ☐
b) con esponente pari; ☐
c) in numero pari. ☐

3 Verifica, con la scomposizione in fattori primi, che i seguenti numeri sono quadrati perfetti e calcolane la radice quadrata.

a) 15 876 è un quadrato perfetto perché scomposto in fattori primi è uguale a ....; la sua radice quadrata è ....
b) 30 976 è un quadrato perfetto perché scomposto in fattori primi è uguale a ....; la sua radice quadrata è ....
c) 270 400 è un quadrato perfetto perché scomposto in fattori primi è uguale a ....; la sua radice quadrata è ....

4 Quale delle seguenti radici quadrate approssimate per difetto a meno di 0,01 è quella esatta? Segnala.

a) $\sqrt{647} = 25{,}4$ ☐
b) $\sqrt{647} = 25$ ☐
c) $\sqrt{647} = 25{,}43$ ☐
d) $\sqrt{647} = 25{,}436$ ☐

5 Calcola la radice quadrata approssimata per difetto a meno di una unità dei seguenti numeri.

18 375 → ....
64 580 → ....
162 439 → ....

6 Calcola la radice quadrata approssimata per difetto a meno di un decimo dei seguenti numeri.

186,45 → ....
4 367,4 → ....
42 768,65 → ....

7 Calcola la radice quadrata approssimata per difetto a meno di un centesimo dei seguenti numeri.

$\frac{25}{8}$; $\frac{18}{4}$; $\frac{35}{16}$.

Su 18 risposte, ... sono esatte; penso quindi di * ....

....

* **Aver capito bene tutto** (posso andare avanti); **avere ancora qualche dubbio** (mi eserciterò ancora); **avere molte incertezze** (eseguirò gli esercizi di recupero).

Esercizi di recupero

Se hai ancora qualche difficoltà, segui gli esercizi svolti (quelli nei riquadri) e poi completa gli altri.

1 Riconoscere, mediante la scomposizione in fattori primi, quale fra i seguenti numeri è un quadrato perfetto e calcolarne la radice quadrata: 8 100; 3 528.

Un quadrato perfetto, scomposto in fattori primi, contiene **fattori solo con esponente pari** e, in tal caso, la radice quadrata è data dal **prodotto degli stessi fattori con esponente dimezzato**. Quindi avremo:

- $8\,100 = 2^2 \times 3^4 \times 5^2 \rightarrow$ **è un quadrato perfetto** e $\sqrt{8\,100} = 2 \times 3^2 \times 5 =$ **90**
- $3\,528 = 2^3 \times 3^2 \times 7^2 \rightarrow$ non è un quadrato perfetto

2 Fra i seguenti numeri riconosci, mediante la scomposizione in fattori primi, i quadrati perfetti e calcolane la radice quadrata:

1 200; 15 876; 9 025; 3 600.

a) Scomponiamo il numero in fattori primi: $1\,200 = 2^{\ldots} \times \ldots\ldots \times 5^{\ldots}$, quindi ....

b) Scomponiamo il numero in fattori primi: $15\,876 = 2^{\ldots} \times \ldots\ldots^{4} \times 7^{\ldots}$, quindi ....

c) Scomponiamo il numero in fattori primi: $9\,025 = \ldots\ldots^{2} \times \ldots\ldots^{\ldots}$, quindi ....

d) Scomponiamo il numero in fattori primi: $3\,600 = 2^{\ldots} \times \ldots\ldots^{2} \times \ldots\ldots^{\ldots}$, quindi ....

Riconosci, mediante la scomposizione in fattori primi, quali fra i numeri dati nei seguenti esercizi sono quadrati perfetti e calcolane la radice quadrata.

3 2 916; 4 050; 3 969. **[54; 63]**

4 3 364; 4 608; 24 336. **[58; 156]**

5 20 736; 7 938; 63 504. **[144; 252]**

6 7 203; 8 464; 61 504. **[92; 248]**

7 13 456; 20 808; 41 616. **[116; 204]**

8 Calcolare la radice quadrata approssimata a meno di una unità dei seguenti numeri: 2 498; 65 498.

Poiché i numeri dati non sono quadrati perfetti, la loro radice quadrata si calcola con l'algoritmo che adesso rivediamo insieme:

	49
√2 4·9 8	89 × 9 = 801
1 6	
8 9·8	
8 0 1	
9 7	

	255
√6·5 4·9 8	46 × 6 = 276
4	45 × 5 = 225
2 5·4	505 × 5 = 2525
2 2 5	
2 9 9·8	
2 5 2 5	
4 7 3	

9 Calcola la radice quadrata approssimata a meno di una unità dei seguenti numeri: 3 759; 49 867.

a)

	61
$\sqrt{37^{\cdot}59}$	.... × 1 = ...
....	
15˙9	
....	
38	

b)

	223
$\sqrt{4^{\cdot}98^{\cdot}67}$	.... × 2 = ...
....	.... × 3 = ...
98	
....	
146˙7	
....	
138	

Calcola la radice quadrata approssimata a meno di una unità dei numeri dati nei seguenti esercizi.

10 3 428; 45 638; 67 499. **[58; 213; 259]**

11 4 539; 56 749; 98 946. **[67; 238; 314]**

12 5 642; 77 994; 87 835. **[75; 279; 296]**

13 6 753; 43 526; 69 572. **[82; 208; 263]**

14 9 786; 65 452; 74 900. **[98; 255; 273]**

15 8 723; 43 780; 82 875. **[93; 209; 287]**

16 25 345; 27 645; 95 672. **[159; 166; 309]**

17 Calcolare la radice quadrata approssimata a meno di 0,1 delle seguenti frazioni: $\frac{16}{3}$; $\frac{45}{13}$.

Trasformiamo le frazioni in numero decimale, consideriamo due cifre decimali e poi calcoliamo la radice quadrata:

- $\frac{16}{3} = 16 : 3 = 5{,}33$

	2,3
$\sqrt{5{,}33}$	43 × 3 = 129
4	
13˙3	
129	
4	

- $\frac{45}{13} = 45 : 13 = 3{,}46$

	1,8
$\sqrt{3{,}46}$	29 × 9 = 261
1	28 × 8 = 224
24˙6	
224	
22	

18 Calcola la radice quadrata a meno di 0,1 di $\frac{67}{3}$ e $\frac{125}{8}$.

a) $\frac{67}{3} = 76 : 3 = 22{,}33$

	4,7
$\sqrt{22{,}33}$	.... × 7 = ...
....	
6 3˙3	
....	
24	

b) $\frac{125}{8} = 125 : 8 = 15{,}62$

	3,9
$\sqrt{15{,}62}$	.... × 9 = ...
....	
6 6˙2	
....	
41	

Calcola la radice quadrata a meno di 0,1 delle frazioni date nei seguenti esercizi.

19 $\frac{59}{8}$; $\frac{197}{6}$; $\frac{1}{15}$. **[2,7; 5,7; 0,2]**

20 $\frac{234}{13}$; $\frac{67}{2}$; $\frac{125}{12}$. **[4,2; 5,7; 3,2]**

21 Calcolare la radice quadrata approssimata a meno di 0,01 dei seguenti numeri:
857; 27 968.

Per calcolare la radice quadrata approssimata a meno di 0,01 **bisogna mettere la virgola al numero, aggiungere quattro zeri** e poi applicare l'algoritmo come abbiamo fatto prima:

	29,27
√8·5 7,0 0·0 0	49 × 9 = 441
4	582 × 2 = 1164
4 5·7	5847 × 7 = 40 929
4 4 1	
1 6 0·0	
1 1 6 4	
4 3 6 0·0	
4 0 9 2 9	
2 6 7 1	

	167,23
√2·7 9·6 8,0 0·0 0	28 × 8 = 224
1	27 × 7 = 189
1 7·9	26 × 6 = 156
1 5 6	327 × 7 = 2289
2 3 6·8	3342 × 2 = 6684
2 2 8 9	33 443 × 3 = 100 329
7 9 0·0	
6 6 8 4	
1 2 1 6 0·0	
1 0 0 3 2 9	
2 1 2 7 1	

22 Calcola la radice quadrata approssimata a meno di 0,01 di 1 948.

	44,13
√1 9·4 8,0 0·0 0	.... × 4 = ...
....	.... × 1 = ...
3 4·8	.... × 3 = 26 469
....	
1 2 0·0	
....	
3 1 9 0·0	
....	
5 4 3 1	

Calcola la radice quadrata approssimata a meno di 0,01 dei numeri dati nei seguenti esercizi.

23 6 753; 8 811; 9 894. **[82,17; 93,86; 99,46]**

24 7 864; 9 923; 8 915. **[88,67; 99,61; 94,41]**

25 8 975; 7 708; 7 051. **[94,73; 87,79; 83,97]**

26 13 452; 23 450; 19 785. **[115,98; 153,13; 140,65]**

27 39 657; 54 678; 87 345. **[199,14; 233,83; 295,54]**

Esercizi per contenuti

PER RISOLVERE UN PROBLEMA

1. Completa.
Le fasi risolutive di un problema sono:
a) ....
b) ....
c) ....

2. Leggi il seguente problema e rispondi alle domande:
"Maria ha 10 anni, Anna la metà di Maria e Paola 8 anni in più di Anna. Quanti anni ha Paola?"
a) Quali sono i dati del problema? ....
b) Qual è la richiesta? ....
c) Il problema è risolvibile? ....
d) Perché? ....

3. Leggi il seguente problema e rispondi alle domande:
"Un commerciante compra delle borse a € 38 ciascuna e le rivende con un ricavo complessivo di € 45. Quanto ha guadagnato?"
a) Quali sono i dati del problema? ....
b) Qual è la richiesta? ....
c) Il problema è risolvibile? ....
d) Perché? ....

4. In che cosa consiste la fase di "formalizzazione" di un problema?

5. Che cosa si intende per "algoritmo" di un problema?

Nei seguenti esercizi leggi le informazioni, formula il testo di un problema che contenga tali informazioni come dati, individua la richiesta e scrivi l'algoritmo risolutivo.

6. **a)** Il prezzo di un'automobile è € 9 500.
b) € 2 500 è il versamento fatto alla consegna.
c) 10 sono le rate con cui viene saldato il resto.

7. **a)** Sono stati raccolti 450 kg di pesche.
b) Le pesche sono state sistemate in cassette da 15 kg ciascuna.
c) € 27 è il prezzo di vendita di ogni cassetta.

8. **a)** Una banconota da € 100 è ciò con cui Andrea paga un maglione.
b) 3 banconote da 10 e 5 monete da € 0,50 sono il resto che riceve.
c) € 5 è lo sconto che Andrea ha ottenuto.

9. **a)** € 50 sono i soldi che ha in tasca Sabrina.
b) € 27,50 sono i soldi che spende in rosticceria.
c) € 13 sono i soldi che spende in panetteria.

10. Formula il testo di un problema che si possa risolvere con le quattro operazioni e scrivine l'algoritmo risolutivo.

IL METODO GRAFICO

Risolvi i seguenti problemi aiutandoti con i grafici.

11. La somma di due numeri è 210 e la loro differenza 38. Calcola i due numeri. **[86; 124]**

12. La somma di due numeri è 315 e il primo è il doppio del secondo. Calcola i due numeri. **[105; 210]**

13. La somma di due numeri è 277 e il maggiore supera di 3 il minore. Quali sono i due numeri? **[137; 140]**

14. Due auto viaggiano a velocità diverse; sapendo che la differenza tra le loro velocità è 65 km/h e che quella della prima auto è pari a 20 km/h in più del doppio della seconda, sai determinare la velocità di ciascuna macchina? **[110 km/h; 45 km/h]**

15. Luca e Marco hanno complessivamente 64 figurine. Se il doppio delle figurine di Luca supera di 8 il doppio delle figurine di Marco, quante figurine ha ciascuno? **[34; 30]**

16. Tre fratelli devono dividersi un'eredità pari a € 254 000; il primo prende € 90 000 in meno del secondo che a sua volta prende € 76 000 in più del terzo. Quanto prende ciascun fratello? **[€ 50 000; € 140 000; € 64 000]**

17. Il peso complessivo di tre amici è di 127 kg; sapendo che due di loro hanno lo stesso peso e che il terzo pesa 4 kg in più degli altri, calcola il peso di ogni ragazzo. **[41 kg; 41 kg; 45 kg]**

18. In un ristorante vi sono 73 persone; se il numero delle donne raddoppiasse e quello degli uomini quadruplicasse vi sarebbero in totale 224 persone. Quante sono le donne e quanti gli uomini in quel ristorante? **[34; 39]**

19. La libreria di Davide è formata da 26 libri; quelli scientifici sono 8 in più di quelli scolastici. Quanti libri scientifici e quanti scolastici possiede Davide? **[17; 9]**

20. ✲ Una gara è divisa in tre tappe: la prima è uguale alla seconda meno 48 km e la terza è più corta della prima di 6 km. Sapendo che il percorso è lungo in totale 180 km, quanti chilometri è lunga ciascuna tappa? **[46 km; 94 km; 40 km]**

21. Alla rievocazione di una battaglia tra Galli e Romani partecipano, dalla parte dei Galli, 460 guerrieri tra fanti e cavalieri. Se dal doppio dei fanti togliamo il triplo dei cavalieri otteniamo 340 unità. Quanti fanti e quanti cavalieri formano le schiere dei Galli? **[344; 116]**

22. ✲ In una libreria ci sono 218 libri. I libri gialli sono 38 in più di quelli rosa e questi ultimi sono 9 in meno di quelli di psicologia. Quanti libri di ciascun tipo ci sono in libreria? **[95 libri gialli; 57 libri rosa; 66 libri di psicologia]**

23. In una scuola ci sono 115 alunni; i ragazzi che portano gli occhiali sono la metà della metà di quelli che non li portano. Quanti alunni non portano gli occhiali? **[92]**

24. In un canile ho contato 63 cani tra cuccioli e adulti. Se gli adulti erano 11 in più dei cuccioli, quanti cuccioli e quanti adulti ci sono in quel canile? **[26; 37]**

25. In una palestra ci sono 132 persone tra donne, uomini e ragazzi. Le donne sono 24 in più degli uomini e questi sono 12 in più dei ragazzi; quante donne, uomini e ragazzi ci sono in palestra? **[64; 40; 28]**

26. A una riunione condominiale partecipano 49 persone tra uomini e donne. Se gli uomini sono 7 in più delle donne, quanti uomini e quante donne partecipano alla riunione? **[28; 21]**

27. Una botte di vino da 36 *l* costa € 70 in più di una botte da 24 *l*. Sapendo che nel prezzo della botte da 36 *l* è compreso uno sconto di € 5, quanto costa un litro di vino? **[€ 6,25]**

28. ✲ In un porto del Mare del Nord la distanza fra il fondale e la superficie calpestabile della banchina è di 25,5 m. Se in seguito all'alta marea il livello del mare sale di 1 m, la distanza fra la superficie del mare e la superficie della banchina si riduce a 1/17 della distanza fra quest'ultima e il fondale. Quanti metri c'erano prima dell'alta marea tra la superficie del molo e la superficie del mare? E dopo? **[2,5 m; 1,5 m]**

29. ✲ Nonna Lia ha due biscottiere che contengono complessivamente 180 biscotti. Se toglie 76 biscotti dalla prima biscottiera e 44 dalla seconda, i due contenitori hanno lo stesso numero di biscotti. Quanti biscotti contiene ciascuna biscottiera? **[106; 74]**

30. Un negoziante compra 2 stock dello stesso articolo in due giorni diversi, il primo giorno paga € 312 e il secondo giorno € 296. Se il secondo giorno ha comprato 2 pezzi in meno del primo giorno, quanti pezzi contiene ciascuno stock? **[39; 37]**

31. In un negozio sono presenti 38 persone tra agenti di sicurezza, commesse e clienti. Le commesse sono 3 in più degli agenti di sicurezza e i clienti 14 in più delle commesse. Quanti agenti di sicurezza, commesse e clienti ci sono rispettivamente nel negozio? **[6; 9; 23]**

32. Matteo e suo nipote hanno in totale 48 anni. Se sei anni fa l'età di Matteo era otto volte quella del nipote, quanti anni ha oggi Matteo? E quanti il nipote? **[38; 10]**

33. Tre pullman in servizio a Bergamo hanno complessivamente 154 posti a sedere. Se il primo pullman ha 21 posti a sedere in più del secondo, che a sua volta ne ha 5 in più del terzo, quanti posti a sedere ha ciascun pullman? **[67; 46; 41]**

34. In un negozio di abbigliamento Rosa ha comprato una maglietta, una gonna e un maglione e ha speso in totale € 86.
Se la gonna è costata € 7 in più della maglietta e il maglione € 18 in più della gonna, quanto ha speso rispettivamente per la maglietta, la gonna e il maglione? **[€ 18; € 25; € 43]**

35. In una cittadina, i poliziotti più i carabinieri sono 11, i vigili urbani più i carabinieri sono 15, mentre i poliziotti più i vigili urbani sono 14. Quanti sono i rappresentanti di ciascun corpo? **[P: 5; C: 6; V: 9]**

36. Carla, Alina e Maria sono tre sorelle. Carla e Alina hanno, assieme, 31 anni, Carla e Maria 25, Alina e Maria 24. Qual è rispettivamente l'età di Carla, Alina e Maria? **[16; 15; 9]**

37. Per 3 quaderni e 4 diari si contano in totale 1 232 pagine; 7 quaderni e 12 diari dello stesso tipo ne hanno 3 568. Quante pagine ha un quaderno? E quante un diario? **[64; 260]**

38. Stefano compra 4 scatole da montaggio e una confezione di smalti e spende € 171; Mario compra 2 scatole da montaggio e la stessa confezione di smalti e spende € 97.
Quanto costa una scatola da montaggio e quanto la confezione di smalti? **[€ 37; € 23]**

39. Ho acquistato 4 bottiglie di aranciata e 5 pacchi di patatine spendendo € 9,31; successivamente ho comprato altre 4 bottiglie di aranciata e 7 pacchi di patatine spendendo € 11,61.
Quanto costa una bottiglia di aranciata e quanto un pacchetto di patatine? **[€ 0,89; € 1,15]**

40. Per festeggiare il compleanno di papà, la mamma e Taddeo comperano una bottiglia di spumante, una torta e un libro per regalo. Per lo spumante e la torta spendono complessivamente € 19, per lo spumante e il regalo € 15,50, e per la torta e il regalo € 23,50.
Quanto hanno speso, rispettivamente, per lo spumante, la torta e il libro? **[€ 5,5; € 13,5; € 10]**

41. Per comprare 2 confezioni di pasta e 3 barattoli di sugo si spendono € 6,90; comprando nello stesso negozio 4 confezioni di pasta e 7 barattoli di sugo si spendono invece € 15,7.
Quanto costa un pacco di pasta e quanto un barattolo di sugo? **[€ 0,60; € 1,90]**

42. In un carcere sono detenute 292 persone fra rapinatori e truffatori, 662 persone fra rapinatori e spacciatori e 434 persone tra truffatori e spacciatori.
Trova il numero dei rapinatori, quello dei truffatori e quello degli spacciatori. **[260; 32; 402]**

43. Per comprare 4 musicassette e 3 videocassette Antonio ha speso € 61,40. Marco per comprare 3 musicassette e 6 videocassette uguali ha speso € 91,05.
Quanto costa una musicassetta e quanto una videocassetta? **[€ 6,35; € 12]**

44. ✲ Per acquistare 5 bottiglie di vino e 2 di grappa ho speso € 30,05, per acquistare 6 bottiglie dello stesso vino e 6 della stessa grappa ho successivamente speso € 55,50. Quanto costa una bottiglia di vino e quanto una di grappa? **[€ 3,85; € 5,40]**

45. ✲ Un filatelico vende buste di francobolli italiani e di San Marino di basso valore. Comprando 5 buste di francobolli italiani e 6 di quelli di San Marino si spendono € 25, mentre comprandone 15 di San Marino e 6 di italiani il prezzo è € 49,50. Quanto costa la busta di francobolli italiani? Quanto costa la busta di francobolli di San Marino? **[€ 2; € 2,50]**

46. ✲ In un parco naturale vi sono 384 fra caprioli e aquile. Complessivamente, per questi animali si contano 1 408 zampe. Trova quante sono le aquile. **[64]**

47. ✲ In una scuola ci sono alunni e alunne per un totale di 74 bambini. Se il numero di alunni fosse il doppio e quello delle alunne il quintuplo, in tutto ci sarebbero 268 bambini. Quanti alunni e quante alunne ci sono in quella scuola? **[34; 40]**

48. ✲ In un'autorimessa Giuseppe conta 36 veicoli in tutto, tra automobili e motociclette, e fa il conto che, complessivamente, hanno 102 ruote. Quante sono le automobili e quante le motociclette? **[15; 21]**

49. ✲ In un caseggiato vi sono 26 appartamenti: alcuni sono trilocali, gli altri sono bilocali. Se i locali complessivi sono 63, quanti sono gli appartamenti con tre locali? **[11]**

50. ✲✲ Gigi ha acquistato 3 rose, 7 tulipani e 8 garofani per regalarli alla mamma, spendendo in tutto € 16. Se ogni rosa costa quanto 3 tulipani e ogni tulipano quanto 2 garofani, calcola il prezzo rispettivo di una rosa, un tulipano e un garofano. **[€ 2,40; € 0,80; € 0,40]**

51. ✲✲ Tre amici, di 30, 50 e 60 anni, vincono una somma di € 120 000 che suddividono nel seguente modo: una parte uguale a ciascun parente più € 6 000 per ogni decina di anni di ciascuno. Quanto vince ogni parente? **[€ 30 000; € 42 000; € 48 000]**

52. ✲✲ In base al testamento, un'eredità deve essere divisa fra 3 nipoti, Alfio, Stefano e Simona, in modo che Alfio e Stefano ricevano complessivamente € 9 100, Alfio e Simona € 11 200 e Stefano e Simona € 7 700.
A quanto ammonta l'eredità? Quanto ereditano rispettivamente Alfio, Stefano e Simona? **[€ 14 000; € 6 300; € 2 800; € 4 900]**

53. ✲✲ Un edicolante compra 110 pacchetti di figurine per ragazzi e 100 pacchetti di figurine per ragazze spendendo in totale € 209,50. Se ogni pacchetto di figurine per ragazze è costato € 0,10 in più di quello di figurine per ragazzi e l'edicolante vende tutti i pacchetti di figurine a € 1,30, quanto guadagna complessivamente sulle figurine per ragazzi e quanto su quelle per ragazze? **[€ 38,5; € 25]**

54. ✲✲ Marta, Lucia e Franco hanno complessivamente 48 anni. Lucia ha 4 anni in meno di Marta e Franco 4 in meno di Lucia. Quali sono le età di Marta, Lucia e Franco? **[20; 16; 12]**

55. ✲✲ Per acquistare un DVD, un videogioco e un libro, Mattia spende complessivamente € 36,50.
Se il DVD è costato € 3,10 in più del videogioco e il videogioco € 3,20 in più del libro, quanto ha pagato Mattia per ciascun acquisto? **[€ 15,30; € 12,20; € 9]**

56. ✲✲ La mamma ha acquistato 2 barattoli di marmellata, 4 scatole di tonno e una di pelati spendendo in tutto € 12.
Se un barattolo di marmellata costa € 0,35 in meno di una scatola di tonno e questa € 0,95 in più della scatola di pelati, quanto costa ogni acquisto? **[€ 1,60; € 1,95; € 1]**

I DIAGRAMMI DI FLUSSO

57. Che cos'è un diagramma di flusso? Illustrane i simboli specificandone il significato.

58. Descrivi, anche graficamente, il diagramma della sequenza, il diagramma della selezione e il diagramma dell'iterazione.

59. I seguenti diagrammi di flusso sono errati. Correggili spiegando l'errore:

a) 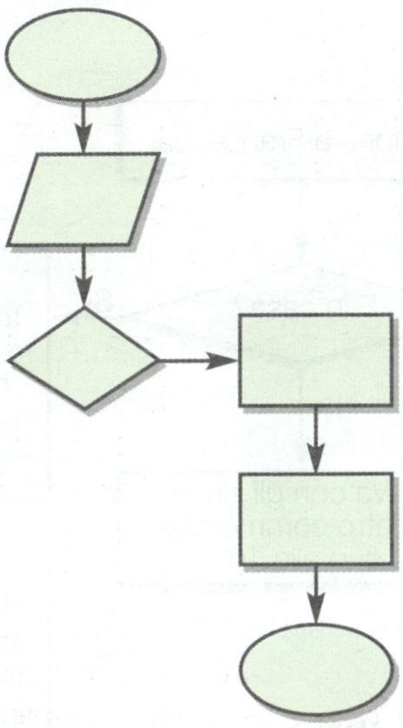

b) 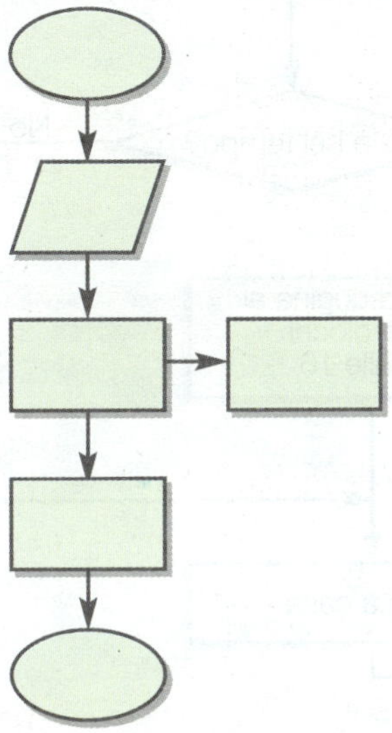

c) 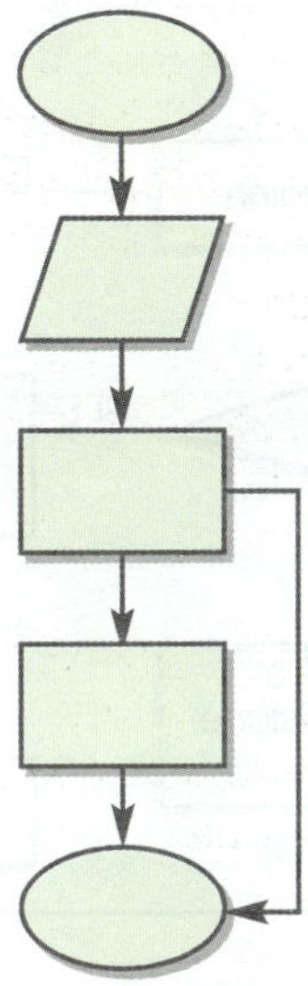

Illustra con un diagramma di flusso le operazioni necessarie a risolvere i seguenti problemi non matematici.

60. Consultare l'elenco delle aziende della propria città per trovare il numero di telefono dell'azienda "Naibos" (l'elenco è in ordine alfabetico).

61. Andare in biblioteca per prendere un libro, portarlo a casa, leggerlo e riportarlo in biblioteca.

62. Confezionare un pacco merci e portarlo in un negozio specializzato in consegne aeree.

63. Scambiare tra loro i tre telefoni di casa: alla presa dove è collegato il primo va collegato il secondo, alla presa dove è collegato il secondo va il terzo, e anche il primo telefono va collegato. (*Sono possibili diverse procedure.*)

64. Leggere un libro giallo e un fumetto decidendo la loro lettura in base al tempo: se è un giorno di sole leggere il libro giallo, se al contrario è un giorno brutto leggere il fumetto.

65. Studiare matematica e italiano decidendo l'ordine delle materie in base al numero del giorno: se è un giorno di numero dispari si deve studiare prima matematica, il contrario se è un giorno pari. Se è domenica non bisogna studiare.

66. Effettuare due telefonate consecutive con il cellulare, supponendo che questo sia inizialmente spento.

67. Aprire un documento del computer scegliendo una password tra quattro probabili.

68. Attraversare a piedi la strada in un incrocio regolato da un semaforo.

69. Andare in un centro commerciale e cercare nei tre negozi di musica un CD del tuo cantante preferito. Se non lo trovi esci dal centro commerciale.

70. Aprire in una pagina a caso l'elenco telefonico per cercare il signor "Franceschini Marco", sfogliando in avanti o all'indietro a seconda dei casi.

71. Lanciare una coppia di dadi finché non esce il 6. Se esce il 3, proseguire i lanci con un dado solo.

72. Spegnere la tv dopo aver iniziato a vedere un DVD. Considerare il caso in cui il film sia terminato e quello in cui non sia terminato.

73. Il seguente diagramma di flusso descrive come Elisabetta ha organizzato il suo prossimo sabato pomeriggio a partire dalle ore 13. Osservalo e poi rispondi alle domande:

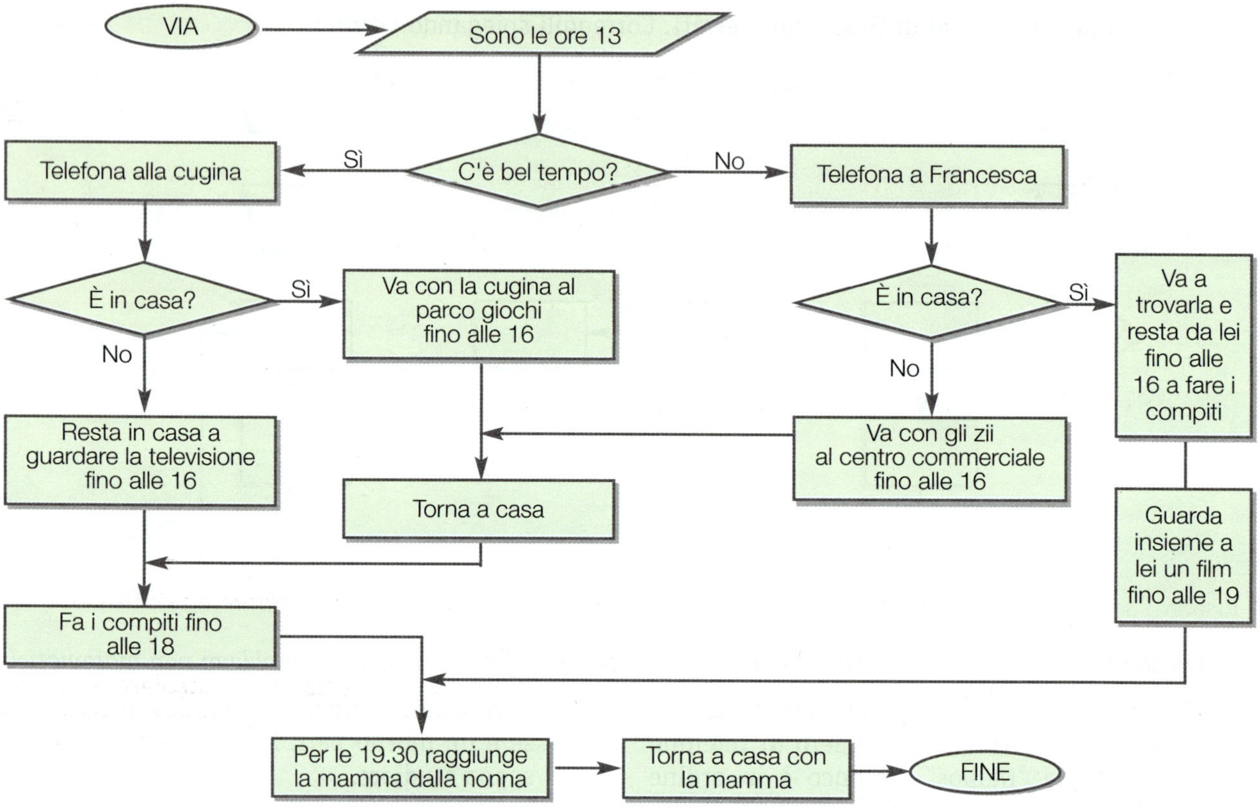

a) Se non c'è bel tempo, che cosa fa Elisabetta fino alle ore 19 se:

– Francesca è in casa? ....

– Francesca non è in casa? ....

b) Se c'è bel tempo, che cosa fa Elisabetta fino alle ore 19 se:

– la cugina è in casa? ....

– la cugina non è in casa? ....

c) Dove e fino a che ora Elisabetta fa i compiti se:

– c'è bel tempo? ....

– c'è cattivo tempo? ....

d) In quale caso, con chi e fino a che ora Elisabetta si trova in un centro commerciale? ....

e) In quale caso, dove, con chi e fino a che ora Elisabetta guarda la televisione? ....

74. Il diagramma di flusso a lato descrive il comportamento di Pierino all'edicola dei giornali. Descrivi gli acquisti di Pierino nei seguenti casi:

a) ha in tasca € 3,50 ....;

b) ha in tasca € 2,50 ....;

c) ha in tasca € 2 ....;

d) ha in tasca € 1,75 ....;

e) ha in tasca € 1,50 ....

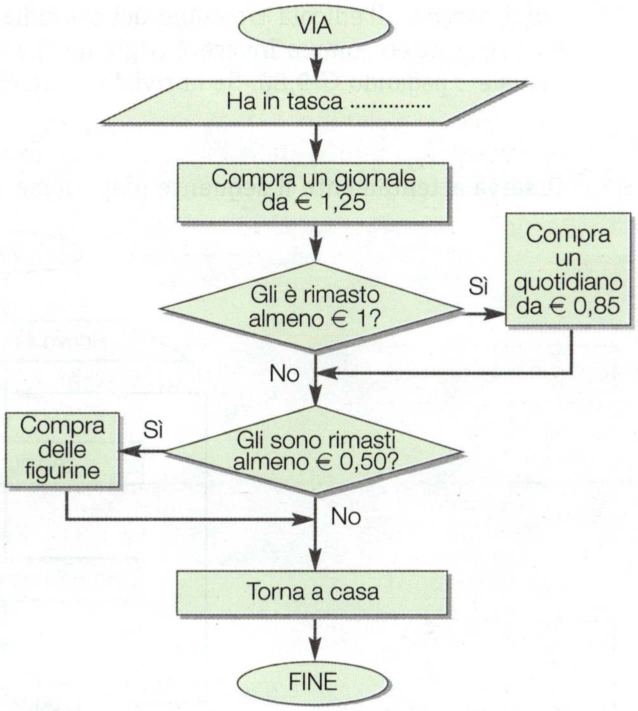

Risolvi i seguenti problemi matematici rappresentandone l'algoritmo con un diagramma di flusso.

75. Determinare tutti i numeri divisibili per 4 fino a 100.

76. Dividere un numero assegnato per 2.

77. Trasformare in frazione un numero decimale.

78. Calcolare il m.c.m. fra due numeri.

79. Stabilire se due numeri sono primi fra loro.

80. Risolvere le seguenti espressioni:

a) $[(17 + 3) \times 2 - 4] : 6$;

b) $[(8 \times 8 + 16 \times 3) : 4 + 10] : 2 - 9$.

81. Completare le seguenti uguaglianze.

a) (8 + 4) : .... = 4;

b) (7 × ....) − 6 = 50.

82. Disegnare la retta parallela a una retta data r passante per un punto P non appartenente a r.

83. Disegnare la retta perpendicolare a una retta s passante per un punto Q non appartenente a s.

84. Per gli interessi da pagare per il prestito di € 8 000 si stabilisce un tasso percentuale annuo pari al 4%. Se il prestito viene restituito dopo 6 mesi, quale cifra complessiva si dovrà dare al creditore? **[€ 8 160]**

85. Per coprire un pavimento rettangolare di dimensioni 5 m × 7 m hai a disposizione:

- una pezza di area 12 m^2;
- una pezza quadrata di lato 3 m;
- una pezza rettangolare di dimensioni 7 m × 1 m.

Quale percentuale di superficie del pavimento rimarrà scoperta? **[20%]**

86. Tre articoli per casalinghi costano complessivamente € 66. Se il doppio del primo costa € 3 più del secondo e il secondo costa € 3 più del terzo, qual è il prezzo di ciascuno dei tre articoli? **[€ 15; € 27; € 24]**

87. Luigi compra all'edicola tre copie del quotidiano "La voce" e 5 copie de "Lo squillo", spendendo € 7,70. Matteo compra invece 2 copie de "La voce", 6 de "Lo squillo" e una della rivista "Il settimanale", pagando € 9,80. Se la rivista costa € 2, quanto costa ciascuno dei due quotidiani?

[**"La voce": € 0,90; "Lo squillo": € 1**]

88. Osserva attentamente il seguente diagramma di flusso:

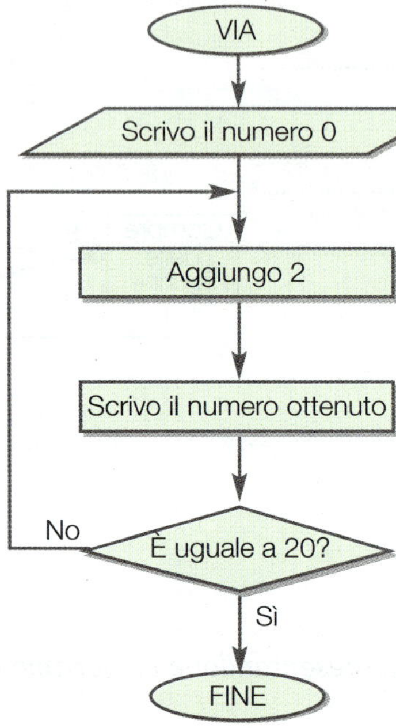

a) Quali numeri hai scritto eseguendo l'algoritmo descritto?

b) Descrivi per caratteristica l'insieme dei numeri che hai ottenuto.

Esegui i punti a *e* b *dell'esercizio precedente per ciascun diagramma di flusso seguente.*

89.

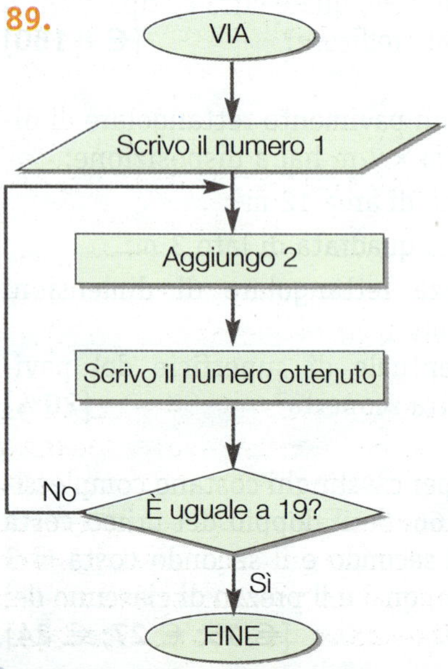

90.

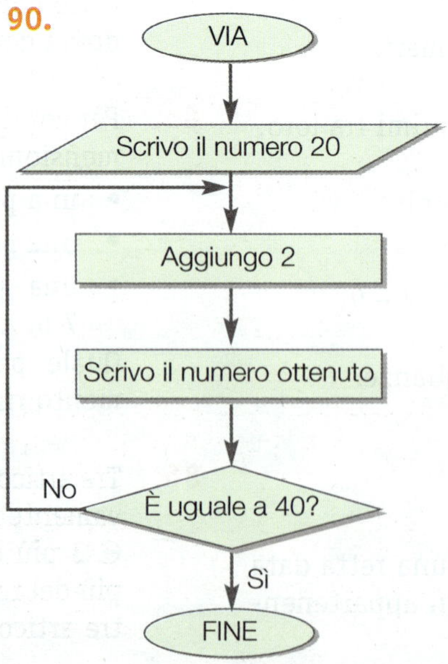

91.

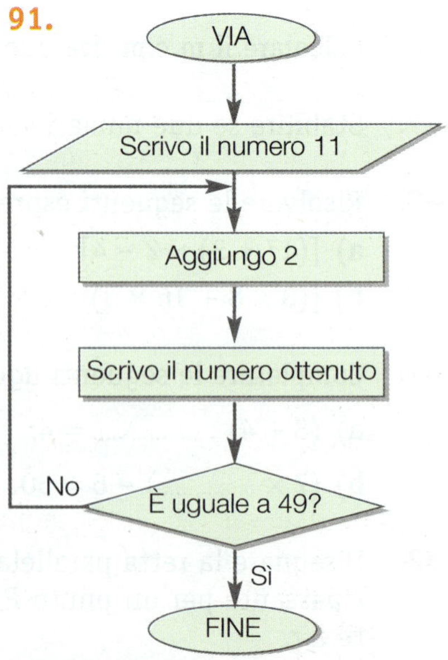

Inventa un problema il cui algoritmo può essere rappresentato con i diagrammi di flusso dati nei seguenti esercizi.

92.

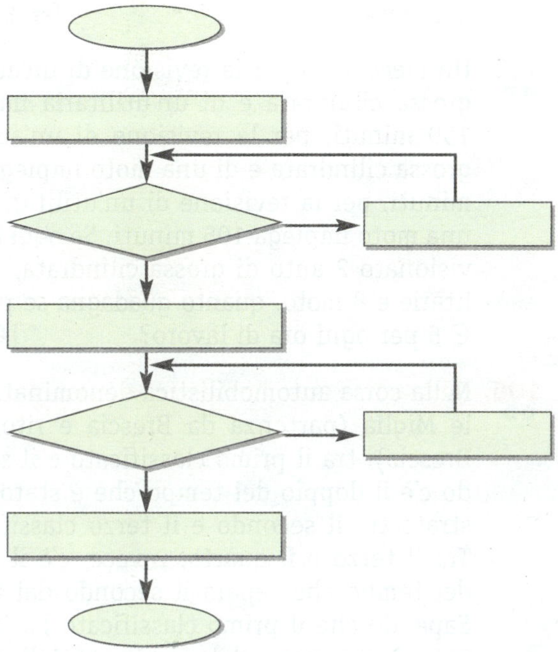

93.

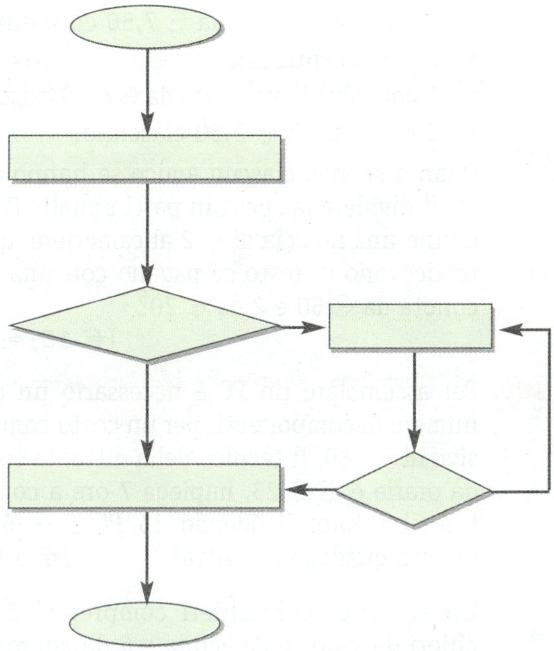

Problemi riassuntivi

Risolvi i seguenti problemi usando il metodo che ritieni più opportuno.

94. Il signor Fumetti per ristrutturare la propria casa ha sostenuto le seguenti spese:

- € 4 500 per gli infissi in alluminio;
- € 3 500 per l'impianto di riscaldamento autonomo;
- € 2 900 per l'impianto di allarme.

Avendo dato un anticipo di € 2 500, in quanti anni estinguerà le spese se salda con rate mensili da € 350? [2]

95. Per la sistemazione della facciata di una casa vengono impiegati 5 operai, che guadagnano € 20 l'ora ciascuno e che lavorano, per un certo numero di giorni, 8 ore al giorno. Considerando anche il costo dei materiali, pari a € 400, all'impresa l'opera costa € 10 000.
Quanti giorni pieni hanno lavorato gli operai? [12]

96. A Pasqua Giorgio trova nel suo salvadanaio 99 monete in parte da € 0,05 e in parte da € 0,10. Le monete da € 0,10 superano di 9 quelle da € 0,05. Se con i suoi soldi Giorgio vuole comprare un regalo da € 15, quanto gli manca? [**€ 7,35**]

97. Un pasticciere ha venduto 6 scatole di cioccolatini a € 12,40 ciascuna, 16 scatole di caramelle a € 7,50 ciascuna e alcuni sacchetti di confetti a € 1,45 l'uno. Se complessivamente ha ricavato € 236,45, quanti sacchetti di confetti ha venduto? [**29**]

98. In un'azienda agricola si raccolgono 80 kg di riso che viene venduto a € 0,65 il chilogrammo, 170 kg di fagioli che vengono venduti a € 1,50 il chilogrammo e delle patate che vengono vendute a € 0,60 il chilogrammo. Complessivamente si sono ricavati € 391; quanti chilogrammi di patate si sono raccolti? [**140 kg**]

99. ✲✲ Per festeggiare la fine dell'anno scolastico cinque amici si recano in pizzeria e consumano:

- 2 antipasti da € 4,80 ciascuno;
- 3 pizze al salame da € 7,50 ciascuna;
- 2 pizze capricciose da € 8 ciascuna;
- 3 bottiglie di aranciata da € 4,80 ciascuna;
- 5 sorbetti da € 2,50 ciascuno.

Quanto spende ciascun amico se hanno deciso di dividere la spesa in parti uguali? Poiché danno una mancia di € 2 al cameriere, quanto ricevono di resto se pagano con una banconota da € 50 e 2 da € 20?

[**€ 15; € 13**]

100. ✲ Per assemblare un PC è necessario un certo numero di componenti, per un costo complessivo di € 180. Il tecnico della ditta, la cui paga oraria è di € 23, impiega 7 ore a completare il lavoro. Vendendo 15 PC a € 6 750, quanto guadagna la ditta? [**€ 1 635**]

101. ✲ Un servizio di bicchieri comprende 6 bicchieri da vino, 6 da acqua e 6 da spumante. Ogni bicchiere da vino costa € 2,30 e ogni bicchiere da spumante € 1,70; se tutto il servizio costa € 35,40, quanto costa ogni bicchiere da acqua? [**€ 1,90**]

102. ✲ Con i suoi risparmi Bibiana acquista una videocassetta da € 18, una serie di 12 cassette che costano € 9 ciascuna e 5 compact disc. Se i risparmi di Bibiana erano di € 153 e alla spesa contribuisce il papà con € 28, quanto è costato ogni compact disc? [**€ 11**]

103. ✲✲ La signora Giulia ha destinato € 3 000 per alcune spese per la casa e ha acquistato:

- un divano e una vetrinetta che ha pagato € 250 in meno del divano,
- tre vasi di vetro che ha pagato € 100 ciascuno.

Se della somma destinata a tali spese le rimangono € 550, quanto ha pagato il divano e quanto la vetrinetta?

[**€ 1 200; € 950**]

104. ✲✲ In un condominio sono in vendita 3 appartamenti, 2 monolocali e 10 posti auto dalla cui vendita sono stati ricavati complessivamente € 602 000 vendendo ogni appartamento al prezzo di tre monolocali e ogni monolocale al prezzo di tre posti auto. Il signor Rossi, che ha comprato un appartamento e un posto auto, ha dato un acconto di € 10 000 e paga il resto in 26 rate. A quanto ammonta l'importo di ogni rata? [**€ 5 000**]

105. ✲✲ Un meccanico per la revisione di un'auto di grossa cilindrata e di un'utilitaria impiega 150 minuti, per la revisione di un'auto di grossa cilindrata e di una moto impiega 135 minuti, per la revisione di un'utilitaria e di una moto impiega 105 minuti. Se oggi ha revisionato 2 auto di grossa cilindrata, 3 utilitarie e 8 moto, quanto guadagna se prende € 6 per ogni ora di lavoro? [**€ 72**]

106. ✲✲ Nella corsa automobilistica denominata Mille Miglia (partenza da Brescia e ritorno a Brescia), tra il primo classificato e il secondo c'è il doppio del tempo che è stato registrato fra il secondo e il terzo classificato. Tra il terzo e il quarto, invece, c'è il triplo del tempo che separa il secondo dal terzo. Sapendo che il primo classificato ha impiegato 3 ore meno del quarto, stabilisci con quale distacco dal primo sono arrivati il secondo e il terzo concorrente. [**30 minuti**]

107. ✲✲ Un commerciante ha acquistato 112 pacchi di biscotti, parte al miele, parte al burro e parte alla panna, pagandoli rispettivamente € 1,50, € 1,75 e € 1,90 al pacco. Sapendo che quelli al burro sono 12 in più di quelli alla panna e quelli al miele 28 in più di quelli al burro, quanto guadagna se rivende tutti i biscotti a € 2,10 al pacco? [**€ 51,20**]

108. ✲✲ In un negozio di giocattoli 5 trenini e 4 peluche costano € 111 mentre 7 trenini e 4 peluche costano € 141. In questo negozio la signora Pina compra 2 trenini e 5 peluche per i suoi nipotini, paga con una banconota da € 100 e riceve di resto 2 banconote da € 10, 1 moneta da € 1 e alcune monete da € 0,50. Quante monete da € 0,50 riceve? [**8**]

109. ✲✲ Pierino ha acquistato 7 evidenziatori, alcuni a due colori e altri a un colore. Se avesse acquistato il triplo di quelli a due colori e il quadruplo di quelli a un colore ne avrebbe acquistati complessivamente 25. Se quelli a due colori costano € 3 ciascuno e quelli a un colore € 1,90 ciascuno, quanto ha speso Pierino in tutto? [**€ 16,60**]

Esercizi per verificare...

... CIÒ CHE SAI FARE

Nei seguenti esercizi inventa un problema per ogni schema grafico assegnato, completalo con dei dati a tua scelta e risolvilo.

1.

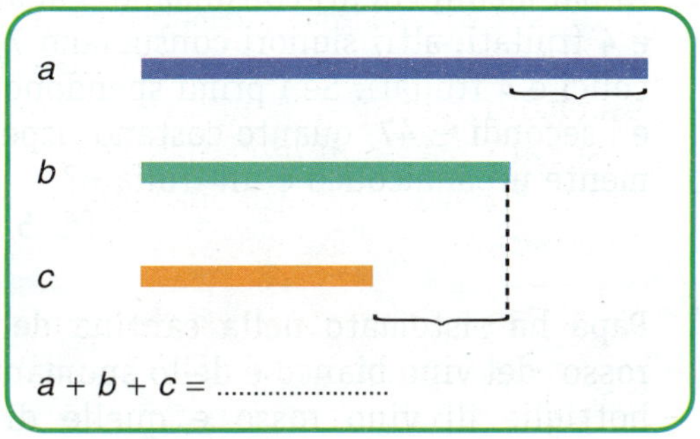

2.

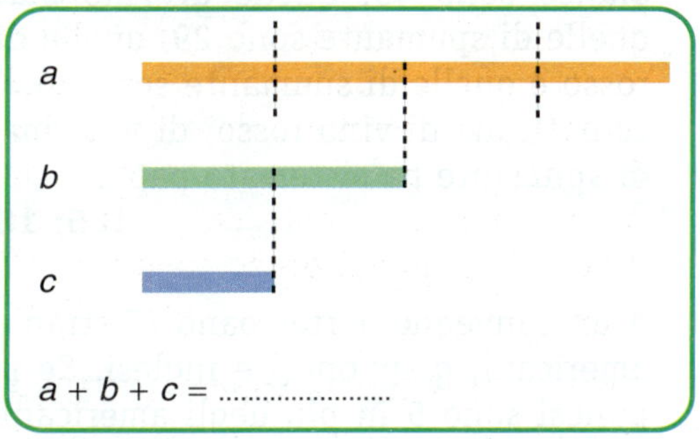

3.

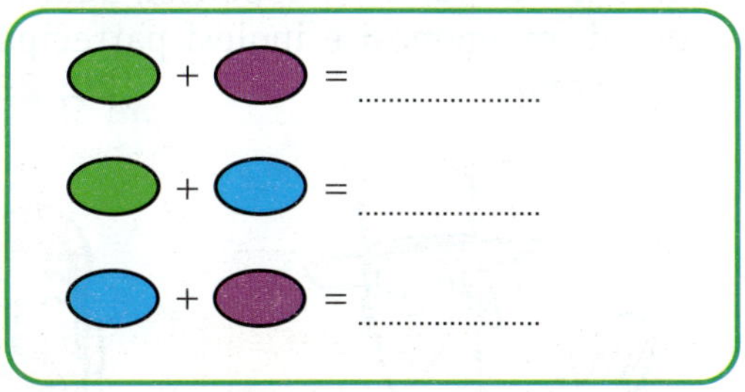

4.

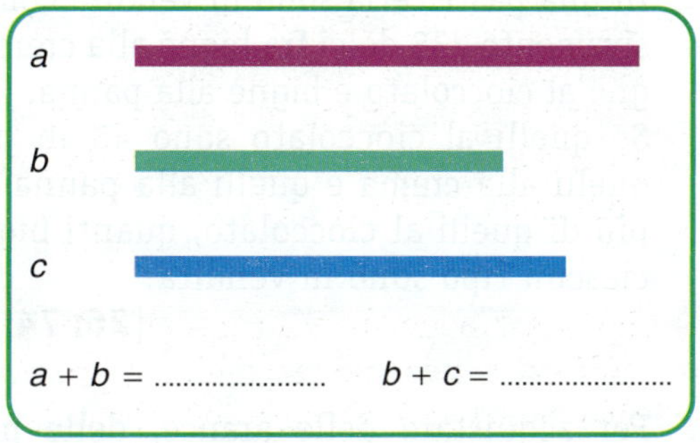

5.

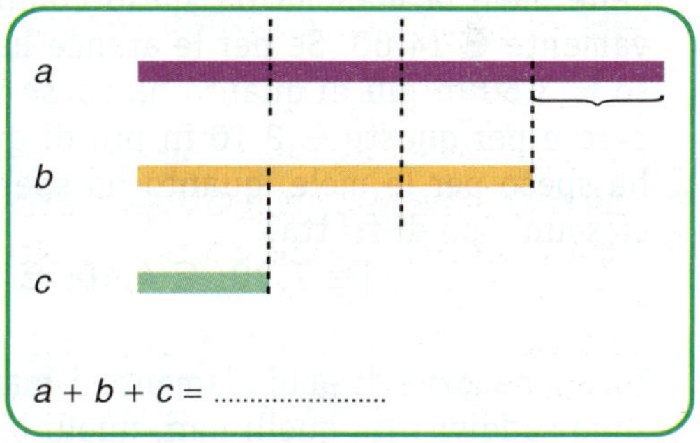

6.

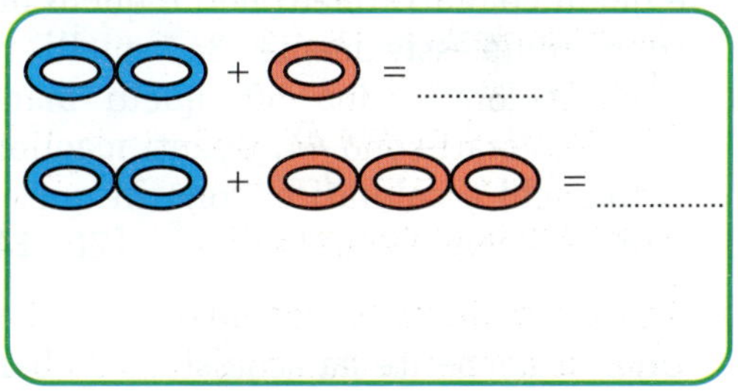

Risolvi i seguenti problemi con il metodo grafico.

7. Tre damigiane contengono complessivamente 204 *l* di vino. Se le prime due contengono la stessa quantità di vino e la terza 27 *l* in più delle prime due, quanti litri di vino contiene ciascuna damigiana?

[59 *l*; 59 *l*; 86 *l*]

8. Una strada lunga 92 km viene asfaltata da tre squadre di operai. La seconda squadra asfalta 4 km in più della prima e la terza 12 km in più della seconda. Quanti chilometri di strada ha asfaltato ciascuna squadra?

[24 km; 28 km; 40 km]

9. Alla festa di fine anno partecipano i genitori dei ragazzi per un totale di 60 persone.
Se le mamme sono 18 in più dei papà, quante mamme e quanti papà ci sono?

[39; 21]

10. In una cartoleria Alberto sta osservando che in un contenitore ci sono 25 pennarelli fra rossi e verdi, 18 fra rossi e gialli e 23 fra verdi e gialli.
Quanti pennarelli di ciascun colore sta osservando Alberto? **[10; 15; 8]**

11. In una pasticceria sono in vendita complessivamente 238 dolci fra bignè alla crema, bignè al cioccolato e bignè alla panna.
Se quelli al cioccolato sono 48 in più di quelli alla crema e quelli alla panna 64 in più di quelli al cioccolato, quanti bignè di ciascun tipo sono in vendita?
[26; 74; 138]

12. Per acquistare delle arance, delle pere e delle mele la mamma ha speso complessivamente € 14,60. Se per le arance ha speso € 3,50 in più di quanto ha speso per le pere e per queste € 2,10 in più di quanto ha speso per le mele, quanto ha speso per ciascun tipo di frutta?
[€ 7,90; € 4,40; € 2,30]

13. In un negozio di abbigliamento i maglioni sono suddivisi fra quelli neri, quelli bianchi e quelli colorati. Quelli neri e quelli bianchi sono complessivamente 34, quelli neri e quelli colorati sono 50, quelli bianchi e quelli colorati sono 44. Quanti maglioni neri, bianchi e colorati ci sono in quel negozio? **[20; 14; 30]**

14. Un commerciante ha acquistato 56 barattoli di marmellata di arancia, di ciliegie e di fragola. Quelli con la marmellata di ciliegie sono 6 in più di quelli di fragola e quelli di arancia 14 in più di quelli di ciliegie. Quanti barattoli di marmellata rispettivamente di arancia, di ciliegie e di fragola ha comprato?
[30; 16; 10]

15. In un sacchetto ci sono biglie rosse, verdi e gialle per un totale di 62 biglie.
Sapendo che quelle rosse sono la metà di quelle verdi e quelle gialle sono 7 in più delle verdi, calcola quante biglie rosse, verdi e gialle ci sono rispettivamente.
[11; 22; 29]

16. Ho speso € 92 per acquistare 4 giochi da tavolo e un robot. Il mio amico ha speso € 53 per acquistare 2 giochi da tavolo e un robot uguali ai miei. Quanto costa un gioco da tavolo e quanto un robot?
[€ 19,50; € 14]

17. Al bar alcuni clienti consumano 5 analcolici e 4 frullati, altri signori consumano 7 analcolici e 4 frullati. Se i primi spendono € 37 e i secondi € 47, quanto costano rispettivamente un analcolico e un frullato?
[€ 5; € 3]

18. Papà ha sistemato nella cantina del vino rosso, del vino bianco e dello spumante. Le bottiglie di vino rosso e quelle di vino bianco sono 43, quelle di vino bianco e quelle di spumante sono 29, quelle di vino rosso e quelle di spumante sono 36. Quante bottiglie di vino rosso, di vino bianco e di spumante ha sistemato papà?
[25; 18; 11]

19. A un convegno partecipano 77 stranieri fra americani, giapponesi e inglesi. Se i giapponesi sono 5 in più degli americani e gli inglesi 7 in più dei giapponesi, quanti americani, giapponesi e inglesi partecipano al convegno? **[20; 25; 32]**

20. Il numero di pagine complessivo di quattro libri è 456. Sapendo che il primo libro ha 24 pagine in più del secondo, che il secondo supera di 15 pagine il doppio delle pagine del terzo e che questo ha 12 pagine in più del quarto, calcola il numero di pagine di ciascuno di questi libri. **[177; 153; 69; 57]**

21. Antonio per acquistare 5 cornici di legno e 4 d'argento ha speso complessivamente € 93; se invece avesse acquistato 3 cornici di legno e 2 d'argento avrebbe speso € 51. Quanto costano rispettivamente una cornice di legno e una d'argento? **[€ 9; € 12]**

22. Per acquistare 3 rose e 4 tulipani Marina ha speso complessivamente € 11, mentre Sabrina, per acquistare 7 rose e 12 tulipani, ha speso € 29. Quanto costa una rosa e quanto un tulipano? **[€ 2; € 1,25]**

23. Il nonno ha regalato a Roberto 22 monete, in parte da € 2 e in parte da € 0,50. Se le monete da € 0,50 sono 2 in più di quelle da € 2, quanti soldi ha regalato il nonno a Roberto? **[€ 26]**

24. Gino e Sara fanno acquisti in cartoleria. Gino compra 3 gomme e 5 pennarelli spendendo in tutto € 8,75, Sara compra 6 gomme e 5 pennarelli dello stesso tipo spendendo € 10,25. Quanto costa una gomma e quanto un pennarello? **[€ 0,50; € 1,45]**

25. Da un ufficio vengono spedite in tutto 36 lettere, parte delle quali per raccomandata. Se le lettere per posta normale fossero il triplo e quelle per raccomandata il doppio, in tutto sarebbero state spedite 92 lettere. Quante lettere per posta normale e quante per raccomandata sono state spedite? **[20; 16]**

26. Un commerciante ha acquistato delle bottiglie di vino che riceve in tre pacchi; il primo e il secondo contengono 34 bottiglie, il secondo e il terzo 42 bottiglie, il primo e il terzo 38 bottiglie. Se rivende le bottiglie del primo pacco a € 3,80 ciascuna, quelle del secondo a € 4,50 ciascuna e quelle del terzo a € 6 ciascuna, quanto ricava dalla vendita di tutte le bottiglie di vino? **[€ 280,50]**

27. I risparmi di Alberto e Annamaria sono tali che il doppio di quelli di Alberto più il triplo di quelli di Annamaria ammontano a € 310, mentre il triplo di quelli di Alberto più il quadruplo di quelli di Annamaria ammontano a € 430. Se entrambi spendono € 20 ciascuno, quanto resta a ciascuno di loro? **[€ 30; € 50]**

28. Una sarta ha acquistato 7 m di stoffa di due tipi: alcuni metri di lino e alcuni di seta. Se avesse comprato il triplo del lino e il quadruplo della seta, avrebbe acquistato in tutto 25 m di stoffa. Se il lino costa € 10,50 al metro e la seta costa € 13 al metro, quanto ha speso complessivamente la sarta? **[€ 83,50]**

29. Nella stalla di nonno Saro sono nati 15 cuccioli fra vitellini e maialini. Se i vitellini fossero il triplo, in tutto ci sarebbero 27 cuccioli. Quanti vitellini e quanti maialini sono nati? **[6; 9]**

Risolvi i seguenti problemi rappresentando l'algoritmo con un diagramma di flusso.

30. Un signore vuole acquistare un televisore da € 760 e può pagare in contanti, con uno sconto di € 50, o a 5 rate con uno sconto, in questo caso, di € 20. Quanto spende in entrambi i casi? A quanto ammonta ogni rata nel secondo caso?

[€ 710; € 740; € 148]

31. Un commerciante acquista alcuni elettrodomestici per un valore di € 4 000 e versa all'ordinazione € 1 550. Per saldare il conto ha due possibilità:

- versare il saldo in contanti con uno sconto di € 550;
- versare il saldo in 5 rate.

Quanto spenderà nel primo caso?

Quale sarà l'importo di ciascuna rata nel secondo caso?

[€ 1 900; € 490]

32. Per il suo compleanno Luisa ha ricevuto € 50 dai suoi genitori, € 40 dai nonni e € 25 dagli zii.
Con questi soldi vuole comprare una borsa in pelle rossa da € 55 e anche un paio di sandali rossi da € 35; se non trova la borsa comprerà una radiosveglia da € 40,45.
Quanti soldi le resteranno in entrambi i casi?

[€ 25; € 39,55]

33. La famiglia Stecchini, il cui reddito mensile è di € 3 500, sostiene mensilmente una spesa di € 600 per l'affitto e di € 1 200 per il vitto e la rata di un mutuo.
Questo mese vorrebbe comprare un mobiletto da € 1 300 e un televisore da € 500 oppure due vetrinette da € 500 ciascuna e uno specchio da € 150.
Quale acquisto riuscirà a fare? E quale somma resterà in tal caso alla famiglia Stecchini?

[€ 550]

34. Per Natale Giorgio riceve in regalo € 80 che vorrebbe spendere acquistando un videogame da € 34, 2 libri da € 12 ciascuno e un compact disc da € 15.
Se non trova il compact disc comprerà altri 2 libri da € 10 ciascuno.
Quanti soldi gli resteranno nei due casi?

[€ 7; € 2]

35. Per andare 7 giorni in vacanza Roberto spende € 90 per il viaggio di andata e € 55 al giorno per l'albergo, tutto compreso. Se ha a disposizione € 750 e per il viaggio di ritorno può risparmiare € 10 rispetto all'andata, può prolungare la sua vacanza di qualche giorno? Se sì, di quanti giorni?

[3]

36. Il signor Libretti esce di casa con € 200 e spende € 20 in un negozio di bricolage, € 85 dal meccanico e € 60 per un regalo alla moglie.
Con i soldi rimasti vuole comprare o delle riviste di arredamento da € 10 l'una o dei portaombrelli da € 15 l'uno.
Quante riviste o portaombrelli può comprare? Con quanti soldi rimane nei due casi?

[3; 2; € 5]

mi autovaluto

Mettiti alla prova eseguendo quanto richiesto. Verifica i risultati alla fine del volume e prendi nota di quanti errori hai fatto. Completa poi la tua autovalutazione.

1 Quale dei seguenti diagrammi di flusso è svolto correttamente? Segnalo.

a)

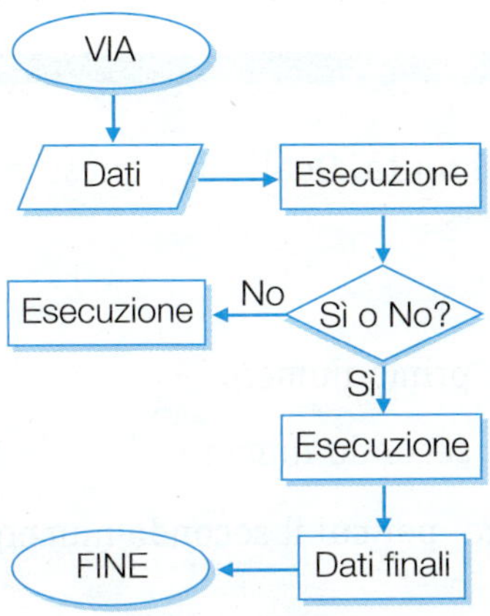

b)

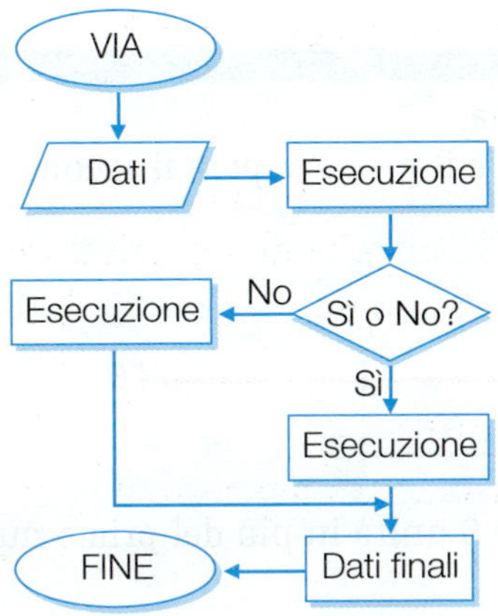

c)

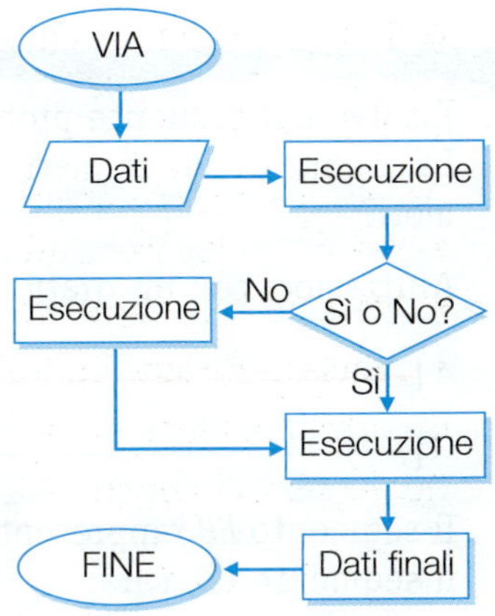

2 Che tipo di diagrammi di flusso sono i seguenti? Scrivilo vicino a ciascuno di essi.

a)

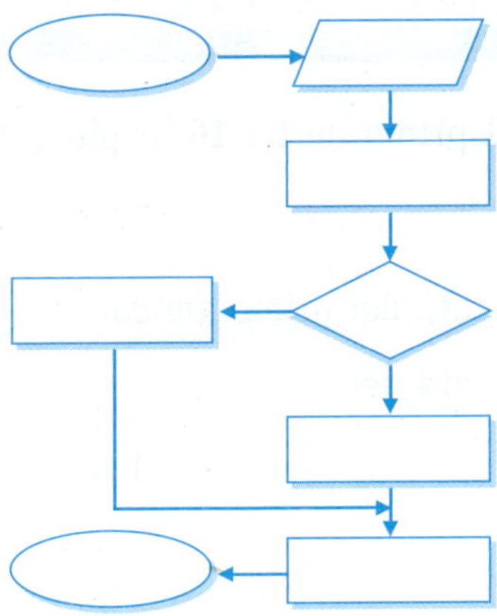

....

b)

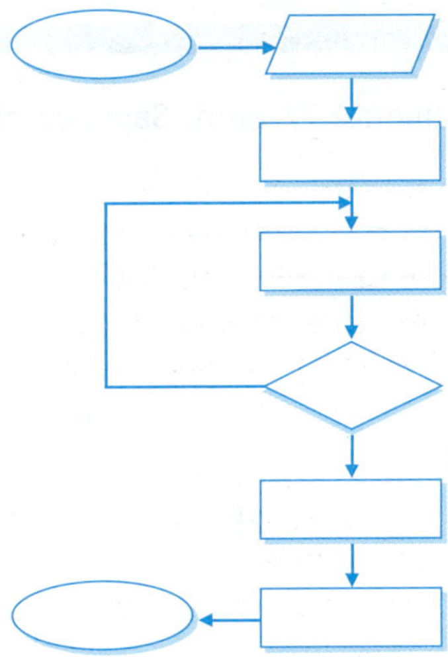

....

c)

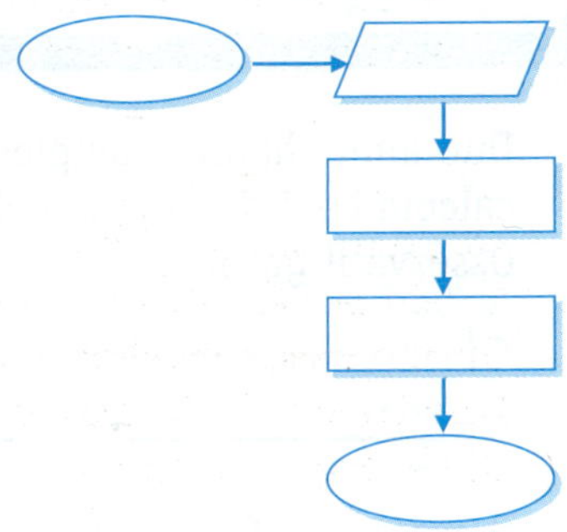

....

3 Risolvi con il metodo grafico il seguente problema.
Anna ha 76 biglie tra rosse e verdi, quelle rosse sono 16 in più di quelle verdi. Quante biglie rosse e quante verdi ha Anna? .... rosse; .... verdi.

4 Disegna il diagramma di flusso relativo alle operazioni necessarie per calcolare la seguente somma: 17 + 3 + 12.

Su 7 risposte, ... sono esatte; penso quindi di * ....

....

* **Aver capito bene tutto** (posso andare avanti); **avere ancora qualche dubbio** (mi eserciterò ancora); **avere molte incertezze** (eseguirò gli esercizi di recupero).

Esercizi di recupero

Se hai ancora qualche difficoltà, segui gli esercizi svolti (quelli nei riquadri) e poi completa gli altri.

1 Risolvere il seguente problema.
La somma di due numeri è 40 e il primo supera il secondo di 8 unità. Quali sono questi due numeri?

Aiutiamoci con un grafico:

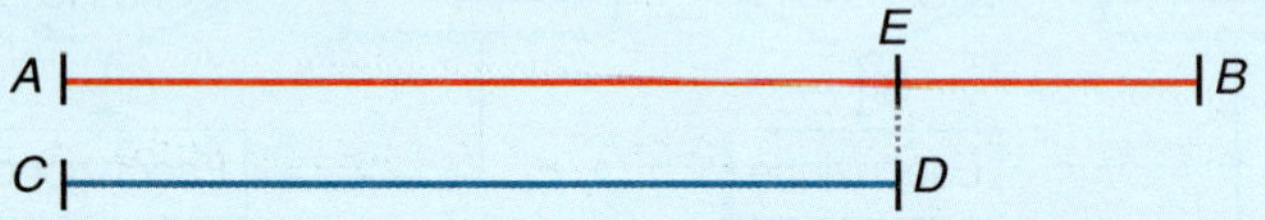

primo numero

secondo numero

Il segmento *EB* rappresenta le 8 unità in più del primo numero, per cui il secondo numero, cioè il segmento *CD*, sarà:

$[(AB + CD) - EB] : 2$, cioè: $(40 - 8) : 2 =$ **16**

e, di conseguenza, il primo numero sarà:

$40 - 16 =$ **24** o anche $16 + 8 =$ **24**.

2 Due amici hanno complessivamente 72 anni. Sapendo che il primo ne ha 16 in più del secondo, calcola l'età dei due amici.
Osserva il grafico:

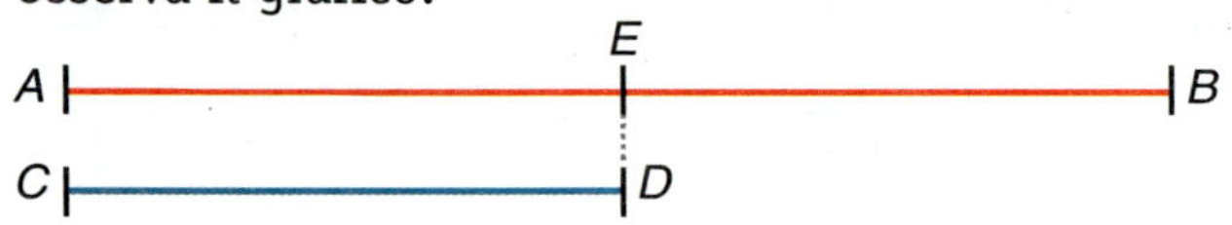

età del primo amico

età del ....

Il segmento *EB* rappresenta .... che il primo ha .... rispetto al secondo.

L'età del secondo, cioè il segmento ...., sarà quindi:

(72 – ....) : .... = ... : .... = **28**

L'età del primo sarà:

72 – .... = ...

o anche 28 + ... = ...

3 Paolo e Carla hanno complessivamente € 20. Se Paolo ha € 4 in più di Carla, quanti euro ha ciascuno di loro?
Osserva il grafico:

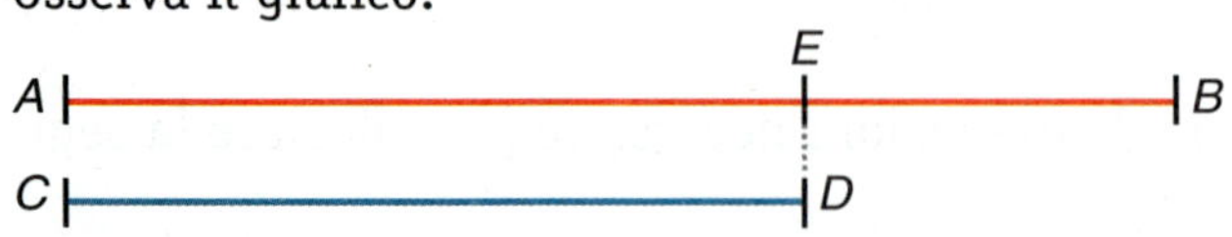

euro di ....

euro di ....

Il segmento *EB* rappresenta .... che Paolo ha .... rispetto a ....

Gli euro di Carla, cioè il segmento ...., saranno quindi:

(............ – ....) : .... = ... : .... = **8**

Gli euro di Paolo saranno:

.... – .... = ...

o anche .... + ... = ...

Risolvi i seguenti problemi.

4 Due numeri, la cui somma è 67, sono tali che il primo supera il secondo di 13 unità. Calcola i due numeri. **[40; 27]**

5 La somma di due numeri è 95 e il primo è maggiore del secondo di 7 unità. Quali sono i due numeri? **[51; 44]**

6 Due numeri, la cui somma è 127, sono tali che il secondo è inferiore al primo di 23 unità. Calcola i due numeri. **[75; 52]**

7 85 è la somma di due numeri. Se il secondo supera il primo di 11 unità, quali sono i due numeri? **[37; 48]**

8 In palestra 38 ragazzi e ragazze si sono iscritti a una gara di nuoto. Se le ragazze sono 10 in più dei ragazzi, quanti sono i ragazzi? **[14]**

9 In una vetrina sono esposte 16 paia di scarpe. Se quelle da donna sono 4 in più di quelle da uomo, quante sono rispettivamente le scarpe da donna e da uomo? **[10; 6]**

10 In un prato stanno pascolando 23 mucche e caprette. Se le mucche sono 5 in più delle caprette, quante sono le mucche e quante le caprette? **[14; 9]**

11 In una scatola sono contenute complessivamente 54 biglie rosse e verdi. Se le biglie rosse sono 16 in più di quelle verdi, quante sono queste ultime? **[19]**

12 Risolvere il seguente problema.
La somma di tre numeri è 25, il primo supera di 4 unità il secondo e questo supera di 3 unità il terzo. Calcolare i tre numeri.

Aiutiamoci con un grafico:

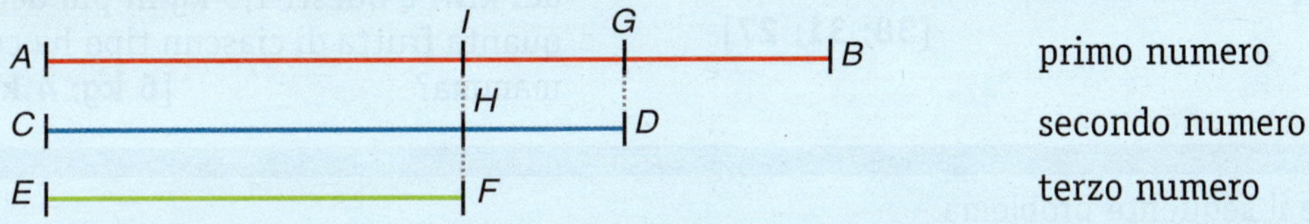

Il segmento *GB* rappresenta le 4 unità in più del primo numero rispetto al secondo, il segmento *HD* rappresenta le 3 unità in più del secondo rispetto al terzo.
Il terzo numero, cioè il segmento *EF*, sarà quindi:

$[(AB + CD + EF) - (HD + IB)] : 3$

poiché $IB = HD + GB$, avremo:

$[(AB + CD + EF) - (HD + HD + GB)] : 3 =$

$= [25 - (3 + 3 + 4)] : 3 =$

$= [25 - 10] : 3 =$

$= 15 : 3 =$ **5** terzo numero

$5 + 3 =$ **8** secondo numero

$8 + 4 =$ **12** primo numero

13 Tre amici hanno complessivamente 113 anni. Il primo ha 12 anni in più del secondo e questi ha 7 anni in più del terzo. Quanti anni ha ciascuno di loro?
Osserva il grafico:

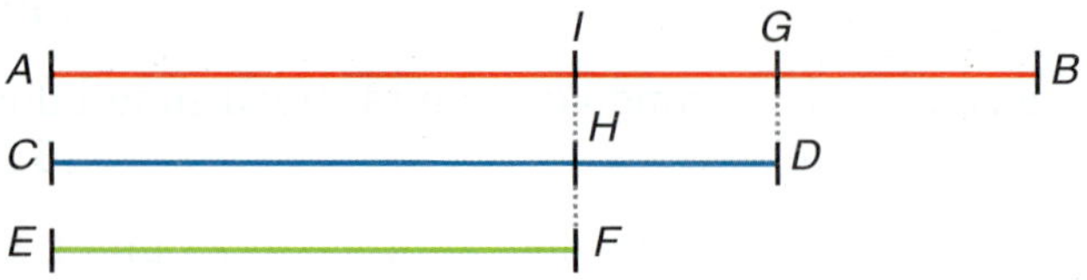

età del primo amico
età del ....
età del ....

Il segmento *GB* rappresenta i 12 anni in più del primo amico rispetto al secondo, il segmento *HD* rappresenta i .... in più del .... rispetto al ....
L'età del terzo amico, cioè il segmento ...., sarà quindi:
[113 − (............ + ... + ...)] : 3 = [113 − ....] : 3 =
= .... : 3 = **29** età del terzo amico
.... + ... = **36** età del ....
.... + ... = ... età del ....

Risolvi i seguenti problemi.

14 La somma di tre numeri è 75, il primo supera di 8 unità il secondo e questo supera di 5 unità il terzo. Calcola i tre numeri. **[32; 24; 19]**

15 Tre numeri, la cui somma è 96, sono tali che il primo supera il secondo di 7 unità e il secondo supera il terzo di 4 unità. Calcola i tre numeri. **[38; 31; 27]**

16 In un parco ci sono uomini, donne e bambini per un totale di 52 persone. Gli uomini sono 6 in più delle donne e queste 8 in più dei bambini. Quanti uomini, donne e bambini ci sono nel parco? **[24; 18; 10]**

17 Dal fruttivendolo la mamma ha comprato fragole, kiwi e ciliegie per un totale di 12,5 kg di frutta. Se le fragole sono 2 kg in più dei kiwi e questi 1,5 kg in più delle ciliegie, quanta frutta di ciascun tipo ha comprato la mamma? **[6 kg; 4 kg; 2,5 kg]**

18 Risolvere il seguente problema.
Tre numeri sono tali che il primo più il secondo dà 28, il primo più il terzo dà 32 e il secondo più il terzo dà 40. Quali sono i tre numeri?
Aiutiamoci con un grafico indicando con:
il primo numero, il secondo numero, il terzo numero.
In base ai dati avremo:

Il grafico ci mette in evidenza che la somma 28 + 32 + 40 non è altro che il doppio della somma dei tre numeri. Per cui:
(28 + 32 + 40) : 2 = 50 somma dei tre numeri e quindi:
50 − 40 = **10** primo numero
50 − 32 = **18** secondo numero
50 − 28 = **22** terzo numero

19 Tre numeri sono tali che il primo più il secondo dà 12, il primo più il terzo dà 20 e il secondo più il terzo dà 24. Quali sono i tre numeri?
Indica con:

● il primo numero, ● il secondo numero, ● il terzo numero.

In base ai dati avrai:

● + ● = 12
● + ● = ...
● + ● = ...

Quindi:
(12 + ... + ...) : .... = 28 somma dei tre numeri
e quindi:

.... − .... = **4** primo numero
.... − .... = ... secondo numero
.... − .... = **16** terzo numero

Risolvi i seguenti problemi.

20 Il numero dei componenti di tre comitive è tale che il numero dei componenti della prima e della seconda è 39, quello dei componenti della prima e della terza è 33, quello dei componenti della seconda e della terza è 36.
Quanti sono rispettivamente i componenti della prima, della seconda e della terza comitiva?
[18; 21; 15]

21 Sulla cattedra ci sono penne, matite e gomme. Le penne e le matite sono 5, le penne e le gomme sono 8, le matite e le gomme sono 7. Quante penne, matite e gomme ci sono rispettivamente sulla cattedra?
[3; 2; 5]

22 Un camionista suddivide in tre tappe il percorso che deve compiere. Nella prima e nella seconda tappa percorre complessivamente 938 km, nella prima e nella terza 833 km, nella seconda e nella terza 465 km.
Quanto è lungo tutto il percorso? Quanti chilometri ha percorso in ogni tappa?
[1 118 km; 653 km; 285 km; 180 km]

23 Le altezze di Anna, Rosalba e Veronica sono tali che quella di Anna più quella di Rosalba dà 313 cm, quella di Anna più quella di Veronica dà 317 cm e quella di Rosalba più quella di Veronica dà 320 cm.
Quanto sono alte rispettivamente Anna, Rosalba e Veronica?
[155 cm; 158 cm; 162 cm]

24 In pasticceria Francesca ha comprato dei biscotti, dei pasticcini e del gelato. Se ha speso € 25 per biscotti e pasticcini, € 35 per biscotti e gelato e € 40 per pasticcini e gelato, quanto ha speso per ciascun tipo di dolce?
[€ 10; € 15; € 25]

Esercizi per contenuti

DALL'INSIEME N ALL'INSIEME Q

1. Indica qualche situazione pratica in cui è utile l'uso dei numeri relativi.

Completa le seguenti tabelle esprimendo le informazioni in esse riportate con l'opportuno numero relativo.

2.

Informazione	Numero relativo
Sara ha un credito di € 300	
La profondità è di 10 m sotto il livello del mare	
C'è una temperatura di 5 °C sotto lo zero	
Archimede è morto nel 213 a.C.	

3.

Informazione	Numero relativo
Ho contratto un debito di € 700	
È a un'altezza di 400 m sopra il livello del mare	
La battaglia è avvenuta nel 400 a.C.	
La temperatura è di 30 °C sopra lo zero	

Individua, fra le grandezze date nei seguenti esercizi, quali possono essere espresse mediante i numeri relativi.

4. **a)** Aldo è alto 155 cm.
   b) Taddeo, giocando, è a due penalità.
   c) Luisa ha avuto un premio di € 60.

5. **a)** L'azienda ha un deficit di € 20 000.
   b) Lucia ha 13 anni.
   c) Il mio diario ha 125 pagine.

6. **a)** L'auto ha rallentato di 30 km/h.
   b) Ho prelevato in banca € 200.
   c) I minatori sono risaliti in superficie da una profondità di 70 m.

7. Considera le grandezze degli esercizi 4, 5 e 6 e per quelle esprimibili con numeri relativi indica che cosa rappresenta lo zero.

8. Stabilisci il significato dei numeri relativi delle seguenti situazioni:
   a) Tra la pioggia caduta quest'anno e quella dell'anno scorso c'è una variazione di + 50 mm.
   b) La popolazione è variata di – 30 persone.
   c) I prezzi, rispetto alla passata stagione, sono variati del – 7%.

9. Esprimi a parole le seguenti informazioni date attraverso numeri relativi:
   a) Il punto di fusione dell'oro è + 1 063 °C.
   b) Il punto di ebollizione del mercurio è + 375 °C.
   c) Il punto di liquefazione dell'elio è – 269 °C.

10. Nei libretti di risparmio i versamenti vengono segnati con il + e i prelievi con il – ; descrivi i movimenti registrati su un libretto che porta i seguenti dati:

Data	Importo (in euro)
10-3-08	+ 150
20-4-08	– 70
6-6-08	+ 360
15-7-08	– 400
6-8-08	+ 250

11. In una città la temperatura a mezzogiorno è + 3 °C, alle ore 14 si registra un aumento di 3 °C, alle ore 16 una diminuzione di 1 °C e alle 18 un calo di 4 °C. Verifica che alle ore 18 la temperatura è di + 1 °C.

L'INSIEME Z

12. Di quali numeri i punti dati sono le immagini?

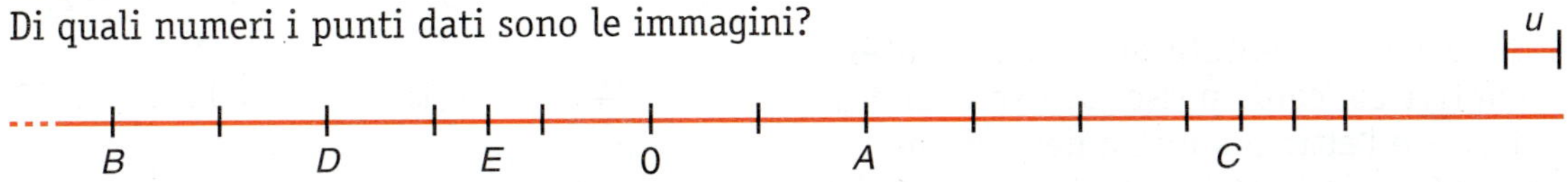

Stabilisci quali numeri sono rappresentati sulle rette orientate dei seguenti esercizi.

13.

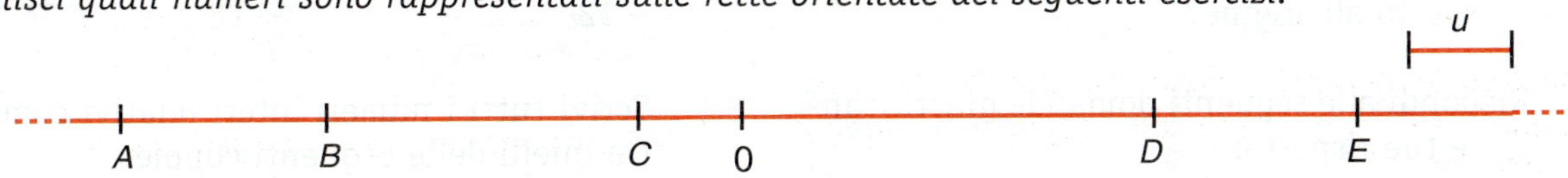

14.

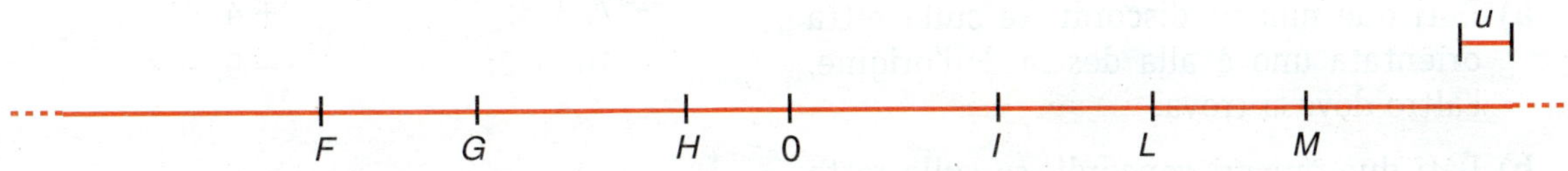

Rappresenta su una retta orientata i gruppi di numeri dati nei seguenti esercizi (scegli un'opportuna unità di misura).

15. + 5; – 2; + 8; + 11; – 3; – 8; – 10.

16. + 2; + 3; – 10; + 5; – 1; – 2.

17. – 4; – 7; + 6; + 7; + 5; + 8.

18. + 1; – 1; + 9; – 12; – 15; + 11.

19. + 5; – 10; + 20; – 40; + 8; + 4.

20. Dopo aver specificato che cosa si intende per "modulo" di un numero intero relativo, scrivi quello dei seguenti numeri:
– 22; + 4; + 17; – 15; – 17; + 0.

21. Vero o falso? Segna la casella corrispondente:

a) Due numeri interi relativi sono concordi se hanno lo stesso segno. V F

b) Due numeri interi relativi sono discordi se hanno modulo diverso. V F

c) Due numeri interi relativi sono opposti se sono discordi e hanno lo stesso modulo. V F

22. Individua tra le seguenti coppie di numeri quelle formate da numeri concordi, numeri discordi e numeri opposti:

+ 7, – 9; + 5, + 12; – 5, + 5;
– 4, + 10; – 11, + 2; + 3, – 3.

23. Di ogni numero dato scrivi l'opposto e indicane il valore assoluto:
– 5; + 3; – 8; – 1; – 9.

24 Scrivi tre coppie di numeri interi relativi concordi, tre di numeri interi relativi discordi e tre di numeri interi relativi opposti.

25. Scrivi quattro coppie di numeri interi relativi concordi il cui valore assoluto sia maggiore di 10.

26. Scrivi quattro coppie di numeri interi relativi discordi il cui valore assoluto sia minore di 15.

27. Vero o falso? Segna la casella corrispondente:

a) L'opposto dell'opposto di un numero è uguale al numero stesso. V F

b) Due numeri relativi opposti hanno lo stesso modulo. V F

c) Due numeri relativi opposti sono concordi. V F

d) Due numeri relativi discordi sono opposti. V F

28. Vero o falso? Segna la casella corrispondente:

a) Gli opposti di due numeri concordi sono discordi. V F

b) L'opposto di un numero negativo è ancora negativo. V F

c) Gli opposti di due numeri discordi sono discordi. V F

29. Rispondi alle seguenti domande giustificando le tue risposte:

a) Sulla retta orientata due numeri interi relativi concordi possono essere uno a destra e l'altro a sinistra dell'origine?

b) Sulla retta orientata due numeri interi relativi opposti da che parte stanno rispetto all'origine?

30. Rispondi alle seguenti domande giustificando le tue risposte:

a) Dati due numeri discordi, se sulla retta orientata uno è alla destra dell'origine, l'altro dove si trova?

b) Dati due numeri concordi, se sulla retta orientata uno è alla sinistra dell'origine, l'altro dove si trova?

c) Dati due numeri opposti, se sulla retta orientata uno è a sinistra dell'origine, l'altro dove si trova?

31. Completa le seguenti affermazioni:

a) Fra due numeri discordi è maggiore quello ....

....

....

b) Fra due numeri concordi positivi è maggiore quello ....

....

....

c) Fra due numeri concordi negativi è maggiore quello ....

....

....

Nei seguenti esercizi sostituisci ai puntini il segno > oppure <.

32. + 13 .... + 9; + 8 .... + 9;
– 13 .... – 9.

33. + 15 .... – 21; – 10 .... 0;
– 7 .... + 7.

34. – 7 .... – 3; + 3 .... – 5;
– 7 .... – 9; + 4 .... – 2.

35. – 24 .... + 1; – 20 .... + 19;
+ 2 .... – 1; – 18 .... – 23.

36. 0 .... – 3; + 3 .... 0;
– 12 .... – 6; – 28 .... – 36.

37. Scrivi tutti i numeri interi relativi compresi tra quelli delle seguenti coppie:
– 7, + 8; + 4, + 10;
– 10, + 2; – 9, – 2.

Disponi in ordine crescente i gruppi di numeri dei seguenti esercizi.

38. – 4; + 7; – 3; 0;
– 1; + 2; – 5; + 6.

39. + 1; – 17; – 6; + 5;
+ 2; – 7; – 15.

40. – 3; + 3; – 8; – 19;
– 21; + 20.

Disponi in ordine decrescente i gruppi di numeri dei seguenti esercizi.

41. + 5; – 7; – 3; – 9;
– 4; – 8; + 3.

42. 0; – 2; + 23; – 21;
– 22; + 2; – 32.

43. – 12; – 15; + 27; – 34;
– 19; + 26.

44. Dopo aver individuato con quale legge si susseguono i numeri delle successioni date, scrivine altri, rappresentali su una retta orientata e stabilisci se sono in ordine crescente o decrescente:

a) + 5; + 3; + 1; ....

b) – 13; – 10; – 7; ....

c) + 2; 0; – 2; ....

Completa le seguenti tabelle.

45.

Intero precedente	Numero relativo intero	Intero successivo
	– 15	
	0	
	+ 7	
	– 1	

46.

Intero precedente	Numero relativo intero	Intero successivo
	+ 1	
	+ 3	
	– 4	
	– 7	

LE QUATTRO OPERAZIONI IN Z

L'addizione

Osserva i grafici dei seguenti esercizi, individua le addizioni rappresentate, scrivile ed eseguile.

47.

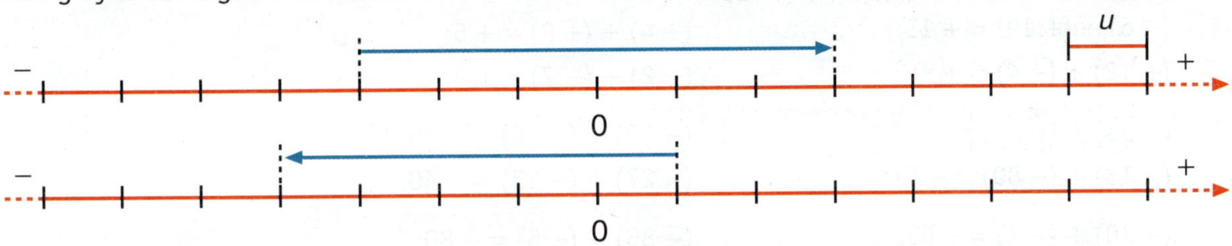

48.

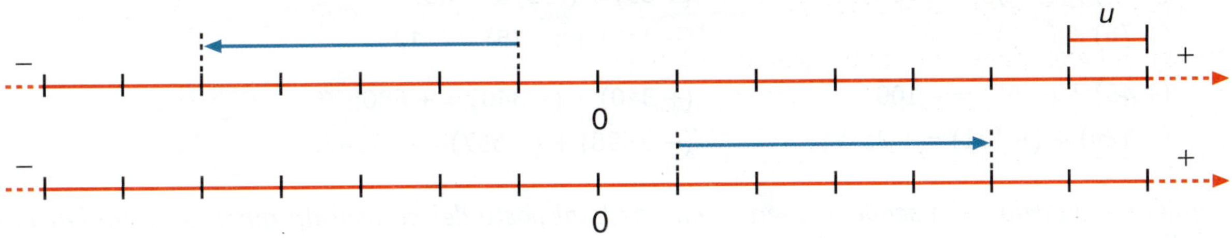

49.

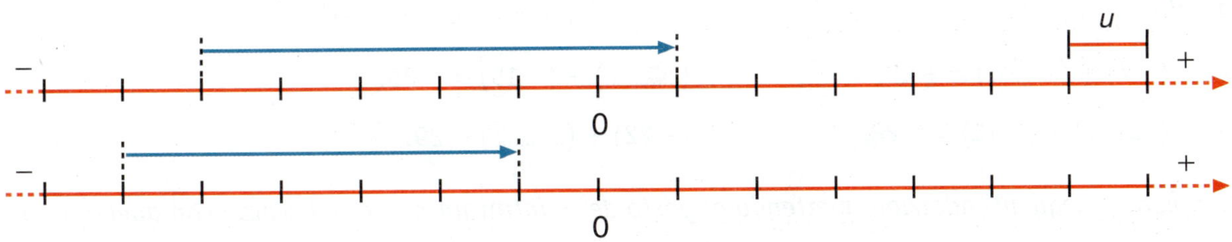

50.

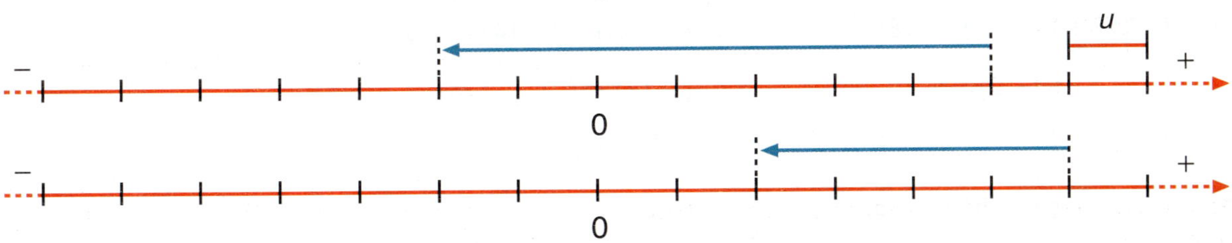

51.

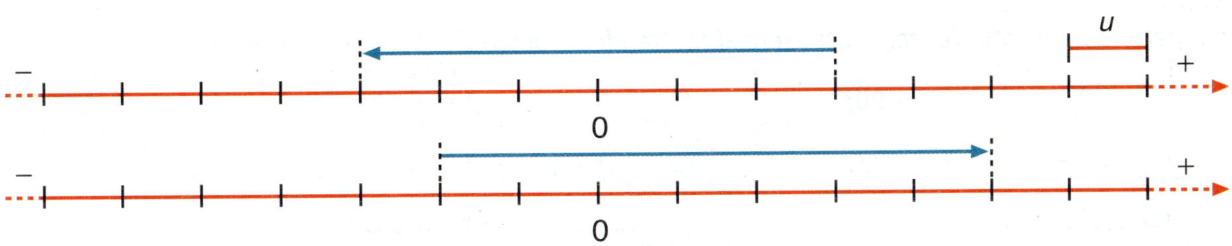

Completa le seguenti tabelle.

52.

+	0	− 1	+ 1	− 3	+ 4
+ 3					
− 7					
+ 2					
− 5					
+ 4					

53.

+	− 6	+ 8	− 10	+ 5	− 11
+ 2					
− 3					
+ 5					
− 8					
− 10					

Correggi le addizioni errate nei seguenti esercizi.

54. (+ 3) + (+ 7) = + 10; (− 3) + (− 6) = + 9;
(− 10) + (+ 8) = − 13; (+ 15) + (− 5) = + 10.

55. (− 6) + (+ 19) = + 13; (+ 4) + (+ 9) = + 5;
(+ 12) + (− 4) = + 8; (− 2) + (− 7) = + 9.

56. (+ 31) + (− 31) = + 62; (− 10) + (− 15) = + 25;
(+ 13) + (− 80) = − 67; (− 27) + (− 13) = − 40.

57. (+ 70) + (− 7) = + 63; (− 85) + (− 5) = − 80;
(− 76) + (− 6) = − 82; (− 110) + (− 15) = − 125.

58. (+ 45) + (+ 55) = − 100; (+ 340) + (− 340) = + 680;
(− 129) + (+ 131) = + 2; (− 5 590) + (− 657) = − 6 247.

Completa le addizioni dei seguenti esercizi mettendo al posto dei puntini un numero concorde con quello dato.

59. (+ 7) + (............) = + 20; (............) + (− 15) = − 25.

60. (............) + (+ 11) = + 28; (− 22) + (............) − 29.

Completa le seguenti addizioni mettendo al posto dei puntini un numero discorde con quello dato.

61. (− 15) + (............) = − 8; (............) + (+ 14) = − 3.

62. (............) + (+ 9) = + 7; (− 12) + (............) = + 2.

63. (− 10) + (............) = + 28; (............) + (+ 70) = − 30.

64. (............) + (− 36) = − 35; (− 25) + (............) = + 12.

Completa le addizioni dei seguenti esercizi mettendo al posto dei puntini due numeri concordi.

65. (............) + (............) = − 20; (............) + (............) = + 13.

66. (............) + (............) = + 17; (............) + (............) = − 15.

67. (............) + (............) = − 37; (............) + (............) = + 21.

Completa le addizioni dei seguenti esercizi mettendo al posto dei puntini due numeri discordi.

68. (............) + (............) = – 9;   (............) + (............) = + 12.

69. (............) + (............) = + 21;   (............) + (............) = – 18.

70. (............) + (............) = – 31;   (............) + (............) = + 25.

71. (............) + (............) = + 43;   (............) + (............) = – 42.

Completa le seguenti tabelle relative all'addizione.

72.

Primo addendo	Secondo addendo	Segni	Segno della somma	Modulo della somma	Somma
– 15	+ 7	discordi	–	15 – 7	– 8
+ 3	+ 9				
+ 4	– 10				
+ 21	– 9				
– 7	– 12				

73.

Primo addendo	Secondo addendo	Segni	Segno della somma	Modulo della somma	Somma
– 7		discordi		12 – 7	
		concordi	–	9 + 3	
		discordi	+	15 – 9	
		discordi	–	20 – 15	

Esegui le addizioni date negli esercizi seguenti rappresentandole graficamente.

74. (– 7) + (+ 5);   (– 6) + (– 2);
(+ 3) + (+ 9);   (+ 2) + (– 10).

75. (– 17) + (– 4);   (+ 8) + (– 7);
(+ 4) + (+ 13);   (– 6) + (– 1).

76. (– 4) + (+ 1);   (+ 9) + (+ 2);
(+ 10) + (– 7);   (– 11) + (+ 8).

77. (– 5) + (– 3);   (+ 6) + (– 9);
(+ 7) + (+ 2);   (– 1) + (– 9).

78. (+ 2) + (+ 4);   (+ 3) + (+ 5);
(– 5) + (+ 6);   (– 2) + (+ 7).

79. (– 7) + (– 4);   (– 1) + (+ 3);
(+ 5) + (– 9);   (+ 8) + (– 5).

Esegui le addizioni date nei seguenti esercizi.

80. (+ 13) + (– 9);   (– 10) + (– 15);
(– 20) + (+ 12);   (+ 17) + (+ 3).

81. (+ 13) + (+ 18);   (– 11) + (– 38);
(– 9) + (– 27);   (+ 16) + (+ 18).

82. (+ 18) + (+ 7);   (– 15) + (– 21);
(+ 30) + (– 13);   (– 75) + (+ 21).

83. (– 35) + (+ 15); (+ 58) + (– 38);
(+ 13) + (– 40); (+ 18) + (+ 52).

84. (– 85) + (+ 61); (– 78) + (– 8);
(– 91) + (+ 31); (+ 12) + (+ 68).

85. (+ 3) + (– 7) + (+ 4);
(+ 13) + (+ 2) + (– 6). [0; 9]

86. (– 4) + (– 7) + (+ 9);
(+ 6) + (– 9) + (+ 12). [– 2; 9]

87. (+ 9) + (– 5) + (– 7);
(– 3) + (– 9) + (– 7). [– 3; – 19]

88. (– 5) + (+ 8) + (– 9);
(+ 7) + (– 9) + (– 3). [– 6; – 5]

89. (– 18) + (+ 9) + (+ 11);
(– 7) + (+ 5) + (+ 3). [2; 1]

90. (+ 6) + (– 5) + (– 3);
(+ 7) + (– 3) + (+ 6). [– 2; 10]

91. (– 15) + (+ 7) + (+ 2);
(+ 9) + (– 6) + (+ 1). [– 6; 4]

92. (+ 4) + (– 7) + (+ 2);
(– 8) + (– 6) + (+ 12). [– 1; – 2]

93. (– 7) + (– 3) + (+ 12);
(+ 9) + (– 2) + (+ 3). [2; 10]

94. (– 15) + (+ 7) + (+ 2);
(+ 12) + (– 8) + (– 5). [– 6; – 1]

95. (– 6) + (+ 5) + (– 3) + (+ 8) + (– 1) [3]

96. (– 8) + (+ 6) + (+ 7) + (– 9) + (– 3) [– 7]

97. (+ 23) + (– 7) + (– 12) + (+ 2) + (– 9) [– 3]

98. (+ 9) + (+ 4) + (– 7) + (– 8) + (+ 2) [0]

99. (+ 32) + (– 21) + (+ 4) + (– 7) + (– 3) [5]

100. (– 7) + (– 3) + (+ 5) + (– 2) + (+ 9) [2]

101. (– 41) + (+ 12) + (+ 15) + (+ 9) + (+ 14) + (– 12) [– 3]

102. (– 17) + (– 16) + (+ 13) + (+ 19) + (– 2) + (– 8) [– 11]

103. (+ 20) + (– 16) + (– 19) + (– 7) + (+ 12) + (– 18) [– 28]

104. (– 98) + (+ 12) + (+ 14) + (+ 8) + (+ 42) + (– 3) [– 25]

La sottrazione

Completa le seguenti tabelle.

105.

–	0	+ 1	– 1	– 2	+ 4
– 3					
+ 5					
– 4					
+ 2					
– 6					

106.

–	– 7	+ 9	– 11	+ 6	– 12
+ 3					
– 4					
+ 6					
– 9					
– 11					

Correggi le sottrazioni errate nei seguenti esercizi.

107. (+ 7) − (+ 4) = (+ 7) + (+ 4) = + 11;
(− 10) − (+ 3) = (− 10) + (− 3) = − 13;
(− 5) − (− 9) = (+ 5) + (+ 9) = + 14.

108. (+ 13) − (+ 2) = (+ 13) + (+ 2) = + 15;
(− 4) − (− 17) = (− 4) + (+ 17) = + 13;
(− 15) − (+ 3) = (+ 15) + (+ 3) = + 18.

109. (− 12) − (− 24) = (− 12) + (− 24) = − 36;
(− 14) − (+ 21) = (− 14) + (− 21) = − 35.

110. (− 99) − (+ 11) = (− 99) + (− 11) = − 88;
(− 110) − (− 140) = (− 110) + (− 140) = − 350.

111. (− 144) − (+ 12) = (− 144) + (− 12) = − 156;
(+ 750) − (+ 430) = (+ 750) + (+ 430) = + 1 180.

Esegui le sottrazioni date nei seguenti esercizi.

112. (− 5) − (+ 4); (− 3) − (+ 9);
(− 5) − (− 2); (+ 7) − (− 8).

113. (− 4) − (+ 5); (+ 6) − (+ 3);
(− 8) − (+ 9); (− 4) − (− 10).

114. (+ 1) − (+ 3); (− 2) − (− 3);
(+ 6) − (− 12); (− 3) − (+ 4).

115. (+ 3) − (+ 4); (+ 7) − (+ 13);
(+ 10) − (− 7); (− 8) − (+ 6).

116. (+ 1) − (+ 11); (+ 11) − (− 8);
(− 9) − (+ 7); (+ 2) − (+ 18).

117. (+ 1) − (− 2); (− 11) − (− 14);
(− 34) − (+ 19); (+ 13) − (+ 12).

118. (− 7) − (+ 4); (− 21) − (− 10);
(+ 7) − (− 14); (+ 13) − (+ 9).

119. (+ 15) − (+ 9); (− 10) − (− 15);
(− 20) − (− 7); (+ 13) − (+ 8).

Metti al posto dei puntini il numero opportuno.

120. (............) − (− 7) = + 12;
(− 9) − (............) = + 3.

121. (+ 4) − (............) = − 7;
(............) − (+ 2) = − 4.

122. (............) − (+ 9) = − 10;
(+ 7) − (............) = − 13.

123. (− 10) − (............) = 0;
(............) − (+ 2) = − 1.

124. (............) − (+ 4) = + 4;
(− 16) − (............) = − 16.

125. (............) − (− 4) = + 7;
(............) − (+ 23) = − 4.

126. (+ 36) − (............) = + 44;
(− 15) − (............) = − 27.

127. (............) − (+ 33) = − 2;
(+ 16) − (............) = − 5.

La somma algebrica

Esegui le addizioni algebriche dei seguenti esercizi.

128. (− 2) + (− 3) − (+ 5); (+ 7) − (+ 3) + (− 2). **[− 10; + 2]**

129. (− 8) − (− 2) + (+ 5); (+ 5) + (+ 3) − (− 8). **[− 1; + 16]**

130. (+ 7) + (+ 5) − (+ 15); (− 9) − (− 2) + (+ 7). **[− 3; 0]**

131. (+ 8) − (+ 3) + (+ 6); (− 12) + (− 3) − (+ 5). **[+ 11; − 20]**

132. (+ 10) + (− 2) − (− 7) + (− 1); (+ 2) − (− 5) + (− 3) + (− 10). **[+ 14; − 6]**

133. (− 10) − (− 5) + (+ 7) − (+ 8); (+ 15) + (− 4) − (+ 10) − (− 9). **[− 6; + 10]**

134. (+ 4) + (− 5) − (− 9) + (− 3) − (+ 6) [− **1**]

135. (− 12) − (− 4) + (− 3) − (+ 7) − (− 2) [− **16**]

136. (− 15) − (+ 3) + (− 4) − (− 7) + (− 1) [− **16**]

137. (+ 13) − (− 9) + (+ 7) − (+ 4) − (− 3) [+ **28**]

138. (− 11) + (− 11) + (− 7) − (+ 3) + (− 3) [− **35**]

139. (+ 12) − (+ 120) + (− 30) − (− 24) + (− 6) [− **120**]

140. (− 11 − 10) − (− 12) + (+ 5) − (− 20) − (− 4) + (− 30) [− **10**]

141. (− 4 + 5 − 10) − (− 7 − 2) − (+ 5 − 3 + 2) + 7 − 8 [− **5**]

142. − 4 − 7 + (+ 4 − 7 − 1) − (+ 15 − 3) + 13 [− **14**]

143. + 8 − 3 − (− 2 + 9 + 3) + (− 10 + 7) − 10 + 8 [− **10**]

144. − 5 + (− 13 + 4 + 10) − 7 + 2 − (+ 10 − 7 − 9) [− **3**]

145. (+ 5 − 9) + 15 − (− 7 + 3 + 5 − 10) + (− 4 + 7 − 15) [+ **8**]

146. + 3 − (− 7 + 2 − 12) + (− 12 + 7) − (+ 5 − 10) − 7 − 4 [+ **9**]

Completa le seguenti tabelle.

147.

a	b	c	a + b	a − c	a + b + c	a − b − c
+ 4	− 7	+ 2				
− 5	− 10	+ 6				
+ 8	+ 2	− 5				
+ 4	− 10	+ 3				
− 3	+ 9	− 4				

148.

a	b	c	a + b + c	a − b − c	a − b + c	a + b − c
− 10	+ 6	− 8				
− 21	− 7	+ 3				
+ 18	− 26	+ 16				
− 28	− 15	+ 1				

Esegui le seguenti addizioni algebriche.

149. − 4 − 7 + 5 − 3; 8 + 2 − 12 − 1.

150. 10 − 7 − 5 + 9; − 13 + 9 − 4 − 2.

151. 8 − 10 − 2 + 9; − 3 + 12 − 7 − 1.

152. − 18 + 15 − 9 + 3; − 7 − 6 − 11 + 30.

153. 5 − 7 − 18 − 2; 15 − 21 − 7 − 1.

154. − 24 + 36 − 16 + 10; − 15 + 8 − 13 + 17.

155. $1 - 25 + 18 - 13 + 28 - 15$ [− **6**]

156. $-23 + 15 - 9 + 37 - 35 + 3$ [− **12**]

157. $47 - 23 - 12 + 18 - 20 + 45 - 6$ [+ **49**]

158. $54 - 34 + 113 + 6 - 15 + 1 - 96$ [+ **29**]

159. $-2 + 44 - 57 + 31 - 27 - 38 + 50$ [+ **1**]

160. $-23 + 50 + 18 - 90 + 33 - 25$ [− **37**]

161. $-22 + 51 - 34 + 33 - 10 + 15$ [+ **33**]

162. $13 - 1 - 65 + 70 - 15 + 30 - 10$ [+ **22**]

163. $-100 + 25 - 30 - 9 + 95 - 15$ [− **34**]

164. $-15 + 45 - 20 + 38 - 150 + 70$ [− **32**]

Risolvi i seguenti problemi.

165. Un pezzo di metallo si trova a una temperatura di 21 °C. Viene riscaldato e la temperatura sale di 18 °C. Lasciato raffreddare raggiunge la temperatura dell'ambiente scendendo di 12 °C. La stanza in cui si trova viene riscaldata di 3 °C e la temperatura della sbarra aumenta in modo analogo. A quale temperatura si trova ora la sbarra?

166. Un modellino di aereo si trova in volo a un'altezza di 180 m. Il pilota del modellino decide di eseguire le seguenti manovre:
- scendere di 100 m;
- risalire di 120 m;
- scendere di 5 m;
- risalire di 80 m;
- scendere di 38 m.

A quale altezza si trova il modellino dopo l'ultima manovra? Qual è la massima altezza raggiunta? E quella minima?

167. Marco riceve una mancia di € 50, presta € 20 al fratellino e compra un CD da € 18, aggiunge alla somma rimasta € 30 e presta altri € 25 a un amico. Se la mamma gli regala € 5, alla fine con quanti soldi resta Marco?

168. All'inizio di un anno scolastico una scuola ha 240 iscritti. Nel corso dell'anno 20 iscritti si trasferiscono in un'altra scuola e altri 30 si ritirano; contemporaneamente però 22 nuovi alunni si iscrivono a quella scuola e 5 di quelli che si erano ritirati decidono di ritornare. Alla fine dell'anno, quanti iscritti ha la scuola? *Esprimi la variazione subita.* [**...; − 23**]

169. Un alpinista si trova a un'altezza di 3 500 m. La strada che percorre scende di 1 200 m per poi risalire di 800 m e scendere successivamente di 1 600 m. Qui l'alpinista trova una baita; a quale altezza si trova la baita? [**1 500 m**]

170. Alcuni bambini partecipano a una caccia al tesoro; le istruzioni dicono che come prima mossa bisogna avanzare di 120 m, poi tornare indietro di 80 m per poi avanzare ancora di 15 m. Trovata un'altra mappa devono eseguire altre mosse: tornare indietro di 80 m, avanzare di 25 m e tornare indietro di altri 35 m e qui si troverà il tesoro. Il tesoro si trova prima o dopo il punto di partenza? Di quanto?

171. Un automobilista si è perso e, sperando di trovare la palestra in cui deve andare, esegue alcune manovre. Per prima cosa avanza di 200 m, poi svolta a destra in una strada che lo riporta indietro di 350 m, a questo punto svolta e percorre in avanti altri 80 m prima di svoltare alla sua sinistra e tornare indietro di altri 120 m. Arrivato a uno stop si ferma a chiedere indicazioni e scopre che la palestra si trova 100 m avanti rispetto allo stop. La palestra era più avanti o più indietro rispetto al punto di partenza dell'automobilista? Di quanto?

172. Completa la seguente tabella:

Anno di nascita	Anno di morte	Anni di vita
2 a.C.	15 d.C.	
23 a.C.		59
	21 d.C.	39
47 a.C.	9 d.C.	
	38 d.C.	38
47 a.C.		45
	90 d.C.	75

La moltiplicazione

173. Completa le seguenti frasi con il termine "positivo" o "negativo":

a) Il prodotto di due numeri discordi è ....

b) Il prodotto di due numeri concordi positivi è ....

c) Il prodotto di due numeri concordi negativi è ....

174. Rispondi alle seguenti domande:

a) Quando il prodotto fra due numeri interi relativi è minore di entrambi?

b) In quali due casi il prodotto fra due numeri interi relativi è uguale a uno di essi?

c) Quando il prodotto fra due numeri interi relativi è uguale all'opposto di uno di essi?

Completa le seguenti tabelle.

175.

×	− 1	+ 2	0	− 3	+ 1
+ 4					
− 3					
+ 5					
− 1					

176.

×	− 6	+ 7	− 8	− 10	+ 10
− 3					
+ 4					
− 5					
+ 6					

177.

Primo fattore	Secondo fattore	Segni	Segno del prodotto	Modulo del prodotto	Prodotto
− 10	+ 12	discordi	−	10 · 12	− 120
	− 5		+	9 · 5	
+ 7	+ 11				
+ 20					− 140

Correggi i prodotti errati nei seguenti esercizi.

178. $(-8)\cdot(+10)=-80$;
$(-7)\cdot(-9)=-63$;
$(+11)\cdot(+3)=+33$;
$(+12)\cdot(-2)=-10$.

179. $(-12)\cdot(-3)=-36$;
$(-18)\cdot(-3)=+6$;
$(-85)\cdot(+5)=-17$;
$(-120)\cdot(-30)=-40$.

Esegui le moltiplicazioni date nei seguenti esercizi.

180. $(+4)\cdot(+6)$; $(-2)\cdot(-7)$;
$(-3)\cdot(+5)$; $(+8)\cdot(-4)$.

181. $(-3)\cdot(-9)$; $(+7)\cdot(+5)$;
$(-10)\cdot(+4)$; $(+6)\cdot(-9)$.

182. $(-11)\cdot(+4)$; $(-5)\cdot(-8)$;
$(+5)\cdot(+12)$; $(+13)\cdot(-2)$.

183. $(-8)\cdot(-10)$; $(+6)\cdot(-12)$;
$(+20)\cdot(+3)$; $(-8)\cdot(+11)$.

184. $(-30)\cdot(-2)$; $(-15)\cdot(+15)$;
$(+7)\cdot(-14)$; $(-26)\cdot(-3)$.

185. $(-12)\cdot(-3)$; $(-18)\cdot(+20)$;
$(+22)\cdot(-10)$; $(-25)\cdot(-5)$.

186. $(+72)\cdot(-2)$; $(-41)\cdot(-3)$;
$(+37)\cdot(-5)$; $(-4)\cdot(-14)$.

187. $(-21)\cdot(-8)$; $(-40)\cdot(+30)$;
$(+7)\cdot(-31)$; $(+12)\cdot(+21)$.

188. Scrivi tre coppie di numeri il cui prodotto sia -24.

189. Scrivi tre coppie di numeri il cui prodotto sia $+36$.

Completa le uguaglianze date nei seguenti esercizi.

190. (............) $\cdot(+5)=-20$;
$(+7)\cdot$ (............) $=+56$;
(............) $\cdot(+8)=+24$.

191. $(+10)\cdot$ (............) $=+30$;
(............) $\cdot(-4)=-12$;
$(-9)\cdot$ (............) $=+72$.

192. (............) $\cdot(-11)=-33$;
$(-6)\cdot$ (............) $=+30$;
(............) $\cdot(-5)=-45$.

Esegui le moltiplicazioni date nei seguenti esercizi.

193. $(-3)\cdot(-2)\cdot(+7)$;
$(+3)\cdot(-6)\cdot(+2)$. **[42; – 36]**

194. $(+4)\cdot(+3)\cdot(-5)$;
$(-4)\cdot(+2)\cdot(-5)$. **[– 60; 40]**

195. $(-2)\cdot(-6)\cdot(-8)$;
$(+7)\cdot(+1)\cdot(-4)$. **[– 96; – 28]**

196. $(-3)\cdot(+2)\cdot(+5)\cdot(+4)$ **[– 120]**

197. $(+7)\cdot(+3)\cdot(-1)\cdot(-4)$ **[84]**

198. $(-2)\cdot(-3)\cdot(+4)\cdot(-6)$ **[– 144]**

La divisione

199. Completa le seguenti affermazioni:

a) Il quoziente di due numeri concordi è un numero ....

b) Il quoziente di due numeri discordi è un numero ....

200. Rispondi alle seguenti domande:

a) Quando il quoziente fra due numeri è uguale a zero?

b) Quando la divisione fra due numeri relativi non è possibile?

c) Quando il quoziente fra due numeri è uguale a -1?

201. Sì o No? Segna la casella corrispondente giustificando le tue risposte.

a) Il quoziente di due numeri relativi è sempre maggiore di entrambi? SÌ NO

b) Il quoziente di due numeri negativi è sempre minore di entrambi? SÌ NO

c) Il quoziente di due numeri inversi è sempre uguale a $+1$? SÌ NO

Completa le seguenti tabelle.

202.

:	+ 1	− 2	+ 3	− 12
+ 24				
− 4				
− 12				
0				

203.

:	+ 4	− 1	+ 8	0
− 4				
+ 16				
− 24				
+ 1				

204.

Dividendo	Divisore	Segni	Segno del quoziente	Modulo del quoziente	Quoziente
− 10	+ 5	discordi	−	10 : 5	− 2
+ 21	− 7				
− 36	− 9				
+ 54	+ 6				
− 72	− 8				

205.

Dividendo	Divisore	Segni	Segno del quoziente	Modulo del quoziente	Quoziente
+ 35			−	35 : 5	
	− 4				+ 8
− 24		discordi		24 : 3	
+ 45					+ 9

Esegui le divisioni assegnate nei seguenti esercizi.

206. (+ 20) : (− 4); (− 49) : (+ 7); (− 42) : (− 6); (− 45) : (− 15).

207. (− 33) : (+ 11); (+ 65) : (+ 5); (+ 81) : (+ 9); (− 27) : (− 3).

208. (− 75) : (− 5); (− 160) : (+ 20); (+ 88) : (− 11); (+ 105) : (+ 7).

209. (+ 80) : (− 16); (− 104) : (− 8); (− 91) : (− 7); (+ 168) : (+ 12).

210. (− 125) : (− 25); (+ 144) : (− 12); (− 169) : (+ 13).

211. (+ 625) : (− 25); (− 576) : (− 48); (− 468) : (+ 18).

212. (− 1 100) : (+ 11); (+ 1 170) : (− 65); (− 14 100) : (− 50).

213. (+ 12^2) : (− 6); (− 625) : (− 5^3); (− 3^4) : (+ 3^2).

214. Scrivi tre coppie di numeri il cui quoziente sia − 4.

215. Scrivi tre coppie di numeri il cui quoziente sia + 9.

Completa le uguaglianze date nei seguenti esercizi.

216. (− 18) : (............) = + 6;
(............) : (+ 7) = − 9;
(− 45) : (............) = − 15.

217. (+ 270) : (............) = − 27;
(............) : (− 10) = + 35;
(+ 77) : (............) = − 7.

218. (............) : (− 14) = + 5;
(− 120) : (............) = − 6;
(............) : (+ 11) = + 99.

219. (............) : (+ 36) = − 8;
(............) : (− 21) = + 5;
(− 256) : (............) = − 8.

Esegui le divisioni date nei seguenti esercizi.

220. (+ 60) : (− 6) : (+ 5); (− 32) : (− 4) : (− 2). **[− 2; − 4]**

221. (+ 24) : (− 2) : (− 4); (+ 42) : (+ 7) : (− 3). **[3; − 2]**

222. (− 35) : (− 5) : (+ 7); (− 48) : (− 6) : (+ 2). **[1; 4]**

223. (− 64) : (+ 2) : (− 8); (− 45) : (− 3) : (− 5). **[4; − 3]**

224. (− 180) : (+ 9) : (− 5); (− 162) : (− 9) : (− 6). **[4; − 3]**

225. (− 20 − 5 + 9) : (− 4); (+ 26 − 2 + 12) : (+ 12). **[4; 3]**

226. (+ 18 + 6 − 17 − 9) : (− 2); (− 15 − 3 + 10 − 2) : (− 5). **[1; 2]**

227. (− 10 + 5 − 20 − 2) : (− 9); (− 12 − 2 + 15 − 13) : (+ 3). **[3; − 4]**

228. (− 9 + 5 + 10 + 48) : (+ 9); (− 28 − 30 + 10 − 2) : (− 10). **[6; 5]**

Le espressioni

Calcola il valore delle seguenti espressioni contenenti solo addizioni e sottrazioni.

229. − 3 + (5 − 2 − 4 + 1) − (− 7 + 2) **[2]**

230. − 4 + (10 − 7 − 4) + 5 − (− 3 + 1 + 9) **[− 7]**

231. 7 − (5 − 1) + (− 9 − 7 + 4) + 10 **[1]**

232. 13 + (− 3 − 11 + 8) − (+ 5 − 7) − 4 − (3 − 7) **[9]**

233. − 1 + (3 − 6 + 2) − (− 4 − 5 + 6) − (12 + 7 − 2) **[− 16]**

234. 13 − (8 − 4 − 5) + (− 3 + 5 − 6) − (9 − 8 + 11) **[− 2]**

235. 2 + (− 7 + 10 + 4) − 8 − (4 − 1 − 9) + (− 3 + 7 + 10) − 11 **[10]**

236. − 9 + (12 − 7 − 2) + (− 3 − 9) − (4 − 3 − 20) + 7 − 10 **[− 2]**

237. $-3+(-10+8)-[3-(-2+5-14)+(-4+9-11)-18]$ [5]

238. $-7+4-[-3+(-7-2)-(5-9)+7+4]+10$ [4]

239. $-2+(-11+7)-[2-(-18+4)+(-5+8-12)-14]$ [1]

240. $5-12-[-(8-3-9)+(-5-6)-15]-7$ [8]

241. $-6-\{-20+8-[12-(5+7-12)]+4-(-2+10)\}$ [22]

242. $5-11+\{-1-[-(7-2-9)-5+(-3-1)]-4\}$ [− 6]

Calcola il valore delle seguenti espressioni contenenti solo moltiplicazioni e divisioni.

243. $(-12)\cdot(-2)\cdot(+5)\cdot(-3):(-8)$ [45]

244. $[(+8)\cdot(+3)\cdot(-5):(-6)]:[(-4)\cdot(+5)]$ [− 1]

245. $[(+7)\cdot(-60):(-3)]\cdot[(-6)\cdot(-5):(-3)]$ [− 14]

246. $[(-44):(-2)]\cdot(+5):[(-2)\cdot(-5)]$ [11]

247. $[(-7)\cdot(-4)]:[(-12):(+3)]\cdot(+8)\cdot(+3):(+4)$ [− 42]

248. $(-3)\cdot\{[(+20)\cdot(+5)\cdot(-3)]:(-60)\}:(+5)$ [− 3]

249. $\{(+18):[(-3)\cdot(-2)]\}\cdot\{[(-9)\cdot(+5)\cdot(-7)]:[(+3)\cdot(-5)\cdot(-21)]\}$ [3]

Calcola il valore delle seguenti espressioni contenenti le quattro operazioni.

250. $(+4)+(-5)\cdot(-3)+(+4)\cdot(-3):(-6)+(-5)-(-8)$ [24]

251. $(+16)+(-4)\cdot(+6)-(-15):(-5)-(+6)\cdot(+3)-(-8)$ [− 21]

252. $[(+6)+(+12)]:[(-3)\cdot(+2)]+(+4)-(-3)$ [4]

253. $\{[(-8)+(-12)]:(-4)+(+3)\}:(-4)$ [− 2]

254. $\{[(-18)+(-10)-(+12)]:[(+8)+(-7)\cdot(+4)]\}\cdot[(-2)-(+4)]$ [− 12]

255. $[(-80)+(-44)]:[(+15)+(-27)+(-36)-(-17)]$ [4]

256. $(-3)\cdot\{[(-7)+(+25)]\cdot(-6):(-3)-(+40):[(-40)+(+45)]-(+20)\}$ [− 24]

257. $(-5)\cdot(3+4-8)+3\cdot(-7)+21-18:(-3)$ [11]

258. (9 − 15) · (− 4 + 7 − 2) : (− 7 − 1 + 14) [− 1]

259. (− 2) · (+ 4) − [(+ 9) : (− 3) − (− 5)] − [(+ 28) : (− 4)] [− 3]

260. (− 11) · (+ 3) − (− 19 − 8 − 13) : [(− 2) · (+ 5) · (− 4)] + 3 [− 29]

261. (− 15 + 3 − 4) · (− 21 + 7 − 2 + 11 − 3 + 1) : (− 14 + 6) [− 14]

262. [(− 10 + 5 − 3) · (+ 5 − 7 − 2 + 8) : (+ 8 − 11 − 5)] · (− 5) [− 20]

263. 18 − [(+ 32) : (− 14 + 5 + 1)] + (− 6) · (− 3 + 7 + 4 − 6) [10]

264. [(− 6 · 4 − 3 · 4) · 2] : [− 36 : (− 22 + 13)] + 1 [− 17]

265. − 38 − [6 · 7 · (− 2) : (+ 3)] · (− 13 + 15) − (− 3 + 6) [15]

266. [(3 + 7 − 12) · (24 + 2 − 3 − 6)] : [2 · (− 1 + 5) : (− 6 + 12 − 3 + 1)] [− 17]

267. {18 : [(− 3) · (− 2)]} · {[(− 9) · (+ 5) · (− 7)] : [3 · (− 5)]} : (− 7) [9]

268. 5 · (− 3) · (− 6) : {[− 26 + (− 3) · 8] : [10 · (− 3 + 9) + 10 : (− 5 + 3) − 3 · 10]} [− 45]

269. {8 + [4 · (− 5) · (− 3) + 2 − 18] · (− 2)} : [(− 4 + 7 − 8) · (− 9 + 13)] [4]

270. {145 − 2 · [12 − 3 · (6 − 15)] − 72 : 8} : [− 17 − 3 · (8 + 2) − (− 9) · 2] [− 2]

271. [54 + 12 · (− 3)] · (+ 19 − 8) · (− 8 + 5) : [(− 4) · (− 5) + (− 2) · (− 7) − 1] [− 18]

272. {(+ 2) · (− 5) · (− 7) + [(− 18 − 6) · (− 3 − 2)] : (− 4)} : [9 · (− 3) − 14 : (− 2)] [− 2]

273. {[− 3 + 12] : [− 8 + 7] + [− 11 + 8]} : [− 6 − 6] [1]

274. {(19 − 7) − [3 · (− 5) + 4 · (− 3) + 8]} · {[(− 3) · (− 9) − 5 · 4] + (− 1) · 2} [155]

275. {[(2 · (− 3)] + (− 55 : 11)} · [3 · (− 4) − (− 30 : 5)] · [8 : 4 + (− 12 : 12)] [66]

276. [(− 9 + 13) · (− 4 + 5) − (− 6 + 29)] : [(− 8 · 2) + (− 9 : 3)] [1]

277. {45 · 2 : [− 12 · (− 3) − 6]} · 2 − [(− 4) · (− 7) : 2] : (9 − 2) [4]

278. {[(− 5 + 7 − 12) · 2] + 8} : 4 − 3 + 6 · (9 + 5 − 21) [− 48]

279. 18 + 21 − 12 + 30 : [− 4 + (− 3) · 2 + (− 5) · (− 4)] [30]

280. [(− 7 − 4) · (− 11) + (− 80 + 33 − 16 − 37)] : (12 − 9 + 38 − 5 · 4) [1]

281. {6 + 5 + [− 12 − 27 + (− 3)] : 3 − 6 · (− 6) : 12 + 10} : 5 − (− 16 + 3 · 4) [6]

282. [− 12 + (− 13) + 5 · (− 7 − 12 + 7 · 2)] : {36 : (− 9) − [61 · 2 + (− 11) · 11]} + (− 5) · (− 9) · 2 [100]

Esercizi per verificare...

... ciò che sai

1. Segna il completamento esatto.
Si dicono numeri interi positivi:
   - **a)** i numeri razionali preceduti dal segno +; ☐
   - **b)** i numeri naturali preceduti dal segno +; ☐
   - **c)** i numeri naturali preceduti dal segno –. ☐

2. Segna il completamento esatto.
Si dicono numeri interi negativi:
   - **a)** i numeri razionali preceduti dal segno –; ☐
   - **b)** i numeri naturali preceduti dal segno +; ☐
   - **c)** i numeri naturali preceduti dal segno –. ☐

3. Completa la seguente affermazione:
L'insieme dei numeri interi positivi, che si indica con ...., e quello degli interi negativi, che si indica con ...., formano l'insieme dei .... che si indica con ....

4. Completa le seguenti affermazioni:
   - **a)** I numeri razionali preceduti dal segno + formano l'insieme dei numeri .... che si indica con ....
   - **b)** I numeri razionali preceduti dal segno – formano l'insieme dei numeri .... che si indica con ....
   - **c)** I due insiemi Q^+ e Q^- formano complessivamente l'insieme dei numeri .... che si indica con ....

5. Accanto a ogni numero scrivi se è un numero intero, positivo o negativo, oppure un numero razionale relativo, positivo o negativo.

-7 ....

$-\frac{2}{9}$ ....

$+15$ ....

-23 ....

$+\frac{5}{8}$ ....

$+27$ ....

$+\frac{3}{7}$ ....

$-\frac{15}{3}$ ....

6. Segna le grandezze per le quali puoi usare i numeri interi relativi:
   - **a)** L'anno di un evento storico. ☐
   - **b)** L'area di un poligono regolare. ☐
   - **c)** Il bilancio economico di una società. ☐
   - **d)** L'altitudine di una città rispetto al livello del mare. ☐
   - **e)** Il peso di un oggetto. ☐
   - **f)** La profondità di una grotta. ☐

7. Completa:
   - **a)** Il valore assoluto di – 13 è ....
   - **b)** Il valore assoluto di + 13 è ....

8. Completa le seguenti frasi con i termini "concordi", "discordi" o "opposti":
   - **a)** + 7 e + 13 sono due numeri ....
   - **b)** – 3 e + 9 sono due numeri ....
   - **c)** + 11 e – 9 sono due numeri ....
   - **d)** – 10 e + 10 sono due numeri ....
   - **e)** – 5 e + 19 sono due numeri ....

9. Vero o falso? Scrivilo accanto a ogni affermazione:

a) Gli opposti di due numeri concordi sono discordi. ....

b) L'opposto di un numero positivo è negativo. ....

c) Gli opposti di due numeri discordi sono discordi. ....

10. Rispondi alle seguenti domande:

a) Fra due numeri positivi qual è il maggiore? ....

b) Fra due numeri negativi qual è il minore? ....

c) Fra due numeri discordi qual è il maggiore? ....

d) Fra un numero positivo e lo zero qual è il minore? ....

e) Fra un numero negativo e lo zero qual è il maggiore? ....

11. Vero o falso? Scrivilo accanto a ogni affermazione.

a) La somma di due numeri interi positivi è sempre positiva. ....

b) La somma di due numeri interi negativi può essere positiva o negativa. ....

c) La somma di due numeri interi opposti è zero. ....

d) La somma di due numeri interi discordi può essere positiva o negativa. ....

12. Completa le seguenti affermazioni con i termini "positivo" o "negativo":

a) Il prodotto di due numeri interi concordi è un numero ....

b) Il prodotto di due numeri interi discordi è un numero ....

c) Il prodotto di due numeri interi opposti è un numero ....

d) Il quoziente di due numeri interi concordi è un numero ....

... CIÒ CHE SAI FARE

13. Scrivi con un numero intero relativo:

a) un guadagno di € 500 ....

b) 7 gradi sotto lo zero ....

c) una perdita di € 10 ....

d) 70 m sopra il livello del mare ....

e) il 500 prima della nascita di Cristo ....

f) 130 m sotto il livello del mare ....

g) 90 m sotto il livello del mare ....

h) una vincita di € 300 ....

Inserisci su ogni retta i numeri mancanti.

14.

15.

16.

17. Scrivi i numeri rappresentati nella retta dai punti:

A: .... *B*: .... *C*: .... *D*: ....

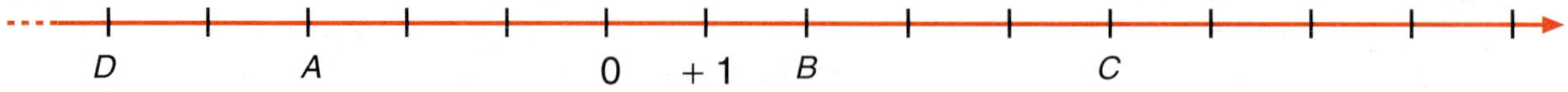

18. Metti il segno mancante in modo che i numeri di ciascuna coppia siano concordi:

+ 3, ... 5; − 7, ... 9; .... 8, + 4; .... 10, − 6.

19. Metti il segno mancante in modo che i numeri di ciascuna coppia siano discordi:

+ 9, ... 4; − 3, ... 9; .... 2, + 6; .... 12, − 5.

20. Completa la seguente tabella:

Numero intero	Numero concorde	Numero discorde	Numero opposto
− 13			
+ 8			
− 29			
+ 10			

21. Inserisci al posto dei puntini il simbolo > o < :

− 7 .... − 12; + 9 .... − 3;
+ 6 .... + 10; − 15 .... − 2;
+ 7 .... − 14; + 16 .... + 3;
− 17 .... − 4; − 5 .... 0;
0 .... + 9; − 2 .... − 3.

22. Riscrivi i seguenti numeri in ordine crescente:

− 6; + 8; − 1; − 3; + 16;
− 7; + 5; + 10; + 2; 0.

....
....
....

23. Riscrivi i seguenti numeri in ordine decrescente:

+ 14; − 3; + 10; − 6; + 8;
+ 2; 0; + 11; − 2; + 4.

....
....
....

Completa le seguenti tabelle.

24.

a	b	a + b	a − b	− b	a + (− b)
− 12	− 4				
+ 10	− 2				
− 14	+ 7				
+ 17	+ 4				

25.

a	b	c	a + b + c	a − b − c	a + (b − c)	a − (b + c)
− 12	− 4	− 2				
+ 14	− 7	+ 3				
− 15	+ 5	− 4				
+ 30	+ 10	0				

Calcola le somme algebriche date nei seguenti esercizi.

26. + 8 + 13 − 7 + 5 − 3; **[16]**
+ 4 − 3 − 10 + 2 + 9; **[2]**
− 7 − 3 + 12 − 4 + 1; **[− 1]**
− 2 + 11 + 4 − 6 − 9. **[− 2]**

27. − 10 − 5 + 6 + 2 − 8; **[− 15]**
+ 6 + 5 + 3 − 12 − 1; **[1]**
+ 6 − 13 − 5 − 2 + 14; **[0]**
− 2 − 9 − 7 + 15 + 2. **[− 1]**

Esegui i calcoli dati nei seguenti esercizi.

28. − 15 + (3 − 9 − 5) + 12; − 13 + 5 + (9 − 3 − 2) − 2; **[− 14; − 6]**
12 − (7 − 4 − 9) − 8; (− 9 + 3 − 12) − 4 + 12. **[10; − 10]**

29. − 15 + (− 3 − 5 + 1) − (2 − 10 + 18); 18 − 16 − (2 + 9 − 3) − (3 − 9 + 1); **[− 32; − 1]**
10 − (− 2 − 7 + 9) + (− 12 + 5); (3 − 10 − 5) − (− 9 + 6 + 4) + 15. **[3; 2]**

30. 8 − (+ 7 − 9 + 5) − (− 4 − 2) − 20; **[− 9]**
− 7 − (10 − 4 + 2) + 8 + (5 − 13 + 15). **[0]**

31. 21 − (− 19 − 25 + 35) + (10 − 2 − 8) − 15 − 20; **[− 5]**
9 + 6 − (− 5 + 12 − 3) − (11 − 7 − 21) − 18. **[10]**

32. [− 7 + (5 + 6 − 16) + 4] − (− 4 − 6 − 10 + 3); **[9]**
− 15 + [4 − (− 8 − 4 + 9) + (− 3 + 8 − 1)] − 10 + 4. **[− 10]**

33. − 5 − [(+ 16 − 10 + 3) + 6 − (8 − 1 + 9)] − (3 − 7 + 2); **[− 2]**
9 − 12 + 3 + [(5 − 8 − 2) − (7 − 10 − 2) + 4] − (8 − 3 + 10). **[− 11]**

34. Completa la seguente tabella:

a	*b*	*a* · *b*	(− *a*) · (− *b*)	(− *a*) · *b*	*a* · (− *b*)
− 10	− 5				
+ 9	− 3				
− 18	+ 6				
+ 21	+ 3				

Esegui i calcoli indicati nei seguenti esercizi.

35. + 8 · (− 7 + 11 − 5); − 3 · (+ 7 − 6 + 2); **[− 8; − 9]**
(− 15 − 9 + 10) · 2; (7 − 5 − 12) · 5. **[− 28; − 50]**

36. (8 − 4 − 9) · (− 2); (− 3 + 5 + 9) · 4; **[10; 44]**
− 5 · (10 + 5 − 9); 7 · (− 3 − 5 + 8). **[− 30; 0]**

37. (− 3 + 8 + 4) · (3 − 5 + 7); (− 3 + 4 − 10) · (7 − 8 + 9); **[45; − 72]**
(7 + 10 − 12) · (− 5 − 3 + 4); (− 4 − 3 + 12) · (7 − 5 + 4). **[− 20; 30]**

38. − 2 · (− 4 + 9 − 11) · (2 − 6 − 1); 3 · (− 7 + 2 + 3) · (− 1 − 6 + 4); **[− 60; 18]**
− 4 · (+ 5 − 9 − 2) · (+ 3 − 9 + 10); − 4 · (4 + 3 − 3) · (2 + 7 − 5). **[96; − 64]**

Completa le seguenti tabelle.

39.

a	b	c	a : b	b : c	a : c	a : b : c
− 18	− 6	− 1				
+ 7	− 7	+ 1				
− 12	+ 4	+ 2				

40.

a	b	c	a : (b + c)	a : (b − c)	(a − b) : c	(a + b) : c
− 18	− 6	− 1				
+ 7	− 7	+ 1				
− 12	+ 4	+ 3				

Esegui i calcoli indicati nei seguenti esercizi.

41. (− 5 + 7 + 2) : (− 2); (19 − 3 − 2) : 7; **[− 2; 2]**
(17 − 7 + 14) : 6; (5 − 18 − 3) : (− 2). **[4; 8]**

42. (9 + 13 − 2) : 4; (− 7 − 17 + 6) : (− 3); **[5; 6]**
(− 24) : (2 + 9 − 5); 28 : (− 7 − 10 + 13). **[− 4; − 7]**

43. (− 16 + 12 − 4 + 20) : (− 4); (− 16 − 35 + 12 − 17) : (− 7). **[− 3; + 8]**

44. (9 − 13 + 16) : (− 5 − 7 + 10); (− 3 − 8 − 5) : (7 + 3 − 8); **[− 6; − 8]**
(− 15 − 7 + 4) : (9 − 4 + 1); (12 − 5 + 20) : (8 − 5 + 6); **[− 3; 3]**
(7 + 9 − 6) : (13 − 3 − 5); (− 6 − 8 + 1) : (9 + 7 − 3). **[2; − 1]**

45. Completa la seguente tabella:

a	b	a + b	a − b	a · b	a : b	(a + b) · (a − b)
− 6	− 3					
+ 14	− 7					
− 9	+ 3					
0	+ 10					

Calcola il valore delle seguenti espressioni.

46. (− 8 − 3 + 4 + 3) · (− 9 + 4) + (− 3 + 8) · (− 10 + 4 + 6 − 3) **[5]**

47. − 2 + 7 · (− 3) − (10 − 2 + 6) : (− 14) + (4 − 5 − 8) · (− 9 + 7) + 2 **[− 2]**

48. 2 · (12 − 10 − 8) + [13 + (24 + 2 − 4) : (12 − 7 − 16) − 4] : (− 7) + 7 **[− 6]**

49. [− 5 + (− 12) : (11 − 5 + 6) + 4] : (+ 2) − 4 · (+ 20) − (− 9) · (+ 9) **[0]**

50. 20 + 2 − 4 : [25 − (− 13 + 20 + 1) − 4 · (− 10 + 14)] − 12 : (1 − 10 + 3) **[20]**

51. [(5 + 4 − 3 + 5) : (− 1) + 8 · (− 1 + 2 − 4 − 2 + 3) + 2] : (− 5) **[5]**

52. {(20 − 9) : (13 − 2) + [(− 7 + 3) · (− 5 + 2) + (7 − 13)] : (+ 3)}: (− 3) **[− 1]**

53. {5 + [9 : (− 7 + 4) − 8 : (− 4 + 8)] + 8} : (− 7 + 2 + 4 − 1) · (− 5 + 2) **[12]**

mi autovaluto

Mettiti alla prova eseguendo quanto richiesto.
Verifica i risultati alla fine del volume
e prendi nota di quanti errori hai fatto.
Completa poi la tua autovalutazione.

1 Quali di queste grandezze si possono esprimere con un numero relativo? Segnale.

a) La longitudine di un punto sulla Terra. ☐
b) La profondità del mare. ☐
c) Il peso di un corpo. ☐
d) L'altezza di una montagna. ☐

2 Rappresenta sulla retta orientata i seguenti numeri interi.

+ 6,   − 7,   + 3,   − 2,   + 5.

3 Osserva un estratto conto del mese di novembre e rispondi alle domande.

Data	Importo (in euro)
5 novembre	+ 300
12 novembre	− 200
18 novembre	+ 1 500
26 novembre	+ 800
30 novembre	− 2 000

a) Quanti prelievi sono stati fatti? ....
b) Per quale somma complessiva? ....
c) Quanti versamenti sono stati fatti? ......
d) Per quale somma complessiva? ....
e) Il 18 novembre è stato fatto un prelievo o un versamento? ....

4 Completa la seguente tabella
(C = concordi, D = discordi, O = opposti).

Numeri	C	D	O
+ 5, − 7			
+ 9, + 7			
− 7, − 9			
+ 4, − 4			

5 Riscrivi in ordine crescente la seguente serie di numeri interi.
+ 7, − 6, − 10, + 2, + 3, − 8, + 1, − 5

....

Esegui le seguenti operazioni.

6 + 5 − 7 − 10 + 3 = ...
+ 8 + 12 − 20 − 4 = ...

7 (+ 10) · (− 4) = ...
(+ 7) · (+ 2) · (− 3) = ...

8 (− 42) : (+ 4) = ...
(− 24) : (− 6) = ...

9 Calcola il valore della seguente espressione.

[(− 2 + 11) + (5 − 6 + 2 − 3) : (+ 2)] : (− 2) =
= ....

Su 25 risposte, ... sono esatte; penso quindi di * ....
....

* **Aver capito bene tutto** (posso andare avanti); **avere ancora qualche dubbio** (mi eserciterò ancora); **avere molte incertezze** (eseguirò gli esercizi di recupero).

esercizi di recupero

Se hai ancora qualche difficoltà, segui gli esercizi svolti (quelli nei riquadri) e poi completa gli altri.

1 Calcolare le seguenti somme algebriche:

$(+5)+(-4)-(+3)$; $+7-5+10-3-1$.

- Per calcolare una somma algebrica, togliamo prima la parentesi ricordando che, se **prima della parentesi c'è il segno – (meno), si cambia di segno il numero dentro la parentesi:**

  $(+5)+(-4)-(+3)=+5-4-3=$

  sommiamo adesso i numeri due alla volta:

  $=+1-3=\mathbf{-2}$
- Se non ci sono parentesi, sommiamo i numeri direttamente due alla volta:

  $+7-5+10-3-1=$

  $=+2+10-3-1=$

  $=+12-3-1=\mathbf{+8}$

2 Calcola le seguenti somme algebriche:

$(+5)+(-7)-(-10)$; $(-9)-(+5)+(+12)$.

a) $(+5)+(-7)-(-10)=$ togliamo le parentesi e poi sommiamo:

$=+5-$ .... $+10=$

$=$ .... $+10=+$ ....

b) $(-9)-(+5)+(+12)=$ togliamo le parentesi e poi sommiamo:

$=-9$ .... 5 .... $12=$

$=-$ .... $+12=$ ....

3 Calcola le seguenti somme algebriche:

$+8-2-10+7$; $-4-6-3+15$.

a) Sommiamo i numeri due alla volta:

$+8-2-10+7=+6-$ .... $+7=$

$=$ .... $+7=+$ ....

b) Sommiamo i numeri due alla volta:

$-4-6-3+15=$ .... $-3+15=$

$=$ .... $+15=$ ....

Calcola le somme algebriche date nei seguenti esercizi.

4 $+9-10+7-2$; $+5-7+9-3$; $+8-3-7+2$.   **[4; 4; 0]**

5 $10-5-6+9$; $+6-10-3+5$; $+7-4-5+1$.   **[8; – 2; – 1]**

6 $12-6-4+7-5$; $-4+7-13-5+9$.   **[4; – 6]**

7 $-9-19+5-6+1$; $13-10-5+7+2$.   **[– 28; 7]**

8 Eseguire le seguenti moltiplicazioni: $(+4) \cdot (+2) \cdot (-3)$; $(+6) \cdot (-2) \cdot (-1)$.

Per eseguire una moltiplicazione ricordiamo la regola dei segni:

+ per + dà +
+ per − dà −
− per − dà +

e moltiplichiamo i numeri due alla volta:

- $(+4) \cdot (+2) \cdot (-3) = +8 \cdot (-3) = -24$
- $(+6) \cdot (-2) \cdot (-1) = -12 \cdot (-1) = +12$

9 Esegui le seguenti moltiplicazioni:
$(+3) \cdot (-2) \cdot (+5)$; $(-3) \cdot (-4) \cdot (+2)$.

a) $(+3) \cdot (-2) \cdot (+5) = -$ .... $\cdot (+5) = -$ ....

b) $(-3) \cdot (-4) \cdot (+2) =$ .... $\cdot (+2) =$ ....

Esegui le moltiplicazioni date nei seguenti esercizi.

10 $(-5) \cdot (-1) \cdot (+3)$; $(+2) \cdot (-4) \cdot (+6)$; $(-7) \cdot (+3) \cdot (+2)$. **[15; − 48; − 42]**

11 $(-8) \cdot (-3) \cdot (-2)$; $(-9) \cdot (+1) \cdot (+10)$; $(+3) \cdot (+6) \cdot (+1)$. **[− 48; − 90; 18]**

12 $(+6) \cdot (-3) \cdot (-2)$; $(-4) \cdot (-2) \cdot (-1)$; $(-4) \cdot (+3) \cdot (+5)$. **[36; − 8; − 60]**

13 Eseguire le seguenti divisioni: $(+32) : (-8)$; $(-20) : (+5) : (-2)$.

Per eseguire una divisione ricordiamo la regola dei segni:

+ diviso + dà +
+ diviso − dà −
− diviso − dà +

Se i numeri sono più di due, dividiamoli due alla volta nell'ordine in cui sono dati:

- $(+32) : (-8) = -4$
- $(-20) : (+5) : (-2) = -4 : (-2) = +2$

14 Esegui le seguenti divisioni:
$(+28) : (-2) : (+7)$; $(-32) : (-4) : (+2)$.

a) $(+28) : (-2) : (+7) = -$ .... $: (+7) = -$ ....

b) $(-32) : (-4) : (+2) =$ .... $: (+2) =$ ....

Esegui le divisioni date nei seguenti esercizi.

15 $(-50) : (-2) : (+5)$; $(+44) : (-11) : (+2)$. **[5; − 2]**

16 $(-36) : (+3) : (+4)$; $(+40) : (+5) : (+4)$. **[− 3; 2]**

17 $(-48) : (-3) : (-8)$; $(-66) : (+11) : (+3)$. **[− 2; − 2]**

18 $(+64) : (-8) : (-2)$; $(-80) : (-4) : (-5)$. **[4; − 4]**

19 Calcolare il valore della seguente espressione:

$-4-2-\{5\cdot(-4)+8-[12-(5+7):(-2)-6]+4-8\}:(6-4)$

Applicando quanto visto per le quattro operazioni, eseguiamo i vari calcoli:

$-4-2-\{5\cdot(-4)+8-[12-(5+7):(-2)-6]+4-8\}:(6-4)=$

$=-4-2-\{-\mathbf{20}+8-[12-\mathbf{12}:(-2)-6]+4-8\}:\mathbf{2}=$

$=-4-2-\{-20+8-[12+\mathbf{6}-6]+4-8\}:2=$

$=-4-2-\{-20+8-\mathbf{12}+4-8\}:2=$

$=-4-2-\{-\mathbf{12}-12+4-8\}:2=$

$=-4-2-\{-\mathbf{24}+4-8\}:2=$

$=-4-2-\{-\mathbf{20}-8\}:2=$

$=-4-2-\{-\mathbf{28}\}:2=$

$=-4-2+\mathbf{14}=-\mathbf{6}+14=+\mathbf{8}$

Calcola il valore delle seguenti espressioni.

20 $\{[-5-(-2+6)]\cdot 4+12\}:(6-4)+10=$

$=\{[-5-(\ldots\ldots)]\cdot 4+12\}:(\ldots\ldots)+10=$

$=\{[-5-\ldots\ldots]\cdot 4+12\}:(\ldots\ldots)+10=$

$=\{-\ldots\ldots\cdot 4+12\}:(\ldots\ldots)+10=$

$=\{-\ldots\ldots+12\}:(\ldots\ldots)+10=$

$=-\ldots\ldots:(\ldots\ldots)+10=\ldots\ldots+10=-\ldots\ldots$

21 $(-3+5)\cdot\{(2-6)\cdot(-3)-[-4+15:(-7+4)]\}-12=$

$=+\ldots\ldots\cdot\{-\ldots\ldots\cdot(-3)-[-4+15:(-\ldots\ldots)]\}-12=$

$=+\ldots\ldots\cdot\{+\ldots\ldots-[-4-\ldots\ldots]\}-12=$

$=+\ldots\ldots\cdot\{+\ldots\ldots-[-\ldots\ldots]\}-12=$

$=+\ldots\ldots\cdot\{+\ldots\ldots+\ldots\ldots\}-12=$

$=+\ldots\ldots\cdot\{+\ldots\ldots\}-12=\ldots\ldots-12=\ldots\ldots$

22 $\{[4\cdot(-5)-7]\cdot[-4+3\cdot(-2)-(-3)]:[8-(-1):(-1)]\}:(-9)=$

$=\{[-\ldots\ldots-7]\cdot[-4-\ldots\ldots+\ldots\ldots]:[8-(+\ldots\ldots)]\}:(-9)=$

$=\{-\ldots\ldots\cdot[-\ldots\ldots]:[8-\ldots\ldots]\}:(-9)=$

$=\{+\ldots\ldots:[\ldots\ldots]\}:(-9)=\{\ldots\ldots\}:(-9)=\ldots\ldots$

Calcola il valore delle seguenti espressioni.

23 $-4+[5+3-(6+4-1+5):(-9+3-1)\cdot(2-3+2)]$ **[6]**

24 $\{-(6+2-4\cdot 3):[5\cdot 3+2\cdot(-5)-1]-6+4\cdot 3-10\}$ **[− 3]**

25 $5-[6-(3+8-4)\cdot(-6+3+2):(11-6+2)-3]\cdot(-2)$ **[13]**

26 $11+\{3-[4-(3+2+1)\cdot(10+8+2)+3-2]-(15-5)\}:(-9)$ **[− 1]**

Esercizi per contenuti

CHE COS'È IL RAPPORTO?

1. Che cosa si intende per rapporto diretto fra due numeri? E per rapporto inverso?

2. Come si chiamano i termini di un rapporto?

3. Considera il rapporto numerico fra a e b e segna il completamento esatto giustificando la risposta:

a) se $a > b$ il rapporto è → > 1 ☐ → $= 1$ ☐ → < 1 ☐

b) se $a < b$ il rapporto è → > 1 ☐ → $= 1$ ☐ → < 1 ☐

4. Scrivi cinque coppie di numeri aventi per rapporto 5.

5. Scrivi cinque coppie di numeri aventi per rapporto 4/9.

Calcola il rapporto fra i numeri di ciascuna coppia data negli esercizi seguenti.

ESEMPI

42 e 6 → 42 : 6 = 7
15 e 2 → 15 : 2 = 7,5
35 e 9 → 35 : 9 = $3,\overline{8}$
25 e 6 → 25 : 6 = $4,1\overline{6}$

6. 24 e 8; 15 e 3; 35 e 7.

7. 27 e 3; 14 e 2; 30 e 5.

8. 19 e 2; 30 e 4; 15 e 6.

9. 24 e 9; 24 e 18; 56 e 6.

10. 29 e 15; 55 e 30; 55 e 18.

11. 15 e 30; 40 e 55; 44 e 33.

12. 12 e 50; 18 e 72; 10 e 25.

13. $\frac{3}{4}$ e 5; $\frac{7}{2}$ e 21; $\frac{14}{3}$ e 7. $\left[\frac{3}{20}; \frac{1}{6}; \frac{2}{3}\right]$

14. 25 e $\frac{5}{4}$; 18 e $\frac{14}{3}$; 27 e $\frac{9}{5}$. $\left[20; \frac{27}{7}; 15\right]$

15. $\frac{2}{5}$ e $\frac{3}{4}$; $\frac{20}{3}$ e $\frac{5}{18}$; $\frac{18}{5}$ e $\frac{3}{10}$. $\left[\frac{8}{15}; 24; 12\right]$

16. $\frac{4}{9}$ e $\frac{16}{3}$; $\frac{3}{5}$ e $\frac{9}{20}$; $\frac{7}{3}$ e $\frac{49}{27}$. $\left[\frac{1}{12}; \frac{4}{3}; \frac{9}{7}\right]$

17. 0,7 e 0,9; 3,5 e 2,8; 1,2 e 0,8. $\left[\frac{7}{9}; \frac{5}{4}; \frac{3}{2}\right]$

18. $5,0$ e $6,\overline{6}$; $0,\overline{8}$ e $0,3\overline{8}$; $5,3$ e $0,\overline{6}$. $\left[\frac{3}{4}; \frac{16}{7}; 7,95\right]$

19. $0,\overline{3}$ e $1,\overline{5}$; $1,2\overline{7}$ e $2,\overline{7}$; $1,\overline{8}$ e $0,1\overline{8}$. $\left[\frac{3}{14}; \frac{23}{50}; 10\right]$

20. $3\sqrt{3}$ e $12\sqrt{3}$; $12\sqrt{3}$ e 24; $18\sqrt{6}$ e $9\sqrt{2}$. $\left[\frac{1}{4};\ \frac{\sqrt{3}}{2};\ 2\sqrt{3}\right]$

21. $14\sqrt{3}$ e $7\sqrt{2}$; $8\sqrt{10}$ e $7\sqrt{2}$; $3\sqrt{10}$ e $\sqrt{5}$. $\left[\frac{2\sqrt{3}}{\sqrt{2}};\ \frac{8\sqrt{5}}{7};\ 3\sqrt{2}\right]$

Completa le seguenti tabelle.

22.

Rapporto	Valore del rapporto	Rapporto inverso	Valore del rapporto inverso
12 : 3	4	3 : 12	0,25
27 : 9			
4 : 16			
39 : 65			
100 : 25			

23.

Rapporto	Valore del rapporto	Rapporto inverso	Valore del rapporto inverso
$\frac{1}{3} : \frac{1}{2}$			
$\frac{5}{6} : \frac{1}{3}$			
4,4 : 0,4			
$\sqrt{8} : \sqrt{2}$			
$\sqrt{6} : \sqrt{2}$			

Calcola il rapporto diretto e il rapporto inverso fra i numeri di ciascuna coppia data negli esercizi seguenti.

24. $\frac{2}{7}$ e $\frac{5}{21}$; $\frac{5}{4}$ e $\frac{15}{8}$; $\frac{22}{5}$ e $\frac{11}{15}$.

25. $\frac{16}{3}$ e $\frac{24}{9}$; $\frac{39}{4}$ e $\frac{13}{32}$; $\frac{45}{15}$ e $\frac{15}{22}$.

26. $\frac{5}{44}$ e $\frac{50}{4}$; $\frac{51}{5}$ e $\frac{17}{8}$; $\frac{25}{4}$ e $\frac{13}{10}$.

27. $\frac{30}{7}$ e $\frac{15}{14}$; $\frac{10}{9}$ e $\frac{20}{27}$; $\frac{32}{7}$ e $\frac{24}{35}$.

28. $\frac{35}{27}$ e $\frac{28}{9}$; $\frac{16}{7}$ e $\frac{24}{35}$; $\frac{4}{3}$ e $\frac{32}{81}$.

29. $\frac{27}{11}$ e $\frac{9}{77}$; $\frac{8}{15}$ e $\frac{56}{21}$; $\frac{10}{9}$ e $\frac{40}{27}$.

Calcola il rapporto fra i seguenti termini.

30. $\frac{1}{3}$ e $\left(\frac{1}{15}+\frac{3}{5}\right)$; $\left(\frac{3}{20}+\frac{5}{5}\right)$ e $\frac{7}{4}$. $\left[\frac{1}{2};\ \frac{23}{35}\right]$

31. $\frac{5}{13}$ e $\left(\frac{25}{26}-\frac{10}{13}\right)$; $\left(\frac{5}{3}+\frac{17}{27}\right)$ e $\frac{7}{9}$. $\left[2;\ \frac{4}{3}\right]$

32. $\left(\frac{1}{14}+\frac{2}{7}\right)$ e $\left(\frac{2}{5}+\frac{3}{10}\right)$; $\left(\frac{18}{45}-\frac{4}{15}\right)$ e $\left(\frac{14}{20}-\frac{8}{18}\right)$. $\left[\frac{25}{49};\ \frac{12}{23}\right]$

33. $\left(\frac{3}{2}-\frac{1}{3}\times\frac{3}{4}\right)$ e $\left(\frac{2}{5}\times\frac{15}{3}-\frac{1}{6}\right)$ $\left[\frac{15}{22}\right]$

34. $\left(\frac{2}{9}\times\frac{3}{2}+\frac{4}{3}-\frac{3}{4}:\frac{3}{2}\right)$ e $\left(\frac{5}{7}:\frac{15}{14}+\frac{3}{5}\times\frac{10}{4}-\frac{1}{4}\right)$ $\left[\frac{14}{23}\right]$

35. $\left[\left(\frac{2}{3}\right)^4\times\left(\frac{2}{3}\right)^0\times\left(\frac{2}{3}\right)^2\right]$ e $\left(\frac{2}{3}\right)^4$ $\left[\frac{4}{9}\right]$

36. $\left[\left(\frac{5}{3}\right)^3\times\frac{5}{3}\times\left(\frac{5}{3}\right)^2\right]^2$ e $\left[\left(\frac{5}{3}\right)^4\times\frac{5}{3}\right]^2$ $\left[\frac{25}{9}\right]$

37. $\left[\left(\frac{3}{11}\right)^0+\left(\frac{3}{11}\right)^4\times\left(\frac{3}{11}\right)^3:\left(\frac{3}{11}\right)^6\right]$ e $\frac{7}{11}$ [2]

Determina quali rapporti, fra i quattro di ciascun esercizio, sono uguali tra loro.

38. 36 : 6; 48 : 4; 9 : 45; 66 : 11.

39. 28 : 7; 10 : 30; 12 : 3; 44 : 22.

40. 14 : 56; 9 : 50; 7 : 28; 36 : 216

41. $\frac{3}{5}:5$; $\frac{1}{2}:1$; $1:\frac{25}{3}$; $\frac{5}{3}:3$.

Per ogni numero dato nei seguenti esercizi scrivi un rapporto avente tale numero come valore.

ESEMPIO

7,5 → 15 : 2

42. 3; 7; 9; 16.

43. 3,5; 1,8; 0,1; 0,02.

44. $0,\overline{8}$; $1,\overline{3}$; $1,2\overline{3}$; $3,\overline{5}$.

45. $\frac{1}{3}$; $\frac{2}{3}$; $\frac{4}{5}$; $\frac{7}{9}$.

46. $\sqrt{3}$; $\sqrt{2}$; $3\sqrt{5}$; $5\sqrt{7}$.

Calcola l'antecedente incognito in ciascuno dei rapporti dei quali si conosce il valore.

47. $x:5=2$; $x:6=3$; $x:5=6$.

48. $x:2=7$; $x:6=1$; $x:8=12$.

49. $x:2=9$; $x:9=13$; $x:3=0$.

50. $\frac{x}{7}=5$; $\frac{x}{2}=7$; $\frac{x}{5}=9$.

51. $\frac{x}{2}=6$; $\frac{x}{7}=11$; $\frac{x}{11}=4$.

52. $\frac{x}{5}=10$; $\frac{x}{9}=3$; $\frac{x}{4}=16$.

53. $x:\frac{2}{7}=5$; $x:\frac{7}{5}=3$; $x:\frac{3}{4}=11$.

54. $x : \frac{5}{6} = 8;$ $x : \frac{2}{9} = 5;$ $x : \frac{3}{2} = 6.$

55. $x : \frac{9}{4} = 12;$ $x : \frac{7}{2} = 13;$ $x : \frac{4}{15} = 20.$

56. $x : \frac{7}{2} = \frac{3}{4};$ $x : \frac{3}{5} = \frac{1}{2};$ $x : \frac{6}{5} = \frac{10}{3}.$

57. $x : \frac{5}{3} = \frac{3}{10};$ $x : \frac{8}{5} = \frac{7}{4};$ $x : \frac{9}{7} = \frac{14}{27}.$

58. $x : \frac{5}{9} = \frac{15}{2};$ $x : \frac{7}{3} = \frac{2}{7};$ $x : \frac{5}{6} = \frac{18}{25}.$

59. $x : 0,5 = 3;$ $x : 1,4 = 7;$ $x : 3,2 = 4;$ $x : 1,3 = 6.$

60. $x : 0,1 = 3;$ $x : 1,8 = 1,8;$ $x : 2,7 = 5;$ $x : 0,4 = 0,1.$

61. $x : 3,5 = 0,01;$ $x : 7,7 = 3,1.$

62. $x : 0,6 = 12;$ $x : 0,04 = 150.$

Calcola il conseguente incognito in ciascuno dei rapporti dei quali si conosce il valore.

63. $28 : x = 4;$ $42 : x = 7;$ $39 : x = 3.$

64. $\frac{30}{x} = 6;$ $\frac{77}{x} = 7;$ $\frac{18}{x} = 6.$

65. $\frac{5}{2} : x = 6;$ $\frac{4}{9} : x = 3;$ $\frac{10}{5} : x = 3.$

66. $\frac{5}{4} : x = \frac{3}{2};$ $\frac{6}{25} : x = \frac{12}{15};$ $\frac{5}{23} : x = \frac{7}{46}.$

67. $\frac{7}{10} : x = \frac{4}{5};$ $\frac{16}{5} : x = \frac{8}{3};$ $\frac{21}{4} : x = \frac{7}{16}.$

68. $\frac{8}{9} : x = \frac{16}{3};$ $\frac{36}{15} : x = \frac{6}{5};$ $\frac{18}{5} : x = \frac{6}{7}.$

69. $0,7 : x = 5;$ $1,2 : x = 2.$

70. $3,5 : x = 10;$ $1,7 : x = 0,4.$

71. $3,2 : x = 0,8;$ $5,4 : x = 0,9.$

Scrivi sotto forma di frazione i rapporti richiesti nei seguenti esercizi.

72. In un barattolo ci sono 60 biglie rosse e 24 biglie verdi. Qual è il loro rapporto? **[5/2]**

73. Sono state scattate 180 fotografie, 54 delle quali sono paesaggi. Qual è il rapporto tra queste ultime e tutte le foto? **[3/10]**

74. Sono nati 12 cani e 21 gattini. Qual è il rapporto tra questi ultimi e il numero totale di cuccioli nati? E il rapporto tra i gattini e i cani? **[7/11; 7/4]**

75. In una collezione di 280 minerali, 120 minerali sono ametiste. Qual è il rapporto tra le ametiste e gli altri minerali? **[3/4]**

76. Su una nave, oltre ai 5 membri di equipaggio, si sono imbarcati 25 passeggeri italiani, 15 francesi e 5 inglesi. Qual è il rapporto tra il numero totale di passeggeri e il numero dei membri dell'equipaggio? E il rapporto tra il numero dei passeggeri stranieri e quello dei passeggeri italiani? **[9; 4/5]**

RAPPORTO FRA GRANDEZZE

Rapporto fra grandezze omogenee

77. Vero o falso?

a) Il rapporto fra due grandezze omogenee è una grandezza non omogenea a quelle date. V F

b) Il rapporto fra due grandezze omogenee è una grandezza omogenea a quelle date. V F

c) Il rapporto fra grandezze omogenee è un numero puro. V F

78. Il rapporto fra due grandezze omogenee è $1,\overline{2}$; come sono le due grandezze? Perché?

79. Il rapporto fra due grandezze omogenee è 15; come sono le due grandezze? Perché?

80. Il rapporto fra due grandezze omogenee è 5/7; come sono le due grandezze? Perché?

81. Il rapporto fra due grandezze omogenee è $\sqrt{3}$; come sono le due grandezze? Perché?

Calcola il rapporto fra le grandezze omogenee indicate nei seguenti esercizi.

82. 21 m e 7 m; 24 cm e 28 cm; 5 dam e 35 dam.

83. 10 m e 10 mm; 5 km e 5 dm; 4 dm e 40 cm.

84. 3 m e 6 dm; 0,6 hm e 30 dm; 50 cm e 30 dm.

85. ✲ 12 dm^2 e 48 dm^2; 7 m^2 e 28 m^2; 6 hm^2 e 36 hm^2.

86. ✲ 1 m^2 e 1 dm^2; 1 hm^2 e 1 km^2; 1 m^2 e 1 km^2.

87. ✲ 40 m^2 e 200 dm^2; 3 hm^2 e 27 m^2; 2 500 m^2 e 1 km^2.

88. ✲ 28 g e 4 g; 45 hg e 30 hg; 9 kg e 72 kg.

89. ✲ 3 dg e 9 mg; 1 hg e 1 g; 1 dag e 1 cg.

90. ✲ 8 g e 72 cg; 0,40 kg e 40 g; 7 g e 490 cg.

91. ✲ I segmenti *AB* e *CD* misurano rispettivamente 30 cm e 24 cm. I due segmenti ammettono un sottomultiplo comune? Se la tua risposta è affermativa, completa l'uguaglianza: *AB* = ... *CD*.

92. ✲✲ I pesi di due persone, p(A) e p(B), sono tali per cui $p(A) = \frac{2}{3}p(B)$. Calcola il rapporto diretto e il rapporto inverso tra queste due grandezze. Il rapporto diretto esprime un'altra grandezza? E quello inverso? Se sì, quale?

93. ✲✲ Due segmenti *AB* e *CD* sono congruenti. Qual è il loro rapporto diretto? E il loro rapporto inverso? Possono *AB* e *CD* misurare rispettivamente 40 cm e 0,4 m?

94. ✲ I segmenti *AB* e *CD* sono tali che
$$\frac{1}{5}AB = \frac{1}{10}CD.$$
Calcola il rapporto diretto e quello indiretto.

95. ✲ Di due angoli complementari uno misura 65°. Calcola il rapporto fra i due angoli, quindi il loro rapporto inverso. Le misure dei due angoli ammettono un sottomultiplo comune? Quale?

96. ✲ Due angoli $\hat{\alpha}$ e $\hat{\beta}$ sono tali che $\hat{\alpha} = \frac{2}{3}\hat{\beta}$. Calcola il loro rapporto diretto e il loro rapporto inverso. È possibile che $\hat{\alpha}$ misuri 45° e $\hat{\beta}$ misuri 30°?

97. ✲✲ Due superfici *A* e *B* sono tali che $A = 6B$; calcola il loro rapporto e il rapporto inverso. Possono *A* e *B* misurare rispettivamente 90 dm^2 e 15 cm^2? Perché?

98. ✲ Due angoli $\hat{\alpha}$ e $\hat{\beta}$ sono in rapporto 3 : 5. È possibile che essi misurino 90° e 150°?

99. ✲✲ I lati di due quadrati misurano rispettivamente 33 cm e 36 cm. Calcola il rapporto delle misure dei lati, dei perimetri e delle aree dei due quadrati. **[11/12; 11/12; 121/144]**

100. ✲ Un rettangolo ha le dimensioni di 20 cm e 80 cm. Calcola il rapporto fra il suo perimetro e il perimetro di un quadrato a esso equivalente. **[5/4]**

101. ✲ La base e l'altezza di un triangolo misurano rispettivamente 12 e 22 cm. Calcola il loro rapporto. Come diventa questo rapporto se l'area del triangolo diventa 288 cm^2 e la base rimane la stessa? **[6/11; 1/4]**

102. ✲ Due angoli $\hat{\alpha}$ e $\hat{\beta}$ misurano rispettivamente 42° e 138°. Calcola il rapporto fra $\hat{\alpha}$ e un angolo piatto e fra $\hat{\beta}$ e un angolo piatto. La somma dei rapporti è uguale a 1? Perché?

103. Una cassa ha il peso lordo di 35 kg e la merce in essa contenuta pesa 32 kg. Calcola i rapporti:
- peso netto/peso lordo;
- tara/peso lordo.

La somma dei due rapporti è uguale a 1? Perché?

104. Considera le seguenti grandezze:
- superficie Italia: 301 171 km^2;
- superficie Piemonte: 25 398 km^2;
- superficie Marche: 9 695 km^2;
- superficie Calabria: 15 083 km^2.

Arrotonda i dati al migliaio e calcola i seguenti rapporti:
- superficie Piemonte/superficie Italia;
- superficie Marche/superficie Italia;
- superficie Calabria/superficie Italia;
- superficie Piemonte/superficie Marche;
- superficie Marche/superficie Calabria.

105. Calcola il rapporto tra le seguenti coppie di segmenti:

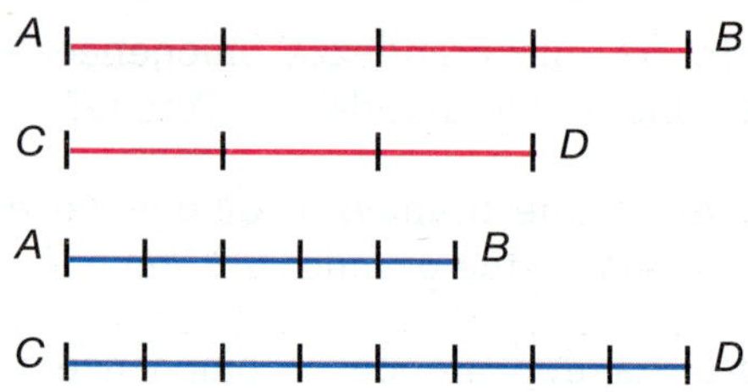

$\frac{AB}{CD}$ = 4/3

$\frac{AB}{CD}$ = 5/8

106. Calcola i rapporti richiesti tra i seguenti segmenti:

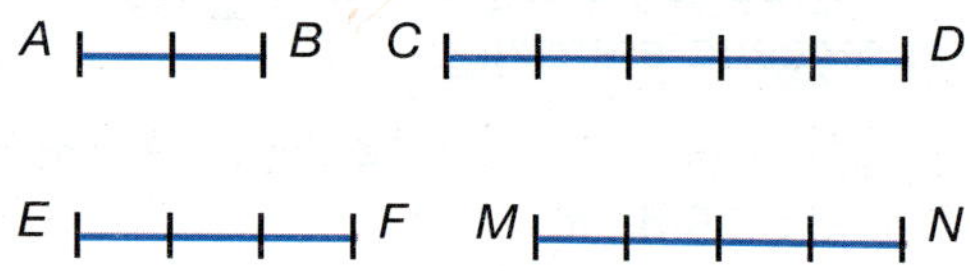

$\frac{AB}{CD}$ = ...; $\frac{AB}{EF}$ = ...; $\frac{CD}{EF}$ = ...;

$\frac{EF}{MN}$ = ...; $\frac{MN}{AB}$ = ...; $\frac{MN}{CD}$ = ...

107. Calcola il rapporto tra la superficie colorata e quella bianca di ciascuno dei seguenti poligoni:

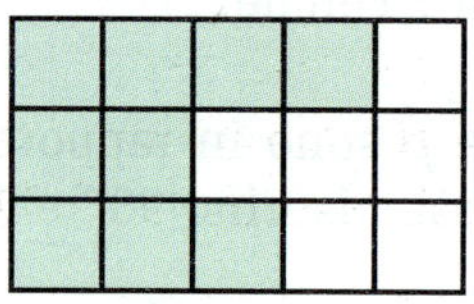

$\frac{\text{sup. colorata}}{\text{sup. bianca}}$ = ...

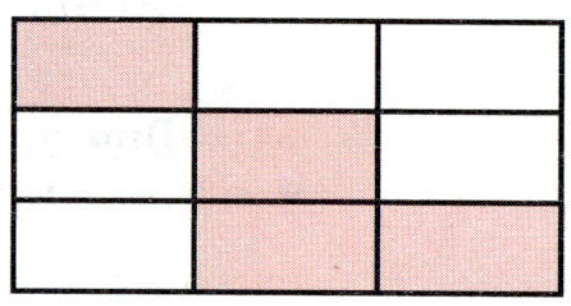

$\frac{\text{sup. colorata}}{\text{sup. bianca}}$ = ...

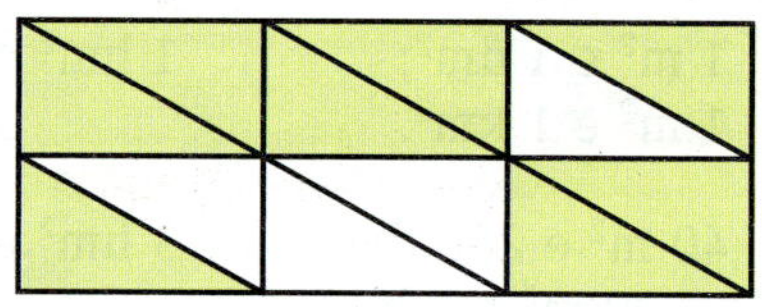

$\frac{\text{sup. colorata}}{\text{sup. bianca}}$ = ...

108. Calcola i rapporti richiesti tra le coppie di poligoni assegnati:

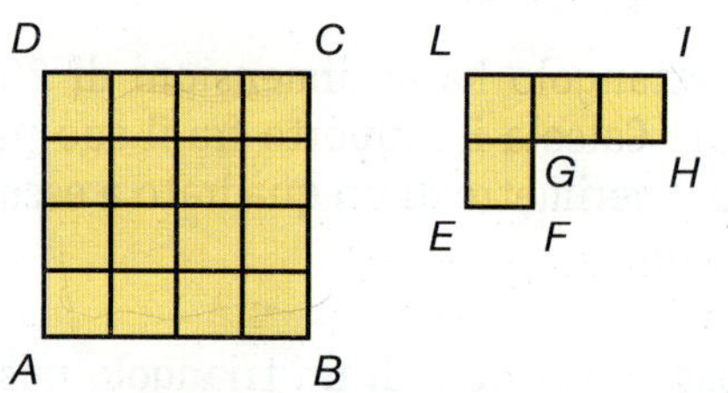

$\frac{\text{area}(ABCD)}{\text{area}(EFGHIL)}$ = 16/4 = 4

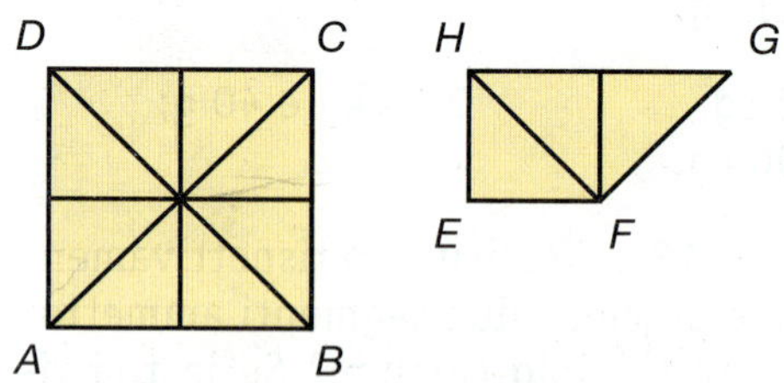

$\frac{\text{area}(EFGH)}{\text{area}(ABCD)}$ = 8/3

109. Disegna due segmenti tali che il loro rapporto sia 6.

110. Disegna due segmenti tali che il loro rapporto sia 1/3.

111. Disegna due segmenti tali che il loro rapporto sia 2/5.

112. Disegna due poligoni tali che il loro rapporto sia 4.

113. Disegna due poligoni tali che il loro rapporto sia 1/5.

114. Disegna due poligoni tali che il loro rapporto sia 4/3.

115. In una scuola il personale docente è composto da 20 insegnanti, mentre gli alunni sono 120, di cui 45 maschi. Calcola i rapporti:
- alunni/insegnanti;
- alunni maschi/alunni;
- alunni femmine/alunni.

116. Su una spiaggia avente l'area di 820 m² ci sono 200 bagnanti e 40 ombrelloni. Quanti metri quadrati ha a disposizione ciascun bagnante? Quante persone ci sono per ombrellone?

Rapporto fra grandezze non omogenee

117. Indica, tra le seguenti, l'affermazione che ritieni esatta:

a) Il rapporto fra due grandezze non omogenee è una grandezza omogenea a una delle due date. ☐

b) Il rapporto fra due grandezze non omogenee è un numero irrazionale. ☐

c) Il rapporto fra due grandezze non omogenee è una grandezza derivata non omogenea a quelle date. ☐

118. Calcola la velocità media (spazio/tempo) di un corpo in moto nei seguenti casi:

Spazio	Tempo	Velocità media
120 m	20 s	6
230 m	12 s	1916
150 km	3 h	50
180 km	5 s	36

119. Calcola il peso specifico (peso/volume) delle seguenti sostanze:

Sostanza	Peso	Volume	Peso specifico
Piombo	114 g	10 cm³	
Platino	535 g	25 cm³	
Marmo	81 g	30 cm³	
Rame	358,4 g	40 dm³	

120. Calcola la densità di popolazione (abitanti/superficie) delle seguenti regioni italiane:

Regione	Abitanti	Superficie (km²)	Densità
Lombardia	8 892 000	23 860	
Toscana	3 550 000	23 000	
Campania	5 463 000	13 600	
Sicilia	4 907 000	25 700	

121. Calcola la densità di popolazione dei seguenti Stati europei:

Stato	Abitanti	Superficie (km²)	Densità
Italia	57 450 000	301 300	
Belgio	10 000 000	30 500	
Grecia	10 000 400	132 000	
Portogallo	10 300 000	92 000	
Germania	72 200 000	357 050	

122. Calcola la pressione esercitata (peso/superficie di appoggio) dai seguenti corpi. Il peso si misura in newton ($1\ N = 1\ kg \cdot m/s^2$).

Peso corpo	Superficie appoggio	Pressione
45 N	0,15 m²	
120 N	65 m²	
900 N	200 cm²	
105 N	0,3 m²	

123. Calcola l'intensità di corrente elettrica (tensione/resistenza), misurata in ampere (1 ampere = 1 volt/1 ohm), nei seguenti casi:

Tensione applicata (V = volt)	Resistenza (Ω = ohm)	Corrente (A = ampere)
20 V	0,1 Ω	
11 V	0,3 Ω	
6 V	2 Ω	
0,6 V	5 Ω	

124. Calcola l'accelerazione prodotta dalle seguenti forze costanti applicate ai corpi di massa indicata.
L'accelerazione si misura in m/s^2, la forza in newton ($1\ N = 1\ kg \cdot m/s^2$).

Forza applicata	Massa	Accelerazione
20 N	0,1 kg	
300 N	30 kg	
0,5 N	2 000 g	
212 N	50 hg	

Rispondi ai seguenti quesiti.

125. È possibile che il rapporto fra le misure di due grandezze non omogenee sia un numero minore di 1? E maggiore di 1? E uguale a 1?

126. Secondo te, il rapporto fra due grandezze non omogenee dà sempre una grandezza derivata significativa?

127. Se il rapporto diretto fra due grandezze non è un numero puro, le due grandezze non sono omogenee. È vero anche per il rapporto inverso?

128. Come si ricavano le unità di misura del rapporto fra due grandezze non omogenee?

RIDUZIONI E INGRANDIMENTI IN SCALA

129. Stabilisci quali scale sono di riduzione (segna la R) e quali di ingrandimento (segna la I):

a) Scala 1 : 200. [R] [I]
b) Scala 5 : 1. [R] [I]
c) Scala 1 : 5 000. [R] [I]
d) Scala 50 : 1. [R] [I]

130. Un disegno è in scala 1 : 1 000. È esatto affermare che 1 cm sul disegno corrisponde nella realtà a 10 m? Perché?

131. Un disegno è in scala 4 : 1. È esatto affermare che 2 cm sul disegno corrispondono nella realtà a 5 mm? Perché?

I segmenti dati nei seguenti esercizi sono disegnati secondo la scala sotto indicata. Calcola la lunghezza reale corrispondente.

132. 

Scala 1 : 3 AB = ...

Scala 1 : 20 AB = ...

Scala 1 : 250 AB = ...

133. 

Scala 1 : 1 000 AB = ...

Scala 1 : 40 000 AB = ...

Scala 1 : 200 000 AB = ...

134. 

Scala 1 : 2 AB = ...

Scala 30 : 1 AB = ...

Scala 25 : 1 AB = ...

Disegna, secondo le scale date, i segmenti assegnati nei seguenti esercizi.

135. Scala 1 : 7
$AB = 28$ cm; $CD = 56$ cm; $EF = 24{,}5$ cm.

136. Scala 1 : 300
$AB = 30$ m; $CD = 16$ m; $EF = 19$ m.

137. Scala 1 : 400 000
$AB = 16$ km; $CD = 52$ km; $EF = 34{,}4$ km.

138. Scala 4 : 1
$AB = 7$ mm; $CD = 18$ mm; $EF = 25$ mm.

139. Scala 3 : 1
$AB = 2$ cm; $CD = 0{,}9$ cm; $EF = 3{,}5$ cm.

140. Scala 5 : 1
$AB = 0{,}1$ cm; $CD = 0{,}25$ cm; $EF = 2{,}4$ cm.

141. Una distanza che su una mappa misura 3 cm è lunga, in realtà, 18 km. Qual è la scala della mappa? **[1 : 600 000]**

142. Osserva la seguente piantina di un lotto di terreno eseguita in scala 1 : 1 000 e calcola:
a) l'area di tutto il lotto;
b) l'area destinata a costruzione;
c) l'area del prato.

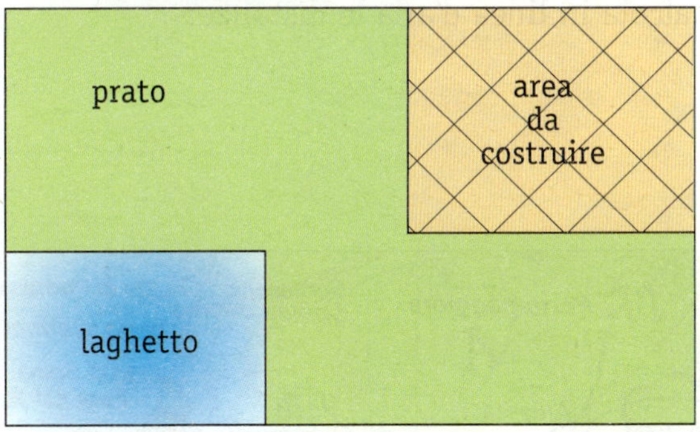

143. Completa. Su una mappa in scala 1: 30 000 una distanza reale pari a:
a) 27 km misura .... cm;
b) 900 m misura .... cm;
c) 63 000 cm misura .... cm.

144. Completa. La distanza reale fra due località è 60 km, se su una cartina tale distanza è:
a) 15 cm, la scala della cartina è ....;
b) 30 cm, la scala della cartina è ....;
c) 12 cm, la scala della cartina è ....

145. Completa. Su una mappa in scala 1 : 300 000 una distanza di:
a) 8 cm, nella realtà misura .... km;
b) 15 cm, nella realtà misura .... km;
c) 34 cm, nella realtà misura .... km.

146. Su una cartina stradale in scala 1 : 15 000 la distanza tra due città è data da due tratti rettilinei di autostrada più un tratto ancora rettilineo di strada provinciale. Se sulla carta i due tratti di autostrada misurano rispettivamente 15 cm e 18 cm e il tratto di strada provinciale 6 cm, quanti chilometri distano le due città? **[5,85 km]**

147. Un parco di forma rettangolare ha dimensioni che misurano, su una mappa in scala 1 : 10 000, 20 cm e 30 cm. Supponendo che per ogni km² di parco vi siano 120 piante, quante piante vi sono in tutto il parco? **[720]**

148. Nella seguente cartina di Urbino calcola le distanze richieste.

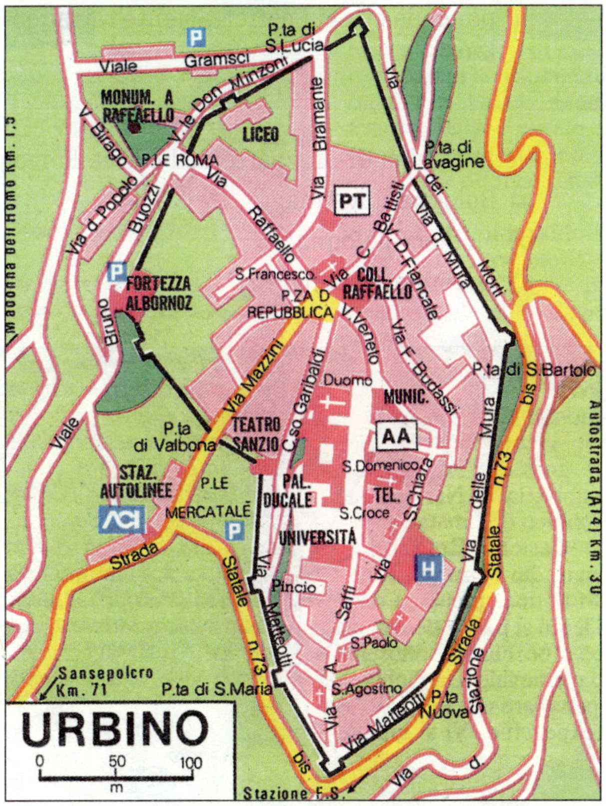

a) Ospedale-Stazione autolinee, in linea d'aria;
b) Municipio-Poste e Telegrafi, considerata in linea d'aria.

149. Nella cartina di Asti calcola:

a) la distanza piazza Roma-piazza I Maggio, lungo corso Vittorio Alfieri;

b) l'area di piazza Emanuele Filiberto, supponendo che sia perfettamente rettangolare.

150. Calcola la scala della cartina della Lombardia sapendo che la distanza Milano-Brescia misura 80 km.

151. Nella cartina di una parte dell'Emilia Romagna calcola in linea d'aria le distanze:

a) Bologna-Ravenna;

b) Modena-Bologna;

c) Ravenna-Modena.

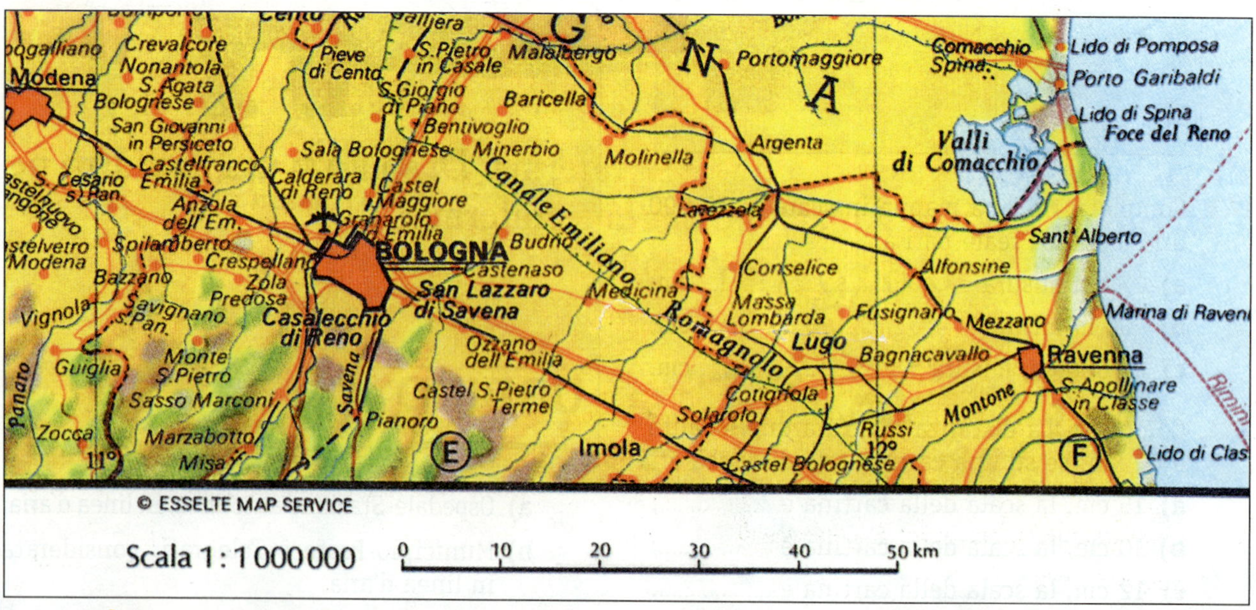

Per ogni piantina riprodotta calcola le misure effettive dei vari locali.

152.

Scala 1 : 200

153.

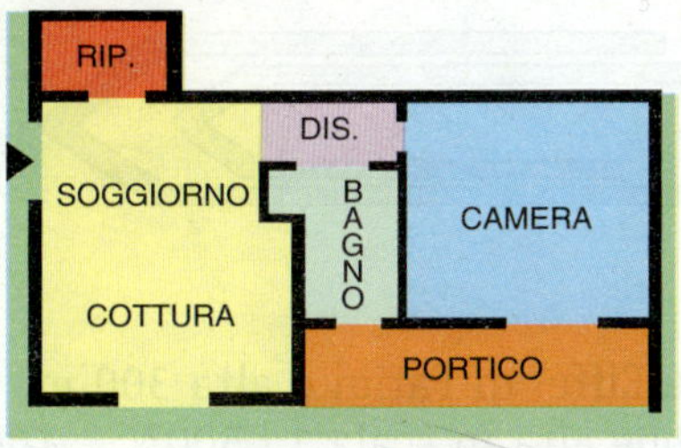

Scala 1 : 400

154.

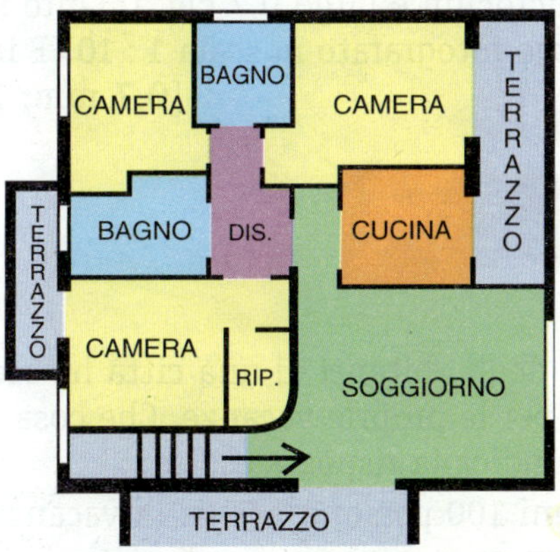

Scala 1 : 350

155.

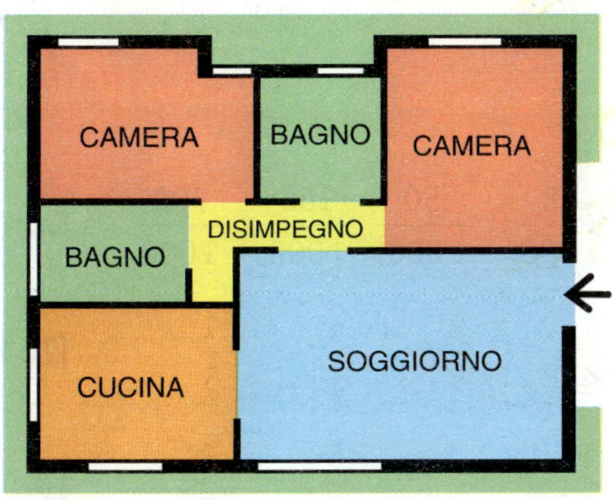

Scala 1 : 200

156.

Scala 1 : 200

157. L'appartamento in figura, in scala 1 : 300, viene venduto a € 3 000 il metro quadrato. Quanto viene a costare complessivamente?

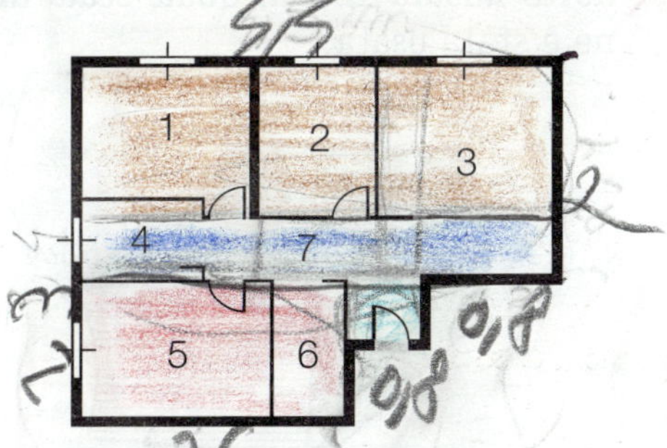

Scala 1 : 300

158. Riproduci le seguenti figure in scala 3 : 1.

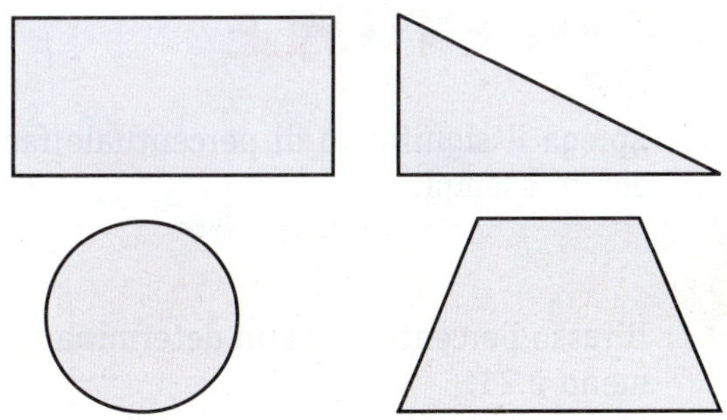

159. Riproduci le seguenti figure in scala 5 : 2.

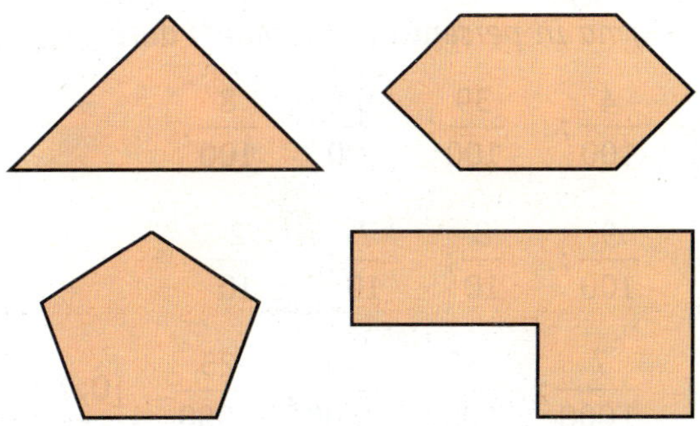

160. L'altezza reale della botte sotto riprodotta misura 2,5 m. Quale scala di riduzione è stata usata?

161. Lo spessore reale del dizionario sotto riprodotto misura 12 cm. Quale scala di riduzione è stata usata?

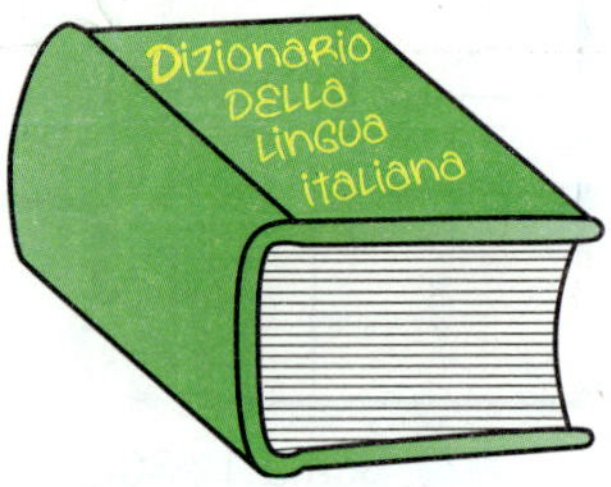

162. Il diametro reale della capsula sotto rappresentata misura 0,5 cm. Quale scala di ingrandimento è stata usata?

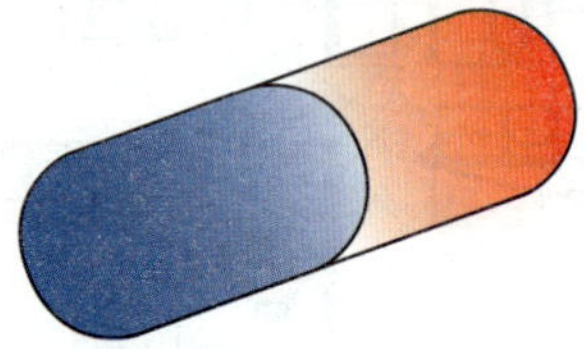

163. La lunghezza reale della graffetta sotto rappresentata misura 2,5 cm. Quale scala di ingrandimento è stata usata?

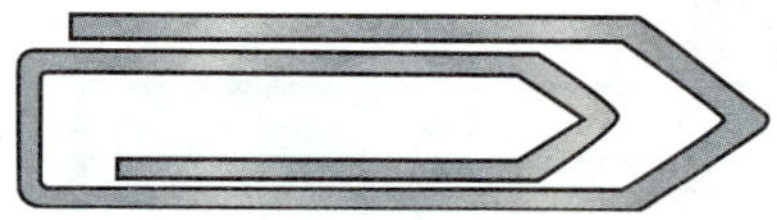

164. La torre Eiffel di Parigi è alta 300 m. Quanto sarebbe alta in scala 1 : 500? **[60 cm]**

165. Un microchip è largo 0,7 cm. Quanto sarebbe largo fotografato in scala 1 : 10? E in scala 10 : 1? **[0,7 mm; 7 cm]**

LA PERCENTUALE

166. Spiega il significato di percentuale facendo alcuni esempi.

167. Il tasso percentuale di un determinato fenomeno è 21.
Che cosa significa?

168. Il 7% degli abitanti di una città ha scelto il mare per le proprie vacanze. Che cosa significa? Indica la risposta esatta:

a) Ogni 100 persone 1/7 va in vacanza al mare. ☐
b) Ogni 7 persone 1/100 va al mare. ☐
c) Ogni 100 persone 7 vanno al mare. ☐

Trasforma in percentuali i rapporti dati nei seguenti esercizi.

169. $\frac{4}{100}$; $\frac{39}{100}$; $\frac{60}{100}$; $\frac{8}{100}$.

170. $\frac{9}{100}$; $\frac{8}{10}$; $\frac{7}{10}$; $\frac{2}{10}$.

171. $\frac{7}{1000}$; $\frac{39}{1000}$; $\frac{40}{1000}$; $\frac{25}{1000}$. **[0,7%; ...]**

172. $\frac{98}{1000}$; $\frac{50}{1000}$; $\frac{168}{1000}$; $\frac{700}{1000}$. **[...; 70%]**

173. $\frac{3}{4}$; $\frac{2}{5}$; $\frac{4}{5}$; $\frac{1}{5}$. **[75%; ...]**

174. $\frac{1}{2}$; $\frac{1}{4}$; $\frac{5}{8}$; $\frac{3}{5}$. **[...; 60%]**

175. $\frac{1}{20}$; $\frac{1}{25}$; $\frac{1}{40}$; $\frac{1}{50}$. [5%; ...]

176. $\frac{7}{20}$; $\frac{3}{25}$; $\frac{9}{40}$; $\frac{3}{50}$. [...; 6%]

177. $\frac{17}{20}$; $\frac{18}{25}$; $\frac{23}{40}$; $\frac{39}{50}$. [85%; ...]

Completa le seguenti tabelle.

178.

Numero decimale	Rapporto	Percentuale
0,45		
	$\frac{65}{100}$	
		80%
	$\frac{7}{8}$	

179.

Numero decimale	Rapporto	Percentuale
5,8		
	$\frac{4}{100}$	
		12,8%
		91%

Nei seguenti esercizi completa quanto richiesto.

ESEMPIO

Su un totale di 50 persone, il 14% usa i mezzi pubblici per andare al lavoro. Le persone che usano i mezzi pubblici sono...

Trasformiamo in frazione la percentuale: $14\% = \frac{14}{100}$, quindi calcoliamo il valore della frazione:

$$50 \times \frac{14}{100} = 7$$

180. Su un totale di 35 ragazzi, il 40% frequenta un liceo. I ragazzi che frequentano un liceo sono ....

181. Su un totale di 80 kg di merce, il 15% è avariato. I chilogrammi di merce avariata sono ....

182. Su un totale di 56 aerei, il 25% è di bandiera italiana. Gli aerei di bandiera italiana sono ....

Nei seguenti esercizi completa quanto richiesto.

ESEMPIO

Su un totale di 50 persone, 27 sono stranieri. La percentuale degli stranieri è del .... %.

Il rapporto degli stranieri sul totale è uguale a $\frac{27}{50}$; trasformiamo questa frazione in percentuale:

$$\frac{27}{50} = \frac{54}{100} = 54\%$$

183. Su un totale di 20 persone, 8 portano gli occhiali. La percentuale delle persone che portano gli occhiali è del .... %.

184. Su un totale di 25 alberi, 10 sono querce. La percentuale delle querce è del .... %.

185. Su un totale di 40 pennarelli, 18 sono gialli, 10 sono verdi e 12 sono rossi. La percentuale dei pennarelli gialli è del .... %,
quella dei pennarelli verdi è del .... %,
quella dei pennarelli rossi è del .... %.

186. Nel seguente insieme di barche, qual è la percentuale di quelle a vela?

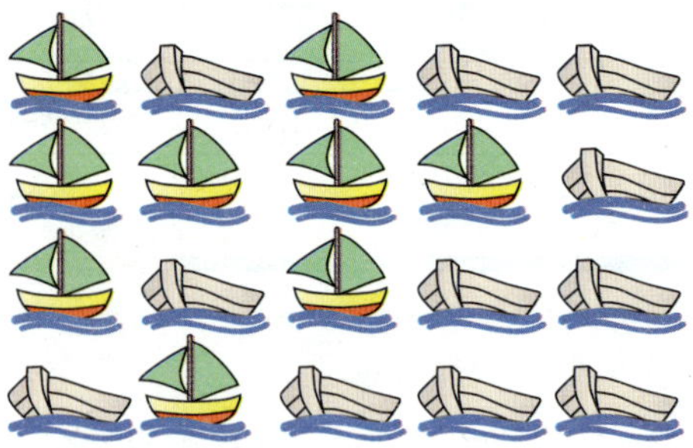

187. Nel seguente insieme di automobili, qual è la percentuale di quelle rosse?

188. Nel seguente insieme di frutta, qual è la percentuale delle mele, delle pere e delle fragole?

189. Nel seguente insieme di strumenti musicali, qual è la percentuale delle chitarre, dei tamburi e delle trombette?

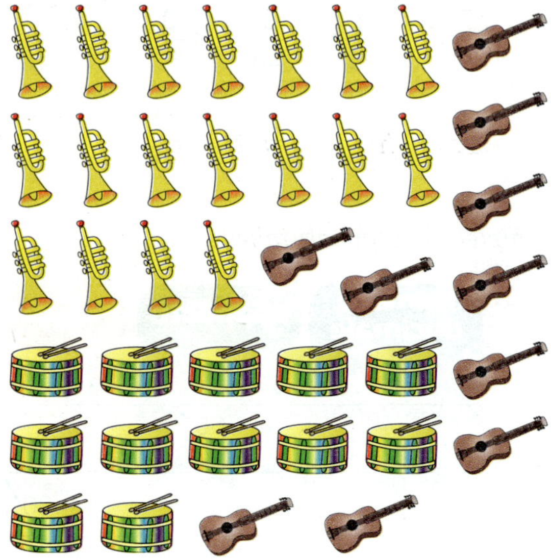

190. Nel seguente insieme di bicchieri, qual è la percentuale di quelli pieni?

Esprimi la percentuale delle parti colorate nelle figure dei seguenti esercizi.

191.

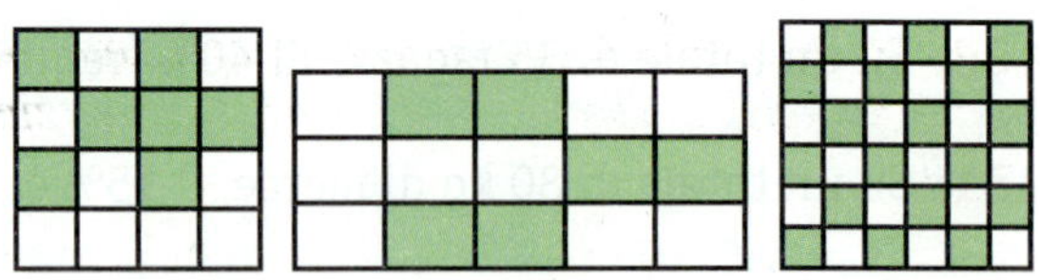

192.

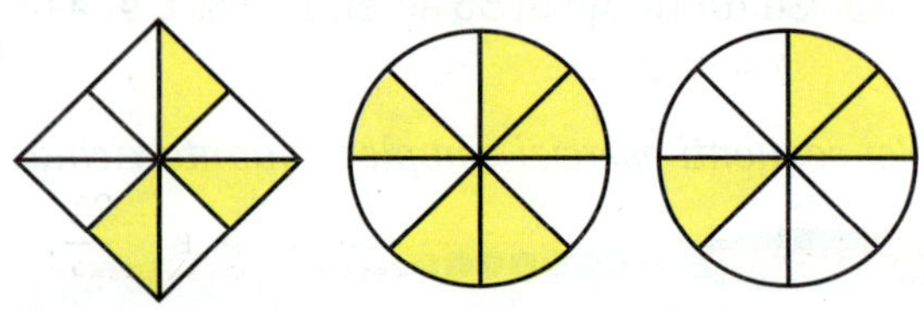

193.

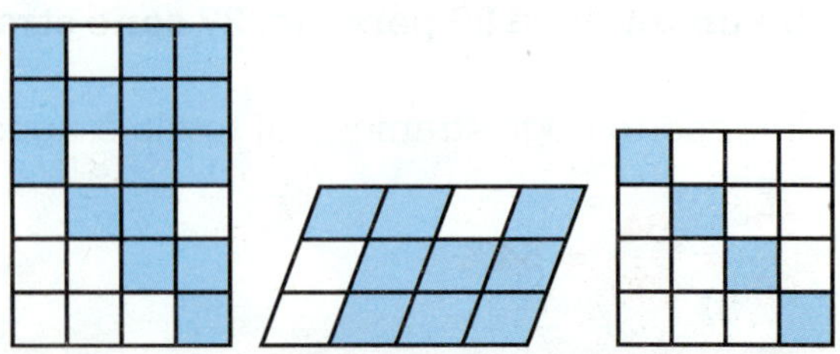

194. 

195. 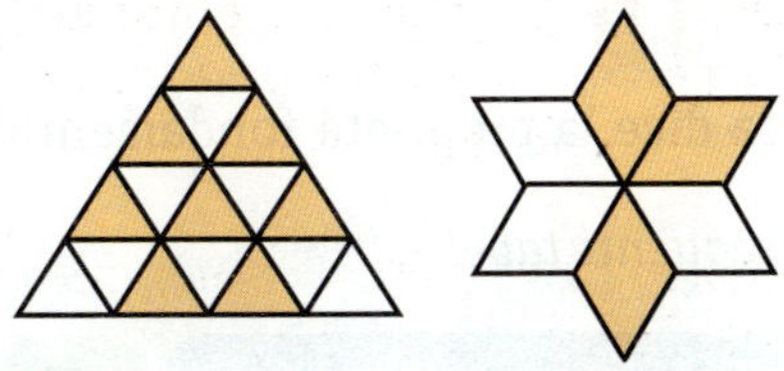

Per ciascuna figura degli esercizi seguenti, colora la parte corrispondente alla percentuale indicata.

196. 

60% 50% 40%

197. 

75% 15% 80%

198. 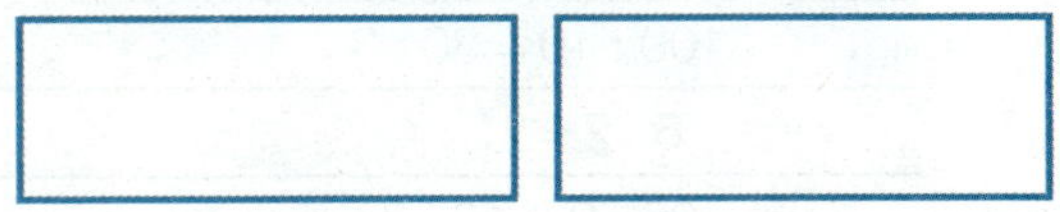

25% 20%

10%

DUE RAPPORTI UGUALI

199. Che cosa si intende per proporzione?

200. Scrivi il nome dei termini richiesti:

36 : 6 = 66 : 11   36 : 6 = 66 : 11

....

201. Quando una proporzione si dice continua?

Stabilisci quali fra le coppie di rapporti date nei seguenti esercizi possono formare una proporzione e scrivila.

202. **a)** 78 : 6 e 52 : 4; **b)** 45 : 5 e 36 : 4; **c)** 77 : 7 e 111 : 11.

203. **a)** $\frac{7}{4}$ e $\frac{35}{16}$; **b)** $\frac{15}{3}$ e $\frac{45}{7}$; **c)** $\frac{11}{13}$ e $\frac{121}{143}$.

204. **a)** $\frac{60}{3}$ e $\frac{40}{5}$; **b)** $\frac{11}{17}$ e $\frac{33}{76}$; **c)** $\frac{74}{37}$ e $\frac{18}{2}$.

205. **a)** $\frac{7}{23}$ e $\frac{28}{92}$; **b)** $\frac{50}{5}$ e $\frac{1}{10}$; **c)** $\frac{4}{9}$ e $\frac{20}{45}$.

206. **a)** 1,8 : 0,3 e 3 : 0,5; **b)** 2,8 : 0,2 e 70 : 5; **c)** 5,4 : 6 e 6,3 : 0,7.

207. **a)** 2,1 : 0,3 e 14 : 2; **b)** 4,5 : 9 e 3,5 : 7; **c)** 36 : 0,3 e 4,8 : 3.

208. **a)** 8,1 : 90 e 0,72 : 8; **b)** 1,5 : 0,5 e 4,5 : 1,5; **c)** 1,1 : 0,03 e 33 : 0,3.

209. Scrivi quattro proporzioni aventi come valore di rapporto rispettivamente: 3, 9, 14 e 15.

210. Scrivi quattro proporzioni aventi come antecedenti: 19 e 12; 5,4 e 2,8; 18 e 16; 2,7 e 54.

211. Scrivi tre proporzioni aventi come estremi rispettivamente: 100 e 4; 72 e 3; 54 e 0,8.

212. Scrivi due proporzioni aventi come medi proporzionali rispettivamente: 7 e 12.

PROPRIETÀ DELLE PROPORZIONI

213. Che cosa dice la proprietà fondamentale delle proporzioni?

Completa le seguenti tabelle.

214.

Proporzione data	Proprietà applicata	Proporzione ottenuta
25 : 5 = 110 : 22		22 : 5 = 110 : 25
100 : 10 = 30 : 3		110 : 100 = 33 : 30
6 : 2 = 12 : 4		2 : 6 = 4 : 12
36 : 9 = 12 : 3		27 : 9 = 9 : 3

215.

Proporzione data	Proprietà da applicare	Proporzione ottenuta
21 : 3 = 63 : 9	permutare	
33 : 11 = 18 : 6	invertire	
28 : 14 = 12 : 6	scomporre	
12 : 9 = 8 : 6	comporre	

Applicando la proprietà fondamentale stabilisci quali gruppi di numeri degli esercizi seguenti formano una proporzione nell'ordine in cui sono dati.

216. a) 2, 3, 9, 5; **b)** 22, 6, 11, 3.

217. a) 10, 20, 3, 6; **b)** 54, 12, 18, 2.

218. a) 15, 10, 12, 4; **b)** 23, 7, 9, 3.

219. a) 9, 27, 6, 18; **b)** 15, 25, 5, 30.

220. a) 2,5, 4, 0,5, 0,8; **b)** 0,4, 1,3, 0,6, 2,7.

221. a) 12, 3,2, 18, 4,8; **b)** 1,75, 1,4, 2,22, 1,9.

222. a) $2,\overline{3}$, $1,\overline{5}$, 2,5, $1,\overline{6}$;

b) $1,\overline{3}$, $0,1\overline{3}$, 1,75, 0,175.

223. ✲ **a)** $\frac{2}{3}$, $\frac{7}{4}$, $\frac{1}{15}$, $\frac{7}{40}$;

b) $\frac{4}{5}$, $\frac{3}{5}$, $\frac{1}{3}$, $\frac{3}{10}$.

224. ✲ **a)** $\frac{2}{7}$, $\frac{3}{14}$, $\frac{2}{21}$, $\frac{1}{14}$;

b) $\frac{7}{2}$, $\frac{14}{5}$, $\frac{3}{10}$, $\frac{5}{6}$.

Ordina i numeri dati nei seguenti esercizi in modo tale da poter scrivere delle proporzioni.

225. a) 8, 1, 5, 40; **b)** 9, 3, 10, 30.

226. a) 7, 2, 6, 21; **b)** 30, 8, 12, 20.

227. a) 2, 8, 20, 5; **b)** 6, 5, 10, 12.

228. ✲ **a)** $\frac{8}{5}$, 3, $\frac{4}{3}$, $\frac{18}{5}$; **b)** $\frac{21}{16}$, $\frac{15}{2}$, $\frac{10}{7}$, $\frac{1}{4}$.

229. ✲ **a)** $\frac{35}{12}$, $\frac{7}{10}$, $\frac{3}{5}$, $\frac{5}{2}$; **b)** $\frac{3}{2}$, $\frac{5}{24}$, $\frac{10}{8}$, $\frac{1}{4}$.

Scrivi una proporzione da ciascuna delle uguaglianze di prodotti date negli esercizi seguenti.

ESEMPIO

$10 \times 8 = 20 \times 4$

Per la proprietà fondamentale i due prodotti possono essere quello dei medi e quello degli estremi. Quindi:

10 : 20 = 4 : 8

230. $10 \times 7 = 2 \times 35$; $4 \times 12 = 6 \times 8$.

231. $18 \times 6 = 12 \times 9$; $4 \times 9 = 36 \times 1$.

232. $\frac{1}{5}\times\frac{5}{3}=9\times\frac{1}{27}$; $\frac{2}{7}\times\frac{3}{8}=\frac{3}{7}\times\frac{1}{4}$.

233. $\frac{3}{4}\times\frac{2}{3}=8\times\frac{1}{16}$; $\frac{7}{4}\times\frac{9}{28}=\frac{3}{2}\times\frac{3}{8}$.

234. $2,\overline{4}\times 1,\overline{5}=1,\overline{2}\times 3,\overline{1}$;

$\frac{2}{3}\times 0,8\overline{3}=0,\overline{4}\times\frac{5}{4}$.

235. $\frac{5}{6}\times\frac{6}{10}=1,\overline{6}\times\frac{3}{20}$;

$3\sqrt{5}\times\sqrt{10}=5\sqrt{2}\times 3$.

236. $\frac{1}{2}\times\frac{9}{8}=\frac{3}{4}\times\frac{3}{4}$; $3,\overline{2}\times\frac{19}{29}=4,\overline{2}\times\frac{1}{2}$.

237. $\frac{3}{2}\times\frac{10}{3}=\frac{1}{3}\times 15$; $15\times\frac{4}{9}=\frac{4}{3}\times 5$.

Partendo da ciascuna proporzione data nei seguenti esercizi scrivi tutte quelle che si ottengono applicando le proprietà dell'invertire e del permutare.

238. **a)** $32 : 8 = 12 : 3$; **b)** $4 : 28 = 9 : 63$.

239. **a)** $0,5 : 7 = 1,5 : 21$; **b)** $9 : 4 = 18 : 8$.

240. **a)** $\frac{7}{3}:\frac{3}{5}=\frac{5}{3}:\frac{3}{7}$; **b)** $\frac{21}{4}:\frac{2}{3}=\frac{7}{2}:\frac{4}{9}$.

241. **a)** $\frac{11}{13}:1=\frac{11}{7}:\frac{13}{7}$; **b)** $2:\frac{5}{3}=\frac{9}{10}:\frac{3}{4}$.

242. **a)** $\frac{7}{5}:\frac{4}{25}=\frac{5}{8}:\frac{1}{14}$; **b)** $\frac{7}{9}:\frac{21}{4}=\frac{2}{3}:\frac{9}{2}$.

243. **a)** $\frac{1}{3}:\frac{10}{9}=\frac{3}{5}:2$; **b)** $\frac{3}{4}:\frac{2}{5}=\frac{9}{5}:\frac{24}{25}$.

244. **a)** $\frac{3}{5}:\frac{3}{2}=\frac{7}{10}:\frac{7}{4}$; **b)** $\frac{7}{4}:\frac{3}{2}=\frac{3}{8}:\frac{9}{28}$.

Nelle proporzioni date negli esercizi seguenti applica la proprietà del comporre e, dove possibile, quella dello scomporre.

245. **a)** $110 : 11 = 50 : 5$; **b)** $88 : 4 = 66 : 3$.

246. **a)** $30 : 36 = 5 : 6$; **b)** $81 : 18 = 54 : 12$.

247. **a)** $36 : 9 = 44 : 11$; **b)** $49 : 21 = 21 : 9$.

248. **a)** $104 : 8 = 169 : 13$; **b)** $84 : 10 = 42 : 5$.

249. **a)** $69 : 23 = 15 : 5$; **b)** $33 : 3 = 121 : 11$.

250. **a)** $540 : 9 = 120 : 2$; **b)** $14 : 9 = 112 : 72$.

251. **a)** $\frac{6}{5}:\frac{2}{5}=\frac{33}{2}:\frac{11}{2}$; **b)** $\frac{5}{7}:\frac{17}{3}=\frac{3}{34}:\frac{7}{10}$.

252. **a)** $\frac{2}{3}:\frac{25}{18}=\frac{2}{5}:\frac{5}{6}$; **b)** $\frac{8}{9}:\frac{3}{5}=\frac{10}{9}:\frac{3}{4}$.

253. **a)** $\frac{3}{10}:\frac{12}{5}=\frac{3}{2}:12$; **b)** $\frac{17}{2}:9=\frac{17}{30}:\frac{3}{5}$.

254. **a)** $\frac{2}{3}:\frac{4}{5}=\frac{3}{4}:\frac{9}{10}$; **b)** $\frac{3}{8}:\frac{1}{2}=\frac{5}{6}:\frac{10}{9}$.

255. **a)** $\frac{27}{8}:\frac{4}{3}=\frac{9}{4}:\frac{8}{9}$; **b)** $\frac{11}{30}:\frac{4}{3}=\frac{1}{5}:\frac{8}{11}$.

256. **a)** $\frac{8}{3}:\frac{16}{9}=\frac{9}{8}:\frac{3}{4}$; **b)** $\frac{7}{4}:\frac{9}{4}=\frac{14}{15}:\frac{6}{5}$.

RISOLUZIONE DI UNA PROPORZIONE

Risolvi le seguenti proporzioni.

257. $4 : 28 = 5 : x$; $x : 16 = 24 : 6$.

258. $16 : 4 = x : 9$; $30 : x = 18 : 3$.

259. $35 : 7 = 10 : x$; $x : 12 = 9 : 4$.

260. $81 : x = 27 : 15$; $15 : 5 = 72 : x$.

261. $42 : 36 = x : 60$; $13 : x = 7 : 21$.

262. $45 : x = 5 : 12$; $x : 13 = 150 : 26$.

263. $3 : x = 9 : 72$; $12 : 21 = x : 7$.

264. $15 : 11 = x : 66$; $8 : x = 24 : 5$.

265. $x : 0,\overline{6} = 0,8 : 1,\overline{3}$; $\quad 1,\overline{6} : x = 0,\overline{6} : 0,5$. $\quad \left[\frac{2}{5};\ \frac{5}{4}\right]$

266. $1,\overline{3} : 0,\overline{2} = x : 4,5$; $\quad 0,5 : 0,75 = 0,\overline{1} : x$. $\quad \left[27;\ \frac{1}{6}\right]$

267. $1,25 : x = 0,1\overline{6} : 0,\overline{6}$; $\quad 0,8 : 9 = x : 1,5$. $\quad \left[5;\ \frac{2}{15}\right]$

268. $0,\overline{5} : 0,\overline{3} = 1,\overline{3} : x$; $\quad 21 : 84 = 1,\overline{6} : x$. $\quad \left[\frac{4}{5};\ \frac{20}{3}\right]$

269. $0,1\overline{6} : x = 1 : 0,\overline{6}$; $\quad 2,\overline{3} : 0,\overline{2} = x : 1,2$. $\quad \left[\frac{1}{9};\ \frac{63}{5}\right]$

270. $\frac{9}{28} : x = \frac{3}{8} : \frac{7}{4}$; $\quad \frac{6}{5} : x = \frac{2}{3} : \frac{10}{3}$. $\quad \left[\frac{3}{2};\ 6\right]$

271. $x : \frac{3}{4} = \frac{5}{2} : \frac{5}{8}$; $\quad x : \frac{7}{3} = \frac{2}{5} : \frac{1}{5}$ $\quad \left[3;\ \frac{14}{3}\right]$

272. $\frac{2}{5} : \frac{2}{3} = \frac{1}{2} : x$; $\quad \frac{7}{8} : \frac{3}{4} = \frac{7}{6} : x$ $\quad \left[\frac{5}{6};\ 1\right]$

273. $\frac{9}{4} : x = \frac{9}{2} : \frac{3}{2}$; $\quad \frac{7}{6} : \frac{3}{5} = \frac{5}{2} : x$ $\quad \left[\frac{3}{4};\ \frac{9}{7}\right]$

274. $x : \frac{5}{4} = \frac{3}{2} : \frac{15}{2}$; $\quad \frac{3}{8} : \frac{1}{2} = \frac{2}{5} : x$ $\quad \left[\frac{1}{4};\ \frac{8}{15}\right]$

275. $\frac{3}{4} : x = \frac{9}{2} : \frac{12}{5}$; $\quad \frac{1}{2} : \frac{1}{13} = \frac{26}{3} : x$ $\quad \left[\frac{2}{5};\ \frac{4}{3}\right]$

276. $\frac{11}{6} : \frac{5}{2} = x : \frac{3}{8}$; $\quad x : \frac{27}{6} = \frac{4}{3} : 9$. $\quad \left[\frac{11}{40};\ \frac{2}{3}\right]$

277. $\frac{5}{21} : \frac{1}{2} = x : \frac{7}{2}$; $\quad \frac{5}{7} : \frac{15}{7} = \frac{4}{3} : x$. $\quad \left[\frac{5}{3};\ 4\right]$

278. $x : \frac{19}{20} = \frac{35}{38} : \frac{1}{2}$; $\quad \frac{25}{12} : \frac{4}{7} = \frac{35}{16} : x$. $\quad \left[\frac{7}{4};\ \frac{3}{5}\right]$

279. $\frac{7}{3} : x = \frac{21}{13} : \frac{9}{7}$; $\quad x : \frac{5}{2} = \frac{7}{15} : \frac{28}{5}$. $\quad \left[\frac{13}{7};\ \frac{5}{24}\right]$

280. $\frac{2}{5} : \frac{3}{8} = x : \frac{1}{2}$; $\quad \frac{16}{5} : x = \frac{8}{5} : \frac{5}{4}$. $\quad \left[\frac{8}{15};\ \frac{5}{2}\right]$

281. $\frac{5}{3} : \frac{7}{2} = \frac{5}{21} : x$; $\quad \frac{7}{2} : x = \frac{5}{3} : \frac{8}{21}$. $\quad \left[\frac{1}{2};\ \frac{4}{5}\right]$

282. $\frac{10}{7} : x = \frac{5}{22} : \frac{21}{4}$; $\quad \frac{9}{16} : \frac{4}{5} = \frac{15}{8} : x$. $\quad \left[33;\ \frac{8}{3}\right]$

283. $\frac{15}{8}:\frac{2}{9}=\frac{5}{4}:x;$ $\quad \frac{4}{15}:x=\frac{8}{9}:\frac{5}{12}.$ $\left[\frac{4}{27};\ \frac{1}{8}\right]$

284. $\frac{7}{5}:\frac{2}{9}=\frac{18}{5}:x;$ $\quad \frac{8}{9}:\frac{4}{5}=x:\frac{27}{12}.$ $\left[\frac{4}{7};\ \frac{5}{2}\right]$

285. $\frac{15}{8}:x=\frac{4}{5}:\frac{16}{3};$ $\quad x:\frac{26}{5}=\frac{10}{13}:\frac{7}{4}.$ $\left[\frac{25}{2};\ \frac{16}{7}\right]$

286. $x:\frac{16}{15}=\frac{5}{4}:\frac{5}{3};$ $\quad \frac{55}{9}:x=\frac{25}{2}:\frac{27}{11}.$ $\left[\frac{4}{5};\ \frac{6}{5}\right]$

287. $\frac{36}{15}:\frac{8}{7}=x:\frac{20}{7};$ $\quad \frac{15}{2}:\frac{10}{7}=\frac{21}{16}:x.$ $\left[6;\ \frac{1}{4}\right]$

---

288. $\left(2-\frac{5}{3}\right):\left(1+\frac{1}{2}\right)=\left(2-\frac{1}{3}\right):x$ $\left[\frac{15}{2}\right]$

289. $\left(1+\frac{1}{3}\right):\left(2-\frac{1}{2}\right)=x:\left(3-\frac{1}{2}\right)$ $\left[\frac{20}{9}\right]$

290. $\left(2-\frac{1}{5}\right):x=\left(3-\frac{1}{3}\right):\left(3-\frac{7}{4}\right)$ $\left[\frac{27}{32}\right]$

291. $x:\left(1+\frac{5}{2}\right)=\left(1-\frac{1}{7}\right):\left(5-\frac{3}{2}\right)$ $\left[\frac{6}{7}\right]$

292. $\left(1-\frac{1}{4}\right):x=\left(2-\frac{1}{5}\right):\left(2-\frac{2}{3}\right)$ $\left[\frac{5}{9}\right]$

293. $\left(3+\frac{1}{3}\right):\left(4-\frac{1}{4}\right)=x:\left(1-\frac{1}{10}\right)$ $\left[\frac{4}{5}\right]$

294. $\left(2-\frac{1}{4}\right):\left(3-\frac{8}{3}\right)=\left(2-\frac{7}{5}\right):x$ $\left[\frac{4}{35}\right]$

295. $x:\left(3-\frac{1}{3}\right)=\left(1-\frac{3}{4}\right):\left(\frac{1}{3}-\frac{1}{6}\right)$ $[4]$

296. $\left(4+\frac{5}{6}\right):\left(\frac{3}{4}+\frac{1}{8}\right)=x:\left(\frac{1}{2}+\frac{1}{4}\right)$ $\left[\frac{29}{7}\right]$

297. $\left(1-\frac{5}{12}\right):\left(\frac{5}{6}+\frac{1}{3}\right)=x:\left(\frac{9}{8}-\frac{5}{8}\right)$ $\left[\frac{1}{4}\right]$

298. $\left(1-\frac{1}{9}\right):x=\frac{12}{5}:\left(\frac{1}{3}-\frac{1}{5}\right)$ $\left[\frac{4}{81}\right]$

299. $\left(\frac{1}{5}+\frac{1}{3}\right):x=\left(\frac{2}{3}-\frac{1}{5}\right):\left(3-\frac{1}{6}\right)$ $\left[\frac{68}{21}\right]$

300. $\left(1+\frac{1}{2}\right):\left(1+\frac{1}{2}\right)=\left(1-\frac{3}{4}\right):x$ $\left[\frac{1}{4}\right]$

301. $\left(3+\frac{1}{9}\right):\left(1+\frac{1}{27}\right)=\left(4-\frac{7}{2}\right):x$ $\left[\frac{1}{6}\right]$

302. $x:\left(3-\frac{7}{4}\right)=\left(4-\frac{1}{14}\right):\left(8-\frac{1}{7}\right)$ $\left[\frac{5}{8}\right]$

303. $\left(2-\frac{7}{4}\right):x=\left(2+\frac{1}{4}\right):\left(3-\frac{3}{2}\right)$ $\left[\frac{1}{6}\right]$

304. $\left(3-\frac{1}{3}\right)^2:\left(2-\frac{4}{3}\right)^2=x:\left(1-\frac{1}{2}\right)^2$ $[4]$

305. $\left(\frac{3}{2}-\frac{3}{8}\right):\left(2-\frac{9}{8}\right)=\left(2+\frac{1}{2}-\frac{1}{4}\right):x$ $\left[\frac{7}{4}\right]$

306. $x:\left(1-\frac{2}{5}\right)=\left(\frac{2}{7}-\frac{1}{5}\right):\left(3-\frac{6}{7}\right)$ $\left[\frac{3}{125}\right]$

307. $\left(1-\frac{11}{15}\right):\left(\frac{3}{5}-\frac{1}{10}\right)=\left(1-\frac{1}{2}+\frac{1}{3}\right):x$ $\left[\frac{25}{16}\right]$

308. $x:\left(\frac{3}{7}+\frac{1}{3}\right)=\left(\frac{1}{4}+\frac{1}{8}\right):\left(\frac{8}{3}+\frac{3}{2}\right)$ $\left[\frac{12}{175}\right]$

309. $\left(3-\frac{1}{2}\right):x=\left(2+\frac{1}{2}\right):\left(\frac{1}{3}+1\right)$ $\left[\frac{4}{3}\right]$

310. $\left(\frac{1}{3}+\frac{4}{9}-\frac{1}{2}\right):\left(\frac{5}{4}-\frac{2}{9}-\frac{1}{3}\right)=x:\left(\frac{1}{6}+\frac{2}{3}-\frac{1}{2}\right)$ $\left[\frac{2}{15}\right]$

311. $\left(\frac{3}{2}+\frac{1}{3}+\frac{1}{6}\right):x=\left(\frac{1}{4}+\frac{3}{8}+\frac{1}{2}\right):\left(\frac{1}{5}+\frac{7}{30}+\frac{1}{15}\right)$ $\left[\frac{8}{9}\right]$

312. $\left(2-\frac{2}{5}-\frac{1}{2}\right):\left(\frac{1}{3}+\frac{1}{6}+\frac{1}{2}\right)=\left(\frac{3}{8}+\frac{1}{4}-\frac{1}{2}\right):x$ $\left[\frac{5}{44}\right]$

313. $\left(1-\frac{1}{8}-\frac{2}{3}\right):x=\left(\frac{5}{6}-\frac{3}{4}+\frac{1}{2}\right):\left(\frac{1}{4}-\frac{1}{6}+\frac{2}{3}\right)$ $\left[\frac{15}{56}\right]$

314. $x:\left(\frac{3}{4}-\frac{1}{2}-\frac{1}{6}\right)=\left(\frac{3}{5}-\frac{1}{2}+\frac{1}{10}\right):\left(\frac{2}{3}-\frac{1}{2}+\frac{1}{12}\right)$ $\left[\frac{1}{15}\right]$

315. $\left(\frac{29}{6}-\frac{1}{2}-\frac{1}{3}\right):\left(2+\frac{6}{5}\right):x=\left(\frac{3}{2}+\frac{4}{3}-\frac{7}{6}+\frac{5}{3}\right)$ $\left[\frac{25}{6}\right]$

316. $\left(1-\frac{3}{4}\right):\left(\frac{5}{8}-\frac{7}{12}\right)=\left(\frac{4}{3}+\frac{2}{9}+\frac{1}{2}-\frac{7}{6}\right):x$ $\left[\frac{4}{27}\right]$

317. $\left(\frac{8}{5}-\frac{1}{8}-\frac{7}{20}\right):\left(\frac{13}{8}-\frac{19}{12}\right)=\left(\frac{18}{5}+\frac{9}{10}\right):x$ $\left[\frac{1}{6}\right]$

318. $\left(\frac{3}{8}+\frac{2}{5}+\frac{1}{10}\right):x=\left(1-\frac{7}{8}+\frac{1}{4}\right)^2:\left(\frac{27}{28}+\frac{3}{8}\right)$ $\left[\frac{25}{3}\right]$

319. $x:\left(\frac{11}{18}-\frac{1}{9}\right)=\left(\frac{1}{9}+\frac{1}{27}\right):\left(\frac{1}{6}+\frac{1}{2}+\frac{2}{9}\right)$ $\left[\frac{1}{12}\right]$

320. $\left(1+\frac{11}{15}-\frac{7}{12}\right):\frac{23}{20}=x:\left(\frac{11}{15}-\frac{3}{10}\right)$ $\left[\frac{13}{30}\right]$

321. $\left(\frac{1}{2}-\frac{1}{7}:\frac{8}{21}\right):\left(\frac{1}{12}:\frac{16}{15}\right)=x:\left(\frac{5}{27}:\frac{1}{18}+\frac{1}{6}\right)$ $\left[\frac{28}{5}\right]$

322. ✲ $\left(\frac{5}{4}-\frac{7}{10}+\frac{3}{5}\right):\left[\left(\frac{2}{5}+\frac{1}{4}\right)\cdot\left(\frac{10}{13}+\frac{1}{2}\right)\right]=x:\left(\frac{2}{7}\cdot\frac{7}{6}+\frac{3}{4}-\frac{1}{6}\right)$ $\left[\frac{23}{18}\right]$

323. ✲ $\left[4\cdot\left(\frac{9}{2}:\frac{3}{5}\right)\right]:\left[\left(\frac{5}{6}-\frac{1}{2}\right):\frac{1}{48}\right]=\left[\left(\frac{5}{4}-\frac{2}{3}\right):\left(\frac{5}{6}+\frac{1}{2}\right)\right]:x$ $\left[\frac{7}{30}\right]$

324. ✲ $\left[\frac{40}{3}\cdot\left(\frac{3}{5}+\frac{3}{20}\right)-\left(1-\frac{22}{35}\right)\cdot 25\right]:\left[\frac{2}{3}+\frac{5}{2}-\left(2+\frac{1}{3}\right)\right]=x:\left(2-\frac{11}{6}\right)$ $\left[\frac{1}{7}\right]$

325. ✲ $\left(2+\frac{6}{7}\right):x=\left[\left(\frac{1}{2}+\frac{1}{3}\right)^2:\left(1+\frac{1}{6}\right)^2\right]:\left[\left(1-\frac{1}{2}\right):\left(\frac{2}{5}-\frac{1}{4}+\frac{2}{10}\right)\right]$ [8]

326. $\left(\frac{1}{8}\cdot\frac{20}{27}:\frac{4}{3}\right):\left[\frac{1}{3}\cdot\left(2-\frac{9}{5}\right)\right]=x:\left[\frac{3}{2}\cdot\left(3-\frac{11}{5}\right)\right]$ $\left[\frac{5}{4}\right]$

327. $\left[\frac{4}{5}\cdot\left(\frac{5}{6}-\frac{1}{4}\right)-\frac{1}{5}\right]:\left(1-\frac{1}{3}\right)=x:\left[\left(\frac{7}{12}+\frac{7}{24}\right):\frac{7}{4}+\frac{1}{2}\right]$ $\left[\frac{2}{5}\right]$

328. $\left[\left(2+\frac{5}{12}\right):\left(\frac{1}{3}+\frac{1}{4}-\frac{1}{2}\right)-\frac{52}{2}\right]:\left[\frac{16}{49}\cdot\left(2-\frac{1}{4}\right)^2+2\right]=\left(2-\frac{7}{6}\right)^2:x$ $\left[\frac{25}{36}\right]$

329. $\left[\left(4+\frac{1}{4}\right)-\left(1+\frac{1}{2}+\frac{1}{3}\right)-2\right]:x=\left[\left(\frac{3}{4}-\frac{1}{6}\right)\cdot\left(\frac{2}{7}-\frac{1}{8}\right)\right]:\left[\left(\frac{2}{5}-\frac{1}{10}\right):\left(\frac{1}{2}-\frac{1}{4}\right)\right]$ $\left[\frac{16}{3}\right]$

330. $\left[\frac{25}{4}\cdot\left(\frac{16}{25}-\frac{1}{2}\right)\right]:\left[\frac{6}{19}\cdot\left(\frac{5}{6}+\frac{3}{4}\right)\right]=x:\left[\left(3-\frac{2}{3}\right)\cdot\left(1-\frac{2}{7}\right)\right]$ $\left[\frac{35}{12}\right]$

331. $\left[\left(\frac{7}{6}-\frac{3}{4}\right):\left(1+\frac{7}{8}\right)\right]:\left[\left(\frac{2}{3}-\frac{1}{2}\right):\frac{1}{2}+3\cdot\left(\frac{2}{3}+\frac{1}{2}+\frac{1}{6}\right)\right]=x:\left[\left(1+\frac{2}{5}\right)\cdot\left(\frac{1}{2}+\frac{4}{7}\right)\right]$ $\left[\frac{1}{13}\right]$

332. $\left[\left(3-\frac{5}{10}+\frac{3}{4}\right)\cdot\frac{2}{39}\right]:\left[\frac{9}{22}\cdot\left(3-\frac{7}{5}+\frac{1}{9}\right)\right]=x:\left[\left(\frac{5}{6}+\frac{4}{21}-\frac{2}{3}\right)\cdot\left(\frac{3}{5}+\frac{6}{25}\right)\right]$ $\left[\frac{1}{14}\right]$

333. $\left[1+\frac{3}{2}-\left(\frac{33}{8}\cdot\frac{2}{11}\right)\right]:\left[\frac{13}{4}\cdot\frac{2}{5}+\left(3-\frac{2}{3}\right)\cdot\frac{5}{2}-\frac{2}{15}\right]=\left[\frac{15}{14}-\frac{9}{10}+\left(1-\frac{31}{35}\right)\right]:x$ $\left[\frac{8}{7}\right]$

334. $\left[\left(3+\frac{3}{2}\cdot\frac{4}{3}-\frac{5}{2}\right)\cdot\frac{3}{5}+\frac{1}{2}\right]:\left[\left(\frac{12}{13}+\frac{15}{26}\right)\cdot\frac{1}{2}+\frac{7}{12}\right]=\left[\left(\frac{9}{4}-\frac{13}{12}\right)\cdot\left(\frac{2}{7}-\frac{1}{8}\right)\right]:x$ $\left[\frac{1}{8}\right]$

335. $\left(1-\frac{2}{5}\right):x=\left[\frac{6}{5}\cdot\left(\frac{5}{4}-\frac{7}{6}\right)\right]:\left[\left(1-\frac{1}{4}+\frac{5}{2}\right)\cdot\frac{2}{13}\right]$ [3]

336. $\left[\left(\frac{1}{8}+\frac{3}{4}\right):\frac{7}{24}\right]:\left[\left(1+\frac{7}{3}\right):\left(1-\frac{7}{9}\right)\right]=x:\left[\left(\frac{5}{2}-\frac{8}{5}\right):\left(1+\frac{1}{5}\right)\right]$ $\left[\frac{3}{20}\right]$

337. $\left[\frac{5}{8}:\left(\frac{4}{3}-\frac{1}{2}\right)\right]:x=\left[\left(\frac{2}{3}-\frac{2}{9}\right)\cdot\left(1+\frac{9}{4}\right)\right]:\left[\frac{7}{9}:\left(1-\frac{1}{4}+\frac{1}{8}\right)\right]$ $\left[\frac{6}{13}\right]$

338. $\left[\frac{27}{5}\cdot\left(\frac{3}{4}+\frac{1}{2}\right)+\frac{3}{2}\right]:\left(4-\frac{4}{5}+\frac{4}{5}+2+\frac{3}{2}+\frac{5}{6}\right)=x:\left(\frac{2}{3}+\frac{1}{3}\cdot\frac{6}{5}+1+\frac{3}{5}\right)$ $\left[\frac{66}{25}\right]$

339. $\left[\left(3-\frac{1}{3}\right):\left(\frac{4}{5}+\frac{2}{3}+\frac{6}{5}\right)\right]:\left[\left(\frac{3}{4}-\frac{1}{2}\right):\left(\frac{2}{3}-\frac{1}{2}\right)\right]=x:\left[\left(1-\frac{2}{3}\right):\left(2-\frac{5}{3}\right)\right]$ $\left[\frac{2}{3}\right]$

340. $\left[\left(\frac{1}{8}+\frac{1}{4}+\frac{3}{2}\right):\frac{15}{4}\right]:\left[\left(\frac{7}{8}+\frac{5}{3}-\frac{7}{6}\right)\cdot\left(2-\frac{8}{11}\right):\frac{7}{2}\right]=\left[\left(\frac{7}{4}-\frac{7}{8}\right):\left(2-\frac{11}{8}\right)\right]:x$ $\left[\frac{7}{5}\right]$

341. $\left[\left(\frac{2}{3}+\frac{5}{6}\right):\left(\frac{1}{6}+\frac{7}{12}\right)\right]^2:x=\left[\left(1+\frac{1}{2}\right)^2-\left(1-\frac{1}{2}\right)\right]:\left\{\left(1-\frac{3}{4}\right)^2:\left[\left(\frac{2}{5}-\frac{1}{3}\right):\frac{4}{15}\right]\right\}$ $\left[\frac{4}{7}\right]$

342. $\dfrac{\dfrac{2}{5}}{\dfrac{2}{3}-\dfrac{3}{5}}:\dfrac{1-\dfrac{1}{3}+\dfrac{2}{15}}{\dfrac{3}{5}-\dfrac{1}{3}}=\dfrac{1+\dfrac{2}{7}-\dfrac{3}{4}}{\dfrac{1}{2}-\dfrac{3}{7}}:x$ $\left[\dfrac{15}{4}\right]$

343. $\dfrac{\dfrac{2}{21}+\dfrac{3}{14}}{\dfrac{26}{35}}:\dfrac{\dfrac{4}{3}-\dfrac{1}{2}}{2+\dfrac{2}{5}}=x:\dfrac{\dfrac{11}{15}-\dfrac{13}{20}}{5-\dfrac{3}{8}:\left(\dfrac{3}{4}-\dfrac{2}{3}\right)}$ $\left[\dfrac{1}{5}\right]$

344. $\dfrac{\dfrac{59}{40}+\dfrac{7}{20}:\dfrac{14}{5}+\dfrac{1}{2}}{\left(\dfrac{1}{6}-\dfrac{1}{3}\cdot\dfrac{1}{4}\right):\dfrac{5}{6}+\left(1-\dfrac{1}{2}\right)}:\dfrac{\left(\dfrac{1}{2}\cdot\dfrac{4}{3}+5:\dfrac{9}{4}\right):\dfrac{5}{3}+\left(1-\dfrac{9}{10}\right)}{\dfrac{9}{4}-\left(1-\dfrac{1}{2}+\dfrac{7}{12}\right)-\dfrac{1}{2}}=\dfrac{28}{11}:x$ [2]

345. $\dfrac{2-\dfrac{3}{2}}{\dfrac{3}{5}-\dfrac{1}{2}+\dfrac{1}{4}}:x=\dfrac{\left(\dfrac{1}{2}+\dfrac{1}{3}\right)^2}{\left(\dfrac{3}{2}-\dfrac{1}{3}\right)^2}:\left(2+\dfrac{6}{7}\right)$ [8]

346. $\dfrac{13}{12}:\sqrt{\dfrac{11}{3}-\dfrac{1}{9}:\left(\dfrac{5}{8}-\dfrac{7}{12}\right)}=\left(1+\dfrac{1}{4}\cdot\dfrac{1}{3}\right):x$ [1]

347. $\sqrt{\dfrac{2}{18}}:x=\sqrt{3-\dfrac{2}{9}}:\sqrt{1-\dfrac{1}{3}-\dfrac{2}{9}}$ $\left[\dfrac{2}{15}\right]$

348. $\sqrt{1+\dfrac{2}{3}-\dfrac{3}{2}}:x=\sqrt{\dfrac{8}{5}-1}:\sqrt{\dfrac{1}{2}+\dfrac{1}{5}+\dfrac{1}{10}}$ $\left[\dfrac{\sqrt{2}}{3}\right]$

349. $\sqrt{\dfrac{23}{6}+\dfrac{29}{12}}:\sqrt{\dfrac{17}{6}-\dfrac{1}{18}}=x:\sqrt{\dfrac{19}{45}+\dfrac{1}{6}-\dfrac{43}{90}}$ $\left[\dfrac{1}{2}\right]$

350. $\sqrt{\dfrac{1}{3}+\dfrac{2}{9}-\dfrac{5}{18}}:\sqrt{\dfrac{5}{6}-\dfrac{7}{12}}=\sqrt{\dfrac{1}{3}+\dfrac{5}{8}-\dfrac{3}{4}}:x$ $\left[\dfrac{\sqrt{3}}{4}\right]$

Calcola il medio proporzionale fra le coppie di numeri date nei seguenti esercizi.

351. 1 e 25; 4 e 16; 7 e 28.

352. 12 e 27; 3 e 147; 9 e 25.

353. 0,24 e 6; 4,8 e 0,3; 3,2 e 0,8.

354. $\dfrac{3}{5}$ e $\dfrac{27}{5}$; $\dfrac{2}{25}$ e $\dfrac{18}{49}$; $\dfrac{5}{16}$ e $\dfrac{81}{5}$.

Calcola il terzo proporzionale dopo i numeri dati nei seguenti esercizi.

355. 9 e 15; 27 e 9; 6 e 12.

356. 32 e 8; 8 e 16; 16 e 12.

357. 27 e 18; 27 e 45; 11 e 33.

358. $\dfrac{16}{63}$ e $\dfrac{8}{21}$; 18 e $\dfrac{12}{5}$; $\dfrac{36}{5}$ e $\dfrac{12}{25}$.

359. $\dfrac{35}{8}$ e $\dfrac{7}{4}$; $\dfrac{3}{8}$ e $\dfrac{1}{6}$; $\dfrac{8}{27}$ e $\dfrac{4}{9}$.

Risolvi le seguenti proporzioni continue.

360. **a)** $4 : x = x : 16$;
b) $18 : x = x : 2$. [*a*) **8**; *b*) **6**]

361. **a)** $2 : x = x : 50$;
b) $27 : x = x : 3$. [*a*) **10**; *b*) **9**]

362. **a)** $4 : x = x : 121$;
b) $16 : x = x : 9$. [*a*) **22**; *b*) **12**]

363. **a)** $96 : x = x : 6$;
b) $128 : x = x : 2$. [*a*) **24**; *b*) **16**]

364. **a)** $20 : x = x : 80$;
b) $36 : x = x : 9$. [*a*) **40**; *b*) **18**]

365. **a)** $16 : x = x : 64$;
b) $80 : x = x : 45$. [*a*) **32**; *b*) **60**]

366. **a)** $507 : x = x : 3$;
b) $12 : x = x : 300$. [*a*) **39**; *b*) **60**]

367. **a)** $363 : x = x : 432$;
b) $18 : x = x : 72$. [*a*) **396**; *b*) **36**]

368. **a)** $12 : x = x : 108$;
b) $55 : x = x : 220$. [*a*) **36**; *b*) **110**]

369. **a)** $84 : x = x : 21$;
b) $105 : x = x : 420$. [*a*) **42**; *b*) **210**]

370. **a)** $54 : x = x : 24$;
b) $525 : x = x : 84$. [*a*) **36**; *b*) **210**]

371. **a)** $\frac{3}{16} : x = x : \frac{3}{4}$;
b) $\frac{25}{36} : x = x : \frac{9}{4}$. $\left[a)\ \frac{3}{8};\ b)\ \frac{15}{12}\right]$

372. **a)** $\frac{16}{27} : x = x : \frac{4}{3}$;
b) $\frac{3}{27} : x = x : \frac{18}{2}$. $\left[a)\ \frac{8}{9};\ b)\ 1\right]$

373. **a)** $\frac{28}{27} : x = x : \frac{3}{7}$;
b) $\frac{54}{5} : x = x : \frac{6}{20}$. $\left[a)\ \frac{2}{3};\ b)\ \frac{9}{5}\right]$

374. **a)** $\frac{25}{9} : x = x : \frac{72}{50}$;
b) $\frac{21}{75} : x = x : \frac{7}{4}$. $\left[a)\ 2;\ b)\ \frac{7}{10}\right]$

375. **a)** $\frac{11}{4} : x = x : \frac{11}{25}$;
b) $\frac{9}{8} : x = x : \frac{32}{25}$. $\left[a)\ \frac{11}{10};\ b)\ \frac{6}{5}\right]$

376. **a)** $\frac{81}{7} : x = x : \frac{7}{9}$;
b) $\frac{7}{9} : x = x : \frac{28}{25}$. $\left[a)\ 3;\ b)\ \frac{14}{15}\right]$

377. **a)** $\frac{5}{13} : x = x : \frac{80}{52}$;
b) $\frac{8}{7} : x = x : \frac{18}{63}$. $\left[a)\ \frac{10}{13};\ b)\ \frac{4}{7}\right]$

378. **a)** $\frac{12}{5} : x = x : \frac{3}{5}$;
b) $\frac{75}{2} : x = x : \frac{3}{2}$. $\left[a)\ \frac{6}{5};\ b)\ \frac{15}{2}\right]$

379. **a)** $\frac{5}{18} : x = x : \frac{5}{2}$;
b) $\frac{2}{45} : x = x : \frac{8}{5}$. $\left[a)\ \frac{5}{6};\ b)\ \frac{4}{15}\right]$

380. **a)** $\frac{36}{25} : x = x : \frac{49}{4}$;
b) $\frac{25}{6} : x = x : \frac{9}{24}$. $\left[a)\ \frac{21}{5};\ b)\ \frac{5}{4}\right]$

381. **a)** $\frac{54}{11} : x = x : \frac{3}{22}$;
b) $\frac{52}{49} : x = x : \frac{13}{4}$. $\left[a)\ \frac{9}{11};\ b)\ \frac{13}{7}\right]$

382. **a)** $\frac{11}{9} : x = x : \frac{75}{33}$;
b) $\frac{27}{10} : x = x : \frac{10}{3}$. $\left[a)\ \frac{5}{3};\ b)\ 3\right]$

383. **a)** $\frac{48}{9} : x = x : \frac{3}{25}$;
b) $\frac{24}{35} : x = x : \frac{42}{5}$. $\left[a)\ \frac{4}{5};\ b)\ \frac{12}{5}\right]$

384. ✲ $\left(3-\frac{1}{3}\right) : x = x : \left(1-\frac{1}{3}\right)$ $\left[\frac{4}{3}\right]$

385. ✲ $\left(1+\frac{4}{5}\right) : x = x : \left(\frac{21}{20}\cdot\frac{7}{3}\right)$ $\left[\frac{21}{10}\right]$

386. $\left[\frac{1}{2}\cdot\left(2+\frac{1}{3}\right)\right]:x=x:\left[\frac{1}{2}\cdot\left(\frac{25}{15}+\frac{2}{3}\right)\right]$ $\left[\frac{7}{6}\right]$

387. $\left[\left(2-\frac{9}{8}\right):\left(1+\frac{4}{3}\right)\right]:x=x:\left(1+\frac{1}{24}\right)$ $\left[\frac{5}{8}\right]$

388. $\left[\frac{25}{4}\cdot\left(\frac{1}{10}+\frac{1}{5}\right)\right]:x=x:\left[4\cdot\left(1-\frac{13}{15}\right)\right]$ [1]

389. $\left[\frac{3}{8}:\left(\frac{1}{2}+\frac{1}{4}\right)+1\right]:x=x:\left[1+\left(1-\frac{1}{2}\right)\right]$ $\left[\frac{3}{2}\right]$

390. $\left[\left(1-\frac{23}{30}\right):\left(\frac{2}{3}-\frac{2}{5}\right)\right]:x=x:\left[\left(1-\frac{11}{14}\right):\left(\frac{1}{2}+\frac{5}{6}\right)\right]$ $\left[\frac{3}{8}\right]$

391. $\left[\frac{3}{5}\cdot\left(3+\frac{5}{7}\right):13\right]:x=x:\left[\left(\frac{5}{6}-\frac{15}{44}-\frac{4}{33}\right):\left(\frac{7}{11}+\frac{47}{22}-\frac{11}{5}\right)\right]$ $\left[\frac{1}{3}\right]$

392. $\left\{\frac{5}{2}:\left[\frac{1}{2}\cdot\left(3+\frac{1}{3}:\frac{5}{3}-\frac{14}{5}\right)\right]\right\}:x=x:\left\{\frac{3}{11}\cdot\left[\left(5-\frac{3}{2}\right)\cdot\frac{2}{21}+\frac{3}{2}\right]\right\}$ $\left[\frac{5}{2}\right]$

393. $\dfrac{2+\frac{1}{5}-\frac{7}{10}}{1+\frac{1}{2}}:x=x:\dfrac{\frac{13}{22}\cdot\frac{33}{52}+\frac{49}{40}}{1-\frac{3}{5}}$ [2]

394. $\dfrac{\frac{8}{15}-\frac{3}{7}}{4+\frac{5}{7}}:x=x:\dfrac{\frac{22}{5}:\frac{11}{5}}{\left(\frac{9}{2}-\frac{3}{4}\right)\cdot\frac{2}{3}}$ $\left[\frac{2}{15}\right]$

395. $\dfrac{\frac{3}{8}}{1+\frac{1}{3}-\frac{8}{9}}:x=x:\dfrac{\frac{14}{3}+\frac{54}{6}:3}{\frac{13}{6}+\frac{53}{6}:3}$ $\left[\frac{9}{8}\right]$

Risolvi le seguenti proporzioni continue approssimando il valore di x *a meno di 0,01.*

396. **a)** $24:x=x:32$;
b) $15:x=x:16$. [*a*) **27,71**; *b*) **15,49**]

397. **a)** $22:x=x:11$;
b) $32:x=x:10$. [*a*) **15,55**; *b*) **17,88**]

398. **a)** $31:x=x:13$;
b) $50:x=x:112$. [*a*) **20,07**; *b*) **74,83**]

399. **a)** $29:x=x:49$;
b) $81:x=x:18$. [*a*) **37,69**; *b*) **38,18**]

400. **a)** $144:x=x:39$;
b) $100:x=x:57$. [*a*) **74,93**; *b*) **75,49**]

401. **a)** $\frac{7}{2}:x=x:\frac{5}{2}$;
b) $\frac{5}{9}:x=x:\frac{12}{5}$. [*a*) **2,95**; *b*) **1,15**]

402. **a)** $\frac{8}{23}:x=x:\frac{36}{17}$;
b) $\frac{70}{13}:x=x:\frac{13}{17}$. [*a*) **0,85**; *b*) **2,02**]

403. **a)** $\frac{16}{25}:x=x:\frac{8}{3}$;
b) $\frac{45}{12}:x=x:\frac{4}{9}$. [*a*) **1,30**; *b*) **1,29**]

404. **a)** $\frac{35}{8}:x=x:\frac{2}{5}$;
b) $\frac{24}{5}:x=x:\frac{3}{21}$. [*a*) **1,32**; *b*) **0,82**]

Risolvi le seguenti proporzioni con opportuni accorgimenti.

ESEMPIO

$\frac{8}{3}:\frac{4}{9}=2x:\frac{2}{9}$

$2x=\frac{8}{3}\cdot\frac{2}{9}:\frac{4}{9}=\frac{16}{27}\cdot\frac{9}{4}=\frac{4}{3}$

da cui: $2x=\frac{4}{3}$

$x=\frac{4}{3}:2=\frac{4}{3}\cdot\frac{1}{2}=\frac{2}{3}$.

405. $3x:\frac{2}{3}=\frac{7}{4}:\frac{1}{9}$; $\frac{5}{44}:\frac{5}{8}=\frac{16}{32}:2x$. $\left[\frac{7}{2};\ \frac{11}{8}\right]$

406. $\frac{6}{5}:4x=\frac{3}{10}:\frac{12}{27}$;
$\frac{22}{5}:\frac{44}{15}=9x:\frac{30}{7}$. $\left[\frac{4}{9};\ \frac{10}{14}\right]$

407. $\frac{2}{15}x:\frac{8}{3}=\frac{3}{4}:\frac{3}{2}$;
$\frac{1}{4}:\frac{3}{2}=\frac{1}{5}:\frac{3}{2}x$. $\left[10;\ \frac{4}{5}\right]$

408. $\frac{2}{5}:\left(1+\frac{4}{5}\right)=\frac{9}{2}x:\left(12+\frac{3}{2}\right)$ $\left[\frac{2}{3}\right]$

409. $\frac{5}{6}x:\left(\frac{7}{12}-\frac{1}{4}\right)=\left(\frac{5}{6}-\frac{1}{12}\right):\left(1-\frac{1}{4}\right)$ $\left[\frac{2}{5}\right]$

410. $\left(3+\frac{1}{3}\right):\left(2+\frac{1}{2}\right)=\frac{10}{9}x:\left(1+\frac{1}{4}\right)$ $\left[\frac{3}{2}\right]$

ESEMPIO

$7:3=(8+x):6$

$8+x=\frac{7\cdot 6}{3}=14$

da cui: $8+x=14$

$x=14-8=6$.

411. $(4+x):3=4:2$; [2]
$6:(6+x)=3:5$. [4]

412. $12:4=(x-2):3$; [11]
$(x-5):6=3:2$. [14]

413. $\left(x-\frac{1}{2}\right):\left(\frac{1}{2}+\frac{1}{3}\right)=\left(1+\frac{1}{5}\right):\left(\frac{2}{3}-\frac{1}{4}\right)$ $\left[\frac{29}{10}\right]$

414. $\left(\frac{2}{3}-\frac{1}{2}\right):\left(x-\frac{2}{3}\right)=\left(\frac{1}{4}-\frac{1}{8}\right):\left(\frac{1}{2}+\frac{5}{6}\right)$ $\left[\frac{22}{9}\right]$

415. $\left(x+\frac{6}{5}\right):\left(6+\frac{1}{2}\right)=\left(7+\frac{1}{5}\right):\left(7-\frac{1}{2}\right)$ [6]

416. $\left(3+\frac{7}{2}\right):\left(x+\frac{5}{8}\right)=\left(7+\frac{4}{5}\right):\left(12-\frac{13}{4}\right)$ $\left[\frac{20}{3}\right]$

Risolvi le seguenti proporzioni applicando le proprietà del comporre o dello scomporre.

417. **a)** $(4+x):x=5:3$;
b) $(5+x):x=7:6$. [*a*) 6; *b*) 30]

418. **a)** $(12+x):x=9:5$;
b) $(3+x):x=8:2$. [*a*) 15; *b*) 1]

419. **a)** $(14-x):x=5:9$;
b) $(12-x):x=4:2$. [*a*) 9; *b*) 4]

420. **a)** $(24-x):x=10:5$;
b) $(26-x):x=11:2$. [*a*) 8; *b*) 4]

421. **a)** $x:(30-x)=18:2$;
b) $x:(x+10)=5:30$. [*a*) 27; *b*) 2]

422. **a)** $(10+x):x=39:9$;
b) $(10+x):x=7:5$. [*a*) 3; *b*) 25]

423. **a)** $(4+x):x=14:6$;
b) $(36+x):x=12:3$. [*a*) 3; *b*) 12]

424. **a)** $(39-x):x=84:33$;
b) $(15-x):x=2:3$. [*a*) 11; *b*) 9]

425. **a)** $(40-x):x=8:2$;
b) $(32-x):x=2:6$. [*a*) 8; *b*) 24]

426. **a)** $(16+x):x=13:5$;
b) $(49+x):17=x:10$. [*a*) 10; *b*) 70]

427. **a)** $(36+x):x=60:12$;
b) $(65+x):20=x:7$. [*a*) 9; *b*) 35]

428. **a)** $(51-x):x=15:2$;
b) $(54-x):10=x:8$. [*a*) 6; *b*) 24]

429. **a)** $(35-x):x=6:8$;
b) $(81-x):20=x:7$. [*a*) 20; *b*) 21]

430. a) $(5+x):x=6:4$

b) $\left(\frac{3}{5}+x\right):x=\frac{4}{5}:\frac{1}{2}$ [a) 10; b) 1]

431. a) $\left(\frac{1}{4}+x\right):x=\frac{3}{2}:\frac{1}{3}$

b) $\left(\frac{5}{2}+x\right):x=\frac{6}{5}:\frac{1}{2}$ $\left[a)\ \frac{1}{14};\ b)\ \frac{25}{14}\right]$

432. a) $\left(\frac{3}{4}-x\right):x=\frac{2}{3}:\frac{1}{4}$

b) $\left(\frac{7}{5}+x\right):x=\frac{7}{9}:\frac{2}{3}$ $\left[a)\ \frac{9}{44};\ b)\ \frac{42}{5}\right]$

433. a) $\left(\frac{19}{15}-x\right):x=\frac{3}{5}:\frac{2}{3};$

b) $\left(\frac{11}{8}-x\right):x=\frac{5}{2}:\frac{1}{4}.$ $\left[a)\ \frac{2}{3};\ b)\ \frac{1}{8}\right]$

434. $\left(\frac{5}{8}+x\right):x=\left(1+\frac{1}{3}\right):\left(1-\frac{1}{5}\right)$ $\left[\frac{15}{16}\right]$

435. $\left(\frac{5}{6}+x\right):x=\left(4+\frac{5}{2}\right):\frac{13}{12}$ $\left[\frac{1}{6}\right]$

436. $\left(\frac{9}{4}+x\right):x=\left(3-\frac{1}{5}\right):\left(1+\frac{4}{10}\right)$ $\left[\frac{9}{4}\right]$

437. $(3-x):x=\frac{2}{5}:\left(\frac{1}{2}-\frac{2}{5}\right)$ $\left[\frac{3}{5}\right]$

438. $\left(\frac{5}{2}-x\right):x=\left(2-\frac{5}{4}\right):\left(1+\frac{1}{2}\right)$ $\left[\frac{5}{3}\right]$

439. $\left(\frac{4}{3}-x\right):x=\left(\frac{25}{3}+1\right):\left(6-\frac{3}{4}\right)$ $\left[\frac{12}{25}\right]$

440. $\left(\frac{3}{2}+x\right):x=\left(1-\frac{1}{3}\right):\left(1-\frac{2}{5}\right)$ $\left[\frac{27}{2}\right]$

441. $\left(\frac{1}{15}+x\right):x=\left(3-\frac{7}{3}\right):\left(3-\frac{12}{5}\right)$ $\left[\frac{3}{5}\right]$

442. $\left(\frac{27}{5}+x\right):x=\left(3-\frac{1}{3}\right):\left(\frac{2}{3}-\frac{4}{16}\right)$ [1]

443. $\left(\frac{13}{10}+x\right):x=\left(\frac{3}{5}+\frac{1}{3}\right):\left(\frac{2}{3}-\frac{1}{6}\right)$ $\left[\frac{3}{2}\right]$

444. $\left(\frac{7}{8}-x\right):x=\left(1+\frac{1}{2}\right):\left(1-\frac{1}{3}\right)$ $\left[\frac{7}{26}\right]$

445. $\left(\frac{4}{3}-x\right):x=\left(1+\frac{5}{3}\right):\left(2-\frac{2}{5}\right)$ $\left[\frac{1}{2}\right]$

446. $\left(\frac{3}{7}-x\right):x=\left(3-\frac{2}{3}\right):\left(1+\frac{2}{3}\right)$ $\left[\frac{5}{28}\right]$

447. $\left(\frac{2}{3}-x\right):x=\left(\frac{2}{9}+\frac{1}{3}\right):\left(1-\frac{1}{3}\right)$ $\left[\frac{4}{11}\right]$

448. $\left(\frac{19}{5}-x\right):x=\left(2-\frac{4}{3}\right):\left(2-\frac{7}{5}\right)$ $\left[\frac{9}{5}\right]$

449. $\left(\frac{74}{3}-x\right):x=\left(\frac{2}{3}-\frac{1}{4}\right):\left(\frac{5}{2}+\frac{1}{6}\right)$ $\left[\frac{64}{3}\right]$

450. $\left(\frac{5}{8}+x\right):x=\left[3\cdot\left(\frac{1}{2}+\frac{5}{4}\right)\right]:\left(\frac{3}{8}+\frac{1}{2}\right)$ $\left[\frac{1}{8}\right]$

451. $\left(\frac{29}{5}+x\right):x=\left[\left(\frac{5}{2}+\frac{3}{4}\right)-\frac{1}{4}\right]:\left[\left(\frac{3}{5}+\frac{1}{2}\right)-\left(\frac{7}{10}-\frac{2}{3}\right)\right]$ $\left[\frac{16}{5}\right]$

452. $\left(\frac{5}{4}+x\right):x=\left(\frac{5}{3}-\frac{5}{6}\right):\left[\left(\frac{7}{6}+\frac{3}{4}-\frac{3}{2}\right):\left(2-\frac{3}{4}\right)\right]$ $\left[\frac{5}{6}\right]$

453. $\left(\frac{7}{4}-x\right):x=\left[\left(4-\frac{1}{2}\right)+\left(1+\frac{3}{4}\right)\right]:\left(\frac{6}{16}+\frac{1}{2}\right)$ $\left[\frac{1}{4}\right]$

454. $\left(\frac{7}{2}-x\right):x=\left[\left(\frac{11}{3}-2\right)-\frac{5}{6}\right]:\left[\left(\frac{7}{6}+\frac{3}{4}-\frac{3}{2}\right):\left(\frac{3}{4}+\frac{1}{2}\right)\right]$ [1]

455. ✻ $\left(\frac{1}{17}-x\right):x=\left(\frac{7}{6}:\frac{14}{24}\right):\left[\frac{5}{3}\cdot\left(1-\frac{2}{5}\right)+\left(\frac{2}{3}-\frac{1}{4}\right)\right]$ $\left[\frac{1}{41}\right]$

456. ✻ $\left(\frac{5}{3}+x\right):x=\left[\left(\frac{5}{3}-\frac{1}{2}\right):\left(\frac{1}{4}+\frac{1}{3}\right)\right]:\left\{\frac{5}{2}:\left[\frac{2}{3}+\left(\frac{1}{5}+\frac{1}{3}\right):\frac{8}{5}+\frac{3}{2}\right]\right\}$ $\left[\frac{5}{3}\right]$

457. ✻ $\left(\frac{22}{3}+x\right):x=\left(\frac{5}{2}-\frac{1}{4}+\frac{1}{8}\right):\left\{\frac{4}{7}\cdot\left[\left(1-\frac{5}{12}\right):\left(1-\frac{1}{12}\right)\right]+\frac{7}{11}\right\}$ $\left[\frac{16}{3}\right]$

Calcola i termini incogniti delle seguenti proporzioni.

458. $x:y=4:5$ con $x+y=45$ [20; 25]

459. $x:y=12:5$ con $x-y=28$ [48; 20]

460. $x:y=3:2$ con $x+y=75$ [45; 30]

461. $x:y=32:12$ con $x-y=5$ [8; 3]

462. $x:y=16:28$ con $x+y=11$ [4; 7]

463. $x:y=46:10$ con $x-y=72$ [92; 20]

464. $x:y=14:3$ con $x+y=85$ [70; 15]

465. $x:y=33:27$ con $x-y=2$ [11; 9]

466. $x:y=25:13$ con $x+y=152$ [100; 52]

467. $x:y=24:27$ con $x+y=\frac{51}{8}$ $\left[3;\frac{27}{8}\right]$

468. $x:y=\frac{3}{56}:\frac{3}{7}$ con $x+y=\frac{27}{4}$ $\left[\frac{3}{4};6\right]$

469. $x:y=\frac{28}{15}:\frac{2}{5}$ con $x-y=\frac{11}{2}$ $\left[7;\frac{3}{2}\right]$

470. $x:y=\frac{9}{5}:\frac{2}{15}$ con $x-y=\frac{5}{4}$ $\left[\frac{27}{20};\frac{1}{10}\right]$

471. $x:y=\frac{26}{18}:\frac{13}{6}$ con $x+y=\frac{10}{9}$ $\left[\frac{4}{9};\frac{2}{3}\right]$

472. $x:y=\left(1+\frac{1}{4}\right):\left(1-\frac{5}{8}\right)$
con $x+y=\frac{13}{5}$ $\left[2;\frac{3}{5}\right]$

473. $x:y=\left(2-\frac{3}{5}\right):\left(3-\frac{8}{3}\right)$
con $x-y=\frac{8}{3}$ $\left[\frac{7}{2};\frac{5}{6}\right]$

474. $x:y=0,3:0,8$ con $x+y=77$ [21; 56]

475. $x:y=2,5:1,\overline{6}$ con $x-y=0,\overline{7}$ $\left[\frac{7}{3};\frac{14}{9}\right]$

476. $x:y=1,32:0,132$
con $x+y=1,4\overline{6}$ $[1,\overline{3};\ 0,1\overline{3}]$

Calcola i termini incogniti delle seguenti proporzioni osservando gli esempi svolti.

ESEMPIO

$x:y=4:3$ con $x^2+y^2=100$

Eleviamo alla seconda i termini della proporzione: $x^2:y^2=16:9$

Applichiamo la proprietà del comporre: $(x^2+y^2):x^2=(16+9):16$

Sostituiamo il valore di x^2+y^2: $100:x^2=25:16$

Risolviamo: $x^2=\frac{100\cdot16}{25}=64 \rightarrow x=\sqrt{64}=8$

Sostituiamo il valore di x nella proporzione data e calcoliamo y: $8:y=4:3$

$y=\frac{8\cdot3}{4}=6$

477. ✻✻ $\begin{cases}x:y=22:33\\x^2+y^2=52\end{cases}$ [4; 6]

478. ✻✻ $\begin{cases}x:y=42:35\\x^2+y^2=244\end{cases}$ [12; 10]

479. ✲✲ $\begin{cases} x : y = 4 : 9 \\ x^2 + y^2 = 873 \end{cases}$ **[12; 27]**

480. ✲✲ $\begin{cases} x : y = 48 : 27 \\ x^2 + y^2 = 337 \end{cases}$ **[16; 9]**

481. ✲✲ $\begin{cases} x : y = 63 : 15 \\ x^2 + y^2 = 466 \end{cases}$ **[21; 5]**

482. ✲✲ $\begin{cases} x : y = 26 : 10 \\ x^2 + y^2 = 194 \end{cases}$ **[13; 5]**

483. ✲✲ $\begin{cases} x : y = 11 : 7 \\ x^2 + y^2 = 680 \end{cases}$ **[22; 14]**

484. ✲✲ $\begin{cases} x : y = 21 : 35 \\ x^2 + y^2 = 306 \end{cases}$ **[9; 15]**

485. ✲✲ $\begin{cases} x : y = 15 : 36 \\ x^2 + y^2 = 169 \end{cases}$ **[5; 12]**

486. ✲✲ $\begin{cases} x : y = 12 : 27 \\ x^2 + y^2 = 97 \end{cases}$ **[4; 9]**

487. ✲✲ $\begin{cases} x : y = 13 : 5 \\ x^2 - y^2 = 576 \end{cases}$ **[26; 10]**

488. ✲✲ $\begin{cases} x : y = 45 : 33 \\ x^2 - y^2 = 416 \end{cases}$ **[30; 22]**

ESEMPIO

$x : y = 35 : 15$ con $xy = 21$

Per la proprietà invariantiva possiamo moltiplicare per x ambo i termini del primo rapporto:

$x^2 : xy = 35 : 15$ da cui:

$$\mathbf{x^2 : 21 = 35 : 15 \rightarrow x = \sqrt{\frac{21 \cdot 35}{15}} = 7}$$

Sostituendo 7 nella proporzione calcoliamo y:

$$\mathbf{7 : y = 35 : 15 \rightarrow y = \frac{7 \cdot 15}{35} = 3}$$

489. ✲ $\begin{cases} x : y = 9 : 5 \\ xy = 180 \end{cases}$ **[18; 10]**

490. ✲ $\begin{cases} x : y = 15 : 35 \\ xy = 21 \end{cases}$ **[3; 7]**

491. ✲ $\begin{cases} x : y = 21 : 90 \\ xy = 210 \end{cases}$ **[7; 30]**

492. ✲ $\begin{cases} x : y = 18 : 39 \\ xy = 78 \end{cases}$ **[6; 13]**

493. ✲ $\begin{cases} x : y = 2 : 18 \\ xy = 576 \end{cases}$ **[8; 72]**

494. ✲ $\begin{cases} x : y = 20 : 3 \\ xy = 540 \end{cases}$ **[60; 9]**

495. ✲ $\begin{cases} x : y = 17 : 289 \\ xy = 153 \end{cases}$ **[3; 51]**

496. ✲ $\begin{cases} x : y = 39 : 21 \\ xy = 91 \end{cases}$ **[13; 7]**

497. ✲ $\begin{cases} x : y = 54 : 15 \\ xy = 90 \end{cases}$ **[18; 5]**

Calcola i termini incogniti delle seguenti catene di rapporti applicando la proprietà del comporre.

498. ✲ $\begin{cases} x : 5 = y : 10 = z : 4 \\ x + y + z = 57 \end{cases}$ **[15; 30; 12]**

499. ✲ $\begin{cases} x : 7 = y : 3 = z : 2 \\ x + y + z = 36 \end{cases}$ **[21; 9; 6]**

500. ✲✲ $\begin{cases} x : 4 = y : 3 = z : 2 \\ x + y + z = \frac{18}{5} \end{cases}$ $\left[\frac{8}{5}; \frac{6}{5}; \frac{4}{5}\right]$

501. ✲✲ $\begin{cases} x : \frac{2}{3} = y : \frac{1}{6} = z : \frac{3}{4} \\ x + y + z = \frac{19}{3} \end{cases}$ $\left[\frac{8}{3}; \frac{2}{3}; 3\right]$

502. ✲✲ $\begin{cases} x : \frac{1}{2} = y : \frac{1}{3} = z : \frac{1}{4} \\ x + y + z = \frac{13}{18} \end{cases}$ $\left[\frac{1}{3}; \frac{2}{9}; \frac{1}{6}\right]$

Risolvi i seguenti problemi con il metodo delle proporzioni.

ESEMPIO

Due numeri hanno per somma 35 e il loro rapporto è 3/4. Calcola i due numeri.
Se il rapporto fra i numeri da calcolare è 3/4, possiamo scrivere la proporzione:
$x : y = 3 : 4$.
Risolvendola avremo:
$(x + y) : x = 7 : 3$
$35 : x = 7 : 3$ $\quad x = \frac{35 \cdot 3}{7} = 15$
e
$15 : y = 3 : 4$ $\quad y = \frac{15 \cdot 4}{3} = 20$

I due numeri sono 15 e 20.

503. La somma di due numeri dà come risultato 56. Sapendo che il loro rapporto è 3/5, calcola i due numeri. **[21; 35]**

504. La differenza tra due numeri è 28 e uno è i 9/2 dell'altro. Determina i due numeri. **[36; 8]**

505. Determina due numeri sapendo che la loro differenza è 44 e che uno è i 15/4 dell'altro. **[60; 16]**

506. Il rapporto fra due numeri è 17/5 e la loro differenza è 72. Quali sono questi due numeri? **[102; 30]**

507. La somma di due numeri è 65 ed essi stanno tra loro come 4 : 1. Calcola i due numeri. **[52; 13]**

508. Determina due numeri sapendo che la loro somma è 56 e che uno è gli 11/3 dell'altro. **[44; 12]**

509. Il rapporto tra due numeri è 21/8 e la loro differenza è 39. Calcola i due numeri. **[63; 24]**

510. La differenza di due numeri è 150 ed essi stanno fra loro come 98 : 23. Determina i due numeri. **[196; 46]**

511. Determina due numeri sapendo che la loro somma è 693 e che stanno tra loro come 8 : 25. **[168; 525]**

512. Determina due numeri sapendo che stanno tra loro come 8 : 6 e che la loro differenza è 80. **[320; 240]**

513. Due angoli hanno un'ampiezza complessiva pari a 210°. Se il rapporto tra le ampiezze è 2/5, quanto misurano i due angoli? **[60°; 150°]**

514. Due segmenti hanno una lunghezza complessiva pari a 152 cm.
Sapendo che il rapporto fra le lunghezze è 10/9, calcola la misura della lunghezza di ciascun segmento. **[80 cm; 72 cm]**

515. La differenza tra le macchinine di Marco e quelle di Francesco è 18. Se il rapporto tra le due quantità è 11/5, quante sono le macchinine di Marco? E quelle di Francesco? **[33; 15]**

516. La differenza della distanza tra la casa di Luigi e la scuola e la casa di Sergio e la scuola misura 1,5 km.
Sapendo che il rapporto tra le due distanze è 8/3, quanto distano le case dalla scuola? **[2,4 km; 0,9 km]**

517. Le lunghezze di due segmenti differiscono di 7 cm e stanno tra loro come 4 : 5. Calcola la misura di ciascun segmento. **[28 cm; 35 cm]**

518. L'altezza di Matteo meno quella di Luca è uguale a 19 cm.
Se l'altezza di Luca sta a quella di Matteo come 6 : 7, quanto sono alti Luca e Matteo? **[114 cm; 133 cm]**

519. La somma delle ampiezze di due angoli misura 336° e il loro rapporto è 2/5.
Calcola l'ampiezza di ciascun angolo. **[96°; 240°]**

520. Le ampiezze di due angoli supplementari stanno tra loro come 4 : 5. Calcola l'ampiezza di ciascun angolo. **[80°; 100°]**

521. In un triangolo scaleno le ampiezze di due angoli differiscono di 27° e il loro rapporto è 11/8. Calcola l'ampiezza degli angoli del triangolo. **[99°; 72°; 9°]**

522. Un rettangolo ha il perimetro di 224 cm e le due dimensioni stanno fra loro come 3 : 4. Calcola la misura dei lati. **[48 cm; 64 cm]**

523. Un rettangolo ha il perimetro di 144 cm e le due dimensioni stanno fra loro come 3 : 5. Calcola l'area del rettangolo. **[1 215 cm^2]**

524. In un triangolo rettangolo la differenza fra l'ipotenusa e un cateto misura 32 cm, il loro rapporto è 5/3. Calcola il perimetro del triangolo. **[192 cm]**

525. Calcola la misura di un segmento medio proporzionale fra due segmenti lunghi rispettivamente 147 cm e 12 cm. **[42 cm]**

526. Per saldare un debito tre amici versano rispettivamente il primo € 50, il secondo € 288 e il terzo una cifra media proporzionale fra quelle versate dai primi due. Quanto versa il terzo amico? **[€ 120]**

527. In un trapezio la somma delle due basi misura 117 cm e il loro rapporto è 9/4. Calcola l'area del trapezio sapendo che l'altezza è media proporzionale tra le due basi. **[3 159 cm^2]**

528. In una fattoria vi sono 96 animali fra polli e conigli. Se il rapporto fra il numero dei polli e quello dei conigli è 3/5, quante zampe si contano in totale? **[312]**

529. In un parcheggio vi è un certo numero di auto e di moto. Se la differenza fra il numero delle moto e il numero delle auto è 50 mentre il loro rapporto è 5/3, quante ruote si contano in quel parcheggio, escluse quelle di scorta? **[550]**

530. Vorrei comprare un giaccone e un paio di pantaloni che complessivamente costano € 165. Se il prezzo del giaccone è gli 8/3 di quello dei pantaloni, quanto spenderò se ottengo uno sconto del 10% sul giaccone e del 5% sui pantaloni? **[€ 150,75]**

531. In una scuola il rapporto tra il numero delle ragazze e quello dei ragazzi è 5/4 e complessivamente essi sono 450.
Quante sono le ragazze con i capelli biondi pari al 20% di tutte le ragazze? E quanti i ragazzi stranieri pari al 5% di tutti i ragazzi? **[50; 10]**

532. Una pezza di stoffa lunga 7,5 m viene divisa in due parti in modo tale che il rapporto fra le loro lunghezze sia 2 : 3. Se la prima parte viene venduta a € 5,20 al metro e la secondo a € 6 al metro, quanto si ricava complessivamente? **[€ 42,60]**

533. Il peso lordo di un carico è pari ai 12/7 del peso netto.
La somma del peso netto più il peso lordo è uguale a 3 526 875 g; quanto vale la tara? **[928 125 g]**

534. La differenza tra il prezzo pieno di un articolo e il prezzo scontato è € 250. Il rapporto fra i due prezzi è 13/8.
Qual è la percentuale approssimativa di sconto applicata? **[38%]**

535. L'acqua (H_2O) è formata da idrogeno (H) e ossigeno (O) e i loro pesi stanno nel rapporto di 1 : 8.
Quanti grammi di idrogeno e quanti di ossigeno devono combinarsi per ottenere 270 g di acqua? **[30 g; 240 g]**

536. Riferendoti all'esercizio precedente completa la seguente tabella:

H	O	H_2O
8 g		
		180 g
25 g		

537. L'anidride carbonica (CO_2) è composta da carbonio (C) e ossigeno (O) e i loro pesi stanno nel rapporto di 12 : 32. Quanti grammi di carbonio e di ossigeno devono combinarsi per ottenere 990 g di anidride carbonica? **[270 g; 720 g]**

538. L'acido cloridrico (HCl) è composto da idrogeno (H) e cloro (Cl) e i loro pesi stanno nel rapporto di 1 : 35. Quanti grammi di idrogeno e quanti di cloro devono combinarsi per ottenere 540 g di acido cloridrico? **[15 g; 525 g]**

539. Devo restituire la somma di € 295 in tre rate in rapporto ai numeri 5, 3, 2. Quanto dovrò pagare la prima, la seconda e la terza volta? **[€ 147,50; € 88,50; € 59]**

540. L'ossido di calcio (CaO), detto calce viva, è composto da calcio (Ca) e ossigeno (O) e i loro pesi stanno nel rapporto di 40 : 16. Quanti grammi di calcio e quanti di ossigeno devono combinarsi per ottenere 1 344 g di ossido di calcio? **[960 g; 384 g]**

541. Quattro pezze di stoffa hanno una lunghezza complessiva di 432 cm. Calcola quanto misura ciascuna di esse, sapendo che le singole lunghezze sono in rapporto ai numeri 6, 4, 5, 3. **[144 cm; 96 cm; 120 cm; 72 cm]**

542. È possibile che gli angoli interni di un triangolo isoscele stiano in rapporto ai numeri 2, 4, 6? **[No]**

543. Gli angoli interni di un triangolo sono in rapporto ai numeri 3, 2, 4. Calcola le singole ampiezze.

544. L'età di tre amici è complessivamente di 84 anni. Sapendo che ciascuna età è in rapporto ai numeri 9, 7 e 5, calcola l'età di ciascun amico. **[36; 28; 20]**

545. Sapendo che gli angoli interni di un triangolo sono in rapporto ai numeri 3, 4 e 5, calcola la loro ampiezza. **[45°; 60°; 75°]**

546. Una molecola di acido solforico (H_2SO_4) è costituita da 2 atomi di idrogeno, 1 di zolfo e 4 di ossigeno.
Quanti atomi di ciascun elemento ci sono in una quantità di H_2SO_4 formata da 630 atomi? **[180; 90; 360]**

547. Tre articoli sportivi hanno prezzi che sono in rapporto ai numeri 4, 3, 5. Calcola la spesa complessiva per il loro acquisto, sapendo che il prezzo pieno sarebbe di € 1 440, ma che sul primo e sul terzo articolo c'è uno sconto del 20%. **[€ 1 224]**

548. Quattro software hanno prezzi che sono in rapporto ai numeri 3, 7, 1, 2. Calcola la spesa complessiva per il loro acquisto, sapendo che il prezzo pieno sarebbe di € 3 900, ma che sul primo c'è uno sconto del 15%, sul secondo del 30% e sul terzo del 20%. **[€ 3 075]**

Esercizi per verificare...

... ciò che sai

1. Segna il completamento esatto.
Dati due numeri a e b (con $b \neq 0$) si chiama rapporto fra i due numeri:

a) il prodotto ottenuto moltiplicando il primo per il secondo; ☐
b) il quoziente ottenuto dividendo il primo per il secondo; ☐
c) il quoziente ottenuto dividendo il primo e il secondo per uno stesso numero. ☐

2. Considera il rapporto $9 : 2 = 4{,}5$ e scrivi "vero" o "falso" accanto a ogni affermazione:

a) 4,5 è il rapporto 2 a 9. ....
b) 9 è l'antecedente del rapporto. ....
c) 2 è il conseguente del rapporto. ....
d) La frazione $\frac{9}{2}$ rappresenta lo stesso rapporto. ....
e) Il rapporto inverso di $9 : 2$ è la frazione $\frac{9}{2}$. ....

3. Completa:
Il rapporto fra due grandezze omogenee è il .... fra le loro misure che devono essere espresse nella stessa .... ed è un .... che può essere ...., ... o ....

4. Segna il completamento esatto.
Grandezze omogenee tali che il loro rapporto è un numero naturale o razionale:

a) si dicono incommensurabili; ☐
b) si dicono commensurabili; ☐
c) non ammettono un sottomultiplo comune. ☐

5. Segna il completamento esatto.
Due grandezze omogenee si dicono incommensurabili se il loro rapporto è un numero:

a) naturale; ☐
b) razionale; ☐
c) irrazionale. ☐

6. Completa:
Il rapporto fra due grandezze non omogenee è il .... fra le loro misure ed è una grandezza .... a quelle date, detta ...., il cui valore .... dalle unità di misura delle due grandezze.

7. Che cosa si intende per scala di riduzione? Segna la risposta esatta:

a) Il prodotto fra la misura di una distanza sulla carta e la misura della stessa distanza nella realtà. ☐
b) Il rapporto fra la misura di una distanza sulla carta e la misura della stessa distanza nella realtà. ☐
c) Il rapporto fra la misura di una distanza sulla carta e la misura di un'altra distanza nella realtà. ☐

8. Che cosa indica una scala di riduzione? Segna la risposta esatta:

a) Quante volte è stata ridotta sulla carta la distanza reale. ☐
b) Quante volte la distanza sulla carta è stata ridotta rispetto a quella reale. ☐
c) Quante volte la distanza reale è stata ingrandita sulla carta. ☐

9. Segna il completamento esatto di ciascuna frase.

a) Riprodurre una lunghezza secondo la scala $2 : 1$ significa:
- misurarla con un'unità di misura 2 volte più grande; ☐
- dimezzarne la misura reale; ☐
- raddoppiarne la misura reale. ☐

b) Riprodurre una lunghezza secondo la scala $1 : 2$ significa:
- misurarla con un'unità di misura 2 volte più piccola; ☐
- dimezzarne la misura reale; ☐
- raddoppiarne la misura reale. ☐

10. Segna i completamenti esatti.

a) Scala 4 : 1 significa che:
- 4 cm sulla carta equivalgono a 1 cm nella realtà; ☐
- 1 cm sulla carta equivale a 4 cm nella realtà; ☐
- ogni centimetro sulla carta è raddoppiato nella realtà. ☐

b) Scala 1 : 6 significa che:
- 6 cm sulla carta equivalgono a 1 cm nella realtà; ☐
- 1 cm sulla carta corrisponde a 6 cm nella realtà; ☐
- ogni centimetro sulla carta è dimezzato nella realtà. ☐

11. Per rappresentare sul tuo quaderno quanto ti viene proposto, quale scala di riduzione ti sembra più opportuna? Indicalo collegando con una freccia ciascun elemento alla scala più adatta:

• la tua scrivania	• 1 : 100
• una carta da gioco	• 1 : 250
• una grande città	• 1 : 10 000 000
• la tua stanza	• 1 : 10
• uno Stato	• 1 : 1
• il tuo appartamento	• 1 : 25 000

12. Che cos'è la percentuale? Segna la risposta esatta:

a) Un rapporto avente 100 come antecedente. ☐

b) Un rapporto avente 100 come antecedente e come conseguente. ☐

c) Un rapporto avente 100 come conseguente. ☐

13. Segna il completamento esatto.
Se il 20% dei ragazzi di una scuola praticano il tennis, significa che:

a) ogni 20 ragazzi 100 praticano il tennis; ☐

b) ogni 100 ragazzi 20 praticano il tennis; ☐

c) 120 ragazzi complessivamente praticano il tennis; ☐

d) 80 ragazzi su 100 praticano il tennis. ☐

14. Quale delle seguenti affermazioni è quella esatta?
Segnala:

a) Una proporzione è il rapporto di due uguaglianze. ☐

b) Una proporzione è il rapporto di due rapporti. ☐

c) Una proporzione è l'uguaglianza di due rapporti. ☐

15. Completa con i termini esatti.
Nella proporzione $a : b = c : d$:

a) a e c si chiamano ....

b) b e d si chiamano ....

c) a e d si chiamano ....

d) b e c si chiamano ....

e) d si chiama ....

16. Completa:

La proporzione 48 : 24 = 24 : 12 è una proporzione ....; in essa il numero 24 si chiama .... e il numero 12 si chiama ....

17. Quale delle seguenti affermazioni esprime la proprietà fondamentale delle proporzioni?
Segnala:

a) In una proporzione il prodotto degli antecedenti è sempre uguale al prodotto dei conseguenti. ☐

b) In una proporzione il rapporto degli estremi è sempre uguale al rapporto dei medi. ☐

c) In una proporzione il prodotto degli estremi è sempre uguale al prodotto dei medi. ☐

18. Che cosa afferma la proprietà del permutare? Segna la risposta esatta:

a) Se in una proporzione si scambiano tra loro gli estremi o i medi o entrambi si ottiene ancora una proporzione. ☐

b) Se in una proporzione si scambiano tra loro gli antecedenti o i conseguenti o entrambi si ottiene ancora una proporzione. ☐

c) Se in una proporzione si scambia tra loro ogni antecedente col proprio conseguente si ottiene ancora una proporzione. ☐

19. In quale caso, nella proporzione $a : b = c : d$, è stata applicata correttamente la proprietà dell'invertire? Segnalo:

a) $a : c = b : d$ ☐

b) $b : a = d : c$ ☐

c) $d : b = c : a$ ☐

20. Per la proprietà del comporre quali proporzioni si ottengono dalla proporzione $a : b = c : d$? Segna la risposta esatta:

a) $b : a = d : c$ ☐

b) $(a + b) : a = (c + d) : c$ ☐

c) $(a - b) : a = (c - d) : c$ ☐

d) $d : b = c : a$ ☐

e) $(a + b) : b = (c + d) : d$ ☐

21. Segna i completamenti esatti nel calcolo del termine incognito di una proporzione:

a) $a : b = c : x$ $\quad x =$ → $\frac{a \cdot c}{b}$ ☐ → $\frac{b \cdot c}{a}$ ☐ → $\frac{a \cdot b}{c}$ ☐

b) $a : x = c : d$ $\quad x =$ → $\frac{a \cdot d}{c}$ ☐ → $\frac{a \cdot c}{d}$ ☐ → $\frac{c \cdot d}{a}$ ☐

c) $a : x = x : d$ $\quad x =$ → $\frac{a}{d}$ ☐ → $\sqrt{a \cdot d}$ ☐ → $a^2 \cdot d^2$ ☐

... CIÒ CHE SAI FARE

22. Scrivi il rapporto fra i numeri 10 e 3 sotto forma di:

a) divisione: .... **b)** frazione: .... **c)** numero decimale: ....

Scrivi il rapporto diretto e inverso tra le coppie di numeri date nei seguenti esercizi e calcolane il valore.

23. 40 e 10; 36 e 4; 45 e 9; 21 e 7.

24. 50 e 4; 27 e 5; 75 e 12; 54 e 8.

25. 25 e 9; 25 e 6; 125 e 27; 55 e 12.

26. $\frac{3}{5}$ e $\frac{3}{2}$; $\frac{24}{11}$ e $\frac{12}{77}$; $\frac{1}{4}$ e $\frac{1}{12}$; $\frac{100}{21}$ e $\frac{50}{7}$.

27. $1,\overline{3}$ e $0,6$; $1,5$ e $0,\overline{5}$; $0,3$ e $0,\overline{3}$; $3,4$ e $0,\overline{7}$.

Nei seguenti esercizi calcola l'antecedente o il conseguente di ciascuno dei rapporti di cui è dato il valore.

28. .... $: 8 = 3$; $\quad 45 :$ .... $= 15$; $\quad$ .... $: 0,5 = 0,3$; $\quad 0,2 :$ .... $= 0,4$.

29. .... $: 21 = \frac{7}{3}$; $\quad \frac{15}{2} :$ .... $= 30$; $\quad$ .... $: \frac{5}{6} = \frac{12}{25}$; $\quad \frac{5}{8} :$ .... $= \frac{11}{4}$.

30. .... $: 0,\overline{3} = 9$; $\quad \frac{11}{3} :$ .... $= 0,\overline{3}$; $\quad$ .... $: 0,\overline{4} = \frac{9}{16}$; $\quad 24 :$ .... $= 0,\overline{4}$.

31. Completa la seguente tabella:

a	b	Valore del rapporto $\frac{a}{b}$	Valore del rapporto $\frac{b}{a}$
	12	$\frac{4}{3}$	
40			$\frac{5}{4}$
	30		$\frac{1}{2}$
63		$\frac{3}{5}$	
	42	$\frac{6}{7}$	
77			$\frac{5}{7}$

Indica il rapporto e il suo valore, sotto forma di numero (naturale o decimale), tra la parte colorata e la parte bianca di ciascuna figura data nei seguenti esercizi.

32. 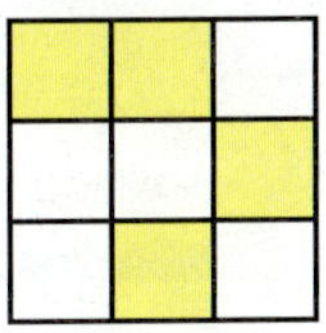

rapporto ....

valore ....

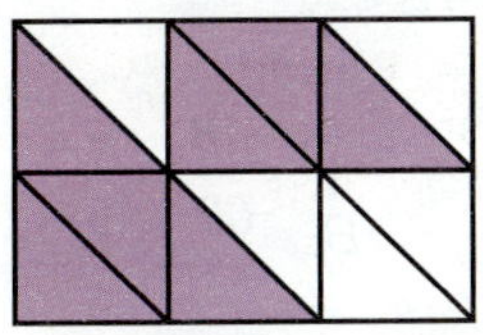

rapporto ....

valore ....

33. 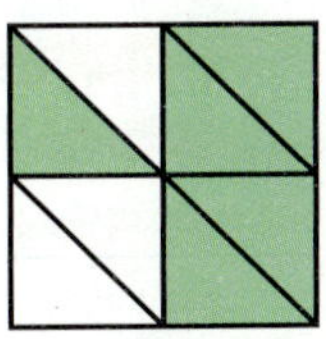

rapporto ....

valore ....

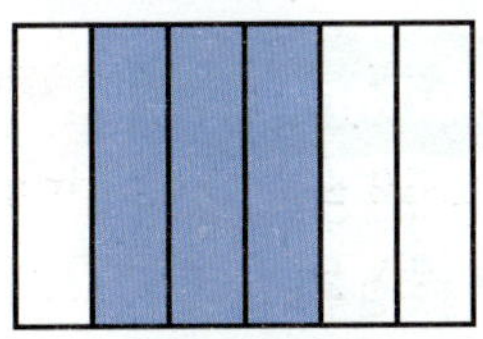

rapporto ....

valore ....

34. Calcola il valore del rapporto tra le seguenti grandezze omogenee:

a) 35 cm e 70 cm valore rapporto ....

b) 100 g e 250 g valore rapporto ....

c) 21 kg e 30 kg valore rapporto ....

d) 20 m e 60 m valore rapporto ....

35. Calcola il rapporto tra le seguenti coppie di figure, nell'ordine in cui sono date:

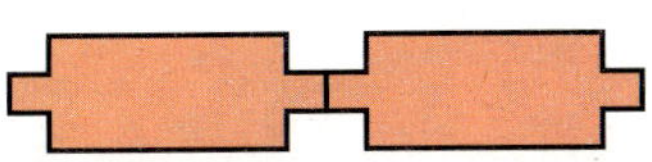 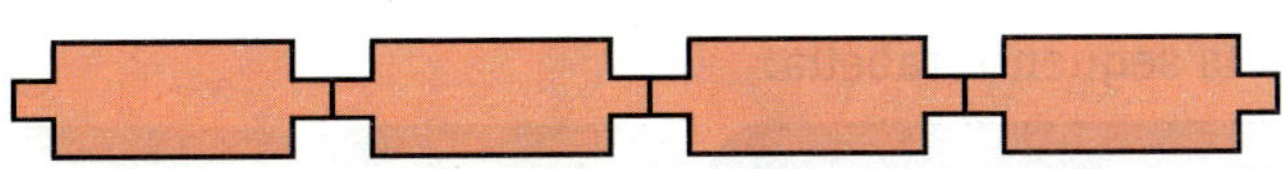 ....

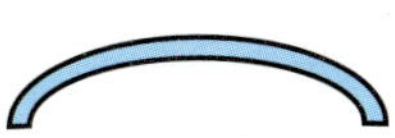 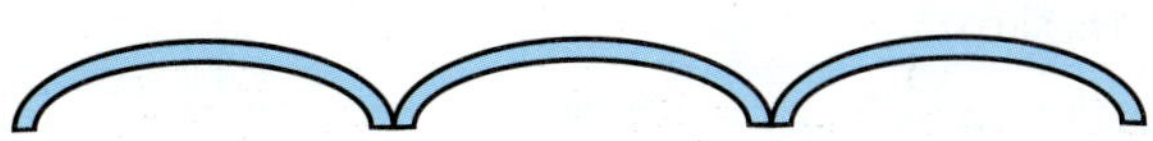 ....

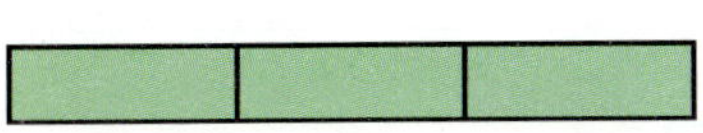 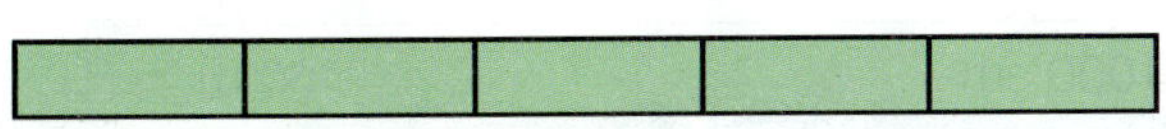 ....

36 Calcola il rapporto tra i segmenti di ciascuna coppia:

a) 

$AB = 16$ cm

$CD = 4$ cm $\quad \dfrac{AB}{CD} = \dfrac{\dots\dots}{\dots\dots}$

b) 

$AB = 8$ cm

$CD = 9$ cm $\quad \dfrac{AB}{CD} = \dfrac{\dots\dots}{\dots\dots}$

c) 

$AB = 8$ cm

$CD = 6$ cm $\quad \dfrac{AB}{CD} = \dfrac{\dots\dots}{\dots\dots}$

37. Per ogni segmento AB disegna un segmento CD in modo che il rapporto $\dfrac{AB}{CD}$ sia quello indicato:

a) 

$\dfrac{AB}{CD} = \dfrac{3}{5}$

b) 

$\dfrac{AB}{CD} = \dfrac{7}{3}$

c) 

$\dfrac{AB}{CD} = \dfrac{2}{5}$

38. Dopo aver completato la tabella, riscrivi le regioni in ordine crescente di densità di popolazione:

Regione	Abitanti	Superficie	Densità (ab./km²)
Piemonte	4 352 828	25 398 km²	
Sardegna	1 659 443	42 090 km²	
Toscana	3 638 211	22 990 km²	
Molise	320 074	4 438 km²	
Liguria	1 607 878	5 421 km²	
Campania	5 790 187	13 592 km²	

- ...., ..., ..., ..., ..., ...

39. Completa la seguente tabella:

Distanza	Tempo	Velocità media
150 km	3 h	
280 000 m	70 000 s	
200 km	4 h	
180 000 cm	60 m	

40. Dopo aver completato la tabella, riscrivi le varie sostanze in ordine decrescente di peso specifico:

Sostanza	Peso	Volume	Peso specifico
Oro	3 860 g	200 cm^3	
Ferro	351 kg	45 dm^3	
Rame	89 g	10 cm^3	
Piombo	1 589 g	140 cm^3	
Zinco	357 kg	50 dm^3	

- ...., ..., ..., ..., ...

Ricordando il significato di scala di riduzione, completa i seguenti esercizi.

41. In scala 1 : 3, una lunghezza reale di 60 cm corrisponde sulla carta a ....
In scala 1 : 25, una lunghezza reale di 10 cm corrisponde sulla carta a ....

42. In scala 1 : 4, una lunghezza sulla carta di 30 cm corrisponde nella realtà a ....
In scala 1 : 20, una lunghezza sulla carta di 100 cm corrisponde nella realtà a ....

43. Se una lunghezza reale di 80 cm sulla carta è 16 cm, è stata riprodotta in scala ....
Se una lunghezza reale di 76 cm sulla carta è 15,2 cm, è stata riprodotta in scala ....

44. Disegna i segmenti che rappresentano, secondo la scala data, le lunghezze assegnate:

a) Scala 1 : 8
32 cm; 56 cm; 64 cm.

b) Scala 1 : 10
35 cm; 50 cm; 65 cm.

c) Scala 1 : 100
4 m; 500 cm; 250 cm.

45. La piantina sotto è stata disegnata in scala 1 : 200; calcola:

a) le dimensioni reali di ciascuna stanza;

b) l'area del soggiorno.

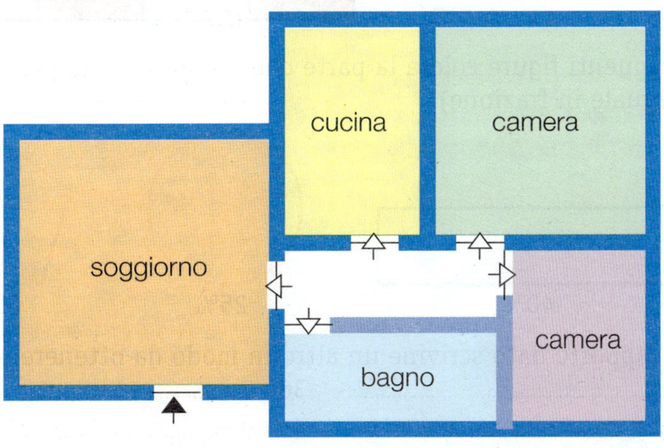

46. Osserva gli oggetti rappresentati e, in base alla scala indicata, scrivi le dimensioni reali richieste:

scala 1 : 4
Lunghezza: ....
Larghezza: ....

scala 1 : 5
Altezza: ....
Diametro: ....

scala 1 : 35
Lunghezza: ....
Larghezza: ....
Altezza: ....

47. Osserva gli oggetti rappresentati e, in base alla scala indicata, scrivi le dimensioni reali richieste:

scala 3 : 1
Diametro: ....

scala 2 : 1
Altezza: ....

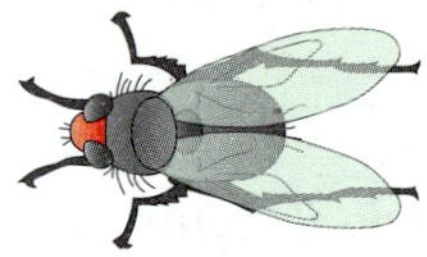

scala 7 : 1
Lunghezza: ....

48. Trasforma i seguenti numeri decimali in percentuali:
0,3 = ...%; 0,15 = ...%; 0,5 = ...%; 0,75 = ...%.

49. Trasforma le seguenti frazioni in percentuali:
$\frac{3}{5}$ = ...%; $\frac{7}{8}$ = ...%; $\frac{9}{10}$ = ...%; $\frac{7}{25}$ = ...%.

50. Scrivi sotto forma di frazione il rapporto tra la parte colorata e la parte bianca di ogni figura e poi trasforma la frazione in percentuale:

$\frac{\text{.........}}{\text{.........}}$ = ...%

$\frac{\text{.........}}{\text{.........}}$ = ...%

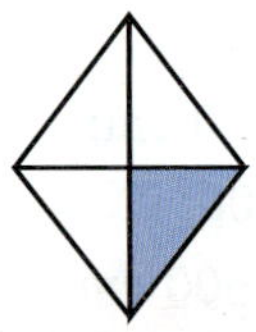
$\frac{\text{.........}}{\text{.........}}$ = ...%

$\frac{\text{.........}}{\text{.........}}$ = ...%

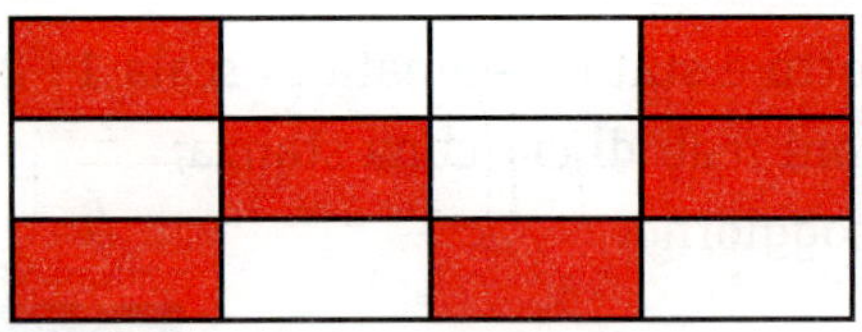
$\frac{\text{.........}}{\text{.........}}$ = ...%

51. In ciascuna delle seguenti figure colora la parte che rappresenta la percentuale indicata (trasforma prima la percentuale in frazione):

40%

25%

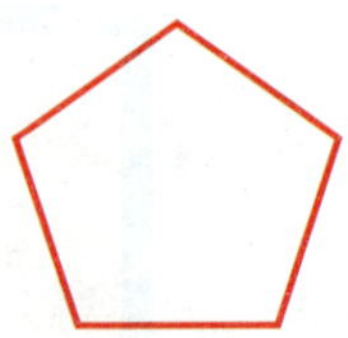
60%

52. Accanto a ciascun rapporto dato scrivine un altro in modo da ottenere una proporzione:
20 : 5 = ... 36 : 3 = ...
18 : 2 = ... 45 : 9 = ...

53. Applica la proprietà fondamentale delle proporzioni e stabilisci, segnandole, quali fra le seguenti proporzioni sono vere:

$15 : 5 = 39 : 3$ .... ☐

$32 : 8 = 64 : 16$ .... ☐

$100 : 25 = 50 : 10$ .... ☐

$55 : 22 = 35 : 14$ .... ☐

$81 : 27 = 30 : 10$ .... ☐

$12 : 8 = 18 : 27$ .... ☐

Calcola il termine incognito delle seguenti proporzioni.

54. $x : \left(\frac{13}{6} - \frac{7}{4}\right) = \left(\frac{5}{2} - \frac{6}{5}\right) : \left(\frac{5}{4} - \frac{3}{5}\right)$ $\left[\frac{5}{6}\right]$

55. $\left(\frac{1}{2} + \frac{1}{3}\right) : \left(\frac{1}{4} + \frac{1}{6}\right) = \left(\frac{3}{4} + \frac{1}{8}\right) : x$ $\left[\frac{7}{16}\right]$

56. $\left(\frac{3}{2} \cdot \frac{3}{27} + \frac{1}{3}\right) : \left(\frac{5}{3} + \frac{1}{12} + \frac{3}{4}\right) = \left(\frac{5}{6} - \frac{1}{3} + \frac{1}{4}\right) : x$ $\left[\frac{15}{4}\right]$

57. $\left[\left(\frac{15}{2} \cdot \frac{3}{2}\right) : \left(\frac{5}{3} \cdot \frac{1}{2}\right)\right] : \left[\left(\frac{5}{2} \cdot \frac{8}{3}\right) : \left(\frac{2}{9} \cdot 2\right)\right] = x : \left(\frac{5}{3} \cdot \frac{11}{2} : \frac{5}{4}\right)$ $\left[\frac{33}{5}\right]$

58. $\left(\frac{4}{3} + \frac{3}{2}\right) : x = x : \left(\frac{1}{3} + \frac{3}{8}\right)$ $\left[\frac{17}{12}\right]$

59. $\left(\frac{11}{12} - \frac{1}{4} + 1 - \frac{7}{6}\right) : x = x : \left(1 + \frac{1}{8} - \frac{5}{8}\right)$ $\left[\frac{1}{2}\right]$

60. $\left(1 - \frac{10}{3} \cdot \frac{6}{25}\right) : x = x : \left(\frac{5}{2} + \frac{7}{10}\right)$ $\left[\frac{4}{5}\right]$

61. $\left[\left(\frac{19}{6} - \frac{5}{6} : \frac{5}{8}\right) \cdot \frac{1}{11}\right] : x = x : \left[\left(\frac{2}{3} - \frac{1}{2}\right)^2 : \frac{1}{12} + \frac{23}{6}\right]$ $\left[\frac{5}{6}\right]$

62. $\left(\frac{1}{12} + x\right) : x = \left(\frac{1}{3} + \frac{2}{5}\right) : \frac{2}{3}$ $\left[\frac{5}{6}\right]$

63. $\left(\frac{1}{5} - x\right) : x = \frac{3}{4} : \left(\frac{1}{2} + \frac{1}{3}\right)$ $\left[\frac{2}{19}\right]$

64. $\left(\frac{31}{12} - x\right) : x = \left(\frac{1}{2} + \frac{1}{4}\right) : \left(\frac{3}{2} + \frac{1}{3}\right)$ $\left[\frac{11}{6}\right]$

65. $\left(\frac{43}{6} - x\right) : x = \left[\left(\frac{7}{12} + \frac{5}{4} - \frac{3}{2}\right) \cdot \frac{10}{3}\right] : \left(\frac{4}{7} - \frac{1}{3} + \frac{1}{63}\right)$ $\left[\frac{4}{3}\right]$

mi autovaluto

Mettiti alla prova eseguendo quanto richiesto. Verifica i risultati alla fine del volume e prendi nota di quanti errori hai fatto. Completa poi la tua autovalutazione.

1 Segna il completamento esatto.
Il rapporto diretto fra due numeri a e b è:
a) il quoziente $b : a$; ☐
b) il prodotto $a \times b$; ☐
c) il quoziente $a : b$. ☐

2 Segna il completamento esatto.
Il rapporto fra due grandezze non omogenee è:
a) un numero puro; ☐
b) una grandezza a loro omogenea; ☐
c) una grandezza derivata. ☐

3 Completa le frasi.
a) Scala 1 : 10 000 significa che 1 cm sulla carta equivale a .... nella realtà.
b) Scala 10 : 1 significa che 1 cm sulla carta equivale a .... nella realtà.

4 Completa la frase.
Una proporzione è ....
di due ....

5 Completa con il termine esatto.
Nella proporzione $15 : 5 = 24 : 8$:
a) 15 e 8 sono ....
b) 5 e 24 sono ....
c) 15 e 24 sono ....
d) 5 e 8 sono ....

6 Completa la frase relativa alla proprietà fondamentale delle proporzioni.
Il .... dei medi è ....
al prodotto ....

7 Alla proporzione $27 : 9 = 39 : 13$ applica, nell'ordine, le proprietà dell'invertire, del permutare i medi, del comporre e dello scomporre.
a) ....
b) ....
c) ....
d) ....

8 Calcola il valore della x nelle seguenti proporzioni.
a) $25 : 5 = x : 13$ $\quad x =$ ....
b) $x : 2 = 56 : 8$ $\quad x =$ ....
c) $25 : x = x : 36$ $\quad x =$ ....
d) $\frac{2}{3} : \frac{3}{8} = x : \frac{3}{2}$ $\quad x =$ ....
e) $\frac{6}{5} : \frac{12}{5} = \frac{5}{8} : x$ $\quad x =$ ....

9 Calcola il valore della x nelle seguenti proporzioni.
a) $(25 - x) : x = 12 : 3$ $\quad x =$ ....
b) $(39 + x) : x = 15 : 2$ $\quad x =$ ....
c) $\left(\frac{3}{4} + x\right) : x = \frac{15}{8} : \frac{3}{4}$ $\quad x =$ ....
d) $\left(\frac{13}{5} - x\right) : x = \frac{5}{6} : \frac{4}{3}$ $\quad x =$ ....
e) $x : y = 12 : 4$ con $x + y = 12$
$x =$ ....
f) $x : y = 20 : 6$ con $x - y = \frac{5}{6}$
$x =$ ....

Su 28 risposte, ... sono esatte; penso quindi di * ....
....

* **Aver capito bene tutto** (posso andare avanti); **avere ancora qualche dubbio** (mi eserciterò ancora); **avere molte incertezze** (eseguirò gli esercizi di recupero).

Esercizi di recupero

Se hai ancora qualche difficoltà, segui gli esercizi svolti (quelli nei riquadri) e poi completa gli altri.

1 Scrivere il rapporto diretto e inverso fra le seguenti coppie di numeri e calcolarne il valore:

45 e 9; 25 e 10; $\frac{10}{3}$ e $\frac{5}{9}$; 0,4 e 0,12.

- Il rapporto diretto è il quoziente fra il primo e il secondo numero, quindi avremo:

$45 : 9 = \mathbf{5}$; $25 : 10 = \mathbf{2{,}5}$; $\frac{10}{3} : \frac{5}{9} = \frac{10}{3} \cdot \frac{9}{5} = \mathbf{6}$;

$0{,}4 : 0{,}12 = \frac{4}{10} : \frac{12}{100} = \frac{4}{10} \cdot \frac{100}{12} = \frac{10}{3} = \mathbf{3{,}\bar{3}}$.

- Il rapporto inverso è il quoziente fra il secondo e il primo numero, quindi avremo:

$9 : 45 = \mathbf{0{,}2}$; $10 : 25 = \mathbf{0{,}4}$; $\frac{5}{9} : \frac{10}{3} = \frac{5}{9} \cdot \frac{3}{10} = \frac{1}{6} = \mathbf{0{,}1\bar{6}}$;

$0{,}12 : 0{,}4 = \frac{12}{100} : \frac{4}{10} = \frac{12}{100} \cdot \frac{10}{4} = \frac{3}{10} = \mathbf{0{,}3}$.

2 Scrivi il rapporto diretto fra le seguenti coppie di numeri e calcolane il valore:

24 e 6; 24 e 40; $\frac{6}{5}$ e $\frac{12}{25}$; 0,9 e 0,15.

Il rapporto diretto è il .... fra il .... e il .... numero, quindi:

24 ...... 6 = **4**; 24 ...... 40 = ...; $\frac{6}{5}$ ...... $\frac{12}{25} = \frac{\dots}{\dots}$ ...... $\frac{25}{12} = \frac{\dots}{\dots}$ = ...;

0,9 ...... 0,15 = $\frac{9}{\dots}$ ...... $\frac{15}{\dots} = \frac{9}{\dots}$ ...... $\frac{\dots}{\dots}$ ....

3 Scrivi il rapporto inverso fra le seguenti coppie di numeri e calcolane il valore:

21 e 7; 54 e 27; $\frac{3}{8}$ e $\frac{9}{32}$; 0,5 e 0,3.

Il rapporto inverso è il .... fra il .... e il .... numero, quindi:

7 ...... 21 = ...; ......:...... = **0,5**; $\frac{\dots}{\dots}$ ...... $\frac{\dots}{\dots} = \frac{\dots}{\dots}$ ...... $\frac{8}{\dots} = \frac{3}{\dots}$ ......;

0,3 ...... 0,5 = $\frac{3}{\dots}$ ...... $\frac{\dots}{10} = \frac{3}{\dots}$ ...... $\frac{\dots}{\dots} = \frac{\dots}{5}$ = ...

Scrivi il rapporto diretto fra le coppie di numeri date nei seguenti esercizi e calcolane il valore:

4 32 e 8; 55 e 11; 91 e 13; 50 e 25. **[4; 5; 7; 2]**

5 15 e 18; 34 e 20; 25 e 40; 16 e 24. $\left[\frac{5}{6}; \frac{17}{10}; \frac{5}{8}; \frac{2}{3}\right]$

6 $\frac{7}{8}$ e $\frac{14}{5}$; $\frac{9}{4}$ e $\frac{27}{8}$; $\frac{4}{15}$ e $\frac{16}{25}$; $\frac{3}{11}$ e $\frac{9}{44}$. $\left[\frac{5}{16}; \frac{2}{3}; \frac{5}{12}; \frac{4}{3}\right]$

7 0,15 e 0,5; 0,12 e 0,4; 0,7 e 0,14; 0,42 e 0,6. **[0,3; 0,3; 5; 0,7]**

Scrivi il rapporto inverso fra le coppie di numeri date nei seguenti esercizi e calcolane il valore:

8 49 e 7; 30 e 5; 42 e 3; 81 e 27. $\left[\frac{1}{7}; \frac{1}{6}; \frac{1}{14}; \frac{1}{3}\right]$

9 14 e 56; 24 e 30; 35 e 90; 40 e 60. $\left[4; \frac{5}{4}; \frac{18}{7}; \frac{3}{2}\right]$

10 $\frac{5}{8}$ e $\frac{15}{16}$; $\frac{20}{3}$ e $\frac{5}{9}$; $\frac{32}{7}$ e $\frac{16}{21}$; $\frac{5}{14}$ e $\frac{10}{49}$. $\left[\frac{3}{2}; \frac{1}{12}; \frac{1}{6}; \frac{4}{7}\right]$

11 0,3 e 0,9; 0,6 e 0,48; 0,12 e 0,6; 1,2 e 0,24. [3; 0,8; 5; 0,2]

12 Calcolare la misura reale della misura grafica assegnata secondo la scala di riduzione indicata:
Scala 1 : 10 000 Misura grafica = 7 cm Misura reale = ?

Poiché scala **1 : 10 000 significa che a ogni centimetro sulla carta corrispondono 10 000 cm nella realtà**, per sapere a quanti centimetri reali corrispondono 7 cm sulla carta, basta **moltiplicare 7 cm per 10 000**, quindi:
misura reale = 7 cm × 10 000 = **70 000 cm** = **0,7 km**.

13 Calcola la misura reale delle misure grafiche assegnate secondo la scala di riduzione indicata:

a) Scala 1 : 1 000 Misura grafica = 5 cm Misura reale = ?

Scala 1 : 1 000 significa che a 1 cm sulla carta corrispondono .... cm nella realtà, quindi 5 cm equivalgono a:
5 .... 1 000 cm = ... **cm.**

b) Scala 1 : 15 000 Misura grafica = 8 cm Misura reale = ?

Scala 1 : 15 000 significa che a 1 cm sulla carta corrispondono .... cm nella realtà, quindi 8 cm equivalgono a:
8 .... 15 000 cm = ... cm = ... **km.**

c) Scala 1 : 125 000 Misura grafica = 10 cm Misura reale = ?

Scala 1 : 125 000 significa che a 1 cm sulla carta corrispondono .... cm nella realtà, quindi 10 cm equivalgono a:
10 .... 125 000 cm = ... cm = ... **km.**

Completa le seguenti tabelle.

14

Scala	Misura grafica	Misura reale
1 : 50	20 cm	
1 : 100	15 cm	
1 : 500	8 cm	

15

Scala	Misura grafica	Misura reale
1 : 1 000	2 cm	
1 : 10 000	3 cm	
1 : 200 000	1,5 cm	

16 Calcolare la misura reale della misura grafica assegnata secondo la scala di ingrandimento indicata:

Scala 5 : 1 Misura grafica = 7 cm Misura reale = ?

Poiché scala **5 : 1 significa che 5 cm sulla carta corrispondono a 1 cm nella realtà**, per sapere a quanti centimetri reali corrispondono 7 cm sulla carta, basta **dividere 7 cm per 5**, quindi:

misura reale = 7 cm : 5 = **1,4 cm**.

17 Calcola la misura reale delle misure grafiche assegnate secondo la scala di ingrandimento indicata:

a) Scala 3 : 1 Misura grafica = 18 cm Misura reale = ?

Scala 3 : 1 significa che a 3 cm sulla carta corrisponde .... cm nella realtà, quindi 18 cm equivalgono a:

18 .... 3 cm = ... **cm.**

b) Scala 10 : 1 Misura grafica = 2,5 cm Misura reale = ?

Scala 10 : 1 significa che a 10 cm sulla carta corrisponde .... cm nella realtà, quindi 2,5 cm equivalgono a:

2,5 : .... cm = ... **cm.**

c) Scala 25 : 1 Misura grafica = 50 cm Misura reale = ?

Scala 25 : 1 significa che a .... cm sulla carta corrisponde .... cm nella realtà, quindi 50 cm equivalgono a:

50 .... 25 cm = ... **cm.**

Completa le seguenti tabelle.

18

Scala	Misura grafica	Misura reale
9 : 1	27 cm	
10 : 1	5 cm	
5 : 1	15 cm	

19

Scala	Misura grafica	Misura reale
4 : 1	16 cm	
3 : 1	3,9 cm	
100 : 1	20 cm	

20 Calcolare il valore delle seguenti percentuali:
il 2% di 400; il 30% di 1 500; il 45% di 450; il 9% di 7 000.

Per calcolare la percentuale di un valore numerico basta **moltiplicare il valore per la frazione uguale alla percentuale**, quindi:

- $2\% = \frac{2}{100}$ → $400 \times \frac{2}{100} =$ **8**
- $45\% = \frac{45}{100}$ → $450 \times \frac{45}{100} =$ **202,5**
- $30\% = \frac{30}{100}$ → $1500 \times \frac{30}{100} =$ **450**
- $9\% = \frac{9}{100}$ → $7\,000 \times \frac{9}{100} =$ **630**

21 Calcola:

a) il 7% di 900 → 7% = ... → 900 × .... = ...

b) il 40% di 3 000 → 40% = ... → 3 000 × .... = ...

c) il 65% di 15 000 → 65% = ... → 15 000 × .... = ...

Calcola il valore delle percentuali date nei seguenti esercizi.

22 5% di 650; 15% di 1 200; 27% di 3 000; 35% di 9 300.

23 0,7% di 900; 0,9% di 1 300; 0,25% di 1 000; 0,37% di 45 000.

24 4,5% di 800; 6,3% di 1 600; 7,5% di 4 500; 12,5% di 10 000.

25 Verificare quali fra i seguenti gruppi di numeri, nell'ordine in cui sono dati, formano una proporzione: 6, 2, 5, 12; 12, 4, 21, 7; $\frac{2}{5}, \frac{8}{3}, \frac{1}{2}, \frac{10}{3}$.

Per verificare se i numeri dati formano o no una proporzione **applichiamo la proprietà fondamentale**, controlliamo cioè se il **prodotto degli estremi è uguale al prodotto dei medi:**

- 6, 2, 5, 12: $6 \times 12 = 72$ $2 \times 5 = 10$ **i numeri dati non formano una proporzione**
- 12, 4, 21, 7: $12 \times 7 = 84$ $4 \times 21 = 84$ **i numeri dati formano una proporzione**
- $\frac{2}{5}, \frac{8}{3}, \frac{1}{2}, \frac{10}{3}$: $\frac{2}{5} \times \frac{10}{3} = \frac{4}{3}$ $\frac{8}{3} \times \frac{1}{2} = \frac{4}{3}$ **i numeri dati formano una proporzione**

26 Verifica quali fra i seguenti gruppi di numeri, nell'ordine in cui sono dati, formano una proporzione:

4, 12, 5, 15; 7, 9, 10, 12; $\frac{21}{4}, \frac{7}{8}, \frac{4}{5}, \frac{2}{15}$; $\frac{1}{4}, \frac{21}{15}, \frac{10}{7}, \frac{15}{2}$.

a) Applicando la proprietà fondamentale abbiamo:

4, 12, 5, 15 → 4 × ...... = ..., ... × 5 = ... → i numeri .... una proporzione

b) Applicando la proprietà fondamentale abbiamo:

7, 9, 10, 12 → ...... × 12 = ..., 9 × ...... = ... → i numeri .... una proporzione

c) Applicando la proprietà fondamentale abbiamo:

$\frac{21}{4}, \frac{7}{8}, \frac{4}{5}, \frac{2}{15}$ → ...... × ...... = ..., ... × ...... = ... → i numeri .... una proporzione

d) Applicando la proprietà fondamentale abbiamo:

$\frac{1}{4}, \frac{21}{15}, \frac{10}{7}, \frac{15}{2}$ → ...... × ...... = ..., ... × ...... = ... → i numeri .... una proporzione

Nei seguenti esercizi segna i gruppi di numeri che, nell'ordine dato, formano una proporzione.

27
4, 5, 12, 15; ☐
9, 6, 27, 15; ☐
4, 2, 16, 8. ☐

28
60, 45, 36, 25; ☐
50, 15, 40, 12; ☐
18, 12, 6, 5. ☐

29
$\frac{2}{7}, \frac{3}{14}, \frac{3}{21}, \frac{1}{14}$; ☐
$\frac{7}{2}, \frac{5}{3}, \frac{7}{4}, \frac{5}{6}$; ☐
$\frac{1}{3}, \frac{10}{9}, \frac{3}{5}$, 2. ☐

30 Calcolare il termine incognito delle seguenti proporzioni:

$\frac{3}{2}:\frac{5}{2}=\frac{3}{4}:x;\quad \frac{3}{5}:x=\frac{1}{12}:\frac{5}{8}.$

- Per calcolare l'estremo incognito di una proporzione **si divide il prodotto dei medi per l'estremo conosciuto**, quindi:

$x=\frac{5}{2}\cdot\frac{3}{4}:\frac{3}{2}=\frac{5}{2}\cdot\frac{3}{4}\cdot\frac{2}{3}=\frac{5}{4}$

- Per calcolare il medio incognito di una proporzione **si divide il prodotto degli estremi per il medio conosciuto**, quindi:

$x=\frac{3}{5}\cdot\frac{5}{8}:\frac{1}{12}=\frac{3}{5}\cdot\frac{5}{8}\cdot\frac{12}{1}=\frac{9}{2}$

31 Calcola il termine incognito delle proporzioni date:

$\frac{5}{3}:\frac{3}{2}=\frac{4}{3}:x;\quad \frac{7}{9}:x=\frac{2}{3}:\frac{9}{2}.$

a) $x=\frac{3}{2}\ ....\ \frac{4}{3}\ ....\ \frac{5}{3}=$ .... $=\frac{6}{5}$ **b)** $x=\frac{7}{9}\ ....\ \frac{9}{2}\ ....\ \frac{2}{3}=$ .... $=\frac{21}{4}$

Calcola il termine incognito delle proporzioni date nei seguenti esercizi.

32 $3:5=x:15;$ $20:5=8:x.$ **[9; 2]**

33 $x:9=15:27;$ $64:x=16:2.$ **[5; 8]**

34 $11:x=4:8;$ $x:5=15:3.$ **[22; 25]**

35 $27:12=18:x;$ $7:2=x:6.$ **[8; 21]**

36 $\frac{9}{5}:\frac{14}{5}=x:\frac{7}{3};\quad 6:x=\frac{36}{5}:\frac{18}{5}.$ $\left[\frac{3}{2};\ 3\right]$

37 $\frac{7}{4}:\frac{3}{2}=x:\frac{9}{28};\quad x:\frac{7}{10}=\frac{5}{2}:\frac{35}{12}.$ $\left[\frac{3}{8};\ \frac{3}{5}\right]$

38 $\frac{3}{4}:x=\frac{9}{5}:\frac{24}{25};\quad \frac{1}{2}:\frac{5}{4}=x:\frac{15}{3}.$ $\left[\frac{2}{5};\ 2\right]$

39 $\frac{1}{5}:\frac{4}{9}=x:\frac{15}{4};\quad \frac{3}{2}:\frac{1}{5}=x:\frac{4}{5}.$ $\left[\frac{27}{16};\ 6\right]$

40 Calcolare il medio proporzionale delle seguenti proporzioni continue:

$\frac{27}{4}:x=x:\frac{3}{16};\quad \frac{5}{6}:x=x:\frac{10}{27}.$

Il medio proporzionale si calcola estraendo la radice quadrata del prodotto degli estremi, quindi:

- $x=\sqrt{\frac{27}{4}\cdot\frac{3}{16}}=\sqrt{\frac{81}{64}}=\frac{9}{8}$
- $x=\sqrt{\frac{5}{6}\cdot\frac{10}{27}}=\sqrt{\frac{25}{81}}=\frac{5}{9}$

41 Calcola il medio proporzionale delle seguenti proporzioni continue:

$\frac{20}{12}:x=x:\frac{5}{3};\quad \frac{48}{63}:x=x:\frac{3}{7}.$

a) $x=\sqrt{\frac{......}{......}\ ......\ \frac{......}{......}}=\sqrt{\frac{......}{......}}=\frac{10}{6}$ **b)** $x=\sqrt{\frac{......}{......}\ ......\ \frac{......}{......}}=\sqrt{\frac{......}{......}}=$ ....

Calcola il medio proporzionale delle proporzioni continue date nei seguenti esercizi.

42 $7 : x = x : 28$; $36 : x = x : 4$. **[14; 12]**

43 $27 : x = x : 3$; $20 : x = x : 5$. **[9; 10]**

44 $4 : x = x : 9$; $150 : x = x : 6$. **[6; 30]**

45 $25 : x = x : 4$; $44 : x = x : 11$. **[10; 22]**

46 $\frac{1}{10} : x = x : \frac{18}{5}$; $\frac{8}{5} : x = x : \frac{1}{90}$. $\left[\frac{3}{5}; \frac{2}{15}\right]$

47 $\frac{3}{5} : x = x : \frac{12}{5}$; $\frac{1}{16} : x = x : \frac{25}{9}$. $\left[\frac{6}{5}; \frac{5}{12}\right]$

48 $\frac{24}{25} : x = x : \frac{50}{3}$; $\frac{8}{15} : x = x : \frac{1}{30}$. $\left[4; \frac{2}{15}\right]$

49 Calcolare il termine incognito delle seguenti proporzioni:
$(8 + x) : x = 5 : 3$; $(15 - x) : x = 2 : 3$.

- Applichiamo la proprietà dello scomporre:
  $(8 + x - x) : x = (5 - 3) : 3$ da cui: $8 : x = 2 : 3$ $x = (8 \cdot 3) : 2 = 24 : 2 = \mathbf{12}$
- Applichiamo la proprietà del comporre:
  $(15 - x + x) : x = (2 + 3) : 3$ da cui: $15 : x = 5 : 3$ $x = (15 \cdot 3) : 5 = 45 : 5 = \mathbf{9}$

50 Calcola il termine incognito delle seguenti proporzioni:
$(10 + x) : x = 7 : 2$; $(35 - x) : x = 5 : 2$.

a) Applica la proprietà dello scomporre:
$(10 + x - x)$: .... = (..........................) : ....
10 : .... = ... : ....
$x = (10 \cdot 2)$: .... = **4**

b) Applica la proprietà del comporre:
$(35 - x + x)$: .... = (..........................) : ....
35 : .... = ... : ....
$x = (35 \cdot$ ....) : 7 = **10**

Calcola il termine incognito delle proporzioni date nei seguenti esercizi.

51 $(7 - x) : x = 2 : 12$; $(10 + x) : x = 45 : 15$. **[6; 5]**

52 $(12 + x) : x = 9 : 5$; $(9 - x) : x = 10 : 5$. **[15; 3]**

53 $(15 - x) : x = 2 : 3$; $(24 + x) : x = 9 : 3$. **[9; 12]**

54 $(48 - x) : x = 3 : 5$; $(22 + x) : x = 20 : 9$. **[30; 18]**

55 $\left(\frac{19}{2} - x\right) : x = \frac{2}{3} : \frac{3}{5}$; $\left(\frac{5}{2} + x\right) : x = \frac{9}{4} : \frac{3}{2}$. $\left[\frac{9}{2}; 5\right]$

56 $\left(\frac{5}{6} - x\right) : x = \frac{13}{2} : \frac{13}{12}$; $\left(\frac{5}{7} + x\right) : x = \frac{7}{10} : \frac{1}{2}$. $\left[\frac{5}{42}; \frac{25}{14}\right]$

57 $\left(\frac{5}{6} - x\right) : x = \frac{1}{2} : \left(\frac{1}{6} + \frac{2}{3}\right)$; $\left(\frac{1}{4} + x\right) : x = \frac{9}{8} : \left(\frac{5}{4} - \frac{2}{7}\right)$. $\left[\frac{25}{48}; \frac{3}{2}\right]$

esercizi per contenuti

COSTANTI, VARIABILI E FUNZIONI

1. Completa:

a) Una grandezza si dice costante quando ……………………………………

b) Una grandezza si dice variabile quando ……………………………………

2. Scrivi accanto a ogni grandezza se è costante o variabile:

a) altezza di un grattacielo → ……………

b) velocità di una barca → ……………

c) peso specifico del marmo → ……………

d) numero di iscritti a una gara → ……………

e) costo di un giocattolo → ……………

3. Completa:
Due grandezze variabili si dicono "variabili dipendenti" quando ……………………………………

4. Scrivi tre esempi di variabili dipendenti:

a) ……………………………………

b) ……………………………………

c) ……………………………………

5. Completa la definizione di funzione:
Date due grandezze variabili, x variabile …………………… e y variabile …………………… si dice che y è funzione di x se esiste …………………… che fa corrispondere a ogni valore di x …………………… della y.

6. Con quale simbologia si indica che la grandezza y è funzione della grandezza x? ……………

7. Completa la seguente tabella scrivendo, per ogni coppia di grandezze, qual è la variabile indipendente e qual è la variabile dipendente.

Grandezze	Variabile indipendente	Variabile dipendente
Il perimetro di un poligono regolare e la lunghezza del suo lato		
Lo spazio percorso da un treno e il tempo impiegato		
La temperatura atmosferica e l'altezza rispetto al livello del mare		
La lunghezza del lato di un quadrato e la sua area		

Osserva le corrispondenze fra i valori della variabile indipendente x *e quelli della variabile dipendente* y*, completa le frasi inserendo i termini "è" o "non è" e spiegane il motivo.*

8.

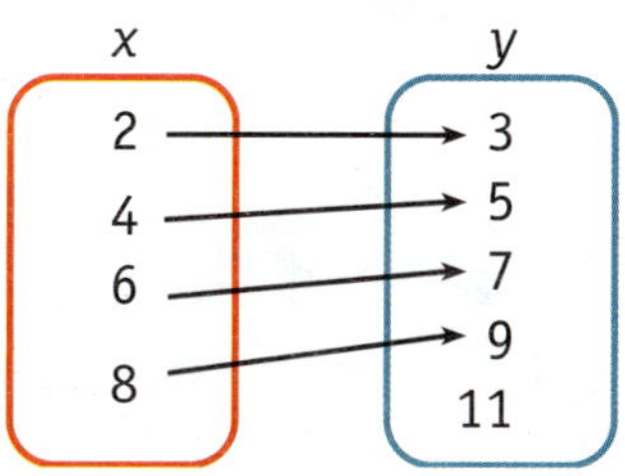

…………… una funzione, perché ……………

9.

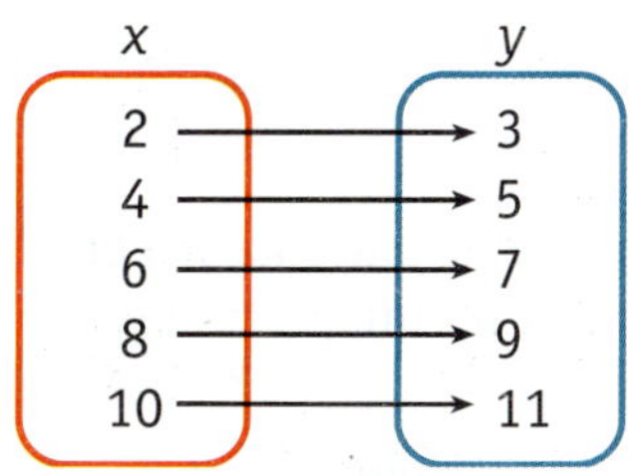

…………… una funzione, perché ……………

10.

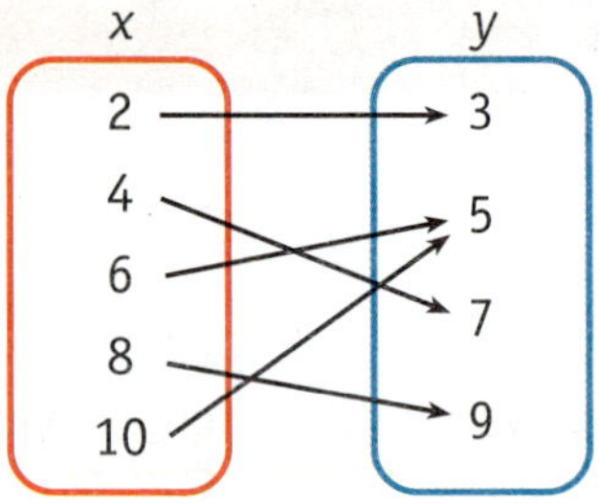

.... una funzione, perché ....

11.

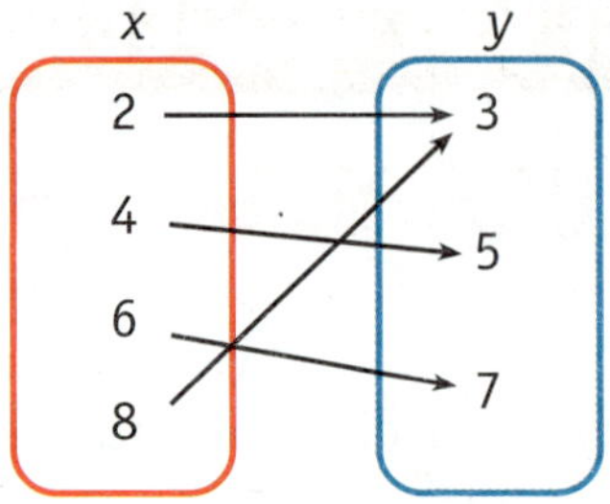

.... una funzione, perché ....

12. Quando una funzione si dice empirica? Fai qualche esempio.

13. Quando una funzione si dice matematica? Fai qualche esempio.

14. Fra i seguenti esempi di funzioni individua quelle empiriche, segnandole in rosso, e quelle matematiche, segnandole in verde:

a) Costo di un oggetto. → Spesa per comprarne un certo numero.
b) Età di un bimbo. → Peso del bimbo.
c) Temperatura di un ammalato. → Ora di registrazione.
d) Perimetro di un quadrato. → Misura del suo lato.
e) Ricavo unitario. → Numero di oggetti venduti.
f) Neve caduta. → Mesi dell'anno considerati.
g) Misura del lato di un poligono regolare. → Area del poligono.
h) Peso di un pezzo di rame. → Volume del pezzo.

RAPPRESENTAZIONE CARTESIANA DI FUNZIONI

15. Considera la funzione empirica che lega i valori x delle ore di una giornata ai valori y della temperatura di un ammalato (in °C) dati nella tabella a fianco e disegnane il diagramma cartesiano.

x	8	12	16	20	24
y	37	38	39	38	37

16. Considera la funzione empirica che lega i valori x dell'età di un albero (in anni) ai valori y della sua altezza (in cm) dati nella tabella a fianco e disegnane il diagramma cartesiano.

x	1	2	3	4
y	120	180	200	210

17. Considera la funzione matematica che lega il lato (in cm), x, di un quadrato e il suo perimetro (in cm), y.

a) Scrivi la funzione relativa: $y =$ ....
b) Completa la tabella dei valori a lato.
c) Disegnane il diagramma cartesiano.

x	1	2	3	4	5
y					

Completa le tabelle date nei seguenti esercizi con valori tali che le due grandezze siano direttamente proporzionali secondo il coefficiente di proporzionalità sotto assegnato. Scrivi la relativa funzione di proporzionalità e rappresentala graficamente (ricorda che il rapporto y/x deve essere costante).

53.

x	2	4	6	8	10
y					

$k = 4$

54.

x		4		8	
y	14		42		63

$k = 7$

55.

x	4	6	10	15	20
y					

$k = 0{,}1$

56.

x		10		20	
y	1		3		6

$k = 0{,}2$

Completa le tabelle date nei seguenti esercizi con valori tali che le due grandezze siano inversamente proporzionali secondo il coefficiente di proporzionalità sotto assegnato. Scrivi la relativa funzione di proporzionalità e rappresentala graficamente (ricorda che il prodotto x · y deve essere costante).

57.

x	3	4	6	25	30
y					

$h = 15$

58.

x	4		9		18
y		6		3	

$h = 36$

59.

x	1	3	9	27	81
y					

$h = 81$

60.

x		5		8	
y	1		4		0,04

$h = 0{,}4$

Per ognuno dei grafici dati nei seguenti esercizi stabilisci se rappresenta una funzione di proporzionalità diretta o inversa, quindi scrivi il relativo coefficiente di proporzionalità e la funzione corrispondente.

61.

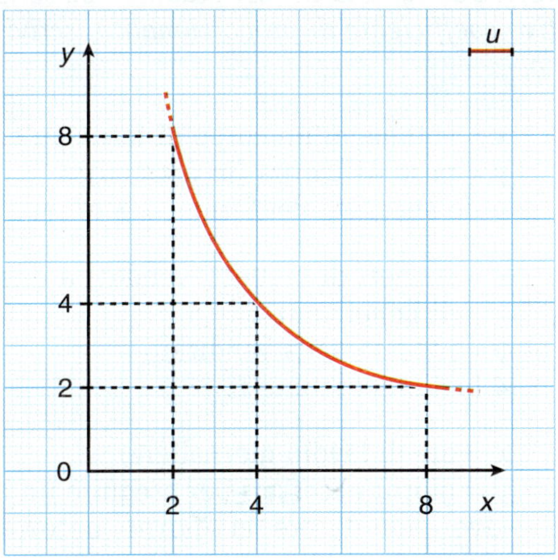

62.

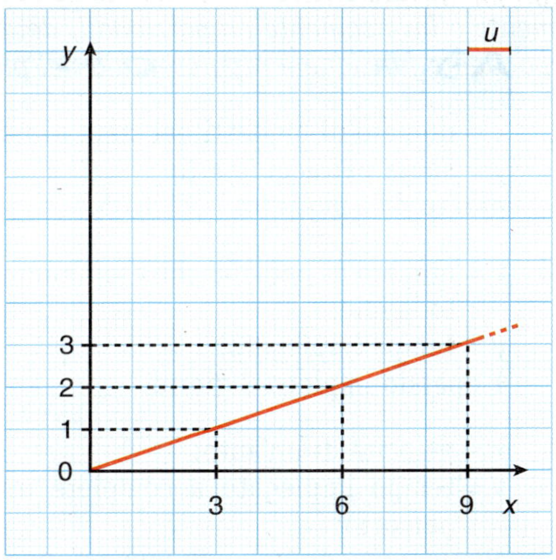

63.

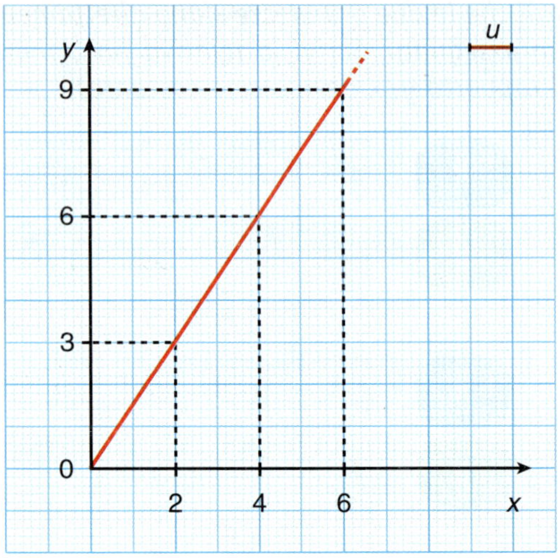

65.

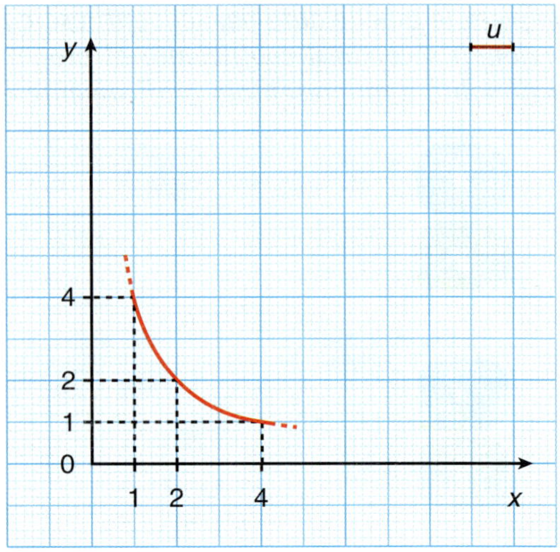

64.

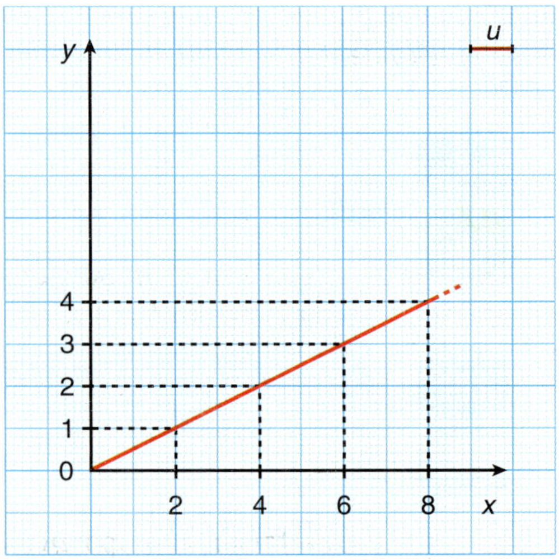

66.

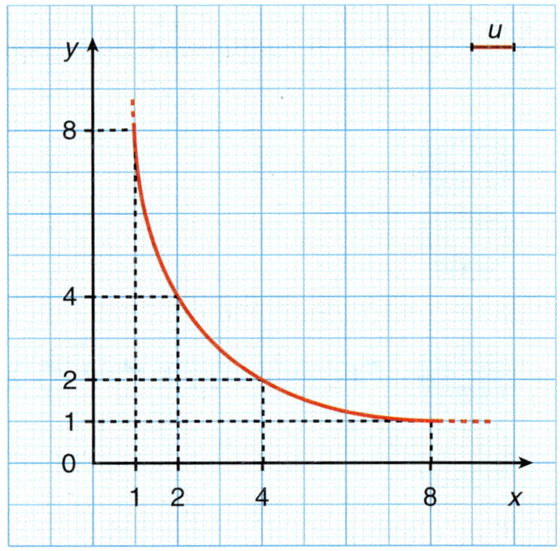

Nei seguenti esercizi vengono date delle coppie di grandezze. Per ognuna di esse stabilisci se sono direttamente o inversamente proporzionali, determina il relativo coefficiente di proporzionalità, scrivi la corrispondente funzione e rappresentala nel piano cartesiano.

67. x = numero di biglietti del tram acquistati;
y = spesa per acquistarli;
prezzo di 1 biglietto = € 1,05.

68. x = numero di persone che eseguono un certo lavoro;
y = tempo impiegato;
1 operaio impiega 8 giorni.

69. x = velocità di un'auto;
y = tempo impiegato a compiere un certo percorso;
alla velocità di 90 km/h impiega 2 ore.

70. x = volume di un corpo di ferro (in cm^3);
y = peso del corpo (in grammi);
peso specifico del ferro = 7,8 g/cm^3.

71. x = numeri di biglietti venduti a una pesca di beneficenza;
y = incasso della vendita;
4 biglietti costano € 2.

72. x = ore di lavoro giornaliere;
y = giorni necessari per eseguire un lavoro;
lavorando 8 ore al giorno occorrono 15 giorni.

18. Considera la funzione matematica che lega il lato (in cm), x, di un esagono regolare e il suo perimetro (in cm), y.

a) Scrivi la funzione relativa: $y =$ ....

b) Completa la tabella dei valori a lato.

c) Disegnane il diagramma cartesiano.

x	1	2	3	4	5
y					

Osserva nei seguenti esercizi i grafici cartesiani di alcune funzioni empiriche e completa le tabelle dei valori.

19.

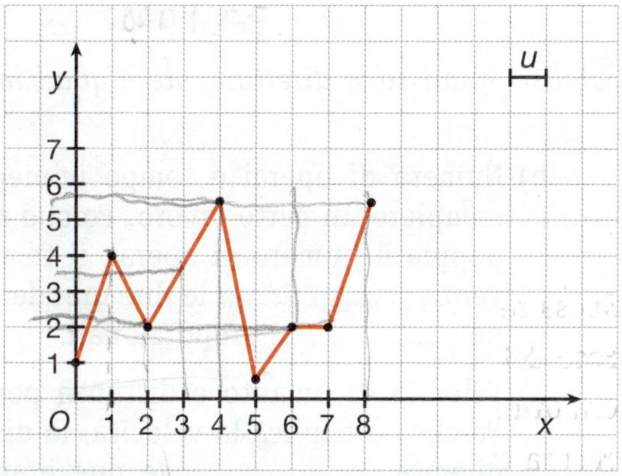

x	1	2	3	4	5	6
y	4	2	3,5	5,5	0,3	2

20.

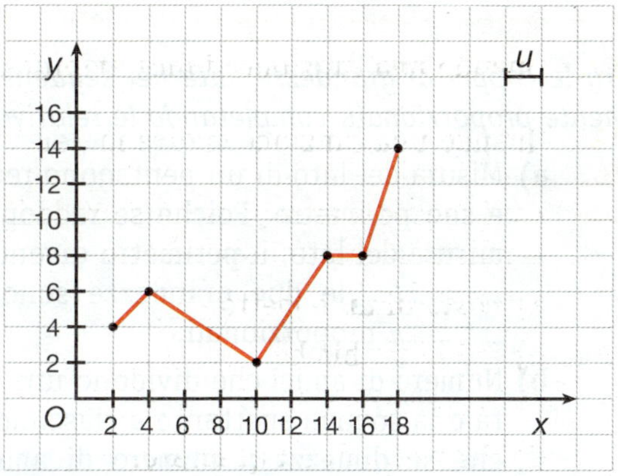

x	2	4	10	14	18
y	4	6	2	8	14

Osserva nei seguenti esercizi i grafici cartesiani di alcune funzioni matematiche, completa le tabelle dei valori e scrivi la relativa funzione che lega y *a* x.

21.

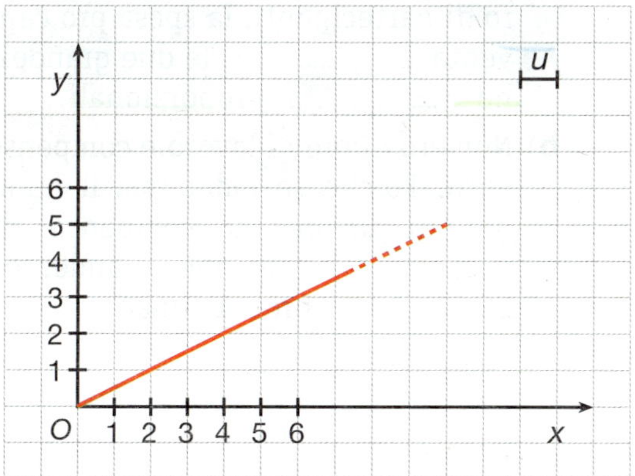

x	2	3	4	5
y				

$y =$ ....

22.

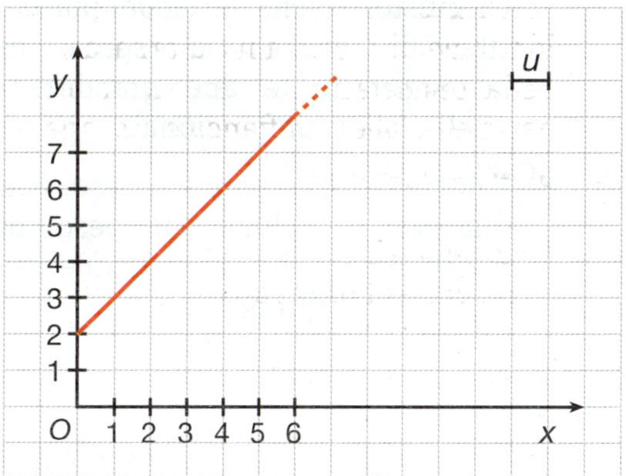

x	0	2	4	6
y				

$y =$ ....

GRANDEZZE DIRETTAMENTE PROPORZIONALI – GRANDEZZE INVERSAMENTE PROPORZIONALI

23. Quando due funzioni si dicono direttamente proporzionali? Fai alcuni esempi.

24. Quando due funzioni si dicono inversamente proporzionali? Fai alcuni esempi.

25. Vero o falso? Segna la casella corrispondente e giustifica la tua risposta:

a) Due grandezze variabili x e y tali che $y = kx$ sono direttamente proporzionali. V F

b) Fra due grandezze inversamente proporzionali si mantiene costante il rapporto. V F

Fra le coppie di grandezze date nei seguenti esercizi stabilisci quali sono direttamente e quali inversamente proporzionali, completando le relative frasi.

26. a) Misura del lato di un pentagono regolare e suo perimetro. Poiché se raddoppia la misura del lato, il perimetro diventa ...., le due grandezze sono .... proporzionali.

b) Numero di amici che dividono una vincita e la somma spettante a ciascuno. Poiché se dimezza il numero di amici, la somma spettante a ciascuno diventa ...., le due grandezze sono .... proporzionali.

27. a) Velocità di un'auto e tempo impiegato a compiere un certo percorso. Poiché se triplica la velocità, il tempo diventa ...., le due grandezze sono .... proporzionali.

b) Quantità di merce acquistata e spesa per l'acquisto. Poiché se raddoppia la quantità di merce, la spesa diventa ...., le due grandezze sono .... proporzionali.

28. a) Volume di un corpo e suo peso. Poiché se dimezza il volume, il peso diventa ...., le due grandezze sono .... proporzionali.

b) Numero di operai e tempo impiegato a compiere un certo lavoro. Poiché se raddoppia il numero di operai, il tempo diventa ...., le due grandezze sono .... proporzionali.

29. a) Velocità di un'auto e distanza percorsa. Poiché se triplica la velocità, la distanza diventa ...., le due grandezze sono .... proporzionali.

b) Numero di gradini di una scala di una certa altezza e altezza di ciascun gradino. Poiché se raddoppia il numero di gradini, l'altezza di ogni gradino diventa ...., le due grandezze sono .... proporzionali.

30. a) Numero di partecipanti a una gita e spesa pro capite. Poiché se dimezza il numero di partecipanti, la spesa pro capite diventa ...., le due grandezze sono .... proporzionali.

b) Numero di ore di lavoro e compenso ricevuto. Poiché se raddoppia il numero di ore di lavoro, il compenso diventa ...., le due grandezze sono .... proporzionali.

FUNZIONI DI PROPORZIONALITÀ

31. Completa le seguenti affermazioni:

a) La corrispondenza biunivoca fra i valori di due grandezze direttamente proporzionali si chiama ....

b) La funzione $y = kx$ è la funzione ....

c) Nella funzione $y = kx$, k è il ...., e rappresenta il ....

32. Completa le seguenti affermazioni:

a) La corrispondenza biunivoca fra i valori di due grandezze inversamente proporzionali si chiama ....

b) La funzione $yx = h$ è la funzione ....

....

c) Nella funzione $yx = h$, h è il ...., e rappresenta il ....

33. Scrivi la funzione $y = f(x)$ che esprime la legge della proporzionalità diretta. Qual è il suo diagramma cartesiano?

34. Scrivi la funzione $y = f(x)$ che esprime la legge della proporzionalità inversa. Qual è il suo diagramma cartesiano?

Fra le funzioni date stabilisci quali sono di proporzionalità diretta e quali di proporzionalità inversa.

35. $y = x$; $\quad xy = 6$; $\quad y = 2x + 2$.

36. $y = \frac{1}{2}x$; $\quad y = \frac{7}{x}$; $\quad y = \frac{12}{x}$.

37. $\frac{y}{x} = 1$; $\quad y = x - 3$; $\quad \frac{1}{8}y = x$.

38. $y = \frac{2}{5}x$; $\quad y = \frac{4}{x} - 1$; $\quad 3y = \frac{1}{2x}$.

39. Considera le funzioni di proporzionalità diretta individuate negli esercizi 35, 36, 37 e 38 e, per ognuna di esse, indica il coefficiente di proporzionalità relativo.

40. Considera le funzioni di proporzionalità inversa individuate negli esercizi 35, 36, 37 e 38 e, per ognuna di esse, indica il coefficiente di proporzionalità relativo.

41. Due grandezze x e y assumono i seguenti valori:

x	2	3	4
y	24	36	48

a) Le due grandezze sono direttamente o inversamente proporzionali? SI

b) Qual è il relativo coefficiente di proporzionalità? y = 12X

c) Scrivi e rappresenta la funzione corrispondente.

42. Due grandezze x e y assumono i seguenti valori:

x	2	3	4
y	12	8	6

a) Le due grandezze sono direttamente o inversamente proporzionali?

b) Qual è il relativo coefficiente di proporzionalità?

c) Scrivi e rappresenta la funzione corrispondente.

43. Due grandezze x e y sono legate dalla funzione $y = \frac{1}{3}x$.

a) Le due grandezze sono direttamente o inversamente proporzionali?

b) Qual è il relativo coefficiente di proporzionalità?

c) Le due grandezze possono assumere la coppia di valori $x = 10$ e $y = 70$? Perché?

d) Disegna il diagramma cartesiano della funzione.

44. Due grandezze x e y sono legate dalla funzione $y = \frac{5}{x}$.

a) Le due grandezze sono direttamente o inversamente proporzionali?

b) Qual è il relativo coefficiente di proporzionalità?

c) Le due grandezze possono assumere la coppia di valori $x = 30$ e $y = 6$? Perché?

d) Disegna il diagramma cartesiano della funzione.

45. Il coefficiente di due grandezze direttamente proporzionali è $\frac{5}{6}$.

a) Scrivi la relativa funzione $y = f(x)$.

b) Le due grandezze possono assumere la coppia di valori $x = 12$ e $y = 10$? Perché?

c) Disegna il diagramma cartesiano della funzione.

46. Il coefficiente di proporzionalità di due grandezze inversamente proporzionali è 15.

a) Scrivi la relativa funzione $y = f(x)$.

b) Le due grandezze possono assumere la coppia di valori $x = 2$ e $y = 30$? Perché?

c) Disegna il diagramma cartesiano della funzione.

47. Osserva il seguente diagramma e rispondi:

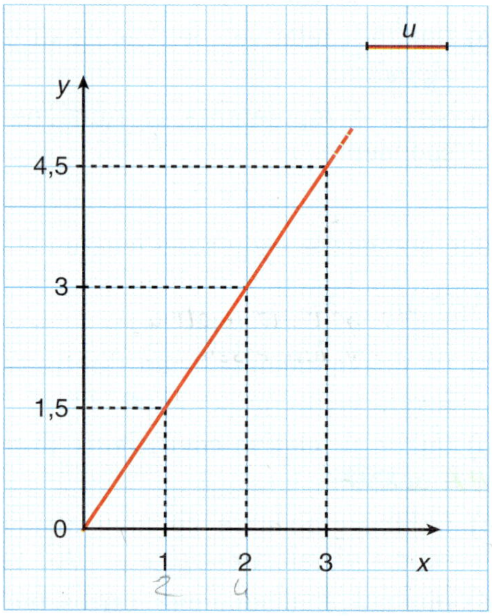

a) È il diagramma di una funzione di proporzionalità diretta o ~~inversa~~?

b) Qual è il coefficiente di proporzionalità? 1,5

c) Qual è la funzione? y = 1,5 x

48. Osserva il seguente diagramma e rispondi alle domande:

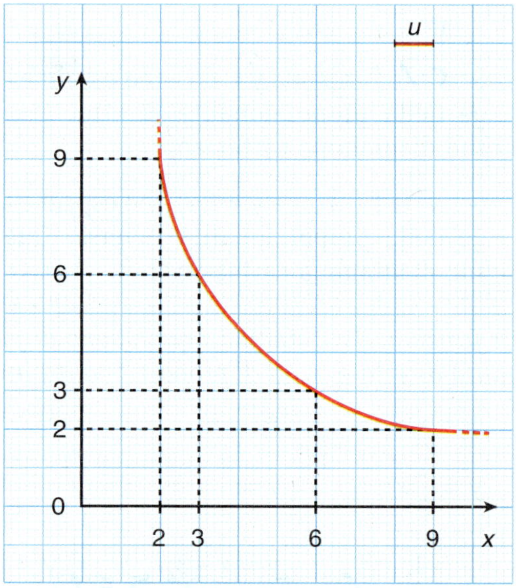

a) È il diagramma di una funzione di proporzionalità diretta o inversa?

b) Qual è il coefficiente di proporzionalità?

c) Qual è la funzione?

Per ciascuna tabella data nei seguenti esercizi scrivi la funzione y = f(x)*, specifica se è una funzione di proporzionalità diretta o inversa, scrivi il relativo coefficiente di proporzionalità e rappresentala con un diagramma cartesiano.*

49.

x	2	4	6	8	10
y	6	12	18	24	30

50.

x	1	2	4	5	10
y	20	10	5	4	2

51.

x	3	4	8	12	24
y	8	6	3	2	1

52.

x	1	2	7	14	28
y	1/2	1	7/2	7	14

Le tabelle dei seguenti esercizi ti danno alcuni valori di due grandezze x e y. Stabilisci, per ognuna di esse, se le due grandezze sono direttamente o inversamente proporzionali, completa la tabella, scrivi la relativa funzione y = f(x) e rappresentala nel piano cartesiano.

73.

x	6		24	36	
y	3	10	12		35

74.

x	5		30	45	
y	18	9	3		1

75.

x	3	4		8	
y	72		36	27	

76.

x	$\frac{3}{4}$		$\frac{7}{4}$	$\frac{9}{4}$	$\frac{8}{3}$
y	$\frac{9}{10}$	$\frac{3}{2}$			$\frac{16}{5}$

Completa le tabelle degli esercizi seguenti in modo tale che le due grandezze siano legate dalla proporzionalità indicata. Scrivi la funzione relativa e rappresentala graficamente.

77.

x	3	7	8	11
y				

Con x e y direttamente proporzionali, costante di proporzionalità $k = 3$.

78.

x	2	3	4	9
y				

Con x e y inversamente proporzionali, costante di proporzionalità $h = 36$.

79.

x	1	8	12	16
y				

Con x e y direttamente proporzionali, costante di proporzionalità $k = \frac{1}{2}$.

80.

x	3	4	6	16
y				

Con x e y inversamente proporzionali, costante di proporzionalità $h = 48$.

81.

x	3	6	9	12
y				

Con x e y direttamente proporzionali, costante di proporzionalità $k = \frac{2}{3}$.

Esercizi per verificare...

... ciò che sai

1. Completa le seguenti affermazioni:

a) Se il valore assunto da una grandezza è sempre lo stesso, la grandezza si dice ....

b) Una grandezza si dice variabile se può assumere valori ....

c) Due grandezze variabili sono dipendenti fra loro se a ogni ....
di una delle due ....

2. Fai quattro esempi di grandezze costanti e quattro di grandezze variabili:

Grandezze costanti	*Grandezze variabili*
•	• ....
•	• ....
•	• ....
•	• ....

3. Collega ogni grandezza indicata a sinistra con una grandezza indicata a destra in modo che le due grandezze siano dipendenti fra loro:

• costo totale merce	• mesi dell'anno
• velocità mezzo	• paga giornaliera
• numero ore di lavoro al giorno	• lato di un quadrato
• peso di un corpo	• volume di un corpo
• numero presenze in un teatro	• incasso del teatro
• pioggia caduta in una località	• costo unitario merce
• area di un quadrato	• tempo per fare un certo percorso

4. Segna il completamento esatto.
Due grandezze variabili dipendenti sono una funzione dell'altra se:

a) a ogni valore dell'una corrispondono dei valori dell'altra; ☐

b) a ogni valore dell'una corrisponde uno e un solo valore dell'altra; ☐

c) a ogni valore dell'una corrisponde lo stesso valore dell'altra. ☐

5. Completa:
Se una grandezza *y* è funzione di un'altra grandezza *x*, *x* si dice variabile ....,
y variabile .... e tale funzione in simboli si indica ....

6. Individua, per ogni coppia di grandezze, la variabile indipendente e quella dipendente:

Grandezze	*Var. indipendente*	*Var. dipendente*
a) Perimetro di un rombo e lunghezza del lato.	....	....
b) Spesa effettuata e quantità di merce acquistata.	....	....
c) Quantità di neve e un mese dell'anno.	....	....
d) Tempo impiegato e spazio percorso (a velocità costante).	....	....
e) Tempo per eseguire un lavoro e numero di operai che lo eseguono.	....	....
f) Energia elettrica consumata e numero di lampadine accese.	....	....

7. Segna i completamenti esatti.

a) Una funzione fra due grandezze variabili si dice empirica se:
- i valori corrispondenti si ricavano solo con osservazioni e misurazioni dirette; ☐
- i valori corrispondenti si ricavano solo con dei calcoli; ☐
- i valori corrispondenti si ricavano solo in maniera approssimata. ☐

b) Una funzione fra due grandezze variabili si dice matematica se:
- i valori corrispondenti si ricavano solo sperimentalmente; ☐
- i valori corrispondenti si ricavano solo con dei calcoli; ☐
- i valori corrispondenti si ricavano solo in maniera approssimata. ☐

8. Accanto a ogni esempio di funzione scrivi se è empirica o matematica:

a) L'altezza di un ragazzo e la sua età. ....

b) La vendita annuale di un prodotto e l'anno considerato. ....

c) L'area di un poligono regolare e il suo lato. ....

d) La temperatura di un luogo e il giorno di registrazione. ....

e) La velocità di un mezzo e lo spazio percorso in un certo tempo. ....

f) Il perimetro di un quadrato e il suo lato. ....

g) La quantità di oggetti acquistati e la spesa sostenuta. ....

9. Quale delle seguenti affermazioni è quella esatta? Segnala:

a) Due grandezze variabili dipendenti x e y sono direttamente proporzionali se all'aumentare della x aumenta la y. ☐

b) Due grandezze variabili dipendenti x e y sono direttamente proporzionali se al raddoppiare o dimezzare della x, dimezza o raddoppia la y. ☐

c) Due grandezze variabili dipendenti x e y sono direttamente proporzionali se al raddoppiare o dimezzare della x, raddoppia o dimezza la y. ☐

10. Segna il completamento esatto.
Fra due grandezze direttamente proporzionali si mantiene costante:

a) il loro rapporto; ☐

b) la loro somma; ☐

c) il loro prodotto. ☐

11. Completa le seguenti affermazioni:

a) La corrispondenza .... fra i valori di due grandezze direttamente proporzionali si chiama ....

b) La funzione della proporzionalità diretta è $y =$ ....

12. Segna il completamento esatto.
Il diagramma cartesiano della funzione di proporzionalità diretta è:

a) un ramo di iperbole; ☐

b) un ramo di parabola passante per l'origine degli assi; ☐

c) una retta passante per l'origine degli assi. ☐

13. Quale delle seguenti affermazioni è quella esatta? Segnala:

a) Due grandezze variabili dipendenti x e y sono inversamente proporzionali se all'aumentare della x diminuisce la y. ☐

b) Due grandezze variabili dipendenti x e y sono inversamente proporzionali se, al raddoppiare o dimezzare della x, dimezza o raddoppia la y. ☐

c) Due grandezze variabili dipendenti x e y sono inversamente proporzionali se, al raddoppiare o dimezzare della x, raddoppia o dimezza la y. ☐

14. Segna il completamento esatto.
Fra due grandezze inversamente proporzionali si mantiene costante:

a) il loro rapporto; ☐

b) la loro differenza; ☐

c) il loro prodotto. ☐

15. Completa le seguenti affermazioni:

a) La corrispondenza .... fra i valori di due grandezze inversamente proporzionali si chiama ....

b) La funzione della proporzionalità inversa è $y =$ ....

16. Segna il completamento esatto.
Il diagramma cartesiano della funzione di proporzionalità inversa è:

a) un ramo di iperbole; ☐

b) una circonferenza; ☐

c) una retta passante per l'origine. ☐

17. Osserva le tabelle e indica quali rappresentano i valori di due grandezze direttamente proporzionali e quali quelli di due grandezze inversamente proporzionali segnando rispettivamente la *D* o la *I*.

x	1	2	3	4	D
y	3	6	9	12	I

x	1	2	3	4	D
y	6	3	2	3/2	I

x	1	2	3	4	D
y	8	4	8/3	2	I

x	1	3	6	9	D
y	4	12	24	36	I

... CIÒ CHE SAI FARE

18. Considera la funzione assegnata, stabilisci se è una funzione di proporzionalità diretta o inversa, scrivine il relativo coefficiente di proporzionalità, completa la tabella e disegnane il diagramma cartesiano.

$y = 4x$

a) È una funzione di proporzionalità ....

....

b) Il coefficiente di proporzionalità è ....

x	0	2	3	4	5
y					

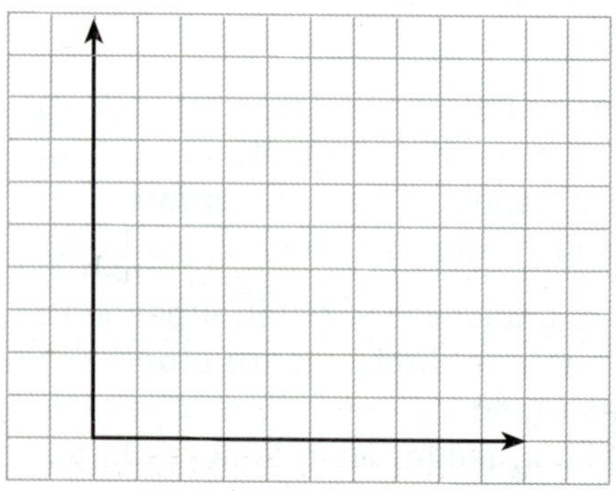

19. Considera la funzione assegnata, stabilisci se è una funzione di proporzionalità diretta o inversa, scrivine il relativo coefficiente di proporzionalità, completa la tabella e disegnane il diagramma cartesiano.

$y = \frac{24}{x}$

a) È una funzione di proporzionalità ....
....

b) Il coefficiente di proporzionalità è ....

x	1	2	3	4	8
y					

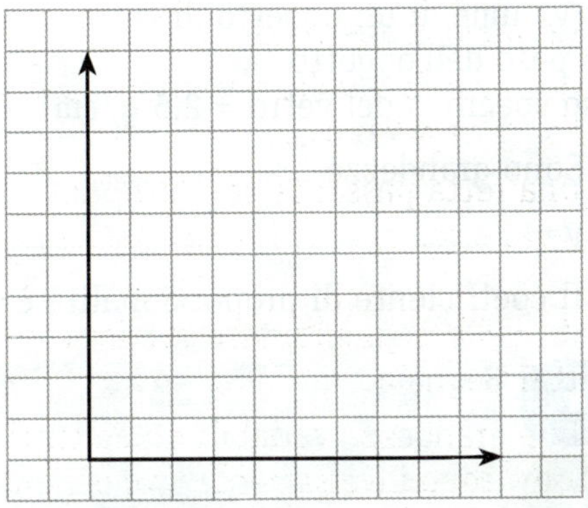

20. Stabilisci se tra le grandezze x e y esiste una funzione di proporzionalità diretta o inversa, scrivi la funzione e il coefficiente di proporzionalità relativi e disegnane il diagramma cartesiano.

x	3	5	9	10	30
y	15	9	5	$\frac{9}{2}$	$\frac{3}{2}$

a) È una funzione di proporzionalità ....
....

b) $y =$ ....

c) Il coefficiente di proporzionalità è ....

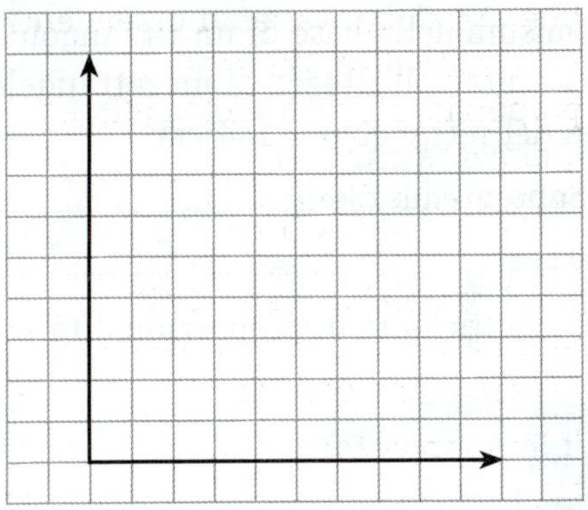

21. Stabilisci se tra le grandezze x e y esiste una funzione di proporzionalità diretta o inversa, scrivi la funzione e il coefficiente di proporzionalità relativi e disegnane il diagramma cartesiano.

x	4	5	7	9	10
y	12	15	21	27	30

a) È una funzione di proporzionalità ....
....

b) $y =$ ....

c) Il coefficiente di proporzionalità è ....

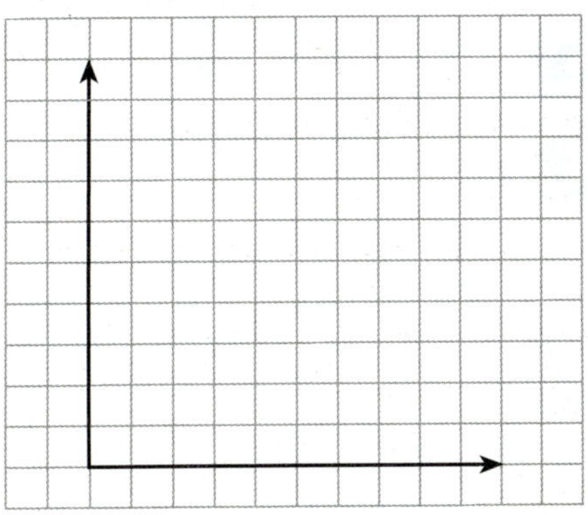

22. Stabilisci se le grandezze date sono direttamente o inversamente proporzionali, scrivine la funzione e il coefficiente di proporzionalità relativi, completa la tabella e disegnane il diagramma cartesiano.

x = volume di un oggetto di vetro
y = peso dell'oggetto
Peso specifico del vetro = 2,5 g/cm^3

a) Sono grandezze ....

b) y = ...

c) Il coefficiente di proporzionalità è ....

x					
y					

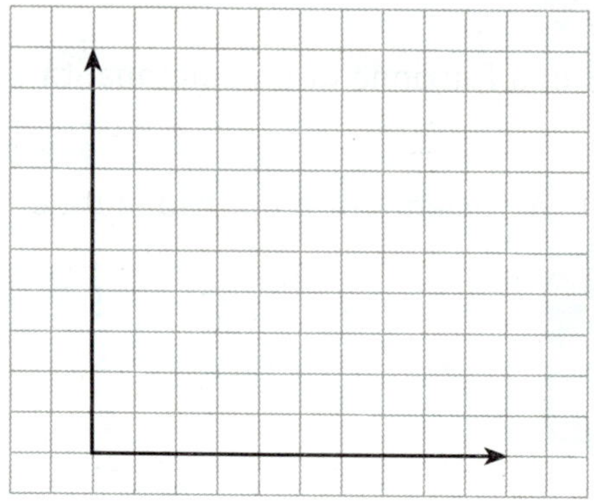

23. Stabilisci se le grandezze date sono direttamente o inversamente proporzionali, scrivine la funzione e il coefficiente di proporzionalità relativi, completa la tabella e disegnane il diagramma cartesiano.

x = misura della base di un rettangolo
y = misura dell'altezza di un rettangolo
Area del rettangolo = 144 cm^2

a) Sono grandezze ....

b) y = ...

c) Il coefficiente di proporzionalità è ....

x					
y					

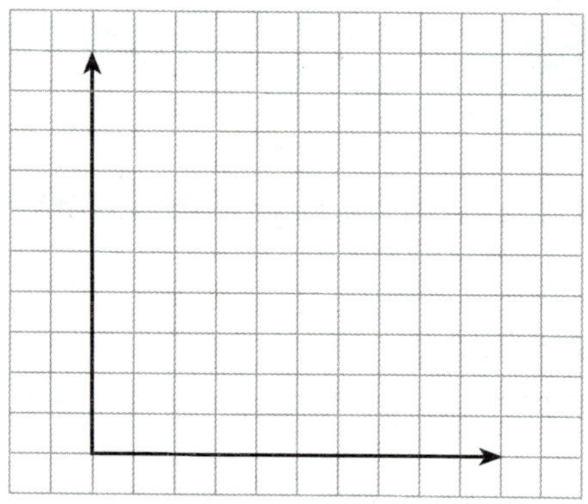

24. Completa la tabella data in modo che le due grandezze risultino direttamente proporzionali. Scrivine quindi la relativa funzione e rappresentala con un diagramma cartesiano.

x	3	6	12		
y		3		5	8

y = ...

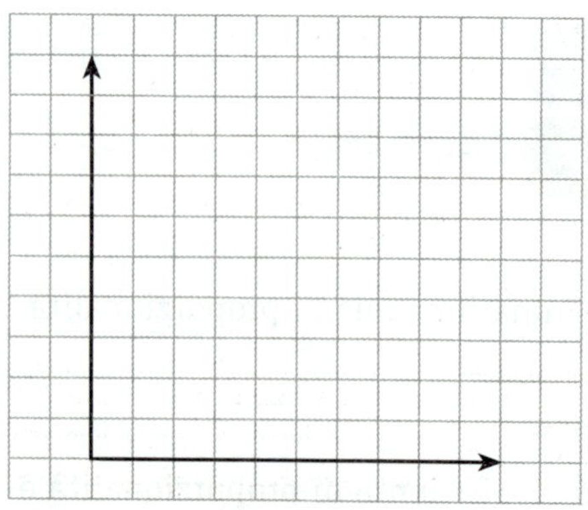

25. Completa la tabella data in modo che le due grandezze risultino inversamente proporzionali. Scrivine quindi la relativa funzione e rappresentala con un diagramma cartesiano.

x	3	2	1	$\frac{3}{4}$	
y			$\frac{4}{3}$		$\frac{1}{4}$

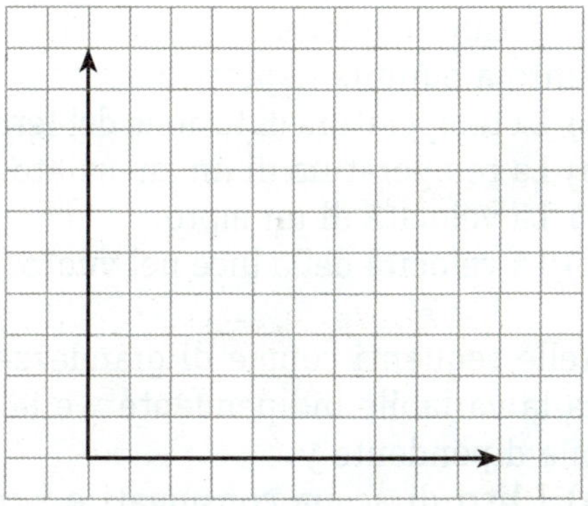

$y =$ ....

Osserva i grafici dati nei seguenti esercizi e completa le frasi a essi relative.

26.

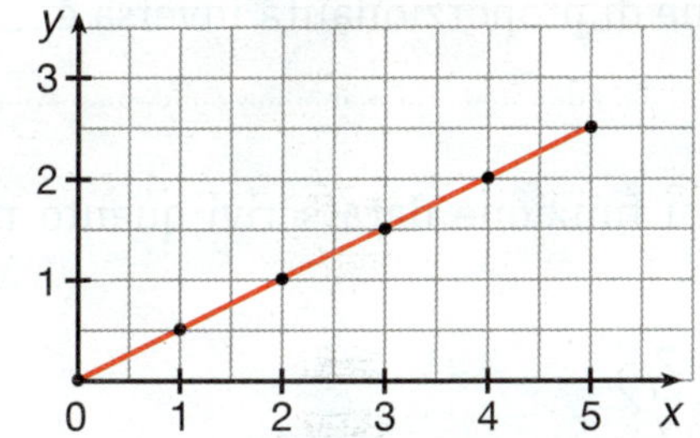

a) Rappresenta il diagramma di una proporzionalità ....
....
b) La relativa legge è data dalla funzione $y =$ ....
c) Il coefficiente di proporzionalità relativo è ....

27.

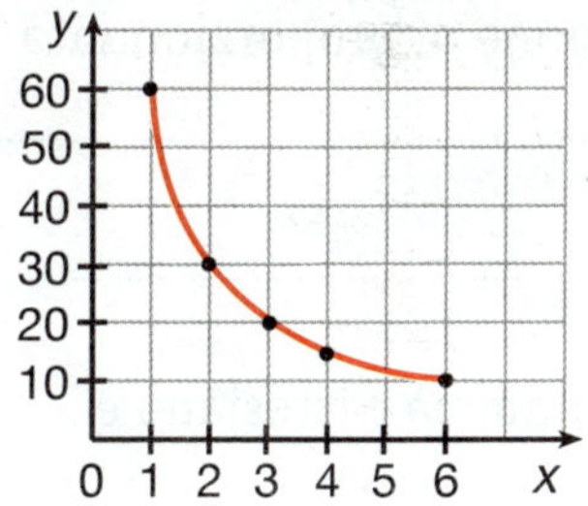

a) Rappresenta il diagramma di una proporzionalità ....
....
b) La relativa legge è data dalla funzione $y =$ ....
c) Il coefficiente di proporzionalità relativo è ....

28.

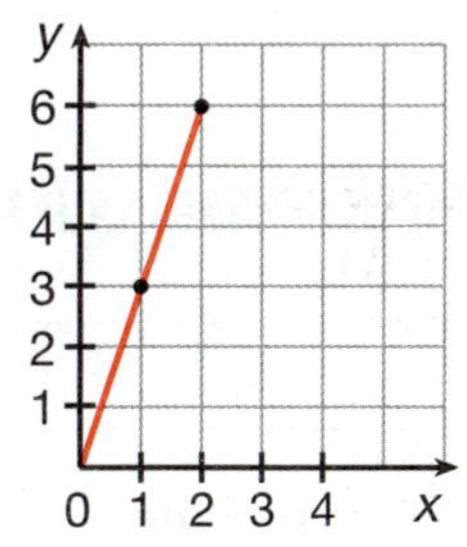

a) Rappresenta il diagramma di una proporzionalità ....
....
b) La relativa legge è data dalla funzione $y =$ ....
c) Il coefficiente di proporzionalità relativo è ....

29.

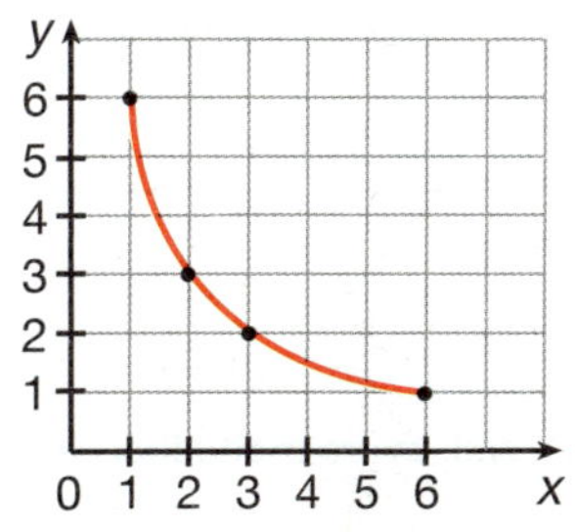

a) Rappresenta il diagramma di una proporzionalità ....
....
b) La relativa legge è data dalla funzione $y =$ ....
c) Il coefficiente di proporzionalità relativo è ....

Mi autovaluto

Mettiti alla prova eseguendo quanto richiesto.
Verifica i risultati alla fine del volume
e prendi nota di quanti errori hai fatto.
Completa poi la tua autovalutazione.

1 Fra le seguenti grandezze individua quelle costanti e quelle variabili scrivendo accanto a ognuna rispettivamente C o V.

a) La temperatura di fusione del ferro. ....
b) La temperatura di un ammalato. ....
c) La velocità di un moto. ....
d) La velocità della luce nel vuoto. ....

2 Nelle seguenti coppie di grandezze indica la variabile indipendente x e la variabile dipendente y.

a) I litri di acqua consumati e i componenti una famiglia.
$x =$ ....
$y =$ ....

b) I chilometri percorsi e il tempo impiegato.
$x =$ ....
$y =$ ....

c) L'incasso di un teatro e il numero di biglietti venduti.
$x =$ ....
$y =$ ....

3 Segna il completamento esatto.
Si dice che due grandezze x e y sono una funzione dell'altra: $y = f(x)$, se a ogni valore di x corrisponde:

a) almeno un valore di y; ☐
b) uno e un solo valore di y; ☐
c) uno o più valori di y. ☐

4 Completa le seguenti frasi.

a) Se x e y sono due grandezze direttamente proporzionali, al raddoppiare di x il valore di y diventa ....
b) Se x e y sono due grandezze inversamente proporzionali, al dimezzare di x il valore di y diventa ....

5 Qual è la funzione di proporzionalità diretta?

....

6 Qual è la funzione di proporzionalità inversa?

....

7 Completa. Il diagramma cartesiano della funzione di proporzionalità diretta è ....
....

8 Completa. Il diagramma cartesiano della funzione di proporzionalità inversa è ....
....

9 Per ogni funzione data scrivi quanto richiesto.

a) $y = \frac{2}{7}x$

- È una funzione di proporzionalità ....
....
- $\frac{2}{7}$ è il ....
- Il suo diagramma cartesiano è ....
....

b) $y = \frac{7}{x}$

- È una funzione di proporzionalità ....
....
- 7 è il ....
- Il suo diagramma cartesiano è ....
....

Su 23 risposte, ... sono esatte; penso quindi di * ....
....

* **Aver capito bene tutto** (posso andare avanti); **avere ancora qualche dubbio** (mi eserciterò ancora); **avere molte incertezze** (eseguirò gli esercizi di recupero).

Esercizi di recupero

Se hai ancora qualche difficoltà, segui gli esercizi svolti (quelli nei riquadri) e poi completa gli altri.

1 Stabilire se le funzioni date sono di proporzionalità diretta o inversa e indicarne il relativo coefficiente di proporzionalità.

- $y = 3x$ Scriviamo alcuni valori delle variabili assegnando a piacere il valore della x e ricavando dalla funzione data il corrispondente valore della y:

  $x = \mathbf{2} \rightarrow y = 3 \cdot 2 = \mathbf{6}$; $x = 4 \rightarrow y = 3 \cdot 4 = \mathbf{12}$

  Osserviamo che se il valore della x raddoppia (2; 4) anche il valore della y raddoppia (6; 12); le due grandezze sono quindi **direttamente proporzionali**.
  Il coefficiente di proporzionalità, cioè il **rapporto costante** fra le due variabili, è **3**; infatti $\frac{y}{x} = \frac{6}{2} = \frac{12}{4} = 3$.

- $y = \frac{20}{x}$ Scriviamo alcuni valori delle variabili assegnando a piacere il valore della x e ricavando dalla funzione data il corrispondente valore della y:

  $x = \mathbf{2} \rightarrow y = 20 : 2 = \mathbf{10}$; $x = \mathbf{4} \rightarrow y = 20 : 4 = \mathbf{5}$

  Osserviamo che se il valore della x raddoppia (2; 4) il valore della y invece dimezza (10; 5); le due grandezze sono quindi **inversamente proporzionali**.
  Il coefficiente di proporzionalità, cioè il **prodotto costante** fra le due variabili, è **20**; infatti $x \cdot y = 2 \cdot 10 = 4 \cdot 5 = 20$.

Stabilisci se le funzioni date nei seguenti esercizi sono di proporzionalità diretta o inversa e indicane il relativo coefficiente di proporzionalità.

2 $y = 8x$
Scrivi alcuni valori delle variabili assegnando a piacere il valore della x e ricavando dalla funzione data il corrispondente valore della y:

$x = 2 \rightarrow y =$ .... $\cdot\ 2 =$ ....; $x = 4 \rightarrow y =$ .... $\cdot\ 4 =$ ....

Osserva che se il valore della x raddoppia (2; 4) il valore della y .... (...............; ....); le due grandezze sono quindi .... proporzionali.
Il coefficiente di proporzionalità, cioè il .... costante fra le due variabili, è ....; infatti $y/x =$ .... = ... = ...

3 $y = \frac{40}{x}$
Scrivi alcuni valori delle variabili assegnando a piacere il valore della x e ricavando dalla funzione data il corrispondente valore della y:

$x = 2 \rightarrow y =$ .... : 2 = ...; $x = 4 \rightarrow y =$ .... : 4 = ...

Osserva che se il valore della x raddoppia (2; 4) il valore della y .... (...............; ....); le due grandezze sono quindi .... proporzionali.
Il coefficiente di proporzionalità, cioè il .... costante fra le due variabili, è ....; infatti $y \cdot x =$ .... = ... = ...

4 $y = \dfrac{32}{x}$

Scrivi alcuni valori delle variabili assegnando a piacere il valore della x e ricavando dalla funzione data il corrispondente valore della y:

$x = \mathbf{2} \rightarrow y =$ .... = ...; $x = \mathbf{4} \rightarrow y =$ .... = ...

Osserva che se il valore della x raddoppia, il valore della y ....; le due grandezze sono quindi .... proporzionali.
Il coefficiente di proporzionalità è ....; infatti $y \cdot x =$ .... = ... = ...

5 $y = 5x$
Scrivi alcuni valori delle variabili assegnando a piacere il valore della x e ricavando dalla funzione data il corrispondente valore della y:

$x = \mathbf{2} \rightarrow y =$ .... = ...; $x = \mathbf{4} \rightarrow y =$ .... = ...

Osserva che se il valore della x raddoppia, il valore della y ....; le due grandezze sono quindi .... proporzionali.
Il coefficiente di proporzionalità è ....; infatti $y/x =$ .... = ... = ...

6 $y = \dfrac{8}{x}$

Scrivi alcuni valori delle variabili assegnando a piacere il valore della x e ricavando dalla funzione data il corrispondente valore della y:

$x = \mathbf{2} \rightarrow y =$ .... = ...; $x = \mathbf{4} \rightarrow y =$ .... = ...

Osserva che se il valore della x raddoppia, il valore della y ....; le due grandezze sono quindi .... proporzionali.
Il coefficiente di proporzionalità è ....; infatti $y \cdot x =$ .... = ... = ...

7 Verificare che tra le grandezze x e y assegnate esiste una funzione di proporzionalità diretta, scrivere la funzione e disegnarne il diagramma cartesiano.

x	y
2	4
4	8
6	12

Poiché tra le due variabili si mantiene costante il **rapporto** $y/x \rightarrow 4 : 2 = 2,\ 8 : 4 = 2,\ 12 : 6 = 2$, fra le due variabili **esiste una funzione di proporzionalità diretta.**
Il coefficiente di proporzionalità è 2 e quindi la funzione è $y = 2x$.

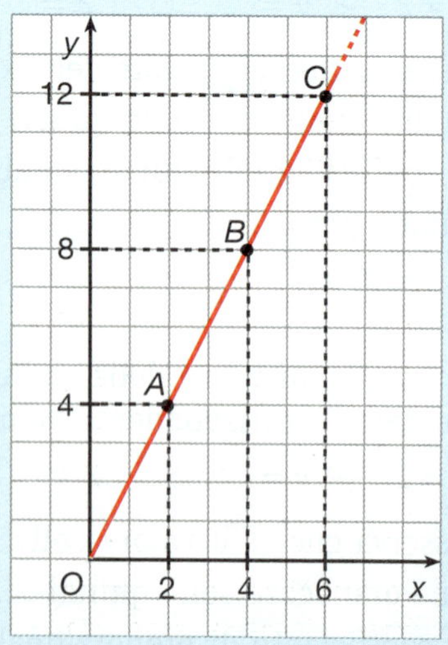

Per disegnare il diagramma cartesiano disegniamo il piano cartesiano e rappresentiamo in esso i punti $A(2; 4)$, $B(4; 8)$ e $C(6; 12)$. Unendo questi punti otterremo il diagramma cartesiano che, essendo le due variabili direttamente proporzionali, è una semiretta uscente dall'origine degli assi.

Verifica che tra le grandezze x e y assegnate nei seguenti esercizi esiste una funzione di proporzionalità diretta, scrivi la funzione e disegnane il diagramma cartesiano.

8

x	y
2	1
4	2
6	3

Poiché tra le due variabili si mantiene costante il ....
$y/x \rightarrow 1 : 2 =$ ...., ... : 4 = ..., ... : 6 = ..., fra le due variabili esiste una funzione di ....
Il coefficiente di proporzionalità è .... e quindi la funzione è $y =$ ....

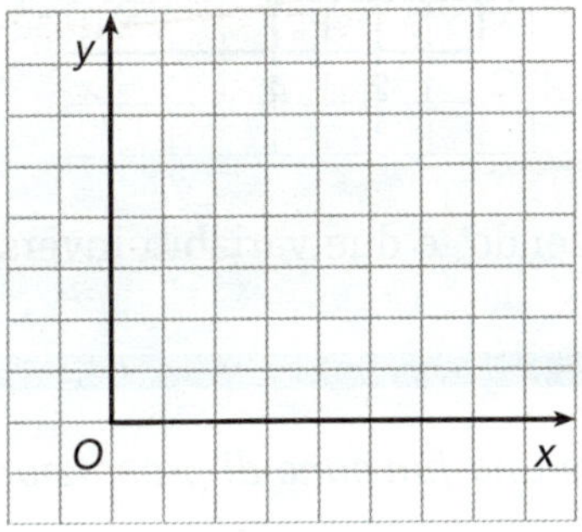

Per disegnare il diagramma cartesiano rappresenta nel piano cartesiano a fianco i punti

$A(2; 1)$, B(.............; 2) e C(.............; ....).

Unisci questi punti e avrai il diagramma cartesiano che, essendo le due variabili direttamente proporzionali, è una ....
....

9

x	y
3	9
4	12
5	15

Poiché tra le due variabili si mantiene costante il ....
$y/x \rightarrow 9 : 3 =$ ...., ... : 4 = ..., ... : 5 = ..., fra le due variabili esiste una funzione di ....
Il coefficiente di proporzionalità è ...... e quindi la funzione è $y =$ ....

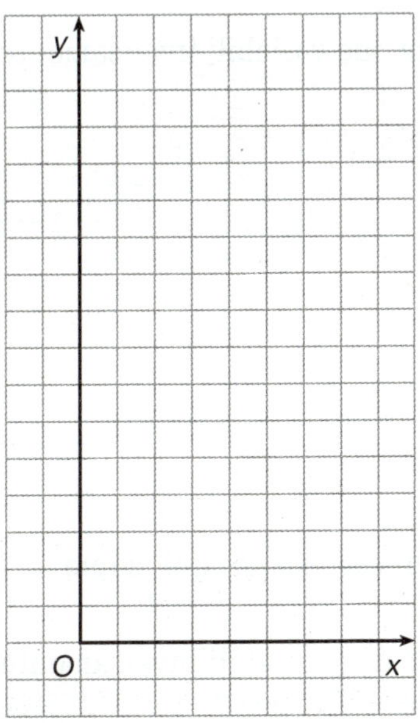

Per disegnare il diagramma cartesiano rappresenta nel piano cartesiano a fianco i punti

A(.............; ....),

B(.............; ....),

C(.............; ....).

Unisci questi punti e avrai il diagramma cartesiano che, essendo le due variabili direttamente proporzionali, è una ....
....

10 Verificare che tra le grandezze x e y assegnate esiste una funzione di proporzionalità inversa, scrivere la funzione e disegnarne il diagramma cartesiano.

x	y
1	4
2	2
4	1

Poiché tra le due variabili si mantiene costante il **prodotto** $x \cdot y \rightarrow 1 \cdot 4 = 4$, $2 \cdot 2 = 4$, $4 \cdot 1 = 4$, fra le due variabili **esiste una funzione di proporzionalità inversa.**
Il coefficiente di proporzionalità è 4 e quindi la funzione è $x \cdot y = 4$.

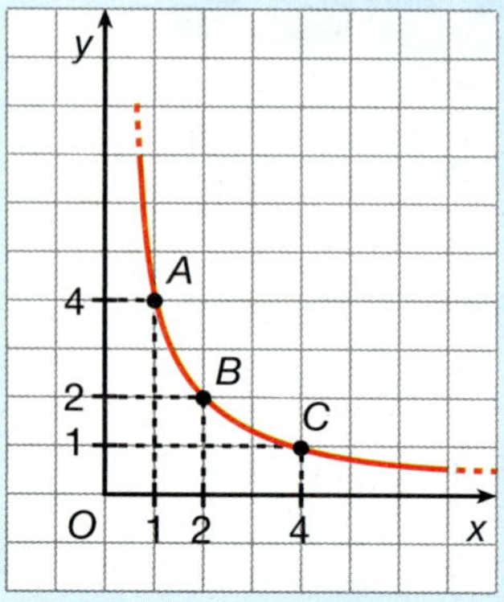

Per disegnare il diagramma cartesiano disegniamo il piano cartesiano e rappresentiamo in esso i punti $A(1; 4)$, $B(2; 2)$ e $C(4; 1)$.
Unendo questi punti otterremo il diagramma cartesiano che, essendo le due variabili inversamente proporzionali, è una **iperbole equilatera.**

Verifica che tra le grandezze x *e* y *assegnate nei seguenti esercizi esiste una funzione di proporzionalità inversa, scrivi la funzione e disegnane il diagramma cartesiano.*

11

x	y
1	8
2	4
8	1

Poiché tra le due variabili si mantiene costante il .... $x \cdot y \rightarrow 1 \cdot 8 =$ ......, $2 \cdot$ .... = ..., ... · .... = 8, fra le due variabili esiste una funzione di ....
Il coefficiente di proporzionalità è .... e quindi la funzione è ....

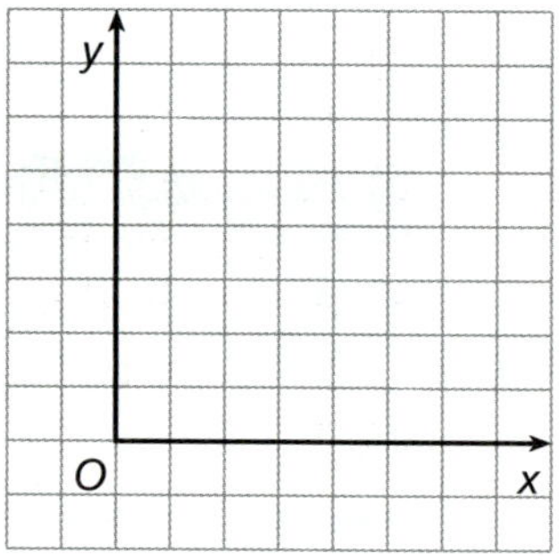

Per disegnare il diagramma cartesiano rappresenta nel piano cartesiano qui sopra i punti $A(1; 8)$, B(...........; 4) e C(...........; ....).
Unisci questi punti e avrai il diagramma cartesiano che, essendo le due variabili inversamente proporzionali, sarà una ....

12

x	y
1	6
2	3
6	1

Poiché tra le due variabili si mantiene costante il .... $x \cdot y \rightarrow 1 \cdot 6 =$ ...., ... · .... = ..., ... · .... = ..., fra le due variabili esiste una funzione di ....
Il coefficiente di proporzionalità è .... e quindi la funzione è ....

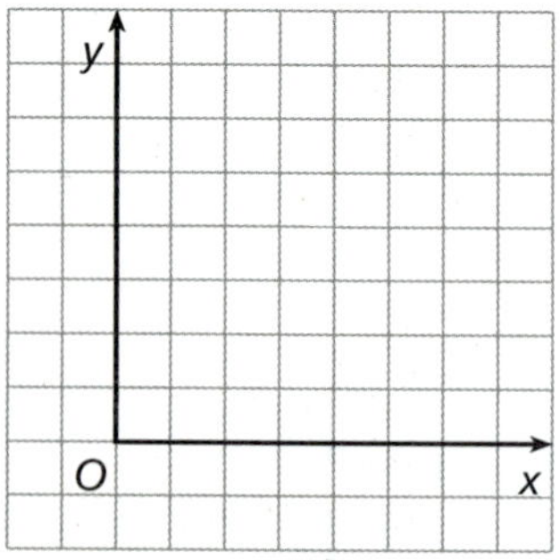

Per disegnare il diagramma cartesiano rappresenta nel piano cartesiano qui sopra i punti A(...........; ....), B(...........; ....) e C(...........; ....).
Unisci questi punti e avrai il diagramma cartesiano che, essendo le due variabili inversamente proporzionali, sarà una ....

esercizi per contenuti

PERCENTUALI E PROPORZIONI

1. Vero o falso?
a) Il 3% di 300 è 9. V F
b) Il 30% di 900 è 630. V F
c) Il 2% di 1 000 è 50. V F
d) Il 40% di 400 è 16. V F

2. Vero o falso?
a) Il numero di cui il 5% è 425 è 850. V F
b) Il numero di cui il 30% è 30 è 600. V F
c) Il numero di cui il 70% è 1 260 è 1 800. V F
d) Il numero di cui il 9% è 90 è 900. V F

3. Vero o falso?
a) Da 1 200 si ottiene 72 applicando il 6%. V F
b) Da 1 800 si ottiene 270 applicando il 15%. V F
c) Da 620 si ottiene 350 applicando il 70%. V F
d) Da 12 si ottiene 8 applicando il 40%. V F

4. Calcola:
a) il 5% di 700;
b) il 10% di 345;
c) il 9% di 4 500.

5. Calcola:
a) il 13% di 2 650;
b) il 21% di 15 000;
c) l'8% di 9 550.

6. Calcola:
a) il 24% di 1 650 cm^2; **[396 cm^2]**
b) il 13% di 42 500 hl; **[5 525 hl]**
c) il 46% di 2 850 m^3. **[1 311 m^3]**

7. Calcola:
a) il 3,6% di € 257; **[€ 9,252]**
b) il 4,2% di 2 000 kg; **[84 kg]**
c) il 7,5% di 39 000 m^2. **[2 925 m^2]**

8. Calcola:
a) il 7,8% di € 65; **[€ 5,07]**
b) lo 0,9% di 350 kg; **[3,15 kg]**
c) lo 0,24% di 3 500 cm^2. **[8,4 cm^2]**

9. Calcola quel numero di cui:
a) il 3% è 630;
b) il 9% è 720;
c) l'11% è 550.

10. Calcola quel numero di cui:
a) il 15% è 7 500;
b) il 25% è 1 400;
c) l'8% è 9 600.

11. Calcola quel numero di cui:
a) il 6% è 210; **[3 500]**
b) il 13% è 1 248; **[9 600]**
c) il 21% è 4 200. **[20 000]**

12. Calcola quel numero di cui:
a) il 3,5% è 210; **[6 000]**
b) il 7,8% è 2 145; **[27 500]**
c) il 3,7% è 8 880. **[240 000]**

13. Calcola quel numero di cui:
a) lo 0,4% è 108; **[27 000]**
b) lo 0,25% è 62,5; **[25 000]**
c) lo 0,3% è 180. **[60 000]**

14. Calcola il tasso percentuale che è stato applicato:
a) su 310 per avere 25;
b) su 2 100 per avere 756;
c) su 5 700 per avere 222.

15. Calcola il tasso percentuale che è stato applicato:
a) su € 230 per avere € 27,60; **[12%]**
b) su € 272,90 per avere € 43,66; **[16%]**
c) su € 315 per avere € 135,45. **[43%]**

16. Calcola il tasso percentuale che è stato applicato:
a) su € 39,5 per avere € 1,26; **[3,2%]**
b) su € 957 per avere € 6 986; **[7,3%]**
c) su € 532 per avere € 3,46. **[0,65%]**

Risolvi i seguenti problemi.

17. In un liceo avente 180 iscritti, 81 sono di sesso femminile. Qual è la percentuale delle ragazze sul totale? **[45%]**

18. In un mese, su un totale di 155 pizze vendute in un panificio, le pizze "margherita" sono state 62.
Quale percentuale rappresentano le pizze "margherita"? **[40%]**

19. In una palestra nel mese di aprile si sono iscritte 275 persone; di queste solo 132 sono ragazzi.
Qual è la percentuale degli adulti iscritti in palestra? **[52%]**

20. In un canile vi sono 65 cani; di questi 22 sono cuccioli di età compresa tra 1 e 8 mesi, 23 sono cuccioli di età compresa tra 8 e 15 mesi, 7 sono adulti e i restanti sono cani di razza.
Qual è la percentuale di questi ultimi sul totale? **[20%]**

21. In un gruppo di amici 28 persone su 70 si dichiarano vegetariane. Qual è la percentuale di persone che mangia la carne? **[60%]**

22. Luisa compra una gonna a € 34,85. Se il prezzo non scontato era € 42,50, quale sconto percentuale è stato applicato alla gonna? **[18%]**

23. Per l'acquisto di un mobile con lo sconto del 15% sul prezzo di listino si risparmiano € 97,50. Qual era il prezzo di listino? **[€ 650]**

24. Luigi ha saldato il 27% del suo debito versando € 186,30. Quanto gli resta da pagare? **[€ 503,70]**

25. Se un capo di abbigliamento costava € 205, quale sconto mi è stato praticato se ho speso effettivamente € 194,75? **[5%]**

26. A causa di un aumento del 9%, verificatosi nell'ultimo anno, un motoscafo costa oggi € 13 080. Quanto costava un anno fa? **[€ 12 000]**

27. In un supermercato viene praticato lo sconto del 25% sugli alimenti e del 15% sui detersivi.
Quanto si risparmia comprando della pasta per un totale di € 195, della carne per € 95 e 3 fustini di detersivo a € 12 ciascuno? **[€ 77,90]**

28. La superficie del territorio italiano è di 301 302 km^2.
Calcola le percentuali delle superfici della Lombardia, della Liguria e della Campania, sapendo che misurano rispettivamente 23 859 km^2, 5 418 km^2 e 13 595 km^2. **[7,9%; 1,8%; 4,5%]**

29. Gli abbonati a un determinato servizio telefonico sono 234 900. Di questi, 89 050 risiedono in Valle d'Aosta, 25 700 in Liguria, 93 450 in Lombardia e 26 700 in Friuli-Venezia Giulia.
Calcola le rispettive percentuali di abbonati, approssimando. **[38%; 11%; 40%; 11%]**

30. Comprando un videogioco, il cui prezzo di listino era di € 110, ho ottenuto uno sconto e l'ho pagato € 93,50.
Qual è il tasso percentuale dello sconto? **[15%]**

31. Un commerciante, pagando alla consegna, ottiene uno sconto dell'8% e paga così € 6 624. Qual era l'importo iniziale? **[€ 7 200]**

32. Rivendendo una merce per un totale di € 820 si è avuta una perdita del 4,65%. Qual era il costo della merce? **[€ 860]**

33. Un signore ha comprato un appartamento a € 210 000 e su questa cifra ha pagato il 4% di mediazione.
Ristrutturandolo, ha speso € 1 680 e adesso lo rivende guadagnando il 16%. A quanto l'ha rivenduto? **[€ 262 000]**

34. ✲✲ Un programma televisivo in due puntate è stato visto in Italia in percentuali diverse a seconda delle regioni. La suddivisione per aree geografiche è mostrata in tabella:

Prima puntata	Seconda puntata
Nord 45,3%	Nord 40,2%
Centro 27,6%	Centro 30,3%
Sud 27,1%	Sud 29,5%

Calcola le percentuali di spettatori totali nelle tre aree in cui è stato suddiviso il territorio italiano: Nord, Centro e Sud, e rappresentale con areogrammi.

35. ✲✲ Un'azienda vende i propri prodotti in tutta Europa. Le unità vendute in alcuni dei Paesi europei sono riportate in tabella:

Stati	Unità
Belgio	255 000
Danimarca	427 000
Francia	15 000
Germania	28 000
Grecia	1 800
Italia	1 250 000
Paesi Bassi	33 000
Portogallo	33 000
Gran Bretagna	197 000
Spagna	21 000

Calcola le percentuali corrispondenti a ciascun Paese e rappresentale con un areogramma.

36. ✲✲ Un'agenzia di viaggi vende vacanze in tutto il mondo. L'anno scorso ha venduto 468 viaggi così suddivisi:

Paesi	Percentuali
Cina	0,4%
America Settentrionale	11,6%
America Latina	10,9%
ex URSS	9,7%
Africa	18,6%
India	2,8%
Europa	45,7%
Asia, Oceania e altro	0,3%

Calcola il numero di viaggi venduti per le varie parti del mondo e rappresenta le percentuali con un areogramma.

37. ✲✲ Il seguente areogramma rappresenta il bilancio di una famiglia.

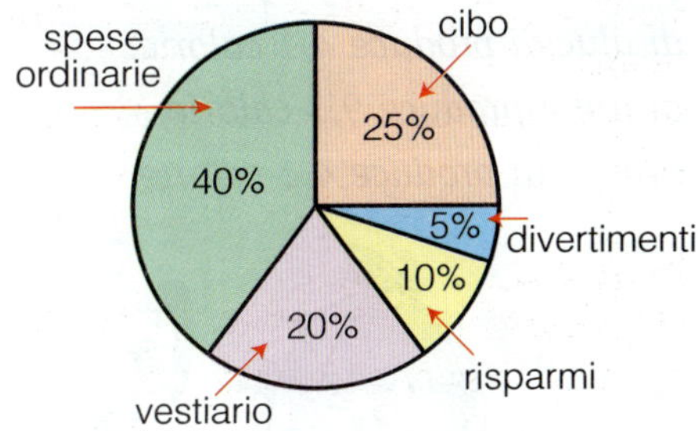

Sapendo che in un anno le entrate sono state complessivamente di € 41 000, calcola le effettive spese sostenute e il risparmio medio mensile della famiglia.

38. ✲ La superficie totale delle terre emerse è di circa 150 000 000 km². Completa la tabella relativa ai vari continenti e rappresenta le percentuali con un areogramma.

Continenti	Americhe	Europa	Asia	Africa	Australia Oceania	Antartide
Percentuale			30%	21%	6%	5%
Superficie (km^2)	42 000 000	10 500 000				

39. ✲ In un'azienda sono impiegate 800 persone. Completa la tabella relativa all'occupazione nei vari reparti e rappresenta il fenomeno con un areogramma.

Reparti	Produzione	Ufficio	Spedizione e trasporto	Propaganda	Dirigenziale
Percentuale	20%		25%		7%
N. lavoratori		352		64	

40. Durante una vacanza sono stati spesi complessivamente € 1 600 e l'areogramma a lato rappresenta la suddivisione di tale spesa. Calcola la spesa per ogni singola voce.

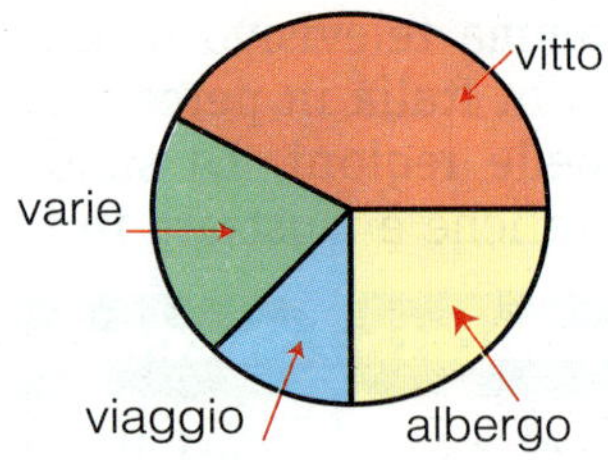

Le percentuali e la nostra alimentazione

I principi nutritivi che compongono gli alimenti sono i lipidi, i glucidi, le proteine, l'acqua, i sali minerali e le vitamine.
La loro presenza nella nostra alimentazione ci assicura il giusto apporto calorico, proteico, vitaminico e di sali minerali. Per un'alimentazione razionale è fondamentale rispettare i bisogni effettivi del nostro organismo.

Per quanto riguarda il fabbisogno calorico giornaliero, considera la tabella a fianco e ricorda che:

- *1 g di glucidi produce 4,1 calorie;*
- *1 g di lipidi produce 9,3 calorie;*
- *1 g di protidi produce 4,1 calorie.*

Sesso	Età (anni)	Attività	Fabbisogno calorico giornaliero (cal)
Bambini e Bambine	0 – 1	/	800
	1 – 3	/	1 250
	4 – 6	/	1 720
	7 – 9	/	2 020
Ragazzi	10 – 12	/	2 420
	13 – 18	/	2 800
Ragazze	10 – 12	/	2 300
	13 – 18	/	2 700
Maschi	19 – 39	Leggera	2 700
		Moderata	3 000
		Pesante	3 600
	40 – 49	Leggera	2 570
		Moderata	2 850
		Pesante	3 420
	50 – 59	Leggera	2 430
		Moderata	2 700
		Pesante	3 240
Femmine	19 – 39	Leggera	1 940
		Moderata	2 160
		Pesante	2 590
	40 – 49	Leggera	1 840
		Moderata	2 050
		Pesante	2 460
	50 – 59	Leggera	1 740
		Moderata	1 940
		Pesante	2 330

Tenendo presenti i dati che ti sono stati forniti, completa le tabelle e risolvi i problemi proposti.

41.

Alimento	Principi nutritivi presenti (in %)					Calorie sviluppate per 100 g
	Protidi	Lipidi	Glucidi	Acqua	Altri	
Pane	8,2	0,4	/	29	1,4	
Pasta	10,8	0,3	/	12,4	1,5	
Riso	/	1	80,3	11,7	0,5	
Fagioli	24,6	/	48,2	10,7	14	

42.

Alimento	Principi nutritivi presenti (in %)					Calorie sviluppate per 100 g
	Protidi	Lipidi	Glucidi	Acqua	Altri	
Latte	3,3	3,8	/	88	0,2	
Grana	35,5	25	/	30,5	5,5	
Mozzarella	20	/	5	58,9	0,1	
Yogurt intero	/	3,9	3,5	87	2,1	

43.

Alimento	Principi nutritivi presenti (in %)					Calorie sviluppate per 100 g
	Protidi	Lipidi	Glucidi	Acqua	Altri	
Trota	14,7	/	/	80,5	1,8	
Nasello	/	0,3	/	81,5	1,2	
Stoccafisso secco	80,1	3,5	/	12	4,4	

44.

Alimento	Principi nutritivi presenti (in %)					Calorie sviluppate per 100 g
	Protidi	Lipidi	Glucidi	Acqua	Altri	
Pollo	19	/	/	75	1	
Coniglio	/	5,3	0,5	70,9	1,2	
Vitello	20,7	/	/	76,9	1,4	

45.

Alimento	Principi nutritivi presenti (in %)					Calorie sviluppate per 100 g
	Protidi	Lipidi	Glucidi	Acqua	Altri	
Patate	2,1	/	16,4	78,5	2	
Pomodori	1,2	0,2	/	94,2	1,6	
Carote	1,1	0,2	7,6	91,6	2,9	

46.

Alimento	Principi nutritivi presenti (in %)					Calorie sviluppate per 100 g
	Protidi	Lipidi	Glucidi	Acqua	Altri	
Cioccolata al latte	8,9	37,6	/	1,7	3,4	
Marmellata	/	/	58,7	36	4,8	
Gelato fior di latte	4,2	13,7	/	60,6	0,8	

47. Quante calorie apporta una dieta formata da soli pane, pasta e riso, supponendo che la quantità ingerita di ciascun cibo sia di 150 g?

48. Quante calorie apporta una dieta che comprende alimenti contenenti 160 g di protidi, 80 g di glucidi e 46 g di lipidi?

49. Una dieta giornaliera è formata da alimenti contenenti 120 g di protidi, 60 g di lipidi e 310 g di glucidi. Controllando la tabella che si trova all'inizio di questo paragrafo, stabilisci se può essere adatta a un ragazzo di 18 anni. Se no, specifica a chi può essere adatta.

50. A merenda un ragazzo ha mangiato 30 g di grana e un panino di 80 g. Quanti grammi di protidi ha ingerito? **[17,21 g]**

51. Quanti grammi di lipidi ingerisce una persona che mangia 250 g di nasello e 50 g di pomodori? **[0,85 g]**

52. Al bar un ragazzo di 12 anni ha ordinato una coppa di gelato fior di latte da 250 g. Quante calorie ha assunto?
Quale percentuale rappresenta del suo fabbisogno calorico? **[361,6 cal; ≃14,9%]**

53. Quale apporto calorico danno 180 g di carne di coniglio?
Quale percentuale rappresenta del fabbisogno energetico di una donna di 30 anni che svolge una leggera attività fisica?
[92,41 cal; 4,76%]

54. A merenda Luca, che ha 8 anni, ha bevuto 100 g di latte e mangiato 25 g di marmellata. Quante calorie ha assunto?
Quale percentuale rappresenta del suo fabbisogno calorico? **[≃109 cal; ≃5,4%]**

55. Un ragazzo di 19 anni mangia un panino di 30 g con 15 g di cioccolata e beve 120 g di latte.
Supponendo che egli svolga un'attività fisica pesante, di quale percentuale del suo fabbisogno calorico necessita ancora nella giornata? **[96,45%]**

56. Un signore di 45 anni che svolge un'attività fisica moderata a pranzo consuma:
- 50 g di pasta;
- 20 g di grana;
- 80 g di pomodori;
- 20 g di olio (1 g produce 9 calorie);
- 130 g di carne di vitello.

Quante calorie gli ha fornito l'intero pranzo?
Quale percentuale rappresenta del suo fabbisogno calorico?

57. Una donna di 35 anni che svolge un'attività fisica pesante ha consumato un pranzo identico a quello dell'esercizio precedente. Quale percentuale rappresenta del suo fabbisogno calorico la quantità di calorie fornita da quel pranzo?

58. Prendi nota, oggi, di quello che mangi. Calcola le calorie che hai assunto e confrontale con quelle necessarie a un ragazzo della tua età. Hai assunto più o meno calorie del dovuto?

59. Fatti dare dalla mamma la ricetta del tuo dolce preferito. Calcola le calorie che esso fornisce e fai il calcolo di quelle che assumi mangiandone una fetta di 150 g.

PROBLEMI DEL TRE SEMPLICE

60. Se 18 *l* di vino costano € 86,4, quanto si spende per acquistarne 25? **[€ 120]**

61. Se per ottenere 6 *l* di succo di frutta occorrono 9 kg di frutta, quanti ne sono necessari per ottenerne 9 *l*? **[13,5 kg]**

62. Cinque amici dividono una certa somma vinta e a ciascuno spettano € 130. Quanto sarebbe spettato a ciascun amico se a dividere la vincita fossero stati in 8? **[€ 81,25]**

63. Una macchina industriale riesce a pulire 288 m^2 di pavimento in 12 minuti. Quanto tempo impiegherà per pulire 168 m^2? **[7 min]**

64. Per piastrellare l'ingresso di un ufficio occorrono 40 mattonelle rettangolari di dimensioni 80 cm per 90 cm. Quante ne servirebbero se fossero quadrate di lato 80 cm? **[45]**

65. La nonna ha comprato una scorta di biscotti sufficienti per i suoi 3 nipotini per 12 giorni. Quanti giorni durerebbero gli stessi biscotti se i nipotini fossero 4? **[9]**

66. Per una gita a un parco divertimenti una comitiva di 30 persone prevede di pagare un biglietto pari a € 14 per persona. Se alla gita però partecipano solo 21 persone, quanto pagherà ciascuno? **[€ 20]**

67. 250 *l* di fertilizzante contengono 15 *l* di prodotto naturale. Quanti litri di fertilizzante conterranno 60 *l* di quel prodotto naturale? **[1 000 litri]**

68. Per confezionare la frutta, un contadino utilizza 150 cassette, contenenti ciascuna 26 frutti. Quante cassette avrebbe utilizzato se queste avessero contenuto 30 frutti? **[130]**

69. ✱ Una mensa spende € 12 600 al mese per dar da mangiare a 240 bambini. Quanto spenderebbe se ci fossero 80 bambini in più? **[€ 16 800]**

70. ✱ Con € 6,30 si possono comprare 3,3 kg di pesche; quanti chili se ne possono acquistare spendendo € 8,40 in più? **[7,7 kg]**

71. ✱✱ Una moto consuma 16 *l* di benzina per percorrere 460 km. Quanti chilometri potrà percorrere con 28 *l* di benzina in più, mantenendo la stessa velocità? **[1 265 km]**

72. ✱✱ Marco acquista 8 *l* di olio a € 2,20 al litro. Con gli stessi soldi quanti litri di olio a € 1,60 al litro avrebbe potuto comprare? **[11 *l*]**

73. ✱✱ Con uno spremiagrumi da 0,40 *l* si preparano 6 bicchieri di spremuta. Quanto dovrebbe essere capiente lo spremiagrumi per ottenere 9 bicchieri di spremuta? **[0,6 *l*]**

74. ✱✱ Per un trasloco si sono sistemati in un'auto 14 scatoloni e ci sono voluti 9 viaggi per trasportare tutto. Quanti viaggi sarebbero stati necessari se nell'auto fossero stati caricati 18 scatoloni? **[7]**

75. ✱✱ Alla velocità media di 90 km/h Marco impiega 1 ora e 20 minuti per andare da casa sua al mare. Se tenesse una velocità media di 120 km/h, quanto tempo impiegherebbe? **[1 h]**

76. ✱✱ Un imbianchino in 9 giorni di lavoro guadagna € 432. Quanto guadagna in 14 giorni svolgendo un uguale lavoro? **[€ 672]**

77. ✱✱ Con una certa quantità di olio si possono riempire 45 damigiane da 3 *l*. Quante damigiane da 5 *l* si possono riempire con la stessa quantità d'olio? **[27]**

78. ✱✱ 9 giardinieri eseguono un dato lavoro in 10 giorni. Quanti giorni impiegherebbero se fossero in 15? **[6]**

79. ✱✱ Con una certa quantità di energia si alimentano 18 lampadine da 80 watt. Quante lampadine da 60 watt si possono alimentare con la stessa quantità di energia? **[24]**

80. ✱✱ Un ciclista percorre 84 km in 1 ora e 20 minuti. Se mantiene la stessa velocità, quanti chilometri riesce a percorrere in 3 ore e 20 minuti? **[210 km]**

81. ✱✱ Un orologiaio riesce a riparare 18 orologi in 11 giorni. Quanti orologi dovrebbe riparare al giorno se volesse fare lo stesso lavoro in 6 giorni? **[3 al giorno]**

82. ✱✱ Per confezionare i costumi per una rappresentazione teatrale 4 sarte impiegano 15 giorni. Se i costumi devono essere pronti in 10 giorni, quante altre sarte bisogna impiegare? **[2]**

83. ✱✱ Con una certa quantità di legno si ottengono 24 assi, tutte di uguale lunghezza e larghe 50 cm. Quante assi di uguale lunghezza ma di larghezza 30 cm si possono ottenere con la stessa quantità di legno? **[40]**

84. ✱✱ Per illuminare adeguatamente un grande salone occorrono 60 lampadine da 75 watt. Con quanti faretti da 250 watt si otterrebbe la stessa illuminazione? **[18]**

85. ✱✱ Con il contenuto di una cisterna d'acqua si possono riempire 24 vasche da bagno con una capacità di 80 *l* ognuna. Se si riempissero solo 16 vasche, quale dovrebbe essere la capacità di ciascuna? **[120 *l*]**

86. ✱✱ Per marcare 12 km di segnali stradali si usano 8 kg di una pittura particolare. Quanti chilometri si riuscirebbero a marcare con 14 kg della stessa pittura? **[21 km]**

87. ✱✱ Ho speso € 150 per comprare 12 bottiglie di un certo vino. Quanto avrei risparmiato se avessi comprato solo 9 bottiglie dello stesso vino? **[€ 37,50]**

88. ✱✱ Per scrivere al computer 2 pagine di un libro si impiegano 50 minuti. Quanto tempo è necessario per scrivere 75 pagine mantenendo lo stesso ritmo? **[31^h15^m]**

89. ✱✱ Per trasportare una certa quantità di merce servono 20 vagoni che possono caricare 540 kg di merce ciascuno. Quanti vagoni servirebbero se ciascuno di essi avesse una portata di 600 kg? **[18]**

90. 6 imbianchini in 5 giorni hanno eseguito metà del lavoro; per completare l'altra metà si dispone solo di 4 imbianchini. Quanti giorni impiegheranno a finire il lavoro? **[7,5 giorni]**

91. Per una sfilata di macchine d'epoca una Ferrari passa per uno stesso punto 18 volte in un'ora, mantenendo una velocità media di 30 km/h. Se la Ferrari avesse una velocità di 25 km/h, quante volte passerebbe da quello stesso punto in un'ora? **[15]**

92. Si deve mettere il parquet in due sale ampie complessivamente 80 m^2 e per mettere il parquet nei primi 35 m^2 si sono spesi € 2 975. Quanto costerà mettere il parquet su tutta la superficie? **[€ 6 800]**

93. Si deve asfaltare un tratto di strada lungo 120 m e per asfaltare i primi 45 m si sono spesi € 3 000. Quanto costerà asfaltare tutto il tratto? **[€ 8 000]**

94. Ogni 10 *l* di acqua erogata da un acquedotto, solo 7 giungono a destinazione; il rimanente va disperso nelle condotte difettose e nei prelievi abusivi. Quanti litri di acqua vanno sprecati in un giorno, se l'acquedotto ne eroga 30 000 *l*? **[9 000 *l*]**

95. Con il serbatoio pieno per 3/5, un'auto riesce a percorrere 270 km. Quanti chilometri in più riuscirebbe a percorrere con il pieno? **[180 km]**

96. In un'industria tessile lavorano 60 operai per 40 ore settimanali. Se la settimana lavorativa venisse ridotta a 32 ore, quanti altri operai bisognerebbe assumere per mantenere la stessa produzione? **[15]**

97. Il contenuto di un serbatoio d'acqua viene travasato in 27 tanichette, e nel serbatoio rimangono 2/5 del volume iniziale. Quante altre taniche della stessa capacità si riempirebbero usando anche i 2/5 rimanenti? **[18]**

98. Un tipografo riesce a stampare 900 biglietti da visita in 20 minuti. Se fosse in grado di stamparne uno al secondo, ne produrrebbe di più o di meno in quei 20 minuti? Quanti di più o di meno? **[300 di più]**

99. Per pavimentare una strada 6 operai impiegano 48 ore. Se gli operai a disposizione fossero solo 4, quanto tempo in più impiegherebbero? **[24 ore]**

100. Marito e moglie hanno progettato di fare una vacanza di 20 giorni, e allo scopo hanno accantonato € 3 000; prima di partire devono però sostenere una spesa imprevista di € 1 200 che li costringe a ridurre i giorni di vacanza. Quanto tempo prima dovranno tornare a casa? **[8 giorni]**

101. La vendita dei 2/9 dei biglietti di una prima teatrale ha portato a un incasso parziale di € 2 500. Quale sarà l'incasso totale a teatro pieno? **[€ 11 250]**

102. In una sartoria si confezionano con una certa quantità di tessuto 60 abiti, per ciascuno dei quali occorrono 2,5 m di tessuto. Quanti abiti, per ciascuno dei quali occorrono 2 m di tessuto, si possono confezionare in più con la stessa quantità di tessuto? **[15]**

103. Per riempire i 2/3 di una vasca, un condotto impiega 26 minuti. Quanto impiegherà per riempirla tutta? **[39 minuti]**

104. Un automobilista consuma 33 litri di benzina per compiere i 3/7 di tutto un percorso. Se la benzina costa € 1,45 il litro, quanto gli verrà a costare tutto il viaggio? **[€ 111,65]**

105. Per una sagra del pesce, 50 *l* di olio sono sufficienti solo per i 2/5 delle fritture. Se un litro costa € 4, quanto si spenderà per tutte le fritture? **[€ 500]**

106. Un tessuto viene venduto a peso. Se per un peso di 3,6 kg si spendono € 25, quanto pesa un tessuto che è costato € 16? **[2,304 kg]**

107. In un ingranaggio due ruote dentate ruotano una sull'altra. Se la più grande ha 20 denti e fa 36 giri al minuto, quanti giri fa la più piccola che ha 15 denti? **[48]**

108. Con una forza di 60 newton si imprime su un corpo, la cui massa è 8 kg, una certa accelerazione. Quale forza è necessaria per imprimere la stessa accelerazione su un corpo la cui massa è 20 kg? **[150 newton]**

109. Spingendo un corpo con una forza di 21 newton, questo acquista un'accelerazione di 0,7 m/s^2. Quale forza, applicata allo stesso oggetto e nella stessa direzione, produrrà un'accelerazione di 1,2 m/s^2? [**36 newton**]

110. Per una crociera di 760 persone, sulla nave vengono imbarcati viveri per 18 giorni. A metà viaggio sbarcano 190 persone; per quanti giorni ancora basteranno i viveri? [**12**]

111. In un ingranaggio una ruota dentata ha 65 denti e compie 35 giri al minuto e l'altra ruota compie 25 giri al minuto. Quanti denti ha la seconda ruota? [**91**]

112. Per confezionare dei tendaggi occorrono 40 m di una tela alta 90 cm, ma si può usare anche una tela alta 120 cm. Sapendo che il primo tipo di tela costa € 5 al metro e il secondo € 7, stabilisci qual è la più conveniente e calcola il relativo risparmio. [**La prima; € 10**]

113. Mi sono impegnato a estinguere un debito in 15 rate da € 36 ciascuna. Se volessi estinguerlo in 12 rate, quale sarebbe il relativo importo di ciascuna? [**€ 45**]

114. Una certa quantità di fieno è sufficiente a nutrire 30 mucche per 6 mesi. Dopo 1 mese 5 mucche vengono vendute; per quanto tempo sarà sufficiente adesso la quantità di fieno rimasta? [**6 mesi**]

115. Una comitiva deve salire in cima a un edificio usando un ascensore capace di trasportare 12 persone alla volta. Se ci fosse un ascensore in grado di trasportare 15 persone, occorrerebbero 5 viaggi. Quanti viaggi sono invece necessari con l'elevatore disponibile? [**7**]

116. In un trattore le ruote anteriori hanno il diametro di 90 cm e quelle posteriori di 120 cm. Se per compiere un certo percorso le ruote posteriori fanno 225 giri, quanti ne fanno quelle anteriori? [**300**]

117. Un orologio ritarda 200 secondi ogni due giorni. Dopo quanto tempo il suo ritardo sarà di 1,5 ore? [**54 giorni**]

118. Una pendola ritarda di 1 minuto e mezzo ogni 12 ore. Quale sarà il suo ritardo dopo una settimana? [**21 minuti**]

Avrai certamente imparato che la temperatura si misura con il termometro e che esistono tre diverse scale termometriche: scala Celsius (°C), *scala Réaumur* (°R) *e scala Fahrenheit* (°F). *Per passare da una scala all'altra si usano le seguenti proporzioni:*

$$°C : °R = 100° : 80°;$$
$$(°F - 32°) : °C = 180° : 100°;$$
$$(°F - 32°) : °R = 180° : 80°.$$

Tenendo presenti tali proporzioni risolvi i seguenti esercizi.

119. Completa la tabella:

Temperatura in °C	Temperatura in °R	Temperatura in °F
	32	
150		
		158

120. Completa la tabella:

Temperatura in °C	Temperatura in °R	Temperatura in °F
360		
	24	
		270

121. Su un termometro graduato secondo la scala Celsius, si legge una temperatura di 33 °C. A quanti gradi Réaumur e a quanti Fahrenheit equivalgono? **[26,4 °R; 91,4 °F]**

122. Misuro una temperatura con un termometro a scala Réaumur e leggo 180 °R. A quanti gradi Celsius e a quanti gradi Fahrenheit equivalgono? **[225 °C; 437 °F]**

123. Una temperatura misurata con un termometro a scala Fahrenheit è di 86 °F. A quanti gradi Celsius e a quanti gradi Réaumur equivalgono? **[30 °C; 24 °R]**

124. L'alcol metilico (la cui formula chimica è CH_3OH) è un alcol il cui punto di ebollizione è 52 °R. Trova il punto di ebollizione corrispondente in gradi Celsius e in gradi Fahrenheit.

125. Il punto di ebollizione di una miscela liquida è 288 °C. Trova il punto di ebollizione corrispondente in gradi Réaumur e gradi Fahrenheit.

126. Il punto di fusione di una lega di metalli corrisponde a 250 °C. Trova il punto di fusione corrispondente in gradi Réaumur e in gradi Fahrenheit.

127. Il ferro fonde a 1 224 °R. Trova il punto di fusione corrispondente in gradi Celsius e in gradi Fahrenheit.

128. Una miscela di due liquidi bolle a 120 °C. Trova il punto di ebollizione corrispondente in gradi Réaumur e in gradi Fahrenheit.

129. In una caldaia in cui la pressione ha un valore superiore a 15 atmosfere l'acqua bolle a 195 °C. Trova il punto di ebollizione corrispondente in gradi Réaumur e in gradi Fahrenheit.

Osserva il valore in euro di alcune valute estere il 21/7/2008 e risolvi i problemi proposti.

Valuta	Valore
Dollaro USA	0,63
Dollaro canadese	0,62
Rublo russo	0,03
Sterlina inglese	1,26
Franco svizzero	0,62
Corona danese	0,13
Corona norvegese	0,12

130. Quanti dollari canadesi si ricevevano cambiando € 83,75?

131. Quante corone danesi si ottenevano cambiando € 1 500?

132. Quanti franchi svizzeri si ottenevano cambiando € 22,75?

133. Quanti euro si ottenevano cambiando 25 sterline inglesi e 300 rubli russi?

134. Quanti rubli russi si ricevevano cambiando € 15,50?

135. Quanti franchi svizzeri si ottenevano cambiando € 234? E quanti dollari USA?

136. Quanto si riceveva in euro cambiando 700 dollari canadesi e 230 dollari USA?

137. Cambiando 400 sterline inglesi in euro quanti se ne ricevevano?

138. Quanto si riceveva in euro cambiando 1 200 corone danesi?

139. A quanti franchi svizzeri corrispondeva un dollaro canadese?

140. A quante corone danesi corrispondeva una sterlina inglese?

141. Cambiando 200 sterline inglesi e 195 corone danesi in euro quanto si otteneva?

Procurati da un giornale o presso una banca il valore aggiornato dei cambi e completa le seguenti tabelle.

142.

€	Dollaro USA	Yen	Dollaro australiano
310			
	180		
		110	
			320

143.

€	Dollaro USA	Yen	Dollaro australiano
3 600			
	1 800		
		1 900	
			700

144.

€	Dollaro USA	Yen	Dollaro australiano
150			
	320		
		90	
			115

145.

€	Dollaro USA	Yen	Dollaro australiano
2 500			
	330		
		460	
			980

PROBLEMI DI RIPARTIZIONE SEMPLICE

Esegui la ripartizione diretta di ciascun numero secondo il gruppo di numeri scritto a fianco.

146. 210 secondo 3 e 4 **[90; 120]**

147. 416 secondo 6 e 7 **[192; 224]**

148. 420 secondo 8 e 2 **[336; 84]**

149. 243 secondo 6 e 3 **[162; 81]**

150. 847 secondo 5 e 6 **[385; 462]**

151. 900 secondo 7 e 8 **[420; 480]**

152. ✲ 600 secondo $\frac{1}{2}$ e $\frac{3}{4}$ **[240; 360]**

153. ✲ 720 secondo $\frac{2}{3}$ e $\frac{10}{9}$ **[270; 450]**

154. ✲ 840 secondo $\frac{2}{5}$ e $\frac{3}{10}$ **[480; 360]**

155. ✲ 620 secondo $\frac{5}{7}$ e $\frac{3}{2}$ **[200; 420]**

156. ✲ 240 secondo 4, 1 e 5 **[96; 24; 120]**

157. ✲ 220 secondo 5, 4 e 2 **[100; 80; 40]**

158. ✲ 360 secondo 2, 3 e 4 **[80; 120; 160]**

159. ✲ 1 140 secondo 7, 4 e 9 **[399; 228; 513]**

160. ✲ 1 400 secondo 5, 3 e 2 **[700; 420; 280]**

161. ✲ 2 376 secondo 3, 7 e 2 **[594; 1 386; 396]**

162. ✲ 3 640 secondo 3, 4 e 6 **[840; 1 120; 1 680]**

163. ✲✲ 22 185 secondo 12, 9 e 8 **[9 180; 6 885; 6 120]**

164. ✲ 2 033 secondo $\frac{1}{2}$, $\frac{3}{4}$ e $\frac{1}{3}$ **[642; 963; 428]**

165. ✲ 2 145 secondo $\frac{2}{3}$, $\frac{1}{2}$ e $\frac{4}{3}$ **[572; 429; 1 144]**

166. ✲ 5 984 secondo $\frac{3}{5}$, 2 e $\frac{1}{3}$ **[1 224; 4 080; 680]**

167. ✲✲ 8 060 secondo $\frac{2}{3}$, 3 e $\frac{3}{2}$ **[1 040; 4 680; 2 340]**

168. ✲✲ 7 396 secondo $\frac{2}{3}$, $\frac{3}{5}$ e $\frac{1}{6}$ **[3 440; 3 096; 860]**

169. 3 886 secondo $\frac{1}{5}$, 5 e $\frac{3}{2}$ [**116; 2 900; 870**]

170. 5 320 secondo $\frac{5}{4}$, 3 e $\frac{1}{2}$ [**1 400; 3 360; 560**]

171. 8 385 secondo $\frac{1}{2}$, $\frac{1}{3}$ e $\frac{1}{4}$ [**3 870; 2 580; 1 935**]

172. 9 576 secondo $\frac{1}{3}$, $\frac{2}{5}$ e $\frac{2}{3}$ [**2 280; 2 736; 4 560**]

173. 19 980 secondo $\frac{2}{3}$, 3 e $\frac{5}{2}$ [**2 160; 9 720; 8 100**]

174. 5 538 secondo 0,2, 0,4 e 0,6 [**923; 1 846; 2 769**]

175. 1 840 secondo 0,5, $0,\overline{6}$ e 0,75 [**480; 640; 720**]

176. 38 700 secondo 0,6, $0,\overline{6}$, e $0,1\overline{6}$ [**16 200; 18 000; 4 500**]

177. 26 190 secondo 0,5, 1,75 e 1,5 [**3 492; 12 222; 10 476**]

178. 1 850 secondo 0,25, $1,\overline{3}$, e 1,5 [**150; 800; 900**]

179. 2 310 secondo $1,\overline{3}$, 0,4 e $0,8\overline{3}$ [**1 200; 360; 750**]

180. 3 680 secondo 1, $0,\overline{3}$ e 0,2 [**2 400; 800; 480**]

181. 12 840 secondo $0,\overline{6}$, $\frac{9}{8}$ e $2,\overline{6}$ [**1 920; 3 240; 7 680**]

182. 4 050 secondo $0,\overline{3}$, 0,25 e $0,1\overline{6}$ [**1 800; 1 350; 900**]

183. 9 534 secondo $1,\overline{3}$, 1,25 e 1,2 [**3 360; 3 150; 3 024**]

Esegui la ripartizione inversa di ciascun numero secondo il gruppo di numeri scritto a fianco.

184. 1 659 secondo 5 e 2 [**474; 1 185**]

185. 4 449 secondo 4 e 2 [**1 483; 2 966**]

186. 5 040 secondo 6 e 9 [**3 024; 2 016**]

187. 1 881 secondo 7 e 4 [**684; 1 197**]

188. 1 860 secondo 2, 3 e 5 [**900; 600; 360**]

189. 4 320 secondo 3, 6 e 8 [**2 304; 1 152; 864**]

190. 4 512 secondo 1, 5 e 7 [**3 360; 672; 480**]

191. 3 190 secondo 5, 7 e 14 [**1 540; 1 100; 550**]

192. 1 224 secondo 3, 4 e 8 [**576; 432; 216**]

193. 2 100 secondo 9, 12 e 27 [**1 008; 756; 336**]

194. 3 720 secondo 4, 7 e 12 [**1 953; 1 116; 651**]

195. 6 110 secondo 3, 4 e 5 [**2 600; 1 950; 1 560**]

196. 1 144 secondo 12, 4 e 3 [**143; 429; 572**]

197. 13 275 secondo 5, 6 e 8 [**5 400; 4 500; 3 375**]

198. 6 450 secondo 12, 16 e 30 [**3 000; 2 250; 1 200**]

199. 18 081 secondo 13, 5 e 10 [**3 690; 9 594; 4 797**]

200. 12 600 secondo $\frac{1}{5}$, $\frac{1}{3}$ e $\frac{1}{2}$ [**6 300; 3 780; 2 520**]

201. 18 297 secondo 2, $\frac{4}{3}$ e 3 [**5 778; 8 667; 3 852**]

202. 13 464 secondo $\frac{5}{3}$, $\frac{1}{2}$ e 3 [**2 754; 9 180; 1 530**]

203. 4 836 secondo $\frac{3}{2}$, $\frac{1}{3}$ e $\frac{2}{3}$ [**624; 2 808; 1 404**]

204. 11 172 secondo $\frac{4}{5}$, $\frac{1}{3}$ e 2
[2 940; 7 056; 1 176]

205. 14 688 secondo $\frac{4}{3}$, $\frac{9}{5}$ e $\frac{12}{7}$
[5 832; 4 320; 4 536]

206. 44 500 secondo 6, 4 e $\frac{18}{5}$
[10 680; 16 020; 17 800]

207. 13 170 secondo $\frac{5}{18}$, $\frac{1}{24}$ e $\frac{3}{5}$
[1 620; 10 800; 750]

208. 5 780 secondo $\frac{1}{5}$, $\frac{1}{11}$ e $\frac{1}{18}$
[850; 1 870; 3 060]

209. 2 030 secondo $\frac{1}{3}$, $\frac{2}{3}$ e 3
[1 260; 630; 140]

210. 17 250 secondo $\frac{3}{2}$, $\frac{4}{3}$ e 2
[6 000; 6 750; 4 500]

211. 4 500 secondo 1, $\frac{2}{3}$ e $\frac{3}{5}$
[1 080; 1 620; 1 800]

212. 9 900 secondo 5, $\frac{4}{3}$ e $\frac{10}{7}$
[1 200; 4 500; 4 200]

213. 5 980 secondo $\frac{2}{5}$, 1 e $\frac{1}{3}$
[2 300; 920; 2 760]

214. 4 165 secondo $\frac{1}{4}$, $\frac{5}{6}$ e $\frac{3}{4}$
[2550; 765; 850]

Risolvi i seguenti problemi di ripartizione semplice.

215. Un tragitto a tappe lungo 2 800 km va suddiviso in tre parti direttamente proporzionali ai numeri 7, 4 e 3. Calcola la lunghezza di ciascuna tappa.
[1 400 km; 800 km; 600 km]

216. Un'eredità di € 11 610 deve essere suddivisa fra tre nipoti in modo direttamente proporzionale alla loro età.
Sapendo che i nipoti hanno 12, 15 e 18 anni, quanto spetta a ciascuno?
[€ 3 096; € 3 870; € 4 644]

217. Il resto del conto di una cena al ristorante va diviso in maniera direttamente proporzionale ai soldi sborsati da ciascuno. Luigi ha dato € 20, Luca e Maria hanno dato € 25 ciascuno.
Quanto spetta di resto a ciascuno dei tre, se il conto è di € 66,5? **[€ 1; € 1,25; ...]**

218. Un segmento lungo 1 210 cm va diviso in due parti inversamente proporzionali ai numeri 2/3 e 4/5. Calcola la misura delle due parti. **[660 cm; 550 cm]**

219. Un angolo retto viene diviso in quattro parti inversamente proporzionali ai numeri 3/5, 5/4, 3/2 e 5. Calcola l'ampiezza di ciascuna parte. **[45°; 21°36'; 18°; 5°24']**

220. Un angolo piatto va diviso in quattro parti inversamente proporzionali ai numeri 1/5, 1/4, 1/2 e 1. Calcola l'ampiezza di ciascuna parte.
[75°; 60°; 30°; 15°]

221. Un grosso sacco contenente 418 kg di farina va suddiviso in tre sacchi più piccoli in modo che il peso di ciascuno sia direttamente proporzionale ai numeri 6, 7 e 9. Quanto pesa ogni sacco? **[114 kg; 133 kg; 171 kg]**

222. In un triangolo l'ampiezza di ciascun angolo è inversamente proporzionale ai numeri 6, 3 e 4. Calcola le tre ampiezze.
[40°; 80°; 60°]

223. Il perimetro di un quadrilatero irregolare è 861 cm. Sapendo che ciascun lato è direttamente proporzionale ai numeri 8, 9, 11 e 13, calcola la lunghezza di ogni lato.
[168 cm; 189 cm; 231 cm; 273 cm]

224. In un pentagono l'ampiezza di ciascun angolo è inversamente proporzionale ai numeri 1/2, 1/3, 1/5, 1/7 e 1. Calcola le cinque ampiezze. **[60°; 90°; 150°; 210°; 30°]**

225. In un triangolo rettangolo l'ampiezza di ciascun angolo acuto è direttamente proporzionale ai numeri 7 e 11; calcola la loro ampiezza.
[35°; 55°]

226. Il perimetro di un quadrilatero è 120 cm e le misure dei suoi lati sono direttamente proporzionali ai numeri 2, 2/3, 4/3 e 3. Calcola la lunghezza approssimativa di ciascun lato.
[**34,28 cm; 11,43 cm; 22,86 cm; 51,43 cm**]

227. Tre fratelli devono dividersi in parti inversamente proporzionali alla loro età una vincita di € 24 000. Sapendo che hanno rispettivamente 30, 20 e 18 anni, calcola quanto prende ciascun fratello.
[**€ 5 760; € 8 640; € 9 600**]

228. Per una giocata al lotto tre amici contribuiscono rispettivamente con € 3, € 4 ed € 5. Grazie a quella giocata i tre amici vincono € 432. Quanto spetta a ciascun amico?
[**€ 108; € 144; € 180**]

229. Un ponte che collega tre fattorie viene sistemato con una spesa di € 19 500 da suddividere in parti inversamente proporzionali alle distanze delle fattorie dal ponte. Sapendo che queste distanze sono rispettivamente 4 km, 3 km e 2 km, qual è la spesa sostenuta da ciascun fattore?
[**€ 4 500; € 6 000; € 9 000**]

230. Per preparare della marmellata, lo zucchero deve essere suddiviso in quattro contenitori in base alla loro capacità. Se lo zucchero da utilizzare pesa 340 g e i quattro contenitori hanno una capacità rispettivamente di 120 g, 160 g, 180 g e 220 g, quanto zucchero va in ogni contenitore?
[**60 g; 80 g; 90 g; 110 g**]

231. Per la ristrutturazione della facciata un condominio spende € 4 116 e la spesa viene suddivisa fra le tre famiglie che vi abitano in base alla metratura delle rispettive case. Se la casa della prima famiglia ha una metratura di 95 m^2, quella della seconda di 120 m^2 e quella della terza di 128 m^2, quanto deve pagare ciascuna famiglia?
[**€ 1 140; € 1 440; € 1 536**]

232. Per la costruzione di una strada che serve quattro paesi si sostiene una spesa di € 47 376 che va suddivisa in ragione diretta alla distanza di ogni paese dalla città principale. Se il primo dista 7 km, il secondo 11 km, il terzo 14 km e il quarto 16 km, quanto spende ciascun paese?
[**€ 6 909; € 10 857; € 13 818; € 15 792**]

233. Il sindaco di una città decide di stanziare € 20 677 da suddividere fra cinque scuole in modo direttamente proporzionale al numero di iscritti. Quanto spetta a ogni scuola se la prima ha 145 iscritti, la seconda ne ha 168, la terza 180, la quarta 194 e la quinta 212?
[**€ 3 335; € 3 864; € 4 140; € 4 462; € 4 876**]

234. Un condominio riceve un risarcimento da un'assicurazione pari a € 13 600. La somma viene suddivisa fra le quattro famiglie che vi abitano in ragione diretta al numero di componenti del nucleo familiare. Se la prima è formata da 3 persone, la seconda da 5, la terza da 6 e la quarta da 2, quanto spetta a ogni famiglia?
[**€ 2 550; € 4 250; € 5 100; € 1 700**]

235. I tre vincitori di un gioco devono suddividersi la somma di € 15 540 in ragione diretta al numero di gare vinte. Se il primo ne ha vinto 6, il secondo 7 e il terzo 8, quanto spetta a ciascun vincitore?
[**€ 4 440; € 5 180; € 5 920**]

236. Per la ristrutturazione di un marciapiede quattro negozi si suddividono la spesa di € 10 296 in ragione diretta alla metratura dei negozi. Se il primo ha una metratura di 112 m^2, il secondo di 130 m^2, il terzo di 150 m^2 e il quarto di 180 m^2, quanto pagherà ciascun negozio?
[**€ 2 016; € 2 340; € 2 700; € 3 240**]

237. Le spese condominiali per tre appartamenti sono in totale € 1 260. Se esse sono proporzionali alla superficie e se il primo appartamento, di 110 m^2, paga € 400, qual è la superficie totale dei tre appartamenti?
[**346,5 m^2**]

238. Tre sorelle devono dividersi un terreno di 12 880 m^2 in ragione diretta alla loro età. Se la prima ha 27 anni, la seconda 31 e la terza 34, quanto spetta a ogni sorella?
[**3 780 m^2; 4 340 m^2; 4 760 m^2**]

239. Di tutti i partecipanti a una gara ciclistica vengono premiati i primi tre arrivati in ragione inversa al tempo impiegato a compiere tutto il percorso. Il premio da dividere è € 6 360 e i primi tre hanno impiegato rispettivamente 90 minuti, 70 minuti e 60 minuti. Quanto vince ciascuno?

[**€ 1 680; € 2 160; € 2 520**]

240. Un'azienda vuole assegnare un premio produzione ai propri tre venditori in ragione diretta alle quote di prodotto che essi sono riusciti a piazzare.
Il primo ha venduto il 25% dello stock di un anno, il secondo il 45%, il terzo il 30%. Il premio ammonta complessivamente a € 25 000. Quanto spetta al primo venditore, quanto in più (o in meno) al secondo e quanto in più (o in meno), rispetto al primo, al terzo venditore?

[**€ 6 250; € 5 000; € 1 250**]

241. Un'autostrada che attraversa la Lombardia e il Piemonte costa € 7 per il tratto dal casello iniziale al casello finale.
Tre automobilisti la percorrono per tratti lunghi rispettivamente 120 km, 34 km e 36 km, che sommati danno l'intera lunghezza dell'autostrada. Quanto pagherà di pedaggio ciascuno dei tre automobilisti?

[**€ 4,42; € 1,25; € 1,33**]

242. Il reparto commerciale, quello direzionale e quello contabile di un'azienda decidono di raccogliere € 714 per fare un regalo a un collega. Se il reparto commerciale è formato da 8 persone, quello direzionale da 6 persone e quello contabile da 3 e ognuno decide di mettere la stessa somma, quanto spenderà ciascun reparto? [**€ 336; € 252; € 126**]

243. Per il trasporto di una certa quantità di merce si affittano tre furgoni della portata rispettivamente di 55 q, 60 q e 95 q, per una spesa complessiva di € 4 725. Quanto spetta al proprietario di ogni furgone se tale cifra viene ripartita in ragione alla portata di ogni mezzo?

[**€ 1 237,50; € 1 350; € 2 137,50**]

244. A quattro genitori viene assegnato un rimborso spese di € 4 375 da ripartire in base ai figli a carico. Se essi hanno rispettivamente 2, 1, 4 e 3 figli, quanto spetta a ciascun genitore?

[**€ 875; € 437,50; € 1 750; € 1 312,50**]

245. I quattro condomini di uno stabile dividono le spese di riscaldamento del mese di gennaio in parti direttamente proporzionali al numero di radiatori uguali presenti in ogni appartamento che sono rispettivamente 9, 12, 14 e 8. Se la spesa totale è di € 903, qual è la spesa di ciascun condomino?

[**€ 189; € 252; € 294; € 168**]

PROBLEMI DI ECONOMIA

246. Quattro soci partecipano a un'impresa, investendo rispettivamente € 3 200, € 1 400, € 2 200 e € 2 300. A fine anno registrano un utile di € 15 000.
Come va suddiviso tale importo?

[**€ 5 274,73; € 2 307,69;**
€ 3 626,37; € 3 791,21]

247. Quattro soci versano come quota di partecipazione a una società una stessa cifra. I primi due entrano in società il 1° gennaio, il terzo il 1° luglio e il quarto il 1° ottobre. A fine anno l'utile della società è di € 17 820. Quanto spetta a ciascun socio?

[**€ 6 480; € 6 480; € 3 240; € 1 620**]

248. Tre soci hanno costituito una società con una quota di partecipazione uguale. Il primo socio è stato in società per 3 anni, il secondo per 4 anni e il terzo per 3 anni e 6 mesi. Dovendo ripartire un utile di € 60 750, quanto prende ciascun socio?

[**€ 17 357,14; € 23 142,86; € 20 250**]

249. Tre persone costituiscono una società il cui capitale ammonta a € 126 000. Se dopo 6 mesi hanno rispettivamente un utile di € 5 000, € 4 200, € 2 800, quali sono state le quote di partecipazione di ciascuno al momento della costituzione della società?

[**€ 52 500; € 44 100; € 29 400**]

250. Due soci hanno costituito una società versando € 8 000 ciascuno. Dopo 3 anni entrano a far parte della società altre due persone con la stessa quota e dopo 4 anni ancora la società si scioglie. Quale utile avrà ciascun socio se complessivamente si ha un guadagno di € 65 000?

[**€ 20 681,82; € 11 818,18; € ...**]

Esercizi per verificare...

... ciò che SAI FARE

Con i problemi che seguono metti alla prova ciò che sai fare, cioè la tua capacità di risolvere problemi riguardanti la proporzionalità.

La percentuale

1. Lucia compra una gonna in saldo al prezzo di € 81,60. Sapendo che inizialmente l'articolo costava € 96, quale percentuale di sconto è stata applicata? [**15%**]

2. In un campeggio sono presenti 120 persone e il 15% di queste supera l'età di 45 anni. Quanti sono i presenti che non superano tale età? [**102**]

3. Il peso lordo del cassone di un camion contenente frutta è di 545 kg. Se il cassone pesa il 15% del peso totale, quanto si ricava vendendo la frutta a € 1,60 al chilogrammo? [**€ 741,20**]

4. Per comprare una casa i signori Marini spendono € 210 000 incluso il 3% di commissione dell'agenzia. Qual è il costo della casa? [**€ 203 883,50**]

5. Da un sondaggio risulta che il 15% degli iscritti a una facoltà universitaria è straniero. Se tale percentuale corrisponde a 81 iscritti, quante persone sono iscritte a quella facoltà? [**540**]

6. Per partecipare a un corso avanzato di informatica si sono presentate 160 persone e di queste solo 52 sono state giudicate idonee. Qual è la percentuale di coloro che sono stati respinti? [**67,5%**]

7. In un paese le persone che portano gli occhiali sono 2 202, pari al 24% dell'intera popolazione. Calcola il numero degli abitanti del paese e di quelli che non portano gli occhiali. [**9 175; 6 973**]

8. Dallo stipendio mensile, il signor Paolo detrae mensilmente il 15% per saldare un debito, restando così con € 850. Qual è il suo stipendio annuo effettivo? [**€ 12 000**]

9. Alla fine di un lavoro un operaio percepisce € 1 830. Sapendo che il 36% di quella cifra coprirà il costo dei materiali, quanto ha guadagnato effettivamente l'operaio? [**€ 1 171,20**]

10. La signora Lina ha comprato degli elettrodomestici per un valore di € 2 350 e paga subito il 55% del valore. Se decide di pagare la cifra restante in 6 rate, a quanto ammonta ciascuna rata? [**€ 176,25**]

11. Paolo ha nel salvadanaio 300 monete di cui 30 sono da € 2, 45 da € 1 e il resto da € 0,50. Calcola le percentuali dei tre tipi di monete e rappresentale con un areogramma. [**10%; 15%; 75%**]

12. L'eredità del nonno viene suddivisa fra i tre nipoti in modo tale che il primo prenda il 28%, il secondo il 35% e il terzo la parte rimanente, cioè € 7 030. Qual è l'ammontare di tutta l'eredità? [**€ 19 000**]

13. In un decennio la popolazione di un paese è passata da 11 700 abitanti a 10 764. Esprimi in percentuale il calo di popolazione verificatosi. [**8%**]

14. Una ditta, in seguito a un fallimento, paga i creditori in misura del 36% dei loro crediti. Se un fornitore di quella ditta percepisce € 21 026, a quanto ammonta effettivamente il suo credito? [**€ 58 405,56**]

15. Un commerciante acquista 30 maglioni a € 38 ciascuno, 24 pantaloni a € 30 ciascuno, 16 gonne a € 22,50 ciascuna e 10 camicie a € 25 ciascuna. Se complessivamente con l'aggiunta dell'IVA ha pagato € 2 642,90, qual è la percentuale di IVA pagata? [**7%**]

16. Da un'inchiesta sugli sport più praticati, svolta su 7 000 persone, risulta che:
- 1 050 praticano il calcio,
- 1 750 praticano il tennis,
- 2 800 praticano il nuoto,
- il resto pratica la pallavolo.

Calcola le percentuali relative ai vari sport e rappresentale con un areogramma. [**15%; 25%; 40%; 20%**]

17. Un gruppo di 800 persone è stato suddiviso per fasce di età e il seguente areogramma ne rappresenta le percentuali. Calcola il numero di persone che fa parte di ciascuna fascia di età.

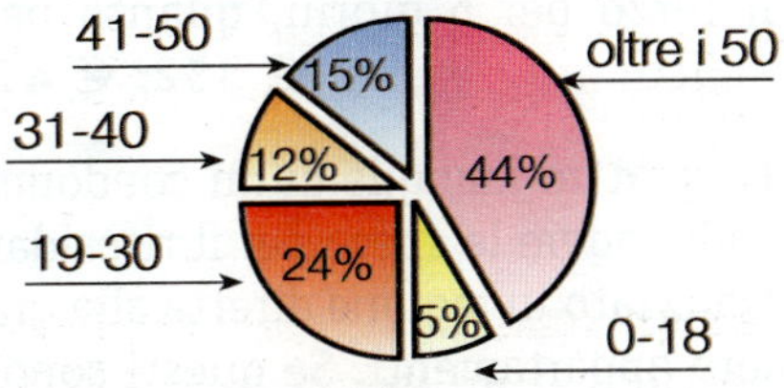

Problemi del tre semplice

18. Con una certa quantità di vino si imbottigliano 820 bottiglie dalla capacità di 0,75 *l* ciascuna. Quante bottiglie della capacità di 3 *l* ciascuna si possono imbottigliare? [**205**]

19. Una molla, alla quale è stato applicato un peso di 16 kg, si allunga di 64 cm. Di quanto si allungherebbe la stessa molla se vi fosse stato applicato un peso di 40 kg? [**160 cm**]

20. Un automobilista per fare un certo percorso impiega 6 ore alla velocità media di 105 km/h. Se al ritorno fa lo stesso percorso in 7 ore, quale velocità media ha mantenuto? [**90 km/h**]

21. Per confezionare del materiale si utilizzano 14 scatole che possono contenere fino a 12 kg. Quante scatole si utilizzerebbero se ciascuna avesse una capacità di 21 kg? [**8**]

22. Per dipingere 15 quadri sono stati utilizzati 6 kg di tempere. Quanti chilogrammi di tempere occorrono per dipingere 8/5 dei quadri precedenti? [**9,6 kg**]

23. Una certa quantità di merce è stata venduta in due volte. La prima volta, su un ricavo di € 41,25, si è fatto un guadagno di € 15,75, la seconda volta si sono ricavati € 57,75. Qual è stato il guadagno complessivo? [**€ 37,80**]

24. Una squadra di 6 muratori finisce un lavoro in 8 giorni. Quanti giorni avrebbe impiegato la squadra se 2 muratori non si fossero presentati al lavoro? [**12**]

25. Un ristorante prevede per i giorni successivi un afflusso di 120 persone e fa scorta di acqua per 5 giorni. Se i clienti sono 1/4 in più del previsto, per quanti giorni basterà l'acqua? [**4**]

26. Il signor Diego ha impiegato 2 ore per andare al mare, alla velocità di 100 km/h. Al ritorno, per lavori in corso, è stato costretto a ridurre la velocità media del 20%. Quanto ha impiegato per tornare? [**2 ore e 30 minuti**]

27. Per confezionare un abito devo comprare 5,2 m di stoffa alta 90 cm a € 16 al metro, oppure lo stesso tipo di stoffa alta 1,3 m che costa € 21 al metro. Quale dei due acquisti è il più conveniente? E quanto risparmierò? [**Il secondo; € 7,6**]

28. A una certa ora del giorno un albero proietta un'ombra di 4,14 m. Antonio, alto 1,70 m, alla stessa ora si è posto a fianco dell'albero e ha misurato la sua ombra, che è lunga 2,3 m. Quanto è alto l'albero? [**3,06 m**]

29. Una ditta di traslochi con 8 persone impiega 6 giorni per finire metà del lavoro. Se vengono assunte altre 4 persone, quanti giorni si impiegheranno per finire i lavori? [**4**]

30. La signora Rita vuole alberare il viale che conduce a casa sua. Se gli alberi vengono piantati alla distanza di 6 m l'uno dall'altro ne occorrono 33; quanti ne occorrerebbero piantandoli alla distanza di 2 m l'uno dall'altro? [**99**]

31. Per dipingere 2 pareti si decide di usare la stessa pittura; per la prima parete, di 24 m^2, vengono utilizzati 6 kg di pittura e per la seconda ne vengono usati 4 kg. Quanto è ampia la seconda parete? [**16 m^2**]

Problemi di ripartizione

32. La nonna di Luisa deve tagliare un nastro lungo 336 cm in parti direttamente proporzionali ai numeri 4, 5 e 7. Quanto sarà lunga ciascuna parte? [**84 cm; 105 cm; 147 cm**]

33. Il perimetro di un giardino a forma di triangolo misura 69,6 cm. Quanto misurano rispettivamente i tre lati del giardino se sono inversamente proporzionali ai numeri 1/12, 1/9 e 1/8? [**28,8 cm; 21,6 cm; 19,2 cm**]

34. Per la ristrutturazione di un negozio i tre soci spendono € 36 000 e decidono di suddividere le spese in base alle rispettive quote della società. Se il primo socio ha il 25%, il secondo il 35% e il terzo il 40%, quanto pagherà ciascun socio?
[**€ 9 000; € 12 600; € 14 400**]

35. Un'aiuola, dalla perfetta forma semicircolare, viene suddivisa in quattro spicchi ciascuno inversamente proporzionale ai numeri 3/5, 5/4, 3/2 e 5. Quale sarà l'ampiezza dell'angolo di ogni spicchio?
[**90°; 43°12'; 36°; 10°48'**]

36. Per la ristrutturazione di uno stadio, i tre paesi interessati decidono di dividere la spesa in parti inversamente proporzionali alla distanza di ciascuno di essi dallo stadio. Se la spesa complessiva è di € 19 500 e la distanza dei tre paesi è rispettivamente di 8 km, 6 km e 4 km, quanto sarà la quota di ogni paese? [**€ 4 500; € 6 000; € 9 000**]

37. Un'azienda decide di dare ai suoi quattro impiegati una gratifica di € 7 725 da dividere in parti inversamente proporzionali ai giorni di assenza da loro fatti durante tutto l'anno. Se sono stati assenti rispettivamente per 12, 8, 3 e 2 giorni, quanto spetterà a ciascun impiegato?
[**€ 618; € 927; € 2 472; € 3 708**]

38. Aldo, Andrea e Giorgio ricevono dal nonno un regalo di € 74 da dividere in parti inversamente proporzionali alle loro età. Se i tre nipoti hanno rispettivamente 12, 10 e 8 anni, quanti euro spetteranno a ciascuno di loro? [**€ 20; € 24; € 30**]

39. Il guadagno annuo di una data azienda ammonta a € 480 000 e deve essere suddiviso fra i tre soci in ragione diretta ai mesi di lavoro nell'azienda. Se il primo vi lavora da 29 mesi, il secondo da 32 e il terzo da 35, quanto spetta a ogni socio?
[**€ 145 000; € 160 000; € 175 000**]

40. Tre amici affittano un'auto per un mese pagando € 960 e decidono di dividere la spesa in ragione diretta al numero di giorni di utilizzo del mezzo. Se il primo ha usato l'auto per 11 giorni, il secondo per 13 giorni e il terzo per 6 giorni, quanto paga ciascun amico? [**€ 352; € 416; € 192**]

41. Le quattro famiglie di un condominio devono suddividere le spese per il riscaldamento centralizzato in ragione diretta alla grandezza dei loro appartamenti. Se questi sono rispettivamente di 80, 100, 120 e 130 m^2, come verrà distribuita la spesa complessiva di € 6 000?
[**€ 1 116,28; € 1 395,35; € 1 674,42; € 1 813,95**]

42. Il premio per una gara di corsa ciclistica è di € 1 800 e verrà suddiviso fra i primi tre classificati in parti inversamente proporzionali ai tempi di corsa realizzati. Se i primi tre hanno realizzato rispettivamente 40 minuti, 48 minuti e 60 minuti, quanto riceverà ciascuno di loro? [**€ 720; € 600; € 480**]

43. Una squadra di quattro imbianchini percepisce per il lavoro svolto € 6 035. Sapendo che il primo imbianchino ha lavorato 15 giorni, il secondo 16, il terzo 19 e il quarto 21, quanto percepisce ciascuno di essi?
[**€ 1 275; € 1 360; € 1 615; € 1 785**]

Problemi di economia

44. Tre soci hanno versato alla fondazione della società rispettivamente € 34 000, € 36 000 e € 50 000. Come sarà ripartito l'utile del primo anno, cioè la somma di € 19 560?
[**€ 5 542; € 5 868; € 8 150**]

45. Tre amiche aprono un negozio costituendo una società alla quale partecipano rispettivamente con € 14 000, € 18 000 e € 20 000. Se dopo un certo periodo hanno un utile di € 39 000, quanti euro spetteranno a ciascuna? [**€ 10 500; € 13 500; € 15 000**]

46. Per una certa operazione commerciale, tre soci impiegano un capitale complessivo di € 30 380. Dopo un certo periodo, suddividendo gli utili, il primo socio riceve € 16 120, il secondo i 15/13 del primo e il terzo i 7/5 del secondo. Quale capitale aveva investito ciascun socio? [**€ 8 060; € 9 300; € 13 020**]

mi autovaluto

Mettiti alla prova eseguendo quanto richiesto.
Verifica i risultati alla fine del volume
e prendi nota di quanti errori hai fatto.
Completa poi la tua autovalutazione.

1 Segna il completamento esatto.
I problemi del tre semplice diretto riguardano due grandezze:
a) inversamente proporzionali, di cui si conoscono due valori di una e un solo valore dell'altra; ☐
b) di cui si conoscono i rispettivi valori; ☐
c) direttamente proporzionali, di cui si conoscono due valori di una e un solo valore dell'altra. ☐

2 Segna il completamento esatto.
Risolvere un problema del tre semplice inverso significa che, dati due valori di una grandezza:
a) inversamente proporzionale a un'altra, bisogna trovare i corrispondenti valori di quest'ultima; ☐
b) direttamente proporzionale a un'altra e un corrispondente valore della seconda, bisogna trovare il quarto valore incognito; ☐
c) inversamente proporzionale a un'altra e un corrispondente valore della seconda, bisogna trovare il quarto valore incognito. ☐

3 Segna i completamenti esatti.
a) Il 15% di 1 200 è:
180 ☐ 80 ☐ 50 ☐
b) La percentuale che applicata su 400 dà 30 è:
3% ☐ 30% ☐ 7,5% ☐
c) Il numero il cui 24% è 60 è:
144 ☐ 250 ☐ 25 ☐

Risolvi i seguenti problemi.

4 Ieri il proprietario di un'edicola ha venduto 84 copie di un quotidiano con un ricavo di € 64,68.
Quanto ricaverà oggi se ha venduto 94 copie?

5 Per piantumare un'area verde 3 giardinieri hanno impiegato 30 giorni.
Quanti giorni avrebbero impiegato 8 giardinieri per portare a termine quel lavoro con le stesse modalità?

6 Alberto, Carlo e Matteo, giocando a un videogame, hanno totalizzato complessivamente 1 280 punti.
Se ciascuno di essi ha conseguito un punteggio direttamente proporzionale ai numeri 4, 5 e 7, quanto ha totalizzato ognuno?

7 Una collezione di 880 gioielli deve essere suddivisa fra tre collezionisti in parti inversamente proporzionali ai numeri 2, 4 e 6.
Quanti gioielli riceverà ciascun collezionista?

8 L'utile di una società, alla fine dell'anno, ammonta a € 30 990.
Quanto utile spetta a ciascuno dei quattro soci sapendo che hanno versato la stessa quota di partecipazione ma il primo e il secondo 18 mesi fa, il terzo e il quarto 12 mesi fa?

Su 17 risposte, ... sono esatte; penso quindi di * ....

....

* **Aver capito bene tutto** (posso andare avanti); **avere ancora qualche dubbio** (mi eserciterò ancora); **avere molte incertezze** (eseguirò gli esercizi di recupero).

Esercizi di recupero

Se hai ancora qualche difficoltà, segui gli esercizi svolti (quelli nei riquadri) e poi completa gli altri.

1 Calcolare il valore delle seguenti percentuali:
il 9% di 450; il 12% di 290; il 7% di 540.
Poiché la proporzione che ci permette di risolvere i problemi sulla percentuale è:

$$t : 100 = p : T$$

avremo:
- $9 : 100 = p : 450$ da cui: $p = (9 \cdot 450) : 100 = 4\,050 : 100 = 40{,}5$
- $12 : 100 = p : 290$ da cui: $p = (12 \cdot 290) : 100 = 3\,480 : 100 = 34{,}8$
- $7 : 100 = p : 540$ da cui: $p = (7 \cdot 540) : 100 = 3\,780 : 100 = 37{,}8$

2 Calcola il 5% di 760 m, il 3% di 470 kg e il 13% di € 48.
La proporzione che permette di risolvere i problemi sulla percentuale è $t : 100 = p : T$, quindi avremo:

a) 5 : .... = p : .... da cui:
p = (5 · ....) : .... = ... : .... = **38 m**

b) 3 : .... = p : .... da cui:
p = (3 · ....) : .... = ... : .... = **14,1 kg**

c) 13 : .... = p : .... da cui:
p = (13 · ....) : .... = ... : .... = **€** ....

Calcola il valore delle percentuali dei seguenti esercizi.

3 Il 7% di 900. [63]
Il 4% di 250. [10]

4 Il 9% di 300. [27]
Il 12% di 150. [18]

5 Il 6% di 150. [9]
Il 15% di 4 000. [600]

6 Il 15% di 3 400. [170]
Il 21% di 800. [168]

7 Calcolare quel numero:
- il cui 6% è 2 040;
- il cui 8% è 4 800.

Sempre per la proporzione $t : 100 = p : T$, avremo:
- $6 : 100 = 2\,040 : T$ da cui: $T = (2\,040 \cdot 100) : 6 = 204\,000 : 6 = 34\,000$
- $8 : 100 = 4\,800 : T$ da cui: $T = (4\,800 \cdot 100) : 8 = 480\,000 : 8 = 60\,000$

8 Calcola il numero:

a) il cui 7% è 1 050 → essendo t : .... = p : ...., avremo:
7 : .... = 1 050 : T
T = (.......... · 1 050) : .... = ... : .... = **15 000**

b) il cui 9% è 2 250 → essendo t : .... = p : ...., avremo:
9 : .... = 2 250 : T
T = (.......... · 2 250) : .... = ... : .... = **25 000**

c) il cui 12% è 4 440 → essendo t : .... = p : ...., avremo:
.... : .... = ... : T
T = (.......... · ....) : .... = ... : .... = **37 000**

Calcola quanto richiesto nei seguenti esercizi.

9 Il numero il cui:
5% è 250; 9% è 180; 12% è 360. **[5 000; 2 000; 3 000]**

10 Il numero il cui:
7% è 1 050; 6% è 720; 8% è 630. **[15 000; 12 000; 7 875]**

11 Il numero il cui:
13% è 520; 23% è 1 610; 15% è 150. **[4 000; 7 000; 1 000]**

12 Il numero il cui:
11% è 462; 7,5% è 105; 3,8% è 570. **[4 200; 1 400; 15 000]**

13 Calcolare il tasso percentuale che:
- su 14 500 dà 580;
- su 95 000 dà 5 700.

Ancora per la proporzione $t : 100 = p : T$, avremo:
- $t : 100 = 580 : 14\,500$ da cui: $t = (580 \cdot 100) : 14\,500 = 58\,000 : 14\,500 =$ **4%**
- $t : 100 = 5\,700 : 95\,000$ da cui: $t = (5\,700 \cdot 100) : 95\,000 = 570\,000 : 95\,000 =$ **6%**

14 Calcola:

a) il tasso percentuale che su 3 200 dà 128:
essendo t : .... = p : ...., avremo: t : .... = 128 : ....
da cui:
t = (128 · ....) : .... = ... : .... = **4%**

b) il tasso percentuale che su 4 100 dà 738:
essendo t : .... = p : ...., avremo: t : .... = 738 : ....
da cui:
t = (738 · ....) : .... = ... : .... = **18%**

Calcola quanto richiesto nei seguenti esercizi.

15 Il tasso percentuale che su:
250 dà 45; 7 200 dà 864; 125 dà 100. **[18%; 12%; 80%]**

16 Il tasso percentuale che su:
4 550 dà 273; 5 600 dà 616; 25 050 dà 1 503. **[6%; 11%; 6%]**

17 Il tasso percentuale che su:
8 500 dà 2 125; 9 500 dà 1 520; 25 000 dà 1 350. **[25%; 16%; 5,4%]**

Risolvere i seguenti problemi del tre semplice.

18 Andrea per acquistare 8 quaderni ha speso € 6,24. Quanti quaderni dello stesso tipo avrebbe potuto acquistare con € 8,58?

Compiliamo lo specchietto dei dati:

Quaderni	Spesa
8 ↓	€ 6,24 ↓
x	€ 8,58

Nello specchietto abbiamo disegnato **due frecce con lo stesso verso** perché le **due grandezze sono direttamente proporzionali**: infatti se raddoppia il numero dei quaderni, raddoppierà anche la spesa. La proporzione che risolve il problema la scriveremo seguendo il verso delle frecce:

8 : $\boldsymbol{x}$ = **6,24** : **8,58** da cui:

$x = (8 \cdot 8{,}58) : 6{,}24 = 68{,}64 : 6{,}24 =$ **11**

19 Una squadra di 6 operai innalza un muro in 10 giorni. Con una squadra di 4 operai, in quanti giorni verrebbe innalzato lo stesso muro?

Compiliamo lo specchietto dei dati:

Operai	Giorni
6 ↓	10 ↑
4	x

Nello specchietto abbiamo disegnato **due frecce di verso opposto** perché le **due grandezze sono inversamente proporzionali**: infatti se raddoppia il numero di operai, dimezzeranno i giorni di lavoro. La proporzione che risolve il problema la scriveremo seguendo il verso delle frecce:

6 : **4** = $\boldsymbol{x}$: **10** da cui:

$x = (6 \cdot 10) : 4 = 60 : 4 =$ **15**

Risolvi i seguenti problemi.

20 Con 84 l di latte si ottengono 7 kg di formaggio. Quanto formaggio si ottiene con 156 l di latte?

Compiliamo lo specchietto dei dati:

Latte	Formaggio
84 l ↓	7 kg ↓
....	....

Poiché le due grandezze sono .... proporzionali, nello specchietto le frecce hanno ....

La proporzione che risolve il problema la scriveremo seguendo il verso delle frecce:

84 : .... = ... : .... da cui:

x = (156 · ....) : .... = ... : .... = **13 kg**

21 Per fare un certo percorso, alla velocità media di 70 km/h, ho impiegato 8 ore. Se avessi viaggiato alla velocità media di 80 km/h, quanto avrei impiegato?

Compiliamo lo specchietto dei dati:

Velocità	Tempo
70 km/h ↓	8 h ↑
....	....

Poiché le due grandezze sono .... proporzionali, nello specchietto le frecce hanno ....

La proporzione che risolve il problema la scriveremo seguendo il verso delle frecce:

70 : .... = ... : .... da cui:

x = (70 · ....) : .... = ... : .... = **7 h**

Risolvi i seguenti problemi.

22 10 impiegati riescono a completare l'archiviazione delle pratiche di un ufficio in 6 ore. Quanti impiegati potrebbero svolgere lo stesso lavoro in 5 ore **[12]**

23 Per concimare un terreno di 600 m^2 occorrono 15 kg di concime. Quanto concime occorrerebbe per un terreno di 900 m^2? **[22,5 kg]**

24 Per saldare un debito occorrono 15 rate da € 450 ciascuna. Se lo si vuole saldare con 10 rate, quale deve essere l'importo di ciascuna? **[€ 675]**

25 Per trasportare una certa quantità di grano un automezzo della portata di 5,5 t compie 8 viaggi. Quanti viaggi dovrebbe compiere un automezzo della portata di 4,4 t? **[10]**

26 Un operaio, in 8 giorni di lavoro, ha guadagnato € 180; se successivamente per un lavoro uguale ha guadagnato € 337,50, quanti giorni ha lavorato? **[15]**

27 L'automobile di papà consuma 15 *l* di benzina per percorrere 300 km. Mantenendo la stessa velocità, quanti chilometri potrà percorrere con 50 *l* di benzina? **[1 000 km]**

28 Viaggiando a una velocità media di 70 km/h ho impiegato 8 ore per raggiungere la località delle mie vacanze. Se al ritorno ho impiegato 7 ore, quale velocità media ho mantenuto? **[80 km/h]**

29 Da 2,5 kg di caffè crudo si ottengono 2 125 g di caffè tostato. Quanto caffè tostato si ottiene da 8 kg di caffè crudo? **[6,8 kg]**

Risolvere i seguenti problemi di ripartizione.

30 Dividere il numero 1 496 in parti direttamente proporzionali ai numeri 2, 3 e 6.
Per dividere un numero in **parti direttamente proporzionali**, indichiamo con x, y e z queste parti e scriviamo la catena di rapporti: $\mathbf{x : 2 = y : 3 = z : 6}$.
Applicando quindi a questa catena di rapporti la proprietà del comporre, avremo:

$(x + y + z) : (2 + 3 + 6) = x : 2$

$(x + y + z) : (2 + 3 + 6) = y : 3$

$(x + y + z) : (2 + 3 + 6) = z : 6$

che risolte ci daranno le tre parti cercate:

$1496 : 11 = x : 2 \qquad x = (1496 \cdot 2) : 11 = 272$

$1496 : 11 = y : 3 \qquad y = (1496 \cdot 3) : 11 = 408$

$1496 : 11 = z : 6 \qquad z = (1496 \cdot 6) : 11 = 816$

Risolvi i seguenti problemi.

31 Dividi il numero 1 800 in parti direttamente proporzionali ai numeri 2, 3 e 4.
Per dividere un numero in parti direttamente proporzionali, indichiamo con x, y e z queste parti e scriviamo la catena di rapporti: x : .... = y : .... = z : ....

Applicando quindi a questa catena di rapporti la proprietà del comporre, avremo:

(x + ... + ...) : (2 + ... + ...) = x : ....

(x + ... + ...) : (2 + ... + ...) = y : ....

(x + ... + ...) : (2 + ... + ...) = z : ....

da cui:

1 800 : .... = x : .... x = (1 800 · ....) : .... = **400**

1 800 : .... = y : .... y = (1 800 · ....) : .... = **600**

1 800 : .... = z : .... z = (1 800 · ....) : .... = **800**

32 Dividi in parti direttamente proporzionali:

a) ai numeri 5, 3 e 2 il numero 1 680; **[840; 504; 336]**

b) ai numeri 3, 3/2 e 1/3 il numero 2 030. **[1 260; 630; 140]**

33 Dividi in parti direttamente proporzionali:

a) ai numeri 2, 5 e 3 il numero 1 800; **[360; 900; 540]**

b) ai numeri 3, 4 e 7 il numero 7 840. **[1 680; 2 240; 3 920]**

34 Dividi in parti direttamente proporzionali:

a) ai numeri 2, 5 e 8 il numero 1 245; **[166; 415; 664]**

b) ai numeri 5, 7 e 11 il numero 6 463. **[1 405; 1 967; 3 091]**

35 Dividere il numero 4 130 in parti inversamente proporzionali ai numeri 5, 8 e 6.
Per dividere un numero in **parti inversamente proporzionali**, indichiamo con x, y e z queste parti e scriviamo la catena di rapporti: $\mathbf{x : \frac{1}{5} = y : \frac{1}{8} = z : \frac{1}{6}}$.

Applicando quindi a questa catena di rapporti la proprietà del comporre, avremo:

$$(x+y+z):\left(\frac{1}{5}+\frac{1}{8}+\frac{1}{6}\right)=x:\frac{1}{5}$$

$$(x+y+z):\left(\frac{1}{5}+\frac{1}{8}+\frac{1}{6}\right)=y:\frac{1}{8}$$

$$(x+y+z):\left(\frac{1}{5}+\frac{1}{8}+\frac{1}{6}\right)=z:\frac{1}{6}$$

che risolte ci daranno le tre parti cercate:

$$4\,130:\frac{59}{120}=x:\frac{1}{5} \qquad x=\left(4\,130\cdot\frac{1}{5}\right):\frac{59}{120}=4\,130\cdot\frac{1}{5}\cdot\frac{120}{59}=\mathbf{1680}$$

$$4\,130:\frac{59}{120}=y:\frac{1}{8} \qquad y=\left(4\,130\cdot\frac{1}{8}\right):\frac{59}{120}=4\,130\cdot\frac{1}{8}\cdot\frac{120}{59}=\mathbf{1050}$$

$$4\,130:\frac{59}{120}=z:\frac{1}{6} \qquad z=\left(4\,130\cdot\frac{1}{6}\right):\frac{59}{120}=4\,130\cdot\frac{1}{6}\cdot\frac{120}{59}=\mathbf{1400}$$

36 Dividi il numero 4 225 in parti inversamente proporzionali ai numeri 2, 3 e 4.

Per dividere un numero in parti inversamente proporzionali, indichiamo con x, y e z queste parti e scriviamo la catena di rapporti: $x : \frac{1}{2} = y : \frac{\dots}{\dots} = z : \frac{\dots}{\dots}$.

Applicando quindi a questa catena di rapporti la proprietà del comporre, avremo:

$$(x + \dots + \dots) : \left(\frac{1}{2} + \dots + \dots\right) = x : \dots$$

$$(x + \dots + \dots) : \left(\frac{1}{2} + \dots + \dots\right) = y : \dots$$

$$(x + \dots + \dots) : \left(\frac{1}{2} + \dots + \dots\right) = z : \dots$$

da cui:

$$4\,225 : \frac{\dots}{\dots} = x : \frac{1}{2} \qquad x = \left(4\,225 \cdot \frac{1}{2}\right) : \frac{\dots}{\dots} = 4225 \cdot \frac{1}{2} \cdot \frac{\dots}{\dots} = \mathbf{1\,950}$$

$$4\,225 : \frac{\dots}{\dots} = y : \frac{\dots}{\dots} \qquad y = \left(4\,225 \cdot \frac{\dots}{\dots}\right) : \frac{\dots}{\dots} = 4\,225 \cdot \frac{\dots}{\dots} \cdot \frac{\dots}{\dots} = \mathbf{1\,300}$$

$$4\,225 : \frac{\dots}{\dots} = z : \frac{\dots}{\dots} \qquad z = \left(4\,225 \cdot \frac{\dots}{\dots}\right) : \frac{\dots}{\dots} = 4\,225 \cdot \frac{\dots}{\dots} \cdot \frac{\dots}{\dots} = \mathbf{975}$$

37 Dividi in parti inversamente proporzionali:
a) ai numeri 6, 9 e 12 il numero 1 274; **[588; 392; 294]**
b) ai numeri 2, 4 e 10 il numero 9 520. **[5 600; 2 800; 1 120]**

38 Dividi in parti inversamente proporzionali:
a) ai numeri 1/2, 2/3 e 2 il numero 9 600; **[4 800; 3 600, 1 200]**
b) ai numeri 1/3, 2/3 e 3 il numero 1 015. **[630; 315; 70]**

39 Dividi in parti inversamente proporzionali:
a) ai numeri 1/2, 1/5 e 1/3 il numero 3 600; **[720; 1 800, 1 080]**
b) ai numeri 2, 4/3 e 3 il numero 2 033. **[642; 963; 428]**

Risolvi i seguenti problemi.

40 Un segmento lungo 462 cm deve essere diviso in parti direttamente proporzionali ai numeri 2, 3 e 6. Calcola la lunghezza di ciascuna parte. **[84 cm; 126 cm; 252 cm]**

41 Le ampiezze degli angoli di un triangolo sono direttamente proporzionali ai numeri 2, 3 e 7. Calcola le loro ampiezze. **[30°; 45°; 105°]**

42 Un segmento lungo 264 cm deve essere diviso in tre parti inversamente proporzionali ai numeri 3/2, 4/3 e 12/5. Calcola la lunghezza di ciascuna parte. **[96 cm; 108 cm; 60 cm]**

43 Il perimetro di un triangolo è 429 cm. Calcola le misure dei lati, sapendo che sono inversamente proporzionali ai numeri 3, 6 e 9. **[234 cm; 117 cm; 78 cm]**

Esercizi per contenuti

DATI E FREQUENZE

1. Il reparto marketing di un calzaturificio svolge un'indagine presso i suoi rivenditori per capire quale numero di scarpa è venduto di meno nelle province del Piemonte. Individua:
   a) la popolazione esaminata;
   b) le unità statistiche;
   c) la variabile statistica.

2. Per osservare l'evolversi di una malattia cardiaca, si è condotta un'indagine presso tutti gli ospedali italiani sul numero di casi verificatisi negli ultimi cinque anni. Individua:
   a) la popolazione esaminata;
   b) le unità statistiche;
   c) la variabile statistica.

3. È stato chiesto alle famiglie di uno stabile se possegono un computer e in caso affermativo di che tipo. I risultati dell'indagine sono riportati nella tabella delle frequenze a lato:
   a) L'indagine riguarda una variabile qualitativa o quantitativa?
   b) Quanti computer vi sono in quello stabile?
   c) Calcola le frequenze relative dei dati.

Tipo computer	Frequenza	Frequenza relativa
Nessuno	8	
PC desktop	4	
PC tower	18	
Laptop	10	
Palmare	3	

4. Un'indagine relativa alla razza di cane preferita da alcune persone ha dato i risultati riportati nella tabella a fianco.
   a) Su quante persone è stata svolta l'indagine?
   b) Qual è la variabile statistica?
   c) Di che tipo è la variabile statistica?
   d) Completa la tabella.
   e) Con quale frequenza relativa si riscontra la razza "dobermann"? E la razza "boxer"?

Razza	Frequenza	Frequenza relativa
Dobermann	4	
Boxer	7	
Bassotto	5	
Collie	3	
Pastore tedesco	9	

ELABORAZIONE DATI QUALITATIVI

5. In che cosa consiste l'elaborazione dati in un'indagine che comporta dati qualitativi?

6. Un'indagine condotta tra i ragazzi di una classe, riguardante il tipo di colazione preferito, ha dato le informazioni riportate a fianco.

panino	brioche	biscotti	biscotti	brioche
biscotti	panino	panino	frutta	frutta
frutta	latte	panino	frutta	latte
latte	latte	latte	frutta	latte
latte	biscotti	biscotti	frutta	panino

   a) Completa la seguente tabella:

Colazione	Frequenza	Frequenza relativa	Frequenza %
Panino	5	0,2	20%
Frutta			
Latte			
Biscotti			
Brioche			

   b) Rappresenta le frequenze con un ideogramma.
   c) Indica la moda dell'indagine.
   d) Rappresenta con un areogramma le frequenze percentuali.

7. Un'indagine condotta tra gli impiegati di un centro commerciale, riguardante il loro titolo di studio, ha fornito i dati della seguente tabella.

Titolo di studio	Laurea	Diploma istituto professionale	Diploma liceo	Licenza media
N. impiegati	7	15	8	20

a) Quanti sono gli impiegati di quel centro commerciale?
b) L'indagine è a variabile quantitativa o qualitativa?
c) Compila una tabella riportante le frequenze assolute, relative e percentuali.
d) Indica la moda dell'indagine.
e) Rappresenta le frequenze assolute con un istogramma e quelle percentuali con un areogramma.

8. Svolgi nella tua classe un'indagine come quella proposta nell'esercizio 6, compila la relativa tabella di percentuale, calcola la moda e rappresenta i dati con un grafico opportuno.

9. "Qual è il tuo genere di film preferito?" A questa domanda hanno risposto 98 ragazzi e la tabella a fianco dà i dati ottenuti.

Completa la tabella, rappresenta i dati graficamente e calcolane la moda.

Genere	Frequenza	%
Avventura	16	16,3
Horror	10	
Spionaggio	21	
Fantasy	20	
Commedia	12	
Giallo	8	
Poliziesco	11	

10. Un'indagine condotta a giugno tra i clienti di un albergo, riguardante la nazione di provenienza, ha fornito i dati della seguente tabella.

Nazione di provenienza	Italia	Francia	Germania	Belgio	Stati Uniti	Inghilterra
N. clienti	128	108	96	160	164	144

a) Compila una tabella riportante le frequenze assolute, relative e percentuali;
b) Indica la moda dell'indagine e rappresenta le frequenze percentuali con un areogramma.

11. Un censimento effettuato sugli abitanti di un centro urbano ha permesso di ricavare le informazioni riportate nella tabella a fianco.

a) Trova la moda dei dati, quindi rappresentali graficamente con un istogramma.
b) Quanti cittadini sono nati nella regione a cui appartiene questo centro?

Provenienza	N. cittadini
È autoctono	3280
È nato altrove, ma nella stessa provincia	850
È nato in altra provincia ma nella stessa regione	650
È nato in Italia, ma in altra regione	210
È nato in Europa	20
È nato in altro continente	1

12. L'ideogramma seguente è relativo al consumo del piatto tipico della casa in un ristorante toscano.
Ricava da esso i dati necessari e compila una tabella riportante le frequenze assolute, relative e percentuali; indica inoltre la moda dell'indagine.

13. L'ideogramma seguente rappresenta i dati di un'indagine svolta in una serie di uffici pubblici sul tipo di colazione effettuata dal personale di una società.

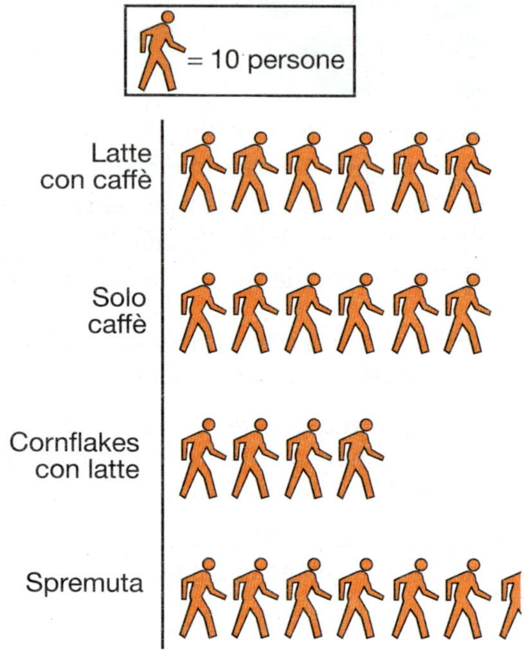

a) Quante persone lavorano in quegli uffici?

b) Ricava i dati dal grafico e compila una tabella con la frequenza percentuale.

c) Calcola la moda.

d) Quanti lavoratori non bevono caffè?

e) Quanti lavoratori non bevono latte?

ELABORAZIONE DATI QUANTITATIVI

14. In che cosa consiste l'elaborazione dati in un'indagine che comporta dati quantitativi?

15. Illustra i significati di moda, mediana e media aritmetica.

16. Segna l'affermazione esatta.

a) La mediana è il valore più frequente. ☐

b) La mediana è il valore centrale. ☐

c) La mediana è la media fra il valore più alto e quello più basso. ☐

Che cos'è la deviazione di un dato?

18. Vero o falso? Scrivilo accanto a ciascuna affermazione.

a) La moda è un valore indicativo valido in una qualsiasi indagine. ....

b) La mediana è un valore indicativo valido solo in un'indagine su variabili qualitative. ....

c) La media è un valore indicativo valido solo in un'indagine su variabili quantitative. ....

19. Moda, mediana e media possono coincidere? Se sì, che cosa significa in un'indagine?

Calcola la media aritmetica di ciascuno dei gruppi di dati statistici dei seguenti esercizi.

20. 13; 25; 7; 18; 18.

21. 32; 25; 33; 1; 3; 12.

22. 66; 11; 30,7; 36,5; 9; 21,3; 12,5.

23. 1 700; 3 200; 3 250; 4 550; 715; 825; 950.

24. Il peso di 8 ragazzi è rispettivamente di: 60 kg; 51 kg; 47 kg; 43 kg; 56 kg; 54 kg; 48 kg; 52 kg. Calcolane la media aritmetica.

25. La temperatura massima e quella minima registrate a dicembre in sei località del Nord Italia è stata:

max	8 °C	5 °C	8 °C	7 °C	5 °C	8 °C
min	1 °C	0 °C	2 °C	3 °C	1 °C	5 °C

Calcola la media delle temperature massime e quella delle minime.

Calcola la mediana di ciascuna delle successioni di dati statistici dei seguenti esercizi.

26. 3; 7; 13; 14; 15.

27. 35; 37; 48; 52; 61; 73.

28. 10; 3; 9; 15; 20.

29. 7; 13; 21; 45; 46; 33.

30. 3; 70; 7; 10; 100; 21; 4.

31. 32; 20; 16; 28; 36; 70; 90.

Calcola la media, la mediana e la moda di ciascuna delle successioni di dati statistici dei seguenti esercizi.

32. 50; 72; 26; 26; 88; 21; 0.

33. 27; 41; 33; 27; 31; 33; 27; 40.

34. 12; 13,5; 45; 45,5; 20,5; 23; 40,5; 18.

35. 5; 15; 20; 20; 25; 35; 15; 5; 10; 20.

36. Verifica che le seguenti successioni di dati statistici hanno la media aritmetica e la moda rispettivamente uguali:

a) 26; 36; 36; 23; 22; 25; 48; 36.
b) 18; 22; 36; 17; 36; 33; 52; 38.

37. Il seguente istogramma rappresenta la frequenza, in giorni, con cui alcuni ragazzi si recano mensilmente in biblioteca. Calcola la moda, la mediana e la media. Quanti ragazzi si recano in biblioteca per un numero di giorni superiore alla media?

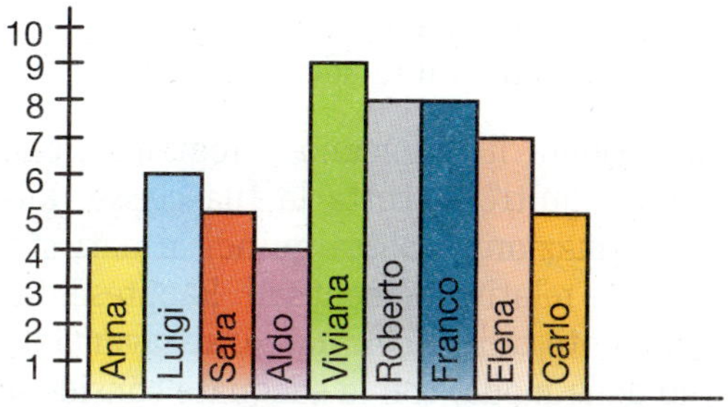

38. La seguente tabella riporta il numero di errori commessi dai candidati a un esame di guida.

Errori	Candidati	%
8	6	24
10	9	
11	3	
6	5	
12	2	

a) Completa la tabella e calcola la moda, la mediana e la media.
b) Rappresenta le percentuali con un areogramma.
c) Quanti candidati hanno fatto meno errori della media?

39. Un'indagine svolta presso un certo numero di persone, riguardo al numero di SMS inviati al giorno, ha dato i seguenti risultati:

3	1	6	5	6	3	5	6	6	5
2	4	6	4	2	4	6	2	6	4

a) Compila una tabella dati con frequenza percentuale.
b) Calcola moda, mediana e media.
c) Rappresenta graficamente dati e percentuali.

40. Ai 15 residenti di un condominio è stato chiesto il numero di componenti del proprio nucleo familiare.
Qui sotto sono riportati i risultati ottenuti.

Nucleo familiare	N. componenti
Rossi	1
Bianchi	2
Celestini	3
Botti	1
Pennini	1
Passi	4
Fori	2
Coni	3
Tomi	4
Bassi	6
Alvei	1
Rodeo	2
Voli	1
Armati	2
Tassi	2

a) Organizza tali risultati in una tabella che riporti le frequenze assoluta, relativa e percentuale.

b) Calcola la moda, la mediana e la media.

c) Rappresenta le frequenze assolute con un istogramma.

41. Un'indagine sul numero di ore trascorse in automobile in un mese, condotta fra i 21 dipendenti di un autogrill, ha fornito i seguenti dati:

12	10	6	10	9	10	12	15	10	10	12
15	6	18	12	9	10	10	18	9	12	

a) Calcola frequenze e percentuali e organizzale in un'apposita tabella.

b) Rappresenta graficamente i dati e le percentuali.

c) Calcola moda, mediana e media.

42. L'istogramma rappresenta il numero di set vinti da un giocatore di tennis in diversi tornei.

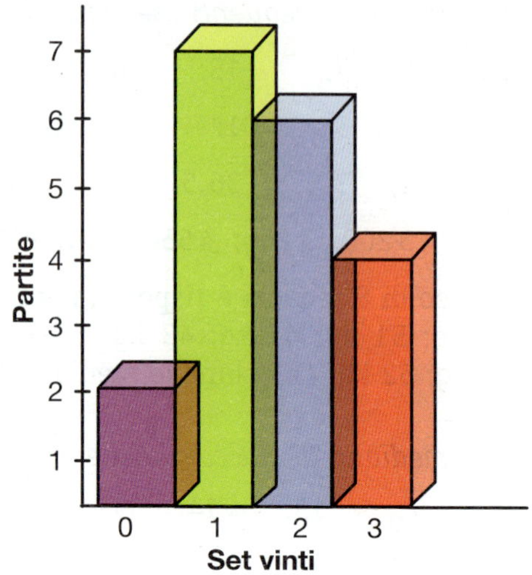

a) Organizza i dati in una tabella di frequenza.

b) Calcola la moda, la mediana e la media.

c) In quante partite ha vinto un numero di set inferiore alla media?

43. Considera il fenomeno "Gradimento materie scolastiche" in tutta la tua scuola. Parti da un opportuno campionamento, rileva le informazioni e passa quindi ai dati statistici con le relative percentuali. Rappresenta graficamente tali percentuali e, attraverso il calcolo della moda, trai le adeguate considerazioni.

44. Considera il fenomeno "Gradimento squadra di calcio" in tutta la tua classe. Rileva le informazioni e passa quindi ai dati statistici con le relative percentuali. Rappresenta graficamente tali percentuali e, attraverso il calcolo della moda, trai le adeguate considerazioni.

45. Considera il fenomeno "Tipo di lettura preferita" in tutta la tua scuola. Parti da un opportuno campionamento, rileva le informazioni e passa quindi ai dati statistici con le relative percentuali. Rappresenta graficamente tali percentuali e, attraverso il calcolo della moda, trai le adeguate considerazioni.

46. Considera il fenomeno "Programmi televisivi più seguiti" in tutta la tua classe. Rileva le informazioni e passa quindi ai dati statistici con le relative percentuali. Rappresenta graficamente tali percentuali e, attraverso il calcolo della moda, trai le adeguate considerazioni.

UN'INDAGINE STATISTICA

47. Alle persone presenti nel reparto "telefonia" di un centro commerciale è stata posta la domanda: "Quanti cellulari ci sono nella vostra famiglia?"
Le informazioni ottenute sono riportate nella tabella seguente.

N. cellulari	N. famiglie
1	5
2	5
3	2
4	2
6	1

a) L'indagine è a variabili quantitative o qualitative?

b) Su quante persone è stata svolta l'indagine?

c) Qual è la moda?

d) Organizza i dati in una tabella che riporti le frequenze assoluta, relativa e percentuale.

e) Rappresenta graficamente la frequenza percentuale.

48. Un esame statistico effettuato sui pazienti di un reparto ospedaliero ha portato alla costruzione dell'istogramma qui proposto:

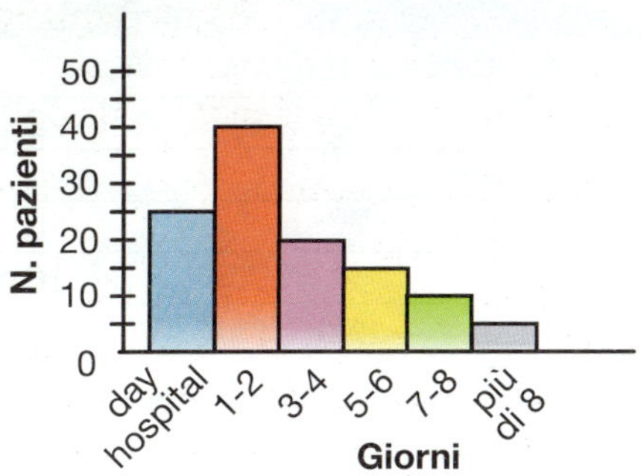

a) Che cosa rappresentano le altezze dei rettangoli nell'istogramma?

b) Qual è la moda dei dati statistici?

c) Determina le frequenze relative e percentuali dei dati, quindi rappresenta le percentuali con un areogramma.

49. Il seguente istogramma è relativo ai chilometri percorsi in un mese da alcuni motociclisti.

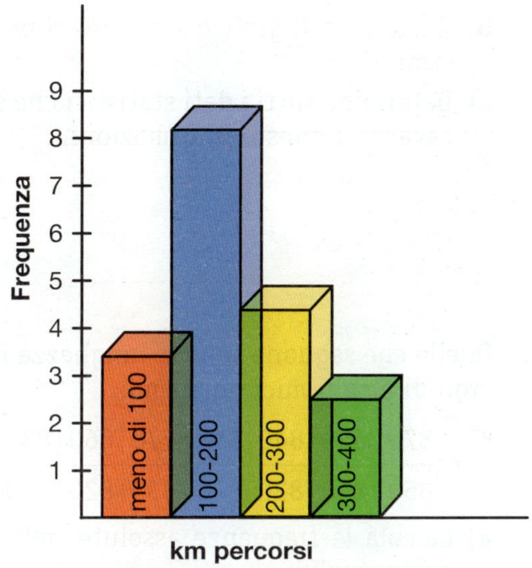

a) Su quante persone è stata svolta l'indagine?

b) Organizza i dati in una tabella che riporti le frequenze assoluta, relativa e percentuale.

c) Qual è la moda?

d) Rappresenta graficamente la frequenza percentuale.

50. Un test di resistenza alla trazione eseguito su un campione di materiali diversi ha dato i seguenti esiti (in kilonewton):

69	69	102	102	102	104	104	108	126
128	128	140	154	160	160	164	180	

a) Calcola le frequenze assolute, relative e percentuali.

b) Rappresenta con un grafico opportuno i dati tabulati.

c) Determina la moda e la mediana.

d) Calcola la media aritmetica e determina la deviazione di ciascun dato.

51. In un centro urbano lo smaltimento dei rifiuti avviene in maniera differenziata. L'indagine statistica effettuata su un breve periodo ha portato alle informazioni riportate nella tabella a fianco.

a) Che tipo di analisi è stata condotta (su variabili qualitative o quantitative)?

b) Quale tipo di grafico sceglieresti per illustrarla?

c) Determina tutti i dati statistici che sai ricavare da queste informazioni.

Tipo di rifiuto	Peso smaltito (q)
Vetro	25
Plastica	18
Rifiuti organici	68
Carta	42
Fogliame	2
Alluminio	11
Batterie esaurite	1
Rifiuti secchi	70
Rifiuti di difficile smaltimento (toner, vernici ecc.)	20

52. Quelle che seguono sono le lunghezze in micron di alcuni microrganismi:

870	870	850	840	850	770	860	830	920
810	850	860	820	820	830	820	840	820

a) Calcola le frequenze assolute, relative e percentuali.

b) Determina la moda e la mediana.

c) Calcola la media aritmetica e determina la deviazione di ciascun dato.

d) Quante lunghezze cadono al di sotto della media?

53. Quelle che seguono sono le gradazioni alcoliche di alcune bottiglie di vino conservate in una cantina privata:

11,5	12	12	13	12,5	12	11,5	12	11,5
11,5	12,5	11,5	12	12,5	12	11,5	13	12

a) Calcola le frequenze assolute, relative e percentuali.

b) Determina la moda e la mediana.

c) Calcola la media aritmetica e determina la deviazione di ciascun dato.

d) Quante bottiglie di vino hanno una gradazione superiore alla media?

54. Nella tabella a fianco si sono registrati in sequenza i pesi di alcuni animali di una clinica veterinaria.

a) Qual è il peso medio degli animali?

b) Quanti animali hanno un peso inferiore alla media, quanti uguale e quanti superiore?

c) Riporta in un grafico cartesiano le deviazioni dalla media.

d) Qual è il peso che ricorre più frequentemente? Come si chiama, nel linguaggio della statistica, questo valore?

e) In questa indagine la moda è uguale alla mediana?

f) I dati hanno una distribuzione normale?

Animale	Peso (kg)
1	20
2	22
3	22
4	18
5	16
6	16
7	21
8	20
9	16
10	22
11	20
12	18
13	16
14	20
15	16

Esercizi per verificare...

... CIÒ CHE SAI

1. Segna il completamento esatto.
In un'indagine a variabile qualitativa l'elaborazione dati prevede:

a) il calcolo delle frequenze assoluta, relativa e percentuale, il calcolo della media aritmetica e la rappresentazione grafica; ☐

b) il calcolo della moda, della mediana e della media aritmetica e la rappresentazione grafica; ☐

c) il calcolo delle frequenze assoluta, relativa e percentuale, il calcolo della moda e la rappresentazione grafica. ☐

2. Completa:
In un'indagine a variabile quantitativa l'elaborazione dati prevede il calcolo della ...., ... e ...., il calcolo della ...., della ...., della .... e della .... e la ....

3. Che cos'è la moda? Segna la risposta esatta:

a) Il dato che si presenta con maggior frequenza. ☐

b) Il dato che occupa il posto centrale. ☐

c) La somma di tutti i dati. ☐

4. Segna il completamento esatto.
In un insieme di dati statistici numerici si chiama mediana:

a) il dato che occupa il posto centrale; ☐

b) la differenza fra un dato e la media aritmetica; ☐

c) il dato che presenta una frequenza media. ☐

5. Completa le seguenti affermazioni:

a) In un insieme di dati statistici numerici si dice media aritmetica il valore ottenuto .... i dati e .... tale .... per il .... dei dati.

b) Si chiama deviazione di un dato la .... fra il dato stesso e la ....

6. Segna il completamento esatto.
Si dice che un fenomeno ha una distribuzione normale di dati se:

a) frequenze assoluta, relativa e percentuale coincidono; ☐

b) media e deviazione coincidono; ☐

c) moda, mediana e media coincidono. ☐

... CIÒ CHE SAI FARE

7. Un'indagine svolta in un negozio di abbigliamento, sul capo maggiormente venduto in una settimana, ha dato i risultati riportati a fianco.

a) Organizza i dati in una tabella che riporti le frequenze assoluta, relativa e percentuale.

b) Individua la moda.

c) Rappresenta graficamente i dati e le frequenze percentuali.

Capo di abbigliamento	N. capi venduti
Pantaloni	XXXXXXXXX
Gonna	XXXXXXX
Cappotto	XXXXX
Giacca	XXXXXXXX
Soprabito	XXXX
Tailleur	XXXXXX
Maglietta	XXXXXXXX

8. Il seguente istogramma rappresenta i dati di un'indagine sul peso dei ragazzi di una classe. Completa la tabella, rappresenta le frequenze percentuali con un areogramma, individua la moda, calcola la media aritmetica e la deviazione dei singoli dati e fai qualche considerazione sul fenomeno considerato.

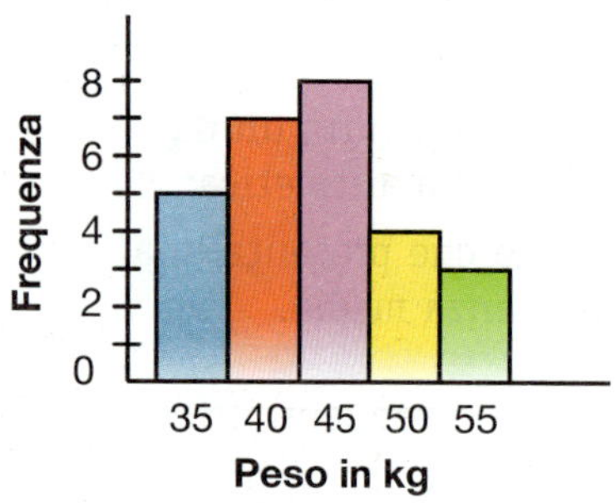

Peso (in kg)	Frequenza	Frequenza relativa	Frequenza %
35			
40			
45			
50			
55			

9. Svolgi un'indagine analoga all'esercizio precedente nella tua classe, rappresenta i dati graficamente, individua la moda, calcola la mediana e la media e stabilisci quanto tu pesi di più o di meno della media.

10. In un certo tratto di linea ferroviaria è stato registrato il numero di viaggiatori nel corso di una settimana. Ecco la tabella delle registrazioni; completala, calcola la moda e rappresenta i dati graficamente.

Giorno	Numero viaggiatori	Frequenza relativa	Frequenza %
Lunedì	950		
Martedì	650		
Mercoledì	900		
Giovedì	850		
Venerdì	600		
Sabato	850		
Domenica	1 000		

11. Ai 25 ragazzi di una terza è stato chiesto: "Quale professione ti piacerebbe fare da grande?". I risultati ottenuti, in percentuale, sono stati rappresentati mediante il seguente areogramma:

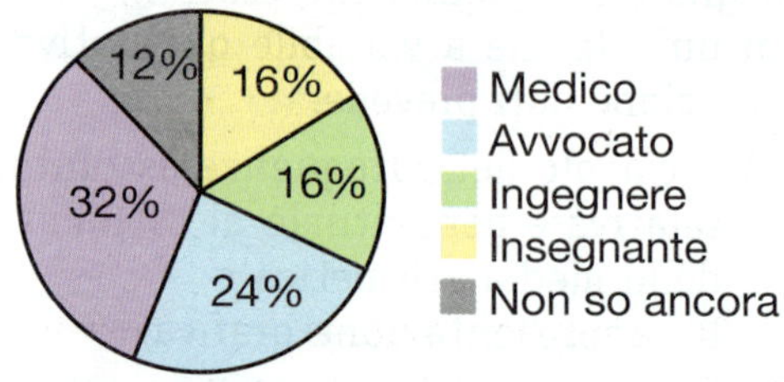

Completa la tabella e rispondi alle domande:

Professione	Frequenza
Medico	
Avvocato	
Ingegnere	
Insegnante	
Non so ancora	

a) È un'indagine a variabile qualitativa o quantitativa? ....

b) Quanti ragazzi preferiscono "avvocato"? ....

c) Quanti ancora non sanno che professione scegliere? ....

d) Qual è la moda? ....

12. "Quanto tempo dedicate allo studio?" È la domanda fatta ai ragazzi di una classe di scuola media. Completa la tabella dati, rappresentali graficamente e rispondi alle domande:

Minuti di studio	Frequenza	Frequenza %
90	4	
100	7	
120	2	
150	8	
180	4	

a) Qual è la moda dell'indagine? ....

b) Qual è la mediana? ....

c) Qual è la media? ....

d) Il numero di ragazzi che dedica allo studio un tempo superiore alla media è maggiore o minore di quello dei ragazzi che vi dedica un tempo inferiore alla media? ....

13. Svolgi un'indagine analoga all'esercizio precedente nella tua classe.
Compila la tabella delle frequenze, rappresenta i dati graficamente, individua la moda, calcola la mediana e la media e individua i ragazzi che dedicano allo studio più tempo della media e quelli che vi dedicano meno tempo della media.

14. Il seguente ortogramma rappresenta il numero di ore settimanali passate davanti alla televisione da un gruppo di ragazzi:

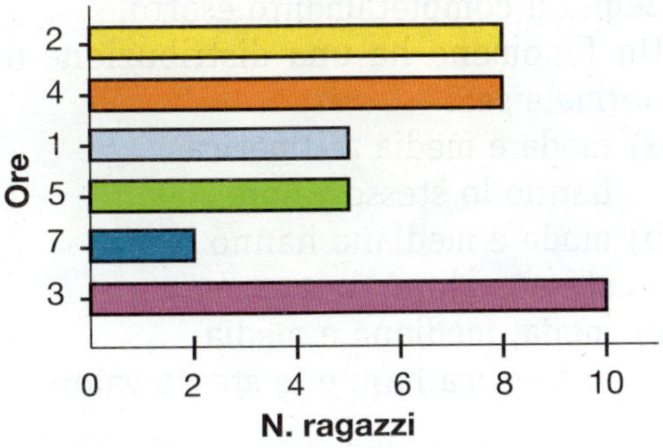

a) Organizza i dati in una tabella con frequenze assoluta, relativa e percentuale.
b) Individua la moda.
c) Calcola la mediana e la media aritmetica.
d) Individua quanti ragazzi passano davanti alla televisione più tempo della media e quanti meno tempo della media.
e) Rappresenta le percentuali con un areogramma.

15. Un'indagine svolta fra i ragazzi che assistevano a un cortometraggio sulla savana, relativa al tipo di animale preferito tra quelli osservati, ha dato i seguenti risultati:

Animale	Frequenza	Frequenza %
Tigre	7	
Leone	8	
Giraffa	10	
Zebra	4	
Elefante	9	
Leopardo	12	

a) Completa la tabella.
b) Individua la moda.
c) Rappresenta i dati con un istogramma e le percentuali con un areogramma.

16. Qual è la pizza preferita dai ragazzi? Per rispondere a questa domanda è stata svolta un'indagine su un gruppo di ragazzi e il seguente ideogramma ne rappresenta i risultati.

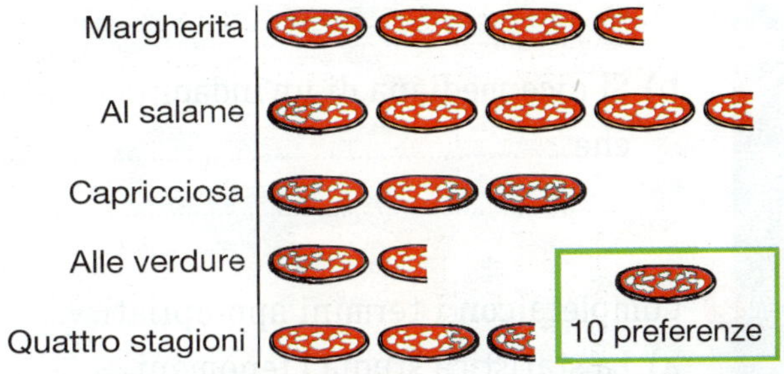

a) Organizza i dati in una tabella con frequenze assoluta, relativa e percentuale.
b) Individua la moda.
c) Rappresenta le percentuali con un areogramma.

17. Un'indagine svolta sul colore dei pennarelli più venduti nell'arco di una settimana ha dato i seguenti risultati:

Colore	Frequenza	Frequenza %
Rosso	18	
Verde	45	
Blu	36	
Giallo	15	
Azzurro	12	

a) Completa la tabella. **b)** Individua la moda.
c) Rappresenta i dati con un istogramma e le percentuali con un areogramma.

18. Un'indagine svolta sulla materia preferita da un gruppo di ragazzi ha dato i seguenti risultati:

Materia	Frequenza	Frequenza %
Storia	15	
Geografia	12	
Scienze	18	
Musica	9	
Ed. motoria	30	
Matematica	12	
Italiano	24	

a) Completa la tabella. **b)** Individua la moda.
c) Rappresenta i dati con un istogramma e le percentuali con un areogramma.

mi autovaluto

Mettiti alla prova eseguendo quanto richiesto. Verifica i risultati alla fine del volume e prendi nota di quanti errori hai fatto. Completa poi la tua autovalutazione.

1 Completa.

a) Si dice moda di un'indagine il dato con ....

b) Si dice mediana di un'indagine il dato che ....

2 Completa con i termini appropriati.

a) La statistica studia i fenomeni ....

b) Il dato statistico è un'informazione di cui si conosce il .... con cui si riscontra.

c) Si dice frequenza relativa di un dato il .... tra la sua .... e il .... dei casi.

3 Che cosa prevede l'elaborazione dei dati qualitativi?

a) Il riscontro della .... e ....

b) Il calcolo della ....

c) Il riscontro della ....

d) La .... dei dati.

4 Che cosa prevede l'elaborazione dei dati quantitativi?

a) Il .... della .... e ....

b) Il calcolo della ....

c) Il riscontro della ....

d) Il calcolo della ....

e) Il calcolo della .... e della ....

f) La .... dei dati.

5 Segna il completamento esatto.
Un fenomeno ha una distribuzione dati normale se:

a) moda e media aritmetica hanno lo stesso valore; ☐

b) moda e mediana hanno lo stesso valore; ☐

c) moda, mediana e media aritmetica hanno lo stesso valore. ☐

6 Completa.

a) Si dice media di un insieme di dati il dato ottenuto .... tutti i dati e .... il risultato per il ....

b) Si dice deviazione di un dato la .... fra il dato stesso e la ....

7 Osserva i seguenti dati numerici:
15, 19, 23, 25, 29, 32,
e calcola:

a) la mediana ....

b) la media aritmetica ....

c) la deviazione del dato 19 ....

Su 30 risposte, ... sono esatte; penso quindi di * ....

* **Aver capito bene tutto** (posso andare avanti); **avere ancora qualche dubbio** (mi eserciterò ancora); **avere molte incertezze** (eseguirò gli esercizi di recupero).

Esercizi di recupero

Se hai ancora qualche difficoltà, segui gli esercizi svolti (quelli nei riquadri) e poi completa gli altri.

1 Nel corso di una settimana è stato registrato il numero di clienti di una pasticceria. Osservare la tabella delle registrazioni, completarla, calcolare la moda e rappresentare i dati con un istogramma.

Giorno	Clienti	Frequenza relativa	Frequenza %
Lunedì	20		
Martedì	25		
Mercoledì	45		
Giovedì	25		
Venerdì	35		
Sabato	50		

- Per completare la tabella ricordiamo che:
  - la **frequenza relativa** è il rapporto tra la frequenza assoluta di un dato e il totale dei casi esaminati;
  - la **frequenza percentuale** è la frequenza relativa espressa in percentuale.

  La nostra tabella, essendo il totale dei clienti 200, diventa quindi:

Giorno	Clienti	Frequenza relativa	Frequenza %
Lunedì	20	20 : 200 = 0,1	10%
Martedì	25	25 : 200 = 0,125	12,5%
Mercoledì	45	45 : 200 = 0,225	22,5%
Giovedì	25	25 : 200 = 0,125	12,5%
Venerdì	35	35 : 200 = 0,175	17,5%
Sabato	50	50 : 200 = 0,25	25%

- La **moda** è il dato che ha maggior frequenza, quindi nella nostra indagine la moda è **sabato**.

- Disegniamo l'istogramma dei dati riportando sugli assi cartesiani i giorni della settimana e il numero clienti a intervalli regolari. Avremo il grafico a lato:

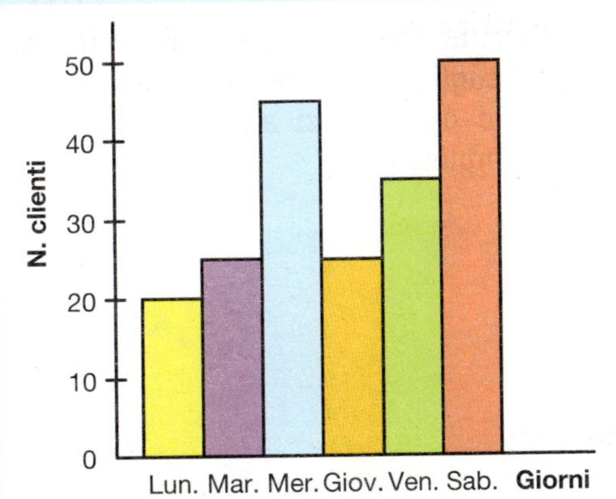

2 Un'indagine svolta su un gruppo di ragazzi, relativa al loro mese di nascita, ha dato i seguenti risultati.

Mese	G	F	M	A	Mag	G	L	Ag	S	O	N	D
N. ragazzi	3	5	6	7	/	8	4	2	/	5	4	6

Completa la tabella dei dati, calcola la moda e rappresenta i dati con un istogramma.

Mese	N. ragazzi	Frequenza relativa	Frequenza %
Gennaio	3		
Febbraio	5		
Marzo	6		
Aprile	7		
Maggio	/		
Giugno	8		
Luglio	4		
Agosto	2		
Settembre	/		
Ottobre	5		
Novembre	4		
Dicembre	6		

- Poiché il totale dei ragazzi è 3 + 5 + ... + 6 = ..., la tabella diventa (completala sul tuo quaderno):

Mese	N. ragazzi	Frequenza relativa	Frequenza %
Gennaio	3	3 : 50 = 0,06	6%
Febbraio	5		
Marzo	6		

- La moda, essendo il dato ...., è ....
- Disegna l'istogramma dei dati riportando sugli assi cartesiani i mesi e il numero dei ragazzi a intervalli regolari (completalo).

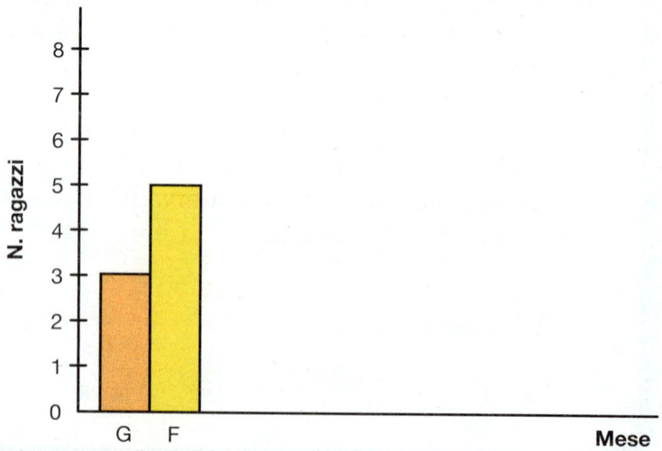

3 Ai 40 ragazzi presenti in una palestra è stato chiesto "Qual è il tuo sport preferito?". I risultati ottenuti sono riportati nella tabella a fianco.
Completa la tabella dei dati, calcola la moda e rappresenta i dati con un istogramma.

Sport	N. ragazzi
Nuoto	10
Calcio	12
Ciclismo	8
Pallavolo	6
Scherma	4

Sport	N. ragazzi	Frequenza relativa	Frequenza %
Nuoto			
Calcio			
Ciclismo			
Pallavolo			
Scherma			

4 Alle ragazze di una prima liceo è stata posta la domanda "Qual è il tuo numero di scarpa?". La tabella a fianco mostra i risultati ottenuti.
Compilare la tabella dei dati con la frequenza percentuale, individuare la moda e la mediana e calcolare la media aritmetica.

N. scarpa	36	37	38	39	40
N. ragazze	4	8	6	5	2

- Per compilare la tabella, come sappiamo, calcoliamo la frequenza relativa e la trasformiamo in percentuale:

  4 : 25 = 0,16

  frequenza percentuale = **16%**

  ....

  Completa la tabella.

N. scarpa	Frequenza	Frequenza %
36	4	16%
37	8	
38	6	
39	5	
40	2	

- La moda, essendo il dato che ha maggior frequenza, è ....
- Per calcolare la mediana ricordiamo che in un'indagine statistica a variabili quantitative, con i dati disposti in ordine crescente, si chiama **mediana** il dato che occupa il posto centrale. Scriviamo quindi tutti i dati e cerchiamo il dato centrale:

  36 36 36 36 37 37 37 37 37 37 37 37 **38** 38 38 38 38 38 39 39 39 39 39 40 40

  Osserviamo che il dato centrale è 38, quindi la mediana è **38**.
- Per calcolare la media aritmetica ricordiamo che in un'indagine statistica a variabili quantitative si chiama **media aritmetica** il valore ottenuto sommando tutti i dati e dividendo tale somma per il numero dei dati. Avremo quindi:

$$\text{Media} = \frac{36+36+36+\ldots+40}{25} = \frac{943}{25} = 37{,}72$$

5 Un'indagine svolta in una fabbrica tessile, relativa all'età dei dipendenti, ha dato i risultati riportati a fianco.

Età	20	25	30	35	40	45	50	55
N. dipendenti	5	15	40	45	40	25	20	10

Compila la tabella dei dati con la frequenza percentuale, individua la moda e la mediana e calcola la media aritmetica.

- Per compilare la tabella calcoliamo la .... e la trasformiamo in percentuale. Completala.

Età	Frequenza	Frequenza %
20	5	2,5%
25		
30		
35		
40		
45		
50		
55		

- La moda è ....
- Per calcolare la mediana ricorda che, in un'indagine statistica a variabili quantitative con i dati disposti in ordine ...., si chiama **mediana** il dato che ....

Scrivi quindi tutti i dati e cerca il dato centrale:

20 20 20 ....
....

La mediana è ....

- Per calcolare la media aritmetica ricorda che in un'indagine statistica a variabili quantitative si chiama **media aritmetica** ....
....

Quindi:

$$\text{Media} = \frac{20 + 20 + 20 + \dots + 55}{\dots\dots} = \frac{\dots\dots}{\dots\dots} = \dots\dots$$

6 Un'indagine svolta sull'altezza (in centimetri) di un gruppo di atleti ha dato i risultati riportati a fianco.

Altezza	170	175	180	185	190	195
N. atleti	4	9	10	25	30	2

Compila la tabella dei dati, individua la moda e la mediana e calcola la media aritmetica.

Altezza	Frequenza	Frequenza %
170	4	5%
175		
180		
185		
190		
195		

Esercizi per contenuti

EVENTI CASUALI E PROBABILITÀ

1. Che cosa si intende per "evento casuale"?

2. Scrivi tre esempi di eventi casuali.

3. Segna il completamento esatto.
La probabilità di un evento casuale è:
   - **a)** il numero di eventi favorevoli; ☐
   - **b)** il rapporto fra il numero dei casi favorevoli e il numero di tutti i casi possibili; ☐
   - **c)** il rapporto fra il numero dei casi favorevoli e il numero dei casi sfavorevoli; ☐
   - **d)** il numero di casi possibili. ☐

4. Da un sacchetto contenente 4 palline rosse e 3 verdi si estrae a caso una pallina rossa. Quanti sono i casi possibili e quanti i casi favorevoli?

5. Data un'urna contenente 8 palline rosse, 14 verdi e 7 nere, quali dei seguenti eventi ha probabilità maggiore?
   - **a)** E_1: estrarre una pallina verde. ☐
   - **b)** E_2: estrarre una pallina nera. ☐
   - **c)** E_3: estrarre una pallina rossa o nera. ☐

6. Nel lancio di un dado, qual è l'evento più probabile? Segnalo.
   - **a)** E_1: il lancio dà 2. ☐
   - **b)** E_2: il lancio dà un numero pari. ☐
   - **c)** E_3: il lancio dà 3 o 5. ☐

7. Osserva le situazioni sotto illustrate:

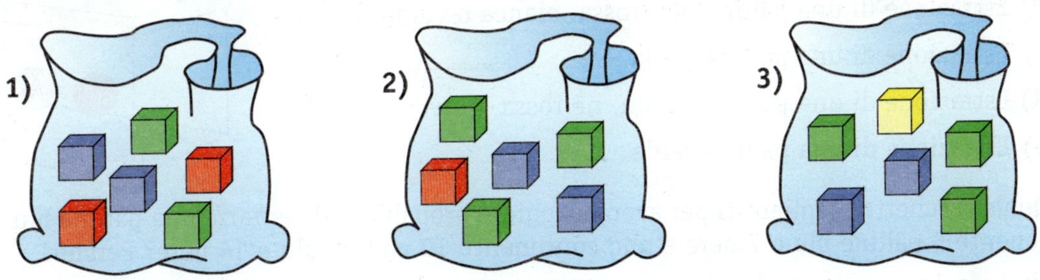

   - **a)** Da quale sacchetto è più probabile estrarre un cubetto rosso? ....
   Perché ....
   - **b)** Da quale sacchetto è impossibile estrarre un cubetto rosso? ....
   Perché ....
   - **c)** Da quale sacchetto è più probabile estrarre un cubetto blu? ....
   Perché ....

8. Quando un evento si dice certo? Qual è la sua probabilità?

9. Quando un evento si dice impossibile? Qual è la sua probabilità?

10. Quando un evento si dice incerto? Qual è la sua probabilità?

Per ogni evento dato nei seguenti esercizi scrivi se si tratta di un evento certo, probabile o impossibile.

11. Lanciando un dado esce 0 (zero). ....
Pescando una carta da un mazzo di carte da poker esce un re. ....
Domani alle ore 22 sarà buio. ....
Domenica non andrò a scuola. ....

12. Quest'anno la Juve vince lo scudetto. ....
Nell'anno 2010 Pasqua sarà di domenica. ....
Il prossimo anno a ferragosto avremo la neve. ....
Lanciando un dado uscirà un numero minore di 7. ....

13. Segna il completamento esatto. Se un evento è certo la sua probabilità è:

a) $p(E) = 0$ ☐ **b)** $0 < p(E) < 1$ ☐ **c)** $p(E) = 1$ ☐

14. Segna il completamento esatto. Un evento con probabilità $\frac{1}{2}$ è:

a) certo ☐ **b)** incerto ☐ **c)** impossibile ☐

15. Segna l'affermazione esatta.

a) La probabilità di un evento non può essere maggiore di 1. ☐
b) La probabilità di un evento è sempre maggiore di $\frac{1}{2}$. ☐
c) La probabilità di un evento è sempre tale che $0 < p(E) < 1$. ☐

16. Osserva la scatola e individua, fra i seguenti eventi, quelli certi, quelli probabili o quelli impossibili:

a) Estrazione di una pallina blu ....
b) Estrazione di una pallina blu, rossa, bianca o verde ....
c) Estrazione di una pallina gialla ....
d) Estrazione di una pallina né blu, né rossa, né verde ....
e) Estrazione di una pallina verde ....

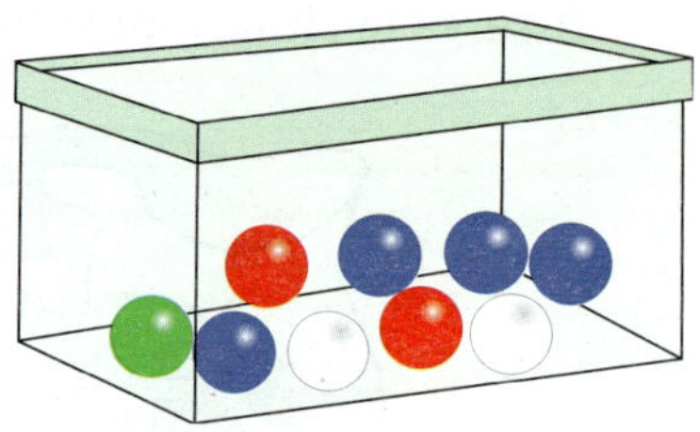

17. Quale sacchetto sceglieresti per avere maggiore probabilità di estrarre una pallina blu fra uno contenente 5 palline blu e 7 nere e uno contenente 10 palline blu e 14 nere? Perché?

18. Si prenda a caso un gettone fra i 20 colorati del sacchetto in figura. Quale dei due eventi di ciascuna coppia è più probabile? Segnalo.

a) Estrarre il gettone rosso. ☐
b) Estrarre il gettone blu. ☐

a) Estrarre il gettone rosso. ☐
b) Estrarre il gettone verde. ☐

a) Estrarre il gettone blu. ☐
b) Estrarre il gettone verde. ☐

19. "Scommettiamo che da un mazzo di carte napoletane estraggo una..." Su quale carta preferisci puntare?

a) Una carta di bastoni. **c)** Una figura. **b)** Un asso. Perché?

20. Estraendo a caso un gettone numerato dal sacchetto a fianco, qual è l'evento più probabile? Segnalo.

E_1: estrarre un 2 o un 3.

E_2: estrarre un 1 o un 4.

E_3: estrarre un numero pari.

E_4: estrarre un numero maggiore di 2 o minore di 3.

Calcola la probabilità, nel lancio di un dado, degli eventi dati negli esercizi che seguono (esprimi la probabilità sia come frazione sia come percentuale).

21. E_1: esce il numero 2; E_2: esce un numero dispari. $\left[\frac{1}{6}, \simeq 16,6\%; \ldots, \ldots\right]$

22. E_1: esce un numero minore o uguale a 3; E_2: esce un numero dispari maggiore di 1. $\left[\ldots, 50\%; \frac{1}{3}, \ldots\right]$

23. E_1: esce un numero multiplo di 2 (il 2 è compreso); E_2: esce un numero divisibile per 3. $\left[\ldots, 50\%; \frac{1}{3}, \ldots\right]$

Nell'estrarre una carta da un mazzo di carte da poker calcola la probabilità degli eventi esposti negli esercizi seguenti.

24. E_1: esce un asso; E_2: esce una figura. $\left[\frac{1}{13}, \ldots; \ldots, \simeq 23\%\right]$

25. E_1: esce una carta di fiori; E_2: esce il 10 di picche. $\left[\frac{1}{4}, \ldots; \ldots, \simeq 1,9\%\right]$

26. E_1: esce una figura di cuori o di quadri; E_2: esce una carta che non è né picche né quadri. $\left[\frac{3}{26}, \ldots; \ldots, 50\%\right]$

Nell'estrarre un numero della tombola calcola la probabilità degli eventi dati negli esercizi seguenti.

27. E_1: esce un numero maggiore di 80; E_2: esce un numero minore o uguale a 36. $\left[\frac{1}{9}, \ldots; \ldots, 40\%\right]$

28. E_1: esce un numero maggiore di 6 e minore o uguale a 21; E_2: esce un numero multiplo di 6. $[\ldots, \simeq 16,6\%; \ldots, \simeq 16,6\%]$

29. E_1: esce un numero dispari maggiore di 47; E_2: esce un numero divisibile per 3 e multiplo di 5. $\left[\frac{7}{30}, \ldots; \ldots, \simeq 6,6\%\right]$

30. E_1: esce un numero composto; E_2: esce un numero pari divisibile per 9. $\left[\ldots, \simeq 72\%; \frac{1}{18}, \ldots\right]$

31. E_1: esce un numero compreso fra 60 e 83 (estremi esclusi); E_2: esce un numero maggiore di 40 e divisibile per 8. $\left[\ldots, \simeq 24,4\%; \frac{1}{15}, \ldots\right]$

Nell'estrarre una carta da un mazzo di carte napoletane calcola la probabilità degli eventi dati negli esercizi seguenti.

32. E_1: esce un re o una regina; $\left[\frac{1}{5}, ...; ..., 7,5\%\right]$
E_2: esce una figura di denari.

33. E_1: esce un 6 di seme coppe o spade; $\left[\frac{1}{20}, ...; \frac{3}{4}, ...\right]$
E_2: esce una carta non di bastoni.

34. E_1: non esce una figura; $\left[..., 70\%; \frac{9}{10}, ...\right]$
E_2: non esce un asso.

35. E_1: esce una figura o una carta di spade; $\left[..., 47,5\%; \frac{9}{40}, ...\right]$
E_2: esce una figura non di denari.

36. E_1: esce una carta di coppe o un re o una figura; $\left[..., 47,5\%; \frac{7}{20}, ...\right]$
E_2: esce una carta di bastoni o di denari senza figura.

37. Da un sacchetto contenente le 21 lettere dell'alfabeto italiano ne estraggo una a caso. Calcola la probabilità che tale lettera sia:
a) una consonante;
b) una vocale;
c) una lettera della parola "tra";
d) una lettera della parola "magnetico".
[16/21; 5/21; 1/7; 3/7]

38. Un sacchetto contiene 18 palline, di cui 6 rosse e 4 blu. Qual è la probabilità di estrarre:
a) una pallina rossa;
b) una pallina né rossa né blu.
[1/3; 4/9]

39. Da una scatola contenente 100 dadi numerati da 1 a 100 ne estraggo uno a caso. Calcola la probabilità che il numero estratto sia:
a) dispari;
b) minore o uguale a 40;
c) divisibile per 4;
d) minore di 10. **[1/2; 2/5; 1/4; 9/100]**

40. Da un recipiente contenente 50 palline numerate da 1 a 50 ne estraggo una a caso. Calcola la probabilità che il numero estratto sia:
a) un numero che termina per 3 compreso tra 10 e 40;
b) un numero dispari compreso tra 10 e 40;
c) un numero divisibile per 3 compreso tra 10 e 40.
[3/50; 3/10; 1/5]

41. Da un'urna contenente 100 dischetti numerati da 1 a 100 ne estraggo uno a caso. Calcola la probabilità (esprimendola anche in percentuale) che il numero estratto sia:
a) divisibile per 10;
b) primo;
c) divisibile per 5;
d) maggiore o uguale a 40.
[1/10, 10%; 1/4, 25%; 1/5, 20%; 61/100, 61%]

42. Da una scatola contenente 40 caramelle alla fragola, 25 al limone e 15 alla menta, ne estraggo una a caso. Calcola la probabilità (esprimendola anche in percentuale) che tale caramella sia:
a) alla fragola;
b) al limone;
c) alla menta.
[1/2, 50%; 5/16, 31,25%; 3/16, 18,75%]

43. In un sacchetto sono inseriti dei dadi contenenti tutte le lettere della parola "completa".
Calcola, in percentuale, la probabilità che estraendo una lettera a caso, essa sia:
a) una lettera della parola "tao";
b) una lettera della parola "tale";
c) una lettera della parola "campo";
d) una lettera della parola "cometa".
[37,5%; 50%; 62,5%; 75%]

44. ✲✲ Da un sacchetto contenente 12 palline nere e altre bianche si estrae una pallina a caso. Calcola il numero delle palline bianche nel caso che per l'evento "estrarre una pallina nera" le probabilità siano rispettivamente:

a) 3/7; **c)** 1/3;
b) 3/5; **d)** 6/11.

[16; 8; 24; 10]

45. ✲✲ In un negozio ci sono 16 gonne bianche, 14 gonne nere e 2 gonne di altri colori. Calcola la probabilità percentuale di prendere a caso una gonna:

a) bianca;
b) nera;
c) né bianca né nera.

[50%; 43,75%; 6,25%]

46. ✲✲ In una palestra ci sono 54 persone; 30 sono iscritte al corso di yoga, 24 a quello di aerobica e 15 sia a yoga che ad aerobica. Qual è la probabilità che la prima persona a entrare in palestra sia iscritta al corso di yoga?

[5/9]

47. ✲✲ Estraendo un numero al lotto (90 numeri), stabilisci qual è la probabilità che:

a) sia un numero minore di 41;
b) non sia un multiplo di 5;
c) sia multiplo di 3, di 6 o di 8.

[4/9; 4/5; 19/45]

48. ✲✲ Estraendo un dado da un sacchetto contenente 30 dadi rossi, 60 verdi e 70 neri, stabilisci qual è la probabilità che il dado:

a) non sia verde;
b) non sia né verde né nero;
c) sia rosso o verde. **[5/8; 3/16; 9/16]**

49. ✲✲ Da un vassoio di dolci contenente 15 bignè alla crema, 20 al cioccolato, 5 al miele e 10 al caffè si prende a caso un dolce. Determina qual è la probabilità che sia:

a) un bignè alla crema;
b) un bignè al cioccolato;
c) un bignè alla crema o al miele;
d) un bignè al cioccolato o al caffè;
e) un bignè né alla crema né al cioccolato.

[3/10; 2/5; 2/5; 3/5; 3/10]

LA LEGGE EMPIRICA DEL CASO

50. Che cosa si intende per frequenza relativa di un evento?

51. Segna il completamento esatto.
Ho estratto una carta da un mazzo di 52 carte per 39 volte, e per 13 volte è uscita una figura. La frequenza relativa dell'evento considerato è:

a) $\frac{1}{4}$ ☐ **b)** 1 ☐ **c)** $\frac{1}{3}$ ☐

52. Che cosa dice la legge empirica del caso?

53. Quale delle seguenti affermazioni è quella esatta? Segnala.

a) La frequenza relativa di un evento si avvicina sempre più alla probabilità dell'evento quanto più diminuisce il numero delle prove effettuate. ☐
b) La frequenza relativa di un evento si avvicina sempre più alla probabilità dell'evento quanto più aumenta il numero delle prove effettuate. ☐
c) La frequenza relativa di un evento è sempre uguale alla probabilità dell'evento qualunque sia il numero delle prove effettuate. ☐

54. Segna il completamento a tuo avviso più vicino alla realtà.
Per 100 volte è stato lanciato un dado e l'evento *E*: "esce il numero 6" si è presentato:

a) 25 volte; ☐ **c)** 8 volte; ☐
b) 15 volte; ☐ **d)** 50 volte. ☐

55. Segna il completamento a tuo avviso più vicino alla realtà.
Lanciando una coppia di monete molte volte, l'evento *E*: "esce la doppia croce" si è presentato 50 volte. Le monete saranno state lanciate:

a) 400 volte; ☐ **c)** 100 volte; ☐
b) 210 volte; ☐ **d)** 150 volte. ☐

56. Antonio ha estratto per 100 volte una carta da un mazzo di carte napoletane (rimettendola ogni volta nel mazzo) e ha annotato il numero di volte in cui è uscita una figura e il numero di volte in cui è uscita una carta senza figura. I risultati sono rappresentati da uno dei seguenti grafici; quale, secondo te? Perché?

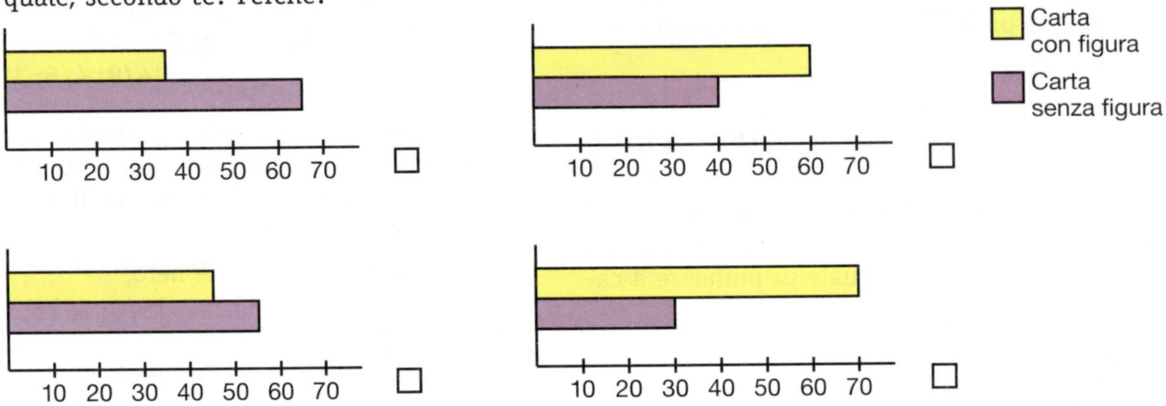

57. Marisa ha messo in un sacchetto 10 palline gialle, 3 rosse, 7 verdi e 5 blu. Ne estrae una e annota il colore, la rimette nel sacchetto e ne estrae un'altra e così di seguito per 200 volte. Quale dei risultati illustrati nei seguenti diagrammi pensi sia quello che più probabilmente ha ottenuto? Perché?

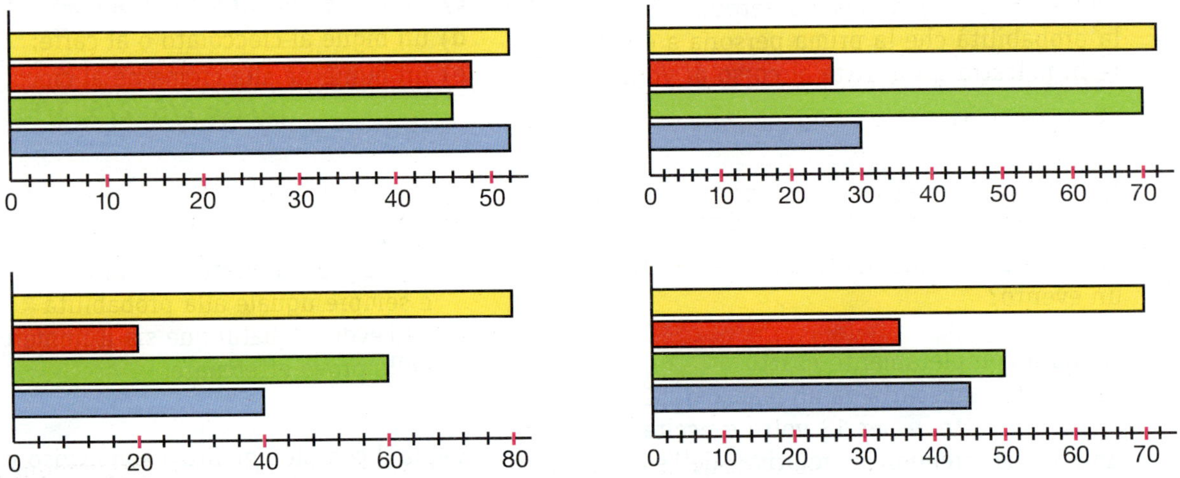

58. Calcola la probabilità dell'evento "esce il numero 1" nel lancio di un dado. Se lanci 28 volte il dado e il numero 1 esce 3 volte, qual è la frequenza dell'evento? Cosa dovresti fare per far sì che la frequenza si avvicini alla probabilità? **[≃ 16,6%; ≃ 10,7%]**

59. Da un sacchetto della tombola abbiamo estratto per 42 volte un numero, reimmettendolo ogni volta nel sacchetto. Per 11 volte è uscito un numero divisibile per 5. Calcola la probabilità dell'evento e la frequenza relativa. **[20%; ≃ 26,2%]**

60. Da un salvadanaio contenente 20 monete da 10 centesimi, 12 da 20 centesimi e 5 da 50 centesimi abbiamo estratto per 34 volte una moneta a caso, reimmettendola ogni volta nel salvadanaio. È uscita per 19 volte una moneta da 10 centesimi.
Calcola la probabilità dell'evento e la frequenza relativa. **[≃ 54,05%; ≃ 55,9%]**

61. ✱ Lancia un dado e considera l'evento E: "esce un numero minore di 4".
Lancia effettivamente il dado 20, 50, 100 volte e completa la seguente tabella:

Numero lanci	Numero di volte che si verifica l'evento E	$F(E)$	$p(E)$
20			
50			
100			

Confronta la frequenza relativa con la probabilità a ogni serie di lanci. Riesci a valutare la legge empirica del caso? Esponi le tue considerazioni.

62. ✱ Estrai una carta da un mazzo di 40 carte e considera l'evento E: "esce una figura di picche". Estrai effettivamente una carta (rimettendola ogni volta nel mazzo) per 20, 25 e 60 volte e completa la seguente tabella:

Numero estrazioni	Numero di volte che si verifica l'evento E	$F(E)$	$p(E)$
20			
25			
60			

Rifai le stesse considerazioni dell'esercizio precedente.

63. ✱ Dal registro di classe di quest'anno copia, su bigliettini tutti uguali, nomi e cognomi degli alunni. Estraendone a sorte uno, considera l'evento: E "estrazione di un alunno fra i primi 7 in ordine alfabetico". Estrai effettivamente un biglietto per 30, 60, 150 e 200 volte e completa la seguente tabella:

Numero estrazioni	Numero di casi favorevoli all'evento E	$F(E)$	$p(E)$
30			
60			
150			
200			

Rifai le stesse considerazioni dell'esercizio 61.

64. ✱ Prepara una scatola e in essa inserisci 20 bigliettini uguali numerati da 1 a 20. Estraendone a sorte uno, considera l'evento E: "esce un numero maggiore di 7 e minore di 15".
Estrai effettivamente un bigliettino per 40, 80 e 180 volte e completa la seguente tabella:

Numero estrazioni	Numero di casi favorevoli all'evento E	$F(E)$	$p(E)$
40			
80			
180			

Rifai le stesse considerazioni dell'esercizio 61.

65. ✱✱ Da un sacchetto contenente 25 palline bianche, 30 rosse e 45 verdi è stata estratta per 1 000 volte una pallina che veniva rimessa ogni volta nel sacchetto. Si sono così estratte:

a) 243 volte una pallina bianca; **b)** 334 volte una pallina rossa; **c)** 423 volte una pallina verde.

Calcola la frequenza di ciascuno degli eventi considerati e confrontala con le rispettive probabilità. In quali casi la frequenza è stata minore e in quali casi maggiore della probabilità?

EVENTI INCOMPATIBILI, COMPATIBILI E COMPLEMENTARI

66. Quando due eventi E_1 ed E_2 si dicono incompatibili? Fai un esempio.

67. Quando due eventi E_1 ed E_2 si dicono compatibili? Fai un esempio.

68. Quando due eventi E_1 ed E_2 si dicono complementari? Fai un esempio.

69. Segna, fra le seguenti coppie di eventi, quelle formate da eventi incompatibili:

a) distribuendo 40 carte a tre giocatori → E_1: i primi due hanno un numero di carte pari; → E_2: il terzo ha un numero di carte dispari;

b) lanciando due dadi → E_1: esce un numero maggiore di 10; → E_2: esce un numero divisibile per 5;

c) nel calendario → E_1: l'anno è bisestile; → E_2: febbraio ha 28 giorni.

70. Segna, fra le seguenti coppie di eventi, quelle formate da eventi compatibili:

a) lanciando un dado → E_1: esce il 2; → E_2: non esce il 5;

b) lanciando una coppia di dadi → E_1: escono 6 e 3; → E_2: l'esito del lancio è un numero pari;

c) estraendo un numero nel gioco del lotto → E_1: esce un numero minore di 20; → E_2: esce un numero maggiore di 15.

71. Segna, fra le seguenti coppie di eventi, quelle formate da eventi complementari:

a) lanciando un dado → E_1: esce un numero maggiore di 4; → E_2: esce un numero minore di 4;

b) nel calendario → E_1: l'anno è bisestile; → E_2: l'anno ha 365 giorni;

c) estraendo una pallina da un sacchetto contenente palline rosse, verdi, gialle e nere → E_1: esce una pallina rossa o nera; → E_2: esce una pallina gialla o verde.

72. Segna l'affermazione esatta, giustificando la risposta:

a) Se due eventi sono incompatibili possono verificarsi contemporaneamente. ☐

b) Se due eventi sono incompatibili non possono verificarsi contemporaneamente, ma almeno uno dei due deve verificarsi. ☐

c) Se due eventi sono incompatibili non possono verificarsi contemporaneamente, ma possono anche non verificarsi entrambi. ☐

73. Segna l'affermazione esatta, giustificando la risposta:

a) Se due eventi sono compatibili non possono verificarsi contemporaneamente, ma almeno uno dei due deve verificarsi. ☐

b) Se due eventi sono compatibili, o si verifica uno o si verifica l'altro. ☐

c) Se due eventi sono compatibili possono verificarsi contemporaneamente. ☐

74. Segna l'affermazione esatta, giustificando la risposta:

a) Se due eventi sono complementari possono verificarsi contemporaneamente. ☐

b) Se due eventi sono complementari devono verificarsi entrambi. ☐

c) Se due eventi sono complementari non possono verificarsi contemporaneamente, ma uno dei due si verifica sicuramente. ☐

75. "Due eventi complementari sono sempre incompatibili".

Vero o falso? ....

Perché? ....

....

76. "La somma delle probabilità di due eventi complementari è sempre maggiore di 1".

Vero o falso? ....

Perché? ....

....

Per ogni situazione illustrata negli esercizi seguenti, considera l'evento E_1 *indicato e scrivi il suo complementare* E_2.

77.

E_1: estrarre una pallina verde;

E_2: ....

78.

E_1: estrarre una pallina rossa;

E_2: ....

79.

E_1: esce il numero 90;

E_2: ....

80.

E_1: estrarre una carta che sia una figura o un asso;

E_2: ....

Nelle situazioni illustrate nei seguenti esercizi calcola la probabilità degli eventi indicati e rispondi alle eventuali domande:

81. ✲

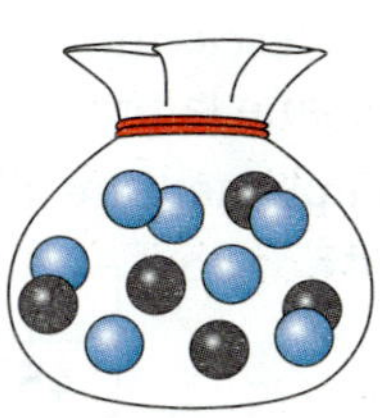

E_1: si estrae una pallina blu;

E_2: si estrae una pallina nera;

E_3: si estrae una pallina blu o una nera.

Gli eventi E_1 ed E_2 sono compatibili, incompatibili o complementari?

L'evento E_3 è un evento .... **[58,3%; ...]**

82. 

E_1: esce il 4;
E_2: esce un numero pari;
E_3: esce 5 o un numero dispari.
Gli eventi E_1 ed E_2 sono compatibili, incompatibili o complementari?

[...; 50%; ...]

83. 

E_1: si estrae una carta di bastoni;
E_2: si estrae il tre di bastoni;
E_3: si estrae una carta di denari o di spade.
Gli eventi E_1 ed E_2 sono compatibili, incompatibili o complementari?
L'evento E_3 è un evento certo?

$\left[\frac{1}{4}; ...\right]$

84. 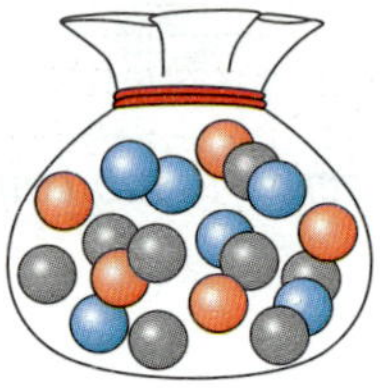

E_1: si estrae una pallina blu;
E_2: si estrae una pallina non blu;
E_3: si estrae una pallina grigia o blu.
Gli eventi E_1 ed E_2 sono compatibili, incompatibili o complementari?

$\left[...; ...; \frac{14}{19}; ...\right]$

85. 

E_1: estrarre un pennarello non nero;
E_2: estrarre un pennarello nero;
E_3: estrarre un pennarello blu.
Gli eventi E_1 ed E_2 sono compatibili, incompatibili o complementari?
Qual è l'evento complementare di E_3?

$\left[62,5\%; ...; \frac{1}{2}; ...\right]$

86. 

E_1: estrarre un numero maggiore di 22;
E_2: estrarre un numero formato da due cifre;
E_3: estrarre un numero composto minore o uguale a 22.
Gli eventi E_1 ed E_2 sono compatibili, incompatibili o complementari?
L'evento E_3 è un evento...

[20%; ...]

87. Da un mazzo di 40 carte se ne estrae una. Quali dei seguenti eventi sono compatibili, e quali incompatibili?

a) Esce una carta di quadri.
b) Esce una figura di quadri o di picche.
c) Esce una figura di picche o un asso di cuori.
d) Esce una figura o un asso.

[**Incompatibili:** ***a-c***]

88. Un'urna contiene 20 biglie rosse, 10 blu e 15 verdi.

a) Considera l'evento E: "estrarre una biglia blu" e calcolane la probabilità.
b) Scrivi l'evento E_1 complementare di E e calcolane la probabilità.
c) Calcola $p(E) + p(E_1)$.

$\left[\frac{2}{9}; ...\right]$

89. Si lanciano contemporaneamente due dadi. Quale dei seguenti eventi è impossibile? Quali sono complementari?

a) Il risultato è 10.
b) Il risultato è 14.
c) Il risultato è dispari.
d) Il risultato è un multiplo di 2.

[*b*; c e *d*]

90. Da un sacchetto della tombola si estrae un numero.

a) Considera l'evento E: "esce un numero multiplo di 11" e calcolane la probabilità.
b) Scrivi l'evento E_1 complementare di E e calcolane la probabilità.

$\left[\frac{4}{45}; ...\right]$

Esercizi per verificare...

... ciò che sai

1. Segna la risposta esatta.
Che cosa si intende per evento aleatorio?

a) Un evento molto incerto. ☐

b) Un evento che dipende solo dal caso. ☐

c) Un evento impossibile. ☐

d) Un evento assai probabile. ☐

2. Segna il completamento esatto.
La probabilità di un evento casuale è:

a) il prodotto del numero di casi possibili per il numero di casi ugualmente favorevoli; ☐

b) il prodotto del numero di casi favorevoli per il numero di casi ugualmente possibili; ☐

c) il rapporto tra il numero di casi favorevoli e il numero di casi ugualmente possibili. ☐

3. Completa le seguenti affermazioni:

a) Se il numero dei casi favorevoli è uguale al numero dei casi possibili, l'evento è .... e la sua probabilità è ....

b) Se il numero dei casi possibili è zero, l'evento è .... e la sua probabilità è ....

4. Segna la risposta esatta.
Che cos'è la frequenza relativa di un evento?

a) Il prodotto fra il numero di volte che l'evento si è verificato e il numero di prove effettuate. ☐

b) Il rapporto fra il numero di volte che l'evento si è verificato e il numero di prove effettuate. ☐

c) Il prodotto fra il numero di prove effettuate e il numero di volte che l'evento si è verificato. ☐

5. Vero o falso? Scrivilo accanto a ogni affermazione:

a) La frequenza relativa di un evento è sempre maggiore di 1. ....

b) La frequenza relativa di un evento è sempre minore di 1. ....

c) La frequenza relativa di un evento si avvicina alla probabilità quanto più aumenta il numero di prove effettuate.

....

6. Segna la risposta esatta.
Quando due eventi casuali sono incompatibili?

a) Quando il verificarsi dell'uno esclude il verificarsi dell'altro e può anche accadere che nessuno dei due si verifichi. ☐

b) Quando è possibile che si verifichino entrambi contemporaneamente. ☐

c) Quando il verificarsi dell'uno esclude il verificarsi dell'altro ma uno dei due si verificherà certamente. ☐

7. Completa:

a) Due eventi si dicono compatibili se ....
....

b) Due eventi si dicono complementari se .....
....

8. Vero o falso? Scrivilo accanto a ogni affermazione:

a) Due eventi complementari sono sempre incompatibili e viceversa. ....

b) Due eventi complementari sono sempre incompatibili ma non viceversa. ....

c) Due eventi complementari non sono sempre incompatibili. ....

d) Due eventi complementari sono sempre compatibili. ....

9. Segna il completamento esatto. La somma delle probabilità di due eventi complementari è:

a) $\frac{1}{2}$ ☐ **b)** < 1 ☐ **c)** 1 ☐ **d)** > 1 ☐

... CIÒ CHE SAI FARE

10. Certo, impossibile o probabile? Scrivilo accanto a ciascun evento proposto:

a) Quest'anno novembre avrà 31 giorni. ....

b) Domani sarà una bella giornata. ....

c) Quest'anno dopo l'estate avremo l'inverno. ....

d) Lanciando un dado otterrò "tre". ....

e) Oggi riceverò una lettera da Paolo. ....

11. Completa la frase scritta sotto ogni sacchetto con il termine "certo", "probabile" o "impossibile".

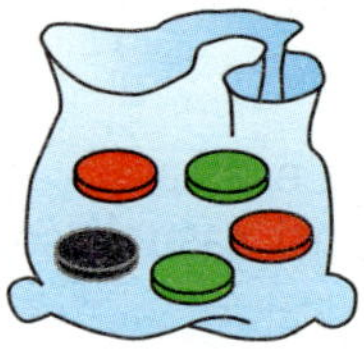

Prendendo a caso un gettone, sarà verde.
L'evento è ....

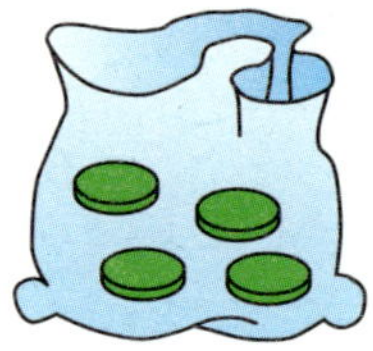

Prendendo a caso un gettone, sarà verde.
L'evento è ....

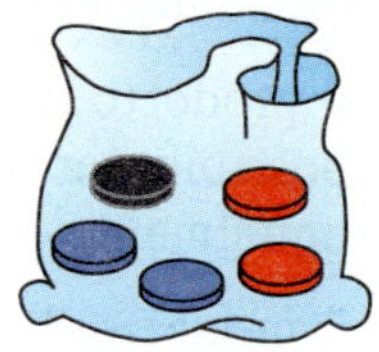

Prendendo a caso un gettone, sarà verde.
L'evento è ....

12. Dobbiamo estrarre una biglia verde da uno dei tre sacchetti seguenti. Da quale è più probabile estrarla? Perché?

 ☐

 ☐

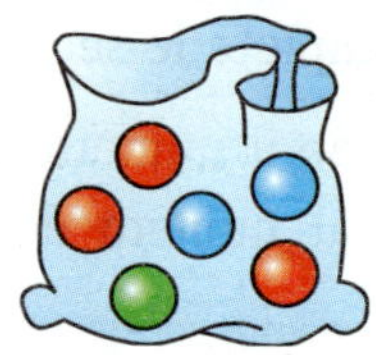 ☐

Disegna nei contenitori dati nei seguenti esercizi un certo numero di biglie rosse e verdi (a tua scelta) in modo da soddisfare le indicazioni date.

13.

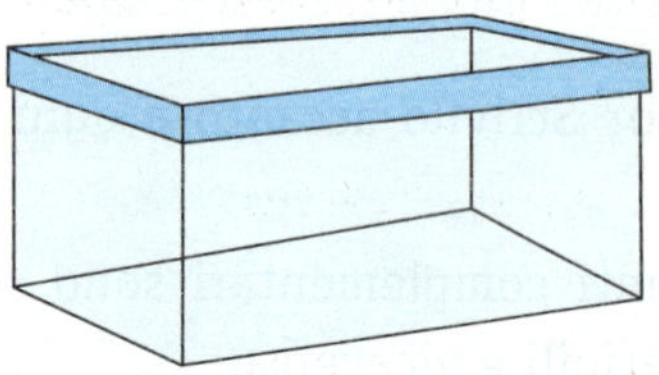

È certo che verrà estratta una biglia verde.

15.

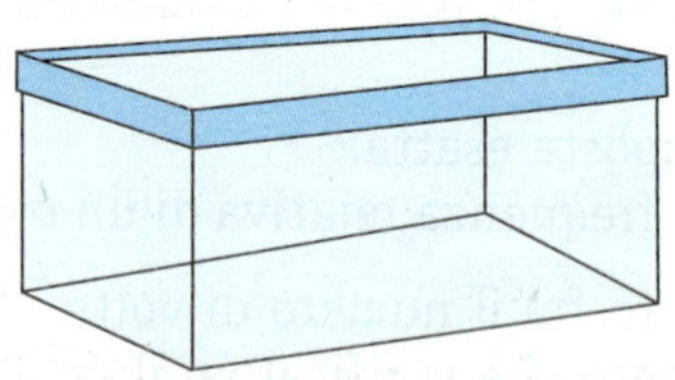

È certo che verrà estratta una biglia rossa.

14.

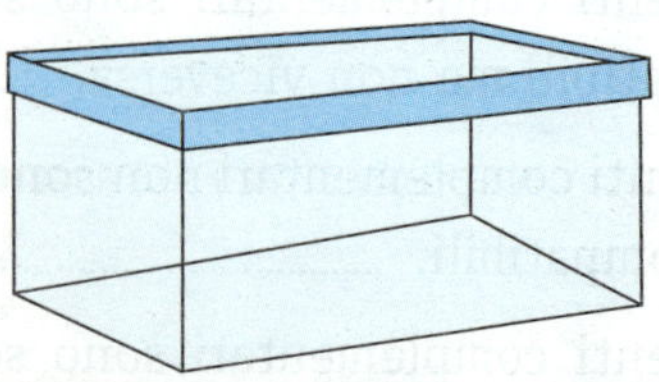

È probabile che verrà estratta una biglia verde.

16.

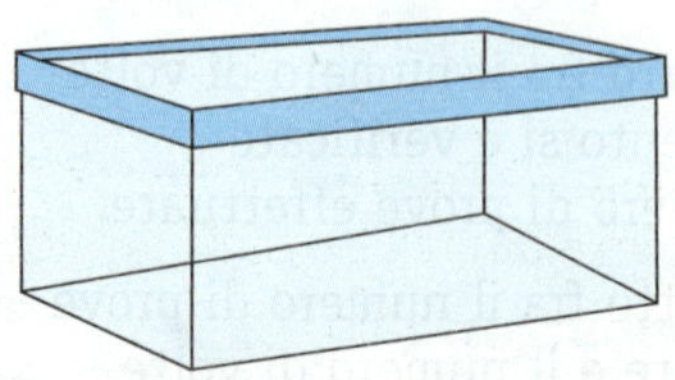

È probabile che verrà estratta una biglia rossa.

Considera un mazzo di carte napoletane da cui estrarre una carta e scrivi la probabilità degli eventi proposti nei seguenti esercizi.

17. E_1: "esce il quattro di spade" $p(E_1) =$ ....
E_2: "esce una carta di spade" $p(E_2) =$ ....

18. E_1: "esce una figura di bastoni" $p(E_1) =$ ....
E_2: "esce una figura" $p(E_2) =$ ....

19. E_1: "esce una figura di bastoni o di denari" $p(E_1) =$ ....
E_2: "esce un asso di bastoni, di denari o di spade" $p(E_2) =$ ....

Considera un mazzo di carte da poker da cui estrarre una carta e scrivi la probabilità degli eventi proposti nei seguenti esercizi.

20. E_1: "esce una carta di picche" $p(E_1) =$ ....
E_2: "esce un asso" $p(E_2) =$ ....

21. E_1: "esce il sette di cuori o di picche" $p(E_1) =$ ....
E_2: "esce una carta a seme rosso" $p(E_2) =$ ....

22. E_1: "esce una carta a seme rosso o nero" $p(E_1) =$ ....
E_2: "esce una figura a seme nero" $p(E_2) =$ ....

Considera il sacchetto disegnato da cui estrarre un dischetto e scrivi la probabilità degli eventi proposti nei seguenti esercizi.

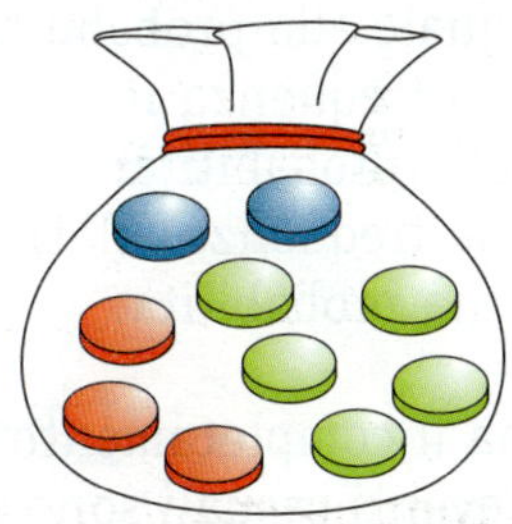

23. E_1: "estraggo un dischetto verde" $p(E_1) =$ ....
E_2: "estraggo un dischetto colorato" $p(E_2) =$ ....

24. E_1: "estraggo un dischetto nero" $p(E_1) =$ ....
E_2: "estraggo un dischetto verde o blu" $p(E_2) =$ ....

25. E_1: "estraggo un dischetto rosso o verde" $p(E_1) =$ ....
E_2: "estraggo un dischetto blu o rosso" $p(E_2) =$ ....

26. Metti in un contenitore dei bigliettini uguali con scritta su ciascuno una lettera della parola

ESTRAZIONE

Estraendone uno a caso, indica, in percentuale, la probabilità dei seguenti eventi:

a) si estrae una lettera della parola AZIONE;

b) si estrae una lettera della parola ZIO;

c) si estrae una lettera della parola ESTRO;

d) si estrae una lettera della parola STRAZIO. **[70%; 30%; 60%; 70%]**

27. Rita, 3 bambini, 5 uomini e 7 donne, prendono posto a caso attorno a una tavola rotonda. Calcola la probabilità che alla sinistra di Rita:

a) non ci sia un bambino;

b) ci sia un uomo. **[4/5; 1/3]**

mi autovaluto

Mettiti alla prova eseguendo quanto richiesto.
Verifica i risultati alla fine del volume
e prendi nota di quanti errori hai fatto.
Completa poi la tua autovalutazione.

1 Completa.

a) Un evento si dice casuale se ....
....

b) La probabilità di un evento certo è .....
....

c) La probabilità di un evento impossibile è ....

d) La probabilità di un evento qualsiasi è
.... $p(E)$ ....

e) Si dice frequenza relativa di un evento il ....
fra il ....
.... e
il .... di ....
....

2 Segna il completamento esatto.
Secondo la legge empirica del caso, per un numero molto grande di prove di un evento si ha:

a) una frequenza relativa quasi uguale alla probabilità; ☐

b) una frequenza relativa maggiore della probabilità; ☐

c) una frequenza relativa minore della probabilità. ☐

3 Segna il completamento esatto.
Due eventi casuali sono incompatibili se:

a) il verificarsi dell'uno non esclude il verificarsi dell'altro e i due eventi possono anche non accadere; ☐

b) il verificarsi dell'uno esclude il verificarsi dell'altro, ma uno dei due si verifica certamente; ☐

c) il verificarsi dell'uno esclude il verificarsi dell'altro e i due eventi possono anche non accadere. ☐

4 Segna il completamento esatto.
Due eventi casuali sono compatibili se:

a) il verificarsi dell'uno non esclude il verificarsi dell'altro; ☐

b) il verificarsi dell'uno esclude il verificarsi dell'altro; ☐

c) il verificarsi dell'uno esclude il verificarsi dell'altro e i due eventi possono anche non accadere. ☐

5 Segna il completamento esatto.
Due eventi sono complementari se:

a) il verificarsi dell'uno non esclude il verificarsi dell'altro e i due eventi possono anche non accadere; ☐

b) il verificarsi dell'uno esclude il verificarsi dell'altro, ma uno dei due si verifica certamente; ☐

c) il verificarsi dell'uno esclude il verificarsi dell'altro e i due eventi possono anche non accadere. ☐

6 Osserva la figura e calcola la probabilità dell'evento:

a) estrarre una pallina rossa: ....

b) estrarre una pallina verde: ....

c) estrarre una pallina colorata: ....

d) estrarre una pallina nera: ....

Su 17 risposte, ... sono esatte; penso quindi di * ....
....

* **Aver capito bene tutto** (posso andare avanti); **avere ancora qualche dubbio** (mi eserciterò ancora); **avere molte incertezze** (eseguirò gli esercizi di recupero).

Esercizi di recupero

Se hai ancora qualche difficoltà, segui gli esercizi svolti (quelli nei riquadri) e poi completa gli altri.

1 Indicare i casi possibili e i casi favorevoli del seguente evento: "da un sacchetto contenente 4 gettoni rossi, 7 verdi e 2 neri estrarre un gettone rosso".

- I **casi possibili** sono tutti quelli che possono effettivamente verificarsi, quindi, poiché in tutto ci sono 13 gettoni (4 + 7 + 2), i casi possibili sono **13**.
- I **casi favorevoli** sono quelli che effettivamente verificano l'evento, quindi, poiché ci sono 4 gettoni rossi, i casi favorevoli sono **4**.

2 Indica i casi possibili e i casi favorevoli del seguente evento: "lanciare un dado e ottenere 3".

a) Poiché tutti i casi che possono effettivamente verificarsi (tutti i numeri che ci sono in un dado) sono ...., i casi possibili sono ....

b) Poiché quelli che effettivamente verificano l'evento ("ottenere 3") sono .... i casi favorevoli sono ....

3 Indica i casi possibili e i casi favorevoli dei seguenti eventi:

a) Lanciare un dado e ottenere 4 o 6.
Casi possibili: .... Casi favorevoli: ....

b) Estrarre una pallina rossa da un sacchetto contenente 6 palline verdi e 3 bianche.
Casi possibili: .... Casi favorevoli: ....

c) Estrarre un gettone rosso o verde da un sacchetto contenente 3 gettoni rossi e 2 verdi.
Casi possibili: .... Casi favorevoli: ....

4 Dal sacchetto a fianco si estrae a caso una biglia. Calcolare la probabilità che tale biglia sia:

- rossa;
- rossa o verde.

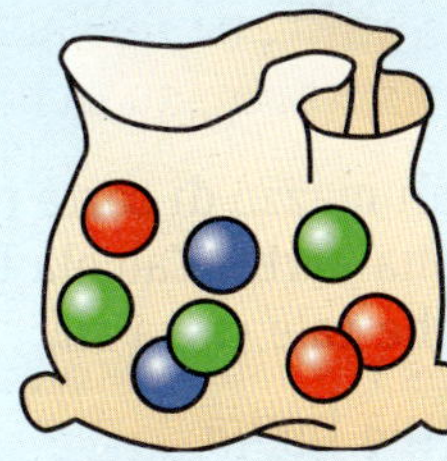

La **probabilità matematica** p di un evento casuale è il rapporto fra il numero dei casi favorevoli f e il numero di tutti i casi possibili n: $p = \frac{f}{n}$. Quindi:

- p(estrarre biglia rossa): $= \frac{f}{n} = \frac{3}{8}$
- p(estrarre biglia rossa o verde): $= \frac{f}{n} = \frac{6}{8} = \frac{3}{4}$

5 Da un sacchetto contenente le lettere della parola **CADUTO** se ne estrae una a caso. Calcola la probabilità che tale lettera sia:

a) una vocale;

b) una lettera della parola DATO.

La probabilità matematica p di un evento casuale è il .... fra il numero dei casi .... e il numero di tutti i casi ....; quindi:

a) $p(\text{vocale}) := \frac{\dots\dots}{\dots\dots} = \frac{3}{\dots\dots} = \dots\dots$

b) $p(\text{lettera parola DATO}) := \frac{\dots\dots}{\dots\dots} = \frac{\dots\dots}{6} = \dots\dots$

6 Osserva il sacchetto e calcola la probabilità che, estraendo una pallina a caso, tale pallina sia:

a) verde $\rightarrow p =$ ....

b) rossa $\rightarrow p =$ ....

c) rossa o blu $\rightarrow p =$ ....

d) verde o blu $\rightarrow p =$ ....

e) rossa o verde $\rightarrow p =$ ....

7 Osserva il contenitore e calcola la probabilità che, estraendo da esso una lettera, tale lettera sia:

a) una vocale $\rightarrow p =$ ....

b) una consonante $\rightarrow p =$ ....

c) la vocale A o la consonante R $\rightarrow p =$ ....

d) una vocale o la lettera N $\rightarrow p =$ ....

e) una lettera della parola BIRO $\rightarrow p =$ ....

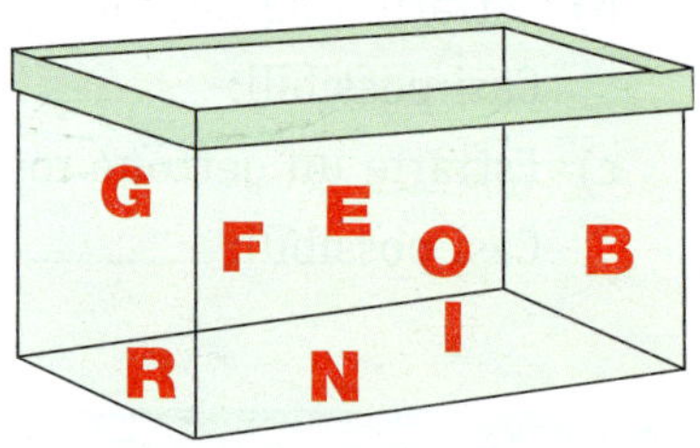

8 Da un mazzo di carte napoletane (40 carte) si estrae a caso una carta. Calcola la probabilità, anche in percentuale, che tale carta sia:

a) una figura $\rightarrow p =$ ....

b) una carta di spade $\rightarrow p =$ ....

c) il cinque di coppe $\rightarrow p =$ ....

d) una figura di denari $\rightarrow p =$ ....

apparati

Mi autovaluto: soluzioni
Glossario
Tavole numeriche

mi autovaluto: soluzioni

1 • L'insieme Q^+

1. **a)** decimale limitato.
   b) periodico semplice.
   c) periodico misto.
2. **c)**.
3. **b)**.
4. **a)**.
5. **a)** decimale limitato.
   b) periodico misto.
   c) periodico semplice.
6. **a)** 106/25.
   b) 4/45.
   c) 400/99.
7. 2; $0,3\overline{8}$.
8. $0,1\overline{6}$; 1,5.
9. 200/81; $0,\overline{8}$.
10. 5/23; 10,5.
11. $2,\overline{4}$.
12. 3/2.

2 • Una nuova operazione

1. **b)**.
2. **b)**.
3. **a)** $2^2 \times 3^4 \times 7^2$, 126.
   b) $2^8 \times 11^2$, 176.
   c) $2^6 \times 5^2 \times 13^2$, 520.
4. **c)**.
5. 135; 254; 403.
6. 13,6; 66,0; 206,8.
7. 1,76; 2,12; 1,47.

3 • Problemi e tecniche risolutive

1. **b)**.
2. **a)** selezione.
   b) iterazione.
   c) sequenziale.
3. 46 rosse, 30 verdi.
4. Diagramma di flusso:

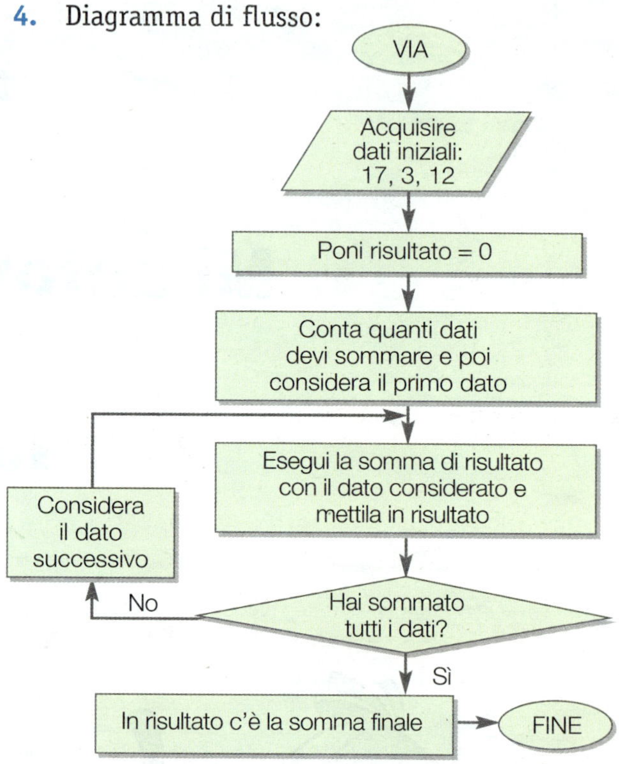

4 • I numeri interi relativi

1. **a)**; **b)**; **d)**.
2.

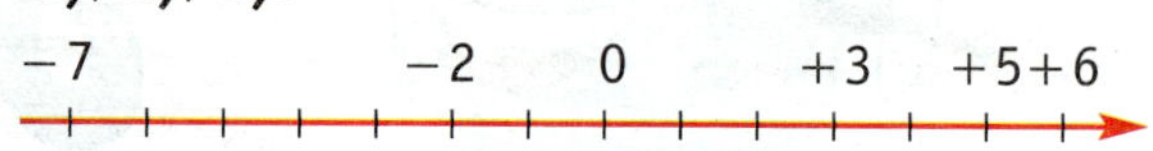

3. **a)** 2.
   b) € 2 200.
   c) 3.
   d) € 2 600.
   e) versamento.
4. **C:** + 9, + 7; – 7, – 9; **D:** + 5, – 7; **O:** + 4, – 4.
5. – 10, – 8, – 6, – 5, + 1, + 2, + 3, + 7.
6. – 9; – 4.
7. – 40; – 42.
8. – 10,5; + 4.
9. – 4.

5 • Rapporti e proporzioni

1. **c)**.
2. **c)**.
3. **a)** 10 000 cm = 0,1 km.
   b) 0,1 cm.

4. l'uguaglianza, rapporti.
5. **a)** estremi.
   b) medi.
   c) antecedenti.
   d) conseguenti.
6. prodotto, uguale, degli estremi.
7. **a)** $9 : 27 = 13 : 39$.
   b) $27 : 39 = 9 : 13$.
   c) $(27 + 9) : 27 = (39 + 13) : 39$.
   d) $(27 - 9) : 9 = (39 - 13) : 13$.
8. **a)** $x = 65$.
   b) $x = 14$.
   c) $x = 30$.
   d) $x = 2,\overline{6}$.
   e) $x = 1,25$.
9. **a)** $x = 5$.
   b) $x = 6$.
   c) $x = 0,5$.
   d) $x = 1,6$.
   e) $x = 9$.
   f) $x = 1,19$.

6 • La proporzionalità

1. **a)** C.
   b) V.
   c) V.
   d) C.
2. **a)** x = componenti famiglia, y = litri acqua consumati.
   b) x = km percorsi, y = tempo impiegato.
   c) x = numero di biglietti venduti, y = incasso di un teatro.
3. **b)**.
4. **a)** il doppio.
   b) il doppio.
5. $y/x = k$ oppure $y = kx$.
6. $xy = h$ oppure $y = h/x$.
7. una semiretta uscente dall'origine degli assi cartesiani.
8. un ramo di iperbole equilatera.
9. **a)** diretta, coefficiente di proporzionalità diretta, una semiretta uscente dall'origine.
   b) inversa, coefficiente di proporzionalità inversa, un ramo di iperbole equilatera.

7 • Problemi e proporzioni

1. **c)**.
2. **c)**.
3. **a)** 180.
   b) 7,5%.
   c) 250.
4. € 72,38.
5. 11,25.
6. 320, 400, 560.
7. 480, 240, 160.
8. € 9 297, € 9 297, € 6 198, € 6 198.

8 • Elaborazioni statistiche

1. **a)** la frequenza maggiore.
   b) occupa il posto centrale dei dati disposti in ordine crescente.
2. **a)** collettivi.
   b) numero di volte.
   c) rapporto, frequenza assoluta, totale.
3. **a)** frequenza assoluta, relativa.
   b) frequenza percentuale.
   c) moda.
   d) rappresentazione grafica.
4. **a)** riscontro, frequenza assoluta, relativa.
   b) frequenza percentuale.
   c) moda.
   d) mediana.
   e) media aritmetica, deviazione.
   f) rappresentazione grafica.
5. **c)**.
6. **a)** sommando, dividendo, numero dei dati.
   b) differenza, media aritmetica.
7. **a)** 24.
   b) 23,83.
   c) 4,83.

9 • Il calcolo della probabilità

1. **a)** il suo verificarsi dipende esclusivamente dal caso.
   b) 1.
   c) 0.
   d) $0 \leq p(E) \leq 1$.
   e) rapporto, numero di volte che l'evento si è verificato, numero, prove effettuate.
2. **a)**.
3. **c)**.
4. **a)**.
5. **b)**.
6. **a)** $6/9 = 0,\overline{6}$.
   b) $3/9 = 0,\overline{3}$.
   c) 1.
   d) 0.

Glossario

Addizione: operazione che ci permette di calcolare la somma di due o più numeri.

Algoritmo: serie ordinata di operazioni, matematiche o no, che bisogna eseguire per risolvere una situazione.

Areogramma: rappresentazione grafica di un fenomeno di cui mette in evidenza l'intensità delle parti che lo compongono.

Assi cartesiani ortogonali: rette perpendicolari di riferimento nelle quali sono fissati l'origine, il verso degli assi e l'unità di misura.

Cartogramma: rappresentazione grafica di dati statistici relativi a un fenomeno a scopo di studio.

Dato statistico: informazione di cui si conosce il numero di volte con cui si ripete in un'indagine statistica.

Diagramma di flusso: rappresentazione grafica dell'algoritmo che risolve un problema.

Differenza (fra due numeri): numero che, addizionato al secondo dei due numeri dati, dà come somma il primo.

Divisione: operazione che ci permette di calcolare il quoziente fra due numeri.

Espressione aritmetica: insieme di numeri legati fra loro da segni di operazioni, alcune delle quali possono essere racchiuse da parentesi.

Evento casuale: evento il cui verificarsi dipende esclusivamente dal caso.

Fenomeno collettivo: fatto, avvenimento o situazione che abbraccia un numero sufficientemente grande di fenomeni individuali fra loro uguali o simili.

Frazione: un operatore che permette di dividere l'intero in n parti uguali e considerare m di esse: $\frac{m}{n}$.

Frazione complementare (di una frazione): frazione che, sommata alla frazione data, dà l'unità.

Frazioni equivalenti: frazioni che rappresentano la stessa parte di una grandezza.

Frequenza assoluta (di un dato): il numero di volte con cui esso si presenta in un'indagine statistica.

Frequenza percentuale: si ottiene dividendo il numero di osservazioni di ogni classe per il numero totale di osservazioni.

Frequenza relativa (di un dato): il rapporto tra la sua frequenza assoluta e il totale dei casi esaminati in un'indagine statistica.

Funzione: date due grandezze variabili x e y si dice che y è funzione di x se esiste una proprietà che fa corrispondere a ogni valore di x uno e un solo valore di y. Può essere **empirica**, se il legame che associa la variabile dipendente alla variabile indipendente non è esprimibile con una formula, per cui i valori si ottengono solo con osservazioni sperimentali e misurazioni, oppure **matematica**, se il legame che associa la variabile dipendente alla variabile indipendente è esprimibile con una formula per cui i suoi valori si ottengono con calcoli aritmetici.

Ideogramma: rappresentazione grafica di un fenomeno mediante figure che ne ricordano il carattere.

Interesse: compenso che riceve chi dà in uso una certa somma di denaro per un certo tempo.

Istogramma: rappresentazione grafica di un fenomeno mediante rettangoli o parallelepipedi la cui altezza rappresenta, in proporzione, l'intensità del fenomeno stesso.

M.C.D. (fra due o più numeri): il più grande dei divisori comuni a due o più numeri.

m.c.m. (fra due o più numeri): il più piccolo tra i multipli comuni, diverso da zero, a due o più numeri.

Media aritmetica: il valore ottenuto sommando tutta una serie di dati e dividendo tale somma per il numero dei dati.

Mediana (di un insieme di dati statistici): il dato che occupa il posto centrale fra tutti i dati disposti in ordine crescente.

Moda (di un'indagine): il dato che si presenta con maggiore frequenza.

Moltiplicazione: operazione che ci permette di calcolare il prodotto di più numeri.

Numeri naturali: gli elementi dell'insieme $\boldsymbol{N} = \{0, 1, 2, 3, \ldots\}$.

Numero primo: numero divisibile solo per 1 e per se stesso.

Numero razionale: numero che si può scrivere sotto forma di frazione.

Numero relativo: numero preceduto dal segno + (positivo) o dal segno – (negativo).

Operazione aritmetica: procedimento che permette di associare a due numeri, dati in un certo ordine, un terzo numero che soddisfi determinate condizioni.

Ordine di grandezza (di un numero): la potenza di 10 che più si avvicina al numero dato.

Percentuale: rapporto avente come conseguente 100 che, su un totale, indica quante unità rispetto a 100 soddisfano una certa condizione.

Potenza: il prodotto di n fattori tutti uguali ad a; si indica con a^n.

Probabilità (matematica): il rapporto fra il numero dei casi favorevoli e il numero di tutti i casi ugualmente possibili.

Problema: qualsiasi quesito, matematico o no, di cui si conoscono alcuni elementi, i dati, attraverso i quali se ne devono trovare altri, le incognite, legati ai primi da precise relazioni.

Prodotto (di due numeri): somma di tanti addendi, tutti uguali al primo, quante sono le unità del secondo.

Proporzionalità (fra due grandezze): due grandezze x e y si dicono direttamente proporzionali se si mantiene costante il loro rapporto $\frac{y}{x} = k$; si dicono inversamente proporzionali se si mantiene costante il loro prodotto $xy = h$.

Proporzione: uguaglianza fra due rapporti.

Quoziente (fra due numeri): numero che, moltiplicato per il secondo ($\neq 0$), dà il primo.

Radice quadrata (di un numero): numero che, elevato alla seconda, dà come risultato il numero dato.

Rapporto (fra due grandezze non omogenee): grandezza derivata, come quoziente fra le loro misure, non omogenea a quelle date e il cui valore dipende dalle unità di misura delle due grandezze date.

Rapporto (fra due grandezze omogenee): quoziente fra le loro misure (riferite alla stessa unità di misura); è un numero puro appartenente all'insieme dei numeri reali assoluti (naturale, razionale o irrazionale).

Rapporto (fra due numeri a e b): il quoziente ottenuto dividendo il primo per il secondo, ovvero $a : b$ con $b \neq 0$.

Sistema di numerazione: serie di simboli con i quali si rappresentano alcuni numeri, e serie di regole da applicare per rappresentare tutti i numeri possibili.

Somma (di due o più numeri): numero che si ottiene contando, dopo il primo, tante unità quante sono quelle contenute nei successivi.

Sottrazione: operazione che ci permette di calcolare la differenza di due numeri.

Statistica: scienza che studia i fenomeni collettivi di vario genere.

Unità frazionaria: una sola delle n parti uguali in cui viene suddiviso un intero: $\frac{1}{n}$.

Tavola dei numeri primi minori di 5000

2	179	419	661	947	1229	1523	1823	2131	2437	2749	3083	3433	3733	4073	4421	4759
3	181	421	673	953	1231	1531	1831	2137	2441	2753	3089	3449	3739	4079	4423	4783
5	191	431	677	967	1237	1543	1847	2141	2447	2767	3109	3457	3761	4091	4441	4787
7	193	433	683	971	1249	1549	1861	2143	2459	2777	3119	3461	3767	4093	4447	4789
11	197	439	691	977	1259	1553	1867	2153	2467	2789	3121	3463	3769	4099	4451	4793
13	199	443	701	983	1277	1559	1871	2161	2473	2791	3137	3467	3779	4111	4457	4799
17	211	449	709	991	1279	1567	1873	2179	2477	2797	3163	3469	3793	4127	4463	4801
19	223	457	719	997	1283	1571	1877	2203	2503	2801	3167	3491	3797	4129	4481	4813
23	227	461	727	1009	1289	1579	1879	2207	2521	2803	3169	3499	3803	4133	4483	4817
29	229	463	733	1013	1291	1583	1889	2213	2531	2819	3181	3511	3821	4139	4493	4831
31	233	467	739	1019	1297	1597	1901	2221	2539	2833	3187	3517	3823	4153	4507	4861
37	239	479	743	1021	1301	1601	1907	2237	2543	2837	3191	3527	3833	4157	4513	4871
41	241	487	751	1031	1303	1607	1913	2239	2549	2843	3203	3529	3847	4159	4517	4877
43	251	491	757	1033	1307	1609	1931	2243	2551	2851	3209	3533	3851	4177	4519	4889
47	257	499	761	1039	1319	1613	1933	2251	2557	2857	3217	3539	3853	4201	4523	4903
53	263	503	769	1049	1321	1619	1949	2267	2579	2861	3221	3541	3863	4211	4547	4909
59	269	509	773	1051	1327	1621	1951	2269	2591	2879	3229	3547	3877	4217	4549	4919
61	271	521	787	1061	1361	1627	1973	2273	2593	2887	3251	3557	3881	4219	4561	4931
67	277	523	797	1063	1367	1637	1979	2281	2609	2897	3253	3559	3889	4229	4567	4933
71	281	541	809	1069	1373	1657	1987	2287	2617	2903	3257	3571	3907	4231	4583	4937
73	283	547	811	1087	1381	1663	1993	2293	2621	2909	3259	3581	3911	4241	4591	4943
79	293	557	821	1091	1399	1667	1997	2297	2633	2917	3271	3583	3917	4243	4597	4951
83	307	563	823	1093	1409	1669	1999	2309	2647	2927	3299	3593	3919	4253	4603	4957
89	311	569	827	1097	1423	1693	2003	2311	2657	2939	3301	3607	3923	4259	4621	4967
97	313	571	829	1103	1427	1697	2011	2333	2659	2953	3307	3613	3929	4261	4637	4969
101	317	577	839	1109	1429	1699	2017	2339	2663	2957	3313	3617	3931	4271	4639	4973
103	331	587	853	1117	1433	1709	2027	2341	2671	2963	3319	3623	3943	4273	4643	4987
107	337	593	857	1123	1439	1721	2029	2347	2677	2969	3323	3631	3947	4283	4649	4993
109	347	599	859	1129	1447	1723	2039	2351	2683	2971	3329	3637	3967	4289	4651	4999
113	349	601	863	1151	1451	1733	2053	2357	2687	2999	3331	3643	3989	4297	4657	
127	353	607	877	1153	1453	1741	2063	2371	2689	3001	3343	3659	4001	4327	4663	
131	359	613	881	1163	1459	1747	2069	2377	2693	3011	3347	3671	4003	4337	4673	
137	367	617	883	1171	1471	1753	2081	2381	2699	3019	3359	3673	4007	4339	4679	
139	373	619	887	1181	1481	1759	2083	2383	2707	3023	3361	3677	4013	4349	4691	
149	379	631	907	1187	1483	1777	2087	2389	2711	3037	3371	3691	4019	4357	4703	
151	383	641	911	1193	1487	1783	2089	2393	2713	3041	3373	3697	4021	4363	4721	
157	389	643	919	1201	1489	1787	2099	2399	2719	3049	3389	3701	4027	4373	4723	
163	397	647	929	1213	1493	1789	2111	2411	2729	3061	3391	3709	4049	4391	4729	
167	401	653	937	1217	1499	1801	2113	2417	2731	3067	3407	3719	4051	4397	4733	
173	409	659	941	1223	1511	1811	2129	2423	2741	3079	3413	3727	4057	4409	4751	

Tavola dei quadrati, dei cubi, delle radici quadrate e delle radici cubiche dei numeri da 1 a 1000

n	n^2	$\sqrt{n}$	n^3	$\sqrt[3]{n}$
1	1	1,0000	1	1,0000
2	4	1,4142	8	1,2599
3	9	1,7321	27	1,4422
4	16	2,0000	64	1,5874
5	25	2,2361	125	1,7100
6	36	2,4495	216	1,8171
7	49	2,6458	343	1,9129
8	64	2,8284	512	2,0000
9	81	3,0000	729	2,0801
10	100	3,1623	1 000	2,1544
11	121	3,3166	1 331	2,2240
12	144	3,4641	1 728	2,2894
13	169	3,6056	2 197	2,3513
14	196	3,7417	2 744	2,4101
15	225	3,8730	3 375	2,4662
16	256	4,0000	4 096	2,5198
17	289	4,1231	4 913	2,5713
18	324	4,2426	5 832	2,6207
19	361	4,3589	6 859	2,6684
20	400	4,4721	8 000	2,7144
21	441	4,5826	9 261	2,7589
22	484	4,6904	10 648	2,8020
23	529	4,7958	12 167	2,8439
24	576	4,8990	13 824	2,8845
25	625	5,0000	15 625	2,9240
26	676	5,0990	17 576	2,9625
27	729	5,1962	19 683	3,0000
28	784	5,2915	21 952	3,0366
29	841	5,3852	24 389	3,0723
30	900	5,4772	27 000	3,1072
31	961	5,5678	29 791	3,1414
32	1 024	5,6569	32 768	3,1748
33	1 089	5,7446	35 937	3,2075
34	1 156	5,8310	39 304	3,2396
35	1 225	5,9161	42 875	3,2711
36	1 296	6,0000	46 656	3,3019
37	1 369	6,0828	50 653	3,3322
38	1 444	6,1644	54 872	3,3620
39	1 521	6,2450	59 319	3,3912
40	1 600	6,3246	64 000	3,4200
41	1 681	6,4031	68 921	3,4482
42	1 764	6,4807	74 088	3,4760
43	1 849	6,5574	79 507	3,5034
44	1 936	6,6332	85 184	3,5303
45	2 025	6,7082	91 125	3,5569
46	2 116	6,7823	97 336	3,5830
47	2 209	6,8557	103 823	3,6088
48	2 304	6,9282	110 592	3,6342
49	2 401	7,0000	117 649	3,6593
50	2 500	7,0711	125 000	3,6840
51	2 601	7,1414	132 651	3,7084
52	2 704	7,2111	140 608	3,7325
53	2 809	7,2801	148 877	3,7563
54	2 916	7,3485	157 464	3,7798
55	3 025	7,4162	166 375	3,8030
56	3 136	7,4833	175 616	3,8259
57	3 249	7,5498	185 193	3,8485
58	3 364	7,6158	195 112	3,8709
59	3 481	7,6811	205 379	3,8930
60	3 600	7,7460	216 000	3,9149
61	3 721	7,8102	226 981	3,9365
62	3 844	7,8740	238 328	3,9579
63	3 969	7,9373	250 047	3,9791
64	4 096	8,0000	262 144	4,0000
65	4 225	8,0623	274 625	4,0207
66	4 356	8,1240	287 496	4,0412
67	4 489	8,1854	300 763	4,0615
68	4 624	8,2462	314 432	4,0817
69	4 761	8,3066	328 509	4,1016
70	4 900	8,3666	343 000	4,1213
71	5 041	8,4261	357 911	4,1408
72	5 184	8,4853	373 248	4,1602
73	5 329	8,5440	389 017	4,1793
74	5 476	8,6023	405 224	4,1983
75	5 625	8,6603	421 875	4,2172
76	5 776	8,7178	438 976	4,2358
77	5 929	8,7750	456 533	4,2543
78	6 084	8,8318	474 552	4,2727
79	6 241	8,8882	493 039	4,2908
80	6 400	8,9443	512 000	4,3089
81	6 561	9,0000	531 441	4,3267
82	6 724	9,0554	551 368	4,3445
83	6 889	9,1104	571 787	4,3621
84	7 056	9,1652	592 704	4,3795
85	7 225	9,2195	614 125	4,3968
86	7 396	9,2736	636 056	4,4140
87	7 569	9,3274	658 503	4,4310
88	7 744	9,3808	681 472	4,4480
89	7 921	9,4340	704 969	4,4647
90	8 100	9,4868	729 000	4,4814
91	8 281	9,5394	753 571	4,4979
92	8 464	9,5917	778 688	4,5144
93	8 649	9,6437	804 357	4,5307
94	8 836	9,6954	830 584	4,5468
95	9 025	9,7468	857 375	4,5629
96	9 216	9,7980	884 736	4,5789
97	9 409	9,8489	912 673	4,5947
98	9 604	9,8995	941 192	4,6104
99	9 801	9,9499	970 299	4,6261
100	10 000	10,0000	1 000 000	4,6416

n	n^2	$\sqrt{n}$	n^3	$\sqrt[3]{n}$
101	10201	10,0499	1030301	4,6570
102	10404	10,0995	1061208	4,6723
103	10609	10,1489	1092727	4,6875
104	10816	10,1980	1124864	4,7027
105	11025	10,2470	1157625	4,7177
106	11236	10,2956	1191016	4,7326
107	11449	10,3441	1225043	4,7475
108	11664	10,3923	1259712	4,7622
109	11881	10,4403	1295029	4,7769
110	12100	10,4881	1331000	4,7914
111	12321	10,5357	1367631	4,8059
112	12544	10,5830	1404928	4,8203
113	12769	10,6301	1442897	4,8346
114	12996	10,6771	1481544	4,8488
115	13225	10,7238	1520875	4,8629
116	13456	10,7703	1560896	4,8770
117	13689	10,8167	1601613	4,8910
118	13924	10,8628	1643032	4,9049
119	14161	10,9087	1685159	4,9187
120	14400	10,9545	1728000	4,9324
121	14641	11,0000	1771561	4,9461
122	14884	11,0454	1815848	4,9597
123	15129	11,0905	1860867	4,9732
124	15376	11,1355	1906624	4,9866
125	15625	11,1803	1953125	5,0000
126	15876	11,2250	2000376	5,0133
127	16129	11,2694	2048383	5,0265
128	16384	11,3137	2097152	5,0397
129	16641	11,3578	2146689	5,0528
130	16900	11,4018	2197000	5,0658
131	17161	11,4455	2248091	5,0788
132	17424	11,4891	2299968	5,0916
133	17689	11,5326	2352637	5,1045
134	17956	11,5758	2406104	5,1172
135	18225	11,6190	2460375	5,1299
136	18496	11,6619	2515456	5,1426
137	18769	11,7047	2571353	5,1551
138	19044	11,7473	2628072	5,1676
139	19321	11,7898	2685619	5,1801
140	19600	11,8322	2744000	5,1925
141	19881	11,8743	2803221	5,2048
142	20164	11,9164	2863288	5,2171
143	20449	11,9583	2924207	5,2293
144	20736	12,0000	2985984	5,2415
145	21025	12,0416	3048625	5,2536
146	21316	12,0830	3112136	5,2656
147	21609	12,1244	3176523	5,2776
148	21904	12,1655	3241792	5,2896
149	22201	12,2066	3307949	5,3015
150	22500	12,2474	3375000	5,3133
151	22801	12,2882	3442951	5,3251
152	23104	12,3288	3511808	5,3368
153	23409	12,3693	3581577	5,3485
154	23716	12,4097	3652264	5,3601
155	24025	12,4499	3723875	5,3717

n	n^2	$\sqrt{n}$	n^3	$\sqrt[3]{n}$
156	24336	12,4900	3796416	5,3832
157	24649	12,5300	3869893	5,3947
158	24964	12,5698	3944312	5,4061
159	25281	12,6095	4019679	5,4175
160	25600	12,6491	4096000	5,4288
161	25921	12,6886	4173281	5,4401
162	26244	12,7279	4251528	5,4514
163	26569	12,7671	4330747	5,4626
164	26896	12,8062	4410944	5,4737
165	27225	12,8452	4492125	5,4848
166	27556	12,8841	4574296	5,4959
167	27889	12,9228	4657463	5,5069
168	28224	12,9615	4741632	5,5178
169	28561	13,0000	4826809	5,5288
170	28900	13,0384	4913000	5,5397
171	29241	13,0767	5000211	5,5505
172	29584	13,1149	5088448	5,5613
173	29929	13,1529	5177717	5,5721
174	30276	13,1909	5268024	5,5828
175	30625	13,2288	5359375	5,5934
176	30976	13,2665	5451776	5,6041
177	31329	13,3041	5545233	5,6147
178	31684	13,3417	5639752	5,6252
179	32041	13,3791	5735339	5,6357
180	32400	13,4164	5832000	5,6462
181	32761	13,4536	5929741	5,6567
182	33124	13,4907	6028568	5,6671
183	33489	13,5277	6128487	5,6774
184	33856	13,5647	6229504	5,6877
185	34225	13,6015	6331625	5,6980
186	34596	13,6382	6434856	5,7083
187	34969	13,6748	6539203	5,7185
188	35344	13,7113	6644672	5,7287
189	35721	13,7477	6751269	5,7388
190	36100	13,7840	6859000	5,7489
191	36481	13,8203	6967871	5,7590
192	36864	13,8564	7077888	5,7690
193	37249	13,8924	7189057	5,7790
194	37636	13,9284	7301384	5,7890
195	38025	13,9642	7414875	5,7989
196	38416	14,0000	7529536	5,8088
197	38809	14,0357	7645373	5,8186
198	39204	14,0712	7762392	5,8285
199	39601	14,1067	7880599	5,8383
200	40000	14,1421	8000000	5,8480
201	40401	14,1774	8120601	5,8578
202	40804	14,2127	8242408	5,8675
203	41209	14,2478	8365427	5,8771
204	41616	14,2829	8489664	5,8868
205	42025	14,3178	8615125	5,8964
206	42436	14,3527	8741816	5,9059
207	42849	14,3875	8869743	5,9155
208	43264	14,4222	8998912	5,9250
209	43681	14,4568	9129329	5,9345
210	44100	14,4914	9261000	5,9439

n	n^2	$\sqrt{n}$	n^3	$\sqrt[3]{n}$
211	44 521	14,5258	9 393 931	5,9533
212	44 944	14,5602	9 528 128	5,9627
213	45 369	14,5945	9 663 597	5,9721
214	45 796	14,6287	9 800 344	5,9814
215	46 225	14,6629	9 938 375	5,9907
216	46 656	14,6969	10 077 696	6,0000
217	47 089	14,7309	10 218 313	6,0092
218	47 524	14,7648	10 360 232	6,0185
219	47 961	14,7986	10 503 459	6,0277
220	48 400	14,8324	10 648 000	6,0368
221	48 841	14,8661	10 793 861	6,0459
222	49 284	14,8997	10 941 048	6,0550
223	49 729	14,9332	11 089 567	6,0641
224	50 176	14,9666	11 239 424	6,0732
225	50 625	15,0000	11 390 625	6,0822
226	51 076	15,0333	11 543 176	6,0912
227	51 529	15,0665	11 697 083	6,1002
228	51 984	15,0997	11 852 352	6,1091
229	52 441	15,1327	12 008 989	6,1180
230	52 900	15,1658	12 167 000	6,1269
231	53 361	15,1987	12 326 391	6,1358
232	53 824	15,2315	12 487 168	6,1446
233	54 289	15,2643	12 649 337	6,1534
234	54 756	15,2971	12 812 904	6,1622
235	55 225	15,3297	12 977 875	6,1710
236	55 696	15,3623	13 144 256	6,1797
237	56 169	15,3948	13 312 053	6,1885
238	56 644	15,4272	13 481 272	6,1972
239	57 121	15,4596	13 651 919	6,2058
240	57 600	15,4919	13 824 000	6,2145
241	58 081	15,5242	13 997 521	6,2231
242	58 564	15,5563	14 172 488	6,2317
243	59 049	15,5885	14 348 907	6,2403
244	59 536	15,6205	14 526 784	6,2488
245	60 025	15,6525	14 706 125	6,2573
246	60 516	15,6844	14 886 936	6,2658
247	61 009	15,7162	15 069 223	6,2743
248	61 504	15,7480	15 252 992	6,2828
249	62 001	15,7797	15 438 249	6,2912
250	62 500	15,8114	15 625 000	6,2996
251	63 001	15,8430	15 813 251	6,3080
252	63 504	15,8745	16 003 008	6,3164
253	64 009	15,9060	16 194 277	6,3247
254	64 516	15,9374	16 387 064	6,3330
255	65 025	15,9687	16 581 375	6,3413
256	65 536	16,0000	16 777 216	6,3496
257	66 049	16,0312	16 974 593	6,3579
258	66 564	16,0624	17 173 512	6,3661
259	67 081	16,0935	17 373 979	6,3743
260	67 600	16,1245	17 576 000	6,3825
261	68 121	16,1555	17 779 581	6,3907
262	68 644	16,1864	17 984 728	6,3988
263	69 169	16,2173	18 191 447	6,4070
264	69 696	16,2481	18 399 744	6,4151
265	70 225	16,2788	18 609 625	6,4232

n	n^2	$\sqrt{n}$	n^3	$\sqrt[3]{n}$
266	70 756	16,3095	18 821 096	6,4312
267	71 289	16,3401	19 034 163	6,4393
268	71 824	16,3707	19 248 832	6,4473
269	72 361	16,4012	19 465 109	6,4553
270	72 900	16,4317	19 683 000	6,4633
271	73 441	16,4621	19 902 511	6,4713
272	73 984	16,4924	20 123 648	6,4792
273	74 529	16,5227	20 346 417	6,4872
274	75 076	16,5529	20 570 824	6,4951
275	75 625	16,5831	20 796 875	6,5030
276	76 176	16,6132	21 024 576	6,5108
277	76 729	16,6433	21 253 933	6,5187
278	77 284	16,6733	21 484 952	6,5265
279	77 841	16,7033	21 717 639	6,5343
280	78 400	16,7332	21 952 000	6,5421
281	78 961	16,7631	22 188 041	6,5499
282	79 524	16,7929	22 425 768	6,5577
283	80 089	16,8226	22 665 187	6,5654
284	80 656	16,8523	22 906 304	6,5731
285	81 225	16,8819	23 149 125	6,5808
286	81 796	16,9115	23 393 656	6,5885
287	82 369	16,9411	23 639 903	6,5962
288	82 944	16,9706	23 887 872	6,6039
289	83 521	17,0000	24 137 569	6,6115
290	84 100	17,0294	24 389 000	6,6191
291	84 681	17,0587	24 642 171	6,6267
292	85 264	17,0880	24 897 088	6,6343
293	85 849	17,1172	25 153 757	6,6419
294	86 436	17,1464	25 412 184	6,6494
295	87 025	17,1756	25 672 375	6,6569
296	87 616	17,2047	25 934 336	6,6644
297	88 209	17,2337	26 198 073	6,6719
298	88 804	17,2627	26 463 592	6,6794
299	89 401	17,2916	26 730 899	6,6869
300	90 000	17,3205	27 000 000	6,6943
301	90 601	17,3494	27 270 901	6,7018
302	91 204	17,3781	27 543 608	6,7092
303	91 809	17,4069	27 818 127	6,7166
304	92 416	17,4356	28 094 464	6,7240
305	93 025	17,4642	28 372 625	6,7313
306	93 636	17,4929	28 652 616	6,7387
307	94 249	17,5214	28 934 443	6,7460
308	94 864	17,5499	29 218 112	6,7533
309	95 481	17,5784	29 503 629	6,7606
310	96 100	17,6068	29 791 000	6,7679
311	96 721	17,6352	30 080 231	6,7752
312	97 344	17,6635	30 371 328	6,7824
313	97 969	17,6918	30 664 297	6,7897
314	98 596	17,7200	30 959 144	6,7969
315	99 225	17,7482	31 255 875	6,8041
316	99 856	17,7764	31 554 496	6,8113
317	100 489	17,8045	31 855 013	6,8185
318	101 124	17,8326	32 157 432	6,8256
319	101 761	17,8606	32 461 759	6,8328
320	102 400	17,8885	32 768 000	6,8399

n	n^2	$\sqrt{n}$	n^3	$\sqrt[3]{n}$
321	103041	17,9165	33 076 161	6,8470
322	103684	17,9444	33 386 248	6,8541
323	104329	17,9722	33 698 267	6,8612
324	104976	18,0000	34 012 224	6,8683
325	105625	18,0278	34 328 125	6,8753
326	106 276	18,0555	34 645 976	6,8824
327	106 929	18,0831	34 965 783	6,8894
328	107 584	18,1108	35 287 552	6,8964
329	108 241	18,1384	35 611 289	6,9034
330	108 900	18,1659	35 937 000	6,9104
331	109 561	18,1934	36 264 691	6,9174
332	110 224	18,2209	36 594 368	6,9244
333	110 889	18,2483	36 926 037	6,9313
334	111 556	18,2757	37 259 704	6,9382
335	112 225	18,3030	37 595 375	6,9451
336	112 896	18,3303	37 933056	6,9521
337	113 569	18,3576	38 272753	6,9589
338	114 244	18,3848	38 614472	6,9658
339	114 921	18,4120	38 958219	6,9727
340	115 600	18,4391	39 304000	6,9795
341	116 281	18,4662	39 651 821	6,9864
342	116 964	18,4932	40 001 688	6,9932
343	117 649	18,5203	40 353 607	7,0000
344	118 336	18,5472	40 707 584	7,0068
345	119 025	18,5742	41 063 625	7,0136
346	119 716	18,6011	41 421 736	7,0203
347	120 409	18,6279	41 781 923	7,0271
348	121 104	18,6548	42 144 192	7,0338
349	121 801	18,6815	42 508 549	7,0406
350	122 500	18,7083	42 875 000	7,0473
351	123 201	18,7350	43 243 551	7,0540
352	123 904	18,7617	43 614 208	7,0607
353	124 609	18,7883	43 986 977	7,0674
354	125 316	18,8149	44 361 864	7,0740
355	126 025	18,8414	44 738 875	7,0807
356	126 736	18,8680	45 118 016	7,0873
357	127 449	18,8944	45 499 293	7,0940
358	128 164	18,9209	45 882 712	7,1006
359	128 881	18,9473	46 268 279	7,1072
360	129 600	18,9737	46 656 000	7,1138
361	130 321	19,0000	47 045 881	7,1204
362	131 044	19,0263	47 437 928	7,1269
363	131 769	19,0526	47 832 147	7,1335
364	132 496	19,0788	48 228 544	7,1400
365	133 225	19,1050	48 627 125	7,1466
366	133 956	19,1311	49 027 896	7,1531
367	134 689	19,1572	49 430 863	7,1596
368	135 424	19,1833	49 836 032	7,1661
369	136 161	19,2094	50 243 409	7,1726
370	136 900	19,2354	50 653 000	7,1791
371	137 641	19,2614	51 064 811	7,1855
372	138 384	19,2873	51 478 848	7,1920
373	139 129	19,3132	51 895 117	7,1984
374	139 876	19,3391	52 313 624	7,2048
375	140 625	19,3649	52 734 375	7,2112

n	n^2	$\sqrt{n}$	n^3	$\sqrt[3]{n}$
376	141 376	19,3907	53 157 376	7,2177
377	142 129	19,4165	53 582 633	7,2240
378	142 884	19,4422	54 010 152	7,2304
379	143 641	19,4679	54 439 939	7,2368
380	144 400	19,4936	54 872 000	7,2432
381	145 161	19,5192	55 306 341	7,2495
382	145 924	19,5448	55 742 968	7,2558
383	146 689	19,5704	56 181 887	7,2622
384	147 456	19,5959	56 623 104	7,2685
385	148 225	19,6214	57 066 625	7,2748
386	148 996	19,6469	57 512 456	7,2811
387	149 769	19,6723	57 960 603	7,2874
388	150 544	19,6977	58 411 072	7,2936
389	151 321	19,7231	58 863 869	7,2999
390	152 100	19,7484	59 319 000	7,3061
391	152 881	19,7737	59 776 471	7,3124
392	153 664	19,7990	60 236 288	7,3186
393	154 449	19,8242	60 698 457	7,3248
394	155 236	19,8494	61 162 984	7,3310
395	156 025	19,8746	61 629 875	7,3372
396	156 816	19,8997	62 099 136	7,3434
397	157 609	19,9249	62 570 773	7,3496
398	158 404	19,9499	63 044 792	7,3558
399	159 201	19,9750	63 521 199	7,3619
400	160 000	20,0000	64 000 000	7,3681
401	160 801	20,0250	64 481 201	7,3742
402	161 604	20,0499	64 964 808	7,3803
403	162 409	20,0749	65 450 827	7,3864
404	163 216	20,0998	65 939 264	7,3925
405	164 025	20,1246	66 430 125	7,3986
406	164 836	20,1494	66 923 416	7,4047
407	165 649	20,1742	67 419 143	7,4108
408	166 464	20,1990	67 917 312	7,4169
409	167 281	20,2237	68 417 929	7,4229
410	168 100	20,2485	68 921 000	7,4290
411	168 921	20,2731	69 426 531	7,4350
412	169 744	20,2978	69 934 528	7,4410
413	170 569	20,3224	70 444 997	7,4470
414	171 396	20,3470	70 957 944	7,4530
415	172 225	20,3715	71 473 375	7,4590
416	173 056	20,3961	71 991 296	7,4650
417	173 889	20,4206	72 511 713	7,4710
418	174 724	20,4450	73 034 632	7,4770
419	175 561	20,4695	73 560 059	7,4829
420	176 400	20,4939	74 088 000	7,4889
421	177 241	20,5183	74 618 461	7,4948
422	178 084	20,5426	75 151 448	7,5007
423	178 929	20,5670	75 686 967	7,5067
424	179 776	20,5913	76 225 024	7,5126
425	180 625	20,6155	76 765 625	7,5185
426	181 476	20,6398	77 308 776	7,5244
427	182 329	20,6640	77 854 483	7,5302
428	183 184	20,6882	78 402 752	7,5361
429	184 041	20,7123	78 953 589	7,5420
430	184 900	20,7364	79 507 000	7,5478

n	n^2	$\sqrt{n}$	n^3	$\sqrt[3]{n}$
431	185 761	20,7605	80 062 991	7,553
432	186 624	20,7846	80 621 568	7,5595
433	187 489	20,8087	81 182 737	7,5654
434	188 356	20,8327	81 746 504	7,5712
435	189 225	20,8567	82 312 875	7,5770
436	190 096	20,8806	82 881 856	7,5828
437	190 969	20,9045	83 453 453	7,5886
438	191 844	20,9284	84 027 672	7,5944
439	192 721	20,9523	84 604 519	7,6001
440	193 600	20,9762	85 184 000	7,6059
441	194 481	21,0000	85 766 121	7,6117
442	195 364	21,0238	86 350 888	7,6174
443	196 249	21,0476	86 938 307	7,6232
444	197 136	21,0713	87 528 384	7,6289
445	198 025	21,0950	88 121 125	7,6346
446	198 916	21,1187	88 716 536	7,6403
447	199 809	21,1424	89 314 623	7,6460
448	200 704	21,1660	89 915 392	7,6517
449	201 601	21,1896	90 518 849	7,6574
450	202 500	21,2132	91 125 000	7,6631
451	203 401	21,2368	91 733 851	7,6688
452	204 304	21,2603	92 345 408	7,6744
453	205 209	21,2838	92 959 677	7,6801
454	206 116	21,3073	93 576 664	7,6857
455	207 025	21,3307	94 196 375	7,6914
456	207 936	21,3542	94 818 816	7,6970
457	208 849	21,3776	95 443 993	7,7026
458	209 764	21,4009	96 071 912	7,7082
459	210 681	21,4243	96 702 579	7,7138
460	211 600	21,4476	97 336 000	7,7194
461	212 521	21,4709	97 972 181	7,7250
462	213 444	21,4942	98 611 128	7,7306
463	214 369	21,5174	99 252 847	7,7362
464	215 296	21,5407	99 897 344	7,7418
465	216 225	21,5639	100 544 625	7,7473
466	217 156	21,5870	101 194 696	7,7529
467	218 089	21,6102	101 847 563	7,7584
468	219 024	21,6333	102 503 232	7,7639
469	219 961	21,6564	103 161 709	7,7695
470	220 900	21,6795	103 823 000	7,7750
471	221 841	21,7025	104 487 111	7,7805
472	222 784	21,7256	105 154 048	7,7860
473	223 729	21,7486	105 823 817	7,7915
474	224 676	21,7715	106 496 424	7,7970
475	225 625	21,7945	107 171 875	7,8025
476	226 576	21,8174	107 850 176	7,8079
477	227 529	21,8403	108 531 333	7,8134
478	228 484	21,8632	109 215 352	7,8188
479	229 441	21,8861	109 902 239	7,8243
480	230 400	21,9089	110 592 000	7,8297
481	231 361	21,9317	111 284 641	7,8352
482	232 324	21,9545	111 980 168	7,8406
483	233 289	21,9773	112 678 587	7,8460
484	234 256	22,0000	113 379 904	7,8514
485	235 225	22,0227	114 084 125	7,8568

n	n^2	$\sqrt{n}$	n^3	$\sqrt[3]{n}$
486	236 196	22,0454	114 791 256	7,8622
487	237 169	22,0681	115 501 303	7,8676
488	238 144	22,0907	116 214 272	7,8730
489	239 121	22,1133	116 930 169	7,8784
490	240 100	22,1359	117 649 000	7,8837
491	241 081	22,1585	118 370 771	7,8891
492	242 064	22,1811	119 095 488	7,8944
493	243 049	22,2036	119 823 157	7,8998
494	244 036	22,2261	120 553 784	7,9051
495	245 025	22,2486	121 287 375	7,9105
496	246 016	22,2711	122 023 936	7,9158
497	247 009	22,2935	122 763 473	7,9211
498	248 004	22,3159	123 505 992	7,9264
499	249 001	22,3383	124 251 499	7,9317
500	250 000	22,3607	125 000 000	7,9370
501	251 001	22,3830	125 751 501	7,9423
502	252 004	22,4054	126 506 008	7,9476
503	253 009	22,4277	127 263 527	7,9528
504	254 016	22,4499	128 024 064	7,9581
505	255 025	22,4722	128 787 625	7,9634
506	256 036	22,4944	129 554 216	7,9686
507	257 049	22,5167	130 323 843	7,9739
508	258 064	22,5389	131 096 512	7,9791
509	259 081	22,5610	131 872 229	7,9843
510	260 100	22,5832	132 651 000	7,9896
511	261 121	22,6053	133 432 831	7,9948
512	262 144	22,6274	134 217 728	8,0000
513	263 169	22,6495	135 005 697	8,0052
514	264 196	22,6716	135 796 744	8,0104
515	265 225	22,6936	136 590 875	8,0156
516	266 256	22,7156	137 388 096	8,0208
517	267 289	22,7376	138 188 413	8,0260
518	268 324	22,7596	138 991 832	8,0311
519	269 361	22,7816	139 798 359	8,0363
520	270 400	22,8035	140 608 000	8,0415
521	271 441	22,8254	141 420 761	8,0466
522	272 484	22,8473	142 236 648	8,0517
523	273 529	22,8692	143 055 667	8,0569
524	274 576	22,8910	143 877 824	8,0620
525	275 625	22,9129	144 703 125	8,0671
526	276 676	22,9347	145 531 576	8,0723
527	277 729	22,9565	146 363 183	8,0774
528	278 784	22,9783	147 197 952	8,0825
529	279 841	23,0000	148 035 889	8,0876
530	280 900	23,0217	148 877 000	8,0927
531	281 961	23,0434	149 721 291	8,0978
532	283 024	23,0651	150 568 768	8,1028
533	284 089	23,0868	151 419 437	8,1079
534	285 156	23,1084	152 273 304	8,1130
535	286 225	23,1301	153 130 375	8,1180
536	287 296	23,1517	153 990 656	8,1231
537	288 369	23,1733	154 854 153	8,1281
538	289 444	23,1948	155 720 872	8,1332
539	290 521	23,2164	156 590 819	8,1382
540	291 600	23,2379	157 464 000	8,1433

n	n^2	$\sqrt{n}$	n^3	$\sqrt[3]{n}$
541	292 681	23,2594	158 340 421	8,1483
542	293 764	23,2809	159 220 088	8,1533
543	294 849	23,3024	160 103 007	8,1583
544	295 936	23,3238	160 989 184	8,1633
545	297 025	23,3452	161 878 625	8,1683
546	298 116	23,3666	162 771 336	8,1733
547	299 209	23,3880	163 667 323	8,1783
548	300 304	23,4094	164 566 592	8,1833
549	301 401	23,4307	165 469 149	8,1882
550	302 500	23,4521	166 375 000	8,1932
551	303 601	23,4734	167 284 151	8,1982
552	304 704	23,4947	168 196 608	8,2031
553	305 809	23,5160	169 112 377	8,2081
554	306 916	23,5372	170 031 464	8,2130
555	308 025	23,5584	170 953 875	8,2180
556	309 136	23,5797	171 879 616	8,2229
557	310 249	23,6008	172 808 693	8,2278
558	311 364	23,6220	173 741 112	8,2327
559	312 481	23,6432	174 676 879	8,2377
560	313 600	23,6643	175 616 000	8,2426
561	314 721	23,6854	176 558 481	8,2475
562	315 844	23,7065	177 504 328	8,2524
563	316 969	23,7276	178 453 547	8,2573
564	318 096	23,7487	179 406 144	8,2621
565	319 225	23,7697	180 362 125	8,2670
566	320 356	23,7908	181 321 496	8,2719
567	321 489	23,8118	182 284 263	8,2768
568	322 624	23,8328	183 250 432	8,2816
569	323 761	23,8537	184 220 009	8,2865
570	324 900	23,8747	185 193 000	8,2913
571	326 041	23,8956	186 169 411	8,2962
572	327 184	23,9165	187 149 248	8,3010
573	328 329	23,9374	188 132 517	8,3059
574	329 476	23,9583	189 119 224	8,3107
575	330 625	23,9792	190 109 375	8,3155
576	331 776	24,0000	191 102 976	8,3203
577	332 929	24,0208	192 100 033	8,3251
578	334 084	24,0416	193 100 552	8,3300
579	335 241	24,0624	194 104 539	8,3348
580	336 400	24,0832	195 112 000	8,3396
581	337 561	24,1039	196 122 941	8,3443
582	338 724	24,1247	197 137 368	8,3491
583	339 889	24,1454	198 155 287	8,3539
584	341 056	24,1661	199 176 704	8,3587
585	342 225	24,1868	200 201 625	8,3634
586	343 396	24,2074	201 230 056	8,3682
587	344 569	24,2281	202 262 003	8,3730
588	345 744	24,2487	203 297 472	8,3777
589	346 921	24,2693	204 336 469	8,3825
590	348 100	24,2899	205 379 000	8,3872
591	349 281	24,3105	206 425 071	8,3919
592	350 464	24,3311	207 474 688	8,3967
593	351 649	24,3516	208 527 857	8,4014
594	352 836	24,3721	209 584 584	8,4061
595	354 025	24,3926	210 644 875	8,4108

n	n^2	$\sqrt{n}$	n^3	$\sqrt[3]{n}$
596	355 216	24,4131	211 708 736	8,4155
597	356 409	24,4336	212 776 173	8,4202
598	357 604	24,4540	213 847 192	8,4249
599	358 801	24,4745	214 921 799	8,4296
600	360 000	24,4949	216 000 000	8,4343
601	361 201	24,5153	217 081 801	8,4390
602	362 404	24,5357	218 167 208	8,4437
603	363 609	24,5561	219 256 227	8,4484
604	364 816	24,5764	220 348 864	8,4530
605	366 025	24,5967	221 445 125	8,4577
606	367 236	24,6171	222 545 016	8,4623
607	368 449	24,6374	223 648 543	8,4670
608	369 664	24,6577	224 755 712	8,4716
609	370 881	24,6779	225 866 529	8,4763
610	372 100	24,6982	226 981 000	8,4809
611	373 321	24,7184	228 099 131	8,4856
612	374 544	24,7386	229 220 928	8,4902
613	375 769	24,7588	230 346 397	8,4948
614	376 996	24,7790	231 475 544	8,4994
615	378 225	24,7992	232 608 375	8,5040
616	379 456	24,8193	233 744 896	8,5086
617	380 689	24,8395	234 885 113	8,5132
618	381 924	24,8596	236 029 032	8,5178
619	383 161	24,8797	237 176 659	8,5224
620	384 400	24,8998	238 328 000	8,5270
621	385 641	24,9199	239 483 061	8,5316
622	386 884	24,9399	240 641 848	8,5362
623	388 129	24,9600	241 804 367	8,5408
624	389 376	24,9800	242 970 624	8,5453
625	390 625	25,0000	244 140 625	8,5499
626	391 876	25,0200	245 314 376	8,5544
627	393 129	25,0400	246 491 883	8,5590
628	394 384	25,0599	247 673 152	8,5635
629	395 641	25,0799	248 858 189	8,5681
630	396 900	25,0998	250 047 000	8,5726
631	398 161	25,1197	251 239 591	8,5772
632	399 424	25,1396	252 435 968	8,5817
633	400 689	25,1595	253 636 137	8,5862
634	401 956	25,1794	254 840 104	8,5907
635	403 225	25,1992	256 047 875	8,5952
636	404 496	25,2190	257 259 456	8,5997
637	405 769	25,2389	258 474 853	8,6043
638	407 044	25,2587	259 694 072	8,6088
639	408 321	25,2784	260 917 119	8,6132
640	409 600	25,2982	262 144 000	8,6177
641	410 881	25,3180	263 374 721	8,6222
642	412 164	25,3377	264 609 288	8,6267
643	413 449	25,3574	265 847 707	8,6312
644	414 736	25,3772	267 089 984	8,6357
645	416 025	25,3969	268 336 125	8,6401
646	417 316	25,4165	269 586 136	8,6446
647	418 609	25,4362	270 840 023	8,6490
648	419 904	25,4558	272 097 792	8,6535
649	421 201	25,4755	273 359 449	8,6579
650	422 500	25,4951	274 625 000	8,6624

n	n^2	$\sqrt{n}$	n^3	$\sqrt[3]{n}$
651	423 801	25,5147	275 894 451	8,6668
652	425 104	25,5343	277 167 808	8,6713
653	426 409	25,5539	278 445 077	8,6757
654	427 716	25,5734	279 726 264	8,6801
655	429 025	25,5930	281 011 375	8,6845
656	430 336	25,6125	282 300 416	8,6890
657	431 649	25,6320	283 593 393	8,6934
658	432 964	25,6515	284 890 312	8,6978
659	434 281	25,6710	286 191 179	8,7022
660	435 600	25,6905	287 496 000	8,7066
661	436 921	25,7099	288 804 781	8,7110
662	438 244	25,7294	290 117 528	8,7154
663	439 569	25,7488	291 434 247	8,7198
664	440 896	25,7682	292 754 944	8,7241
665	442 225	25,7876	294 079 625	8,7285
666	443 556	25,8070	295 408 296	8,7329
667	444 889	25,8263	296 740 963	8,7373
668	446 224	25,8457	298 077 632	8,7416
669	447 561	25,8650	299 418 309	8,7460
670	448 900	25,8844	300 763 000	8,7503
671	450 241	25,9037	302 111 711	8,7547
672	451584	25,9230	303 464 448	8,7590
673	452 929	25,9422	304 821 217	8,7634
674	454 276	25,9615	306 182 024	8,7677
675	455 625	25,9808	307 546 875	8,7721
676	456 976	26,0000	308 915 776	8,7764
677	458 329	26,0192	310 288 733	8,7807
678	459 684	26,0384	311 665 752	8,7850
679	461 041	26,0576	313 046 839	8,7893
680	462 400	26,0768	314 432 000	8,7937
681	463 761	26,0960	315 821 241	8,7980
682	465 124	26,1151	317 214 568	8,8023
683	466 489	26,1343	318 611 987	8,8066
684	467 856	26,1534	320 013 504	8,8109
685	469 225	26,1725	321 419 125	8,8152
686	470 596	26,1916	322 828 856	8,8194
687	471 969	26,2107	324 242 703	8,8237
688	473 344	26,2298	325 660 672	8,8280
689	474 721	26,2488	327 082 769	8,8323
690	476 100	26,2679	328 509 000	8,8366
691	477 481	26,2869	329 939 371	8,8408
692	478 864	26,3059	331 373 888	8,8451
693	480 249	26,3249	332 812 557	8,8493
694	481 636	26,3439	334 255 384	8,8536
695	483 025	26,3629	335 702 375	8,8578
696	484 416	26,3818	337 153 536	8,8621
697	485 809	26,4008	338 608 873	8,8663
698	487 204	26,4197	340 068 392	8,8706
699	488 601	26,4386	341 532 099	8,8748
700	490 000	26,4575	343 000 000	8,8790
701	491 401	26,4764	344 472 101	8,8833
702	492 804	26,4953	345 948 408	8,8875
703	494 209	26,5141	347 428 927	8,8917
704	495 616	26,5330	348 913 664	8,8959
705	497 025	26,5518	350 402 625	8,9001

n	n^2	$\sqrt{n}$	n^3	$\sqrt[3]{n}$
706	498 436	26,5707	351 895 816	8,9043
707	499 849	26,5895	353 393 243	8,9085
708	501 264	26,6083	354 894 912	8,9127
709	502 681	26,6271	356 400 829	8,9169
710	504 100	26,6458	357 911 000	8,9211
711	505 521	26,6646	359 425 431	8,9253
712	506 944	26,6833	360 944 128	8,9295
713	508 369	26,7021	362 467 097	8,9337
714	509 796	26,7208	363 994 344	8,9378
715	511 225	26,7395	365 525 875	8,9420
716	512 656	26,7582	367 061 696	8,9462
717	514 089	26,7769	368 601 813	8,9503
718	515 524	26,7955	370 146 232	8,9545
719	516 961	26,8142	371 694 959	8,9587
720	518 400	26,8328	373 248 000	8,9628
721	519 841	26,8514	374 805 361	8,9670
722	521 284	26,8701	376 367 048	8,9711
723	522 729	26,8887	377 933 067	8,9752
724	524 176	26,9072	379 503 424	8,9794
725	525 625	26,9258	381 078125	8,9835
726	527 076	26,9444	382 657 176	8,9876
727	528 529	26,9629	384 240 583	8,9918
728	529 984	26,9815	385 828 352	8,9959
729	531 441	27,0000	387 420 489	9,0000
730	532 900	27,0185	389 017 000	9,0041
731	534 361	27,0370	390 617 891	9,0082
732	535 824	27,0555	392 223 168	9,0123
733	537 289	27,0740	393 832 837	9,0164
734	538 756	27,0924	395 446 904	9,0205
735	540 225	27,1109	397 065 375	9,0246
736	541 696	27,1293	398 688 256	9,0287
737	543 169	27,1477	400 315 553	9,0328
738	544 644	27,1662	401 947 272	9,0369
739	546 121	27,1846	403 583 419	9,0410
740	547 600	27,2029	405 224 000	9,0450
741	549 081	27,2213	406 869 021	9,0491
742	550 564	27,2397	408 518 488	9,0532
743	552 049	27,2580	410 172 407	9,0572
744	553 536	27,2764	411 830 784	9,0613
745	555 025	27,2947	413 493 625	9,0654
746	556 516	27,3130	415 160 936	9,0694
747	558 009	27,3313	416 832 723	9,0735
748	559 504	27,3496	418 508 992	9,0775
749	561 001	27,3679	420 189 749	9,0816
750	562 500	27,3861	421 875 000	9,0856
751	564 001	27,4044	423 564 751	9,0896
752	565 504	27,4226	425 259 008	9,0937
753	567 009	27,4408	426 957 777	9,0977
754	568 516	27,4591	428 661 064	9,1017
755	570 025	27,4773	430 368 875	9,1057
756	571 536	27,4955	432 081 216	9,1098
757	573 049	27,5136	433 798 093	9,1138
758	574 564	27,5318	435 519 512	9,1178
759	576 081	27,5500	437 245 479	9,1218
760	577 600	27,5681	438 976 000	9,1258

n	n^2	$\sqrt{n}$	n^3	$\sqrt[3]{n}$
761	579 121	27,5862	440 711 081	9,1298
762	580 644	27,6043	442 450 728	9,1338
763	582 169	27,6225	444 194 947	9,1378
764	583 696	27,6405	445 943 744	9,1418
765	585 225	27,6586	447 697 125	9,1458
766	586 756	27,6767	449 455 096	9,1498
767	588 289	27,6948	451 217 663	9,1537
768	589 824	27,7128	452 984 832	9,1577
769	591 361	27,7308	454 756 609	9,1617
770	592 900	27,7489	456 533 000	9,1657
771	594 441	27,7669	458 314 011	9,1696
772	595 984	27,7849	460 099 648	9,1736
773	597 529	27,8029	461 889 917	9,1775
774	599 076	27,8209	463 684 824	9,1815
775	600 625	27,8388	465 484 375	9,1855
776	602 176	27,8568	467 288 576	9,1894
777	603 729	27,8747	469 097 433	9,1933
778	605 284	27,8927	470 910 952	9,1973
779	606 841	27,9106	472 729 139	9,2012
780	608 400	27,9285	474 552 000	9,2052
781	609 961	27,9464	476 379 541	9,2091
782	611 524	27,9643	478 211 768	9,2130
783	613 089	27,9821	480 048 687	9,2170
784	614 656	28,0000	481 890 304	9,2209
785	616 225	28,0179	483 736 625	9,2248
786	617 796	28,0357	485 587 656	9,2287
787	619 369	28,0535	487 443 403	9,2326
788	620 944	28,0713	489 303 872	9,2365
789	622 521	28,0891	491 169 069	9,2404
790	624 100	28,1069	493 039 000	9,2443
791	625 681	28,1247	494 913 671	9,2482
792	627 264	28,1425	496 793 088	9,2521
793	628 849	28,1603	498 677 257	9,2560
794	630 436	28,1780	500 566 184	9,2599
795	632 025	28,1957	502 459 875	9,2638
796	633 616	28,2135	504 358 336	9,2677
797	635 209	28,2312	506 261 573	9,2716
798	636 804	28,2489	508 169 592	9,2754
799	638 401	28,2666	510 082 399	9,2793
800	640 000	28,2843	512 000 000	9,2832
801	641 601	28,3019	513 922 401	9,2870
802	643 204	28,3196	515 849 608	9,2909
803	644 809	28,3373	517 781 627	9,2948
804	646 416	28,3549	519 718 464	9,2986
805	648 025	28,3725	521 660 125	9,3025
806	649 636	28,3901	523 606 616	9,3063
807	651 249	28,4077	525 557 943	9,3102
808	652 864	28,4253	527 514 112	9,3140
809	654 481	28,4429	529 475 129	9,3179
810	656 100	28,4605	531 441 000	9,3217
811	657 721	28,4781	533 411 731	9,3255
812	659 344	28,4956	535 387 328	9,3294
813	660 969	28,5132	537 367 797	9,3332
814	662 596	28,5307	539 353 144	9,3370
815	664 225	28,5482	541 343 375	9,3408

n	n^2	$\sqrt{n}$	n^3	$\sqrt[3]{n}$
816	665 856	28,5657	543 338 496	9,3447
817	667 489	28,5832	545 338 513	9,3485
818	669 124	28,6007	547 343 432	9,3523
819	670 761	28,6182	549 353 259	9,3561
820	672 400	28,6356	551 368 000	9,3599
821	674 041	28,6531	553 387 661	9,3637
822	675 684	28,6705	555 412 248	9,3675
823	677 329	28,6880	557 441 767	9,3713
824	678 976	28,7054	559 476 224	9,3751
825	680 625	28,7228	561 515 625	9,3789
826	682 276	28,7402	563 559 976	9,3827
827	683 929	28,7576	565 609 283	9,3865
828	685 584	28,7750	567 663 552	9,3902
829	687 241	28,7924	569 722 789	9,3940
830	688 900	28,8097	571 787 000	9,3978
831	690 561	28,8271	573 856 191	9,4016
832	692 224	28,8444	575 930 368	9,4053
833	693 889	28,8617	578 009 537	9,4091
834	695 556	28,8791	580 093 704	9,4129
835	697 225	28,8964	582 182 875	9,4166
836	698 896	28,9137	584 277 056	9,4204
837	700 569	28,9310	586 376 253	9,4241
838	702 244	28,9482	588 480 472	9,4279
839	703 921	28,9655	590 589 719	9,4316
840	705 600	28,9828	592 704 000	9,4354
841	707 281	29,0000	594 823 321	9,4391
842	708 964	29,0172	596 947 688	9,4429
843	710 649	29,0345	599 077 107	9,4466
844	712 336	29,0517	601 211 584	9,4503
845	714 025	29,0689	603 351 125	9,4541
846	715 716	29,0861	605 495 736	9,4578
847	717 409	29,1033	607 645 423	9,4615
848	719 104	29,1204	609 800 192	9,4652
849	720 801	29,1376	611 960 049	9,4690
850	722 500	29,1548	614 125 000	9,4727
851	724 201	29,1719	616 295 051	9,4764
852	725 904	29,1890	618 470 208	9,4801
853	727 609	29,2062	620 650 477	9,4838
854	729 316	29,2233	622 835 864	9,4875
855	731 025	29,2404	625 026 375	9,4912
856	732 736	29,2575	627 222 016	9,4949
857	734 449	29,2746	629 422 793	9,4986
858	736 164	29,2916	631 628 712	9,5023
859	737 881	29,3087	633 839 779	9,5060
860	739 600	29,3258	636 056 000	9,5097
861	741 321	29,3428	638 277 381	9,5134
862	743 044	29,3598	640 503 928	9,5171
863	744 769	29,3769	642 735 647	9,5207
864	746 496	29,3939	644 972 544	9,5244
865	748 225	29,4109	647 214 625	9,5281
866	749 956	29,4279	649 461 896	9,5317
867	751 689	29,4449	651 714 363	9,5354
868	753 424	29,4618	653 972 032	9,5391
869	755 161	29,4788	656 234 909	9,5427
870	756 900	29,4958	658 503 000	9,5464

n	n^2	$\sqrt{n}$	n^3	$\sqrt[3]{n}$
871	758 641	29,5127	660 776 311	9,5501
872	760 384	29,5296	663 054 848	9,5537
873	762 129	29,5466	665 338 617	9,5574
874	763 876	29,5635	667 627 624	9,5610
875	765 625	29,5804	669 921 875	9,5647
876	767 376	29,5973	672 221 376	9,5683
877	769 129	29,6142	674 526 133	9,5719
878	770 884	29,6311	676 836 152	9,5756
879	772 641	29,6479	679 151 439	9,5792
880	774 400	29,6648	681 472 000	9,5828
881	776 161	29,6816	683 797 841	9,5865
882	777 924	29,6985	686 128 968	9,5901
883	779 689	29,7153	688 465 387	9,5937
884	781 456	29,7321	690 807 104	9,5973
885	783 225	29,7489	693 154 125	9,6010
886	784 996	29,7658	695 506 456	9,6046
887	786 769	29,7825	697 864 103	9,6082
888	788 544	29,7993	700 227 072	9,6118
889	790 321	29,8161	702 595 369	9,6154
890	792 100	29,8329	704 969 000	9,6190
891	793 881	29,8496	707 347 971	9,6226
892	795 664	29,8664	709 732 288	9,6262
893	797 449	29,8831	712 121 957	9,6298
894	799 236	29,8998	714 516 984	9,6334
895	801 025	29,9166	716 917 375	9,6370
896	802 816	29,9333	719 323 136	9,6406
897	804 609	29,9500	721 734 273	9,6442
898	806 404	29,9666	724 150 792	9,6477
899	808 201	29,9833	726 572 699	9,6513
900	810 000	30,0000	729 000 000	9,6549
901	811 801	30,0167	731 432 701	9,6585
902	813 604	30,0333	733 870 808	9,6620
903	815 409	30,0500	736 314 327	9,6656
904	817 216	30,0666	738 763 264	9,6692
905	819 025	30,0832	741 217 625	9,6727
906	820 836	30,0998	743 677 416	9,6763
907	822 649	30,1164	746 142 643	9,6799
908	824 464	30,1330	748 613 312	9,6834
909	826 281	30,1496	751 089 429	9,6870
910	828 100	30,1662	753 571 000	9,6905
911	829 921	30,1828	756 058 031	9,6941
912	831 744	30,1993	758 550 528	9,6976
913	833 569	30,2159	761 048 497	9,7012
914	835 396	30,2324	763 551 944	9,7047
915	837 225	30,2490	766 060 875	9,7082
916	839 056	30,2655	768 575 296	9,7118
917	840 889	30,2820	771 095 213	9,7153
918	842 724	30,2985	773 620 632	9,7188
919	844 561	30,3150	776 151 559	9,7224
920	846 400	30,3315	778 688 000	9,7259
921	848 241	30,3480	781 229 961	9,7294
922	850 084	30,3645	783 777 448	9,7329
923	851 929	30,3809	786 330 467	9,7364
924	853 776	30,3974	788 889 024	9,7400
925	855 625	30,4138	791 453 125	9,7435

n	n^2	$\sqrt{n}$	n^3	$\sqrt[3]{n}$
926	857 476	30,4302	794 022 776	9,7470
927	859 329	30,4467	796 597 983	9,7505
928	861 184	30,4631	799 178 752	9,7540
929	863 041	30,4795	801 765 089	9,7575
930	864 900	30,4959	804 357 000	9,7610
931	866 761	30,5123	806 954 491	9,7645
932	868 624	30,5287	809 557 568	9,7680
933	870 489	30,5450	812 166 237	9,7715
934	872 356	30,5614	814 780 504	9,7750
935	874 225	30,5778	817 400 375	9,7785
936	876 096	30,5941	820 025 856	9,7819
937	877 969	30,6105	822 656 953	9,7854
938	879 844	30,6268	825 293 672	9,7889
939	881 721	30,6431	827 936 019	9,7924
940	883 600	30,6594	830 584 000	9,7959
941	885 481	30,6757	833 237 621	9,7993
942	887 364	30,6920	835 896 888	9,8028
943	889 249	30,7083	838 561 807	9,8063
944	891 136	30,7246	841 232 384	9,8097
945	893 025	30,7409	843 908 625	9,8132
946	894 916	30,7571	846 590 536	9,8167
947	896 809	30,7734	849 278 123	9,8201
948	898 704	30,7896	851 971 392	9,8236
949	900 601	30,8058	854 670 349	9,8270
950	902 500	30,8221	857 375 000	9,8305
951	904 401	30,8383	860 085 351	9,8339
952	906 304	30,8545	862 801 408	9,8374
953	908 209	30,8707	865 523 177	9,8408
954	910 116	30,8869	868 250 664	9,8443
955	912 025	30,9031	870 983 875	9,8477
956	913 936	30,9192	873 722 816	9,8511
957	915 849	30,9354	876 467 493	9,8546
958	917 764	30,9516	879 217 912	9,8580
959	919 681	30,9677	881 974 079	9,8614
960	921 600	30,9839	884 736 000	9,8648
961	923 521	31,0000	887 503 681	9,8683
962	925 444	31,0161	890 277 128	9,8717
963	927 369	31,0322	893 056 347	9,8751
964	929 296	31,0483	895 841 344	9,8785
965	931 225	31,0644	898 632 125	9,8819
966	933 156	31,0805	901 428 696	9,8854
967	935 089	31,0966	904 231 063	9,8888
968	937 024	31,1127	907 039 232	9,8922
969	938 961	31,1288	909 853 209	9,8956
970	940 900	31,1448	912 673 000	9,8990
971	942 841	31,1609	915 498 611	9,9024
972	944 784	31,1769	918 330 048	9,9058
973	946 729	31,1929	921 167 317	9,9092
974	948 676	31,2090	924 010 424	9,9126
975	950 625	31,2250	926 859 375	9,9160
976	952 576	31,2410	929 714 176	9,9194
977	954 529	31,2570	932 574 833	9,9227
978	956 484	31,2730	935 441 352	9,9261
979	958 441	31,2890	938 313 739	9,9295
980	960 400	31,3050	941 192 000	9,9329

n	n^2	$\sqrt{n}$	n^3	$\sqrt[3]{n}$
981	962 361	31,3209	944 076 141	9,9363
982	964 324	31,3369	946 966 168	9,9396
983	966 289	31,3528	949 862 087	9,9430
984	968 256	31,3688	952 763 904	9,9464
985	970 225	31,3847	955 671 625	9,9497
986	972 196	31,4006	958 585 256	9,9531
987	974 169	31,4166	961 504 803	9,9565
988	976 144	31,4325	964 430 272	9,9598
989	978 121	31,4484	967 361 669	9,9632
990	980 100	31,4643	970 299 000	9,9666

n	n^2	$\sqrt{n}$	n^3	$\sqrt[3]{n}$
991	982 081	31,4802	973 242 271	9,9699
992	984 064	31,4960	976 191 488	9,9733
993	986 049	31,5119	979 146 657	9,9766
994	988 036	31,5278	982 107 784	9,9800
995	990 025	31,5436	985 074 875	9,9833
996	992 016	31,5595	988 047 936	9,9866
997	994 009	31,5753	991 026 973	9,9900
998	996 004	31,5911	994 011 992	9,9933
999	998 001	31,6070	997 002 999	9,9967
1000	1 000 000	31,6228	1 000 000 000	10,0000

Tabella dei numeri fissi

POLIGONI REGOLARI	
triangolo equil.	$A = l^2 \cdot 0{,}433$
quadrato	$A = l^2 \cdot 1$
pentagono	$A = l^2 \cdot 1{,}720$
esagono	$A = l^2 \cdot 2{,}598$
ettagono	$A = l^2 \cdot 3{,}634$
ottagono	$A = l^2 \cdot 4{,}828$
ennagono	$A = l^2 \cdot 6{,}182$
decagono	$A = l^2 \cdot 7{,}694$

I 5 POLIEDRI REGOLARI (l = LUNGHEZZA DELLO SPIGOLO)		
	Superficie	*Volume*
tetraedro	$l^2 \cdot 1{,}7320$	$l^3 \cdot 0{,}1178$
esaedro	$l^2 \cdot 6$	$l^3 \cdot 1$
ottaedro	$l^2 \cdot 3{,}4641$	$l^3 \cdot 0{,}4714$
dodecaedro	$l^2 \cdot 20{,}6458$	$l^3 \cdot 7{,}6631$
icosaedro	$l^2 \cdot 8{,}6603$	$l^3 \cdot 2{,}1817$

ALFABETO GRECO

α	alfa	A
β	beta	B
γ	gamma	Γ
δ	delta	Δ
ε	epsilon	E
ζ	zeta	Z
η	eta	H
θ	theta	Θ
ι	iota	I
κ	cappa	K
λ	lambda	Λ
μ	mi	M
ν	ni	N
ξ	csi (xi)	Ξ
o	omicron	O
π	pi	Π
ρ	rho	P
ς	sigma	Σ
τ	tau	T
υ	ipsilon	Y
φ	fi	Φ
χ	chi	X
ψ	psi	Ψ
ω	omega	Ω